利辛年鉴

LIXIN YEARBOOK

（2023）

中共利辛县委党史和地方志研究室　　编

方志出版社
Publishing House of Local Records

图书在版编目(CIP)数据

利辛年鉴. 2023 / 中共利辛县委党史和地方志研究室编.—北京：方志出版社, 2023.9
ISBN 978-7-5144-5810-7

Ⅰ. ①利… Ⅱ. ①中… Ⅲ. ①利辛县－2023－年鉴 Ⅳ. ①Z525.44

中国国家版本馆CIP数据核字（2023）第175003号

责任编辑：张　颢
责任校对：张玉霞
责任印制：梅中英
出 版 者：方志出版社
地　　址：北京市朝阳区潘家园东里 9 号（国家方志馆4层）
邮　　编：100021
网　　址：http://www.zgfzcb.cn
发　　行：方志出版社图书营销中心（010-67110500）
印　　刷：合肥华苑印刷包装有限公司
开　　本：889毫米 × 1194毫米　1/16
印　　张：24.25
字　　数：675千字
版　　次：2023年9月第1版
印　　次：2023年9月第1次印刷
定　　价：286.00元

数字利辛

地区生产总值（GDP）及增长

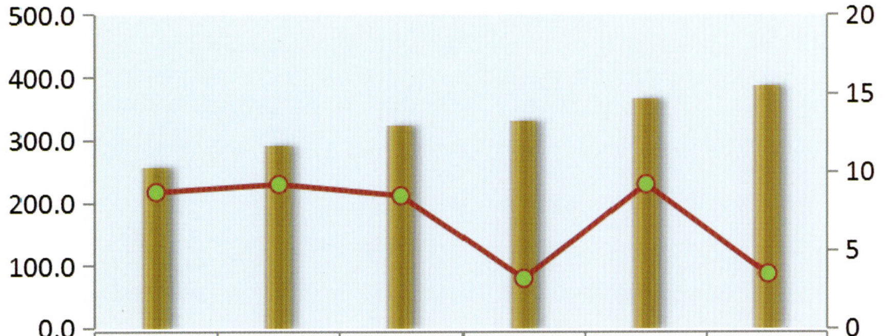

	2017年	2018年	2019年	2020年	2021年	2022年
总量（亿元）	256.6	292.2	324.6	331.6	366.8	386.8
增长（%）	8.7	9.2	8.5	3.2	9.2	3.5

（利辛县统计局制作）

规上工业增加值增长

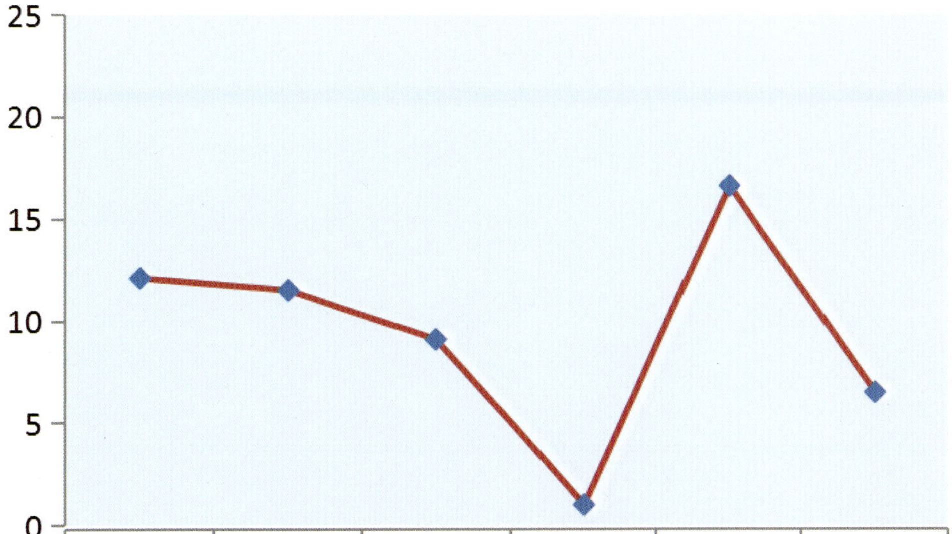

	2017年	2018年	2019年	2020年	2021年	2022年
增长（%）	12.1	11.5	9.1	1.0	16.6	6.5

（利辛县统计局制作）

一般公共预算收入及增长

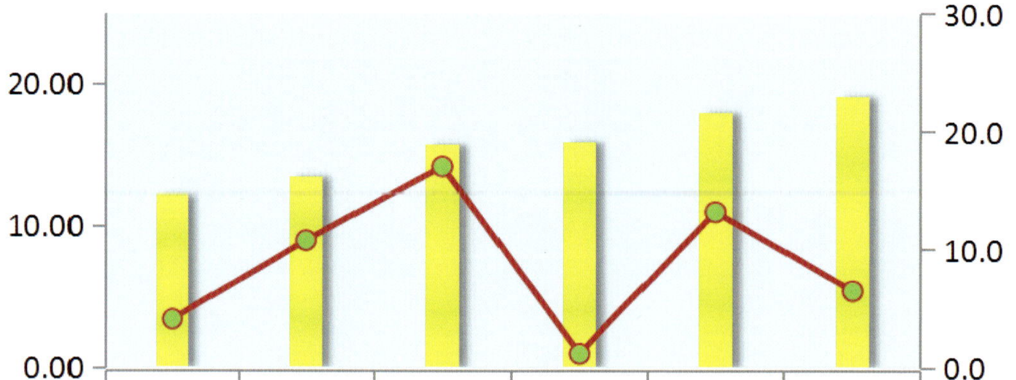

	2017年	2018年	2019年	2020年	2021年	2022年
总量（亿元）	12.13	13.43	15.72	15.91	18.00	19.20
增长（%）	4.1	10.8	17.0	1.2	13.2	6.5

（利辛县统计局制作）

社会消费品零售总额及增长

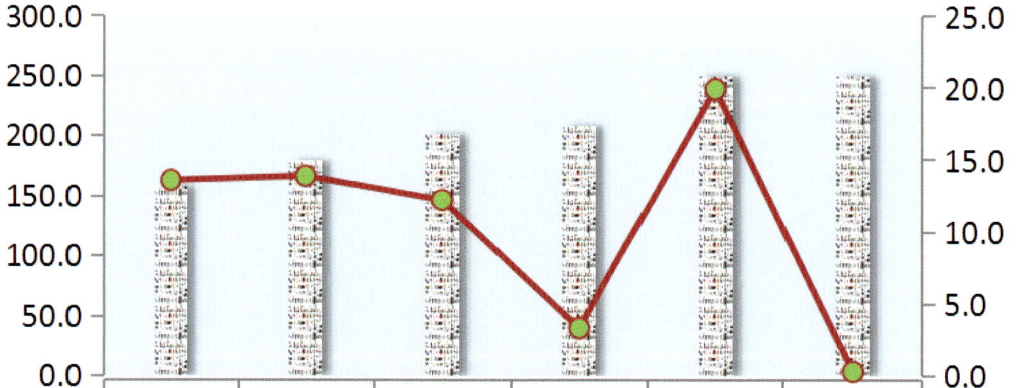

	2017年	2018年	2019年	2020年	2021年	2022年
总量（亿元）	157.4	179.2	201.0	207.7	249.0	249.7
增长（%）	13.6	13.9	12.2	3.3	19.9	0.3

（利辛县统计局制作）

固定资产投资增长

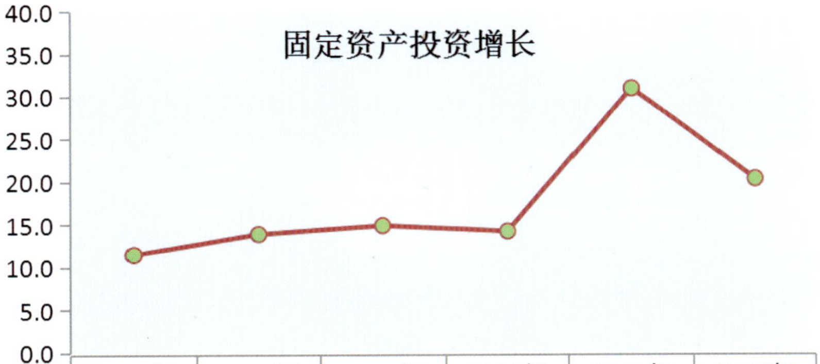

	2017年	2018年	2019年	2020年	2021年	2022年
增长（%）	11.5	13.9	14.9	14.2	30.9	20.3

（利辛县统计局制作）

农村常住居民人均可支配收入及增长

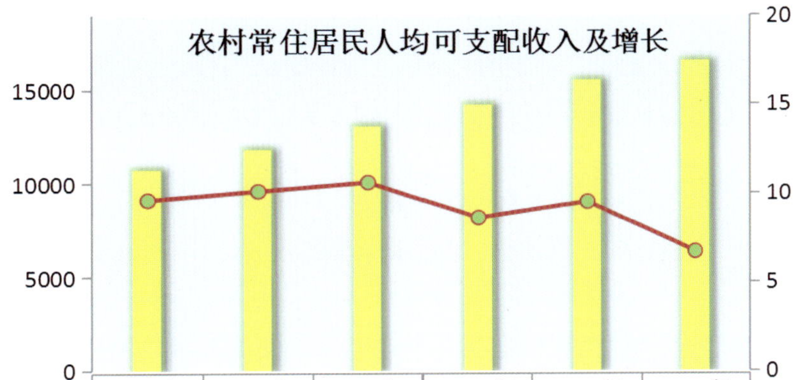

	2017年	2018年	2019年	2020年	2021年	2022年
总量（元）	10740	11828	13082	14207	15549	16598
增长（%）	9.6	10.1	10.6	8.6	9.5	6.7

（利辛县统计局制作）

城镇常驻居民人均可支配收入及增长

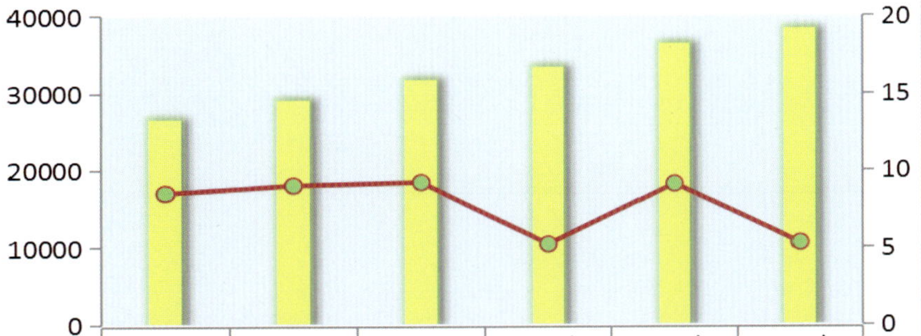

	2017年	2018年	2019年	2020年	2021年	2022年
总量（元）	26679	29080	31756	33414	36438	38369
增长（%）	8.5	9	9.2	5.2	9.1	5.3

（利辛县统计局制作）

3月5日，农业农村部种植业管理司工作组到利辛调研小麦生长及病虫害防治工作　（张承/摄）

3月8日，副省长周喜安到利辛县调研经济社会发展情况　（县委宣传部/供）

3月12日，生态环境部、省生态环境厅督导组实地调研利辛污染水体治理情况（马店孜镇/供）

5月1日，县委副书记、县长万洪超（主席台左一）在县委党校给培训班学员上党课（县委党校/供）

8月15日，副市长刘婉贞（左二）到利辛调研抗旱保苗工作 （刘平/摄）

9月8日，省市场监管局党组书记、局长韩永生（右二）到利辛县调研基层市场监管所标准化建设工作 （马店孜镇/供）

9月23日，中咨公司党委书记、董事长、总经理苟护生（前排右二）一行到利辛县调研巩固脱贫攻坚成果与乡村振兴有效衔接工作并实地走访马店孜镇孙刘村　（马店孜镇/供）

9月26日，省退役军人事务厅副厅长孙邦平（右三）一行到利辛调研退役军人工作　（化海利/摄）

11月2日，市委常委、组织部部长郜红建（左三）到利辛县汝集镇调研党建工作　　（汝集镇/供）

12月11日，县委书记张吉明（右一）到孙集镇梁营社区调研稻蟹混养项目　　（张佳亮/摄）

12月28日，邮储银行安徽省分行信用审批部总经理王宏宇（右二）到利辛省级粮食储备库进行调研
（王森/摄）

12月31日，副省长、省公安厅厅长钱三雄（右二）到利辛县永兴镇调研乡村振兴工作　（永兴镇/供）

基础建设

亳州港利辛港区一期工程竣工 （袁凤坤/摄）

邵渡口大桥竣工

利辛县马胡桥　　（孙济/摄）

（县交通运输局/供）

2022年，建设中的利辛县火车站

东柳沟江老家闸

黄龙沟河闸建设

（水利局/供）

（西潘楼镇/供）

车辙沟清淤护坡工程（江集段）　　（水利局/供）

大金沟沟涵工程　　（水利局/供）

（水利局/供）

龙吟河闸站工程　　（水利局/供）

智慧城市运营中心　　（江丰/摄）

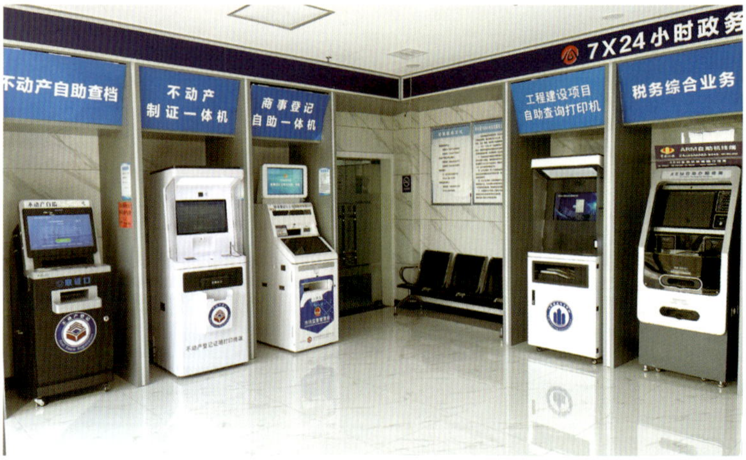

政务服务中心7×24小时自助服务区（局部）　　（田方/摄）

9月16日，中国移动利辛分公司在万达广场开业现场进行通信保障测试　（李汉文/摄）

新建城市道路　　（县住建局/供）

新立利辛、凤台两县边界利辛界线碑（黄光磊/摄）

S238路面修复工程　　（黄庆岭/摄）

利辛机电科技学校理实一体教学楼　　（县委宣传部/供）

电力施工现场 （孙济/摄）

利辛县西部新区 （孙济/摄）

经济发展

板集电厂 （县委宣传部/供）

板集煤矿 （县委宣传部/供）

利辛皖能生物质能电厂（孙集）　　（张佳亮/摄）

安徽传旗重科装备制造有限公司市政用道路清洗车　　（县委宣传部/供）

利辛县金宜食品有限公司　　（县委宣传部/供）

利辛县禾丰食品有限公司　　（县委宣传部/供）

利辛伯希和户外装备用品有限公司产品展示
（县委宣传部/供）

翰联色纺股份有限公司生产车间 （县委宣传部/供）

利辛县君翰纺织生产车间 （县委宣传部/供）

强英鸭厂鸭产品包装车间 （县委宣传部/供）

禾丰牧业生产车间 （县委宣传部/供）

利辛县诚农乐种植专业合作社实施450亩太空莲种植项目

巩店镇永昌社区种植的翠冠梨喜获丰收
（县委宣传部/供）

纪王场乡田湖村种植的金丝皇菊获得丰收
（纪王场乡/供）

（阚疃镇/供）

程家集玖莲莲藕基地
（县委宣传部/供）

巩店镇魏寨村大棚香菇
（县委宣传部/供）

展沟镇农田旱改水项目 （县委宣传部/供）

农村科技人员指导农业生产 （县委宣传部/供）

望疃镇杜腾飞养殖基地 （县委宣传部/供）

9月16日，利辛县万达广场开业现场　　（县委宣传部/供）

农业机械助推农业生产现代化　　（县委宣传部/供）

2月28日，利辛县2022年“三八”节表彰暨妇女工作会议召开　　（县妇联/供）

3月14日，全县关心下一代工作会议召开　　（县委宣传部/供）

3月29日，府检联动第一次联席会议召开
（县检察院/供）

5月25日，利辛县市场监管局开展2022年全国化妆品科普宣传周活动　（县市场监管局/供）

6月1日，利辛县总工会开展六一儿童节慰问新业态职工子女活动　（苗家豪/摄）

6月30日，马店孜镇举行“光荣在党50年”纪念章颁发仪式　　（马店孜镇/供）

农历“七夕”，利辛县举办“喜迎二十大·爱在新征程”单身青年联谊会　　（县委宣传部/供）

春节期间利辛县举办企业用工招聘会（县人社局提/供）

8月5日，利辛县总工会举办“夏送清凉”活动，慰问环卫工人（李士翔/摄）

11月27日，2022年利辛县退役军人专场招聘会举行（蔡庆德/摄）

利辛县烟草专卖局开展“电子烟危害”宣讲进校园活动　　（县烟草公司/供）

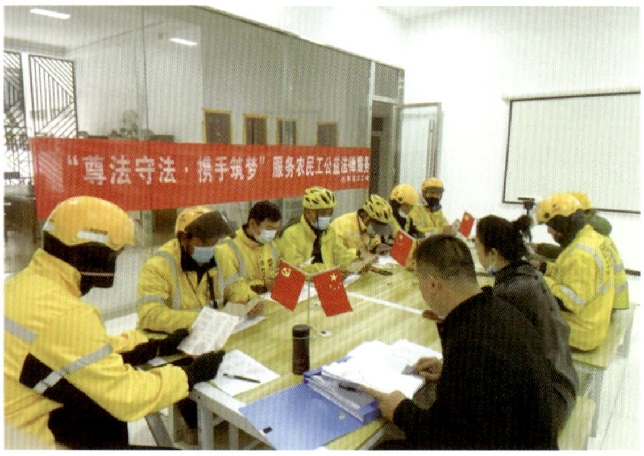

10月23日，利辛县总工会开展“遵法守法·携手筑梦”服务农民工法律援助活动　　（苗家豪/摄）

利辛县城关镇向阳社区智慧养老服务中心　　（赵静/摄）

利辛县消防救援大队开展消防宣传活动　　（县消防救援大队/供）

8月3日，利辛公安局开展夏夜治安巡查宣防集中统一行动　　（张志和/摄）

志愿者开展文明城市创建服务活动　　（孙济/摄）

疫情防控

查验车辆人员往来信息　　（县委宣传部/供）

为强化防控工作，利辛高速出口成立疫情临时党支部　　（县委宣传部/供）

利辛医疗队支援上海 （刘嘉/摄）

5月3日，欢送涡阳县支援利辛医疗队 （陆翔宇/摄）

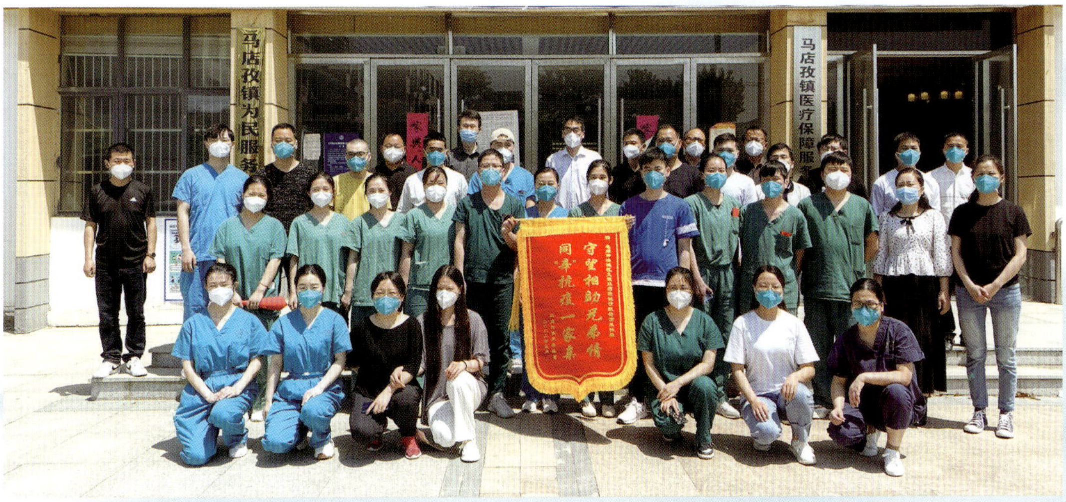

5月3日，欢送亳州市支援利辛医疗队 （马店孜镇/供）

9月25日，利辛县举办“大美利辛 月是故乡明 吕学良书法回乡汇报展”（县委宣传部/供）

8月6日，利辛县图书馆举办国画培训活动　（程杰/摄）

胡伟《故园幽境》入选2022·美丽湾区——全国中国画、油画、动漫作品展 （县文体旅游局/供）

1月10日，利辛县图书馆举办武登山书画作品展览 （程杰/摄）

7月10日，利辛县图书馆开展"我们的中国梦、文化进万家"送图书下基层阅读推广活动 （程杰/摄）

秦英《行-4》入选2022全国（厦门）工笔画作品展 （县文体旅游局/供）

利辛县党的二十大精神宣讲团走进农村 （县委宣传部/供）

利辛县中医院开展中医药文化亲子体验活动　　（马超/摄）

11月16日，2022年省级非遗《三女拜寿》复排成果展演　　（县文体旅游局/供）

利辛县举办“喜迎二十大、颂歌献给党”庆七一文艺会演　　（郭建英/摄）

利辛县开展“健康人生、绿色无毒”2022年禁毒宣传月活动　　（郭建英/摄）

西淝河音乐帐篷节　　（王家品/摄）

印象江南景区水世界俯瞰图　　（王家品/摄）

治未病养心园放映水幕电影　　（王家品/摄）

乡村振兴

利辛武子古酿酒文化产业园景区　（县旅游事业发展中心/供）

美徽新村　（县旅游事业发展中心/供）

省级美丽乡村——王人镇曹店村　　（县委宣传部/供）

3月1日，建设中的省级中心村——汝园村西关庄　　（汝集镇/供）

美丽乡村——程家集镇赵桥村　　（县委宣传部/供）

美丽乡村——马店孜镇集美水寨　　（县委宣传部/供）

西淝河湿地公园文化园景区　　（县旅游事业发展中心/供）

文物景观——纪家塔　　（县旅游事业发展中心/供）

利辛城市明珠公园一角

程家集四季花海景区　　（县委宣传部/供）

利辛白鹭洲景区　　（县旅游事业发展中心/供）

（县旅游事业发展中心/供）

利辛淝畔绿洲景区　　（县旅游事业发展中心/供）

利辛县大李集镇永红村蔬菜种植基地大棚 （县委宣传部/供）

利辛县大李集镇永红村蔬菜种植基地
（县委宣传部/供）

利辛县大李集镇永红村蔬菜种植基地草莓采摘
（县委宣传部/供）

2020年，大李集镇红旗生态休闲农庄荣获中华全国妇女联合会颁发的“全国巾帼脱贫示范基地”称号
（县委宣传部/供）

大李集镇永红村生产的优质果蔬
（县委宣传部/供）

9月25日，2022亳州利辛县“中国农民丰收节”系列活动在怡秀游园举行　　（县委宣传部/供）

2022年9月，人民银行利辛县支行开展“金融知识普及月、金融知识万里行”宣传活动　　（县委宣传部/供）

城北镇现代农业产业园工人采摘冬枣
（县委宣传部/供）

汝集镇举办企业用工专场招聘会　　（汝集镇/供）

5月25日，利辛县城北镇举行“5·25”农事全程托管村集体收益分红大会，现场为参与土地托管和农户发放土地收益分红　　（县委宣传部/供）

崛起中的新农村——利辛县马店孜镇工业园工程　（马店孜镇/供）

8月20日，参训学员参加安徽省2022年秸秆暨畜禽养殖废物综合利用产业博览会进行现场实训观摩学习　（县农广校/供）

利辛县农技人员实地调研农技知识需求，有针对性地对农民进行培训　（县农广校/供）

各种农业机械服务于农业生产　（县委宣传部/供）

秸秆回收集中再利用　（孙济/摄）

目　录

特　载

县委常委会工作报告
——在中共利辛县委第十届第七次全体会议上… 2
政府工作报告
——在利辛县第十三届人民代表大会第三次会议上 … 9

专　记

新时代利辛这十年…………………………… 20
利辛县“三城同创”综述…………………… 22

大事记

1月 …………………………………………… 32
2月 …………………………………………… 32
3月 …………………………………………… 33
4月 …………………………………………… 34
5月 …………………………………………… 34
6月 …………………………………………… 35
7月 …………………………………………… 36
8月 …………………………………………… 36
9月 …………………………………………… 37
10月…………………………………………… 38
11月…………………………………………… 38
12月…………………………………………… 39

利辛概览

建置区划
位置、面积、人口 ……………………… 42
建置 ……………………………………… 42
沿革 ……………………………………… 42
区划 ……………………………………… 43
自然环境
地质 ……………………………………… 43
地形地貌 ………………………………… 43
气候 ……………………………………… 43
河流 ……………………………………… 43
自然资源 ………………………………… 43
民族　宗教
民族 ……………………………………… 44
宗教 ……………………………………… 44
历史文化
历史风云 ………………………………… 44
文化遗存 ………………………………… 44
非物质文化遗产 ………………………… 44
历史名人 ………………………………… 45
风景名胜 ………………………………… 45
名优特产 ………………………………… 46

中国共产党利辛县委员会

综　述
概况 ……………………………………… 48

践行“两个维护” …………………… 48
推动党的二十大精神 …………………… 48
县域经济高质量发展 …………………… 48
推动科教兴利工程 …………………… 48
优化发展环境 …………………… 48
城乡均衡发展 …………………… 49
民主法治建设 …………………… 49
增进民生福祉 …………………… 49
维护社会和谐稳定 …………………… 49
全面从严治党 …………………… 49
重要会议
县委全委会会议 …………………… 49
县委常委会会议 …………………… 50
县委综合事务
概况 …………………… 57
决策参谋 …………………… 57
运转保障 …………………… 58
维护国家安全 …………………… 58
深化改革 …………………… 59
督查督办 …………………… 59
组织工作
概况 …………………… 59
干部管理 …………………… 59
干部培训 …………………… 60
公务员管理 …………………… 60
人才建设 …………………… 60
基层组织建设 …………………… 61
城市领域党建 …………………… 61
组工队伍建设 …………………… 62
“两新”组织建设 …………………… 62
宣传教育
概况 …………………… 63
内宣凝聚人心 …………………… 63
外宣出新出彩 …………………… 63
同心抗疫 …………………… 63
丰富群众文化生活 …………………… 63
统一战线
概况 …………………… 64
党外人士队伍建设 …………………… 64
服务非公有制经济 …………………… 65
港澳台统战工作 …………………… 65
网络安全和信息化工作
概况 …………………… 66
舆情管理 …………………… 66
机构编制工作
概况 …………………… 66
机构职能体系建设 …………………… 66
重点领域体制机制改革创新 …………………… 66
构建基层管理体制 …………………… 67
推进权责清单制度建设 …………………… 67
编制周转池制度建设 …………………… 67
事业单位登记管理 …………………… 67
县直机关党建
概况 …………………… 68
党的思想建设 …………………… 68
党的作风建设 …………………… 68
党的廉政建设 …………………… 69
督察考核
概况 …………………… 69
机关作风建设 …………………… 69
电话信访办理 …………………… 69
网民留言办理 …………………… 70
回复议案提案 …………………… 70
老干部工作
概况 …………………… 70
重视老干部建言 …………………… 70
离退休干部党建 …………………… 70
离退休干部服务保障 …………………… 70
党校工作
概况 …………………… 70
培训科研 …………………… 71

教师队伍建设 …… 71
党史和地方志
概况 …… 71
党史编研 …… 71
地方志编纂 …… 71
档案工作
概况 …… 72
档案管理 …… 72
档案利用 …… 73
信　访
概况 …… 73
信访案件化解 …… 73
创新工作机制 …… 73
精神文明建设
概况 …… 73
移风易俗 …… 74
树典型弘扬新风 …… 74

利辛县人民代表大会

综　述
概况 …… 76
坚持党的领导 …… 76
助力疫情防控 …… 76
督办代表议案 …… 76
人大自身建设 …… 76
联系乡镇人大 …… 77
信访工作 …… 77
人大监督
聚焦监督创新 …… 77
聚焦经济发展 …… 77
聚焦预算审查 …… 78
聚焦生态环境 …… 78
聚焦乡村振兴 …… 78
聚焦民生福祉 …… 78
聚焦法治利辛 …… 79
人大代表构成趋于合理 …… 79
重要会议
概况 …… 79
县人民代表大会会议 …… 79
县人大常委会会议 …… 80
执法检查和专题调研
概况 …… 83
执法检查 …… 83
专题调研 …… 84
代表工作
概况 …… 86
发挥代表主体作用 …… 86
提高建议办理质量 …… 86
聚焦代表履职 …… 86
密切代表联系 …… 86
发挥代表作用 …… 86

利辛县人民政府

综　述
概况 …… 88
信访总量持续下降 …… 88
稳增长、促发展 …… 88
坚持不懈改作风、作表率 …… 90
重要会议
县政府全体会议 …… 90
县政府常务会议 …… 90
县政府综合事务
信息调研 …… 94
文秘综合 …… 94
协调监督 …… 94
政府热线 …… 94

政务公开 …… 94
优化营商环境 …… 94
县直机关事务管理
概况 …… 95
公共机构节能 …… 95
公务用车管理 …… 95
办公用房管理 …… 95
公务接待活动 …… 96
应急管理
概况 …… 96
安全生产综合监管 …… 96
危化品烟花爆竹监管 …… 96
依规依法严格监管 …… 96
安全教育 …… 97
防汛抗旱 …… 97
减灾救灾 …… 97
信访工作
概况 …… 97
信访积案化解 …… 97
规范信访办理程序 …… 98
开展开门接访约访 …… 98
数据资源管理与政务服务
概况 …… 98
政务服务窗口建设 …… 99
政务服务能力建设 …… 99
数据资源安全管理 …… 100
数字利辛建设 …… 100
实施“免申即享”惠企政策 …… 100
消防救援
概况 …… 101
落实消防安全责任 …… 101
基层火灾防控基础建设 …… 101
社会消防能力建设 …… 101
提升救援能力 …… 102
招商引资
概况 …… 102
招商政策 …… 102
招商活动 …… 102
招商成果 …… 102

中国人民政治协商会议
利辛县委员会

综　述
概况 …… 104
县政协换届选举 …… 104
县政协委员构成 …… 104
政治理论学习 …… 104
强化党建引领 …… 104
聚焦中心工作 …… 105
重要会议
县政协十一届委员会会议 …… 105
县政协十一届常委会会议 …… 106
协商议政
概况 …… 106
建言文化教育 …… 106
民主监督
概况 …… 106
八项“稳经济”监督调研 …… 107
十项“暖民心”专项监督 …… 107
调研与视察
概况 …… 107
专题调研 …… 107
走访视察 …… 109
提案和社情民意
概况 …… 110
提案选介 …… 110
社情民意 …… 110

中国共产党利辛县纪律检查委员会
利辛县监察委员会

综　述
概况 …… 112
纪检监察队伍建设 …… 112
法规制度建设 …… 112
重要会议
县纪委全委会会议 …… 112
县纪委常委会会议 …… 112
监察体制改革
纪检监察体制改革 …… 112
派驻纪检监察体制改革 …… 113
基层纪检监察体制改革 …… 113
监督检查
政治监督 …… 113
日常监督 …… 113
专项监督 …… 113
党风政风监督
概况 …… 114
纪律监督 …… 114
四风纠治 …… 114
专项检查 …… 114
信访举报
概况 …… 114
平台建设 …… 114
案件查处
概况 …… 115
落实“三个区分开来” …… 115
反腐倡廉教育
概况 …… 115
廉政教育 …… 115
巡视巡察
概况 …… 115
常规巡察 …… 115
交叉巡察 …… 115
问题整改 …… 116
巡察规范化建设 …… 116

群众团体

利辛县总工会
概况 …… 118
为职工办实事 …… 118
宣传教育 …… 119
开展劳动和技能竞赛 …… 119
依法维护职工权益 …… 119
职工服务阵地建设 …… 119
民营企业工会规范化建设 …… 119
实施“产业工人素质提升工程” …… 119
工会法治化建设 …… 120
中国共产主义青年团利辛县委员会
概况 …… 120
志愿者工作 …… 121
引领青年建功新时代 …… 121
基层服务型团组织建设 …… 121
“一专一站两联”建设 …… 122
利辛县妇女联合会
概况 …… 122
“巾帼建新功”行动 …… 122
妇女儿童维权关爱 …… 123
困境妇女儿童救助帮扶 …… 124
家庭文明建设 …… 124
妇联基层组织改革 …… 125
妇女发展规划编制 …… 125
利辛县工商业联合会
概况 …… 125
参政议政 …… 125
优化发展环境 …… 126
履行社会责任 …… 126
推进商会改革 …… 126

利辛县残疾人联合会
概况 …… 127
残疾人康复 …… 127
残疾人就业培训 …… 127
助残活动 …… 127
利辛县文学艺术界联合会
概况 …… 127
文艺创作 …… 128
利辛县科学技术协会
概况 …… 129
基地建设 …… 129
平台建设 …… 129
利辛县红十字会
概况 …… 130
人道救助 …… 130
利辛县计划生育协会
概况 …… 130
主要活动 …… 130

法　　治

政法委与综治
概况 …… 132
维稳安保 …… 132
执法监督 …… 132
打击整治养老诈骗 …… 132
预防未成年人违法犯罪 …… 132
平安利辛建设 …… 133
法治政府建设
优化政府机构职能 …… 133
持续推进“放管服”改革 …… 133
优化法治化营商环境 …… 133
完善依法行政制度体系 …… 133
重大行政决策合法性审查 …… 134
规范行政执法 …… 134
完善公共法律服务体系 …… 134
依法化解社会矛盾纠纷 …… 134
推进行政应诉 …… 134
评查行政执法案卷 …… 134
法治政府建设考核 …… 134
公　安
概况 …… 134
捍卫政治安全 …… 134
风险防控 …… 135
维护社会安定 …… 135
社会面安全管控 …… 135
交通安全管理 …… 135
服务社会人民 …… 136
检　察
概况 …… 136
刑事检察 …… 136
民事行政检察 …… 136
公益诉讼检察 …… 136
严惩司法腐败 …… 137
服务保障经济社会发展 …… 137
法律监督 …… 137
提升队伍素质 …… 137
自觉接受监督 …… 138
法　院
概况 …… 138
刑事审判 …… 138
民事审判 …… 138
行政审判 …… 138
执行工作 …… 139
深化司法改革 …… 139
审判管理 …… 139
优化营商环境 …… 139
诉源治理 …… 139
信访化解 …… 140

践行司法为民 …… 140
服务乡村振兴 …… 140
法治利辛建设 …… 140
智慧法院建设 …… 140
全面从严治警 …… 140
司法行政
概况 …… 141
法治宣传 …… 141
人民纠纷调解 …… 141
社区矫正 …… 141
法律援助 …… 142
律师管理 …… 142

军　事

县人民武装部
概况 …… 144
政治教育 …… 144
战备工作 …… 144
兵员征集 …… 145
国防教育 …… 145
党管武装 …… 145
武警利辛中队
概况 …… 145
执勤战备 …… 145
军事训练 …… 146
思想政治工作 …… 146
退役军人事务管理
概况 …… 146
拥军优属 …… 147
安置就业 …… 147
优抚工作 …… 147
烈士陵园管理 …… 147
典型宣传 …… 148
人民防空
概况 …… 148
指挥通信建设 …… 148

农　业

综　述
概况 …… 150
项目建设 …… 150
农田易涝点整治 …… 150
农田水利“最后一米”建设 …… 150
高标准农田建设整县推进 …… 150
深化农村改革 …… 151
种植业
概况 …… 151
粮食生产 …… 151
种植结构调整 …… 151
林　业
概况 …… 152
平安森林行动 …… 152
健康森林行动 …… 152
金银森林行动 …… 152
畜牧业
概况 …… 153
推进种养循环 …… 153
落实产业政策 …… 153
重大动物疫病防控 …… 153
全产业链发展 …… 153
特色养殖业
概况 …… 154
服务保障 …… 154
水产业
概况 …… 154
渔业放流及池塘改造 …… 154

特色种植业

概况 …… 154
蔬菜生产 …… 154
食用菌生产 …… 155
水果生产 …… 155
中药材生产 …… 155

农业产业化

概况 …… 155
粮食烘干中心建设 …… 155
全程机械化农事服务中心建设 …… 155
购机补贴 …… 155
农机服务 …… 156

水利工程建设

概况 …… 156
水利工程建设 …… 156
河长制工作 …… 157
河湖“清四乱”专项治理 …… 157
碧水保卫战 …… 157
水旱灾害防御 …… 158
地下水资源管理 …… 158
引江济淮利辛段工程 …… 158

工业 园区

综　述

概况 …… 160
防疫物资生产与储备 …… 160
大力推进项目建设 …… 160
强化企业培育 …… 160
助力企业提质创新 …… 160
开展亩均效益评价 …… 160
企业光伏建设助力节能降耗 …… 161

轻纺工业

概况 …… 161
产业集聚初具规模 …… 161
产业链条逐步延伸 …… 161
质量品牌大幅提升 …… 162
外贸出口快速增长 …… 162
产业转移加速集聚 …… 162

煤矿业

概况 …… 162
煤电一体化 …… 162
安全生产 …… 163
推进智能采掘 …… 163
科学生产 …… 164
煤质管控 …… 164
科技攻关 …… 164
人力资源持续优化 …… 164

板集电厂

概况 …… 165
平稳运行 …… 165

利辛经济开发区

概况 …… 165
优化营商环境 …… 166

工业企业选介

亳州市艾可舒医疗科技有限公司 …… 166
安徽阳光药业有限公司 …… 166
利辛强英食品有限公司 …… 167
安徽骄阳软门有限责任公司 …… 167
利辛县富亚纱网有限公司 …… 168

商贸服务业

综　述

概况 …… 170
县域商贸体系建设 …… 170

内外贸易

概况 …… 170

对外贸易 …… 170
农村电商 …… 170
万达商业综合体 …… 171
智慧农贸市场建设项目 …… 171
供销合作经济
概况 …… 171
服务乡村振兴 …… 171
优服务促发展 …… 171
安全隐患排查 …… 172
粮油流通
概况 …… 172
粮食收储 …… 172
燃油销售
概况 …… 172
安全知识培训 …… 172
安全隐患排查 …… 173
服务客户 …… 173
盐业管理
概况 …… 173
购销情况 …… 173
盐业改革 …… 173
烟草专卖
概况 …… 174
专卖管理 …… 174
卷烟营销 …… 174

城乡建设与管理

城乡规划
概况 …… 176
村庄规划 …… 176
市政建设
概况 …… 176
基础设施提升 …… 177
地下管网地理信息系统建设 …… 177
完善城乡路网 …… 177
打造“绿色能源县” …… 178
乡村建设
概况 …… 178
林长制实施和村庄绿化 …… 178
农村厕所革命 …… 178
人居环境整治 …… 178
美丽乡村建设 …… 178
“百村千塘”示范整治工程 …… 179
城市管理
概况 …… 179
机制创新 …… 179
安全生产 …… 179
文明创建 …… 180
建筑业
概况 …… 180
压缩建设项目审批时限 …… 180
城乡自建房屋安全隐患排查整治 …… 180
房地产业
概况 …… 181
房地产市场监管 …… 181
住房保障 …… 181
物业管理 …… 182
老旧小区改造 …… 182
住房公积金管理部 …… 182
利辛县城投集团
建筑及道路建设工程 …… 183
交通物流板块 …… 183
能源投资板块 …… 183
咨询服务板块 …… 183
社会事务板块 …… 183
供　水
概况 …… 184
为民服务 …… 184

项目建设 …… 184
水质检测 …… 184
农村供水问题排查 …… 184
安全生产 …… 184
供　电
概况 …… 185
电力供应 …… 185
安全生产 …… 185
电网规划编制 …… 185
电力业务监管 …… 186
供　气
概况 …… 186
安全生产 …… 186

生态环境保护

综　述
概况 …… 188
生态环境问题整改 …… 188
环境质量
概况 …… 189
空气环境质量 …… 189
水环境质量 …… 189
污染防治
概况 …… 189
大气污染防治 …… 189
水体污染防治 …… 190
土壤、固体废弃物污染治理 …… 191
秸秆禁烧和禁燃禁放 …… 191
环境监管
概况 …… 191
环境监测 …… 192
环境影响评价与排污许可证管理 …… 192
生态环境保护宣传教育 …… 192

交通　邮政　通信

公路建设与管理
概况 …… 194
农村公路建设 …… 194
农村公路养护 …… 194
国省干线公路养护 …… 194
交通运输
概况 …… 195
服务运输市场 …… 195
城乡公交一体化工作 …… 195
涉路涉水行政许可审批工作 …… 195
安全生产工作 …… 195
港航管理 …… 196
亳州港利辛港区建设 …… 196
疫情防控 …… 196
邮　政
概况 …… 196
寄递业务 …… 196
电商分销业务 …… 197
集邮文传业务 …… 197
邮政服务 …… 197
中国铁塔
概况 …… 198
共建共享 …… 198
中国电信
概况 …… 198
服务社会 …… 198
网络保障 …… 199
中国移动
概况 …… 199
服务社会 …… 199
中国联通
概况 …… 199
市场经营 …… 200

网络建设 …… 200
回馈用户 …… 200

财政 税务

财 政

概况 …… 202
保障民生实事 …… 202
助力乡村振兴 …… 202
新增专项债券 …… 202
财政管理改革 …… 202
金融服务实体经济 …… 203

税 务

概况 …… 203
税收收入 …… 204
社会保险费 …… 204
非税收入 …… 204
退税减税 …… 204
办税缴费服务 …… 204
营商环境 …… 204

金 融

综 述

概况 …… 206
支持小微企业 …… 206
开拓融资渠道 …… 206
贷款担保 …… 206

金融监管

概况 …… 206
货币信贷 …… 206
加大货币投放 …… 207
服务实体经济 …… 207
助企便民融资服务 …… 207
“征信修复”专项治理 …… 207
金融风险防控 …… 208
国库履职 …… 208
反洗钱工作 …… 208
减费让利 …… 208
打击电信诈骗 …… 209

金融机构选介

金融机构选介 …… 209

经济监督管理

宏观经济调控

年度计划执行 …… 212
重点项目建设 …… 212
乡村振兴全面展开 …… 212
工业经济稳中向好 …… 212
商贸物流发展稳健 …… 213
城镇建设加速推进 …… 213
生态环境持续好转 …… 213
民生福祉持续改善 …… 213

物价监督

概况 …… 214
价格认证 …… 214

市场监督管理

概况 …… 214
市场主体发展 …… 214
企业信用监管 …… 214
食品药品安全监管 …… 214
特种设备安全监管 …… 215
产品、商品质量监管 …… 215
计量管理 …… 215
检验检测 …… 215
认证认可 …… 216
标准化管理 …… 216

质量强县 …… 216
消费维权 …… 216
公共资源交易管理
概况 …… 216
平台服务规范化和标准化工作 …… 217
优化营商环境 …… 217
推行各类企业公平竞争 …… 218
评定分离工作 …… 218
审　计
概况 …… 218
政策落实跟踪审计 …… 218
财政资金审计 …… 219
民生项目（资金）审计 …… 219
经济责任审计 …… 219
审计整改 …… 219
审计工作创新与完善 …… 219
审计队伍建设 …… 219
国家统计调查
概况 …… 220
农业调查 …… 220
住户调查 …… 220
调查服务 …… 220
统计工作
概况 …… 220
统计人员培训 …… 221
提高统计数据质量 …… 221
依法统计 …… 221
提升统计精度 …… 221
国土资源管理
土地报批 …… 222
土地供应 …… 222
执法监察 …… 222
城乡建设用地增减挂钩和补充耕地 …… 223
耕地保护 …… 223
国有资产管理
概况 …… 223
强化制度管理 …… 224
行政事业单位资产管理 …… 224
国有资产房屋租金收取及减免 …… 224
国有低效闲置资产清查 …… 224

教　育

综　述
概况 …… 226
教育改革 …… 226
教育优质均衡发展 …… 226
教学质量巩固提升 …… 226
教育教学优质均衡 …… 226
推进五育并举 …… 226
校园安全保卫 …… 226
教师队伍建设 …… 227
教育结构
学前教育 …… 227
义务教育 …… 227
普通高中教育 …… 227
中等职业教育 …… 227
特殊教育 …… 228
民办教育 …… 228
电大 …… 228
学校选介
利辛一中 …… 229
安徽亳州新能源学校 …… 229
电化教育与培训中心 …… 229
教师进修与培训中心 …… 229
卫生进修与培训中心 …… 230
农民科技教育培训中心 …… 230
利辛机电科技学校 …… 230

科学技术

综 述
概况 …… 232
创新主体倍增 …… 232
“双创”平台建设 …… 232
研发经费归集 …… 232
科技成果
概况 …… 232
成果选介 …… 232
科技普及
概况 …… 233
科技下乡 …… 233
科普教育 …… 233
科技培训 …… 234
气 象
概况 …… 234
气候特点 …… 235
2022年重大气候事件 …… 235
人工影响天气 …… 235
气象科普 …… 235
社会管理 …… 235
地 震
概况 …… 236
防震减灾宣传 …… 236
地震科普 …… 236

文化 体育 旅游

综 述
概况 …… 238
文艺创作 …… 238
文化遗产保护 …… 238
公共文化服务
概况 …… 238
群众文化活动 …… 238
文化民生工程 …… 239
文化惠民活动 …… 239
图书馆 …… 239
文化馆 …… 239
新闻出版
概况 …… 239
打击网络侵权盗版 …… 239
广播电视
概况 …… 240
内宣工作 …… 240
外宣工作 …… 240
图书发行
概况 …… 240
国家文件文献发行 …… 240
教材教辅发行 …… 241
体育事业
概况 …… 241
群众体育 …… 241
竞技体育 …… 241
体育设施 …… 242
旅 游
概况 …… 242
旅游资源开发 …… 242
旅游管理 …… 242

医疗卫生

综 述
概况 …… 244
药品和医疗服务价格管理 …… 244
城镇职工和城乡居民基本医疗保险
概况 …… 244
城镇职工基本医疗保险 …… 245
城乡居民基本医疗保险 …… 245

医疗救助
概况 …… 245
托底保障 …… 245
妇幼保健
提升妇幼保健服务能力 …… 245
孕产妇、儿童保健 …… 245
重大公共卫生服务 …… 246
疾病预防控制
艾滋病防控 …… 246
结核病防控 …… 246
疟疾防控 …… 246
卫生应急和传染病管理 …… 246
预防接种 …… 247
综合卫生监测 …… 247
常态化疫情防控 …… 247
新冠疫情常态化防控 …… 248
地方病防治 …… 248
慢性病综合防治 …… 248
严重精神障碍患者管理 …… 249
麻风病防治 …… 249
职业病防治 …… 249
基本公共卫生服务均等化 …… 249
健康教育宣传 …… 249
社区卫生
概况 …… 249
城市社区卫生服务体系建设 …… 249
卫生监督执法
综合监督执法 …… 250
医疗机构监管 …… 250
公共场所卫生监管 …… 250
学校卫生监管 …… 250
生活饮用水卫生安全监管 …… 250
职业卫生与放射卫生监督工作 …… 250
打击非法行医工作 …… 250
医药卫生体制改革
概况 …… 250
紧密型县域医共体建设 …… 251
中医药服务
概况 …… 251
中医药知识培训 …… 251
基层中医药服务 …… 251
医疗机构选介 …… 251

社会民生

人口与家庭
概况 …… 254
优化生育 …… 254
家庭发展 …… 254
居民可支配收入 …… 254
人力资源管理
概况 …… 254
人才交流 …… 254
人才管理 …… 255
维护劳动者合法权益 …… 255
社会保障
概况 …… 255
落实养老待遇调整政策 …… 255
社会行政事务
概况 …… 255
社会救助 …… 256
养老服务 …… 256
婚姻、收养登记 …… 256
福彩工作 …… 256
社会组织管理 …… 256
殡葬改革 …… 257
关心下一代工作
概况 …… 257

规范“五老”队伍 …… 257
教育引导活动 …… 257
关爱帮扶活动 …… 258
法治宣传教育 …… 258
家风家教工作 …… 258

乡村振兴

综　述
概况 …… 260
脱贫攻坚成果 …… 260
脱贫攻坚成果与乡村振兴有效衔接 …… 260
产业振兴
概况 …… 261
全力推动工业提质增效 …… 261
人才振兴
概况 …… 262
开展农民科技大培训 …… 262
免费农民中专学历教育 …… 263
农技人员包村联户 …… 263
生态振兴
概况 …… 263
农村人居环境整治 …… 264
禁止污染向农村地区非法转移 …… 264
农业农村绿色发展 …… 264
农用地土壤污染防治 …… 265
优质生态产品价值转化 …… 265
试点村镇建设 …… 265
文化振兴
概况 …… 265
文化惠民 …… 266
组织振兴
概况 …… 266
厚待乡村干部 …… 266

乡镇概览

城关镇
概况 …… 268
乡村振兴 …… 268
阚疃镇
概况 …… 269
乡村振兴 …… 269
城北镇
概况 …… 270
乡村振兴 …… 270
江集镇
概况 …… 271
乡村振兴 …… 271
张村镇
概况 …… 272
乡村振兴 …… 272
孙集镇
概况 …… 273
乡村振兴 …… 273
孙庙乡
概况 …… 274
乡村振兴 …… 275
西潘楼镇
概况 …… 276
乡村振兴 …… 276
纪王场乡
概况 …… 277
乡村振兴 …… 277
王市镇
概况 …… 278
乡村振兴 …… 278
汝集镇
概况 …… 279
乡村振兴 …… 279

王人镇
概况 …… 280
乡村振兴 …… 280
巩店镇
概况 …… 281
乡村振兴 …… 282
永兴镇
概况 …… 283
乡村振兴 …… 284
马店孜镇
概况 …… 284
乡村振兴 …… 285
胡集镇
概况 …… 285
乡村振兴 …… 286
大李集镇
概况 …… 286
乡村振兴 …… 286
新张集乡
概况 …… 287
乡村振兴 …… 287
展沟镇
概况 …… 288
乡村振兴 …… 288
程家集镇
概况 …… 289
乡村振兴 …… 289
望疃镇
概况 …… 289
乡村振兴 …… 290
中疃镇
概况 …… 290
乡村振兴 …… 291
旧城镇
概况 …… 291
乡村振兴 …… 292

人物　荣誉

优秀军人 …… 294
中国好人 …… 294
亳州好人 …… 294
荣获先进个人和集体名录 …… 296
2021年度全县推动高质量发展暨综合考核先进集体和先进个人名录 …… 296

附　录

利辛县2022年国民经济和社会发展统计公报 …… 300
利辛县组织机构负责人名录（县直） …… 304
利辛县乡镇负责人名录 …… 306

索　引

主题索引 …… 308

后　记

后 记 …… 317

特载

◎ 县委常委会工作报告

——在中共利辛县委第十届第七次全体会议上

◎ 政府工作报告

——在利辛县第十三届人民代表大会第三次会议上

县委常委会工作报告

——在中共利辛县委第十届第七次全体会议上

（2022年12月17日）

中共利辛县委书记 张吉明

一年来，在市委的坚强领导下，县委常委会坚持以习近平新时代中国特色社会主义思想为指导，认真贯彻党的十九大、十九届历次全会和党的二十大、二十届一中全会精神，全面落实习近平总书记重要讲话和指示批示精神，衷心拥护“两个确立”、忠诚践行“两个维护”，全面强化“两个坚持”、全力实现“两个更大”，聚焦省委“一改两为五做到”要求，坚持“三严三实”“马上就办、真抓实干”，自信自强、守正创新，踔厉奋发、勇毅前行，积极投身“六一战略”，着力打造承接转移集聚区、乡村振兴样板区、绿色循环先行区、和谐善治示范区，奋力建设“中原纺织城”“绿色能源县”，经济发展回稳向好，社会大局和谐稳定，党的建设全面加强，现代化美好利辛建设迈出坚实步伐。主要做了以下十个方面工作。

一、旗帜鲜明讲政治，忠诚践行“两个维护”。县委常委会衷心拥护“两个确立”、忠诚践行“两个维护”，把学习贯彻习近平新时代中国特色社会主义思想作为首要政治任务，自觉武装头脑、指导实践、推动工作，不折不扣把党中央和省委、市委重大决策部署落到实处。一是政治上绝对忠诚核心。坚持把党的政治建设摆在首位，深入学习贯彻习近平新时代中国特色社会主义思想，严格落实“第一议题”学习制度，把习近平总书记重要讲话和指示批示精神和有关重要论述列为县委常委会会议第一议题、县委理论学习中心组学习会议首要内容，及时跟进学习贯彻习近平总书记新理念新思想新战略，始终在政治立场、政治方向、政治原则、政治道路上同以习近平同志为核心的党中央保持高度一致。推动党史学习教育常态化长效化，累计开展县委理论学习中心组学习4次、县委常委会学习6次，开展宣传宣讲525场次、直接受众2.2万余人次；开展“举旗帜·送理论”专题宣讲1000余场，带动全县广大党员干部衷心拥护“两个确立”、忠诚践行“两个维护”。二是思想上时刻紧跟核心。十届县委班子换届后立即制定实施加强新一届县委班子政治建设的意见，全面加强政治建设，全力打造忠诚尽职、奋勇争先、能力过硬的县委班子，切实担负起谱写现代化美好利辛建设的职责使命。推深做实政治监督，完善《全县各级领导班子和领导干部政治建设监督检查参考指标（2022版）》，常态化推进中央和省委、市委巡视巡察整改。今年以来，立案审查调查存在违反政治纪律行为案件5件，处分5人。三是行动上坚决捍卫核心。坚持把习近平总书记重要指示批示作为“第一政治要件”来办，认真执行《贯彻落实习近平总书记重要指示批示若干规定》，动态更新贯彻落实习近平总书记重要讲话指示批示、习近平总书记考察安徽重要讲话指示“两项清单”，全程跟踪、闭环管理，推动“总书记有号令、党中央有部署，安徽见行动”在利辛落地落实，以实际行动衷心拥护“两个确立”、忠诚践行“两个维护”。

二、同心向党迎盛会，推动党的二十大精神落地落实。县委常委会坚持以最高标准、最严要求、最大努力，全力以赴完成好迎接和宣传贯彻党的二十大精神这一首要政治任务。一是党的二十大召开前。县委专题研究风险防范化解工作，聚焦政治、经济、科技、意识形态等23个重点领域，核查处置3.2万个风险点，逐一制定“见人、见事、见单位、见具体地方”的责任清单，开展模拟推演和定期调度，政治社会环境保持安全稳定。二是党的二十大召开期间。组织全县21860名干部职工和广大群众通过广播、电视、网络等多种方式，集中收听收看党的二十大开幕会直播，认真学习讨论习近平总书记代表第十九届中央委员会所作的报告，广播、电视等融媒体第一时间采访报道宣传学习盛况。三是党的二十大闭幕后。县委及时召开县委常委会扩大会议、全县领导干部会议、县委理论学习中心组学习会议进行学习贯彻并开展研讨交流。县委常委带头深入基层宣讲46场，推动党的二十大精神进机关、进企事业单位、进社区、进校园、进“两新”组织、进网站，迅速掀起学习宣传贯彻热潮。印发我县学习宣传贯彻《总体方案》和《任务清单》，举办市委宣讲团来利宣讲报告会，通过“三会一课”“一月一课一片一实践”活动等形式，组织专题学习7234场次，2.2万名党员作研讨交流发言。“村村通”广播常态化播放习近平总书记同期声和党的二十大精神学习音频等，实现农村人口全覆盖。在新闻网站、“两微一端”等开设“二十大时光”等专题专栏广泛传播利辛声音，刊播相关稿件300余篇，安徽新闻联播和全省新闻联播（广播）播放我县好的做法。坚持以党的二十大精神统领、谋划和推进各项工作，制定深入贯彻落实党的二十大精神《决定》，县级领导同志各选择1—2个主题开展调研，丰富完善经济社会发展思路举措。把学习宣传贯彻工作作为政治监督、巡察的重要内容，确保党的二十大精神在全县落地生根。

三、加快构建新格局，县域经济高质量发展。县委常委会始终坚持把高质量发展作为首要任务，落实“疫情要防住、经济要稳住、发展要安全”重要要求，完整、准确、全面贯彻新发展理念，服务构建新发展格局，推动经济实现质的有效提升和量的有效增长。今年以来，我们坚持县委财经委员会经济运行月调度、季调度工作机制，主要经济指标稳中回升、好于全市、位次前移，我县入选全国县域经济投资潜力百强县。1—10月，在全市通报的24项主要经济指标中，排名前两位的有12项，位次较上半年前移的有4项。预计，全年实现地区生产总值390亿元，增长4%；一般公共预算收入19.1亿元，增长6%；固定资产投资增长18%；规模工业增加值增长7.5%；社会消费品零售总额252亿元，增长2%；进出口总额4500万美元，同比增长23.2%；粮食产量达27.8亿千克；城镇和农村常住居民人均可支配收入38515元、16669元，分别增长5.7%和7.2%。一是产业协同促发展。突出做强实体经济，全力推进三次产业高质量协同发展，预计三次产业结构比优化为15.1∶31.4∶53.5。深入实施一产“两强一增”行动计划。坚决扛稳粮食安全政治责任，坚持藏粮于地、藏粮于技，落实最严格的耕地保护措施，实现“十九连丰”。加快小农户对接现代农业步伐，新建高标准农田12万亩，“一块田”试点改革村46个、25.5万亩。新增“三品一标”农产品认证35个，培育省级农业产业化龙头企业2家，规上工业农产品产值40亿元。完成蔬菜播种32万亩、中药材种植11.03万亩，发展设施农业12.7万亩，食用菌产量4950吨。新建全程机械化综合农事服务中心3个，主要农作物耕种收综合机械化率达96.3%。深入实施二产“提质扩量增效”行动计划。以优势产业集聚发展为引领，提升产业核心竞争力，轻纺服饰、能源与新型建材、食品加工、机械装备制造等优势产业占工业总产值比重达92%。新增市级“专精特新”企业5家，获批安徽工业精品1个。京威纺织获批省级新产品、省级工业设计中心，瑞虎肥业获批省级绿色工厂。建立临规企业培育库，在库企业38家，实行“一企一策”，提高首次入规企业奖励标准，新增规模以上工业企业16家。深入实施三产“锻长补短”行动计划。新增限上商贸单位64家，出口实绩企业7家。实现服务业增加值209亿元，增长3.3%。举办“皖美消费·乐购利辛”系列活动，发放惠民消费券500万元，拉动消费约6000万元。农村电子商务和物流体系不断完善，新增农村电商经营主体158家，电子商务交易额33亿元，农产品上行20亿元，顺利通过电子商务进农村综合示范县评估。万达商业综合体建成运营，禾丰食品被认定为首批省级冷链集配中心。电商公共服务中心成功备案省级众创空间，“辛创云众创空间”成功备案国家级众创空间。打造“市民健身广场—千年古镇阚疃”精品旅游线路1条，阳光四季花海项目成功创建国家AAA级旅游景区，印象江南成功创建全省百佳乡村旅游示范点，西淝河湿地文化园被评定为市级研学旅行基地。二是扩大投资促发展。健全投资“赛马”、要素会商机制，全力扩大有效投资。加快推进项目建设，253个市重点项目完成投资187.6亿元，152个省重点项目完成投资123.5亿元，投资完成率分别为125.3%、113.3%。农村公路扩面延伸工程、技工学校等25个项目竣工投产，板集电厂二期工程、农村供水保障等45个项目开工建设，马店大桥改建工程、智能装备产业园等8个重大项目加快推进。落实中央预算内投资项目8个、地方政府专项债券项目9个，争取政策性开发性金融工具等各类资金21.53亿元。组建七个产业招商专班，建立在谈、在建、达产项目库，投资5亿元以上的中苏科技、10亿元以上的国投融晟（广东）新能源等42个亿元以上工业项目签约落地，其中5亿元以上7个、10亿元以上3个。新引进利用省外资金项目37个，实际到位省外资金130亿元。提高金融服务实体经济能力，11月末全县贷款增速13.25%，政府性融资担保在保余额20.19亿元，居全市第2位。三是承接转移促发展。加快融入长三角一体化发展，高质量建设皖北承接产业转移集聚区，制定《利辛县推动融入长三角一体化发展2022年工作要点》，实施项目68个，总投资311.85亿元。面向长三角一体化补强产业链条，招引沪苏浙项目6个，总投资18.11亿元，落地项目5个，总投资8.11亿元。增强企业自主创新能力，先后促成10余家企业与江南大学、东南大学等高校院所签署技术合同交易额550万元，累计转化科技成果11项。依托结对帮扶共建，建立人才交流协作长效机制，派遣15名干部赴芜湖、合肥挂职锻炼。

*四、科教兴利增动能，发展后劲持续增强。*县委常委会始终坚持把科技作为第一生产力、人才作为第一资源、创新作为第一动力，不断提升发展新动能新优势。一是扎实推进科技创新。实施高新技术企业培育行动，科技创新能力显著增强，获批高新技术企业21家，新增战略性新兴企业4家，每万人发明专利拥有量增长9.37%。翰联色纺获批全市首家国家级企业技术中心。科技支撑引领作用凸显，创新平台建设取得突破。拥有省级科技企业孵化器1家，市重点实验室1家、市工程技术研究中心3家。登记科技成果185件，企业吸纳技术合同35项，成交额1.79亿元。2021年度研发经费认定额1.42亿元，同比增速居全市第2位。二是办好人民满意教育。坚持立德树人根本任务，深化“三全育人”综合改革，持续推进学前教育普及普惠发展、义务教育优质均衡发展，新建、改建幼儿园、中小学16所，增加学位8140个，评定164所普惠性民办幼儿园，新增托位800个。改善和提升农村薄弱学校60所，建设老年学校190所。规范民办义务教育，关停学校11所，分流学生12000人，民办义务教育学校占比下降到3.49%，完成省下达目标任务。统筹中等教育、职业教育协同发展，高考取得优异成绩，中考实现高质量发展，全县教育事业呈现蓬勃发展态势。三是实施人才强县战略。坚持党管人才原则，落实“一把手抓第一资源”要求，调整成立县委人才工作领导小组，对全年49项任务进行细化分解。实施聚才、留才、俊才、暖才、誉才、强才“六大行动”，推动人才高质量发展。完成12家单位引进高层次人才项目论证工作，引领人才创新创业。营造“爱才”

环境，19名县级党政领导干部联系服务38名高层次人才，帮助解决后顾之忧。

五、改革创新扩开放，全面优化发展环境。县委常委会坚持把全面深化改革和扩大对外开放一体推进，持续深化重点领域和关键环节改革，加快打造改革开放新格局。一是做强开放主体。纵深推进"放管服"改革，县级1817个网办事项实现全程网办，政务服务事项全程网办率99.8%。全面提升行政审批质效，24个事项实现企业办事"申请一键通、材料零提交"。开通"免申即享"平台，设立"政务找茬"窗口，实施工业项目"四证齐发"，开展工程项目审批"全程代办"，启动参保职工"退休一次办"。"免申即享"平台开通以来，上线惠企政策257项，为346家企业发放各类奖补资金6388.25万元。依托全国一体化政务服务平台，设立"跨省通办"服务专区，与8个市、县签订"跨省通办"协议，实现137个高频事项异地办理。二是做优开放环境。持续优化营商环境，纵深推进"四送一服"专项行动，省市县领导公开接访企业340家、解决问题434个。全面开展"入企问需"大走访活动，走访经营主体78102家，排查需求信息5608条。扎实开展营商环境历史遗留问题"大起底"，摸排解决历史遗留问题44个。推广营商环境问题"码上监督"平台。制定实施支持民营经济高质量发展"25条"措施，为企减税降费3.41亿元。三是做活开放平台。把园区作为引领县域经济高质量发展的主阵地，新开工工业项目23个，新投产工业项目25个，工业投资额同比增长19.5%、规模工业产值同比增长3.8%。加快建设双创园、智能装备产业园，新增标准化厂房9.7万平方米。扎实推进"亩均论英雄""标准地"改革，按照"标准地"模式出让土地9宗、558.51亩。加快"腾笼换鸟"步伐，盘活僵尸企业11家，清理低效闲置土地528亩。

六、协调发展促均衡，城乡面貌焕然一新。县委常委会始终坚持推进以人为核心的新型城镇化，全面实施乡村振兴战略，统筹推进城乡一体化发展。一是城市能级明显提升。不断优化空间布局，国土空间总体规划"三区三线"划定成果获批使用，城市发展更有活力，城乡布局更趋优化，城镇化率提高至39%。新建醉月南路等城区道路9条（段），锦绣公园建成使用，怡秀游园二期启动建设，新增、改造提升城区绿化面积23万平方米，新建绿道3.6千米。现有各类公园游园33个，县城建成区绿地率达41.18%，绿化覆盖率达42.38%。完成驻马沟、截阳沟清淤截污治理2.5千米，实施棚户区改造新开工4602套，改造老旧小区17个，棚户区改造工作荣获省政府督查激励。实施城市生命线安全工程，数字城管城区覆盖面积达40平方千米。开展道路雨污分流和28个易涝点整治。大力推进全省文明城市、卫生县城、生态文明建设示范县创建工作。二是乡村振兴扎实推进。巩固拓展脱贫攻坚成果，健全防止返贫动态监测和帮扶机制，优化调整"一户一方案、一人一措施"，为脱贫户制定帮扶措施547527条，为监测对象制定帮扶措施70148条，无一人返贫致贫。2021年巩固拓展脱贫攻坚成果同乡村振兴有效衔接考核居全省较好等次。开展数据比对11次，反馈预警信息8206条，实现数据共享、信息互通。监测排查识别监测对象635户、2006人，制定落实帮扶措施3017条，切实筑牢防止返贫的防火墙。坚持问题导向，把2021年考核评估反馈问题同集中排查、日常督导发现问题相结合，两次集中排查共落实整改措施179条、整改问题68个。落实年度衔接资金6.43亿元，实施产业、教育、基础设施等项目138个，乡村产业发展基础和公共基础设施进一步夯实。发放光伏收益资金1.83亿元，开发乡村公益性岗位9708个，实现脱贫人口务工65479人。大力实施"四带一自"特色种养业提升工程，建设产业扶贫园区87个，特色奖补自种自养户8856户、3641.2万元。村均集体经济收入达46.43万元，增长64.17%。城北现代农业产业园被认定为省级现代农业产业园。三是生态环境持续改善。践行绿水青山就是金山银山理念，持续深入打好蓝天、碧水、净土保卫战，生态环境质量不断改善。$PM_{2.5}$浓度均值37.77微克/

立方米，PM_{10}浓度均值69.76微克/立方米，是全市唯一实现$PM_{2.5}$、PM_{10}浓度“双下降”的县。西淝河、茨淮新河国控断面水质均值达到国家Ⅲ类水质标准，多项环境指标达到有记录以来最好水平。排查整改突出生态环境问题343个，整改省级交办问题2件，查办生态环境案件119件，在全省生态环境保护行政执法案卷评查得分第一名。土壤环境保持稳定，主要农作物化肥、农药使用量连续7年下降。县城建成区基本消除黑臭水体。12个省级美丽中心村启动建设。农村生活垃圾无害化处理率达99.92%，畜禽废物资源化利用率达95%。建设省级森林城镇1个、省级森林村庄10个，完成成片造林3076亩、森林抚育2.04万亩。有序落实“双碳”战略部署，积极倡导绿色低碳生活方式，坚决遏制“两高”项目上马。

七、团结奋进聚合力，民主法治建设卓有成效。县委常委会坚持党的领导、人民当家作主、依法治国有机统一，充分发挥党总揽全局、协调各方作用，更好凝聚方方面面的智慧和力量，全力画出利辛最大同心圆。一是全力支持和保证人大及其常委会依法行使职权。印发《规范性文件备案审查办法》，促进“一府一委两院”规范权力运行、审慎出台文件。配合做好省市人大立法工作，服务省市人大相关立法调研5次，提出的相关建议得到采纳。高标准建设代表工作站23个，代表之家（小组）436个，专业代表联络组6个。深入开展人大代表“聚民意、惠民生”行动，全县各级人大代表共提出意见建议2300余条。依法任免国家机关工作人员142人次，组织意图顺利实现。二是全力支持人民政协发挥专门协商机构作用。践行全过程人民民主，有力有序推进4次专题协商、8件重点提案办理协商活动，协商建言的深度和广度得到拓展。发挥人民政协民主监督优势，紧扣十项“暖民心”行动、八项稳经济工作，开展监督性调研活动，形成监督调研报告18篇，推动民生事项、重大决策落实落地。发挥人民政协“重要阵地”“重要平台”“重要渠道”作用，完善团结协作机制，开展爱心捐助活动，筹集140余万元善款、40余万元物资。成立县政协机关事务服务中心，选配各专委会兼职副主任，政协工作水平日益提高、功能日趋完善。三是全力促进新时代统一战线工作。进一步巩固壮大爱国统一战线，全力支持各民主党派、工商联开展工作，加强党外代表人士队伍建设、民营经济统战工作、民族工作、宗教工作和港澳台海外工作。指导工商联（总商会）顺利完成换届工作，选举产生了利辛县工商联第七届执行委员会新一届领导班子。制定《利辛县做好统一战线防范化解风险隐患工作迎接党的二十大顺利召开的实施方案》，组织开展违法违规宗教有奖举报活动，全县民族宗教领域和谐稳定。四是全力发挥群团组织桥梁纽带作用。全面加大对群团工作的支持、保障力度，积极为工青妇等群团组织开展工作创造条件、提供平台、解决困难。开展“圆梦大学”行动和“成长助力”计划，“希望工程”募集善款175.5万元，资助贫困大学生288名，资助贫困中小学生867名。落实困难职工帮扶民生实事，困难职工生活救助102户、44.21万元；助学救助143户、86.07万元；医疗救助66户、108.38万元。选树优秀妇女典型，推评省级三八红旗手1名，市级三八红旗手10名、三八红旗集体2个。

八、一心为民践宗旨，不断增进民生福祉。县委常委会牢固树立并践行以人民为中心的发展思想，坚持人民利益至上，以“暖民心”行动为抓手，最大限度地推动各种资源向民生倾斜，尽最大努力让全县人民群众得到更多实惠。一是全力以赴解民忧。以做好党的二十大信访保障工作为主线，以“治理重复信访、化解信访积案”专项工作为抓手，推深做实“四加”工作机制。探索建立“三级八步工做法”，全县信访总量进一步下降、信访形势进一步好转，党的二十大期间实现“零进京”。县百万人口信访量同比下降31.14%，低于全省全市平均值；进京访同比批次下降70%，人次下降72.92%；赴省访同比批次下降52.78%，人次下降42.11%；受理省级领导干部公开接访交办信访事项140件，致省委、省政府主要领导来信463件，均全部办结。二是千方百计惠民生。县级承担的18项民生实事提前完成任务，10项暖民心行动全面完成市下达目标任务。岗前培训家政服务人员3000人，新增城镇就业11372人，开发见习岗位1127个，新增见习人员534人，累计发放创业担保贷款2.5亿元。城区新增停车泊位9080个，新建健身步道12.5千米。改造城乡菜市场11个。建成城市社区老年食堂16个、农村社区老年食堂60个。居民养老保险参保覆盖面100%，城乡低保标准分别提升7.46%、4.87%。发放城乡低保金3.6亿元、特困供养资金8024万元。扎实推进医疗卫生事业“三年提升、两年巩固”行动，建设卫生项目16个，疾控中心大楼、县第三人民医院项目开工建设，县中医院创成三级中医医院。三是高举旗帜聚民心。牢牢掌握党对意识形态工作的领导权，深入开展意识形态领域风险集中排查整治，对4个乡镇和16个县直单位意识形态工作开展专项检查。认真贯彻习近平总书记给我省“中国好人”李培生、胡晓春的重要回信精神，广泛开展道德模范、时代楷模、最美人物等宣传发布、学习践行活动。我县获评中国好人1人、安徽好人1人、亳州好人6人。

九、防化风险守底线，社会大局和谐稳定。县委常委会坚持统筹发展和安全，坚定不移贯彻总体国家安全观，着力防范化解重大风险，努力建设更高水平平安利辛。一是全力抓好疫情防控。坚持人民至上、生命至上，打赢了疫情防控阻击战、歼灭战。二是着力防范化解风险。建立《全县重点方面风险隐患动态排查整治台账》及任务清单，排查整治风险隐患32340条，整治率98.54%。常态化机制化开展扫黑除恶斗争，完善线索核查、“打伞破网”、源头治理等15项工作机制，扫黑除恶斗争纵深推进。深入开展打击整治养老诈骗专项行动，侦破养老诈骗案件4起，涉案资金2000余万元；打掉犯罪团伙2个，抓获犯罪嫌疑人8人。深入开展安全生产专项整治三年行动、城乡自建房屋安全专项整治，食品药品安全监管持续加强，人民群众安全感、满意度不断提升。三是加强国防动员建设。落实党管武装制度，健全完善退役军人服务体系，全力做好退役军人群体维稳工作，我县荣获新一轮全省“双拥模范县”荣誉称号，成功实现“三连冠”。制定出台深化国防动员体制改革实施方案，深化新时代国防教育体制改革，全力支持练兵备战，大学毕业生征集比例71.8%，同比提高12.8个百分点。

十、聚焦主责抓党建，坚定不移全面从严治党。县委常委会坚决扛起管党治党政治责任，坚定不移推动反腐败斗争，纵深推进全面从严治党。坚持大抓基层的导向，以组织体系建设为重点，不断夯实党执政的基层组织基础，持续整顿软弱涣散村21个，提档升级4个城市社区党群服务中心观摩点，推动党员教育管理提质增效。一是一以贯之建强干部队伍。坚持好干部标准，统筹抓好干部“选育管用”工作，把政治标准作为选人用人的首要标准，认真落实《县管领导干部政治表现考察办法（试行）》，完善县管领导班子和领导干部综合考核机制，选派19名干部到信访、乡村振兴等基层一线锻炼，对212名在一线吃劲岗位表现较好的干部予以提拔重用或职级晋升。二是一以贯之转变工作作风。认真落实省委“一改两为五做到”要求，以踏石留印的力度纠治“虚、躲、冷、粗、假”突出问题，扎实开展“三严三实”“马上就办、真抓实干”作风建设专项行动，全县共查摆问题693个，制定整改措施1134条，整改完成率100%。全年查处违反中央八项规定及其实施细则精神问题16件、29人，给予党纪政务处分22人，通报曝光典型案例2期4人。开展5个专项整治，责令整改问题393个，立案审查1人，收缴违纪资金54万余元。持之以恒整治“四风”，深入纠治形式主义官僚主义，认真落实为基层减负举措。今年以来，县本级发文104件，同比减少5.45%；县本级召开会议40场，与去年同比持平。三是一以贯之正风肃纪反腐。一体推进“三不腐”，保持零容忍的警醒、零容忍的力度。规范主体责任谈话，全县共开展主体责任谈话16253人次。坚持“惩前毖后、治病救人”原则与“三个区分开来”的社会效果相统一，综合运用监督执纪“四种形态”处理1276人次。开展小微权力“监督一点通”应用平台建设试点，受理群众投诉619件，办结598件，满意率89%。平台投诉件办理受到省纪委监委通报表扬。加强协作区制度化规范化建设，制定《全县进一步加强乡镇纪检监察协作区规范化制度化建设任务清单》，《人民日报》和中央纪检监察网站对我县纪检监察协作区审查调查工作成效进行报道，给予充分肯定。坚持贯通联动，全面部署开展十届县委第一轮、第二轮巡察，累计发现问题928个、问题线索30个，巡察利剑作用进一步彰显。

县委常委会高度重视自身建设，带头筑牢思想根基，严格执行决策前学习习近平总书记重要讲话和有关重要论述制度规定，今年以来召开21次常委会会议、14次理论学习中心组学习会议，深入学习习近平总书记重要讲话指示批示，做到先学一步、学深一层。带头站稳政治立场，深刻把握“两个确立”的决定性意义，坚决做到“两个维护”，始终以党的旗帜为旗帜、以党的方向为方向、以党的意志为意志。带头强化担当意识，增强“时时放心不下”的责任感和“慢进是退、不进更是退”的紧迫感，带领全县上下攻坚克难、奋勇争先。带头严守纪律规矩，严格执行民主集中制，规范班子运行，加强团结协作，落实各项规章制度，按规定召开民主生活会、组织生活会等。带头维护政治生态，严格执行中央八项规定及其实施细则精神，自觉践行“三严三实”“马上就办、真抓实干”，营造风清气正的良好政治生态。

在总结成绩的同时，县委常委会也清醒认识到工作中还存在一些不足，特别是对标省委、市委要求和全县人民群众期盼还存在较大差距。主要是：经济基础还比较薄弱，疫情防控面临新形势新任务；项目建设短板突出，招大引强没有实质性突破；信访积案化解较慢，连续三个季度居全市末位。人才支撑不足、科技创新能力较弱、产业集聚度不高，营商环境仍需持续优化，极个别党员干部思想僵化、观念陈旧，不敢担当、慢作为；一些干部践行“三严三实”“马上就办、真抓实干”还有差距，形式主义官僚主义问题和“虚、躲、冷、粗、假”现象仍在一定程度上存在，党风廉政建设和反腐败斗争形势依然严峻复杂，全面从严治党还需向纵深推进。对这些不足和问题，县委常委会将在今后的工作中采取有效措施，认真加以解决。

同志们！以上报告的是县委常委会一年来的主要工作。这些工作的开展和各项成绩的取得，根本在于习近平新时代中国特色社会主义思想科学指引，在于党中央和省委、市委的坚强领导，是全县各级党组织和广大干群共同努力的结果。各位县委委员在各自岗位上心系大局、勤奋工作，对县委常委会的工作给予了大力支持，大家同心协力、合力攻坚，形成了心往一处想、劲往一处使，凝心聚力干事业的良好局面。我代表县委常委会，向在座的各位，向全县各级党组织和广大党员干部、向一直以来支持利辛各项事业发展的社会各界人士，表示衷心的感谢！希望同志们对县委常委会工作提出意见和建议，帮助我们把工作做得更好。

下一步，我们将高举中国特色社会主义伟大旗帜，全面贯彻习近平新时代中国特色社会主义思想和党的二十大精神，认真落实省委、市委提出的各项目标任务，深入践行“三严三实”“马上就办、真抓实干”，以慢不得的危机感、等不起的紧迫感、坐不住的责任感，凝聚干事创业的强大合力，提升开拓创新的强大战力，汇聚昂扬向上的精神动力，忠诚尽职、奋勇争先，努力跻身全省县域二十强，干出利辛更加美好的明天！

政府工作报告

——在利辛县第十三届人民代表大会第三次会议上

（2022年12月24日）

县政府县长　万洪超

各位代表：

现在，我代表县人民政府，向大会报告工作，请予审议，并请县政协委员和其他列席人员提出意见。

一、2022年工作回顾

2022年是党的二十大胜利召开之年。全县人民在市委、市政府和县委的坚强领导下，坚持以习近平新时代中国特色社会主义思想为指导，深入学习贯彻党的十九大、二十大精神，全面落实习近平总书记对安徽作出的系列重要讲话和指示批示精神，按照“疫情要防住、经济要稳住、发展要安全”要求，落实国务院、省政府、市政府关于稳经济一揽子政策和接续措施，制定我县促进经济平稳健康发展系列举措，经济运行稳中有升、持续向好，实现了本届政府工作的良好开局。预计，全年实现地区生产总值390亿元，增长4%；一般公共预算收入19.1亿元，增长6%；固定资产投资增长18%；规模工业增加值增长7.5%；社会消费品零售总额252亿元，增长2%；进出口总额4500万美元，增长23.2%；城镇和农村常住居民人均可支配收入38515元、16669元，分别增长5.7%和7.2%；粮食产量达13.9亿千克，实现“十九连丰”。

（一）工业经济取得新突破。新进规上工业企业16家，轻纺服饰、能源与新型建材、食品和农副产品深加工、机械装备制造等主导产业产值占工业总产值的比重达92%，工业投资、技改投资增速位居三县一区第一。新认定高新技术企业21家，新入库战略性新兴企业4家。全社会研发经费支出增长8%，每万人发明专利拥有量增长9.4%。入选国家知识产权示范企业和优势企业3家，获批省级绿色工厂1家、安徽工业精品1个，新增市级“专精特新”企业5家。翰联色纺获批全市首家国家级企业技术中心。盘活亿通建材等僵尸企业11家，清理低效闲置土地528亩，按照“标准地”模式出让土地9宗558.5亩。17家工业企业分布式光伏建成并网。

（二）乡村振兴开创新局面。深入实施国家粮食安全战略，建设高标准农田12万亩，“找回”流失耕地7012亩，夏粮单产再创历史新高。农业产业化龙头企业达76家，规上工业农产品产值达40亿元。完成蔬菜播种32万亩、中药材种植11.03万亩，发展设施农业12.7万亩，食用菌产量达4950吨，新增“三品一标”农产品认证35个。巩店镇永昌社区入选第十五批省级“一村一品”示范村镇。畜禽规模养殖比重达85%，全省兽医工作现场会在我县圆满召开。新建全程机械化综合农事服务中心3个，主要农作物耕种收综合机械化率96.3%，实现农机作业托管全覆盖。新增土地流转面积2万亩，“一块田”试点改革村46个、25.5万亩，新增“三变”改革试点村23个、家庭农场2099家、农民专业合作社193家。新建村级供销社2个，新建、改造为农服务中心2家。北凤沟、干溪沟综合治理等重点水利工程竣工，马店大桥至茨淮新河河口段幸福河湖建设通过市级初验。严格落实“四个不摘”，保持帮扶政策总体稳定，新识别监测对象635户、2006人，制定落实帮扶措施3017条；整合各级衔接资金6.43亿元，实施衔接资金项目138个。

（三）商贸旅游实现新提升。开展“皖美消费”系列活动，培育规模服务业企业5家、限额以上商贸流通单位61家、出口实绩企业7家。实现服务业增加值209亿元，增长3.3%。新增电商经营主体158家，电商交易额33亿元，增长10%。“辛创云众创空间”成功备案国家级众创空间，电商公共服务中心成功备案省级众创空间。新建乡镇商贸中心、配送中心各1个、连锁直营店10个，新改建加油站（点）15座，改造城乡菜市场11个。万达商业综合体建成运营，禾丰食品被认定为首批省级冷链集配中心。打造“市民健身广场——千年古镇阚疃”精品旅游线路1条，阳光四季花海项目成功创建国家AAA级旅游景区，印象江南成功创建全省百佳乡村旅游示范点，西淝河湿地文化园被评定为市级研学旅行基地。

（四）项目招商迈上新台阶。组建产业招商专班，持续推进精准招商，投资5亿元以上的中苏智能装备、投资10亿元以上的国投融晟新能源等42个亿元以上工业项目签约落地，其中10亿元以上3个、5亿元以上7个。新引进利用省外资金项目37个，实际到位省外资金130亿元。建立管行业必须管投资、要素会商机制，152个省重点项目、253个市重点项目投资完成率分别达113.3%、125.3%，固定资产投资增速连续数月位居三县一区首位。再次获评全国县域经济投资潜力百强县。板集电厂二期、城乡供水一体化工程等45个亿元以上项目开工建设，巨创化纤、驰辉新材料等23个亿元以上项目竣工投产，安徽利辛省级粮食储备库30万吨现代化绿色智慧仓储项目前期工作推进扎实，即将开工建设。主动争取中央预算内投资、地方政府专项债券、政策性开发性金融工具等各类资金21.53亿元。全省首单存量国有资产盘活贷融资项目成功获批。全面落实各项惠企纾困政策，为企业退减缓各类税费3.41亿元，通过“免申即享”平台兑现奖扶资金6388.3万元、惠及企业346家。新增市场主体16535家，其中私营企业6105家。

（五）城乡面貌发生新变化。国土空间总体规划“三区三线”划定、村庄分类成果获批使用。新建政通路、醉月南路等9条（段）道路，改造人民南路、五一东路等道路。锦绣公园建成使用，怡秀游园二期启动建设，新增、改造城区绿化面积23万平方米，新建绿道3.6千米。截阳沟——驻马沟水系连通、城区生态水网一期、向阳西路等路段地下污水管网修复工程全面竣工。实施老旧小区改造17个、棚户区改造4602套。小区物业、文明养犬、共享单车管理进一步规范，智慧城管项目建成使用，新增停车位9080个，整治城区弱电线路41.4万米，省级文明城市室外检查测评验收工作顺利完成，国家园林县城复查准备工作扎实有序。亳二500千伏输变电工程开工建设，升级改造农村配电网160千米，建设农村巷道546.6千米，完成改厕5150户，改造加固农村危房435户，启动建设省级美丽中心村12个。完成成片造林3076亩、森林抚育2.1万亩，建设村庄绿化提升示范点100个，创建省级森林城镇1个、森林村庄10个。实施农村公路提质改造工程98.5千米、安全生命防护工程228.3千米，成功通过安徽省城乡客运一体化示范县验收。G329利辛绕城段建成通车，阜淮高铁利辛段启动施工招标，西潘楼货运站投入使用、客运站主体完工，马店大桥、王市大桥前期工作基本完成，邵渡口大桥主桥完工。深入打好污染防治攻坚战，整改突出生态环境问题343个，治理黑臭水体190条。4个国考断面均值达到地表水Ⅲ类标准，多个断面水质单月出现有记录以来的Ⅱ类水质。$PM_{2.5}$平均浓度和优良天数比率超额完成目标任务，空气和水环境质量均创有记录以来最好水平。城乡环卫一体化项目运营平稳推进，改造乡镇垃圾中转站10个，农村生活垃圾无害化处理率、畜禽粪污资源化利用率分别达99.9%、95%。

（六）社会事业呈现新进步。坚持人民至上、生命至上，主动适应国家疫情防控措施变化，不惜一切代价保护人民生命安全和身体健康，最大限度减少疫情对经济社会发展的影响。民生支出55.6亿元，占全部财政支出的86.7%。扎实推进实施20项民生实事和10项暖民心行动，并全面完成各项任务。新增城镇就业11372人，累计发放创业担保贷款2.5亿元。居民养老保险参保实现全覆盖，城乡低保标准分别提高7.5%、4.9%，发放城乡低保救助资金3.6亿元、特困群众救助资金7069万元。居民医疗保险参保超额完成任务，住院费用跨省直接结算率稳步提升。新建、改建幼儿园、中小学16所，增加学位8140个，改善提升农村薄弱学校60所。淝河路小学综合楼、前进路学校小学部、机电科技学校交付使用，利辛一中附属学校如期招生，规范民办义务教育发展工作完成省市目标任务。持续推进“双减”，幼儿园、中小学课后延时服务实现全覆盖。中考建档线较去年提升89分，高考工作实现较大提升。二院新区、县医院传染病区改扩建等16个卫生项目竣工，疾控中心大楼、第三人民医院项目开工建设。规范推进基层医疗卫生机构和村卫生室标准化建设，县中医院成功创建三级中医院。建成全民健身场地100个，利辛代表队在省运会青少年篮球项目比赛中荣获亳州自建市以来的首个冠军。经济、房地产等领域风险有效防范，“保交楼”工作稳妥推进，“难安置”问题专项治理全市领先。扎实开展治理重复信访化解信访积案专项工作，信访总量、越级访、重复访持续下降。张村镇柳西村、城关镇蒋庄村等6个村（社区）荣获第九批“安徽省民主法治示范村（社区）”称号。深入开展安全生产专项整治三年行动，城乡经营性自建房屋安全隐患排查整治取得阶段性成效，食品药品安全监管持续加强。依法打击整治养老诈骗、电信网络诈骗，扫黑除恶斗争常态化推进，人民群众安全感进一步提升。新一轮省级双拥模范县成功创建，青少年校外活动中心被认定为全国科普教育基地。国防动员、退役军人、人民防空、消防救援和全民科学素质工作扎实开展，老龄、妇女儿童、残疾人、工会、共青团、红十字、慈善、关心下一代等事业取得新进步，统计、外事、侨务、对台、气象、地震、档案、广播电视、公积金管理和机关事务管理等工作实现新提升。

（七）自身建设得到新加强。坚持把政治建设摆在首位，围绕学习宣传贯彻党的二十大精神，常态化开展党史学习教育，完善县政府常务会议第一议题、党组会议集体学习制度，全面落实意识形态工作责任制，政府系统党的建设全面加强。自觉接受人大法律监督、政协民主监督，高质量办结人大代表议案、建议91件和政协委员提案276件，办结率100%、满意率98.64%。成立18个优化营商环境工作专班，常态化开展重点企业（项目）包保走访活动。政务服务事项全程网办率99.9%，平均承诺办理时限压缩至1.2天。深入开展法治政府建设示范创建活动，建立“府院联动”“府检联动”机制，重大决策合法性审查率、行政机关负责人出庭应诉率100%。锲而不舍落实中央八项规定精神，认真贯彻省委“一改两为五做到”要求，扎实开展“三严三实”“马上就办、真抓实干”作风建设专项行动，持续深化纠治“四风”，重点纠治形式主义、官僚主义，县政府层面会议与去年持平，文件和督查检查考核分别减少15.5%、3%。认真办理人民网留言、省市县长热线事项6.23万件，办结率97.98%、满意率95.6%。树牢“过紧日子”思想，持续优化支出结构，推动预算管理提质增效。坚决扛起全面从严治党政治责任，强化审计监督、统计监督和财政监督，政府系统风清气正、干事创业的氛围更加浓厚。

各位代表！这些成绩的取得，是习近平新时代中国特色社会主义思想科学指引的结果，是县委统揽全局、坚强领导的结果，是县人大、县政协有效监督、鼎力支持的结果，是全县上下苦干实干、团结奋斗的结果！在此，我代表县人民政府，向全体人大代表、政协委员、人民团体，向驻利部队、政法干警，向所有关心支持利辛发展的各位老领导、老同志和社会各界朋友，表示诚挚感谢！

在肯定成绩的同时，我们也清醒认识到，我县发展中还存在着不少困难和问题，主要表现在：经济体量不大，发展速度不快、发展质量不优的现状没有实现根本性改变；产业体系偏弱，重大项目尤其是重大工业项目偏少，工业化率、城镇化率偏低，三次产业高质量协同发展水平有待提高；教育、医疗、养老等优质公共服务供给不足，社会治理体系和治理能力现代化水平不高；少数干部专业化能力不强、执行力不够，个别领域不正之风还不同程度存在。对此，我们已经采取一系列措施加以解决，今后将进一步加大工作力度，决不辜负全县人民的期望和重托。

二、2023年政府工作目标任务

学习宣传贯彻党的二十大精神，是当前和今后一个时期的首要政治任务。县委十届七次全会通过的《中共利辛县委关于深入贯彻落实党的二十大精神 奋力谱写现代化美好利辛建设新篇章的决定》，明确了利辛现代化建设的目标和举措，吹响了紧跟总书记、奋进新征程、建功新时代的前进号角。政府工作的总体要求是：坚持以习近平新时代中国特色社会主义思想为指导，全面贯彻落实党的二十大精神，深入贯彻落实习近平总书记系列重要讲话和指示批示精神，衷心拥护“两个确立”、忠诚践行“两个维护”，紧紧扭住新时代新征程党的中心任务，认真落实“五位一体”总体布局和“四个全面”战略布局，立足新发展阶段，完整、准确、全面贯彻新发展理念，主动服务和融入新发展格局，坚持稳中求进工作总基调，以推动高质量发展为主题，以改革开放为根本动力，以满足人民日益增长的美好生活需要为根本目的，更好统筹疫情防控和经济社会发展，更好统筹发展和安全，聚焦“五大主线”，实施“四个攻坚”，把全部心思用在谋发展上，把主要精力集中到抓经济上，加快建设“中原纺织城”“绿色能源县”，努力挺进全省县域经济总量20强，奋力谱写现代化美好利辛建设新篇章。

2023年是全面贯彻党的二十大精神的开局之年，也是实施“十四五”规划承上启下的关键一年。全县经济社会发展的主要预期目标是：地区生产总值增长7%以上，一般公共预算收入增长5%，固定资产投资增长12%以上，规模工业增加值增长8%以上，社会消费品零售总额增长10%以上，进出口增长8%以上，城镇、农村常住居民人均可支配收入增长与全市同步，粮食总产稳定在27亿斤以上，碳排放、能耗及生态环境质量指标完成市下达年度目标任务。重点做好以下八个方面工作：

（一）聚焦工业补短板，奋力推进“提质扩量增效”。坚持工业强县不动摇，狠抓传统产业改造升级和战略性新兴产业培育壮大，着力补强产业链薄弱环节。

在“提质”上求突破。大力推进创品牌、提品质、增品种“三品”工程建设，推动“利辛产品”向“利辛品牌”转变，促进工业增加值、销售收入、利润总额稳步提升。引导企业更新工艺技术，全年技改投资增长10%以上，培育省级工业设计中心1家、安徽工业精品2个，申报省级“专精特新”企业3家以上。推动智能化改造和数字化转型，加快云计算、人工智能等技术创新和应用，推进“设备换芯、生产换线、机器换人”，新增省级数字化车间、智能工厂各1个。实施工业互联网创新发展行动，羚羊工业互联网平台新增登记企业10家以上。

在“扩量”上求突破。持续提升开发区能级，实施制造业补短板攻坚行动，园区规模工业总产值增长7%以上。加大“扶优育规”支持力度，推进“大树培育”计划，加速打造以翰联色纺、伯希和户外装备为龙头的现代新型轻纺服饰产业集群和产品研发基地，以板集电厂、皖能生物质电厂为龙头的区域性能源供应基地，以强英食品、禾丰食品为龙头的农产品生产加工基地，以传旗重科、丰源装备为龙头的汽车装备制造基地。新培育规上工业企业20家以上。

在“增效”上求突破。全面推行“亩均论英雄”改革，推动园区亩均效益评价全覆盖，新批工业用地全部按“标准地”出让，推动企业“拿地即开工”。建立企业分类管理、有效约束机制，依法实施差别化用地、用电等政策，规上工业企业亩均税收、亩均投资分别增长15%以上。大力清理处置低效闲置用地和僵尸企业，加快盘活闲置资源。新增标准化厂房15万平方米，处置批而未供、闲置土地300亩以上。支持企业抢订单、拓市场、促生产，大力提振企业发展信心。

（二）聚焦农业抓振兴，奋力推进“两强一增”。坚持农业农村优先发展，加快建设农业强县，打造乡村振兴样板区。

促进农业稳产。扛稳粮食安全政治责任，严守耕地保护红线，实施高标准农田改造提升工程6.5万亩，完成全省首批高标准农田建设整县推进工程试点工作。推进科技强农，充分发挥科技特派员作用，促进农业“四新”科技成果转化，建立农业科技示范推广基地3个，打造数字农业应用场景6个、数字农业工厂2个，创建省级农业科技园区1个。实施种养业提质增效行动，发展优质专用小麦155万亩、蔬菜30万亩、中药材11.5万亩、设施农业12万亩，新增绿色食品、有机农产品20个以上，规模养殖比重稳定在86%以上。推进机械强农，实施全程机械化推进行动、农机社会化服务提升行动，新增全程机械化综合农事服务中心3个，新建粮食烘干项目2个，主要农作物耕种收综合机械化率达96.6%。

促进农民增收。巩固拓展脱贫攻坚成果，保持主要帮扶政策总体稳定，聚焦“两不愁三保障”和饮水安全政策落实、监测对象识别帮扶等重点指标，坚决守住不发生规模性返贫底线。继续发展壮大村级集体经济，年经营性收入50万元以上经济强村达14%以上。稳步推进农村“一块田”试点改革，土地适度规模经营比例达58%。支持农业新型经营主体发展，组织开展农超对接、农社对接、农企对接。新增省级农民专业合作社示范社、家庭农场各5家。加快长三角绿色农产品生产加工供应基地建设，深化与上海蔬菜集团的战略合作，全面融入长三角3小时鲜活农产品物流圈，实现面向沪苏浙地区的农副产品和农产品加工品销售额达45亿元。实施农村居民本地就业“121”计划，加大新型职业农民培育力度，带动农民增收致富。

建设和美乡村。接续推进“三大革命”“三大行动”，持续改善农村人居环境。开展美丽乡村“五微”建设行动，完成展沟镇苏湾村、中疃镇代郢村等12个省级美丽乡村示范点建设任务，培育市县自主建设美丽乡村示范点10个。开展农村户厕改造、村庄沟塘整治行动，实施农村改厕1万户，完成村庄沟塘整治50个以上，垃圾无害化处理率达99.5%。开展农村人居环境“十查看十提升”专项行动，统筹建设水网、路网、林网、电网、气网、通信网，改造农村公路260.6公里、危旧桥梁43座，加快实施茨河上段治理、茨淮新河灌区续建配套、引江济淮二期、城区生态水网二期等水利工程建设。大力推进“喝上引调水”工程，加快新张集、郁湖西、张村地表水厂建设，水源置换惠及55.8万人。常态化开展农村乱占耕地建房专项整治，保障农民合理建房需求。推进移风易俗，培育新时代新农民，提升乡村文明。

（三）聚焦三产扩增量，奋力推进“锻长补短”。突出潜能释放、业态提质，加快推进县域商业体系建设。

扩大供给促消费。深挖内需潜力，深入落实“皖美消费”行动及汽车、家电领域促消费活动，新增限上商贸流通单位50家。积极发展“线上经济”，培育电商强镇1个，电商交易额增长10%，农村产品网络销售额增长20%以上。壮大“线下经济”，发展城乡便民消费服务中心等便利消费业态，抓好“两中心、一连锁”、农贸市场改造提升，新建、改造城区农贸市场2家、乡镇商贸中心6家、商品配送中心1家、连锁直营店10家。推动翰联时代广场、七彩世界、万峰汇、万达广场等商业综合体业态更新、体验升级。提升消费品质，新增皖新江山樾、万峰汇万象街、万达金街等一批特色街区，打造一批高品质夜间消费街区和品质夜市。优化房地产用地、商品房供应，支持群众合理自住和改善性住房需求，推动房地产业向新发展模式平稳过渡。新建、续建住宅小区35个。

发展现代物流业。补齐物流基础设施短板，加快推进智慧电商物流园、冷链物流中心建设，启动亳州市利辛港区二期工程建设。加快城乡公交一体化建设，调整优化县、乡（镇）、村三级公交线网，进一步提升全域公交运营服务水平。扩大电子商务进农村覆盖面，推动农村寄递物流体系建设，开展全省村级寄递物流综合服务示范站（点）创建工作。推进“快递下乡”工程换挡升级，邮政业务量增长20%。

打造精品旅游业。开展文化旅游节、农民丰收节等活动，推进文旅深度融合发展，旅游总收入增长6%以上。策划推介一批精品旅游线路，以点串线、由线拓面，加速培育观光采摘游、文化研学游、农事体验游等新型业态。推出一批“周末游”旅游项目，加快阚疃茨淮新河休闲观光乡村旅游、程家集镇乡村旅游基地等项目建设，支持城北镇发展乡村采摘游、马店孜镇发展乡村农家体验游，打造特色文旅街区2个、全省乡村旅游“双微”提升点5个。大力提升西淝河国家湿地公园、白鹭洲、印象江南等景区品质，省级阚泽湿地公园（试点）通过验收。

（四）聚焦招商攻项目，奋力推进“双招双引”。坚持把招商引资作为经济工作“一号工程”，强力推进项目建设。

狠抓招商引资。树立“以招商实绩论英雄”的鲜明导向，各经济主管部门主要负责同志至少拿出三分之一精力抓招商、引项目，着力形成“县领导带头、部门发力、乡镇联动、经开区主体、多方协同”的工作格局。紧盯工业项目、围绕主导产业，新签约亿元以上工业项目40个以上，其中10亿元以上的不少于2个；新建亿元以上省外资金项目不少于50个，实际到位省外资金210亿元以上。依托产业招商专班，建立项目信息库、客商信息库、跟踪服务库，实行重大招商项目“揭榜挂帅”，健全中介招商、以商招商、商会和行业协会招商奖励制度，掀起全民招商热潮。

加快项目建设。持续抓好中央预算内投资、地方政府专项债券、政策性开发性金融工具项目建设和资金使用安全，提前谋划准备，积极做好再争取工作，更好弥补地方财力不足。坚持“管行业必须管投资”，常态化开展“项目建设推进”“招商引资落地”集中攻坚行动，重点围绕土地报批、征地拆迁、资金保障等重点要素，开展精准有效调度。扎实推进板集电厂二期、煤电产业园基础设施及预制菜产业园等一批重大项目建设和前期工作，全年计划实施重点项目350个，总投资900亿元以上，年度计划投资170亿元以上。

强化要素保障。坚持“要素跟着项目走”，完善“星期六会商”机制，加强土地、资金、用工等要素配置。强化用地保障，报批土地3000亩以上，实施城乡建设用地增减挂钩项目、新增耕地项目各1500亩以上。畅通金融“血脉”，扩大首贷户规模和无还本续贷覆盖面，新增贷款70亿元以上，“信易贷”授信5亿元以上，新型政银担投放资金12亿元以上，鼓励企业进军多层次资本市场，新增省股权托管交易中心挂牌企业20家、上市辅导企业和“新三板”精选层挂牌辅导企业各1家，实现直接融资10亿元以上。实施人才强县工程，持续完善招才引智政策，开展企业资本市场培训行动，新增技能人才4800人以上，培训农民工5750人以上。

（五）聚焦城建提品质，奋力推进新型城镇化。突出功能完善、产城融合，着力打造宜居、韧性、智慧城市。

优化空间布局。统筹推进公共基础设施、市政基础设施等专项规划编制，完善核心主城区、经开区、煤电产业园等重点片区产业规划和控制性详细规划编制，合理规划产业业态和功能布局，推动公共服务设施、市政基础设施提标扩面。完成县、乡两级国土空间总体规划和113个行政村“多规合一”实用性村庄规划编制工作，全面启动剩余164个行政村“多规合一”实用型村庄规划编制和各类专项规划修编工作。

推进城市更新。实施道路升级改造、沟河整治、景观绿化工程，启动诚信路、纬一支路等道路新建工程12条（段），升级改造向阳路、锦绣路；新建、续建公园广场2个，治理沟河2公里；新增、改造城区绿化14万平方米。常态化开展城市体检，突出“留改拆”“微更新”，启动城市更新片区项目2个。加快实施保障性住房，新开工棚改房400套，改造老旧小区11个，实施水暖设备厂等地块房屋征收工作。加快“数字利辛”建设，推进数字新基建和各类智慧化应用场景建设，新建5G基站200个。完善交通网络，完成马店大桥、王市大桥新建工程桩基和承台施工，加快阜淮高铁利辛段、海螺建材产业园、胡集超限超载检测点等项目建设，启动S245利辛段一级公路改建工程，推进G329（蒙城至利辛段）、S306利辛段一级公路改建工程前期工作，西潘楼客运站建成运营。

加强精细管理。常态化抓好文明城市创建，全面开展“徒步执法”行动，深入开展三轮车、背街小巷、小微市容和违法建筑综合整治，持续推进重点区域、重点路段路面管控和市政养护、渣土运输管理。启动城市生命线安全工程，全面加强城市公共安全治理。加快智慧城市建设，发挥智能交通、智慧城管等信息化平台作用，提升城市运行管理服务水平。完善智慧停车位、充电桩等基础设施配套，新增公共停车泊位7000个以上，逐步解决群众“停车难”“充电难”等问题。开展“皖美红色物业”建设工作，构建乡镇、社区党组织领导下的“社区居民委员会、业主委员会、物业服务企业”联动协调运行机制，推动城市管理进社区、执法管理进小区，提升物业服务质量。

（六）聚焦环保严监管，奋力推进绿色发展。协同推进降碳、减污、扩绿、增长，推进生态优先、节约集约、绿色低碳发展。

以更严要求抓防治。坚决抓好“1+1+N”突出生态环境问题整改，确保改彻底、改到位。持续深入打好蓝天保卫战，落实“五控”措施，推进柴油货车污染、挥发性有机物、扬尘、“散乱污”企业等专项治理行动，提升空气质量和优良天数比率。持续深入打好碧水保卫战，统筹水资源、水环境、水生态治理，深化入河排污口、畜禽养殖场污染、农村生活污水和黑臭水体整治，治理农村黑臭水体365条。实施西淝河流域孙庙乡、王市镇“全域治理”试点，推进西淝河流域水污染治理，消除支流劣V类水体，确保国考断面水质稳定达标。持续深入打好净土保卫战，突出土壤污染治理修复和风险防控，加强固废危废监管处置，强化“一住两公”地块监管。推进化肥农药减量增效，农作物秸秆综合利用率、畜禽粪污资源化利用率均达95%以上。

以更实举措抓修复。编制实施国土空间生态修复规划，扎实推进采煤塌陷区、地下水超采区综合治理。深化河流湿地环境修复，加强西淝河、茨淮新河等重点流域生态修复和湿地保护，建设小微湿地6个。推深做实河长制，常态化抓好河湖“清四乱”，推进水体生态修复，建设省级幸福河湖1条。全面落实新一轮“林长制”改革，实施“农田林网再恢复”工程，完成成片造林2000亩、森林质量提升1.9万亩，创建省级森林城镇1个、森林村庄10个。抓好重点生态功能区生态系统修复，推进自然保护地勘界立标、规划编制和建设保护工作。

以更大力度抓节能。围绕市下达节能降耗目标任务，协同推进规模工业企业、限上商贸企业、城乡居民生活用电等重点领域，以及煤炭电力、纺织服饰、建筑建材、规模养殖等重点行业节能降耗工作。严把“两高”项目准入，强化项日节能审查，加快推动产业结构、能源结构调整优化。着力培育壮大节能环保、清洁能源等绿色新产业，新建装配式建筑占比30%以上，推进新能源公交县域全覆盖。稳步实施整县推进屋顶光伏工作，大力发展工业企业以及医院、学校和公共机构自发自用光伏。深入开展绿色家庭、学校、建筑、社区等绿色生活创建行动，巩固深化“小手拉大手”节能宣传成效，着力抓好城乡居民生活用电节能工作。

（七）聚焦改革破难题，奋力推进开放创新。坚持用市场的逻辑谋事、用资本的力量干事，为高质量发展蓄势赋能。

持续深化改革攻坚。深化行政体制改革，加快推进新张集乡撤乡设镇工作，有序推进城关镇行政区划调整，组建煤电产业园管委会。纵深推进“放管服”改革，加强“全省一单”权责清单制度体系建设，推进重点工程管理制度和建筑工程审批制度改革。深入推进财税金融改革，全面实施零基预算。深化国资国企改革，创新平台公司债务风险防范机制，加强金融创新，更好服务中小微企业发展。深化农村集体产权制度改革，“三变”改革覆盖率达80%以上。深化新时代教育评价和督导改革，持续推进义务教育学校教师“县管校聘”管理改革，开展校长职级制试点。持续推进“三医”联动改革，深化紧密型医共体建设。深化科技、文化等领域改革，加快行业协会、商会和中介机构改革发展。

持续强化创新驱动。实施创新平台提升工程，启动产业研究院建设，有研发投入规上企业比例达到65%，力争创建省级以上创新平台1个。实施科技企业“双倍增”工程，新认定高新技术企业15家，新培育科技型中小企业30家，高新技术产业增加值增长10%。实施科技成果转化工程，建立龙头企业牵头、高校院所支撑、各创新主体相互协同的创新联合体，转化科技成果20项，吸纳技术合同成交额1亿元。新增发明专利授权140件，每万人发明专利拥有量提高到5.8件。

持续优化营商环境。坚持“免申即享”“码上监督”“轻违免罚”、工业厂房分幢登记等创新做法，创新推进“一键申报”“您体验、我改进，邀您走流程”改革，不断提升政务服务标准化规范化便利化水平。充分发挥18个营商环境指标工作专班作用，坚持目标导向、问题导向，针对短板弱项强化调度、集中攻坚，确保企业有感。实施民营经济上台阶行动，完善领导联系包保企业制度，继续落实好减税、减费、减息、减租、减支等各项纾困惠企政策，助力中小微企业恢复性增长，新增市场主体1.5万户。

（八）聚焦民生强保障，奋力推进共同富裕。坚持把“民之所望”作为“政之所向”，真正解决好群众急难愁盼的事。

推动社会保障提档升级。精心办好民生实事，扎实开展暖民心行动。落细落实就业优先政策，紧盯高校毕业生、退役军人等重点群体就业，常态化开展“2+N”招聘会、“四进一促”稳就业活动，城镇“三公里”充分就业社区实现全覆盖，城镇新增就业7500人以上，城镇登记失业率控制在5%以内。深化“利辛老乡，请您回家”和助力青年学子创业活动，创业带动就业2万人以上。深入实施全民参保计划，基本养老保险、基本医疗保险参保率分别达95%以上、96%以上。构建多层次养老服务体系，建成殡仪服务中心，启动公益性墓地和智慧化养老中心项目建设。完善社会救助、临时救助、社会福利制度，保障残疾人、老年人、妇女、未成年人合法权益，坚决打击恶意欠薪行为。

推动公共服务普惠便利。打造“学在利辛”教育品牌。精心开展教学质量巩固提升行动、“五育并举”深入推进行动、优质均衡全面创建行动，推进学前教育普惠发展，新建、改建城区幼儿园2所，10%以上幼儿园开设2—3岁托班。推进义务教育优质均衡发展，新建、改建城区小学、初中3所，改善和提升农村薄弱学校30所，完成闫集中学扩建、前进路学校二期工程建设，启动高新路学校、第八中学扩建等项目前期工作。建立普通高中教育竞争机制，推动“3+1+2”模式高考改革。全力打造职业教育特色品牌，支持新能源学校创建全省A类中等职业学校、机电科技学校创建全省B类中等职业学校。推动特殊教育向两端延伸。因时因势优化疫情防控措施，认真落实新阶段疫情防控各项举措，强化涉疫物资价格和竞争秩序监管，严厉打击囤积居奇、哄抬价格等各类违法行为，保障好群众的就医用药，重点抓好老年人和患基础性疾病群体的防控，着力保健康、防重症。推动优质医疗资源扩容下沉和均衡布局，继续实施医疗卫生健康事业“三年提升、两年巩固”行动。深入开展爱国卫生运动，积极创建省级卫生城市、全国基层中医药工作示范县。持续抓好文化惠民工程，完善“15分钟阅读圈”，村级综合文化服务中心实现全覆盖。积极谋划科技馆建设。广泛开展全民健身运动，打造“15分钟健身圈”，体育中心建成运营。

推动社会治理现代高效。加强金融、地方债务风险防控，守住不发生系统性风险的底线。持续推进“保交楼”工作和“难安置”问题专项治理。深化“平安利辛”建设，健全社会治安防控体系，推进村（社区）警务室建设，常态化推进扫黑除恶斗争，持续打击电信网络诈骗等违法犯罪。坚持和发展好新时代“枫桥经验”，注重初信初访案件化解，依法依规、将心比心、换位思考做好信访工作。加强法治政府建设，争创“八五”普法中期全国先进县。加强统计基层基础建设，扎实做好利辛县第五次全国经济普查阶段性工作、第三次全国土壤普查工作。夯实食品安全“两个责任”，创建全省食品安全示范县。深化安全生产监管体制改革，健全完善安全检查专家人才库、执法人员库以及“双随机、一公开”机制，切实压实企业主体责任、行业部门监管责任和乡镇属地责任，确保安全生产形势平稳。加强国防教育、国防动员和后备力量建设。巩固“双拥”成果，强化退役军人服务保障。充分发挥工会、共青团、妇联、文联、残联、科协、工商联等群团组织和人民团体作用，统筹推进民族宗教、外事、侨务、对台、气象、地震、公积金管理和机关事务管理等工作，确保社会大局和谐稳定、人民安居乐业。

三、政府自身建设

各位代表！奋进新征程，对政府工作提出了新的更高要求。我们将凝心聚力抓落实，精准发力破难题，用行动彰显担当、用成效彰显作为，奋力开创政府工作新局面。

坚定信念，忠诚履职。把对党绝对忠诚作为生命线，深刻领悟“两个确立”的决定性意义，坚持用习近平新时代中国特色社会主义思想武装头脑、指导实践、推动工作，衷心拥护“两个确立”，忠诚践行“两个维护”，不断提高政治判断力、政治领悟力、政治执行力。始终把讲政治贯穿政府工作各方面、全过程，严明政治纪律和政治规矩，全面落实中央及省市县委的决策部署，坚决做到政令畅通、令行禁止，以实际行动践行对党绝对忠诚。

坚守初心，为民履职。坚持把实现人民对美好生活的向往作为现代化建设的出发点和落脚点。站稳人民立场，倡导一线工作方法，做到情况在一线掌握、问题在一线解决。把握人民愿望，认真办好人民网留言和省市县长热线，加强社情民意分析，以更大力度开展信访事项化解攻坚。坚持有信必守、有诺必践，完善督查督办机制，尽心竭力解决好人民群众的操心事烦心事揪心事。

尊崇法治，依法履职。深入推进法治政府建设，笃行法定职守，践行契约精神，依法兑现公共政策，提高政府公信力。健全法律顾问制度，完善合法性审查机制，加强行政复议和应诉工作，提升行政机关负责人出庭应诉质效。依法接受人大监督，自觉接受政协民主监督，认真办理人大代表议案、建议和政协提案，主动接受社会监督和舆论监督。推进政务公开标准化、规范化，让权力在阳光下运行。

苦干实干，勤勉履职。坚持“三严三实”“马上就办、真抓实干”，落实“好、快、高”工作要求，聚焦稳经济、抓产业、谋项目、促发展，敢担当、善作为、察实情，创造性抓好工作落实。发扬斗争精神，树立成事思维，强化目标管理、清单管理、闭环管理，落实党中央即将在全党开展的主题教育要求，坚决与阻碍利辛发展、危害群众利益的各种风险挑战作斗争，奋力解决改革发展稳定方面存在的突出矛盾问题。

干净干事，清廉履职。落实全面从严治党主体责任，认真履行“一岗双责”，加强重点领域风险防控。持之以恒加固中央八项规定堤坝，重点纠治形式主义、官僚主义，巩固精文简会成果，规范督查检查考核。落实政府过“紧日子”要求，严控“三公”经费和一般性支出。支持纪检监察机关依规依纪依法履职，强化巡视巡察问题整改和成果运用，充分发挥审计、统计、财政等专项监督职能作用，让清正、清廉、清明成为政府的鲜明底色。

各位代表！新时代、新要求、新任务，只有矢志不渝、笃行不怠，方能不负组织、不负人民。让我们紧密团结在以习近平同志为核心的党中央周围，增强“四个意识”，坚定“四个自信”，做到“两个维护”，以奋发有为的精神状态和“时时放心不下”的责任意识，勠力同心、勇毅前行，为建设现代化美好利辛而团结奋斗！

专记

◎ 新时代利辛这十年

◎ 利辛县“三城同创”综述

新时代利辛这十年

自中国共产党第十八次全国代表大会召开以来，中共利辛县委、利辛县人民政府团结带领全县广大干部群众深入学习贯彻习近平新时代中国特色社会主义思想及党的十八大、十九大、二十大全会精神，深刻学习领会习近平总书记考察安徽重要讲话等指示精神，全面贯彻党的基本理论、基本路线、基本方略，统筹推进“五位一体”总体布局，协调推进“四个全面”战略布局，科学把握新发展阶段，坚决贯彻新发展理念，服务构建新发展格局，坚持稳中求进工作总基调，以推动高质量发展为主题，以满足人民日益增长的美好生活需要为根本目的，聚焦“经济强、百姓富、生态美”发展目标，着力打造承接转移集聚区、乡村振兴样板区、绿色循环先行区、和谐善治示范区，高质量推进五大发展，着力打赢三大攻坚战，决战决胜全面小康，解决了一批群众“急难愁盼”的突出问题，实施了一批打基础利长远的重大项目，谱写了新时代利辛发展史上的精彩篇章。

全面小康取得决定性胜利。利辛县委、县政府始终把打赢脱贫攻坚战作为最大的政治任务和第一民生工程，坚持精准扶贫精准脱贫基本方略，按照“满足扶贫工作一切需要，火力全开、适当宽裕，分级负责、各方协同，工作到户、责任到人”的工作要求，举全县之力集中攻坚，先后投入资金50.83亿元，实施扶贫项目5666个，累计实现90个贫困村出列，88855户、217206名贫困人口脱贫，2019年4月29日正式退出贫困县序列。紧盯“两不愁三保障”核心指标，全面落实教育扶贫“两免一补”政策，严格执行健康脱贫“351”“180”政策，加快实施危房改造和易地扶贫搬迁，创新推进城乡供水一体化，积极推动光伏扶贫、特色种养业扶贫，脱贫攻坚取得显著成效。“控辍保学”工作经验在教育部新闻发布会上交流推广，教育扶贫联络员工作举措入选“全国脱贫攻坚典型案例”，获评全省健康脱贫工程示范县，成功摘掉戴了近30年的贫困县帽子。

综合实力得到大幅度提升。利辛县委、县政府牢牢把握稳中求进工作总基调，千方百计推动经济平稳健康发展。全县地区生产总值由2012年的167.4亿元增加到2021年的366.8亿元，年均增长7.8%；全部财政收入由9亿元增加到28.2亿元，年均增长11.2%；社会消费品零售总额由59.1亿元增加到249亿元，年均增长11.4%；累计完成固定资产投资516.3亿元，年均增长14.5%，城镇和农村常住居民人均可支配收入分别较“十二五”末增加10710元和5200元，年均分别增长8.0%和9.5%。

转型升级实现历史性突破。利辛县委、县政府按照“做精做特一产、做大做强二产、做优做活三产”的思路，加快构建新型现代产业体系，三次产业结构由“十二五”末的26.2∶27.4∶46.4优化为16.1∶29.6∶54.3。工业经济提质扩能。县经开区投产企业260余家，产值亿元以上企业21家，轻纺服饰、食品加工、能源与新型建材、汽车装备制造等特色产业集群初步形成。获批工信部制造业单项冠军企业、专精特新“小巨人”企业、国家级绿色工厂各1家；实施国家和省级科技项目20余项，拥有国家级“星创天地”1家，获批高新技术企业31家，累计申请专利4999项，授权1604件。现代农业稳产增效。实施高标准农田改造103.55万亩，新增耕地面积9380亩，先后荣获全省农田水利基本建设“江淮杯”金奖、银奖。粮食单产、总产均居全省前列，产量稳定在24亿斤以上，实现“十八连丰”。培育农民专业合作社4384家、农业产业化龙头企业92家，“三品一标”有效认证62家、127个，规模养殖比重达86%，秸秆综合利用率达93%以上，获批中央财政农作物秸秆综合利用试点县、省级现代生态农业产业化示范县。第三产业活力迸发。商贸、物流、旅游等发展较快，第三产业增加值达到180.1亿元，年均增长9.1%。县乡村三级电商公共服务体系不断完善，成功创建国家级电子商务进农村综合示范县。累计接待游客1129.73万人次,实现旅游总收入111.26亿元，获评全国十佳生态休闲旅游城市、全国最美乡村旅游目的地、全省休闲农业与乡村旅游示范县、安徽旅游品牌“十大新兴旅游县域”。

城乡面貌呈现全方位变化。利辛县委、县政府坚持以人为核心的新型城镇化发展不动摇，注重规划引领，完善基础设施，提升功能品质，城区建成区面积拓展至31.3平方千米，城镇化率达到37.46%。规划体系不断完善。启动实施土地利用总体规划、县城总体规划、县域空间规划、集镇建成区建设规划、美丽乡村建设规划等120余项规划编制和调整完善工作，确保国土空间布局更加优化。城市建设日新月异。新建改建长春东路、子胥大道等道路66条（段）、80千米，治理城区水系17.3千米，“三横八纵”水系初步形成；建成市民健身广场、港口公园等12个公园游园，新建绿道20千米，城市绿地率达36.94%，初步实现300米见绿、500米见园的目标。新建、续建住宅小区70个，完成棚户区改造7754套（户），实施老旧小区改造8个。农村面貌大幅改观。建设省级美丽中心村94个，实施无害化改厕69137户，25座乡镇污水处理厂全部正常运营；城乡环卫一体化全面推行，实施生活垃圾分类和资源化利用试点，生活垃圾焚烧发电项目正式运营。改造农村危桥269座，建设生命安全防护工程1654千米、乡村道路2325.4千米，10个国省干线公路项目顺利实施，成功创建“四好农村路”全国示范县。

发展活力得到充分性释放。利辛县委、县政府全面启动八大领域改革任务，基层儿童福利服务体系建设等8个国家级改革试点持续深化，重点改革事项成效显著。简政放权持续发力。“互联网+政务服务”提标扩面，行政许可类事项办理时间比法定时限压缩三分之一以上，公共服务事项全部实现1日办结，全程网办事项比例达99.9%。农村改革稳妥推进。全面落实农村集体资产清产核资，321个村开展“三变”改革试点，通过“联合体·组合投资·优先股”模式推动扶优扶强村68个，村均集体经济收入由2012年底的2506元增至2021年底的56万元。开放步伐全面提速。累计引进项目566个，总投资742亿元，培育自营进出口实绩企业48家，完成进出口总额2.35亿美元，实施省重点项目327个，市重点项目711个，总投资1005.1亿元，农林生物质热电联产、引江济淮、邵渡口大桥、利辛火车站、西潘楼货运场站等一批重大项目有序推进。板集煤矿投产出煤，板集电厂二期项目获得核准，全国大宗固废综合利用基地启动建设。连续两年荣获“全国投资潜力百强县”。

生态环境实现持续性改善。利辛县委、县政府坚持“绿水青山就是金山银山”的发展理念，不断加大生态环境保护力度。设立23个乡镇环保工作站，推动环保监管触角向基层末端延伸。$PM_{2.5}$均值逐年下降，由101微克/立方米下降至35.5微克/立方米，空气优良率由61.2%上升至78.3%。严格落实河长巡河巡查制度，开展河湖“清四乱”专项行动，茨淮新河示范河湖建设通过省级验收。坚持一河一策，推动茨淮新河、西淝河流域水环境治理，整治规范入河排污口78个，城区污水集中处理率、城市生活垃圾无害化处理率分别达95.1%和99.76%。推深做实林长制改革，完成人工造林12.2万亩，创建省级森林长廊示范段150.2千米。西淝河国家湿地公园顺利通过验收，阚泽省级湿地公园试点获批，成功创建全国绿化模范县、国家园林县城、全国水生态文明城市。稳步推进土壤污染防治行动，圆满完成第二次污染源普查工作，工业固体废物综合利用率100%，单位GDP能耗进一步下降。

社会事业呈现多元化发展。利辛县委、县政府始终坚持以人民为中心的发展思想，大力实施民生工程，办好民生大事，全县财政民生工程支出达178亿元。城镇新增就业5.67万人，城镇登记失业率控制在4%以下，城乡居民基本医疗保险、养老保险参保率分别达99.5%、95%。教育水平显著提高。新建学校29所，新增学位9.6万个，普惠型幼儿园占比80%以上，义务教育阶段适龄人口入学率达100%，农村义务教育学生营养改善计划惠及学生65万余人次，高考本科达线率由45.39%提高到60.87%。义务教育发展基本均衡县创建工作通过国家评估认定。健康利辛有序推进。先后实施县第二人民医院综合楼、宝璋医院等项目，新建改扩建乡镇卫生院5所、新建修缮村卫生室84所，新增公立医院床位3089张。建成运营集养老、护理、医疗、康复等功能于一体的医养中心20家。基本公共卫生“两卡制”试点持续深化，成功创建国家级妇幼健康优质服务示范县、全国基层中医药工作先进单位。文体事业繁荣发展。扎实推进文化惠民工程，广泛开展全民健身运动，县体育馆开工建设，县青少年活动中心、应急广播系统、融媒体中心投入运行，村级综合文化服务中心覆盖率达95%以上。

治理能力取得显著性增强。利辛县委、县政府坚持党的领导、人民当家作主、依法治国有机统一，坚定不移走中国特色社会主义政治发展道路。人民民主更加广泛。加强和改进党对人大、政协工作的领导，人大代表小组工作室、政协工作联络委实现乡镇全覆盖。大力开展双拥共建活动，退役军人服务保障体系不断完善。法治建设深入推进。统筹推进依法执政、依法行政、公正司法、全民守法，初步形成办事依法、遇事找法、解决问题用法、化解矛盾靠法的良好氛围。社会治理创新有力。深入开展安全生产专项整治行动，加强食品药品安全监管，全力保障群众身体健康和生命安全。推进县乡村三级综治中心规范化建设，成立全省首家金融纠纷多元调解委员会。纵深推进扫黑除恶专项斗争，打掉涉黑恶犯罪团伙24个，群众安全感满意度大幅提升，连续6届获评“全省平安县”称号。

政治生态得到根本性好转。利辛县委、县政府认真贯彻落实新时代党的建设总要求，切实扛起管党治党政治责任，着力把“全面”“从严”贯穿抓班子、带队伍、打基础、强基层、正风气、反腐败的全过程。坚持以党的政治建设为统领，严肃党内政治纪律和政治规矩，深入开展“两学一做”“讲重作”“讲严立”“不忘初心、牢记使命”“三个以案”、党史学习教育等系列党内教育活动。持之以恒纠治“四风”，突出抓好违反中央八项规定精神问题整治，落实基层减负工作举措，制定精文简会二十条、统筹规范督查检查考核实施办法，严格计划管理，加强动态监测，着力为基层松绑减压，在全县上下形成了比学赶超、创先争优的良好氛围。

（谢家富）

利辛县“三城同创”综述

2022年6月15日，利辛县创建全省文明城市、卫生县城、生态文明建设示范县部署大会召开，大会对利辛县创建工作再部署、再安排、再动员。县委主要领导出席会议并讲话，县委副书记、代理县长万洪超主持会议，县人大常委会主任江浩、县政协主席邵利峰出席会议。

会议安排部署创建全省文明城市、安徽省卫生县城、全省生态文明建设示范县工作。县文明办、城关镇、县卫生健康委、西潘楼镇、县生态环境分局、纪王场乡6家单位结合各自工作重点和任务进行表态发言。

会议指出，创建工作意义重大，务必统一思想，提高认识。创建工作是贯彻落实习近平生态文明思想和关于卫生健康精神文明建设重要论述的具体行动，是践行以人民为中心的发展思想的重要抓手，是推动县经济社会高质量发展的必然要求。要充分认识创建的重大意义，勇担历史赋予使命；要充分认识创建面临的艰巨挑战，增强攻坚克难的勇气；要充分认识创建的有利条件，下定创则必成的决心。全县各级各部门要以成功创建文明城市、卫生县城、生态文明建设示范县为最终目标，把创建工作作为检验干部能力和作风的“试金石”，

6 月 16 日，利辛县创建省级文明城市、卫生县城、生态文明示范县启动会召开 （代标 / 摄）

以“功成不必在我”的精神境界和“功成必定有我”的历史担当，用心用情用力用功，抓管理、强基础、促提升，把提高人民群众幸福感、获得感、满意度贯穿创建的全过程、各方面，以输不起的危机感、坐不住的紧迫感、慢不得的责任感，高标准、高质量、高效率，做好创建的各项工作。

会议要求，创建工作任务艰巨，务必突出重点，实干快干。全县上下要认真对照指标要求，精准补短板、强弱项，确保各项工作达到标准，争创成功。在创建全省文明城市方面，要抓整治，在提升城市形象品位上集中攻坚；要抓基础，在完善城市功能配套上集中攻坚；要抓根本，在提升市民文明素质上集中攻坚；要抓窗口，在弘扬行业文明新风尚上集中攻坚；要抓导向，在营造浓厚氛围上集中攻坚；要抓软件，在做好资料收集工作上集中攻坚。

在创建全省卫生县城方面，要强化健康宣传和教育；强化重点场所的卫生监管；强化食品和生活饮用水安全管理；强化公共卫生服务体系建设；强化病霉生物防治建设。在创建生态文明建设示范县方面，要加大生态环境保护力度，持续打好蓝天、碧水、净土保卫战；要加大生态系统的保护力度，严守生态、耕地保护红线；要加大产业循环的发展力度；要加大人居环境整治力度，切实做到“四净两规范”。

会议强调，创建工作系统性强，必须压实责任，协同推进。各级各部门必须精心组织、周密部署、明确任务、强化责任、狠抓落实。要压实责任，齐抓共管，各级各部门一把手要负总责，主要领导要亲自部署，亲自协调，亲自督办，做到任务不落实不松手，工作不达标不放过，目标不实现不收兵。要倒排时间，挂图作战，要对照测评体系、测评标准，逐项排查，细化责任，制定详细的时间表、路线图，集中攻坚。要上下同心，全民参与，要建立联席会议制度，积极整合资源力量，抽调专人成立专班，加强调度，要加大宣传力度，不断提升创建工作的知晓率、支持率、参与率。要严督实查，追责问效，真正做到创建工作进展到哪里，督导考核跟踪问责就到哪里。

会议强调，创建全省文明城市、卫生县城、生态文明建设示范县，是一项政治任务，也是一项民生工程，全县上下要迅速行动起来，同心同德，攻坚克难，切实把各项工作做实、做细、做到位，圆满完成各项创建任务，以优异成绩向党的二十大胜利召开献礼。

万洪超在主持会议时要求，全县上下要进一步统一思想，逐一对照，抓好落实。要聚焦创建目标，在思想上凝心聚力；要紧盯创建标准，在行动上精准发力；要强化创建责任，在落实上持续加力，以严格的政治纪律、组织纪律和工作纪律，确保创建工作全面胜利，向全县人民交上一份满意答卷。

县领导曲利杰、林刚、韩建、王林兵、田浩然、钱卫及县四套班子成员等参加会议。

一、创建省级文明城市

近年来，利辛县坚持以习近平新时代中国特色社会主义思想为指导，全面贯彻落实党的十九大和十九届历次全会精神和党的二十大精神，按照中央和省、市关于精神文明建设的决策部署，始终坚持以人民为中心的创建思想，把人民群众对美好生活的向往作为出发点和落脚点，紧紧围绕培育和践行社会主义核心价值观，以创建省级文明城市为引领，大力推进公民思想道德建设，深入开展群众性精神文明创建活动，着力提升公民文明素质和城乡文明程度，全县精神文明建设工作呈现出积极、健康、向上的发展态势。

1.强化组织领导，建立健全长效机制。始终把创建全省文明城市作为提高城市综合竞争力、提升市民文明素养的重要抓手，从组织领导、宣传教育等方面健全工作长效机制，凝聚全县各级各部门和广大干部群众的思想合力，在全县上下营造“文明城市、共建共享”的强大理念。

高站位部署推进。县委、县政府把文明城市创建当作一项系统工程纳入重要议事日程，定期召开县委常委会、县政府常务会、专题会等，及时研究解决创城工作中存在的突出困难和问题。组建并强化县创建办职责功能，县委主要领导担任县创城指挥部主要负责人，建立健全创城工作例会制度，2022年全年召开常委会研究文明创建工作4次，召开文明委会议6次。

高标准落实责任。印发《利辛县创建全省文明城市包保工作方案》《利辛县组织动员志愿者积极参与文明创建活动实施方案》等文件，把文明城市创建作为“一把手”工程，纳入一线考察干部、绩效考核的重要内容。县委、县政府主要领导多次带队，深入城区调研督查创城工作，32位县处级领导调研包保片区，发挥126家县直单位、中央和省、市驻利单位、县属相关企业党组织优势，与16个城市社区的126个网格进行文明创建包保共建。对文明城市创建工作中表现突出的领导干部，在干部提拔选用、评优评先中优先考虑；对创城工作中表现突出，作出积极贡献的单位当年绩效考评加分；对责任范围内公共区域环境容貌、基本秩序长期恶化、治理不力的单位，在全县通报曝光，并对相关责任领导实施组织约谈、劝诫；对创城工作推进缓慢，未在规定时限完成创城工作部署，责成单位领导向创城指挥部领导作出情况说明；对创城工作配合不力，造成全局不良影响的单位取消文明单位考评资格。同时加大媒体对创城工作的宣传报道，对各乡镇、县直各部门在精神文明建设工作中涌现的先进典型给予正面宣传，对责任不落实、工作不到位的单位给予通报批评、电视曝光。

高要求全员参与。充分利用电视、网络、微信、微博、公益广告等各种行之有效的方式，对创建省级文明城市的重要意义、目标任务、方式方法等方面知识的宣传教育，公开发布宣传创建工作规划、重要举措、所办实事等内容。发动机关和社区党员志愿者进社区进小区，逐家逐户走访宣传，通过手机App、微信小程序等平台进行创城有奖问答和问卷调查，畅通城市综合管理热线电话等投诉渠道，收集群众需求，广泛听取群众意见建议。8712345县长热线平台办理文明创建方面群众诉求308件，诉求受理率100%、办结率100%、反馈回复率100%、群众满意率100%。线上线下开展调查问卷2万人次。城市综合管理热线电话受理群众信访件120余件，各媒体发布各类公告通知20多份，发布宣传创建相关信息562余条。对党员干部、群众进行全方位、多角度的教育引导，督促广大干部群众树立“争创文明城、争当文明人”的观念意识，多形式、多渠道吸引群众自觉地参与到创建活动中来，不断提高群众对文明创建工作的满意度，取得了较好的社会反响。

2.强化人民至上，全力打造宜居城市。坚持人民至上，文明城市为人民的理念，以开展环境卫生提升等18项专项行动为抓手，持续优化城乡人居环境，更好满足人民日益增长的美好生活需要，共同建设美好家园。

坚持“现代化”理念。树牢现代化城市管理的理念，全力补齐城市硬件短板，结合“暖民心”便民停车行动，开展智慧停车项目建设，验收在建房地产及学校项目9个，并在12条道路路内施划停车泊位，城区已完成新增停车泊位9080个，完成率151.3%；

完成公共停车泊位2328个，完成率达232.8%。总投资6000余万元，共计建设大小停车场15处，新增停车泊位1000个。完成淝河之韵、明珠广场、五一广场、港口公园、文景公园5个公园绿化提升、增加附属设施等，总投资775万元。完成向阳西路（地表水厂—揽翠河）污水管网修复改造已通过验收，总投资491.1万元；完成地下管网修复改造及相关设施配套工程（一期）项目建设，该项目主要对城区和平路、淝河路、光明路、前进西路等21条路段污水管网进行修复改造，总投资3765万元；对县城区诚信路、青年路、政通路、永兴路等54条路段污水管网进行修复改造及混接点整治，总投资7262.8万元。完成环卫车辆、打草机、打捞船配备，城区垃圾分类试点智能系统和设施安装，以及王市、孙庙、大李集、中疃、旧城、马店孜、永兴、新张集和巩店等乡镇垃圾中转站改造，累计完成投资约1.2亿元。建成以“一库”（智慧城管综合性数据库）、“一平台”（智慧城管核心业务平台）、“多应用”（智慧化行业应用系统）为内容的城市管理智慧平台。对城区40平方公里城市部件进行数据普查，对原有750公里综合管网数据核查更新，对剩余378公里综合管网进行数据普查。创建文州路、淝河路、永兴路、科技路等4条示范路，全面提升城市管理水平。制定了示范路创建方案和标准，增加执法管理力量，对4条示范路在秩序管理、卫生保洁、广告设置上高标准、严要求，在市政基础设施和绿化提升上求品质、求品位，示范路创建成效明显。

坚持“常态化”理念。坚持集中整治和日常管理相结合，推进基础工作常态化，通过持续开展环境整治、拆违控违、交通管理、广告治理、渣土管控等重点整治工作，进一步巩固创城成果，开展户外广告专项整治行动，拆除残旧破损和设置不规范广告标牌共846处，拆除沿街条幅600余条，全面清理沿街商铺门前小广告；规范非机动车停放秩序，施划停车线18200平方米；拖移、暂扣非机动车辆3200余辆；累计完成补植绿化面积约17100平方米；维修维护景观灯86盏；修复沟河广场铺装2000余平方米；对绿化苗木及时进行施药喷洒消除病虫害，累计施药量达18080升，施肥量达8.3吨；完成人行道维修40000余平方米、路侧石10000余米；更换护栏4000余米、防撞桶109个，更换检查井盖200余套、更换雨水篦子350余套，维修路灯光源483盏。持续推进电动车专项治理。采取线上申请，审核，线下领牌发牌的模式，落实两轮电动车上牌业务。已办理两轮自行车牌照10余万辆。进一步优化警力配置，采取点、线、面结合，动与静互补的警务新机制，及时查纠交通违法行为。重点查纠非机动车交通违法行为85003起，行人和乘车人交通违法52828起，强制拆除电动车非法安装遮阳雨篷2000余辆，通过宣传、震慑群众自行拆除50000余辆。2022年对文苑新村、卫校、建筑公司、老城建局等17个老旧小区，针对雨污管网损坏、部分外立面脱落、道路损坏等方面进行改造，总建筑面积约38.34万平方米，涉及改造户数3375户，总计划投资13419万元。绿地“花化、彩化”提升实施，“牛皮癣”、道路护栏实施常态化保洁，切实增强了城市能级、提升了城市品质、彰显了城市清洁。

坚持“均等化”理念。坚持补齐民生、教育、卫生与健康、养老和城乡民生基础设施等补短板工作，扎实推进实施20项民生实事和10项暖民心行动，并全面完成各项任务。新增城镇就业11372人，累计发放创业担保贷款2.5亿元。居民养老保险参保实现全覆盖，城乡低保标准分别提高7.5%、4.9%，发放城乡低保救助资金3.6亿元、特困群众救助资金7069万元。居民医疗保险参保超额完成任务，住院费用跨省直接结算率稳步提升。新建、改建幼儿园、中小学16所，增加学位8140个，改善提升农村薄弱学校60所。淝河路小学综合楼、前进路学校小学部、机电科技学校交付使用，利辛一中附属学校如期招生，规范民办义务教育发展工作完成省市目标任务。持续推进“双减”，幼儿园、中小学课后延时服务实现全覆盖。中考建档线较去年提升89分，高考工作实现较大提升。二院新区、县医院传染病区改扩建等16个卫生项目竣工，疾控中心大楼、第三人民医院项目开工建设。规范推进基层医疗卫生机构和村卫生室标准化建设，县中医院成功创建三级中医院。建成全民健身场地100个，利辛代表队在省运会青少年篮球项目比赛中荣获亳州自建市以来的首个冠军。

坚持“无尘化”理念。坚持按照“一路一策”方案，对辖区主次干道清扫保洁和洒水，确保机扫率达到100%，实现切实做好辖区主次干道“无扬尘、见本色”。辖区公厕，实行划片专班管理，全天候开放，坚持按照“保洁精细化、管理制度化”工作标准，不断强化保洁力度，完善公厕便民设施，设置统一规范，辖区垃圾转运站，按照“专班管理、收集转运”作业制度，完成辖区生活垃圾无害化处理，全年进厂垃圾24.24万吨，其中城区7.42万吨，乡镇16.83万吨。全县垃圾平均664吨每日，城区平均203吨每日，乡镇461吨每日。

3.强化思想引领，不断提升公民道德素质。坚持以习近平新时代中国特色社会主义思想为引领，把培养干部群众良好的文明素质作为创城活动的出发点和落脚点，大幅提升市民文明素质，群众精神风貌有了根本改变。

深入开展典型引领。充分发挥典型引领和正面激励培根铸魂的作用，开展道德模范、身边好人、文明家庭、向上向善好青年等先进典型推荐、评选活动，2022年度全县表彰利辛好人12人，获评亳州好人7人、安徽好人1人、中国好人1人。表彰县级新时代好少年15人，大力培育群众身边的典型，以道德讲堂、报告会、宣讲团、事迹巡回展等形式组织广大乡村的党员干部群众学习宣传典型模范的先进事迹，推进社会公德、职业道德、家庭美德、个人品德建设。着力发挥革命先烈、党史学习教育学习参观点等的作用，深化开展传承伟大建党精神、弘扬党的光荣传统和优良作风等，传承红色基因，赓续精神血脉。

深入开展文明新风建设。发挥现代化传播手段，运用电视台、网络、手机短信、公益广告等多种方式，多渠道广泛宣传社会主义核心价值观。同时，利用主次干道、公园广场、LED灯箱、宣传栏、墙绘等载体刊播社会主义核心价值观，共投入300万元用于公益广告宣传工作，城区设置张贴以“社会主义核心价值观”“讲文明树新风”“文明健康绿色环保”“公筷公勺”等为主题的公益广告4200余幅，坚持把社会主义核心价值观融入法治建设，在全县各地不断修订完善村规民约及各类服务守则、行业规范等，营造遵纪守法、依法办事的浓厚社会氛围。

深入实施志愿服务行动。发挥县新时代文明实践中心、23个新时代文明实践所、361个新时代文明实践站作用，设立志愿服务站（岗）300余个，完善“19＋N”志愿服务团队，现有在册志愿者26万余人，充分发挥党员先锋模范作用、群团组织桥梁纽带作用，深入开展岗位学雷锋、岗位建功等活动，推动工作力量和服务资源下沉到基层一线，把践行党的群众路线和为民服务宗旨融入日常、抓在经常，让党旗高扬在一线。开展文明餐桌行动，加大“文明餐桌”活动宣传，制作精美的桌卡、宣传海报等文明餐桌宣传品5000余份；开展文明交通行动，联合交通、交警等主管部门，以“关爱生命，文明出行”为主题，常态化开展文明交通劝导志愿服务活动，参与志愿者3万人次，发放文明交通倡议书2万余份；中疃镇志愿服务队、张村镇红光村志愿服务队、孙集镇文明风尚志愿服务队和纪王场乡孙老家村志愿服务队获感动药都先进志愿者组织称号；城关镇文州社区获评全省“月评十佳”志愿服务社区称号；汝集镇关爱留守儿童项目获评全市优秀志愿服务项目称号。获评全市双百志愿服务组织2个、百名优秀志愿者20名。县新时代文明实践中心、23个实践所、361个新时代文明实践站，县直各单位志愿服务组织、民间志愿服务协会，开展理论宣讲、帮扶慰问、文明创建等各类新时代文明实践活动10000余场次，受益群众8万余人次。

深入开展疫情防控工作。坚持把精神文明建设与防疫工作紧密结合，有效引导广大市民朋友提高文明素质和自我防控能力，在全县疫情防控工作中，全县动员5万余人次志愿者参与快餐配送、环境消杀、道路保洁、社区防控等各项工作，县蓝天救援队、江淮义警组织4000余人次志愿者参与环境消杀2000余场次，受到社会各界好评。疫情防控期间表彰优秀抗疫志愿服务组织30个、优秀抗疫志愿者100人，为打赢疫情防控阻击战凝聚了强大的精神力量。

4.强化立德树人，加强学生思想道德教育。坚持将未成年人思想道德建设工作作为文明城市创建的基础工程，不断强化文明校园创建，教育引导未成年人“扣好人生第一粒扣子”，净化未成年人成长环境。

深化学习教育。立足利辛特色，围绕党史学习教育、“传承红色基因”系列教育、学雷锋志愿服务、“劳动美”社会实践、中华优秀传统文化传承等一系列主题内容，开展各类教育实践活动2000多场次，组织中小学生开展学雷锋达10000余人次，推选培育新时代好少年15人。

强化道德教育。推进乡村学校少年宫建设，截至目前，全县共有中央彩票公益基金支持乡村学校少年宫23个，实现乡镇乡村学校少年宫全覆盖，较好发挥未成年人思想道德建设阵地和丰富课余文体活动的作用。积极发挥社区大学系统办学优势，整合社会资源，构建起学校、家庭、社会“三结合”的教育网络，形成关爱未成年人成长的工作合力，全县社区教育学习网点实现全覆盖。

优化心理辅导。遵循未成年人认知特点和心理发展规律，坚持“治未病”理念，持续开展心理健康教育“三进”（进校园、进社区、进家庭）系列活动，设立校外未成年人心理健康辅导中心。疫情防控期间，校外未成年人心理健康辅导中心已接待线上线下个体面询200余人次，开展普及心理健康科学常识的讲座和团体辅导活动50余次，累计受益达350余人次。

建设美好利辛，扫除黑恶势力　　（县委宣传部 / 供）

净化成长环境。常态化推进校园周边环境综合整治，重点推进校园周边食品安全问题、流动摊贩、治安问题、交通秩序及学校安全隐患等问题的大排查大整治工作，建立问题清单，准对策措施，做到闭环管理。全县没有发生校园卫生、安全、人身伤害等责任事故。持续强化以网络、手机、网吧、少儿出版市场等为重点的集中整治行动，形成有利于未成年人身心健康成长的良好社会文化环境。强化宣传教育引导工作，组织各校开展“护苗·网络安全课”活动，通过开展摸底排查工作，全面掌握中小学生使用网络基本情况，重点排查学生沉迷游戏等问题，推进青少年网络安全教育；成立防范中小学生沉迷网络工作小组，加强对校园网的监管，及时删除网络上出现的黄赌毒等不良信息；密切关注各校学生QQ群、微信群、百度贴吧等，严防危害未成年人身心健康的有害信息蔓延，营造有利于青少年健康成长的网络环境。

（朱小亮）

二、创建省级卫生县城

县委、县政府高度重视省级卫生县城创建工作，2022年，县委、县政府确定创建省级卫生县城目标，制定《利辛县创建省级卫生县城工作实施方案》，不断加大投入，完善城市基础设施，加强环境综合整治，强化长效管理，为创建“省级卫生县城”奠定坚实的基础。同时，将创建省级卫生县城列入县委、县政府重要议事日程，先后3次召开全县动员会，多次召开现场办公会、推进会、检查会等，对创卫工作进行专题研究，解决存在的困难和问题。健全机构，完善工作网络。及时调整和充实县爱卫会组织机构，成立以县委书记任政委，县委副书记、县长任指挥长，县人民政府分管领导为副指挥，县级相关部门主要领导为成员的创建省级卫生县城工作领导小组，构成主要领导负总责，分管领导全力抓，成员单位共同抓的领导机制；在县机构编制十分紧缺的情况下，成立利辛县爱国卫生运动委员会办公室。强化督查、统筹推进。成立创建省级卫生县城、省级文明城市的“双创”工作领导小组及其办公室，对“双创”工作进行同安排、同部署、同促进。同时，强化督查，严格按照《安徽省卫生乡镇（县城）标准》等规定要求，定期不定期对主要涉创单位进行督导检查和初验，督促补齐短板，确保创卫工作顺利推进。

1.加大投入，狠抓基础，创卫工作有力开展。以打造“生态养生地、好水利辛城”品牌为目标，高度重视县城生态环境保护和基础设施建设。按照“点上绿化成景、线上绿化成荫、面上绿化成林”的总体思路，统筹推进道路、公园、广场、单位等绿化建设，建成区绿化覆盖率≥37%，人均公园绿地面积达≥14平方米，创成国家园林县城；全面实施县城路网、“一水两污”等城市功能提升攻坚行动，道排工程建设实现全线畅通，城区雨水污水管网总长49千米，雨污合流总长10千米，城区地下管网无堵塞现象发生。强化城市管理。制定《利辛县城市管理提升行动工作方案》，开展“市容秩序大整治、环境卫生大清理、市政设施大检修”三大行动，整治“经营、卫生、交通、广告”四大秩序，治理“乱摆摊点、乱停车辆、乱设广告、乱堆杂物、乱倒垃圾”五乱现象。落实“门前三包”责任制，开展主次街道占道经营集中整治行动，对校园周边等重点区域车辆乱停放、占道经营等进行集中整治，共劝阻占道经营行为千余起。强化农贸市场监管。由县商务局牵头，督促县城内农贸市场业主加强内部环境管理，充实清扫保洁人员，严格落实“一摊一桶”制度，市场内基本做到经营物品摆放有序，地面清洁；完善农贸市场配套设施，对所有市场内安装灭蝇灯，下水道口加装防鼠网，对所有“直接入口食品”摊点、安装防蝇帘、防尘罩等设施，确保食品安全达标。强化食品安全监管。每年印发《利辛县食品安全重点工作安排的通知》，开展“食安安徽”品牌建设，加强食品安全监管整治，强化抽检监测与风险防控等措施，推动食品安全责任落实到位。严格实行年度风险分级管理，量化分级管理率达100%。强化“小餐饮”专项整治，积极推进餐饮服务“明厨亮灶”、亮照经营、信息公示、健康证明、索证索票、消毒保洁、“四害”防治、餐厨废弃物处置管理和登记、无害化销毁等环节进一步得到规范。完善环卫设施。全面完成城区95座公厕改造工程，并落实城乡环卫一体化服务，实现保洁全覆盖。提升服务作业方式，有效提升机械化作业水平，道路机械化清扫率达76%。积极推行生活垃圾、餐厨垃圾和建筑垃圾分类收集管理，做到垃圾日产日清，密闭储存清运。健全病媒生物防制组织网络，完善病媒生物防制设施。成立病媒生物防制工作领导小组，制定《利辛县病媒生物防制工作实施方案》，城区重点场所和公共环境病媒生物防制工作通过公开招标方式委托PCO公司有计划、有目标地对城区开展除“四害”活动，累计设置灭鼠毒饵站7590个、捕蝇笼4504个。自利辛县大力开展病媒生物防制工作以来，通过疾控部门病媒生物密度监测报告显示全县“四害”密度逐年下降。2022年，省爱卫办也组织对利辛县城区病媒生物防制工作进行考核，考核结果显示全县城区鼠密度综合控制水平属于C级水平，蚊虫密度控制水平属于C级水平，蝇密度综合控制水平属于

C级水平，蜚蠊密度综合控制水平属于C级控制水平。

2.广泛宣传，营造氛围，创卫工作氛围浓厚。着力突出宣传教育的广泛性、长期性和实效性，全方位、多层次、多形式地抓好省级卫生县城宣传工作。在城区各单位、居民区、公园、广场、主要道路等公共场所设置创卫公益广告宣传牌和健康教育宣传栏，利用汽车站、公交站、出租车、公交车等公共交通设施的LED电子显示屏，每天滚动播放创卫宣传内容，县电视台开通宣传专栏，定期播放健康教育知识，并对创卫工作进行全方位、多角度报道，充分利用政府网站、政府微信平台等信息化平台，及时、准确公开全县创卫工作动态，教育引导城乡居民支持、参与创卫工作，营造了浓厚的创卫氛围。积极开展“健康教育”和“讲文明、讲卫生”宣传教育活动，建设“健康步道”，发放各种宣传资料和教育读本，采取小手拉大手方式扎实开展“健康教育进校园活动”，城区中小学健康教育课的开课率达100%，学生健康知识知晓率达90%以上。全县医疗服务机构设置健康教育宣传专栏，候诊场所和各病区有控烟健康教育宣传，有禁烟标识，有图文并茂的健康宣传长廊，能为病人提供健康教育处方和卫生科普宣传材料，使病人及家属相关健康知识知晓率得到有效提高。四是开展义诊咨询宣传，利用健康宣传专栏与讲座、卫生下乡、义诊服务咨询活动等，向农民、职工、学生等广大社会群众宣传卫生防病知识。

3.全民参与，贡献力量，创卫工作人人参与。以第34个全国爱国卫生月和安徽省第13个法治宣传周等活动为契机，大力宣传爱卫、创卫工作，狠抓城区交通秩序整治、市容环境卫生整治、农贸市场整治、城乡接合部环境卫生整治，县城综合环境明显改善。通过大力开展病媒生物防治、疾病预防控制等工作，从业人员有效健康证持证率100%，卫生知识培训合格证持证率98%以上，卫生监督覆盖率、县城生活饮用水检测、餐饮器具卫生监测、饮食行业人员“五病”调离率均达100%；传染病发病率逐年下降，2020年以来全县未发生甲类传染病，无重大传染病暴发流行，生活饮用水常规卫生指标检测合格率100%。积极开展卫生镇、村等卫生创建等工作，创建省级卫生村（社区）38个，省级卫生镇2个。

4.标本兼治，健全机制，创卫工作纵深发展。坚持把建立长效管理机制作为重要举措，建立和完善创建省级卫生县城责任制，推动创卫工作顺利开展。一是制定环境卫生管理规划。县政府制定《利辛县爱国卫生工作“十三五”规划》《推进健康利辛建设“十四五”规划》《利辛县创建2022年安徽省卫生县城实施方案》，贯彻落实《安徽省深入开展爱国卫生工作的实施意见》，转发落实《亳州市爱国卫生工作办理办法》《亳州市除四害工作管理规定》《亳州市公共场所禁止吸烟暂行管理规定》等等规定措施，实行“一把手”负责制，并把创卫工作纳入年度目标责任考核内容，保证了创卫工作顺利开展。完善单位门前“三包”责任制。签订“门前三包”责任书，进一步明确了城区各单位市容卫生管理范围、主要职责及日常管理人员，实现环境卫生管理由单一管理向综合管理的转变。完善城区环卫工作管理。城区环卫清扫保洁工作实行对外公开承包，县城内主要街道实行不低于16小时清扫、保洁，垃圾清扫保洁率达96%以上，清运率达98%以上，城区95座公厕已完成全面改造工程，实行免费开放。

（胡敬辉）

三、创建省级生态文明建设示范县

2022年，利辛县颁布实施《利辛县生态文明建设示范县规划》，制定《利辛县创建全省生态文明建设示范县实施方案》，落实省级生态文明建设示范县创建工作，编制《利辛县省级生态文明建设示范县工作报告》《利辛县创建省级生态文明建设示范县技术报告》，争创省级生态文明建设示范县。

1.环境执法与环境信访查处。对重点排污企业加强环境监管，重点开展挥发性有机污染物、工业固废等专项整治。加大案件查办力度，对100余家企业下达环境违法行为整改通知书，责令限期整改。依法实施行政处罚119件，罚款316万余元。共办理新环保法四个配套办法86件（查封扣押67件，移送拘留16件，涉嫌环境污染犯罪1件，停产限产2件）。畅通生态环境保护问题信访举报渠道，建立领导干部接访下访和环境执法监管工作机制，切实维护人民群众环境权益。2022年，受理12369环保热线103件，12345市长热线331件，办结率99.9%，其中12369环保热线被评为“五星级”满意案件8件。行政执法卷宗质量稳步提升，2022年7月，在全省生态环境保护行政执法案卷评查中，利辛县抽查案卷得分位居全省第一。在2022年全市生态环境保护大练兵第二轮行政执法案卷县区交叉评查中，利辛县得分位居全市第一。在2022年利辛县司法局组织的行政处罚案卷推进会中，抽选的县生态环境分局案卷获得“优秀案卷”称号。

2.环境监测。2022年度，完成全县15条河流16个断面3次5项指标监测，1次24项指标监测，2次城区地下集中式饮用水源地水质监测，4次城区集中式地表饮用水源地水质监测，2次42处千吨万人农村地下饮用水源地监测，4次3处千吨万人农村地下饮用水源地监测，4次2处地表河流断面每季度1次24项指标监测。以江集村为代表的农村环境空气质量监测，按季度上报6项指标不少于90天日均值数据。完成省监测中心下发清单中涉及利辛县辖区的9个重点入河排污口监测。完成每半年对33个农村污水处理设施出水开展1次3项指标（水温、化学需氧量、氨氮）监测。完成省监测中心下发清单中涉及利辛县辖区4个已完成整治的黑臭水体监测。完成全县43家重点排污单位（除部分企业因停产无法监测外）监测任务。配合完成信访、执法监测10余起，两河支流地表水监测约75次、汛期每周1次监测8次、两天1次监测约30次、国控断面每月加密监测约45次，每月1次的降尘监测采送样工作。

3.环境影响评价与排污许可证管理。优化环评审批服务，给出科学决策依据，实行项目预审制和重点项目专家评审制。2022年，共依法审批环评报告表49个，登记表备案137个；完成排污许可证登记及核发189个，出具项目初审意见19个，积极为企业申报成功污染防治项目1个。

4.生态环境保护宣传教育。2022年，开展各类生态环境宣传进社区、进企业、进学校、进机关、进乡村的宣传活动，利用“3·12”植树节、“4·22”地球日、“5·22”国际生物性多样日、“6·5”世界环境日、“6·15”低碳日等，张贴“节能减排、绿色生活”等各类宣传画，共发放各类宣传材料3万余份，各类宣传信息99篇。利用各类媒体，积极对企业履行生态环境保护主体责任开展宣传教育，采取座谈，培训，走进乡镇工业园等方式，开展“谁执法、谁普法”活动7次。开展生态满意度宣传，在媒体积极投放环境公益宣传片，向广大民众公布当前的空气环境质量、水环境质量状况、绿色生产生活等。

5.环境能力建设。2022年，利辛县针对环保系统干部队伍年龄偏大，知识更新不足问题，多措并举，提升干部能力。积极参加上级组织培训，全年参加30余次省、市组织的生态环境保护培训，进一步提升干部理论水平；积极组织骨干力量，参加上级部门组织的互查活动，在实际工作中提升实践能力；案卷数量和质量稳步提升；选调乡镇环保站工作人员跟班锻炼，在实际工作中提升业务能力。

（解松军）

大事记

◎ 1月

◎ 2月

◎ 3月

◎ 4月

◎ 5月

◎ 6月

◎ 7月

◎ 8月

◎ 9月

◎ 10月

◎ 11月

◎ 12月

1月

1日 利辛县第十三届人民代表大会第一次会议举行第二次全体会议。大会执行主席江浩主持大会。县人大常委会副主任江淮向大会作《利辛县人民代表大会常务委员会工作报告》。县人民法院院长王平向大会作《利辛县人民法院工作报告》。

是日 中国人民政治协商会议第十一届利辛县委员会第一次会议完成各项议程。会议成功选举出政协第十一届利辛县委员会主席、副主席和常务委员。邵利峰当选为十一届县政协主席。

2日 利辛县第十三届人民代表大会第一次会议圆满完成各项议程后胜利闭幕。江浩当选为利辛县人大常委会主任。会议表决通过关于《政府工作报告》的决议。

6日 安徽省第八届工业设计大赛“艾可舒杯”专项赛落下帷幕，颁奖仪式在利辛县举行。

7日 县政府召开全体会议，深入贯彻落实县“两会”精神，对《政府工作报告》进行任务分解。

11日 利辛县开展两轮电动自行车集中登记上牌工作。全县共设置四个办理网点：利辛县长春路与光明路交叉口（交警大队事故中队西侧）；利辛县前进东路19号（人保财险营业厅）；利辛县人民路与复兴路交叉口（时代之光）；利辛县向阳路与晴岚西路交叉口（双拥广场）。

16日 第十届县委第26次常委会会议召开。

同日 安徽省文化和旅游厅发布公示，首批游安徽“不得不吃”的特色美食（小吃）、“不得不进”的特色美食（小吃）名店、“不得不游”的特色美食旅游线路出榜，利辛阚疃板鸡、展沟烧饼、百年老店阚疃王氏板鸡店、利辛县阚疃镇民一街、阚疃古镇上榜。

17日 2022年全县第一次安委会、消安委会议暨推进安全生产专项整治三年行动会议召开。

18日 市委第四巡察组对利辛县开展涉粮问题专项巡察情况反馈会议召开。

是日 全县党史学习教育总结会议召开。市委党史学习教育第二巡回指导组组长刘兴群到会指导。

19日 市委党史和地方志研究室主任时明金一行三人到利辛县调研史志工作。

是日 市退役军人事务局党组书记于斌到县城关镇退役军人服务站、和谐社区退役军人服务站指导退役军人服务工作。

是日 2022年老干部迎春座谈会召开。

21日 中央宣传部、司法部、全国普法办联合发布《关于表彰2016—2020年全国普法工作先进单位、先进个人和依法治理创建活动先进单位的决定》，利辛县市场监督管理局政策法规股股长武志获评全国普法工作先进个人。

22日 2022年度全县第一批公共租赁住房实物配租方案进行网上公示。

24日 县委理论学习中心组学习会议暨县四套班子招商引资调度会召开。

是日 市委常委、宣传部部长吉洪武一行到利辛县走访慰问全国优秀党务工作者、“中国好人”和全国文明家庭代表，向他们致以节日的问候和良好祝愿。

27日 十届县委第28次常委会会议召开。

2月

7日 全县教育发展大会召开。

是日 中国共产党利辛县第十届纪律检查委员会第二次全体会议召开。市纪委监委第三纪检监察室主任袁伟到会指导。

8日 全县改进工作作风、优化营商环境、推动高质量发展大会召开。

11日 县委农村工作会议召开。

是日 利辛县十三届人大常委会举行第一次会议。

15日 司法部、民政部印发《关于2021年度“全国民主法治示范村（社区）”复核工作情况的通报》决定保留3802个村（社区）“全国民主法治示范村（社区）”称号，利辛县张村镇赵王寨村、城关镇向阳社区榜上有名。

16日 全县新时代基层干部主题培训暨生态环境保护工作业务培训班开班。

17日 安徽省人民政府发布关于利辛县城地表水厂饮用水水源保护区划分方案的批复，同意利辛县城地表水厂饮用水水源保护区划分方案。饮用水水源保护区范围如下：一级保护区。水域范围长度为取水口上游1000米至下游1000米，宽度为西淝河两侧正常水位边界线；陆域范围长度与一级保护区水域长度一致，宽度为一级保护区水域两侧边界线至西淝河防洪堤顶临水侧。二级保护区。水域范围长度为一级保护区上游边界向上游延伸2000米，下游边界向下游延伸2000米，宽度为西淝河两侧正常水位边界线；陆域范围长度与二级保护区水域长度一致，宽度为二级保护区水域两侧边界线至西淝河防洪堤顶临水侧。

18日 利辛县委统战部组织召开全县统战工作会议，县委常委、统战部部长江朋梅主持会议并讲话。

是日 县人大常委会副主任黄振军带队调研2021年棚户区改造安置房建设情况。

20日 第十届县委第30次常委会会议召开。

21日 县委理论学习中心组学习（扩大）会议召开。

22日 县人大常委会主任江浩带领县人大代表对全县贯彻落实《中华人民共和国食品安全法》情况进行执法检查。

23日 县委主要负责人在县经开区管委会开展“新春访万企、助力解难题”活动，现场接待企业负责人，面对面听取意见、了解诉求，帮助企业解决实际困难和问题。

是日 极兔快递的快递小哥黄冠在途径县人民北路附近时，见义勇为，成功解救一名落入深水中的女子。

25日 全县推进五大发展暨乡村振兴工作第一次调度会召开。

是日 全市城镇燃气场站经营企业安全生产标准化建设工作动员部署会议在利辛召开。

26日 省妇联发布2021年度表彰通报，利辛县信访受理中心主任管婧婧获“安徽省三八红旗手”荣誉称号，利辛县人民医院获“安徽省三八红旗集体”荣誉称号。

28日 全县“三八”节表彰暨妇女工作会议召开。

3月

1日 第十届县委第一轮常规巡察工作动员部署会召开。

是日 市政协主席汤涌带队到利辛调研《关于加强和改进新时代市县政协工作的意见》落实情况。

3日 2022年春季校园安全专题会议召开。

4日 第十届县委第32次常委会会议召开。

5日 全县组织召开宣传统战政法武装党办工作会议。

是日 2021年度乡镇党委（工委）书记抓基层党建工作述职评议会议召开。

8日 副省长周喜安到利辛调研经济社会发展情况，省自然资源厅、住房和城乡建设厅相关负责人，副市长戴力，县委副书记万洪超等人陪同调研。

10日 市人大常委会副主任张洁带队到利辛开展基层立法联系点和《亳州市城市道路交通秩序管理条例（草案征求意见稿）》立法工作调研。

11日 全县新冠疫情防控工作视频会议召开。

12日 全县领导干部学习贯彻党的十九届六中全会精神培训班在县委党校开班。

13日 利辛县在垃圾发电厂开展侵权假冒伪劣商品集中统一销毁活动。此次集中无害化销毁的假冒伪劣产品包括479.5条走私假冒卷烟，非法侵权假冒农资类、日用品、日化品、过期食品、假酒等，合计30多吨。

14日 全县关心下一代工作会议召开。

15日 市委常委、统战部部长郑超带队调研利辛县统战工作。

16日 县总工会在利辛电视台演播大厅成功举办“工会送岗位，乐业在江淮”专场线上招聘会。本次线上招聘会聚集了县内5家优质企业，共提供职位岗位803个，直播观看达1.9万人次，网民互动咨询1000余条。

是日 县委理论学习中心组学习会召开。

17日 利辛县开展食品安全“守底线、查隐患、保安全”专项行动。

24日 由央视总台1套、13套并机直播的《朝闻天下》栏目综合报道利辛县农业生产采用新型无人机撒施拔节肥促丰产的新闻。

29日 全县疫情防控工作视频会议召开。

是日 县政府与县人民检察院召开第一次联席会议。县委副书记、代理县长万洪超主持会议并讲话。

31日 利辛50名医护人员驰援上海，抗击新冠疫情传播。

4月

2日 利辛县2022年度安委会第二次全体成员（扩大）会议暨推进安全生产专项整治三年行动巩固提升会议和疫情防控、信访维稳工作视频会议召开。

3—5日 全县开展青少年防溺水宣传教育活动。

8日 全县学校安全和风险防控工作视频会议召开。

10日 利辛县12个新冠疫情防控交通查验点临时党支部同步开展4月主题党日活动。

11日 全县疫情防控“外防输入”管控工作会议召开。县委书记吴斌主持。

12日 全县2022年小麦赤霉病防控工作现场会、大豆玉米带状复合种植演示现场会在城北镇召开。

15日 利辛县组织开展第七个“4·15”全民国家安全教育日宣传教育活动。

是日 县政协主席邵利峰带队专题调研城区生态水网建设实施情况。

16日 第十届县委第39次常委会会议召开。

是日 县委副书记、代理县长万洪超开展“云招商”对接预制菜产业园项目。

17日 利辛县人大常委会主任江浩到安徽浩翔农牧旗下反刍事业板块望疃牛场调研，就当前疫情条件下企业遇到的困难和问题进行走访和了解。

18日 县委负责人先后到王人镇、汝集镇等乡镇调研小麦赤霉病防治及乡村振兴工作。

20日 利辛县召开2022年第一次生态环境保护委员会暨县级总河长、田长制、林长制工作会议。

20—26日 利辛县开展2022知识产权宣传周活动。

22日 市委书记杜延安到利辛县处置突发疫情。

是日 利辛县新型冠状病毒肺炎疫情防控应急指挥部发布《利辛县关于风险区域划定的通告（第19号）》。

26日 市委书记杜延安到利辛检查群众生活和防疫物资保供稳价工作。

5月

1日 市委书记、市疫情防控指挥部指挥长杜延安到利辛县指挥疫情防控工作。

是日 利辛县召开自建房屋安全隐患再排查再整治工作部署电视电话会议。

3—4日 市委书记杜延安分别主持召开利辛县各行业主管部门负责人，乡镇党委书记，市、县指挥部会议，部署各项工作和疫情防控方案。

4日 利辛县新型冠状病毒肺炎疫情防控应急指挥部发布《利辛县关于解除静态管理有序恢复生活生产秩序的通告》，决定自2022年5月5日8时起，有序恢复生活生产秩序。

是日 利辛县为支援利辛的医疗队举行送行仪式。

6日 利辛县防止返贫监测帮扶集中排查工作部署暨培训视频会议召开。

7日 第十届县委第40次常委会会议召开。

是日 利辛县2022年普通高校招生考试安全工作会议召开。

8日 利辛县自建房安全专项整治会议召开。会议要求各级各部门要深刻吸取湖南长沙“4·29”楼房坍塌事故教训，严格按照中央、省、市有关部署要求，依法严厉打击擅自施工、擅自改变房屋主体结构等违法违规行为，切实防范各类事故发生。

10日　利辛县统筹疫情防控和经济社会发展工作视频会议召开。

12日　县委理论学习中心组学习会议召开。

15日　全县常态化全面复工复产调度会召开。

16日　县委理论学习中心组学习（扩大）会议暨风险隐患排查会议召开。

是日　全县巩固拓展脱贫攻坚成果同乡村振兴有效衔接考核评估反馈问题整改部署会召开。

19日　利辛县组织收听收看全省、全市防汛抗旱工作电视电话会议。

21日　利辛县宣传思想工作会议召开。

23日　利辛县召开“三夏”工作暨粮食生产工作会议。

25日　利辛县《中国共产党利辛历史》第三卷暨乡镇志编撰工作推进会议召开。

26日　利辛县召开预防青少年儿童溺水专项行动督导推进会。

27日　利辛县法治副校长聘任大会在县法院会议室召开。

是日　第十届县委第41次常委会会议召开。

28日　安徽省生态环境厅副厅长项磊带队调研利辛县水环境治理及秸秆禁烧工作。

是日　利辛县组织收听收看全省推进2022年一季度长江（安徽）经济带生态环境警示片披露问题整改工作电视电话会议。

30日　全县冬小麦夏收正式开始。

是日　利辛县未成年人保护工作会议召开。

6月

1日　利辛县召开侵害未成年人案件强制报告制度联席会议第二次会议。

是日　安徽省预防青少年儿童溺水专项督查组组长何福云带领省联合督查组到利辛县开展第二轮全省预防青少年儿童溺水专项督查。

2日　利辛县召开援沪医疗队员慰问座谈会。

6日　第十届县委第42次常委会会议召开。

7日　县人大常委会副主任江淮带领部分常委会委员、人大代表，对县人民检察院控告申诉检察工作进行调研。

8日　县政府第11次常务会议召开。

8—9日　副省长张曙光到利辛县调研夏粮收购夏种夏管工作，并开展“优环境，稳经济”活动。

9日　亳州市总工会党组成员、副主席陈琳一行到利辛县调研工会服务驿站建设工作。

10—11日　根据省委统一安排，省委常委、副省长张红文到利辛县开展“优环境，稳经济”活动。

11日　国家自然资源督察南京局副专员杭邦明一行到利辛县督察2018年以来卫片执法检查问题整改情况。

13日　全县稳经济增长工作部署会议召开。

是日　全县基层减负突出问题集中整治工作培训会召开。

15日　全县创建全省文明城市、卫生县城、生态文明建设示范县部署大会召开。

是日　县人大常委会对全县农村巷道建设情况开展调研。

17日　市政协主席汤涌到利辛县开展“优环境，稳经济”活动。

18—19日　利辛县工商联（总商会）召开第七次代表大会。大会选举产生第七届县工商联（总商会）执行委员会及其领导班子。县政协副主席何芳当选为县工商联主席（总商会会长），刘阳、林翠强、张筱莉当选为专职副主席（副会长）。

19日　利辛县救助站开展“6·19救助开放日”宣传活动。利辛县救助管理站自2013年11月建成投入使用以来，前后救助人员约2200多人，成功寻亲送返2100多人，帮助将近2000多个家庭的实现团圆。

是日　县政府第12次常务会议召开。

是日　利辛县刁志岭同志被追授“安徽省优秀共产党员”称号。省委书记郑栅洁主持召开省委常委会会议，决定追授刁志岭同志“安徽省优秀共产党员”称号。

20日　安徽省双拥工作领导小组办公室发布《关于对拟命名表彰的安徽省双拥模范城（县）、双拥模范单位、双拥模范个人进行公示》的公告，利辛县入选双拥模范县。

21日　第十届利辛县委全面深化改革委员会第一次会议召开。

是日 县委党的建设工作领导小组会议召开。

是日 县委理论学习中心组学习会议召开。

是日 县委全面依法治县委员会第四次会议召开。

23日 县领导到张村镇开展“优环境、稳经济”现场办公活动。

25日 利辛县空手道代表队侯静宇获得安徽省第十五届运动会青少年部“金禾杯”空手道比赛男子乙组个人组手+70kg金牌。

26日 第十届县委第46次常委会会议召开。

是日 利辛县召开全县农村人居环境整治工作推进会议。

29日 人民银行利辛县支行联合县发改委、县金融监管局在利辛湖商村镇银行举办金融支持绿色企业发展政银企对接会。

是月 安徽省引江济淮二期工程（水利部分）建设征地移民安置规划审核前公示在安徽省发改委网站发布。据公示，安徽省引江济淮二期工程（水利部分）建设征地移民安置规划报告涉及利辛城关镇、阚疃镇、汝集镇、孙集镇、王市镇、张村镇。

7月

3日 利辛县第十三届人民代表大会第二次全体会议召开。

5日 利辛县启动新张集乡“乡改镇”工作。

6日 利辛县生态环境分局荣获全国生态环境保护执法大练兵先进集体称号，刘奇、李标2人荣获全国生态环境保护执法大练兵先进个人称号。

7日 全县基层小微权力“监督一点通”服务平台建设推进会召开。

是日 全县增减挂钩和新增耕地暨农村乱占耕地建房问题清理整治工作会议召开。

13日 安徽省预防青少年儿童溺水专项督查组组长何福云带领省联合督查组到利辛县开展第三轮全省预防青少年儿童溺水专项督查。

15日 县委农村工作领导小组会议暨“两强一增”行动调度会议召开。

是日 县政府第14次常务会议召开。

是日 县生态环境保护委员会2022年第二次会议召开。

18日 利辛县新冠疫情防控应急指挥部召开新闻发布会。

20日 利辛县总工会举办首届“皖工鹊桥·会聚良缘”利辛县2022七夕线上婚恋交友活动。

26日 第十届县委第47次常委会会议召开。

是日 县政府第15次常务会议召开。

27日 全县节能降耗工作会议召开。

是日 板集电厂二期扩建（1×660MW）工程环境影响评价报告书获得安徽省生态环境厅批复。

29日 利辛县委理论学习中心组学习（扩大）会议暨十届县委国家安全委员会第一次会议召开。

30日 县委人才工作会议召开。会议下发《支持人才创新创业服务现代化美好利辛建设暂行办法（征求意见稿）》《关于推进人才高质量发展的若干措施（征求意见稿）》。

是日 县委财经委员会会议暨全县上半年经济形势分析会召开。

是日 中国共产党利辛县第十届委员会第六次全体会议召开。

是月 县委政法委、县见义勇为基金会授予利辛县蓝天救援中心、利辛县公益救援中心“利辛县首届见义勇为弘扬正气奖先进社会组织”称号，授予利辛一中刘慧敏等21人“利辛县首届见义勇为弘扬正气奖先进个人”称号，并分别颁发奖励证书和奖金。

8月

2日 利辛人民法院法官刁志岭入选二季度“安徽好人”。

是日 利辛县委统战部组织召开全县统战工作培训会。

3日 利辛县征兵工作会议召开。

是日 利辛县村级组织活动场所示范建设推进会在巩店镇召开。

5日 全县疫情防控视频会议召开。

是日 利辛县创建全省文明城市工作推进会召开。会议对《利辛县组织动员志愿者积极参与文明创建活动实施方案》解读。

11日 全县疫情防控视频工作会议召开。

12日 县领导深入阚疃镇和新张集乡调研纪检监察“协作区+小协作区”改革工作。

15日 省经信厅汽车工业处副处长朱凯华带队，会同亳州市交通运输局副局长王健等相关人员赴利辛县督导重型自卸货车非法改装整治工作。

是日 第十届县委第48次常委会会议召开。

20日 全县中小学心理健康教育工作培训会召开。

22日 安徽农业大学高智谋、林华峰、李世广和李茂业4位教授到利辛县城北镇调研基层农业发展情况。

23日 利辛县打击治理电信网络新型违法犯罪工作联席会议办公室发布《关于对利辛籍非法滞留境外（缅北）人员采取惩戒措施的公告》。

24日 市委书记杜延安赴利辛县城北镇、城关镇等地，实地调研“三农”工作，并带案下访现场接待来访群众。

25日 利辛县全面启动“惠民菜篮子”活动。

是日 利辛县推进五大发展暨乡村振兴工作第二次调度会议召开。

是日 利辛县举行“喜迎二十大、永远跟党走、奋进新征程”2022年度希望工程捐助仪式。

是日 第十届县委第50次常委会会议召开。

27日 利辛县“第八期”校长论坛暨开学工作动员部署会议举行。

是日 市政协主席汤涌到利辛县调研“加强地表水污染治理，持续改善生态环境”工作并召开座谈会。

30日 利辛县第十三届人大常委会第五次会议召开。

9月

1日 利辛县举行“暖民心行动”首场新闻发布会。县发改委通报全县“暖民心行动”整体概况，县文体旅游局、民政局、城管局分别介绍快乐健身、老年助餐服务、便民停车等行动开展情况并答记者提问。

1—2日 全省兽医工作现场会在利辛县召开。

2日 县政府第18次常务会议召开。

3日 市委书记杜延安赴利辛县开展带案下访活动。

6日 利辛县第五批非公党建工作指导员派驻工作动员会召开。

同日 市人大常委会副主任张洁带领执法检查组，采取实地查看、现场询问、召开座谈会等形式，对利辛县贯彻实施《中华人民共和国乡村振兴促进法》（以下简称《乡村振兴促进法》）情况进行执法检查。

7日 县委理论学习中心组学习会议召开。

8日 利辛县召开庆祝第38个教师节大会。

14日 利辛县举行西淝河邵渡口大桥主桥合龙仪式。

是日 安徽省预防青少年儿童溺水专项督查组组长何福云一行到利辛县开展第四轮预防青少年儿童溺水专项督查。

15日 第十届县委召开第52次常委会会议。

16日 全市经济和信息化工作现场会在利辛县召开。

18日 上午9时18分至9时31分，利辛县人民政府在县城市规划区范围内进行防空警报试鸣。

是日 县领导到阚疃镇走访慰问抗美援朝老兵郭长学。

19日 县政府第19次常务会议召开。

20日 合肥工业大学校长郑磊带队到利辛县城北镇陈营村和机电科技学校开展定点帮扶、职业教育对接工作。

21日 利辛县政协“喜迎二十大，奋进新征程”书画作品展在李奇茂美术馆开幕。

是日 利辛县召开见义勇为弘扬正气奖表彰会议。会议对2个先进社会组织和21名先进个人进行表彰。

是日 利辛县召开维护妇女儿童合法权益联席（扩大）会议。

22日 县人大常委会副主任李红星带领部分常委会委员、人大代表、社会建设工委委员，对全县低保救助工作开展情况进行调研。

23日 2022年亳州·利辛“中国农民丰收节”系列庆祝活动在怡秀游园举行。

是日 利辛县在经开区举行招商项目9月集中签约仪式。活动共签约落地4个项目，总投资21.6亿元。

是日 中咨公司在利辛县召开对接乡村振兴工作座谈会。中咨公司党委书记、董事长、总经理苟护生出席会议并讲话。

25日 利辛籍知名书法家吕学良在利辛县开展“大美利辛，月是故乡明”吕学良书法回乡汇报展活动。

26日 利辛县召开2022年食品药品安全委员会（扩大）会议。

29日 全县信访维稳、疫情防控和安全生产工作视频会议召开。

30日 利辛县在利辛烈士陵园举行向烈士纪念碑敬献花篮仪式。县委副书记、县长万洪超，县人大常委会主任江浩，县政协主席邵利峰，县领导黄昕、李元奎、林刚、韩建、王林兵等出席仪式。万洪超主持向烈士纪念碑敬献花篮仪式。县人民法院、县人民检察院、县武警中队、部分县直单位主要负责同志，部分功臣模范和烈属代表参加活动。

是日 利辛县组织召开全县2023年城乡居民基本医疗保险费征缴视频会议。

10月

1日 县委副书记、县长万洪超带队开展道路交通和食品药品安全检查工作。

7日 第十届县委第54次常委会会议召开。

10日 利辛县组织收听收看全省疫情防控、安全生产电视电话会议。

13日 县政协主席邵利峰带领县政协文史和学习委部分政协委员，开展“就业促进行动”专题调研，县政协副主席张付礼参加调研活动。

是日 利辛县公证处与利辛县退役军人事务局举行拥军合作签约仪式，利辛县公证处拥军驿站正式挂牌成立。

14日 安徽爱利康制药项目开工建设。

16日 利辛县社会各界通过广播、电视、网络等多种方式收听收看中国共产党第二十次全国代表大会开幕会直播。

18日 “创业成就梦想、拼‘亳’赢未来”创业沙龙会在县人力资源和社会保障局举行。

19日 县人大常委会主任江浩带领调研组对代表议案建议办理情况进行调研。

20日 利辛经济开发区管委会、利辛县市场监督管理局和利辛农商银行举行利辛县首笔知识产权质押融资园区集合授信签约仪式。

21日 利辛县退役军人事务局召开2022年符合政府安排工作退役士兵公开选岗大会。

23日 县委常委会扩大会议召开。

24日 利辛县召开扶持个体工商户发展联席会议。

25日 市委书记杜延安到利辛县慰问日夜奋战在一线的公安、城管、交通、卫健等部门同志和乡镇、社区、村干部、志愿者，并督查疫情防控工作。

27日 省司法厅、省民政厅关于对第九批“安徽省民主法治示范村（社区）”拟命名名单的公示，利辛县张村镇柳西村、城关镇蒋庄村、城北镇翟腰楼村、大李集镇李集村、胡集镇板集社区、纪王场乡向阳社区6个村（社区）入选。

28日 安徽省兴威建筑工程有限公司向利辛县捐款80万元，助力全县疫情防控工作。

30日 县委理论学习中心组学习会议召开。

是日 全县“大干60天、奋力保全年”动员会召开。会议要求全县要全力推进项目建设，要全力开展大招商，要全力优化营商环境。

11月

1日 芜湖市高新区管委会书记、主任、弋江区委书记陈海俊带队到利辛县开展县域结对帮扶工作。

2日 全县节能降耗工作调度推进会召开。

是日 利辛县人民武装部联合公安、市场监督管理局、教育局、文化旅游体育局、融媒体中心等部门组成专项行动小组，对辖区内劳保用品店及其他军服销售市场进行现场突击检查，重点对销售军服、军服仿制品及违法使用“军”字招牌营销等行为进行检查。

4日 利辛县组织收听收看学习贯彻党的二十大精神中央宣讲团报告会。

5—6日 在亳州市第三届运动会气排球比赛项目中，利辛县中年男、女气排球代表队均荣获冠军，青年男子气排球代表队荣获亚军。

7日 利辛县2022年秋季主体班正式开班。

8日 利辛县市场监督管理局为宝璋医院等首批4家缺陷产品伤害监测点正式挂牌。产品伤害是指因在家庭、学校、体育场所、休闲娱乐场所、公共场所等供消费者使用或消费的各类产品造成的各种伤害的总称。建立缺陷产品伤害监测点，将进一步完善利辛县产品质量安全伤害信息收集平台，推动产品质量安全风险防范和缺陷产品召回监管工作，切实保障消费者健康和生命财产安全。

9日 全国妇联中央彩票公益金低收入妇女“两癌”救助金签发仪式举行，签发仪式为16名患有乳腺癌和宫颈癌的困难妇女，每人发放1万元，共计16万元的救助金。

10日 利辛县巩店镇永昌社区入选安徽省第十五批“一村一品”示范村。

是日 省生态环境厅党组成员、副厅长项磊带队到利辛县就生态环境保护工作开展调研座谈。

是日 省委书记郑栅洁到利辛县中煤新集发电公司开展调研活动。

13日 芜湖市委副书记、政法委书记张庆亮带队到利辛县开展县域结对帮扶工作。

14日 市委常委、副市长钟治峰到利辛县调研农村生活污水治理和盘活闲置低效工业用地工作。

是日 利辛县永兴镇解甲集社区入选2021年全国综合减灾示范社区。

16日 第十届县委第57次常委会会议召开。

17日 利辛县司法局胡集司法所、大李集司法所、张村司法所、新张集司法所荣获全省2022年省示范司法所称号。

18日 全市西淝河流域水生态环境问题整治督导调研现场会在利辛县举行。

21日 安徽省第二届国医名师、第三届名中医（名中药师）人选进行公示，利辛县中医院武锐、王中瑞、陆平3人榜上有名。

23日 利辛县纪王场乡科普志愿服务队入选2022年10月“感动药都”志愿服务组织典型。

24日 省高院党组成员、副院长陈斌一行到利辛县人民法院调研指导党建工作。

是日 合肥工业大学党委书记余其俊带队到利辛县开展定点帮扶工作。

26日 县政府与县法院深化“府院联动”工作推进会召开。

27日 全县防范应对低温寒潮天气暨社区疫情防控工作视频会议召开。

29日 亳州市民生工作领导小组到利辛县开展暖民心快乐健身行动“回头看”调研工作。

是日 中国科协印发《关于命名2021—2025年第一批补充认定的全国科普教育基地的决定》，利辛县青少年校外活动中心入选。

30日 利辛县城关镇和谐社区党总支副书记李晓燕入选全省最美城乡社区工作者。

是月 刁志岭入选2022年第三季度“中国好人榜”。

12月

1日 第十届县委第58次常委会会议召开。

是日 全县干部专业能力提升暨全县质量发展业务培训班开班。

2日 利辛县防范和惩治统计造假、弄虚作假问题专题座谈会召开。

是日 县人大常委会副主任李红星带领部分人大代表，调研全县教育优质均衡发展工作。

6日 第十届县委第59次常委会会议召开。

是日 利辛县召开医疗美容行业突出问题专项治理部署会。会议传达《亳州市医疗美容行业突出问题专项治理工作方案》。

8日 利辛县召开全县领导干部大会，宣布省委及市委关于利辛县委主要负责同志职务调整的决定。经省委常委会会议审议，市委决定：张吉明同志任利辛县委委员、常委、书记；吴斌同志不再担任利辛县委书记、常委、委员职务。

是日 全县疫情防控工作调度会议召开。

10日 县委书记张吉明走访看望利辛县部分离退休老干部，感谢他们为利辛发展作出的重要贡献，认真听取他们的意见建议。

10—11日 县委书记张吉明带队到部分乡镇走访调研乡村产业发展、项目建设、安全生产、人居环境等工作。

12日 亳客集团利辛海港客运公司联合网上购票平台开通利辛至亳州往返定制客运服务。

13日 省退役军人事务厅党组成员、副厅长高峰一行到利辛县对退役军人工作进行调研。

15日 利辛县青年工作联席会议第三次全体会议在县委党校召开。

是日 县政府召开全体会议，就《政府工作报告》征求意见建议。

是日 县委书记张吉明走访调研纪检监察和巡察工作，看望慰问纪检监察干部和巡察干部，听取有关工作情况汇报。

16日 第十届县委第60次常委会会议召开。

17日 2022年县生态环境保护委员会第三次会议、县委农村工作领导小组会议、县级总河长第二次会议、县疫情防控工作会议、县安委会第四次暨安全生产专项整治三年行动会议及全县林长制工作会议召开。

是日 中国共产党利辛县第十届委员会召开第七次全体会议。县委书记张吉明代表县常委会向全会作工作报告，并就《中共利辛县委关于深入贯彻落实党的二十大精神奋力谱写现代化美好利辛建设新篇章的决定（讨论稿）》进行说明。

19日 县委书记张吉明，县委副书记、县长万洪超在县经开区管委会开展“优环境、稳经济”现场集中办公活动。

21日 县委书记张吉明深入部分企业走访调研并宣讲党的二十大精神。

是日 利辛县2022年政法干部政治轮训班开班。

24日 利辛县第十三届人民代表大会第三次会议在新能源学校学术报告厅隆重开幕。县委书记张吉明主持会议。

27日 第十届县委第62次常委会会议召开。

是日 全县丝网纱门产业发展座谈会召开。会议要求全县各级各部门要进一步增强丝网产业发展的责任感和紧迫感，以“三严三实”“马上就办、真抓实干”的作风加快推进“中原纺织城”建设。

（张晓玉　李　艳）

利辛概览

◎ 建置区划

◎ 自然环境

◎ 民族　宗教

◎ 历史文化

建置区划

【位置、面积、人口】 位置。利辛县位于黄淮平原南部，安徽省西北部，地处北纬32° 51′ ~ 33° 27′，东经115° 54′ ~116° 31′之间，坐落在美丽的西淝河中游两岸，土地平畴秀壤，阡陌流金，是理想的宜作宜居生态之地。其东部与蒙城县接壤，东南部与淮南市的凤台县为邻，南部与阜阳市的颍上县交界，西南与阜阳市颍东区相连，西部牵手阜阳市太和县，北部与涡阳连襟。利辛区位优越，交通便利。宁洛高速、济广高速、济祁高速、国道329和多条省道纵横交织，京九铁路、青阜铁路贯穿南北，淮宿阜城际铁路利辛段开工建设。县城距阜阳机场45千米，亳州机场临境而建，3小时经济圈内覆盖南京、合肥、郑州、武汉、徐州等城市。西淝河、阜蒙河、茨淮新河航运通江达海。

面积。利辛县南北跨度41.6千米，东西距离68.5千米，面积2005平方千米，其中耕地面积202.2万亩。

人口。利辛县2020年第七次全国人口普查显示，全县共有家庭户435590户，平均每户的人口为2.64人。全县常住人口中，男性人口为608038人，占51.21%；女性人口为579216人，占48.79%；常住人口性别比为104.98。

【建置】 利辛虽然建县较晚，但早在夏商时期境内已有人类劳动生息。有史记载以来，在现利辛县辖地设立过建置的有：《新唐书·地理》“城父”条目“王世充置成州，世充平，废。武德三年于鲁丘堡置文州，并置药城县。四年州废为文城县，七年省入城父，天祐二年更名焦夷。”《阜阳地区志》（1996年）第一章“建置区划”中记载：唐时，在现利辛县境内曾设立过“文州”“药城县”。所以，利辛县又称“文州”。1948年3月—1949年3月，中共苏豫皖六分区在阚疃镇设立阚疃县民主政府，下辖阚疃、佛镇集、陶集、李集、江口、龚集、汤店、口孜8个区政权和141个村政权，面积约1056平方千米，人口29万。1949年3月后，阚疃县撤销，各行政区复归原属县。1964年9月12日，安徽省人民委员会向国务院报告：“以阜阳、蒙城之间的公路交叉点之利辛集为中心，分别从阜阳、涡阳、蒙城、凤台四县划出部分地方设置利辛县。这个县位于西淝河两岸，是阜阳、涡阳、蒙城、凤台四县的接合部，距四县的县城都在100华里左右，地处偏僻，情况复杂，解放初期曾一度以阚疃集为中心设立过县委，后又撤销。为了加强这一地区的领导，增设一个县是必要的；同时，阜阳、涡阳两县人口较多，阜阳为115万人，涡阳为98万多人，领导确有困难，需要适当加以缩小，以利工作开展。新设利辛县共辖54个公社，715765人，面积2053.6平方公里，耕地1838338亩，该新县位于涡阳县南部之利辛集。领导关系属阜阳专员公署。”同年10月31日，国务院全体会议第148次会议通过，决定设立利辛县。析阜阳县王人、王市、马店、胡集4区，析涡阳县阎集、江集、张村3区，析凤台县阚疃、展沟2区，析蒙城县望疃区，共10个区组成利辛县辖区。1965年5月1日，由阜阳专员公署筹备，组建利辛县人民委员会，利辛县正式成立。

【沿革】 1969年4月，利辛县区划改革撤区并社，全县由10个区54个人民公社改建为20个人民公社（1971年增设西潘楼人民公社）。1975年4月，根据省委、地委指示，设区分社，全县建立13个区（镇）和54个人民公社。1980年11月，利辛县人民政府呈报阜阳地区行署（政发〔1980〕17号文件），设立张村、阚疃、潘楼镇。1983年4月，农村进行体制改革，将全县58个人民公社改为58个乡（镇）。截至1992年2月，全县行政区划为18个区（镇）辖58个乡（镇），666个行政村，2.66万户，总人口124.12万人，耕地面积178.21万亩，土地面积1995平方千米。1992年3月后，全县实施撤区并乡，设立设置19个镇7个乡，分别是城关镇、阚疃镇、张村镇、江集镇、旧城镇、西潘楼镇、孙集镇、汝集镇、王人镇、巩店镇、王市镇、马店孜镇、永兴镇、胡集镇、大李集镇、展沟镇、程家集镇、望疃镇、中疃镇；春店乡、双桥乡、刘家集乡、纪王场乡、孙庙乡、新张集乡、丹凤乡。2009—2011年，春店乡、双桥乡并入城关镇，丹凤乡并入望疃镇。

【区划】 2022年，全县行政区划为23个乡镇。利辛县辖20个镇、3个乡、1个省级经济开发区。20个镇：城关镇、城北镇、马店孜镇、中疃镇、王人镇、程家集镇、王市镇、望疃镇、阚疃镇、孙集镇、汝集镇、江集镇、大李集镇、旧城镇、巩店镇、张村镇、展沟镇、西潘楼镇、永兴镇、胡集镇。3个乡：纪王场乡、新张集乡、孙庙乡。1个省级经济开发区：利辛县经济开发区。

自然环境

【地质】 利辛县境内为新生代第四纪以来巨厚的松散沉积物发育土壤，厚度约1000米，其下隐伏有寒武纪、奥陶纪、石炭系和二叠纪地层。全新统下段，顶板埋深一般大约20米，最浅13.48米，最深24米；底板埋深在36米～40米，总厚度约18米～26米。顶部为灰黑色、紫灰色黏土、亚黏土，含腐殖物较多，为古风化壳。岩性致密细腻，稍有滑感，无微细层理构造，含有较多淡水动物外壳。

【地形地貌】 利辛县全境位于淮河平原区、淮北中南部砂礓黑土平原亚区，属剥蚀堆积地形和堆积地形。全域形成于千万年来黄河带来的泥沙沉积与淮河泛滥的水系，地势平坦，沟渠较多，自然坡降很小，西北略高，东南略低。从大尺度来说地势平坦，以万分之一坡降由西北向东南微倾，县西北部最高处海拔为32米，县东南部最低处海拔为22米，平均海拔为28米。从小尺度来说有一定起伏，河间地区有一定数量大小不等的半封闭状蝶形洼地发育。剥蚀堆积平原广泛分布于河间地区，泛滥带主要是由西淝河洪水泛滥淤积物构成，分布于沿河两岸狭窄地区，宽度1千米～2千米。

【气候】 利辛县气候属暖温带半湿润季风气候。主要特点是：季风明显，日照充足，气候温和，雨量适中，四季分明，无霜期较长。常年主导风向为东南风，次之东北风，夏季主导风向东南风。年均气温14.8℃，无霜期215天，年均日照时数2223.4小时。年均太阳辐射总量124.7千卡/平方厘米，年均降水量823.9毫米。

【河流】 域内有4条水系：茨淮新河流域、西淝河下段流域、涡河流域、芡河下段流域。大型河流有西淝河、茨淮新河、芡河、阜蒙河。

西淝河于汝集镇四庙村入利辛县境，续东南流，经王市集北、阚疃集南，于展沟集东出境。西淝河在利辛境内长83千米，其中上段长57千米，下段长26千米。

芡河于涡阳县郭寨东入利辛县境，再东南流经旧城集西、过芦沟集入蒙城县地。芡河全长150千米，其中利辛境内长34千米。

阜蒙河是1958年开挖的人工河道，于利辛县永兴镇西前营入县境，东流经双龙、马店北，于小泥沟入西淝河；再向东经城关镇、董集、中疃、望疃集，至望疃镇小张庄出境入蒙城县地。全长77千米，其中利辛境内长43.1千米。

茨淮新河是1971年开挖的大型人工河道，于利辛县大李集镇白庄入县境，再东流经叶寨、祝楼、李庄，过阚疃枢纽，至八里村篦子宋庄出境入蒙城县地。全长134.24千米，其中利辛境内长31千米。

【自然资源】 太阳能资源丰富，全县全年日照多年平均为2150.4小时，日照百分率为49%。利辛县境内无大型湖泊、水库，水资源分布不均，地表水主要控制在各主要河道中。水容量4.24亿立方米，水量补充主要靠降水和上游来水，全县历年平均降水量859.5毫米。利辛县有各类植物1000余种，其中木本植物400余种、草本植物600余种。在木本植物中，乔木近300种，灌木100余种，藤本20余种。在草本植物中，野生500余种，人工栽培100余种。动物资源丰富，野生动物有野兔、黄鼬、刺猬、锦蛇、水蛇、苍鹰、雉、野鸭、鹌鹑、画眉等数十种。利辛县矿产资源种类较少，有煤和砖瓦用黏土，储量较大。

民族 宗教

【民族】 利辛县自建县以来人口构成以汉族为主，少数民族有回、蒙古、藏、满、维吾尔、苗、壮、布依、朝鲜等24个。

【宗教】 2022年，利辛县境内主要有佛教、伊斯兰教和天主教。全县有佛教寺庙1座、伊斯兰教清真寺2坊、基督教聚会点多处。利辛县贯彻落实“宗教信仰自由”的政策，保护和支持合法宗教宣传活动。

历史文化

【历史风云】 1927年春，中国共产党王老人集（现王人镇）小组成立；1928年秋，中共牛拐弯（现展沟镇）小组成立；1931年4月，中共胡集（现胡集镇）小组成立；1932年，蒋疃（现望疃镇）等7个村庄成立中共党支部；1933年，牛拐弯、蒋疃、张村3地设立区委员会。1941年2月，八路军四纵为抗击日寇，开辟涡南张村（现张村镇）、江集（现江集、孙集、纪王场、旧城）一带新区，成立临时涡阳县江集区民主政府。1947年春，中共豫皖苏边区委员会在主力东征告捷的形势下，成立豫皖苏六地委，办公地点设在今张村镇境内；中共阜阳县委员会改称中共阜北县委员会，办公地点设在王老人集。1948年1月，阚疃县委员会成立，办公地点设在今阚疃镇。

【文化遗存】 地面文物。全县地面文物有：古遗址26处，古墓葬9处，古建筑6处，古碑刻10余处，革命旧址6处，烈士陵墓6处。著名古遗址有禅阳寺遗址，新石器时代晚期至东周时期遗址，位于马店孜镇沈营村委会谷堆自然村，县级重点文物保护单位；伍奢冢遗址，新石器时代至汉代遗址，位于孙庙乡庙李自然村，省级重点文物保护单位；红门寺遗址，新石器时代至汉代遗址，分布面积15万平方米，位于张村镇后杨自然村，县级重点文物保护单位；阴阳城遗址，东周至汉代遗址，位于汝集镇东李村委会，县级重点文物保护单位；纪王场古城址，汉代遗址，位于纪王场乡政府所在地。著名的古建筑有纪家塔、墓葬塔，清代建筑，砖木结构，位于孙集镇纪大庄自然村西侧150米处，县级重点文物保护单位。革命遗址有牛拐弯党组织驻地、傅郢六地委驻地、阜北县革命旧址、阚疃县革命旧址、忠烈祠。

馆藏文物。县馆藏文物共计314件（套），其中一级品5件，二级品6件，三级品70余件。1992年1月30日，2件馆藏国家一级文物西周晚期青铜簋被省选送北京参加全国文物精品展，并载入《中国文物精华》一书。青铜簋，一级品，西周晚期文物，1984年11月张村镇管台子出土。青铜“一刀平五千”，一级品，新莽时期文物，1981年11月王人镇李寨庄出土。

【非物质文化遗产】 利辛县域内被列为省级非物质文化遗产的有清音戏、拉魂腔、淮北大鼓、九曲黄河阵、阚疃大块板鸡制作技艺、利辛面塑、扁担戏、马氏社火、赶黑驴、柳下惠传说10个项目，被列为市级非物质文化遗产的有22个，被列为县级非物质文化遗产的有20个。

利辛清音戏。清音戏起源于清末民初，流行于西淝河两岸的民间花鼓小调，具有典型的地方特色。后来谷家班班主谷保宽把这种小调与自己平生所学相结合，逐渐形成了具有利辛当地特色的利辛清音戏。2010年被安徽省人民政府列为第一批省级非物质文化遗产代表性项目扩展项目名录。

拉魂腔。拉魂腔源起于苏、鲁、豫、皖交界之地，是淮海一带“地方戏之母”。利辛县艺人完整的延续了拉魂腔的传统唱腔，在当地仍称为“拉魂腔”。伴奏以琵琶为主，伴以二胡、板胡、竹笛、笙、闷子、唢呐等乐器。2010年被安徽省人民政府列入第三批省级非物质文化遗产代表性项目扩展项目名录。

九曲黄河阵。九曲黄河阵又名九曲黄河灯会，因灯阵曲折绵延如黄河之曲而得名，是利辛县展沟镇的一项古老的民俗活动。每年二月十五举行。2009年被列入安徽省第二批省级非物质文化遗产代表性项目名录。

淮北大鼓。淮北大鼓是一种曲艺形式，流传于淮河两岸，又称淮河大鼓，在利辛县得到普遍传唱，代表性传承人有宋玉伦、王学清和林秀宽等。2008年淮北大鼓被安徽省人民政府列为第一批省级非物质文化遗产代表性项目扩展项目名录。

【历史名人】 利辛县域内的历史名人有：伍子胥、李黼、夏之臣、孙万林、郭殿邦、孙步才、邓如琢、侯宝璋、孙逸久等。

伍子胥 （？—前484年），名员，字子胥，楚国干溪（今利辛县西北部）人。春秋末期吴国大夫，中国历史上著名的军事家、谋略家。

李黼 （1298—1352），元朝颍州（今利辛县汝集镇天官李村）人，字子威。泰定四年（1327）中左榜状元，授翰林国史院修撰。曾任监察御史、礼部侍郎、江州路（今江西九江）总管等职，政绩卓著，其事迹记载于《元史·李黼传》。

夏之臣 （生卒年不详），字一无，明代直隶亳州张村铺（今利辛县张村镇）人。明万历十一年（1583）登进士第。万历十二年，任河间（今河北省河间市）知县。在植物学、生物遗传学方面造诣都很深，其一生酷爱牡丹，流传于世的有《评亳州牡丹》一文，提出了植物“忽变”说。

孙万林 （1842—1905），字寿卿，利辛县孙集镇孙小寨人。清光绪年间曾任统领、总兵等职，其在中日甲午战争威海陆战中是著名的“敢战之将”。

郭殿邦 （1848—1914），字民先，安徽阜阳人（今利辛县王市镇东城村郭寨人）。清光绪年间，郭殿邦曾任职总兵、毅军统领。民国时期，1913年被北洋政府授陆军中将、福建漳州镇总兵。

孙步才 （1886—1952），字协三，男，出生于原涡阳县旧城堡孙堰庄（今利辛县旧城镇孙堰庄）。1903年参加科举考试入黉林。后入寿州（今寿县）阜财高等学堂，1907年应征入冯玉祥部，曾任甘肃省隆德知县、军需处长等职。

侯宝璋 （1893—1967），字又我，利辛县阚疃镇人，是我国著名的病理学家、近代病理学先驱者之一，曾担任香港大学医学院病理系系主任、教授、中国医科大学（今协和医科大学）副校长。

孙逸久 （1906—1992），名可轼，字逸久，号“孤桐跛叟”，利辛县阚疃镇人，著名书法家。安徽省文史馆馆员、安徽省书法家协会会员、政协利辛县第二届委员会委员。

【风景名胜】 利辛县国家A级景区有：印象江南景区、白鹭洲景区、淝畔绿洲景区、治未病养心园景区、武子古酿酒文化园景区、西淝河湿地文化园景区、阳光四季花海景区。

印象江南 是国家AAA级旅游景区，集观赏性、体验性、娱乐性、参与性为一体的乡村生态旅游示范区。建有水上徽派餐厅、儿童游乐园、垂钓中心、农业产业观光园、休闲文化广场、热带植物园林、水上游乐园、民俗演艺、高空索道、动物园等项目。先后被评为全国休闲农业与乡村旅游示范点、安徽省五星级农家乐旅游景点等。

白鹭洲 是国家AAA级水利风景区，坐落于茨淮新河阚疃水利枢纽之畔，景区总占地面积1800亩，其中水域面积600亩。风景区由茨淮新河、利阚新河、白洋沟、月牙河和利阚新河、永幸河等水利工程设施和水系围合而成的三个岛屿共同组成。岛屿上水杉参天挺立，四季松柏、竹林、琵琶林、桂花林等常青灌木郁郁葱葱。

淝畔绿洲风景区 是国家AAA级旅游景区，集休闲观光、温泉度假、农事体验等为一体的综合养生度假区。景区总占地面积2000亩，旅游项目有休闲观光水道、生态餐饮区、游乐园、果蔬采摘园、花卉基地、水上垂钓游乐中心等。

治未病养心园 是国家AAA级旅游景区，项目总占地面积3000亩。该景区秉承弘扬中华传统中医文化，将自然医学与中国园林艺术相结合，是集休闲观光与健康养生于一体的自然生态旅游度假区。建有农家别院、百果园、人工湖、中草药种植、水幕电影、音乐喷泉等项目。

武子古酿酒文化园景区 是以中原民俗文化、传统酿酒工艺展示兼顾红色旅游的综合性园区。园区由酒文化体验区、民俗文化展示区、红色文化展览区、民俗风情别院区、非遗文化展演区组成。

西淝河湿地文化园　是国家AAA级景区，景区依托西淝河国家级湿地公园，集观光旅游、休闲娱乐、研学旅行于一体。整个园区由科普植物园、研学旅游基地、民俗村三部分组成。

阳光四季花海　是国家AAA级旅游景区，总占地面积3000亩。景区采用“旅游+农业观光”“旅游+农耕体验”“旅游+农产品”“旅游+中医药基地”模式，是三产融合的生态观光“大园区”。

【名优特产】　利辛县的名优特产有：利辛香椿、巩店粉丝、阚疃板鸡、马店板鸡、利辛小磨香油、孙集汤圆、展沟烧饼等。

利辛香椿。原产地巩店镇，全镇有黑油椿、红油椿和青油椿120万棵，有香椿路20多千米，香椿园200个，香椿基地250亩，年创产值近千万元。巩店香椿相传已有一千多年的悠久历史。清朝年间，乾隆私访下江南，路过巩店，吃过椿芽赞不绝口。后，颍州知府把巩店椿芽作为贡品送往京城。由此巩店香椿名扬天下。当地人把香椿称为“树上椿芽”，香椿叶厚芽嫩，犹如玛瑙，香味浓郁，营养丰富，乃宴宾佳肴。香椿嫩芽含有17种氨基酸，是一种高营养蔬菜。腌制的“女儿红”盒装特贡椿芽，以其色鲜、味美、脆嫩、无丝而走俏；1995年在“黄山博览会”上备受国内外客商青睐。

巩店粉丝。巩店镇素有“粉丝之乡”之美誉，红芋粉丝生产历史悠久。全镇脱毒红芋种植面积6.5万亩，生产鲜红芋30万吨，生产淀粉10万吨，粉丝10万吨。巩店生产的粉丝具有条细条匀、色正味纯、久煮不烂、食而不腻的特点，产品远销韩国、日本等国家。

阚疃板鸡。阚疃板鸡蜚声省内外，它是选用优质地方鸡（草鸡）为原料，精细加工，以千年古井之水洗、卤；营养丰富，嫩脆爽口，鲜香无比；吃到嘴里无油腻感，且有嚼头儿。阚疃板鸡正宗的仅王氏一家，经四代嫡传，至今已有100余年历史。王氏老板讲求信誉，注重产品质量，不是地道的草鸡不做。当地有歇后语说：阚疃板鸡——好吃。2008年3月，阚疃王氏板鸡制作工艺被列入亳州市非物质文化遗产名录。

马店板鸡。马店板鸡选用散养一年以上的优质地方散养土鸡为原料，使用西淝河畔优质地下深井水，秘制数十种中草药精心卤制而成。广御园马店板鸡，在当地已有数代技艺传承，其制品卤味醇厚，板鸡具有肉质爽口、皮脆肉香、营养丰富的特点，至今已有几百年悠久历史。

小磨香油。利辛小磨香油历史悠久，清时曾作为地方给朝廷的贡品。利辛香油具有色泽晶莹、香味浓郁、味厚回甘的特色。小磨香油保留纯天然的芝麻油香味和营养成分，可以饮用，具有滋阴润肺、润肠通便之功效，集营养和药用价值于一身。

（孙福爱）

中国共产党利辛县委员会

◎ 综　　述
◎ 重要会议
◎ 县委综合事务
◎ 组织建设
◎ 宣传教育
◎ 统战工作
◎ 网络安全和信息化
◎ 机构编制工作
◎ 县直机关党建
◎ 督察考核
◎ 老干部工作
◎ 党校工作
◎ 党史和地方志
◎ 档案工作
◎ 信　　访
◎ 精神文明建设

综　述

【概况】 2022年，利辛县委在市委的坚强领导下，县委坚持以习近平新时代中国特色社会主义思想为指导，认真贯彻党的十九大、十九届历次全会和党的二十大、二十届一中全会精神，全面落实习近平总书记重要讲话和指示批示精神，衷心拥护“两个确立”、忠诚践行“两个维护”，全面强化“两个坚持”、全力实现“两个更大”，聚焦省委“一改两为五做到”要求，坚持“三严三实”“马上就办、真抓实干”，自信自强、守正创新，踔厉奋发、勇毅前行，积极投身“六一战略”，着力打造承接转移集聚区、乡村振兴样板区、绿色循环先行区、和谐善治示范区，奋力建设“中原纺织城”“绿色能源县”，经济发展回稳向好，社会大局和谐稳定，党的建设全面加强，现代化美好利辛建设迈出坚实步伐。

【践行“两个维护”】 2022年，利辛县委衷心拥护“两个确立”、忠诚践行“两个维护”，把学习贯彻习近平新时代中国特色社会主义思想作为首要政治任务，自觉武装头脑、指导实践、推动工作，不折不扣把党中央和省委、市委重大决策部署落到实处。坚持把党的政治建设摆在首位，深入学习贯彻习近平新时代中国特色社会主义思想，严格落实“第一议题”学习制度，把习近平总书记重要讲话和指示批示精神及有关重要论述列为县委常委会会议第一议题、县委理论学习中心组学习会议首要内容，及时跟进学习贯彻习近平总书记新理念新思想新战略，始终在政治立场、政治方向、政治原则、政治道路上同以习近平同志为核心的党中央保持高度一致。

【推动党的二十大精神】 2022年，利辛县委坚持以最高标准、最严要求、最大努力，全力以赴完成好迎接和宣传贯彻党的二十大精神这一首要政治任务。党的二十大闭幕后，县委及时召开县委常委会扩大会议、全县领导干部会议、县委理论学习中心组学习会议进行学习贯彻并开展研讨交流。县委常委带头深入基层宣讲46场，推动党的二十大精神进机关、进企事业单位、进社区、进校园、进“两新”组织、进网站，迅速掀起学习宣传贯彻热潮。

【县域经济高质量发展】 2022年，利辛县委始终坚持把高质量发展作为首要任务，落实“疫情要防住、经济要稳住、发展要安全”重要要求，完整、准确、全面贯彻新发展理念；服务构建新发展格局，推动经济实现质的有效提升和量的有效增长。突出做强实体经济，深入实施一产“两强一增”行动计划，深入实施二产“提质扩量增效”行动计划，深入实施三产“锻长补短”行动计划，全县经济呈现良好的发展态势。2022年，利辛县入选全国县域经济投资潜力百强县。

【推动科教兴利工程】 2022年，利辛县委始终坚持把科技作为第一生产力、人才作为第一资源、创新作为第一动力，不断提升发展新动能新优势。实施高新技术企业培育行动，科技创新能力显著增强，获批高新技术企业21家，新增战略性新兴企业4家，每万人发明专利拥有量增长9.37%。办好人民满意教育。坚持立德树人根本任务，深化“三全育人”综合改革，持续推进学前教育普及普惠发展、义务教育优质均衡发展，统筹中等教育、职业教育协同发展，高考取得优异成绩，中考实现高质量发展，全县教育事业呈现蓬勃发展态势。

【优化发展环境】 2022年，利辛县委坚持把全面深化改革和扩大对外开放一体推进，持续深化重点领域和关键环节改革，加快打造改革开放新格局。纵深推进“放管服”改革，全面提升行政审批质效，开通“免申即享”平台，设立“政务找茬”窗口，实施工业项目“四证齐发”，开展工程项目审批“全程代办”，启动参保职工“退休一次办”。持续优化营商环境，纵深推进“四送一服”专项行动，全面开展“入企问需”大走访活动，扎实开展营商环境历史遗留问题“大起底”，推广营商环境问题“码上监督”平台。制定实施支持民营经济高质量发展“25条”措施，为企业减税降费3.41亿元。

【城乡均衡发展】 2022年，利辛县委始终坚持推进以人为核心的新型城镇化，全面实施乡村振兴战略，统筹推进城乡一体化发展。不断优化空间布局，国土空间总体规划“三区三线”划定成果获批使用，城市发展更有活力，城乡布局更趋优化，城镇化率提高至39%。实施城市生命线安全工程，数字城管城区覆盖面积达40平方千米。大力推进全省文明城市、卫生县城、生态文明建设示范县创建工作。乡村振兴扎实推进。巩固拓展脱贫攻坚成果，健全防止返贫动态监测和帮扶机制，2021年巩固拓展脱贫攻坚成果同乡村振兴有效衔接考核居全省较好等次。生态环境持续改善。践行绿水青山就是金山银山理念，持续深入打好蓝天、碧水、净土保卫战，生态环境质量不断改善。

【民主法治建设】 2022年，利辛县委坚持党的领导、人民当家作主、依法治国有机统一，充分发挥党总揽全局、协调各方作用，更好凝聚方方面面的智慧和力量，全力画出利辛最大同心圆。全力支持和保证人大及其常委会依法行使职权。印发《规范性文件备案审查办法》，促进“一府一委两院”规范权力运行、审慎出台文件。全力支持人民政协发挥专门协商机构作用，践行全过程人民民主。全力促进新时代统一战线工作，指导工商联（总商会）顺利完成换届工作。全面加大对群团工作的支持、保障力度，积极为工青妇等群团组织开展工作创造条件、提供平台、解决困难。

【增进民生福祉】 2022年，利辛县委牢固树立并践行以人民为中心的发展思想，坚持人民利益至上，以“暖民心”行动为抓手，最大限度地推动各种资源向民生倾斜，尽最大努力让全县人民群众得到更多实惠。县级承担的18项民生实事提前完成任务，10项暖民心行动全面完成市下达目标任务。牢牢掌握党对意识形态工作的领导权，深入开展意识形态领域风险集中排查整治。

【维护社会和谐稳定】 2022年，利辛县委坚持统筹发展和安全，坚定不移贯彻总体国家安全观，着力防范化解重大风险，努力建设更高水平平安利辛。全力抓好疫情防控，坚持人民至上、生命至上，打赢疫情防控阻击战、歼灭战。着力防范化解风险，建立《全县重点方面风险隐患动态排查整治台账》及任务清单。常态化机制化开展扫黑除恶斗争，深入开展打击整治养老诈骗专项行动，深入开展安全生产专项整治三年行动、城乡自建房屋安全专项整治，食品药品安全监管持续加强，人民群众安全感、满意度不断提升。

【全面从严治党】 2022年，利辛县委坚决扛起管党治党政治责任，坚定不移推动反腐败斗争，纵深推进全面从严治党。坚持大抓基层的导向，以组织体系建设为重点，不断夯实党执政的基层组织基础。认真落实省委“一改两为五做到”要求，以踏石留印的力度纠治“虚、躲、冷、粗、假”突出问题，扎实开展“三严三实”“马上就办、真抓实干”作风建设专项行动。一体推进“三不腐”，保持零容忍的警醒、零容忍的力度。开展小微权力“监督一点通”应用平台建设试点，投诉件办理受到省纪委监委通报表扬。

重要会议

【县委全委会会议】 2022年7月30日，中国共产党利辛县第十届委员会第六次全体会议召开。县委主要负责人代表县委常委会向全会作工作报告，会议听取全县“三严三实”“马上就办、真抓实干”作风建设专项行动工作情况报告，听取全县干部能力作风提升年活动工作情况报告；会议讨论通过《利辛县新张集乡撤乡设镇工作总体实施方案（讨论稿）》；会议审议通过《中国共产党利辛县第十届委员会第六次全体会议决议（草案）》。

2022年12月17日，中国共产党利辛县第十届委员会第七次全体会议召开。县委书记张吉明同志受县委常委会委托主持会议。

张吉明同志代表县委常委会向全会作工作报告；张吉明同志作《中共利辛县委关于深入贯彻落实党的二十大精神 奋力谱写现代化美好利辛建设新篇章的决定（讨论稿）》的说明，并对审议工作提出要求；会议分组审议《县委常委会工作报告》《中共利辛县委关于深入贯彻落实党的二十大精神 奋力谱写现代化美好利辛建设新篇章的决定（讨论稿）》《中国共产党利辛县第十届委员会第七次全体会议决议（草案）》。通过县委委员表决，会议通过《中共利辛县委关于深入贯彻落实党的二十大精神 奋力谱写现代化美好利辛建设新篇章的决定（讨论稿）》、通过《中国共产党利辛县第十届委员会第七次全体会议决议（草案）》。

【县委常委会会议】 2022年，利辛县委常委会坚持以习近平新时代中国特色社会主义思想为指导，全面落实习近平总书记重要讲话指示批示精神，坚持“三严三实”“马上就办、真抓实干”，积极投身“六一战略”，积极出台政策措施，着力打造承接转移集聚区、乡村振兴样板区、绿色循环先行区、和谐善治示范区，奋力建设“中原纺织城”“绿色能源县”。中共利辛县第十届委员会全年共召开常委会会议62次。

中共利辛县委员会2022年常委会会议一览表

表1

时 间	会 议	议 题
1月16日	第十届县委第26次常委会会议	传达学习习近平总书记在全国政协新年茶话会上、在省部级主要领导干部学习贯彻党的十九届六中全会精神专题研讨班开班式上的重要讲话精神和中共中央政治局常务委员会1月6日会议精神；传达学习习近平总书记关于加强党内法规制度建设的重要指示和王沪宁同志在全国党内法规工作会议上的讲话；传达学习市五届人大一次会议、市政协五届一次会议精神；传达学习习近平总书记关于加强作风建设的重要论述、省委书记郑栅洁的重要指示批示、省纪委书记刘海泉的工作要求和《全市“三严三实”“马上就办、真抓实干”作风建设专项行动推进方案》；传达学习《中共中央办公厅关于加强巡视整改和成果运用的意见》，并讨论《十届县委第一轮巡察工作方案（讨论稿）》；传达学习《中共安徽省委办公厅安徽省人民政府办公厅关于进一步加强领导干部接访下访和阅批群众来信工作的通知》；传达学习郑栅洁同志在全省党史学习教育总结会议上的讲话和杜延安同志在全市党史学习教育总结会议上的讲话精神；听取全县当前疫情防控工作汇报；听取县人大常委会党组、县政府党组、县政协党组2021年度工作汇报等。
1月24日	第十届县委第27次常委会会议	传达学习习近平总书记对政法工作、对党的建设研究工作作出的重要指示和在十九届中央纪委六次全会上的重要讲话精神以及《中国共产党第十九届中央纪律检查委员会第六次全体会议公报》；传达学习省十三届人大五次会议、省政协十二届五次会议精神；听取县委政法委2021年工作汇报；听取县法院党组、县检察院党组2021年工作汇报；讨论县委常委会党史学习教育专题民主生活会方案及县委常委班子对照检查材料；研究利辛县原创性改革项目选报工作；听取关于推荐出席中国共产党第二十次全国代表大会代表候选人推荐人选情况的汇报等。
1月27日	第十届县委第28次常委会会议	传达学习习近平总书记在中共中央政治局第三十六次集体学习时的重要讲话精神和中共中央政治局1月24日会议精神；听取2021年度全县推动高质量发展暨综合考核结果及先进集体和先进个人表彰的汇报；听取2021年度全县招商引资考核工作汇报；听取全县三级干部会议筹备情况汇报；讨论《利辛县工商联（总商会）2021—2022年换届工作方案（讨论稿）》；讨论《加快推进利辛教育高质量发展的二十条措施（讨论稿）》，并听取全县教育发展大会筹备情况汇报；讨论《关于规范建设和发展壮大全县政府性融资担保体系的实施方案（讨论稿）》；听取2021年度全县经济运行情况分析汇报；传达省纪委十一届二次全会精神，讨论《中国共产党利辛县第十届纪律检查委员会第二次全体会议工作报告（讨论稿）》并听取县纪委十届二次全会筹备情况汇报。

续表 1

时 间	会 议	议 题
2 月 13 日		研究有关事项。
2 月 20 日	第十届县委第 30 次常委会会议	传达学习习近平总书记在 2022 年春节团拜会上的讲话、在北京 2022 年冬奥会欢迎宴会上的致辞和春节前夕赴山西看望慰问基层干部群众时、同党外人士共迎新春时的重要讲话精神；传达《中共中央办公厅、国务院办公厅关于印发〈地方党委和政府领导班子及其成员粮食安全责任制规定〉的通知》，听取市委第四巡察组对利辛县涉粮领域专项巡察反馈问题整改进展情况汇报；传达学习郑栅洁同志在全省改进工作作风为民办实事为企优环境大会上的讲话、杜延安同志在全市“三严三实”“马上就办、真抓实干”作风建设专项行动推进会上的讲话；传达学习郑栅洁、程丽华同志在省委农村工作会议上的讲话和市委农村工作会议精神；传达学习国家、省、市安全生产工作会议精神，并听取利辛县贯彻落实意见；讨论《利辛县法治政府建设实施方案（2021–2025 年）（讨论稿）》；讨论《〈关于新时代加强和改进思想政治工作的意见〉责任清单（讨论稿）》；听取县纪委监委案件汇报等。
2 月 23 日	第十届县委第 31 次常委会会议	研究有关事项。
3 月 4 日	第十届县委第 32 次常委会会议	传达学习习近平总书记在中共中央政治局第三十七次集体学习时、在中央党校（国家行政学院）中青年干部培训班开班式上、在中央全面深化改革委员会第二十四次会议上的重要讲话精神和中共中央政治局 2 月 25 日会议精神；传达《中共中央办公厅印发〈关于 2021 年中央政治局贯彻执行中央八项规定情况的报告〉〈关于 2021 年整治形式主义为基层减负工作情况的报告〉》的通知、《中共中央办公厅关于印发〈中央层面整治形式主义为基层减负专项工作机制 2022 年工作要点〉》的通知；传达学习郑栅洁同志在省委常委会会议和省委书记专题会议上听取巡视工作有关情况汇报时的讲话精神，刘海泉同志在十一届省委第一轮巡视工作动员部署会上的讲话精神；传达安徽省委保密委《关于 2021 年度全省泄密案件查处情况的通报》；学习《中国共产党政法工作条例》并传达学习省委、市委政法工作会议精神；传达学习郑栅洁同志批示；讨论《全县组织、宣传、统战、政法、武装、党办工作会议方案（讨论稿）》并研究相关工作报告；传达学习 2021 年度县区委（工委）书记抓基层党建工作述职评议会议精神，并讨论利辛县贯彻落实意见及会议方案；讨论《利辛县 2022 年督查检查考核年度计划（讨论稿）》；传达学习全市关心下一代工作会议精神，并听取利辛县贯彻落实意见及县关工委工作汇报；传达学习《中共安徽省委、安徽省人民政府关于认真学习贯彻习近平总书记讲话精神的通知》《安徽省重点信访问题责任追究办法》等。
3 月 7 日	第十届县委第 33 次常委会会议	研究有关事项。
3 月 8 日	第十届县委第 34 次常委会会议	研究有关事项。
3 月 10 日	第十届县委第 35 次常委会会议	讨论《利辛县落实省委第二指导督导组对亳州市党委、政府落实粮食安全属地管理主体责任情况反馈意见的整改方案（讨论稿）》；讨论《省委巡视组对亳州市委巡察工作开展指导督导情况反馈意见利辛县整改方案（讨论稿）》；传达全国、全省新冠疫情防控工作视频会商会议精神并听取全县当前疫情防控工作汇报。
3 月 11 日	第十届县委第 36 次常委会会议	研究有关事项（县委组织部汇报）。
3 月 18 日	第十届县委第 37 次常委会会议	研究有关事项（县委组织部汇报）。

续表 1

时 间	会 议	议 题
4 月 5 日	第十届县委第 38 次常委会会议	传达学习全国“两会”精神；传达学习郑栅洁同志在全省领导干部会议上、在全省疫情防控工作电视电话会议上的讲话和在 3 月 21 日省委常委会会议上的讲话精神，并听取全县近期疫情防控工作汇报；传达学习习近平总书记、李克强总理对安全生产作出的重要指示批示和全国、全省、全市安全生产电视电话会议精神，并研究全县贯彻落实意见；讨论《利辛县委常委会、县政府常务会、县委县政府领导班子成员安全生产职责清单（讨论稿）》；讨论《利辛县创建全省生态文明建设示范县实施方案（讨论稿）》；听取利辛县工商联（总商会）换届工作汇报，并研究县工商联（总商会）第七届领导班子建议人选名单；讨论《中共利辛县委常委会 2022 年工作要点及任务分工（讨论稿）》等。
4 月 16 日	第十届县委第 39 次常委会会议	观看“4・15”全民国家安全教育日宣传教育片《焦点访谈—失算的数据买卖》，传达学习《习近平论坚持总体国家安全观（2022 年）》、中共中央宣传部中央国家安全委员会办公室《关于认真组织学习〈总体国家安全观学习纲要〉的通知》并解读《中华人民共和国数据安全法》；传达学习习近平总书记在北京冬奥会、冬残奥会总结表彰大会上的讲话和在参加首都义务植树活动时、在海南考察时的重要讲话精神以及中共中央政治局常务委员会 3 月 17 日、3 月 31 日会议精神；传达学习郑栅洁同志在省委人大工作会议上的讲话；传达全市巩固拓展脱贫攻坚成果专题调度电视电话会议精神，并研究全县贯彻落实意见；传达学习 2022 年全国巡视工作会议暨十九届中央第九轮巡视工作动员部署会精神、郑栅洁同志在 4 月 6 日省委常委会传达学习 2022 年全国巡视工作会议暨十九届中央第九轮巡视工作动员部署会精神时的讲话、查文彪同志在五届市委第一轮巡察工作动员部署会上的讲话；传达学习杜延安、查文彪同志在市纪委五届二次全会上的讲话和报告，中共安徽省纪委机关、中共安徽省委组织部关于印发《为民办实事为企优环境正负面典型案例》的通知；讨论《利辛县创建安徽省卫生城市工作实施方案（讨论稿）》；听取关于开展毒品问题治理工作的汇报；讨论《利辛县事业单位管理岗位职员等级晋升制度工作实施方案（讨论稿）》；讨论《2022 年度政协重点民主协商计划（讨论稿）》；讨论《中共利辛县委理论学习中心组 2022 年度学习计划（讨论稿）》；听取县纪委监委案件汇报；研究其他事项。
5 月 7 日	第十届县委第 40 次常委会会议	传达学习习近平总书记在博鳌亚洲论坛 2022 年年会开幕式上的主旨演讲、对湖南长沙居民自建房倒塌事故作出的重要指示和在中央全面深化改革委员会第二十五次会议上、在中国人民大学考察时、在中央财经委员会第十一次会议上、在中共中央政治局第三十八次集体学习时的重要讲话精神以及中共中央政治局 4 月 29 日会议、中共中央政治局常务委员会 5 月 5 日会议精神；传达学习郑栅洁、王清宪同志在省辖市一季度工作点评会上的讲话；听取全县当前疫情防控工作汇报并研究下一步工作举措；听取全县粮食购销领域腐败问题专项整治工作情况汇报；讨论《利辛县 2022 年创建全省文明城市工作方案（讨论稿）》；讨论《利辛县深化新时代教育督导体制机制改革实施方案（讨论稿）》；讨论《利辛县 2022 年能耗“双控”工作实施方案（讨论稿）》；讨论《利辛县 2022 年“双招双引”攻坚年活动方案（讨论稿）》《利辛县支持行业协会商会在招商引资招才引智工作中更好发挥作用若干措施（讨论稿）》；听取县纪委监委案件汇报。
5 月 27 日	第十届县委第 41 次常委会会议	传达学习习近平总书记在庆祝中国国际贸易促进委员会建会 70 周年大会暨全球贸易投资促进峰会上的致辞、在庆祝中国共产主义青年团成立 100 周年大会上的重要讲话和全国稳经济大盘电视电话会议精神；传达学习《中共安徽省委、安徽省人民政府印发〈关于贯彻习近平总书记重要讲话精神落实“疫情要防住、经济要稳住、发展要安全”的意见〉的通知》并研究贯彻落实意见；传达学习省委书记郑栅洁在全省巩固拓展脱贫攻坚成果同乡村振兴有效衔接推进会上的讲话和《关于 2021 年度巩固拓展脱贫攻坚成果同乡村振兴有效衔接考核评估情况的通报》并研究贯彻落实意见以及讨论《关于做好 2022 年全面推进乡村振兴重点工作的实施意见（讨论稿）》；传达学习《中共安徽省委关于印发〈贯彻落实《中国共产党政法工作条例》实施办法〉的通知》并研究贯彻落实意见；解读《信访工作条例》；讨论《利辛县规范民办义务教育发展工作方案（讨论稿）》；听取关于 2021 年度全县党委（工委）书记抓基层党建述职评议结果的建议汇报；听取关于确定 2022 年软弱涣散村（社区）党组织整顿对象的汇报；讨论 2021 年度亳州市经济社会高质量发展先进集体和先进个人拟推荐名单。

续表 1

时 间	会 议	议 题
6 月 6 日	第十届县委第 42 次常委会会议	传达学习习近平总书记在中共中央政治局第三十九次集体学习时的重要讲话精神和中共中央政治局 5 月 27 日会议精神；传达学习《中共安徽省委关于印发〈贯彻落实习近平总书记系列讲话指示批示和考察安徽重要讲话指示工作规则（试行）〉的通知》；传达学习省委书记郑栅洁在风险隐患排查会议上的讲话并听取全县风险隐患排查情况汇报；传达学习省、市打击整治养老诈骗专项行动有关会议精神，并听取我县打击整治养老诈骗工作开展情况汇报；传达学习《中共安徽省委关于印发〈党委（党组）领导班子成员履行“一岗双责”推进全面从严治党若干规定〉的通知》并研究贯彻落实意见；传达学习《中共安徽省委印发〈关于加强对“一把手”和领导班子监督的若干举措〉的通知》；传达中央层面专项工作机制办公室《“复耕现象”暗访核查情况报告》（整治形式主义为基层减负工作情况反映〔2022〕第 7 期）；传达学习全国、全省、全市“扫黄打非”工作电视电话会议精神并研究贯彻落实意见；传达学习《中共中央办公厅印发〈关于加强和改进新时代市县政协工作的意见〉的通知》（中办发〔2021〕57 号）并审议《中共利辛县委关于贯彻落实中办发〔2021〕57 号文件精神自查情况的报告》；传达学习《安徽省突出生态环境问题排查整改奖惩工作管理办法》并研究全县贯彻落实意见；讨论《〈关于贯彻习近平总书记重要讲话精神落实“疫情要防住、经济要稳住、发展要安全”的意见〉任务分工方案（讨论稿）》；研究《关于召开利辛县第十三届人民代表大会第二次会议的请示》；研究关于调整县几套班子成员联系帮扶乡镇和产业园事宜的通知（讨论稿）；研究全县各级领导班子和领导干部政治建设监督检查参考指标（2022 版）（讨论稿）；讨论《利辛县产业投资有限公司组建方案（讨论稿）》；听取县纪委监委案件汇报；研究其他事项（县委组织部汇报）。
6 月 9 日	第十届县委第 43 次常委会会议	讨论《利辛县城关镇行政区划调整（更名）组织实施总体方案》；研究《关于批准马瑛同志辞去县委委员职务的建议》；研究其他事项。
6 月 13 日	第十届县委第 44 次常委会会议	研究有关事项。
6 月 17 日	第十届县委第 45 次常委会会议	研究有关事项。
6 月 26 日	第十届县委第 46 次常委会会议	传达学习习近平总书记在第二十五届圣彼得堡国际经济论坛全会上的致辞，在金砖国家工商论坛开幕式上的主旨演讲，在金砖国家领导人第十四次会晤时的讲话，在四川考察时、在十九届中共中央政治局第四十次集体学习时、在全球发展高层对话会上的重要讲话精神和中共中央政治局 6 月 17 日会议、中央全面深化改革委员会第二十六次会议精神；传达学习习近平总书记就研究吸收网民对党的二十大相关工作意见建议作出的重要指示，并听取贯彻落实习近平总书记重要指示批示情况的汇报；传达学习省委书记郑栅洁在年轻干部座谈会上的重要讲话；传达《中共安徽省委办公厅印发〈关于当前我省意识形态领域形势的通报〉的通知》；研究《利辛县基层负担突出问题集中整治工作方案》并听取全县当前集中整治工作开展情况的汇报；传达学习全省粮食安全工作会议精神并研究全县贯彻落实意见；研究成立利辛县第十三届人民代表大会第二次会议临时党委事宜；研究拟设立国家统计局利辛调查队党组事宜。

续表 1

时 间	会 议	议 题
7 月 26 日	第十届县委第 47 次常委会会议	传达学习习近平总书记在中央政治局第四十次集体学习的讲话、在庆祝香港回归祖国 25 周年大会暨香港特别行政区第六届政府就职典礼上的讲话、给中国国家博物馆老专家的回信、在湖北武汉和新疆考察时的重要讲话精神；传达学习习近平总书记给种粮大户的回信和省委书记郑栅洁在全省领导干部专题会议上的、在全省粮食安全工作会议上的讲话并研究《县委常委会委员粮食安全工作责任清单》《县政府领导班了粮食安全工作责任清单》；传达学习省委书记郑栅洁在省辖市市委书记、市长二季度工作会议上的讲话并研究利辛县贯彻落实意见；传达学习《郑栅洁同志赴宿州市泗县督导调研疫情防控工作纪要》并听取利辛县近期疫情防控工作的汇报；传达学习《中共安徽省委办公厅、安徽省人民政府办公厅关于印发〈安徽省防范和惩治统计造假、弄虚作假督查工作实施办法〉的通知》并研究利辛县贯彻落实意见；听取利辛县打击整治养老诈骗专项行动、市域社会治理现代化试点、扫黑除恶斗争等平安建设重点工作的汇报；讨论《利辛县就业促进行动实施方案（讨论稿）》等十项“暖民心行动方案”；讨论《利辛县新张集乡撤乡设镇工作总体实施方案（讨论稿）》；听取 2022 年上半年全县党风廉政建设和反腐败工作、全县纪检监察协作区工作、县纪委监委派驻监督工作情况的汇报；听取关于党务清查整治工作开展情况的汇报；研究县委十届六次全会相关材料；讨论关于调整县委县政府领导班子成员分工、调整县几套班子成员联系帮扶乡镇和园区的相关事；研究其他事项。
8 月 15 日	第十届县委第 48 次常委会会议	传达学习习近平总书记给“中国好人”李培生、胡晓春的回信，在参观“领航强军向复兴——新时代国防和军队建设成就展”时的、在省部级主要领导干部“学习习近平总书记重要讲话精神，迎接党的二十大”专题研讨班上的、在党外人士座谈会上的、在中央统战工作会议上的、在中共中央政治局第四十一次集体学习时的重要讲话精神和中共中央政治局会议精神；传达学习习近平总书记在四川考察时关于防汛救灾工作的重要指示并研究利辛县贯彻落实意见；传达学习习近平总书记关于中医药工作的重要论述和《中共中央 国务院关于促进中医药传承创新发展的意见》《中华人民共和国中医药法》《中共安徽省委安徽省人民政府印发〈关于促进中医药传承创新发展具体措施〉的通知》；传达全市第二季度工作点评会议精神并听取全县上半年经济运行情况的汇报；学习《大数据分析基层减负三年来的成效、问题及期盼》《关于规范管理“河长制”工作进展情况报告》；传达《关于合肥市肥西县有关补充耕地项目重复立项、虚增耕地问题的通报》；传达《关于今年以来纪检监察工作情况的通报》《全面从严治党监督责任清单》；听取信访积案化解工作汇报；听取关于 2022 年上半年未成年人思想道德建设工作的汇报；听取县委教育工委 2022 年上半年工作汇报；讨论《关于进一步激励乡镇、村（社区）干部在信访一线担当作为的八条举措（讨论稿）》；听取关于设立县委卫生健康工作委员会的汇报。
8 月 23 日	第十届县委第 49 次常委会会议	听取关于调整县委教育工委、经开区党工委职位设置的汇报；研究有关事项。
8 月 26 日	第十届县委第 50 次常委会会议	传达学习习近平总书记在辽宁考察时的重要讲话精神；讨论《利辛县预防未成年人违法犯罪专项行动实施方案（讨论稿）》；讨论《利辛县市域社会治理现代化试点工作重点任务责任分工方案（讨论稿）》；传达省纪委监委开展困难群众救助补助资金审计发现问题专项治理工作调研督导精神并研究部署我县贯彻落实工作；研究其他事项。

续表 1

时 间	会 议	议 题
8 月 30 日	第十届县委第 51 次常委会会议	研究有关事项。
9 月 15 日	第十届县委第 52 次常委会会议	传达学习习近平总书记给北京师范大学“优师计划”师范生的回信、致 2022 全国专精特新中小企业发展大会的贺信、对四川甘孜泸定县 6.8 级地震作出的重要指示精神和 8 月 30 日、9 月 9 日中共中央政治局会议精神；传达学习中央全面深化改革委员会第二十七次会议、十一届省委全面深化改革委员会第三次会议、五届市委全面深化改革委员会第三次会议精神；传达学习习近平总书记关于保密工作的重要指示批示和省委书记郑栅洁、市委书记杜延安关于保密工作的重要批示精神以及《中央保密办（国家保密局）关于印发〈微信泄密行为处分建议标准（试行）〉的通知》《全市保密违法违规案例》；传达学习《关于推进市县巡察工作高质量发展的若干意见》；传达《安徽省人民政府教育督导委员会转发国务院教育督导委员会办公室关于河北省邯郸市成安县义务教育有关问题的通报》并研究利辛县贯彻落实意见；听取全县重大风险隐患排查整治工作汇报；讨论《县委及常委会成员意识形态工作责任制落实责任清单（讨论稿）》；传达学习《安徽省生态环境问题整改工作实施办法》并研究利辛县贯彻落实意见；传达全省秋种工作现场会议精神并研究利辛县贯彻落实意见；听取全县近期安全生产工作情况的汇报；听取县纪委监委案件汇报；研究其他事项。
9 月 29 日	第十届县委第 53 次常委会会议	研究有关事项。
10 月 7 日	第十届县委第 54 次常委会会议	传达学习习近平总书记致产业链供应链韧性与稳定国际论坛的贺信、在参观“奋进新时代”主题成就展时的重要讲话精神和在第五个“中国农民丰收节”到来之际、在国防和军队改革研讨会上作出的重要指示精神；传达学习省委书记郑栅洁在省委统战工作会议上的讲话并研究全县贯彻落实意见；传达学习省委书记郑栅洁在省辖市市委书记、市长三季度工作会上的讲话，并听取信访专项工作开展情况的汇报；传达学习中央和省、市关于作风建设的通知通报及省、市纪委监委有关工作部署会议精神；传达《中共中央办公厅关于浙江省嘉兴市违规改扩建南湖宾馆问题查处情况的通报》；传达《2022 年基层减负观测点蹲点调研报告》（整治形式主义为基层减负工作情况反映〔2022〕第 16 期）；传达学习《关于加强和改进新时代市县政协工作的若干举措》；传达学习全国扫黑办扫黑除恶常态化推进会精神和《安徽省常态化机制化开展扫黑除恶斗争实施办法》，并听取利辛县开展常态化扫黑除恶斗争工作的汇报；讨论《利辛县共青团基层组织改革工作实施方案（讨论稿）》。
10 月 23 日	第十届县委第 55 次常委会会议	传达学习习近平总书记代表第十九届中央委员会向党的二十大作的报告和在参加广西代表团讨论时的重要讲话精神；万洪超、林刚、韩建、田浩然、钱卫结合各自工作实际研讨发言；调度信访重点案件。
11 月 11 日	第十届县委第 56 次常委会会议	观看严肃换届纪律教育警示片《警钟长鸣》。

续表 1

时 间	会 议	议 题
11 月 16 日	第十届县委第 57 次常委会会议	传达学习党的二十大精神和习近平总书记在瞻仰延安革命纪念地时、在陕西延安和河南安阳考察时的重要讲话精神和在中央政治局第一次集体学习时的讲话及 10 月 25 日中央政治局会议、11 月 10 日中央政治局常务委员会会议精神，《中共中央关于认真学习宣传贯彻党的二十大精神的决定》《中共安徽省委关于贯彻落实党中央〈决定〉精神全面推进党的二十大精神学习宣传贯彻工作的实施意见》《安徽省学习宣传贯彻党的二十大精神的总体方案和任务清单》《中共亳州市委关于贯彻落实党中央〈决定〉及省委〈实施意见〉精神全面推进党的二十大精神学习宣传贯彻工作的实施意见》《亳州市学习宣传贯彻党的二十大精神的总体方案和任务清单》；传达《中共中央办公厅关于印发〈党的十九大以来中央巡视工作总结报告〉的通知》和省纪委监委相关通报；传达《中共中央办公厅印发〈十九届中央政治局贯彻执行中央八项规定情况报告〉〈关于党的十九大以来整治形式主义为基层减负工作情况的报告〉的通知》；传达省委书记郑栅洁在全省传达学习党的二十大精神大会上的讲话和在亳州调研时的讲话精神；传达《安徽省贯彻落实〈信访工作条例〉具体举措》《中共安徽省委办公厅安徽省人民政府办公厅印发〈关于加强新时代网上信访工作实施意见〉的通知》和市委副书记秦风玉 10 月 20 日批示件（省纪委机关等五部门关于印发《关于进一步加强信访工作的若干举措》的通知），并听取利辛县贯彻落实情况的汇报；听取市扫黑除恶斗争特派督导组督导利辛县反馈问题整改工作的汇报（县委政法委汇报，县纪委监委、县委组织部、县委编办、县公安局、县检察院、县法院、县人社局列席）；讨论《中共利辛县委关于贯彻落实党中央〈决定〉及省委、市委〈实施意见〉精神全面推进党的二十大精神学习宣传贯彻工作的实施意见（讨论稿）》《中共利辛县委办公室关于印发〈利辛县学习宣传贯彻党的二十大精神的总体方案和任务清单〉的通知（讨论稿）》《中共利辛县委办公室关于印发〈利辛县学习宣传贯彻党的二十大精神宣讲工作方案〉（讨论稿）》；听取关于 2022 年村“两委”干部报酬标准调整方案的汇报；讨论《利辛县乡村人才振兴实施方案（讨论稿）》；讨论《县级食品安全责任清单（讨论稿）》；讨论《2022 年度利辛县直部门岗位责任目标（讨论稿）》《2022 年度综合考核工作方案（讨论稿）》。
12 月 1 日	第十届县委第 58 次常委会会议	传达学习习近平总书记向“杂交水稻援外与世界粮食安全”国际论坛发表书面致辞和对河南安阳市凯信达商贸有限公司火灾事故作出的重要指示精神，并部署利辛县贯彻落实工作；传达学习省委十一届四次全体会议、十一届省委全面深化改革委员会第四次会议精神；传达学习《中共安徽省委关于贯彻落实〈中共中央政治局关于加强和维护党中央集中统一领导的若干规定〉的实施意见》《中共安徽省委贯彻落实中央八项规定精神深入推进作风建设实施细则》《关于霍邱县、灵璧县政治生态情况调研报告》；研究有关事项。
12 月 6 日	第十届县委第 59 次常委会会议	传达学习《习近平论“三农”工作》；传达学习习近平总书记在党的二十大报告中关于生态环境保护的重要论述和《关于推动职能部门做好生态环境保护工作的意见》；传达学习《安徽省贯彻〈推进领导干部能上能下规定〉实施细则》；传达学习《郑栅洁同志在省委十一届四次全会上的报告和讲话》；研究县人大常委会党组《关于召开利辛县第十三届人民代表大会第三次会议的请示》；研究县政协党组《关于召开政协第十一届利辛县委员会第二次会议的请示》；研究《关于召开利辛县残疾人联合会第八次代表大会的请示》；讨论《利辛县深化国防动员体制改革实施方案（讨论稿）》；研究县人大代表、县政协委员增补初步人选方案；听取县纪委监委案件汇报。

续表 1

时 间	会 议	议 题
12 月 16 日	第十届县委第 60 次常委会会议	传达学习习近平总书记在党外人士座谈会上的重要讲话精神和 12 月 6 日中共中央政治局会议精神；传达学习习近平总书记关于审计工作指示精神（中央审计委员会第五次会议精神）和《中央办公厅国务院办公厅印发〈关于建立健全领导干部自然资源资产离任审计评价指标体系的意见〉》；传达学习《中共安徽省委关于深入贯彻落实党的二十大精神奋力谱写现代化美好安徽建设新篇章的决定》；研究县委十届七次全会相关材料；讨论《中国共产党利辛县第十届委员会第七次全体会议方案（讨论稿）》《县委常委会向全委会的工作报告（讨论稿）》《中共利辛县委关于深入贯彻落实党的二十大精神奋力谱写现代化美好利辛建设新篇章的决定（讨论稿）》《中国共产党利辛县第十届委员会第七次全体会议决议（草案）》；听取县人大、政协“两会”筹备情况汇报并研究成立临时党委事宜；讨论县十三届人大三次会议上的县人大常委会工作报告（讨论稿）、政府工作报告（讨论稿）和《关于县十三届人大一次会议代表议案建议办理情况的报告（讨论稿）》《关于利辛县 2022 年国民经济和社会发展计划执行情况与 2023 年计划草案的报告（讨论稿）》《关于利辛县 2022 年财政预算执行情况及 2023 年财政预算草案的报告（讨论稿）》及利辛县人民法院工作报告（讨论稿）、利辛县人民检察院工作报告（讨论稿）；讨论《中国人民政治协商会议第十一届利辛县委员会常务委员会工作报告（讨论稿）》《中国人民政治协商会议第十一届利辛县委员会常务委员会关于十一届一次会议以来提案工作情况的报告》；观看意识形态初心小课堂《坚定不移地做好新时代意识形态工作》，并研究向市委报告县委意识形态工作责任制落实情况；讨论《利辛县深入打好污染防治攻坚战实施方案（讨论稿）》，并听取 2022 年度全县生态环境保护工作情况的汇报；传达学习习近平总书记关于巡视工作的重要论述，讨论《利辛县巡察工作主体责任清单（讨论稿）》，并听取 2022 年巡察工作汇报和研究 2023 年巡察工作计划；听取县委党校 2022 年度工作情况的汇报（县委党校汇报）；听取 2022 年全县党风廉政建设和反腐败工作的汇报；听取 2022 年抓党支部建设工作开展情况和选拔优秀村（社区）党组织书记享受乡镇领导班子副职待遇工作的汇报。
12 月 23 日	第十届县委第 61 次常委会会议	研究有关事项。
12 月 27 日	第十届县委第 62 次常委会会议	传达学习习近平总书记在中央农村工作会议上的重要讲话精神和中央及省委经济工作会议精神；传达学习习近平总书记对非物质文化遗产保护工作作出的重要指示精神，并研究利辛县贯彻落实意见；讨论《利辛县加强统计基层基础建设工作举措（讨论稿）》；听取 12 月 23 日市委常委会会议关于平安建设工作要求的贯彻落实情况汇报；听取共青团 2022 年度工作暨团基层组织改革工作推进情况汇报；听取全县 2022 年安全生产工作汇报。

县委综合事务

【概况】 2022年，利辛县委办公室衷心拥护“两个确立”、忠诚践行“两个维护”，全面强化“两个坚持”，全力实现“两个更大”，坚持“三严三实”“马上就办、真抓实干”，围绕中心、服务大局，创新思路、主动作为，努力提升“三服务”工作水平，坚决当好县委的“坚强前哨”和“巩固后院”，各项工作取得了新的成效。

【决策参谋】 2022年，利辛县委办公室坚持“依事谋文、以文辅政”，树立精品意识，改进文风，严把文稿思想关、政策关和文字关，全力以赴写好每篇文稿，确保“参到点子上、谋到关键处”。先后起草文稿320余篇、100余万字。深入开展调查研究。把调查研究作为更好履职尽责的重要抓手，班子成员结合各自工作，分别围绕乡村振兴、整治形式主义为基层减负、机要保密、创新支部活动方式等调研主题，带头深入基层一线，开展调查研究，高质量完成《加快推进乡村产业的调研与思考》等调研报告。为县委决策部署提供有深度、有价值的决策参考。信息工作稳步提升。围绕县域特色产业发展、生态环保、营商环境优化、党的建设等重点、热点、亮点、难点工作，抓住关键时间节点，提前谋划信息选题，通过向有关单位约稿、总结先进单位工作经验等方式，共编辑和上报信息750条，被《亳州信息》采用58条，《安徽信息》采用12条。

【运转保障】 2022年，利辛县委办公室全年运转中央办公厅、省委办公厅下发的文件200件，全部做到零误差、高效、及时运转。规范文件管理。签收中央办公厅、省委办公厅下发的“三密”文件100件6662份，2022年审查合法合规性文件40件，向市委办公室法规室报备党内规范性文件23件，做到应报尽报。以服务“零差错”为宗旨，认真做好会前筹备、会中服务、会后总结。圆满完成县委常委会会议、县委书记专题会议、县委全委会会议、县党代会、全市推进五大发展督查调度会议等综合会议或专项会议的组织及文件、材料的印制和分发工作，有力保障各项会议的顺利召开。全年完成县委常委会会议、县委全委会会议等会议筹备41次，印发《会议纪要》25期，向电视台、利辛发布等媒体平台发送宣传通稿22期。扎实推进中央第五巡视组巡视安徽省反馈意见整改工作。2022年，对正在推进的2条整改任务，坚持常态化调度，不断加大整改力度，34个子项问题全部完成整改。按照省市关于定期报告整改情况的工作要求，认真做好省委第八巡视组巡视利辛县整改工作，对整改情况开展回头看，梳理总结工作成效，全年建立长效机制57项，防止问题反弹，确保建立的制度有效贯彻执行，做实做细巡视“后半篇文章”，进一步提升整改成效。稳步推进“为基层减负”。2022年1—11月，县本级发文104件，去年同期发文110件，同比减少5.45%；县本级召开会议40场，去年同期开会40场，同比持平。全县发文351件，同比减少21.2%；全县开会84场，同比减少31.7%。及时制定出台《利辛县2022年督查检查考核年度计划》，列入计划事项35项，较2021年减少1项。

【维护国家安全】 2022年，利辛县委办公室先后组织召开十届县委国家安全委员会第一次会议暨县防范化解重大风险工作领导小组会议、县委理论学习中心组学习（扩大）会议暨风险隐患排查会议等相关会议，研究制定《中共利辛县委国家安全委员会2022年工作要点》，明确11大类30项工作要点，《县防范化解重大风险工作领导小组2022年重点工作任务》，细化29个领域、79项重点工作任务，进一步明确各级各部门工作职责和工作任务。制定出台《利辛县2022年“4·15”全民国家安全教育日宣传教育活动方案》，明确要求各乡镇及县直有关单位，在统筹疫情防控的基础上，抓好全民国家安全教育日宣传教育活动。严格保守国家秘密。认真落实保密工作责任制，将保密教育纳入县委理论学习中心组学习计划，2022年度县委理论学习中心组和县委常委会组织保密专题学习3次。认真落实定密责任人制度，进一步完善定密审批和备案程序，加强定密责任人培训和管理，规范定密授权。全县已完成定密责任人确定的机关单位（有派生定密权）的比率为100%。加强涉密人员管理。做好涉密人员分类确定和备案工作，规范涉密人员保密审查程序。为做好党的二十大保密工作，结合省、市保密督查检查，重点做好机关单位周边文印店排查工作，县委保密办（县国家保密局）联合县委网信办、县公安局、县市场管理局对周边文印店开展多次专项保密督查，督查中发现问题责令立即整改，并对从业人员进行保密知识教育。开展网络安全保密风险排查、微信泄密专项整顿，强化对办公QQ群、微信工作群等网络社交媒体的使用管理，严格落实实名制、管理员负责制等工作制度，做到上网信息不涉密，涉密信息不上网，切实保障信息网络安全。党政军重点单位及涉军涉密信息保密管理、重点涉密单位和敏感领域区域保密管理、定密责任人和密件管理等，确保保密工作万无一失。提高保密技防水平，县数据资源管理局建成政务外网监测系统，利用高科技手段实现全县乡镇和县直单位政务外网全覆盖，项目总投资900余万元，投入使用。切实加强涉密文件、人员管理。严格落实文件领取、清退、销毁等工作制度，要求所有单位配有保密柜，用于存放涉密文件档案。完善保密会议提醒制度。全年全县未发生失泄密行为，是全市唯一没有被通报的县。在县委组织部、党校乡科级干部主题培训班和政府系统工作人员培训班上讲课培训3次。

【深化改革】 2022年，利辛县委办公室贯彻落实中央和省市委关于全面深化改革的部署要求，结合利辛县实际，制定下发《县委全面深化改革委员会2022年工作要点》，建立工作台账。并对8个领域119项改革事项进行分解，逐项明确改革目标、成果形式、进度安排等，准确反映推进情况、工作动态和改革成效，督促各责任单位及时完成改革任务。制定出台《利辛县国防动员改革实施方案》，牵头开展国防动员体制改革，全面完成各项改革任务。县国防动员办公室于2022年12月30日挂牌运行。

【督查督办】 2022年，利辛县委办公室牢固树立宗旨意识，主动服务群众，认真做好市委、市政府、县委、县政府主要负责人交办人民来信办理工作。坚持详细登记、高效运转、督促反馈，着力提高人民来信的办理质量和效率，争取回复办结材料一次通过。全年共办理市委督查考核办运转市委、市政府负责人信访批示件193件。其中，市委书记信访批示件156件，办结130件，办结率86.1%。市长信访批示件37件，办结35件，办结率94.6%。

组织工作

【概况】 2022年，全县共有党员47985名。其中，村（社区）党员36552名，女党员8779名，35岁以下党员11189名，专科及以上学历16406名，中华人民共和国成立前老党员12名。全县共有党委112个，其中，乡镇党委23个，机关党委10个，事业单位党委31个，村级党委45个，国有企业党委3个。

【干部管理】 2022年，利辛县组织部门聚焦育选管用，激励担当作为，把新时代好干部标准落到实处，着力锻造一支忠诚干净担当的高素质干部队伍。树立鲜明用人导向，突出党管干部原则。牢固树立讲政治、重担当、凭实绩、在基层和实践一线选用干部的鲜明导向，落实党组织推荐、提名和党委、纪委“双签字、双把关”制度，强化党组织领导和把关作用。突出政治标准考察。把政治标准作为选人用人的首要标准，认真落实《县管领导干部政治表现考察办法（试行）》，坚持在考察谈话时政治表现必谈，在民主测评时政治表现必测，在与考察对象面谈时政治表现必问，积极推动政治素质考察常态化。一年来，对列为考察对象的214人进行政治素质考察。突出实绩用人原则。完善县管领导班子和领导干部综合考核机制，把“排名”和“进位”情况作为干部进退留转的主要依据。突出基层一线选任。先后选派33名干部到信访维稳、乡村振兴等基层一线锻炼，对214名在一线吃劲岗位表现较好的干部，予以提拔重用或职级晋升。注重培养年轻干部。持续实施“5312”青苗工程（2018年，利辛县委提出未来五年，全县80后正科级领导干部30名，85后副科级领导干部有100名，90后优秀年轻干部200名），提拔重用62名干部，其中35岁以下年轻干部10名，占16.13%。结合年度考核、干部工作专项调研，分性别、年龄、专业等类别储备优秀年轻干部，进一步完善年轻干部发现储备、培养锻炼、选拔使用和管理监督的机制。严格落实日常监管。坚持抓早抓小、抓常抓细，结合干部工作专项调研，与176名干部开展谈心谈话，对换届后的乡镇领导班子运行情况和领导干部现实表现进行实地了解，及时发现干部的苗头性、倾向性问题，做到谈话提醒常态化、函询诫勉精准化。畅通举报渠道，严格落实专人接访、专人负责，对群众来电来信来访中反映情况紧急、重要的举报件，即时受理、即刻报批、立即办理。对提拔、进一步使用、职级晋升的214名干部进行任前公示。持续巩固“三严三实”“马上就办、真抓实干”作风建设专项行动成果，深入实施干部能力作风提升年计划，制定推进措施109条，全县党员干部作风建设取得新进展，营商环境得到新改善，为民办实事取得新成效。加强公务员队伍建设。建立年轻干部导师帮带制度，为新招录的76名公务员及10名选调生配备成长导师，帮助年轻干部成长成才。扎实开展公务员初任培训、试用期满考核、任职定级、公务员登记等工作。实施公务员平时考核制度，聚焦业绩量化考核、工作纪实考评、上下班打卡等主要内容，考准考实公务员德、能、勤、绩、廉等方面表现，为公务员精准"画像"。建立健全激励机制。全面落实《关于进一步激励广大干部新时代新担当新作为的实施意见》及《任务分解方案》。落实包保化解责任，充分发挥信访工作"村为主、乡（镇）负责"制度，制定《关于进一步激励乡镇、村（社区）干部在信访一线担当作为的八条举措》，激励乡镇、村（社区）两级干部在信访一线主动担当作为，确保信访事项在一线化解。坚持"突出业绩、兼顾资历、干群公认、倾向基层"原则，统筹开展职级晋升，先后开展晋升职级152人次，进一步激发干部干事创业激情。对长期在乡镇一线任职因身体健康、家庭困难等原因不适宜在乡镇工作的3名干部予以回城安排工作，切实关心关爱干部。贯彻落实容错纠错办法，正确把握"三个区分开来"，消除基层干部"怕出错不想为"的思想包袱、"怕问责不敢为"的后顾之忧。

【干部培训】 2022年，利辛县组织部门抓好新时代党的创新理论武装，强化干部教育培训，引导全县党员干部自觉做"两个确立"的坚决拥护者和"两个维护"的忠诚践行者。强化思想理论武装。把学习贯彻习近平新时代中国特色社会主义思想和党的十九大及十九届历次全会、党的二十大精神作为首要政治任务，纳入干部教育培训必修内容，通过采取专题辅导讲座、分组研讨发言、实例分析教学等多种形式，统一思想认识，凝聚发展合力。开展党性锤炼活动。持续突出党的理论教育和党性教育在干部教育培训中的主业主课地位，开设"共产党人的党性和党性修养""从政治纪律查起"等课程。选调60名35岁以下优秀年轻科级领导干部参加年轻干部党性锻炼班，安排撰写党性分析材料，提升学员的理论素养、党性修养。坚持学用结合，积极发动组工干部带头撰写党的创新理论武装心得体会文章284篇，其中5篇被中组部采用、4篇被省委组织部采用。提升服务大局本领。聚焦全县中心大局，选调560余名学员，参加党建引领基层治理、乡村振兴、信访维稳、安全生产等专题研讨班。围绕基层党务干部队伍建设，确定6类22个授课专题，举办4期乡镇党委组织委员专题培训班。

【公务员管理】 2022年，县公务员管理局依据规定认真开展公务员考核、三级主任科员及以下职级晋升、档案日常管理、公务员招录和日常管理。注重在疫情防控阻击战一线表现突出的优秀干部，优先晋升职级。全县晋级三、四级主任科员干部87人，其中乡镇25人。完成1302名全县副科及以上的干部档案审核工作。做到应审尽审，完成所有提拔重用和职级晋升的干部人事档案审核工作。事业单位档案审核工作结束。2022年，全县计划招录83名公务员，入职82名。完成114名试用期满公务员任职定级，按照登记条件对171名符合登记条件的公务员进行登记。公务员考核。

【人才建设】 2022年，利辛县组织部门坚持党管人才，突出人才引领发展战略地位，全方位培养用好留住人才，为全县经济社会发展提供智力支持。聚焦"育"，打造人才"练兵场"。召开县委人才工作会议，加强规划指导，为培育人才队伍画好蓝图、找准路子。在全县遴选960户农户作为农业示范户，择优选派160名农技人才，在农业生产关键季节、关键环节及时开展技术指导和服务。组织"田专家""土秀才"点对点、面对面开展乡村实用人才结对帮扶，培训技术骨干1230余人次。聚焦"用"，建设人才"实践地"。制定人才工作任务清单，对全年49项任务进行分解，为优秀人才干事创业提供遵循。制定《实施"六大行动"推进人才高质量发展的若干措施》等文件，围绕聚才、留才、俊才、暖才、誉才、强才"六大行动”，提出30条具体措施，为人才发挥作用提供广阔舞台。组建优秀人才志愿服务队，设立10个小分队，助力乡村振兴。聚焦“留”，构建人才“栖息地”。持续把人才工作经费列入财政预算，开展人才工作资金效益评估，为推进人才工作提供坚强保障。19名县党政领导干部联系服务38名高层次人才，帮助人才解决后顾之忧。通过不同形式妥善解决各类人才住房、子女入学、配偶安置等生活难题，不断提升服务人才水平。在“利辛组工”微信公众号、利辛先锋网等平台，大力宣传优秀人才先进事迹，引导各领域人才服务经济社会发展，营造尊重人才、爱护人才、关心人才的良好氛围。

【基层组织建设】 2022年，利辛县组织部门坚持大抓基层的导向，以组织体系建设为重点，切实把农村基层党组织建设成推动乡村振兴的坚强战斗堡垒，不断夯实党在基层的执政基础。利辛县农村领域特色党建工作被《中国组织人事报》《共产党员手机报》等媒体专题推介。加强基层组织建设。精准实施“登高计划”，聚焦农村、社区、机关、学校等重点领域，细化工作要点，分领域列出问题清单、按类别制定整改措施、定时限完成达标创建，推动党组织补短板、强弱项，达标准、作示范。对全县179个亳州市“五星基层党组织”、160个“五星远教站点”进行巩固提升。整顿21个软弱涣散村，严格落实“四个一”整顿措施，做到“一村一策”抓整顿，推动基层党组织全面进步、全面过硬。铸造村级骨干队伍。深入推进农村基层党组织带头人“头雁工程”，注重加强村“两委”换届后班子建设。实施《利辛县村干部管理办法》，对村“两委”正职进行全覆盖培训，开展“察民情、化难题、办实事、解民忧”活动，村干部履职能力作风显著提升。抓好后备干部储备。采取“县统一招聘一批、镇聘用一批、村储备一批”相结合的方式，培养优秀村级后备干部1702人。抓实选派干部管理。开展选派工作“擂台比武”，组织第一书记登台晒实绩、找不足、明措施，激励选派干部对标先进找差距、比学赶超共提升。建立“县委统筹管理、乡镇直接管理、派出单位跟踪管理”的管理模式，通过现场述职、民主评议、个别谈话、实地查看和综合评定等多种考核形式，倒逼选派干部提高工作效率。扎实开展集中谈心谈话20余次，实现274名选派帮扶干部谈心谈话全覆盖。会同县乡村振兴局制定驻村工作队10项重点任务清单，指导选派干部持续做好巩固拓展脱贫攻坚与乡村振兴有效衔接，推动产业发展。

【城市领域党建】 2022年，利辛县组织部门主动适应经济社会发展新变化，不断创新党的基层组织设置和活动方式，统筹推进城市和非公领域党的建设工作质量提升，不断增强基层党组织的政治功能和组织功能。做实党建引领城市基层治理。深入实施“领航”计划。县人民医院党委和县特殊教育学校党支部成功入选亳州市第三批城市领域基层党建“领航计划”示范库。城关镇向阳社区做实党建联盟，推动共建共治共享的特色做法被纳入省级示范库，先后被《安徽组工信息》和安徽先锋微讯单条推介，城市领域党建影响力进一步提升。加强社区党群服务中心体系功能建设。将党群服务阵地延伸到居民小区（家属院），创新设立“若比邻”党群服务驿站品牌，建设5个“若比邻”党群服务驿站，化解矛盾纠纷411个，研究解决停车入位、垃圾投放点设置等问题465个，开展志愿服务518轮次，切实打通为民服务的“最后一公里”，《安徽信息》以《利辛县打造“若比邻”党群服务驿站“零距离”服务群众》为题予以编发。推动共驻共建共治工作落到实处。建立社区党建联席会议制度，推动辖区单位党组织、社区党组织等共同参与基层治理，帮助居民群众解决在工作、生活、就业、子女教育、环境改善等方面的问题128个。制定发布4期社区党组织季度需求清单，与驻区单位党组织资源共享、活动共办、组织共建、问题共商，驻区单位党组织支持参与社区活动的积极性明显提高。大力推动“皖美红色物业”建设工作。召开全县“皖美红色物业”协调推进会，建立县“皖美红色物业”建设联席会议，明确各部门工作任务，凝聚工作合力。依托县物业行业党委，加强对物业服务企业党建工作的指导。物业小区党组织组建率76.6%，业主委员会组建率81.3%，成立物业服务企业党组织8个。扎实做好城市其他领域党建工作。常态化开展机关企事业单位党组织和在职党员到社区“双报到”工作，全县共有104家党组织与所驻社区签订共驻共建协议，3900多名在职党员到社区报到，积极参与疫情防控、信访维稳、文明创建等工作。开展国有企业党建工作“找差距、抓落实、提质量”专项行动，对县属国有企业开源水务、城投集团专项检查中发现的问题及时督促整改到位，国有企业党的建设质量不断提升。在中小学校扎实推行党组织领导下的校长负责制，将党的领导、党的建设贯穿办学治校、立德树人全过程。成立县委卫健工委，加强公立医院党的建设工作，认真落实党支部建在科室上，以高质量党建工作促进全县卫生健康工作高质量发展。抓实党建引领非公企业高质量发展。建强组织队伍。积极鼓励非公企业出资人担任党组织书记，推进党组织班子成员与经营管理层“双向进入、交叉任职”。指导非公企业组织建设与服务经济发展相结合，选优育强95名第五批党建工作指导员，推动党建工作力量下沉。做优企业服务。围绕党建工作、惠企政策、品牌创建等方面，建立服务项目清单，开展“特色服务”，组织党建指导员深入开展“问题帮办、助企发展”主题活动，帮助解决用工2229人，兑现企业优惠政策79件次、金额1.583亿元，帮助企业突破发展瓶颈。培塑党建品牌。持续深化“双强六好”“双比双争”创建活动，非公党建影响力显著增强。实施非公党组织“璀璨计划”，打造艾可舒医疗科技、奥林体育、关爱协会3家非公领域的党建工作示范点，示范引领作用进一步发挥。推深做实新业态新就业群体党建工作。在互联网、交通运输、快递和外卖送餐领域成立4个行业党委，压实“抓行业必须抓党建”职责。打造16家“辛心相印・益企蓬亳・暖蜂驿站”，提供“零差价购物”“圆桌议事”等特色服务，办理暖心事项100多件。利辛县“建立任务清单机制，压实新业态新就业群体党建工作责任”的经验做法被《安徽组工信息》单条推介。

【组工队伍建设】 2022年，利辛县组织部门认真贯彻落实习近平总书记对新时代组工干部提出的“讲政治、重公道、业务精、作风好”要求，涵养政治品格、提升业务本领、转变工作作风，以自身建设高标准，推动组织工作高质量开展。强化思想淬炼。坚持把学习教育抓在日常、严在经常，严格落实“三会一课”、主题党日等组织生活制度，通过领导领学、集中研学、个人自学等形式，推动习近平新时代中国特色社会主义思想和党的二十大精神入脑入心。全年开展主题党日12次，19名党员上“微型党课”，8名党员围绕党的二十大精神进行研讨发言，党员政治素质明显提升。强化实践锻炼。围绕主责主业，让组工干部参与干部考核考察、基层党建调研、组工信息宣传等工作，提高业务本领。作为社区防控组牵头单位，突出做好网格化管理、人员排查等工作，抽调组工干部参与社区管控、高速路口查验点协助开展“两码”查验等，在疫情防控一线彰显责任担当。严格落实文明创建网格区包保责任，部务会成员带队深入城关镇新建社区开展文明创建活动。强化作风锤炼。严格落实“一岗双责”制度，把党风廉政建设和反腐败工作纳入本单位中心工作和重要议事日程，与各项业务工作的开展紧密结合，实现党风廉政建设与业务工作同部署、同落实、同检查、同考核。践行“三严三实”和“一改两为五做到”要求，力戒形式主义、官僚主义。修订《利辛县委组织部制度汇编》，对财务管理、干部管理、监督考核等作出明确规定，切实扎紧制度笼子，规范机关内部运行。严格机关效能管理，细化职责分工，把组织工作重点任务量化分解到各股室（中心）、责任落实到个人、进度细化到月，以作风的转变推动组织工作提质增效。

【“两新”组织建设】 2022年，利辛县组织部门抓实新就业群体党建，牵引融合加强治理。在新就业群体领域成立4家行业党委、54家党支部，压实“抓行业必须抓党建”职责。采取理论宣讲、结对共建、联合调研和暖心关怀相结合的举措，抓好新就业群体党的二十大精神学习和关心关爱工作。积极引导新就业群体参与疫情防控、文明创建、志愿服务等活动，担当联结千家万户居民的“文明使者”，助力基层治理。打造16家“辛心相印·益企蓬亳·暖蜂驿站”，在提供歇歇脚、喝口水、热热饭、充充电、谈谈心等“套餐”服务的基础上，提供“零差价购物”“圆桌议事”等特色服务，办理暖心事项100多件。

（武　伟）

宣传教育

【概况】 2022年，利辛县宣传部门坚持把学深悟透习近平新时代中国特色社会主义思想和党的二十大精神作为首要政治任务。服务县委理论学习中心组开展集体学习12次，各级党委（党组）广泛开展学习研讨。开展各类主题宣讲2100余场次，受众90万余人次。“学习强国”学习平台活跃度位居全市前列。党的二十大学习用书征订工作位居全市第一。转载、转发大会程序性报道和重要新闻稿件130余篇。县委带头开展专题学习研讨38人次，各乡镇县直各单位专题学习全覆盖，对16个乡镇和8家县直单位开展专项巡学旁听，设置社会宣传载体2300余处，新闻专题专栏推出稿件330多条，开展“书记访谈”14场次。

【内宣凝聚人心】 2022年，利辛县宣传部门充分发挥利辛发布、利辛融媒、利辛县新闻网主阵地作用，以“奋进新征程　建功新时代”主题宣传为统领，内宣报道持续用力。全年《利辛新闻》发布273期、1366条新闻。利辛发布、利辛融媒微信公众号发稿4000余条，总阅读量930余万次，其中10万次以上稿件11条，4月份政务微信影响力排名全省第四；官方抖音号发布短视频1176条，浏览量12750余万次，其中100万次以上稿件18条；官方视频号发布短视频687条，浏览量472万次。

【外宣出新出彩】 2022年，利辛县宣传部门在央视总台、《人民日报》等中央媒体发稿13条，在《安徽日报》、安徽广播电视台等省级主流媒体发稿280条，450余篇稿件被“学习强国”安徽学习平台采用，2篇被全国平台采用，全省县级媒体广播年度排名第二、电视新闻年度排名第三、全市第一。

【同心抗疫】 2022年，利辛县宣传部门统筹推进全县疫情防控宣传，召开专题新闻发布会2场、策划会5场，发布疫情防控通告87个，发布各类权威信息、科普卫生健康知识1000余条。FM983每天播放疫情防控公益广告10次（每小时一次）。乡镇应急广播每天三次常态化播放疫情防控相关音频。探索尝试实行“三个所有”（信息覆盖所有人、所有群、所有朋友圈）和村书记大喇叭喊话等方式，扩大传播范围，收到显著的效果。与凤凰网合作开设《众志成城，同“辛”抗疫》专题，积极宣传报道利辛县干群一心、同“辛”抗疫、守望相助的事迹60余篇。共调动110组次、500余人次采编人员参与新闻报道，深入一线现场采访拍摄，累计在省市县发稿3000多条，4月央视新闻直播间报道利辛县疫情防控工作。

【丰富群众文化生活】 2022年，利辛县宣传部门组织“‘喜迎二十大　颂歌献给党’利辛县庆七一文艺会演”等线下活动15场次，指导乡镇开展惠民活动180余场次；举办“文化进万家，云上过大年”利辛精彩非遗展播，“免费培训·相约云端”线上活动20余场次。“送戏进万村”文化惠民活动稳步推进，完成“送戏进万村”315场。建成“15分钟健身圈”100个，完成目标任务的145%。文化产业发展积极提升。精心编制“十四五”文化改革发展规划，大力发展新型文化企业、文化业态、文化消费模式，推进文化和科技、旅游融合发展。认

6月16日，利辛县创建省级文明城市、卫生县城、生态文明示范县启动会召开
（代标/摄）

定规上文化产业企业6家，拟入规2家，获批文化专利16件，安徽跃腾工艺制造有限公司等3家公司成功申报文化类高新技术企业。文艺创作成果丰硕。引导文艺工作者创作一批“四个讴歌”的文艺作品，本土文艺工作者共创作出《喜迎党的二十大胜利召开》（曲艺）、《十九届六中全会精神放光芒》（曲艺）、《西淝河畔好风光》（美术）等以“喜迎二十大”“我爱我家”为主题的文艺作品17件。舞台剧《春暖花开》、歌曲《生在皖北》积极申报参评安徽省“五个一工程”奖，2022年新创现代戏《紫槐花》参加省重点文艺项目答辩工作。群众文化生活丰富多彩。组织“庆七一”文艺会演等线下活动15场次，指导开展文化惠民活动180余场次；举办非遗展播、免费培训等线上活动20余场次。完成“送戏进万村”361场，新建体育设施100个。

（汝雪芳）

统一战线

【概况】 2022年，利辛县委统战部突出政治引领，筑牢新时代统一战线思想政治根基。2月和8月，分别召开全县统战工作领导小组及23个乡镇统战委员集中培训会议，统战（民宗）工作任务重的3个乡镇配备专职统战委员，进一步提升基层统战干部的素质水平。11月，组织无党派代表人士收听收看学习贯彻党的二十大精神中央宣讲团报告视频会；12月，组织县“新联会”开展利辛县新阶层人士“同‘辛’共学二十大 凝‘辛’聚力再出发”专题宣讲活动。强化党外人士思想政治引导。支持无党派人士深入开展“双树双建”“凝聚新力量·筑梦新时代”主题教育活动；12月中旬，组织党外人士及统战干部40余人到省社会主义学院参加培训。加强民族宗教领域教育引导。利用“宗教政策法规学习月”，广泛开展“爱党爱国爱社会主义”等系列主题教育活动，组织全县宗教“三自”团体主任、副主任、宗教教职人员及宗教场所负责人约130人，分批次举办3期主题教育培训班。画好侨界团结最大同心圆。召开县侨联一届三次全委会议，补选产生利辛县侨联一届三次全委会主席；组织开展“喜迎二十大——国庆座谈会”，县侨联委员、县归侨侨眷代表、侨联外派教师代表、留学生家属代表等近20人参加座谈会。2022年，县委统战部被省侨联授予“全省先进基层侨联组织”。

【党外人士队伍建设】 2022年1月，举办利辛县党外知识分子联谊会第一届二次会议及党外人士教育培训，进一步强化思想政治引领，巩固统一战线成员思想政治基础。开展无党派人士和党外知识分子调查摸底工作。6月开展“无党派人士”政治面貌认定登记工作，推荐上报市无党派人士15人、补报29人。10月推荐“双树双建”市年度标兵3人。开展党外代表人士队伍建设相关数据统计工作。经摸排，利辛县人大常委会副主任4人，其中党外人士1人；政府领导班子党外人士1人，政府部门党外正职2人，党外副职2人；政协副主席5人，其中党外人士3人；配备党外副检察长1人，党外法院副院长1人。开展党外科级干部调查摸底工作。上报党外四级主任科员以上公务员29人。开展新的社会各阶层人士统战工作。1月，新联会、民营企业家等积极参与“我为发展献一策”活动，建言献策95条；3月，新的社会阶层人士围绕“六一战略”积极建言献策，撰写社情民意类意见建议9篇，其中4篇被选送推荐市委统战部。9月，积极参加“寻美·亳州”主题活动，及时报送优秀视频、摄影作品。11月，统计上报利辛县自由职业写作人员、文化艺术领域自由职业人员、知识型市场服务人员、技能型市场服务人员共10人。

【服务“非公有制经济”】 2022年，利辛县委统战部加强对非公有制经济人士的培训。围绕理想信念教育实践活动，召开学习培训会议，邀请市委、县委党校教师对党的二十大精神进行系统解读，对习近平总书记重要讲话精神及党的十九届六中全会精神进行培训，130余人参加。按照统战工作向商会组织有效覆盖的要求，将理想信念教育实践活动贯穿商会建设和发展全过程，6月底，召开商（协）会负责人会议，开展理想信念教育实践活动。进一步加强对他们的思想政治引领。强化为非公有制经济企业服务。围绕“新春访万企　助力解难题”“转变工作作风、为民办实事为企优环境”等活动，组织人员每周不定期走访调研非公企业。8月，召开利辛县非公经济代表人士座谈会，解读《安徽省利辛县招商引资宣传手册》，并将每周三定为“为企服务日”，办公室设在县委统战部，专门用于接待非公有制经济代表人士。助力企业优化发展环境。以“政企直通车”“四送一服”活动为抓手，深入了解企业发展中的难题，深入走访调研企业共113家，与企业主要负责人面对面交谈，了解企业生产经营情况，寻求最佳解决办法。加强民营企业维权服务体系建设和县总商会人民调解委员会工作，切实预防化解信访问题发生。

【港澳台统战工作】 2022年，利辛县委统战部开展春节慰问“送温暖”活动。走访慰问侨眷、台胞台属及中文外派教师；并于5月前往利辛中学为华文外派教师刘子斐、宫慧慧颁发国务院侨务办公室签发的任教证书。更新台侨基础数据库。5月，推荐6名港澳台代表人士参加亳州市海外联谊会第一届会员及1名理事人选工作。按照“选育管用”工作机制，通过摸排走访联系，在形成18名港澳台代表人士名单的基础上，6月再次更新港澳台代表人士9名，建立代表人士队伍，深化政治引领，加强交流交往。经过深入摸排了解、上门走访实地调查，利辛县申报2名困难归侨侨眷和两名侨眷代表为安徽省侨联青年委员会会员人选。疫情防控期间帮助台企、侨企复工复产。突发事件维稳工作，依法维护归侨侨眷和海外侨胞的合法权益。7月，接到市委统战部转来柬埔寨安徽商会会长张继雷反映其亲属刘景奎，因机械事故死亡要求处置事宜后，立即成立联合调查小组，认真开展核实调查，多次召开调度会。经过协调，赔偿到位，双方满意，信访件经司法途径进行有效处理，及时化解，切实维护侨胞合法权益，受到省侨联和市委的表扬肯定。10月，县侨务办协助华侨办理了一起“三侨生”高考加分诉求事务。开展台侨系列活动。为喜迎党的二十大召开，进一步弘扬中华优秀传统文化，助力冬奥会、冬残奥会，省侨联在2022年新春佳节期间，举办“助力冬奥、喜迎二十大”春联创作大赛。通过县文联、县书法家协会共同推荐，有两幅作品参加此次大赛。组织全县高中学生踊跃参与第二十二届世界华人作文大赛，利辛县800余篇参赛作品中四篇作文获得大赛一二三等奖。8月，协助台湾媒体采访团拍摄《大陆寻奇》工作，台办人员全程进行服务，让摄制组一行感受到大陆同胞的热情，增进了两地沟通交流。继续开展好“大学梦、邦泰情”侨爱公益助学活动。组织相关部门同安徽邦泰公益基金继续开展好“大学梦·邦泰情”侨爱公益助学活动，通过申报、走访、筛选等程序，为45名困难学子每人资助5000元，共计22.5万元，顺利圆梦大学。

（康友政）

网络安全和信息化工作

【概况】 2022年，经中共利辛县委编制委员会文件《关于设立利辛县网络安全和信息化事务中心的通知》（利编〔2022〕21号）批复，2022年5月17日，利辛县设立网络安全和信息化事务中心，加挂利辛县网络安全应急指挥中心、利辛县互联网违法和不良信息举报中心牌子，为县委宣传部所属事业单位，机构规格为副科级，列为公益一类，财政全额拨款，核定事业编制6名，设主任1名，副主任1名。

【舆情管理】 利辛县网络安全和信息化事务中心（利辛县网络安全应急指挥中心、利辛县互联网违法和不良信息举报中心）主要职责是：负责贯彻落实有关网络内容、网络举报、网络安全工作的决策部署。负责网络安全的宣传及重大网络安全突发事件的预警防范和应急处置等工作。

（武　伟）

机构编制工作

【概况】 2022年，利辛县委编制办公室深入贯彻习近平总书记关于机构编制工作的重要论述。深刻领会习近平总书记关于机构编制工作“六个坚持”的基本要求，坚持和加强党对机构编制工作的集中统一领导，进一步健全党管机构编制的组织制度、运行方式和审批程序，推动逐项落地见效，充分发挥编委办事机构的职能作用。做好机构编制实名制系统的信息维护，对机构、编制、人员信息及时调整，进一步提升实名制系统基础数据质量，强化基础数据对机构编制管理、机构和行政体制改革、事业单位改革的支撑作用，根据基础数据做好下一年公务员招录、事业单位招聘、政策性安置等相关编制使用计划。

【机构职能体系建设】 2022年，利辛县委编制办公室加强完善党政机构职能，强化党政机构职能统筹，调整县城市管理局与县自然资源和规划局职责，调剂增加县发展和改革委员会（利辛县粮食和物资储备局）领导职数，设立利辛县委农村工作领导小组办公室秘书股，将利辛县司法局内设机构社区矫正大队调整为利辛县司法局直属机构并更名为利辛县社区矫正管理局；设立利辛县网络安全和信息化事务中心、利辛县医保基金安全监管中心、利辛县消防工作站指导中心、利辛县政协机关事务服务中心、利辛县电子商务发展服务中心5家全额拨款事业单位，重新核定县绩效评价中心、县纪委监委党风廉政教育中心等28家单位领导职数和17家事业单位编制，调整利辛县综治中心机构规格，给县委党校、县文化旅游体育局、县教育局、县卫健委4家单位内设机构加挂牌子，整合自然资源局所属的西淝河湿地保护中心、森林病虫害防治检疫站和土地勘测规划室，设立林业中心，重新下发了利辛县新时代文明实践促进中心、利辛县委组织部信息中心2家单位三定规定。优化教育资源配置，加强中小学教职工编制、幼儿园编制管理，根据在校学生数、师生比等因素，重新核定全县中小学（含中职）及公办幼儿园教职工编制，严格落实公办幼儿园管理团队编制保障法。设立安徽省利辛县第一中学附属学校（知行学校），重新核定全县中小学教职工编制、幼儿园编制，根据教育部门相关要求，核定实验小学等10所学校领导职数。

【重点领域体制机制改革创新】 2022年，利辛县委编制办公室精简优化开发区内部管理架构，整合优化内设机构，创新开发区内部管理体制，实行机构精干和扁平管理，构建高效率组织体系。整合归并内设机构为6个，精简综合事务部门，加强业务职能部门，健全党建工作机构。优化编制资源配置，增加4名事业编制。从严核定领导职数，开发区管理机构领导职数按5名配备。县经开区党工委与管委会实行合署办公、一套机构。党工委书记、管委会主任实行“一肩挑”。重新制定并印发《安徽利辛经开区管理委员会职能配置、内设机构和人员编制规定》。组建利辛县应急管理综合行政执法大队，做好我县行政复议体制改革相关工作，单独设立行政复议应诉室，增加1名股级领导职数，增加3名司法专项编制。

【构建基层管理体制】 2022年，利辛县委编制办公室深入推进西潘楼镇行政管理体制改革。扩大经济社会管理服务权限，结合西潘楼镇实际情况梳理出赋权事项25项（第一批），以县政府文件的形式进行公布，同时，明确了赋权单位要做好赋权事项的业务培训和日常指导，县委编办和县数据资源局等单位加强赋权事项办理情况监督，确保赋权事项“接得住”“接的稳”。构建简约精干的组织架构，按照改革方案确定的机构限额，调整优化经济发达镇机构设置。设立6个内设机构和4个副科级事业单位，推进集中审批服务和综合行政执法。整合公共服务和行政审批职责，打造综合、便民、高效的政务服务平台，实行“一站式服务”“一门式办理”。创新审批服务方式，提升审批服务效能，推进行政执法权限和力量向经济发达镇延伸和下沉，搭建综合执法平台，建立由乡镇统一指挥的执法工作机制，组织开展联合执法，结合实际探索基层综合行政执法有效形式，逐步实现一支队伍管执法。

【推进权责清单制度建设】 2022年，利辛县委编制办公室认真开展优化乡镇权责清单、厘清县乡职责边界工作。公布实施《利辛县乡镇权责清单、乡镇配合事项清单及工作流程图》（两单一图），确保权责清单依法依规、权责对等、边界明晰，减少县直单位与乡镇因边界模糊而产生的推诿扯皮，进一步提高基层行政执法效能。及时对“民办义务教育、学前教育及其他文化教育学校设立审批”的行政许可事项进行调整，规范非学科类校外培训机构设置标准及审批流程。全面梳理不同类型乡镇的赋权需求、存在的困难和问题以及县直部门的赋权意愿和顾虑，最终梳理出一般乡镇赋权需求事项206项、经济发达镇赋权需求事项61项、城关镇赋权需求事项14项，并上报市委编办。制定出台《乡镇清单外事项准入制度》《清单事项县乡联动工作制度》《清单事项办理结果满意度评价制度》《清单依单监管问责办法》（四机制）。依法依规做好各项清单集中调整工作。编制《利辛县行政许可事项清单（2022年版）》《利辛县县级政府权责清单（2022年版）》《利辛县县级公共服务清单（2022年版）》《利辛县县级行政权力中介服务清单（2022年版）》《利辛县乡镇公共服务清单目录（2022年版）》，其中行政许可事项清单249项、县级政府权责清单3461项、县级公共服务清单1084项、县级行政权力中介服务清单108项、乡镇公共服务清单196项。

【编制周转池制度建设】 2022年，利辛县委编制办公室深化卫生领域编制周转池制度建设，完善公立医院编制周转池制度建设，开展运行情况评估，推进规范管理。深化乡镇卫生院编制周转池制度建设，打造“县级统筹、乡镇所有、县管乡用、以乡带村”的县乡村三级医院“编共体”。根据《关于印发〈创新编制管理建立公立医院编制周转池制度试点方案〉的通知》（皖编办〔2017〕59号）及《关于进一步加强公立医院周转池编制使用管理有关事项的通知》（皖编办〔2021〕135号）精神，县人民医院25名周转池人员和县中医院7名周转池人员由周转池流转到自建池，2022年三家公立医院使用周转池编制268名已获上级编制部门审批，已与卫健部门联系做好相关人员的资格审查、流转等工作。

【事业单位登记管理】 2022年，利辛县委编制办公室认真做好事业单位设立、变更、注销、延期工作，严格按照《事业单位登记管理暂行条例和实施细则》规定程序和要求，充分做好换发新证工作，注重减少环节、缩短办事时间，提高办事效率，服务事业单位发展。圆满完成2021年事业单位法人年度报告工作的事业单位法人158家，年报公示率达100%。

（李文学）

县直机关党建

【概况】 2022年，利辛县直机关工委坚持以习近平新时代中国特色社会主义思想为指导，认真学习习近平视察安徽重要讲话精神，牢牢把握坚持党要管党、全面从严治党的指导方针，全面落实新时代党的建设总要求，以党的政治建设为统领，扎实开展机关党建工作。组织开展县直机关党组织和广大党员参加“‘一改两为’支部/党员见行动”主题信息征集展示活动，主动展示基层党组织和党员“一改两为五做到”的好典型、好经验、好做法。县医保局、县司法局2家单位推荐的优秀案例在安徽先锋和安徽机关党建系列平台进行展播。

【党的思想建设】 2022年，利辛县直属工作委员认真谋划，有序推进，把加强机关党的建设引领作为提升能力、转变作风、推动工作的重要抓手，积极推动能力、作风“双提升”。

制定《利辛县直工委贯彻落实亳州市干部能力作风提升年计划工作台账》，逐一细化分解18项工作任务，制定21项推进举措，扎实有序抓好县直工委的干部能力作风提升年活动工作。

坚持把深入学习习近平新时代中国特色社会主义思想作为首要政治任务，坚决做到衷心拥护“两个确立”、忠诚践行“两个维护”，不断提高政治判断力、政治领悟力、政治执行力。3月4日，县直工委在亳州新能源学校第二会议室召开县直机关基层党组织书记抓基层党建工作述职评议会议。5月24日，县直工委在县委党校101教室举办县直机关2022年度“全体党员讲微型党课”比赛。县直机关各基层党组织推选的29名微型党课选手参加比赛，并组织优秀选手进机关、进企业、进基层开展3次巡回宣讲。开展领导干部讲党课领学促学活动。县直工委工作人员分别参加润发家乐城党支部、城关镇五一社区党支部联合开展的主体党日活动以及利辛县餐饮行业协会党支部、利辛县铭佩服饰贸易有限公司党支部、利辛县创宇涂料有限公司党支部共同开展“党建红盟”主题党日活动并上党课。举办党建信息员培训班。为做好党的二十大宣传工作，继续把党史总结、学习、教育、宣传引向深入，深化习近平新时代中国特色社会主义思想的学习宣传，3月17日，为县直部分单位党建信息员进行业务培训，来自县直各部门、各单位的近20名党建信息员参加培训。举办2022年入党积极分子培训班。6月15日，在县委党校101教室举办2022年县直机关第一期入党积极分子培训班，110余名入党积极分子参加培训。开展县直机关“学习新思想展现新担当”征文活动，推荐出50篇作品。9月16—18日，县直工委在县委党校举办2022年县直机关基层党组织书记培训班，220余人参加培训。

七一前夕，县直工委组织机关党员举行向党旗宣誓活动（县直工委／供）

【党的作风建设】 2022年，县直工委切实落实机关党建工作责任制，明确党组织的主体责任和党组织书记的第一责任，指导县直机关基层党组织认真开展好2021年度基层党组织生活会和民主评议党员工作，下发2022年度《基层党组织台账》360余本。规范做好机关党组织换届选举，选优配强党组织班子。2022年，县直工委及时提醒县人大党总支等

25个党组织按期进行换届选举，按照《中国共产党党和国家机关基层党组织工作条例》的有关规定，对机关党组织负责人的配备提出明确要求，进一步选优配强基层党组织班子。严肃党内政治生活。强化“三会一课”、主题党日、组织生活会、民主评议党员等组织生活制度的贯彻落实，每月10日前，通过“县直机关党建工作群”下发“主题党日”工作提示单，按照要求结合实际情况，认真开展“一月一课一片一实践”主题党日活动。通过亳州智慧党建云平台进行督查检查，发现问题及时督促整改。抓好规范党务工作。认真开展关于清查整治突出问题规范党务工作，对非党员从事党务工作的同志认真清理摸排，做到立行立改。做好困难党员慰问工作，春节期间安排走访慰问困难党员和老党员共162户，慰问金7万元；“七一”期间走访慰问62名困难党员，发放慰问金3.1万元。抓好典型带动。扎实做好市县防疫抗疫“两优一先”推荐工作。县直属单位8个基层党组织被市委授予“全市疫情防控先进单位”，市委表彰优秀共产党员、先进个人13人；25个基层党组织被县委授予“疫情防控先进基层党组织”，55名党员干部职工被县委授予“优秀共产党员”和“疫情防控先进个人”。做好“光荣在党50年”纪念章发放工作。县直机关2022年共有50名老党员符合发放条件。

【党的廉政建设】 2022年，县直工委深入学习习近平总书记关于党风廉政建设和反腐败重要讲话精神，将党风廉政教育贯穿于党建工作全过程，将廉政文化宣传教育融入到党员干部的思想道德日常建设中。抓好红色教育，抓好党史学习教育常态化。七一前夕，县直工委举行庆祝建党101周年喜迎二十大暨县直机关新党员入党宣誓活动，在利辛烈士陵园纪念馆举行。县直机关20名新党员代表、部分老党员代表在利辛县烈士陵园纪念碑前，举行新党员入党宣誓和老党员重温入党誓词活动，深切缅怀革命先烈的丰功伟绩。

（韩兴修）

督察考核

【概况】 2022年，利辛县绩效评价中心紧紧围绕县委、县政府中心工作，扎实开展重点工作任务、机关效能、网民留言办理、人大政协议案提案办理、效能投诉受理等各项督查工作。先后对政府工作问题清单整改情况、常态化疫情防控、午秋两季秸秆禁烧、信访积案、电话信访、节能降耗、文明创建等重点工作开展了督查督办，督查情况形成材料及时呈送县委、县政府主要负责人和分管负责人阅示，使县领导随时掌握实情，便于决策参考，确保全县中心工作和重点工作顺利推进，确保县委、县政府确定的目标任务全面完成。全年，转办国务院“互联网+督查”留言42条，全部办结；转办市督查平台交办任务215条，完成159条，完成率73.95%，持续推进中；中央专项督查新交办涉利部分任务35条，开展办理。办理问题清单26期次；督办项目推进36项涉及5个乡镇7家单位；参与疫情防控督查16次，参与卡点帮扶、文明创建40余次；节能降耗专项督查10余次，发通报4期涉及单位16家，发现并及时反馈整改57项。

【机关作风建设】 2022年，利辛县绩效评价中心开展机关效能督查、市政府工作问题清单办理、市督查考核办转办效能投诉和督办通报、办理电话效能投诉、节能降耗督查、领导签批项目推进事项等工作。全年共开展效能督查30余次，会风会纪督查7次，印发通报四期（按2022年要求年度不超过4期）对28家单位进行问责处理，其中涉及县直单位19家，乡镇9个，转办函56份，对37人次进行问责处理，其中提醒谈话3人、诫勉教育3人、效能告诫2人、通报批评29人次，办理市转办效能督查件6件次。

【电话信访办理】 2022年，利辛县绩效评价中心坚持有诉必应、有应必果、有果必复的要求，办理好每一起效能投诉。电话投诉县内15件次，市转办效能投诉5件，全部转交有关单位督办完成。

共收到群众和企业致电市县领导反映问题3088件，去重后1868件，其中市委、市政府领导同志交办1292件，县委、县政府领导同志交办576件，办结1798件、正在办理29件，未报送41件，办结率为96.3%，办结满意度（满意+理解/已办结数）为85.8%。

【网民留言办理】 2022年，利辛县绩效评价中心构建统一的网民留言办理渠道，将网民留言及上级部门批转件进行统一受理，一个漏斗向下，进一步规范批转渠道，实现信息资源高效利用与共享，提高办理时效。累计收到人民网网友给省委书记留言92条，办结92条，办结率100%；给市委书记留言91条，办结91条，办结率100%。给县委书记留言246条，办结210条，剩余36条都在转办。承办领导批示件287件，完成283件，办结率98.6%；市委交办的密件11件，办结率100%，市委专题会议交办的任务38项，办结率100%。

【回复议案提案】 2022年，利辛县绩效评价中心共办理人大建议、政协提案169件，其中，省市人大代表建议10件，市政协提案4件，县人大议案1件、县人大建议90件，县政协提案64件，全部办结。配合县政协督办政协提案282件（含办理64件），配合县人大督办聚民意惠民生971件，全部办结。

（胡　阳）

老干部工作

【概况】 2022年，利辛县组织部门突出思想政治建设，丰富活动载体，注重作用发挥，推动老干部工作扎实开展。用心服务老干部。充分发挥老年大学、老干部活动中心主阵地作用，组织老干部参加庆“七一”“十一”活动，不断丰富老干部精神文化需求。对全县离退休干部进行健康体检，开展离退休干部走访慰问工作，为离退休干部送去党的温暖。组织16名副处级退休干部实地参观考察6家企业，引导老干部积极建言献策、发挥余热。疫情防控期间，打电话询问一次生活需求、上门送一次防疫物品、送一次防治新冠肺炎病毒药品、送一套理论学习书籍等“四个一”活动，用心用情为老干部服务。

【重视老干部建言】 2022年12月10日，县委书记张吉明走访看望县部分离退休老干部，感谢他们为利辛发展作出的重要贡献，认真听取他们的意见建议。县人大常委会主任江浩，县政协主席邵利峰参加走访看望。张吉明充分肯定老干部们为利辛经济社会发展打下的坚实基础。同时叮嘱各有关部门要用心用情用力做好服务，主动帮助老干部解决实际困难，为他们安享晚年创造更好条件。老干部们认为县委书记刚上任就在第一时间走访看望他们，体现对老干部的关爱，表示将继续关心支持县委、县政府各项工作，积极建言献策、发挥余热，为利辛建设贡献力量。

【离退休干部党建】 2022年“七一”前夕，组织离退休干部开展庆“七一”文体活动，庆祝中国共产党的生日。9月下旬，组织离退休干部开展庆“十一”文体活动，祝贺新中国成立周年庆典。积极与涉老机构合作联办一些适合老年人赛事活动，让离退休干部在比赛中提高晚年生活的幸福指数。

【离退休干部服务保障】 老干部活动中心占地面积1500平方米，室内设有健身室、棋牌室、乒乓球室、麻将室、阅览室、羽毛球场。室外设有2个门球场、1个气排球场、2个健身广场。为离退休干部提供一个优质、和谐、多彩的活动环境，让老干部在老有所乐，安享晚年。

（武　伟）

党校工作

【概况】 2022年，利辛县委党校坚持以习近平新时代中国特色社会主义思想为指导，全面贯彻党的十九大和十九届历次全会精神及党的二十大精神，深刻领悟“两个确立”的决定性意义，增强“四个意识”、坚定“四个自信”、做到“两个维护”。以党的政治建设为统领，坚持党校姓党，认真落实习近平总书记关于党校办学治校系列重要指示批示精神，切实抓好《中国共产党党校（行政学院）工作条例》的贯彻落实工作。紧紧围绕县委中心工作开展各项工作，组织教员认真学习党的十九届六中全会精神、党的二十大精神，做好文明城市创建及疫情防控工作，组织开展“一月一课一片一践”主题党日活动等。2022年度，利辛县委党校荣获全市党校系统办学质量评估第一名。

【培训科研】 2022年，利辛县委党校坚持党校职能定位，全年共举办各类主体班次13期，参训学员722人次。开展联合办学9个班次，参训学员1260人次。全年合计培训1982人次。选派优秀教师“送教上门”进行党史、党的十九届六中全会精神、《习近平谈治国理政》第四卷、党的二十大精神等专题宣讲达20多场次，参学2000多人次。严格落实党政领导干部到党校讲课制度，先后邀请县委常委、部门主要负责人、知名专家、先进人物、基层工作者等38人次到党校主体班授课或作形势报告。围绕县委中心工作，对县域内热点、焦点、难点问题进行针对性调研，形成调研课题。完成2021年市社科规划课题2项，获批立项2022年市哲学社会科学研究课题6项；完成2021年全市党校系统重点课题1项，获批立项2022年全市党校系统重点课题2项；获批立项县委2022年度全县重点调研课题4项；公开发表论文2篇，1篇咨政报告获县委主要负责人签批。

【教师队伍建设】 2022年，利辛县委党校创新名师培养机制，积极开展新专题试讲并逐一点评。举行精品课比赛，邀请市委党校和兄弟党校专家教授作为评委，对党校12名参赛选手提意见、谈看法、排名次。党校选拔推荐的教员在全市精品课比赛中荣获全市第一名。全年安排5名教员参加省委党校培训，参加全国社院系统、全国党校系统、省委党校系统线上培训45人次。

（盛成东）

党史和地方志

【概况】 2022年，利辛县委党史和地方志研究室制定《县委史志研究室2022年度重点工作任务分解表》，细化任务，挂图作战，强力推进，按照序时进度推进党史三卷编纂工作，出版发行《利辛大事记》季刊、《利辛年鉴（2022）》等各项任务。参加全县常态化疫情防控。3月，根据疫情防控需要，组织人员下沉到和平社区进行疫情防控工作。4月22日，面对突如其来的疫情，领导班子带队深入闫集村进行疫情防控工作，均圆满完成任务。5月以后转战到和平社区，继续开展疫情防控工作，得到社区干部和群众的一致好评。6月，按照县委、县政府工作安排，成立专人专班，参与省文明城市创建工作，组织人员到片区开展检查工作并及时反馈到和平社区，督促其进行整改，11月，配合和平社区做好迎接省检查工作。

【党史编研】 2022年，利辛县委党史和地方志研究室扎实推进党史三卷编纂工作。采取督促各承编单位扎实开展党史资料的征集及专题的撰写，同时组织人员到县档案馆、县人大以及阜阳市档案馆等地收集收料，全年收集资料90余万字。为进一步推进党史三卷编纂工作，5月25日，县委常委、县委办公室室主任钱卫主持召开中国共产党利辛县历史第三卷推进会，并对下一步工作进行安排。县委史志研究室采取主动上门辅导和电话微信等方式进行督促各单位完成编纂任务。分别到县委宣传部、县文体旅游局等单位进行业务指导，利用电话和微信的方式提醒各单位注意工作进度，全年50余家单位完成资料的上报工作。

【地方志编纂】 2022年，利辛县委党史和地方志研究室开展《利辛年鉴（2022）》编纂工作。为提高年鉴编纂质量，对年鉴编纂人员、出版机构进行调整。2月，及时草拟和运转《关于征集〈利辛年鉴（2022）〉资料的通知》，启动年鉴编纂工作。采取线上线下两种方式发放文件，确保各个单位都收到文件；办公室集中攻坚资料的征集工作，利用电话催稿等多种方式开展催稿，于3月底基本完成资料的征集工作；采取边征集资料、边进行整合的方式进行初稿的编纂，于4月底完成60余万字初稿。多次修改后于5月送入出版社进行“三审三校”环节，在省市业务专家的指导下和出版社的审校下，《利辛年鉴2022》又进行了10余次的修改、补充完善，高质量完成“三审三校”、质检等工作，10月公开出版。启动《皖美丛书——美“利”之光、之魂、之韵》编撰工作，年底基础资料收集基本完成。乡镇志编撰稳步推进。5月25日，召开全县镇志编纂推进会，新启动王市、程家集等剩余乡镇的乡镇志编纂工作，累计启动23个乡镇的镇志编纂工作。《旧城镇志》完成在方志出版社三审三校工作，进入出版程序。6月23日，《望疃镇志》评议会召开，10月完成评议稿修改补充；《巩店镇志》《张村镇志》评议会因疫情原因延后。《江集镇志》进行内部出版，《汝集镇志》初稿完成90%；其他镇志的编纂工作正有序推进。

（张晓玉）

5月25日，利辛县召开《中国共产党利辛历史》第三卷暨乡镇志编撰推进会（孙济/摄）

档案工作

【概况】 2022年，利辛县档案局接收利辛县医疗保障局、利辛县自然资源和规划局、利辛县公共就业服务中心、利辛县农业发展服务中心、利辛县档案馆等县直单位和张村镇、展沟镇、展沟区等乡镇到期档案（永久档案3945件、759卷，定期30年档案4550件）及数字化成果。接收个人捐赠资料16本，分别是《颍州·太邱刘氏族谱》（利辛支脉）6本，《仙乡民间传奇》10本。加强档案安全管理，严格执行库房工作日夜间和双休日、节假日昼夜值班工作制度。健全工作机制，明确股室职责，加强日常管理，定期对馆藏档案消毒、除尘、除湿。对恒温恒湿机、功能室大门、防渗管网等设施设备检修维护。同时全面排查整治安全隐患，开展安全检查12次，并就发现的问题，及时研究措施，认真进行整改，整改率达100%。

【档案管理】 2022年，利辛县档案局加强馆藏档案数字化工作，2022年对馆藏县档案馆790件及县残联、县旅游局（县旅游事业发展中心）、县政府接待处、县卫校等文书档案42卷84件进行了数字化。截至2022年，馆藏全宗178个，馆藏档案35662卷，一文一件档案479195件，照片档案1288件，实物档案6件，声像电子数据53条。其中，88个全宗已数字化档案10423卷、382406件。馆藏到期档案开放审核。有序推进馆藏到期档案开放，对馆藏县人民政府1965年至1997年形成的档案进行开放审核，共开放档案目录4237件，并在利辛县人民政府网站公告开放目录。开展馆藏档案解密工作，对县委宣传部69件、县政法委188件馆藏密级档案进行了解密鉴定。强化档案进馆质量预检工作，指导5家乡镇和15个县直单位按照档案移交接收进馆相关要求规范整理应进馆档案，并开展进馆档案质量预检工作。2022年，利辛县委办公室坚持依法治档、科学管档，全面加强基础业务建设，不断提升档案信息化、规范化、科学化管理水平。依法开展档案行政执法检查，对乡镇及重点县直单位进行全覆盖，对发现问题及时提出整改要求，在规定时间内进行回访，确保检查达到实效，依法治档局面基本形成，档案治理能力进一步提升。顺利完成脱贫攻坚、疫情防控“两类档案”归集工作，2022年，两类档案共移交进馆2.49万件。下发《中共利辛县委办公室、利辛县人民政府办公室关于做好到期档案移交进馆工作的通知》，确保实现全县到期档案移交进馆无死角、全覆盖，全年档案安全工作平稳顺利。

【档案利用】 2022年，利辛县档案局梳理服务事项14条上网入驻县政务服务中心，充分运用档案信息化数字化成果，优化利用环境，采取线上线下服务方式，提供高质量便民服务。全年为解决信访案件、企业职工退休身份认定、编史修志、经济建设等提供档案利用服务1163人次，查阅利用档案3928卷、8539件。

（高玉龙）

信　访

【概况】 2022年，利辛县信访部门认真贯彻落实中央、省、市信访工作决策部署，以“治理重复信访、化解信访积案”专项工作为抓手，推深做实“四加”工作机制，全县信访总量进一步下降、信访形势进一步好转。全年全县百万人口信访量为2546.96件人次，上年同期为3699.15件人次，同比下降31.14%。

【信访案件化解】 2022年，利辛县委、县政府把信访工作作为落实省委“一改两为”大会精神的具体内容，8月后，县委主要负责人坚持每天晚上主持召开信访工作联席（扩大）会议，通报县包案领导工作情况，重点信访事项化解情况。县委、县政府分管负责人认真落实日常抓好信访工作的“四加”工作机制，其他班子成员坚持“一岗双责”抓好积案化解，做到真包真保，强力推动化解。全年县四套班子领导接访1001批1750人次，其中县委、县政府主要负责人接访484批821人次。

【创新工作机制】 2022年，利辛县信访部门根据当地实际，制定《关于进一步激励乡镇、村（社区）干部在信访一线担当作为的八条举措（试行）》《利辛县集中治理信访突出问题攻坚行动意见》《信访工作四项机制》《信访专项工作积案化解攻坚若干举措》4个文件。对在化解工作中起主要作用、表现突出的，优先给予职级晋升或年度考核中作为评定优秀档次的优先项。

（马灵勋）

精神文明建设

【概况】 2022年，利辛县坚持用习近平新时代中国特色社会主义思想和党的二十大统领全县精神文明建设工作，以培育和践行社会主义核心价值观为根本，广泛开展群众性精神文明创建活动，城乡文明程度进一步提高，群众精神面貌焕然一新。文明实践走深走实。不断深化拓展新时代文明实践中心、所（站）建设工作，织密城乡基层文明实践网络。坚持运用“宣讲+志愿服务”等形式，组织开展“弘扬志愿精神·共建文明城市”、“学雷锋志愿服务月”、“文化进万家”人居环境整治等志愿服务活动1000余场次，参与群众8.5万余人次。县中疃镇志愿服务队、张村镇红光村志愿服务队、孙集镇文明风尚志愿服务队和纪王场乡孙老家村志愿服务队获感动药都先进志愿者组织称号；城关镇文州社区获评全省“月评十佳”志愿服务社区称号；汝集镇关爱留守儿童项目获评全市优秀志愿服务项目称号。获评全市双百志愿服务组织2个，百名优秀志愿者20名。开展“喜迎党的二十大——强国复兴有我”主题演讲、诵读、知识竞赛、书画摄影成就展等群众性宣传教育活动60余场次，推动乡风民风向善向好、人居环境美化提升、文化生活丰富多彩。全面推动全省“文明城市”创建工作。

命名表彰县级文明单位40个，县级文明镇20个、县级文明村220个，县级文明校园15所。抓好国家、省、市级创建对象培育，培育推荐全省文明单位12个、全省文明村镇6个、全省文明校园4所。2022年，全县有省级文明校园4个，全省文明单位8个，全省文明村镇6个，全国文明村1个。

【移风易俗】 2022年，利辛县文明委印发利辛县全面推进乡风文明建设实施方案，全面加强对全县乡风文明建设工作的领导，成立由县政府县长任组长，宣传部部长任副组长的领导小组，全面推进乡风文明建设。充分利用现有的资源，以LED屏字幕滚动、微信转发、村级云广播等媒介强化日常文明行为宣传；在各乡镇、各村村口、村主干道等地方增设以社会主义核心价值观、文明礼仪、移风易俗、扫黑除恶为内容的宣传展板，加强社会主义核心价值观宣传教育；组织宣讲队下村到广场或者人员集中的场所进行定点宣传。通过现场咨询、材料发送、义诊等方式，开展移风易俗宣传、疫情防控知识宣传等，为群众送去各项惠民政策，进一步让社会主义核心价值观融入群众的生产生活和精神世界；在利辛发布推动移风易俗弘扬文明新风倡议书，在利辛发布、利辛融媒、利辛新闻网等县级媒体宣传报道移风易俗稿件50余篇，人民群众树立正确的婚育丧葬和人情观念，使婚事新办、丧事简办、文明节俭办理婚丧事成为人们的自觉行动。

【树典型弘扬新风】 2022年，利辛县文明委常态化开展“身边好人”选树和道德模范推荐工作。截至目前，全县有32人入选“中国好人榜”，35人入选“安徽好人榜”，103人入选“亳州好人榜”；深入开展文明家庭活动，1户家庭获全国文明家庭称号，1户家庭获全省文明家庭称号，10户家庭荣获全市文明家庭称号。通过召开身边好人、道德模范座谈会、组织集中学习、选树先进典型、开展公益宣传等形式持续深入学习相关精神，举办“公民道德宣传日”活动等，积极推进农村社会公德、家庭美德和个人品德建设，引导群众提升道德素养，营造“崇德向善、见贤思齐”的浓厚氛围，着力让社会主义核心价值观在城乡农村落地生根。立德树人筑梦未来。加强未成年人思想道德建设，关心关爱青少年儿童身心健康发展，围绕“立德树人”根本任务，以“扣好人生第一粒扣子”为主线，先后组织利辛县中小学生开展“网上祭英烈”“向国旗敬礼”“新时代好少年”等主题实践活动，评选表彰县级“新时代好少年”15人。利辛县开展青少年“阅读经典 以书压岁”新春读书活动、崇实中学初中部举办“感恩新时代·青春好少年”诗歌朗诵比赛等，推进营造全民阅读的浓厚氛围。依托乡村学校少年宫因地制宜开展特色教育实践活动，整合志愿服务和基层公共文化服务资源，拓展乡村学校少年宫服务功能。

（朱小亮）

利辛县人民代表大会

◎ 综　　述
◎ 人大监督
◎ 重要会议
◎ 执法检查和专题调研
◎ 代表工作

综　述

【概况】　2022年，利辛县人大常委会坚持以习近平新时代中国特色社会主义思想为指导，全面贯彻党的二十大精神，按照中央及省委人大工作会议的新要求新部署，用忠诚践行初心使命、用创新引领发展方向、用实干诠释责任担当，认真履行宪法法律赋予的各项职权，奋力开创新时代利辛人大工作新局面。全年召开常委会会议8次、主任会议15次，听取审议专项工作报告18项，检查4部法律法规实施情况，组织专题调研28项，对4件规范性文件备案审查，作出决议决定6项，办理代表议案建议91件，依法选举任免国家机关工作人员95人次，配合省市人大开展专题调研、执法检查、立法调研12次，为加快新时代美好利辛建设作出应有贡献。

【坚持党的领导】　2022年，利辛县人大常委会不断提高政治站位、增强政治自觉、扛稳政治责任，把贯彻县委决策、体现县委意图、服从县委安排落实到人大工作全过程。坚持重大事项、重要会议、重点工作向县委请示报告制度，全年就监督、决定、任免、代表工作和自身建设等事项向县委请示报告16件次，确保人大工作始终坚持党的领导、体现党的领导、实现党的领导。紧跟县委决策重点、政府工作难点、群众关心热点，找准围绕中心服务发展的切入点，选择工业经济、现代农业、乡村振兴、生态环境、改善民生等方面的26个专项工作作为监督议题，为统筹推进疫情防控和经济社会发展贡献人大力量。常委会领导班子成员主动参与全县中心工作，经常深入所联系乡镇、包保项目、帮扶企业开展调查研究，推动重点项目建设、文明城市创建、疫情防控、信访维稳、助企纾困、环境保护、乡村振兴等工作落实，助力破解发展难题、办好民生实事。

【助力疫情防控】　2022年，利辛县人大常委会在疫情防控的关键时期，坚决落实县委的要求，快速响应、积极行动，向全县各级人大代表发出落实疫情防控措施的倡议，动员各条战线的人大代表立足岗位、各展所长，投入疫情防控工作之中。常委会班子带头深入防控一线督促指导，协调做好社区管控、检测救治、物资供应、生活保障、复工复产，同心协力共同构筑抗“疫”防线。常委会还及时调整年度工作安排，专题听取审议疫情防控、复工复产情况报告，对健康利辛、助企纾困、减税降费开展专题调研，围绕优化营商环境、落实减税政策、办好民生实事等方面提出15条意见和建议，推动习近平总书记“疫情要防住、经济要稳住、发展要安全”重要指示精神落实落细。

【督办代表议案】　2022年，利辛县人大常委会落实领导领衔督办、县政府领导领衔办理制度，对事关高质量发展、乡村振兴、生态保护等重点建议进行跟踪督办，推动建议办理质效不断提升。对事关民生改善的热点建议采取“办理＋询问”方式进行跟踪问效，对创造条件能够解决的建议和代表“反复提”的建议进行“点对点”协调督办，确保承诺不落空、难点有突破、件件有落实。在办理过程中，常委会注重加强同县政府及各承办单位的沟通，实行定期调度、逐件销号、限时办结，努力让代表的“好声音”成为部门的“真行动”。

【人大自身建设】　2022年，利辛县人大常委会坚持从政治思想抓起，从纪律作风严起，从素质能力强起，打造对党忠诚、人民满意、素质过硬的人大工作队伍，做到围绕中心不偏离、服务发展不懈怠、发挥优势不缺位。认真学习贯彻党的二十大精神、《习近平谈治国理政》第四卷，学懂弄通做实习近平新时代中国特色社会主义思想，深化对人大工作规律的认识和把握，筑牢做好新时代人大工作的思想理论基础，坚决做到把讲政治放在首位、把监督职责扛在肩上、把为民服务放在心上。深入开展“三严三实”“马上就办、真抓实干”作风建设专项行动，严格落实中央八项规定精神，从严肃会风会纪抓起、从规范调查研究做起，常委会主任会议成员带头深入基层开展调研，掌握民情民意，督办民生实事，弘扬务实之风、践行为民之风、永葆清廉之风。认真落实意识形态工作责任制，加强舆论阵地建设和保密纪律教育，牢牢把握舆论话语权，唱响主旋律，汇聚正能量，筑牢精神之基。按照知责、明责、履责、尽责的要求，开展“迎接党的二十大”“庆祝七一建党节”“我是党员我争先”等系列主题党日活动12次，开展与乡村振兴帮扶村党支部结对共建活动，激励党员干部不忘初心、奋发进取。严格落实党建工作和党风廉政建设责任制，深入开展警示教育，认真落实廉政谈话制度，班子成员带头开展交心谈心，引导机关党员干部坚定理想信念。加强机关党组织建设，完成机关党总支、机关党支部换届工作，实现在职党员进社区报到服务常态化。加强宪法等法律和人大业务学习，举办法律学习讲座10次、学习法律12部，开展常委会机关集体学习32次、专题研讨交流6次，不断提升政治法律素养、锤炼履职基本功、提振履职精气神，增强担当作为意识、共谋全局意识、创新发展意识，有效提升调查研究质量、监督审议质量、跟踪问效质量。主任会议成员分工联系乡镇人大工作，指导乡镇依法依规召开人民代表大会，协调解决乡镇人大主席团依法行权、开展工作中的重大问题。常委会各工委充分发挥职能优势，加强对乡镇人大在政策法规、工作程序、制度建设等方面的业务指导，实现乡镇人大法定会议规范化、法定活动常态化。

【联系乡镇人大】 2022年，县人大常委会办公室组织开展乡镇人大集中调研活动，检查乡镇人大工作站建设、代表小组建设及代表活动开展情况。编发《关于召开乡镇人民代表大会会议的通知》《乡镇人民代表大会例会操作规程》，指导乡镇依法召开人民代表大会会议和人大主席团会议，确保乡镇人民代表大会会议会期不缩水、程序不空转。组织全县各级人大代表开展“聚民意、惠民生”行动，邀请乡镇人大主席、人大代表参加县人大常委会组织的视察、调研、执法检查等重大活动，实现上下级人大工作的交流互动。

【信访工作】 2022年，县人大常委会办公室坚持把人大信访工作作为倾听民声、了解民情、反映民意、集中民智、化解社会矛盾的重要渠道，全年接待群众来访86人次，依法受理人民群众信访46件次，转办率100%。完善人大信访工作机制，进一步规范信访受理、交办、反馈和督办工作，对信访人合理诉求努力解决到位，对一些无理诉求在思想上疏导到位，对应该通过法定途径解决的引导其依法和理性地维护自己的合法权益。

人大监督

【聚焦监督创新】 2022年，利辛县人大常委会深入贯彻习近平总书记关于“地方人大及其常委会要创造性地做好立法、监督等工作”重要指示精神，积极探索人大监督新形式、新途径，多维度、多角度运用工作评议、述职评议、满意度测评、专题询问等方式方法，将全面监督与专项监督相结合、专题视察与专题调研相结合、听取审议专项报告与工作评议相结合、一般性监督手段与刚性监督手段相结合。首次开展员额法官、检察官履职评议；首次对审计查出突出问题整改情况进行满意度测评；首次采取“督办+询问”形式跟踪督办代表建议；首次听取监委专项工作报告；首次听取规范性文件备案审查报告。积极开展监督方式创新，给人大监督工作注入新活力，使人大监督工作实效得到提升。

【聚焦经济发展】 2022年，利辛县人大常委会牢牢把握稳中求进工作总基调，助推全县经济高质量发展。开展半年经济运行、重点项目建设、科技创新专项调研，听取审议计划报告，依法审查批准2022年经济社会发展主要预期目标调整方案，提出6条审议意见，督促政府找准稳增长的关键点，落实减税降费政策，激发市场活力，夯实发展基础。认真落实中央关于政府向同级人大常委会报告国有资产管理情况制度，听取审议全县行政事业性国有资产专项分析报告，提出4条审议意见，要求摸清国有资产的“家底”，管住用好国有资源资产。

【聚焦预算审查】 2022年，利辛县人大常委会聚焦预算审查监督，听取审议预算报告，依法审查批准政府两次调整县级预算的方案以及2021年决算，提出6条审议意见，督促加强预算编制监督，完善预算编制体系，健全绩效监督制度，提高资金使用效益。深化预算联网监督，强化对部门预算的审查，实现预算从编制、执行到决算的完整审查监督链条，提高审查的实效性和精准度。听取审议审计报告、审计查出问题整改情况报告，提出8条审议意见，要求建立审计查出问题“清单式”跟踪督办机制，做好审计问题整改“后半篇文章”，着力解决屡审屡犯问题。

【聚焦生态环境】 2022年，利辛县人大常委会坚定不移践行习近平生态文明思想，发挥人大职能作用，助力美丽利辛建设。顺应人民群众对生态建设的期待，开展“河长制”“林长制”落实情况专题调研，听取审议城乡水环境治理情况报告，分别提出调研建议6条、审议意见5条，督促强化综合治理、系统治理、源头治理，确保全县水生态环境状况持续向好。回应人民群众对安全饮水的关切，开展引调水工程、城乡供水一体化、饮用水源地保护专题调研，提出14条调研建议，同时对地表水厂建设及运营情况开展3次专题视察，深入了解饮用水水源地保护、供水能力及管道改造等情况，要求守护好西淝河和茨淮新河“清水廊道”，加快城乡供水管网建设，保障居民饮用水质量安全。深入推进实施蓝天、碧水、净土保卫战，听取审议年度环境状况和环境保护目标完成情况报告，提出5条审议意见，督促政府部门履行法定职责，落实法律责任，加大治理力度，着力解决环保执法中不规范不到位问题。

【聚焦乡村振兴】 2022年，利辛县人大常委会将助推乡村振兴战略实施作为重大政治任务和重点工作，推动巩固拓展脱贫攻坚成果同乡村振兴有效衔接。围绕全面加快农业农村现代化，开展乡村振兴促进法实施情况执法检查，听取审议金融机构服务乡村振兴情况报告，分别提出执法检查建议5条、审议意见4条，推动乡村振兴促进法的有效实施，凝聚协同推进乡村振兴战略实施的合力。围绕改善农村人居环境，开展农村巷道建设、美丽乡村建设专项调研，提出14条调研建议，同时对“全面改善农村人居环境，高水平推进美丽乡村建设”代表建议进行重点督办，听取审议美丽乡村建设情况报告，提出6条审议意见，积极推动乡村垃圾收集处理、农村厕所革命、村容村貌提升。常委会认真履行定点联系乡村振兴帮扶村的责任，主任会议成员4次到帮扶村指导驻村工作组抓好乡村振兴帮扶工作，在巩固脱贫攻坚成果、全面推进乡村振兴中展现人大的担当作为。

【聚焦民生福祉】 2022年，利辛县人大常委会自觉践行以人民为中心的发展思想，聚焦人民群众“急难愁盼”问题开展监督，着力推进社会事业全面发展。围绕办好人民满意的教育，开展教育优质均衡发展专题调研，就加大教育经费投入力度、保障优质教育资源供给等方面提出6条建议，促进城乡教育均衡发展。开展职业教育质量提升工作情况调研，并听取审议相关工作报告，就优化职教专业设置、深化产教融合、推进校企合作、培育技能型人才等方面提出5条审议意见，助推全县职业教育健康发展。围绕人民群众生命健康，开展“三医”联动改革情况专项调研，并听取审议相关工作报告，就医保政策落实和医保基金安全、优化医疗资源配置和完善分级诊疗机制、推动药品集采改革和加强药品市场管理等方面提出6条审议意见，要求政府健全医疗医保医药联动工作机制，精准落实医保政策，强化药品市场监管，提升医疗服务水平，全方位保障人民群众健康。围绕保障人民群众舌尖上安全，开展食品安全法贯彻实施情况执法检查，实地查看食品生产企业和食品经营场所，提出8条执法检查建议，督促相关部门加强源头治理、完善监管链条、落实监管责任，严防严管严控食品安全风险。围绕满足人民群众对美好生活的新期待，专题调研棚改房建设、低保救助、安全生产、供电供水供气等工作，提出16条调研建议，推进相关部门提升行业服务质效，用心用情帮助群众解决实际问题。针对疫情对稳定群众就业造成的影响，开展援企纾困促创业稳就业专项调研，从落实就业优先政策、完善就业服务体系、建立创业服务平台等方面提出4条建议，要求保市场主体稳就业、帮重点群体促就业、提供优质服务保就业，守住就业基本盘，保障群众就业“饭碗”端得更牢。

【聚焦法治利辛】 2022年，利辛县人大常委会围绕人民群众对民主、法治、公平、正义、安全的新期盼，积极推进以宪法、民法典为主要内容的法治宣传教育，配合省市人大开展“江淮普法行”“亳州环保世纪行”活动，推动法治宣传教育走深走实。开展社区矫正法、安徽省公安机关警务辅助人员管理条例贯彻实施情况执法检查，分别提出5条执法检查建议，促进法治社会建设。深入开展“国家宪法日”活动，落实宪法宣誓制度，组织宪法宣誓45人次，增强国家机关工作人员宪法意识。加强司法监察监督，听取审议县监委整治群众身边腐败和作风问题、县法院基层法庭建设、县检察院控告申诉检察等专项报告，发出3份审议意见书、提出15条审议意见，组织人大代表旁听重要案件庭审，依法监督司法案件公平公正裁决，支持监委、法院、检察院依法行使监察权、审判权、检察权。加强对禁毒工作的监督，听取审议全县禁毒情况专项报告，提出5条审议意见，要求落实禁毒工作责任、营造强大舆论声势、保持严打高压态势、强化戒毒管控措施，不断提升禁毒工作科技化、信息化、智能化水平。认真做好人民群众来信来访工作，接待群众来访86人次，依法受理信访事项46件，引导群众依法理性表达诉求。坚持有件必备、有备必审、有错必纠，完善规范性文件备案审查程序，依法审查政府报备的4件规范性文件，维护法治统一。

【人大代表构成趋于合理】 2022年，利辛县人大常委会根据选举法的规定和县人大换届选举工作的安排意见，利辛县第十三届人民代表大会代表名额为446名，实际分配到227个选区的名额为441名。各选区依法选举产生利辛县十三届人民代表大会代表441名。2022年，利辛县当选的441名第十三届人大代表构成及类别上，干部代表142名，占代表总数的33%，比上一届降低2%；工人代表41名，占代表总数的10%；农民代表117名，占代表总数的25.5%；专业技术人员代表117名，占代表总数的25.5%；无党派和民宗侨外24名，占代表总数的6%。其中，少数民族代表7名，占代表总数的1.6%；非中共党员代表168名，占代表总数的38.1%；妇女代表150名，占代表总数的33.79%。县十二届人大代表继续当选代表143名，占代表总数32.4%。代表的知识结构有了较大的改善和提高，具有大学本科及以上文化程度的241名，占代表总数54.65%。代表年龄更趋合理，35岁以下的89名，占代表总数的21.00%；36岁至55岁的309名，占代表总数的70.00%；56岁以上的43名，占代表总数的9.00%。

重要会议

【概况】 2022年，利辛县人大常委会举行会议7次、主任会议16次，听取和审议“一府两院”专项工作报告15个；开展视察调研23次，组织执法检查2次，配合省市人大执法检查和法律实施调研12次；开展满意度测评6次，督办落实审议意见12项，备案审查规范性文件4件；任免国家机关工作人员142人次，组织宪法宣誓6次，圆满召开县十三届人大二次、三次会议，依法选举县人民政府县长。

【县人民代表大会会议】 利辛县第十三届人大第一次会议。2022年1月2日，利辛县第十三届人民代表大会第一次会议圆满完成各项议程后，胜利闭幕。大会成功选举出县人大常委会主任、副主任、常务委员；县政府副县长；县监察委员会主任；县人民法院院长；县人民检察院检察长和出席市第五届人民代表大会的代表。县人大常委会主任、大会执行主席江浩主持第二阶段会议。会议应到代表441名，实到431名，符合法定人数。江浩当选为利辛县人大常委会主任，江淮、李红星、黄振军、刘志当选为利辛县人大常委会副主任；丁宇等34人当选为利辛县第十三届人大常委会委员；康红锋、王林兵、张伟、张东洋、焦鹏、武体鹏、李军当选为利辛县人民政府副县长；林刚同志当选为利辛县监察委员会主任；王平同志当选为利辛县人民法院院长；孙传海同志当选为利辛县人民检察院检察长（报市检察院提请市人大常委会批准）。会议选举出席市第五届人民代表大会代表107人。会议以举手表决方式通过了县十三届人民代表大会法制委员会、财政经济委员会、社会建设委员会组成人员人选名单。会议表决通过关于《政府工作报告》的决议；表决通过关于《利辛县2021年国民经济和社会发展计划执行情况与2022年计划》的决议；表决通过关于《利辛县2021年预算执行情况和2022年预算》的决议；表决通过关于《利辛县人大常委会工作报告》的决议；表决通过关于《利辛县人民法院工作报告》的决议；表决通过关于《利辛县人民检察院工作报告》的决议。

利辛县第十三届人大第二次会议。7月3—4日，利辛县第十三届人民代表大会第二次全体会议胜利召开。县人大常委会主任江浩主持闭幕式会议。会议应到代表438名，出席大会的代表415名，符合法定人数。大会主席团成员在主席台就座。会议审查通过了县人民政府关于2022年上半年全县经济社会发展情况的报告；表决通过了选举办法；表决通过了总监票人、监票人名单。大会以无记名投票方式选举万洪超为利辛县人民政府县长。县人大常委会主任江浩向万洪超颁发当选证书。新当选的利辛县人民政府县长万洪超向宪法宣誓。

利辛县第十三届人大第三次会议。2022年12月25日，利辛县第十三届人民代表大会第三次会议胜利闭幕。县委书记张吉明，县委副书记、县长万洪超，县人大常委会主任江浩，县政协主席邵利峰，县委副书记黄昕，县委常委、纪委书记、监委主任林刚，县委常委、常务副县长韩建，县委常委、副县长王林兵，县委常委、县委办公室主任、宣传部部长钱卫，县人大常委会副主任江淮、李红星、黄振军、刘志等参加会议。县人大常委会主任江浩主持闭幕式。会议表决通过关于利辛县人民政府工作报告的决议；表决通过关于利辛县2022年国民经济和社会发展计划执行情况与2023年计划的决议；表决通过关于利辛县2022年预算执行情况与2023年预算的决议；表决通过关于利辛县人大常委会工作报告的决议；表决通过关于利辛县人民法院工作报告的决议；表决通过关于利辛县人民检察院工作报告的决议。

【县人大常委会会议】 利辛县十三届人大常委会第一次会议。2月11日，县十三届人大常委会举行第一次会议。会议应到常委会组成人员39人，实到36人，符合法定人数。县人大常委会主任江浩，副主任李红星、黄振军、刘志出席会议。县人大常委会副主任江淮主持会议。会议听取和审议了县人大常委会2022年工作要点（草案）。会议表决通过了有关人事任免事项，决定任命王赵军为利辛县人民政府副县长（挂职）；任命刘付荣为利辛县人大常委会办公室主任，张海涛为利辛县人民法院审判委员会委员，张美平为利辛县人民法院审判委员会委员，邵军为利辛县人民法院审判委员会委员，关晓利为利辛县人民法院审判委员会委员，顾峰为利辛县人民法院王人中心人民法庭庭长，张志中为利辛县人民法院胡集中心人民法庭庭长，胡喆为利辛县人民法院民事审判一庭（环境资源审判庭）庭长，徐甲为利辛县人民法院王人中心人民法庭副庭长，李芳侠为利辛县人民法院行政审判庭（综合审判庭）副庭长，刘涛为利辛县人民法院阚疃中心人民法庭副庭长，刘家兴为利辛县人民检察院检察员，江思雨为利辛县人民检察院检察员，刘玉秀为利辛县人民检察院检察员。

利辛县第十三届人大常委会第二次会议。 3月16日，县十三届人大常委会举行第二次会议。县人大常委会主任江浩，副主任江淮、李红星、黄振军、刘志出席会议。会议应到县人大常委会组成人员39人，实到38人，符合法定人数。本次县人大常委会会议分两个阶段进行。会议第一阶段通过人事任免事项。县委常委、组织部部长田浩然宣读拟任命人员现实表现及相关情况。拟任命人员万洪超、韩建、马中飞、刘凯等作供职报告，其他拟任命人员以书面形式供职。根据《中华人民共和国地方各级人民代表大会和地方各级人民政府组织法》规定，会议决定任命万洪超为利辛县人民政府副县长、代理县长，韩建为利辛县政府副县长。决定免去康红峰的利辛县人民政府副县长职务；任命魏颂华为利辛县人大常委会监察和司法工作委员会主任；免去马芳的利辛县人民法院审判员职务；接受赵勋华辞去县十三届人大代表职务。会议表决通过了县人民政府提请任命的新一届政府组成部门人员。江浩为新任命人员颁发任命书。新获得任命的人员进行了宪法宣誓。在第二阶段会议中，传达学习十三届全国人大五次会议精神；听取和审议县人民政府关于全县食品安全、棚户区改造工作情况的报告，并通过满意度测评；表决通过了利辛县十三届人民代表大会代表资格审查委员会组成人员名单。

利辛县第十三届人大常委会第三次会议。 5月19日，利辛县第十三届人大常委会召开第三次会议。县人大常委会主任江浩，副主任江淮、李红星、黄振军、刘志及县人大常委会组成人员出席会议。会议听取审议了县人民政府关于全县美丽乡村建设工作情况的报告、关于金融支持乡村振兴工作情况的报告，听取审议县人民法院关于基层人民法庭建设工作情况的报告、县人大常委会监察和司法工作委员会关于规范性文件备案审查情况的报告。会议指出，美丽乡村建设要坚持规划先行、量力而行原则，按照“产业兴旺、生态宜居、乡风文明、治理有效、生活富裕”的美丽乡村建设总体目标，进一步完善发展思路，把准规划方向，细化落实措施，厚植发展优势，聚焦新要素，激发新动能，稳步推进美丽乡村建设；金融是实施乡村振兴战略的重要支撑，要进一步完善农村金融服务体系、财政投入保障制度、农村信贷担保机制，创新特色化、差异化金融产品，让金融服务乡村振兴更具目标性和精准性，不断提升金融服务乡村振兴工作水平。会议要求，县人民法院要深入学习贯彻习近平法治思想，进一步提高政治站位，增强做好新时代基层法庭建设工作的责任意识，扎实推进基层法庭规范化、信息化建设，建设集诉讼服务、立案登记、诉调对接、涉诉信访等多功能一体化的综合性诉讼服务平台，切实发挥好基层法庭定纷止争的司法功能和参与基层治理的社会功能，真正让人民群众在每一个司法案件中都感受到公平正义。会议通过了有关人事任免事项，举办了《中华人民共和国社区矫正法》专题讲座。

利辛县十三届人大常委会第四次会议。 6月10日，县十三届人大常委会举行第四次会议。会议应到常委会委员37人，实到32人，符合法定人数。县人大常委会主任江浩出席会议并讲话，副主任刘志主持会议，副主任江淮、李红星、黄振军出席。会议听取审议县人民政府关于全县水环境治理工作情况的报告、县人民检察院关于控告申诉检察工作情况的报告，表决通过关于召开利辛县第十三届人民代表大会第二次会议的决定和会议日程草案、议程草案、主席团组成人员和秘书长等名单草案，会议还表决通过了县人民法院提请审议的人事任免事项。会议指出，生态环境建设是一项系统工程，要深入贯彻习近平生态文明思想，加大环境保护相关法律法规宣传，唱响生态文明建设主旋律，全面提升人民群众的生态文明意识；全面加强饮用水源地保护工作，加大中小河流黑臭水体治理力度，开展农村环境面源污染整治，确保西淝河、茨淮新河及主要支流河道水质安全；严格落实河长制和河长巡查制度，强化日常巡查监管，推进排查问题的整改，坚决遏制各类破坏生态与污染环境的违法行为；坚持问题导向，整合项目资金，加快污水处理设施建设，积极推进水环境治理和农村黑臭水体治理，确保全县生态环境持续改善。会议要求，县检察机关要加大对控告申诉检察工作的宣传力度，提高控告申诉检察社会知晓率，引导群众依法表达诉求；完善控告申诉工作机制，主动开展案件评查监督，努力提高司法规范化水平，从源头上减少控告申诉案件；加快推进智慧检务建设，发挥12309检察服务中心和信息化平台作用，推动检务公开、文明窗口创建、廉政文化建设；认真做好涉法涉检信访案件息诉工作，落实控告申诉首办责任制，依法妥善处理控告申诉信访，努力把问题解决在首次办理环节；加强检察队伍建设，提升干警整体素质，依法履行控告申诉检察职能，维护人民群众合法权益，确保人民群众在每一个司法案件中感受到公平正义。县政府副县长张军和县监察委、县人民检察院、县人民法院、县生态环境分局等单位负责人列席会议。

利辛县第十三届人大常委会第五次会议。8月30日，利辛县第十三届人大常委会第五次会议召开。县人大常委会主任江浩出席会议并讲话。县人大常委会副主任江淮主持会议。会议听取和审议县人民政府关于2022年上半年全县国民经济和社会发展计划执行情况及下半年工作安排意见的报告、关于2021年县本级财政决算草案和2022年上半年全县财政预算执行情况的报告、关于2021年度县本级预算执行和其他财政收支的审计工作报告；会议决定批准2021年县本级财政决算、2022年县级预算调整方案。会议要求，政府及相关部门要深刻认识当前经济社会发展面临的挑战，认真贯彻国家和省市稳经济增长系列政策，加强对经济形势的分析和研判，精准科学施策，积极应对困难，稳住农业经济，狠抓工业经济，做活商贸经济，强化民生保障，维护社会稳定，努力实现全年经济社会发展预期目标。会议审议通过有关人事任免事项。县人大常委会副主任李红星、刘志，县政府副县长王林兵，县监察委员会主任林刚，县人民法院院长王平，县人民检察院检察长孙传海列席会议。

利辛县第十三届人大常委会第六次会议。10月26日，利辛县第十三届人大常委会举行第六次会议。县人大常委会主任江浩出席会议并讲话，副主任李红星主持会议，副主任江淮、黄振军出席。会议传达学习贯彻党的二十大精神，听取和审议县人民政府关于全县促进就业、职业教育质量提升、禁毒、代表议案建议办理等专项工作报告，听取和审议县监察委员会关于整治群众身边腐败和作风问题工作报告，听取部分法官、检察官的述职报告，表决通过县人民政府、县监察委员会提请审议的人事任免事项。会议指出，就业是最大的民生，职业教育大有可为。坚持正确办学方向，坚持以德树人，全面贯彻落实《国家职业教育改革实施方案》，把职业教育摆在教育改革创新和经济社会发展中更加突出的位置，深入推进职业教育育人方式、办学模式、管理体制、保障机制改革，深化产教融合、校企合作，加大职业教育宣传力度，加强职教师资队伍建设，优化职业教育专业设置，吸引更多青年接受职业技能教育，培养更多高素质技术技能人才。会议要求，政府及相关部门要充分认识毒品的社会危害性，广泛开展禁毒宣传教育，健全禁毒工作协作机制，发挥禁毒工作成员单位职能作用，加强对社区戒毒和社区康复的指导，强化对易制毒化学品动态监管，严厉打击涉毒违法犯罪行为，依法维护社会稳定和群众健康。会议强调，整治群众身边腐败和作风问题没有休止符。监察机关要坚持人民利益至上，持续加强对落实惠民富民政策打折扣和搞变通、漠视和侵害群众利益等行为的监察监督工作，持续聚焦一体推进不敢腐、不能腐、不想腐，紧盯关键岗位、关键人员、关键环节，充分运用监督执纪“四种形态”，始终保持严的主基调，深入开展民生领域群众反映强烈问题的专项治理，推动解决人民群众的“急难愁盼”问题。

利辛县第十三届人大常委会第七次会议。11月30日，利辛县第十三届人大常委会举行第七次会议。县人大常委会主任江浩主持会议并讲话。会议审议表决通过了县人民政府《关于2022年县级预算第二次调整方案》《关于利辛县2022年经济社会发展主要预期目标调整方案》；听取审议县人民政府关于2021年度利辛县行政事业性国有资产专项分析报告，并进行满意度测评；审议表决通过《利辛县人大常委会关于召开利辛县十三届人大三次会议的决定》；会议还表决通过县人民法院、县人民检察院提请审议的人事任免事项。会议认为，县人民政府提出的2022年县级财政预算第二次调整方案符合法定要求、切合利辛实际。要求县政府及相关部门充分研判当前财政经济形势，继续落实“过紧日子”的要求，进一步强化资金使用绩效管理，合理统筹现有财力，优化支出结构，从严安排支出，切实兜牢“三保”底线。加大对各类企业服务和支持力度，稳固现有税源，积极培植新增税源，最大限度争取上级在政策、资金等方面的倾斜和支持，提高财政服务经济社会发展能力。

执法检查和专题调研

【概况】 2022年，办公室在常委会每一次视察调研活动前都超前谋划，精心准备，制定活动方案、优化活动流程。对常委会开展的引调水工程、城乡供水一体化、安全生产、水环境治理、药品市场管理、低保救助、禁毒、供电供水供气、促进就业、健康利辛、农村人居环境整治、美丽乡村建设、教育优质均衡发展、职业教育质量提升、“三医”联动改革、河长制、林长制、控告申诉、棚改房建设等28次专题调研工作进行精心筹备、认真组织、高效服务，保障各项调研工作有序推进。2022年，县人大常委会办公室配合相关工委做好常委会开展的《中华人民共和国社区矫正法》《安徽省公安机关警务辅助人员管理条例》《中华人民共和国乡村振兴促进法》《中华人民共和国食品安全法》贯彻实施情况执法检查服务保障工作。

【执法检查】 贯彻落实《中华人民共和国食品安全法》执法检查。2月22日，县人大常委会主任江浩、副主任李红星带领部分常委会委员、县人大代表对全县贯彻落实《中华人民共和国食品安全法》（以下简称《食品安全法》）情况进行执法检查。检查组一行分别到安徽金宜食品、利辛民泽食品、永辉超市、中疃中学食堂等地，通过实地察看、听取汇报、现场询问、座谈交流等方式，对全县学习宣传、贯彻落实《食品安全法》及食品安全监管责任落实等方面进行现场执法检查。执法检查组对利辛县取得2021年度全市食品安全评议考核第一名，推进全县食品安全工作有效开展，认真贯彻落实《食品安全法》，全力保障人民群众“舌尖上的安全”所做的工作给予了充分肯定。检查组强调，要增强责任意识、强化监督管理，从讲政治的高度充分认识食品安全工作是最大的民生工程，食品安全事关群众的身体健康和生命安全，事关经济发展和社会稳定，丝毫马虎不得；要加强日常监管，加大查处力度，经常性地开展专项整治工作，细化食品安全管理长效机制，不断完善联合执法、隐患排查、信息通报等方面工作制度，把监管重点放在规范食品生产加工经营的各个方面，全面提高监管工作制度化、规范化水平；要加强执法监管队伍建设，加强执法人员业务培训，强化执法人员的能力提升，提高执法综合水平，竭力保障全县人民的食品安全；要加强宣传教育，形成整体安全防范意识，通过各种形式加强食品安全法规知识宣传，提高生产经营者诚信守法的经营意识和人民群众食品安全意识，强化企业法人食品安全“第一责任人”意识和广大人民群众的维权意识，让“一法一例”家喻户晓，人人皆知。

贯彻《安徽省公安机关警务辅助人员管理条例》执法检查。12月7日，县人大常委会副主任江淮带领部分县人大常委会委员，对《安徽省公安机关警务辅助人员管理条例》贯彻执行情况开展执法检查。县公安局政委沈卫东等参加检查。执法检查组到程家集镇派出所、城关镇派出所实地查看，听取县公安局关于宣传贯彻实施《安徽省公安机关警务辅助人员管理条例》和辅警招录、管理、待遇及辅警队伍现状等情况汇报，全面了解县公安机关警务辅助人员薪酬待遇、考核奖励、晋升渠道、教育培训等情况。公安机关表示将按照《安徽省公安机关警务辅助人员管理条例》的规定，积极主动地向县政府汇报提高警务辅助人员工资待遇问题，逐步完善辅警考核奖励机制，加强辅警培训和管理，推动辅警队伍规范化、专业化、职业化建设。县人大常委会副主任江淮指出，《安徽省公安机关警务辅助人员管理条例》的出台，充分体现党委政府对公安机关警务辅助人员的重视，对警务辅助人员在维护地方稳定安全中作出贡献的肯定。江淮要求公安机关要管好用好警务辅助人员这支队伍，解决公安机关编制少、警力不足的现实问题，切实发挥好辅警队伍在协助预防打击违法犯罪、服务保障社会发展等方面的作用。要加强学习培训，强化教育管理，提升素质能力，让辅警能干事会干事；要落实经济待遇、政治待遇，使辅警成为社会认可和羡慕的职业，让辅警愿干事乐奉献；要强化法律法规约束，规范辅警的言行，让辅警干成事不蛮干。执法检查组成员围绕贯彻实施《安徽省公安机关警务辅助人员管理条例》、加强警务辅助人员培训教育和管理、提升警务辅助人员薪酬待遇等方面提出意见和建议。

【专题调研】 对控告申诉检察工作进行调研。6月7日，县人大常委会副主任江淮带领部分常委会委员、人大代表，对县人民检察院控告申诉检察工作进行调研。调研组实地察看了12309检察服务中心、未成年人法治教育基地，听取县人民检察院控告申诉检察工作汇报，围绕发挥控告申诉检察职能，督促行政、监察机关和司法各部门依法履行职责，促进司法公平公正进行座谈交流。2019年以来，县人民检察院接待群众来访596人次，来信180件次，来电1326次。受理司法救助80件，国家赔偿6件，刑事申诉26件，立案监督37件。远程视频接访36件，转其他由管辖权单位案件线索81件，2021年被最高检授予第十届全国检察机关“文明接待室”，塑造了检察机关忠诚、公正、清廉、文明执法的良好形象。调研组对县人民检察院在强化司法监督、化解社会矛盾、服务经济社会发展大局等方面所作的工作和取得的成效给予肯定。建议检察机关要加大对控告申诉检察工作的宣传力度，提高控告申诉检察社会知晓率，引导群众依法表达诉求；树牢司法为民思想，完善控告申诉工作机制，主动开展案件评查监督，努力提高司法规范化水平，从源头上减少控告申诉案件；充分利用现代信息技术打造智慧检务，强化12309检察服务中心和信息化平台建设，推动检务公开、文明窗口创建、廉政文化建设；认真做好涉法信访案件息诉工作，落实控告申诉首办责任制，按照诉访分离、分类处置要求，依法妥善处理控告申诉信访，努力把问题解决在首次办理环节；加强检察队伍建设，提升干警整体素质，建设一支政治坚定、业务精通、公正廉洁的控告申诉检察队伍，切实履行控告申诉检察职能，维护人民群众合法权益，确保人民群众在每一个司法案件中感受到公平正义。

对代表议案建议办理情况进行调研。10月19日，县人大常委会主任江浩带领调研组对代表议案建议办理情况进行调研。调研组先后到大李集镇叶涛种植专业合作社、胡集煤电产业园、利辛板集电厂二期工程施工现场等地，详细了解《关于培育壮大农业经营主体引领乡村产业振兴的建议》《关于尽快修通“断头路”为产业项目落地提供有利运输通道的建议》《关于加快推进利辛县煤电产业园启动区配套基础设施建设的议案》等代表议案建议办理情况。县十三届人大一次会议期间，县人大代表共提出91件议事原案，涉及交通安全和道路桥梁建设的17件、农村水环境治理的15件、经济与乡村振兴的13件、教科文卫的16件、城乡管理和环境与资源保护的10件、其他方面的20件。由23个承办单位办理完毕，并书面答复代表，做到件件有回音，事事有着落。调研组对县政府高度重视代表议案建议办理工作，各承办单位积极履职尽责，推动相关工作落实落地予以充分肯定。江浩在调研时指出，代表议案建议是人大代表依法履职、反映民意、集中民智、维护民利、推动工作的有效形式，是践行全过程人民民主理念的具体体现，对助推利辛经济社会高质量发展具有重要意义。江浩要求承办单位要坚持以人民为中心的发展思想，增强办理代表议案建议的责任感，从人民群众普遍关注的热点难点出发，从解决人民群众现实利益的问题出发，扎实办好每一件代表议案建议，积极回应人民群众的关切。同时要加强与人大代表的沟通联系，完善办理工作机制，推动办理工作从答复代表向群众满意转交，坚决防止代表被满意、问题未解决等现象，切实做到民有所呼、我有所应，不断增强人民群众的获得感、幸福感和安全感。县政府办、县农业农村局、县发展和改革委员会、县自然资源和规划局等单位负责人，部分县人大常委会委员、县人大代表参加调研。

全县药品安全专题调研。11月19日，利辛县人大常委会副主任李红星、教科文卫工委及相关委室人员专题调研全县药品安全工作。调研组先后深入县中医院、县人民医院、亳州国胜大药房连锁有限公司利辛世纪阳光店、潘楼镇卫生院，采取实地查看、听取汇报等形式，详细了解药械经营使用单位主体责任落实、安全管理、药品质量安全、药品价格、药品市场供应、疫情防控药械、药品仓储设施设备和药品电子监管软硬件等情况。调研组强调，药品是特殊商品，关系到广大人民群众的身体健康和生命安全，县市场监管局要进一步加强监管队伍建设，探索创新监管机制；要加强对药品从业人员的专业培训，提高从业人员管理水平；要加大药品专项整治工作力度，加强《中华人民共和国药品管理法》《中华人民共和国疫苗管理法》《医疗器械监督管理条例》等宣贯力度，切实维护全县人民安全用药用械。

全县城乡供水一体化工作调研。11月29日，县人大常委会副主任黄振军带队调研全县城乡供水一体化工作，县水利局相关负责人陪同。调研组一行深入煤电产业园、新张集乡阳光村管道施工现场等地，实地察看、听取汇报，了解项目投资、选址分布、施工进展等情况。为解决饮水型氟超标问题及保护中深层地下水资源，切实提高水资源集约节约利用水平，结合引江济淮、江水北送水源优势，利辛县实施农村供水保障工程（城乡供水一体化）。2022年，全县城乡供水一体化建设任务为开工建设3处地表水厂，新建取水泵站2处，新建输水管道10公里，配水管道56公里、完成投资2.6亿元。利辛县从2015年开始建设农村地表水厂3处，2006年后共建成水厂64处（地下水厂61处，地表水厂3处），覆盖23个乡镇的151.2万农村人口，所有农村地区全部通水，通水率达到100%。调研组要求加快推进工程建设，及时解决推进过程中出现的各种问题，确保工程按照序时节点推进。

全县教育优质均衡发展工作调研。12月2日，县人大常委会副主任李红星带领部分人大代表，调研全县教育优质均衡发展工作，县教育局有关负责人陪同。调研组一行先后深入利辛八中、江集中学、江集中心小学、利辛七小等学校，采取现场察看、听取汇报等方式，全面了解各学校义务教育优质均衡发展工作推进情况，并听取了县教育局的书面汇报以及学校一线教师的意见建议。调研组指出，近年来，利辛县不断完善财政投入机制，优化教育资源配置，着力破解中心城区就学难、农村学校资源弱等问题，坚持“拼”字当头，自信自强、守正创新，踔厉奋发、勇毅前行，精心组织好“三大行动”，推动全县从“教育大县”迈向“教育强县”，全力打响“学在利辛”教育品牌，不断提高教育教学质量和义务教育认可度和群众满意度，推进义务教育优质均衡发展，各项工作取得成效。调研组强调，要提高思想认识和政治站位，切实增强义务教育优质均衡发展的使命感和紧迫感，形成齐抓共管抓教育的工作格局；要加强师德师风教育，加强教学教育能力提升，激发教师队伍内生动力，全面提升教育教学质量；要加强师资队伍建设，不断改善办学条件、提高学校教育教学质量和水平，营造良好的教育氛围；要全力提升城区教育资源承载力，科学合理规划教育资源位置布局，高标准建好学校，让更多的适龄儿童在家门口接受优质均衡的义务教育；要切实补齐高中教育短板，全力实施教育质量提升行动计划。

代表工作

【概况】 2022年，利辛县人大常委会修订完善人大代表家（站）建设管理办法，指导乡镇人大高标准建设代表工作站23个，代表之家（小组）436个，专业代表联络组6个，保障代表履职有组织、有阵地、有计划、有活动、有效果、有创新。

【发挥代表主体作用】 2022年，利辛县人大坚持落实常委会组成人员联系基层代表、代表联系基层群众的“双联系”制度，组织开展人大代表“聚民意、惠民生”行动，全县各级人大代表共提出意见和建议2300余条，让群众切实感受到民意有人代表、民生有人关注。向人大代表发出参与疫情防控倡议，全县2100多名各级人大代表闻令而动，积极参与检测救治、值班值守、物资保障、志愿服务，捐款捐物300余万元，展示新时代人大代表大爱无私的风采。

【提高建议办理质量】 2022年，利辛县人大坚持常委会主任会议成员领衔督办代表议案建议制度，对重点建议探索以“办理+询问”形式跟踪落实，确保承诺不落空、难点有突破，努力让代表的“好声音”成为部门的“真行动”。

【聚焦代表履职】 2022年，利辛县人大常委会按照代表联络站硬件标准化、制度规范化、活动常态化、联络信息化的要求，指导乡镇人大高标准建设代表工作站23个、代表之家（小组）187个、组建专业代表联络组6个，代表中的各级领导干部发挥模范带头作用，坚持常态化进“站”履职，代表与群众的联系更加直接、更加紧密，真正让代表之家成为代表与群众的“连心桥”、反映社情民意的“直通车”，为代表活动注入勃勃生机，为发展全过程人民民主注入强大动力。

【密切代表联系】 2022年，利辛县人大常委会坚持常委会组成人员联系基层代表、代表联系基层群众的“双联系”制度，改进联系方式、优化联系内容、拓宽联系渠道，更好地倾听人民群众意见建议。常委会委员按照每人联系10名基层代表的要求，通过微信、电话、实地走访等形式，经常保持同320余名基层代表面对面、“键对键”的联系，确保不受疫情影响、渠道始终畅通。坚持邀请代表列席常委会会议，全年邀请代表60余名参加常委会组织的调研视察、执法检查活动，拓展代表参与常委会工作的深度和广度。积极组织人大代表80余人次参加有关单位工作测评、座谈会、听证会等，保障人大代表履行职责形式更多样、渠道更畅通。

【发挥代表作用】 2022年，利辛县人大常委会开展人大代表“聚民意、惠民生”行动，全县省市县乡四级人大代表积极参与其中，收集社情民意，提出意见建议，共提交各类建议5500余件。常委会有关机构认真整理，按程序转相关部门研究处理，推动解决一些人民群众急难愁盼问题，让人民群众切实感受到民意有人代表、民声有人倾听、民需有人关注、民主就在身边。在疫情防控大战大考中，全县各级人大代表更是闻令而动，主动亮身份、当先锋、做表率，在检测救治、值班值守、物资保障、志愿服务等各条战线上各尽所能、各展所长，涌现出许多感人事迹。许多代表慷慨解囊、奉献爱心，捐款捐物价值300余万元，用实际行动践行人大代表的使命担当，充分展现人大代表大爱无私的风采。

（李　良）

利辛县人民政府

◎ 综　　述
◎ 重要会议
◎ 县政府综合事务
◎ 县直机关事务管理
◎ 应急管理
◎ 信访工作
◎ 数据资源管理与政务服务
◎ 消防救援
◎ 招商引资

利辛年鉴

综　述

【概况】 2022年，在市委、市政府和县委的坚强领导下，县政府班子坚持以习近平新时代中国特色社会主义思想为指导，坚持稳中求进工作总基调，按照“疫情要防住、经济要稳住、发展要安全”要求，统筹推进稳增长、促改革、调结构、惠民生、防风险等各项工作。

聚焦政治引领，坚定不移听党话、跟党走。坚定政治立场。深刻领悟“两个确立”的决定性意义，把“两个维护”作为最高政治原则和根本政治规矩，不断提高政治判断力、政治领悟力、政治执行力。始终把讲政治、抓落实贯穿政府工作全过程，在思想上、政治上、行动上同以习近平同志为核心的党中央保持高度一致，不折不扣彻落实上级各项决策部署，以实干实绩诠释对党绝对忠诚。严格落实意识形态工作和网络意识形态工作责任制，积极防范和处置各类舆情。严格落实保密工作责任制，推动保密工作制度化、规范化。强化理论武装。以学习宣传贯彻党的二十大精神为主线，全面落实习近平总书记对安徽作出的系列重要讲话和指示批示精神，自觉运用习近平新时代中国特色社会主义思想武装头脑、指导实践、推动工作。认真落实党组会议集体学习和日常学习制度，先后召开党组会16次、政府常务会议24次、县长办公会14次、县长工作例会35次，专题学习《中华人民共和国宪法》《中国共产党章程》等，跟进学习《习近平谈治国理政》（第四卷）等重要篇章，班子成员政治素养、理论水平明显提升。狠抓制度落实。严格执行向县委请示报告制度，坚决做到令行禁止。严格履行“三重一大”决策程序，调整规范自然资源和规划委员会、招商项目例会决策程序，健全经济运行、招商引资、城建项目等工作例会制度，政府科学决策水平有效提高。2022年，召开招商项目例会6次、自然资源和规划管理委员会18次、城建例会8次。建立健全政府督查问效机制，对重点项目、重大决策等事项跟踪督办、加强调度，凝聚起强大的工作合力。

【信访总量持续下降】 2022年，利辛县百万人口信访量为2546.96件人次，上年同期为3699.15件人次，同比下降31.14%。省级领导干部公开接访交办利辛县信访事项140件，办结140件，上报化解137件。全年全县重复信访件1318件，上年同期为2371件，同比下降44.41%。重复信访占比43.96%，去年同期重复占比54.56%，同比下降19.43%。全县共受理致省委、省政府主要领导来信463件，办结463件，办结率100%。

【稳增长、促发展】 2022年，县政府班子聚焦高质量发展，加压奋进、攻坚克难，千方百计稳经济、促增长，较好完成了年度目标任务。据统计，全年实现地区生产总值386.8亿元，增长3.5%；一般公共预算收入19.6亿元，增长7.7%；固定资产投资增长20.3%；规模工业增加值增长6.5%；社会消费品零售总额249.7亿元，增长0.3%；城镇和农村常住居民人均可支配收入分别为38369元、16598元，分别增长5.3%和6.7%；粮食产量达13.9亿千克，实现“十九连丰”。多项工作进入国家和省市先进行列，实施“两强一增”行动，棚户区改造获得省政府督查激励，先后荣获全国县域经济投资潜力百强县、全省城乡客运一体化示范县、新一轮省级双拥模范县等多项荣誉和称号。

狠抓工业经济。加大“扶优育规”力度，新进规上工业企业16家，轻纺服饰、能源与新型建材、食品和农副产品深加工、机械装备制造等主导产业产值占工业总产值的比重达92%。工业投资35.3亿元，同比增长37.2%；工业技术改造投资8.6亿元，同比增长101.5%；省重点布局的先进制造业投资19.9亿元，同比增长116.2%；新开工制造业项目投资5.1亿元。新认定高新技术企业21家，新入库战略性新兴企业4家。全社会研发经费支出增长8%，每万人发明专利拥有量达7.2件，同比增长12.5%，位居全市第一。入选国家知识产权示范企业和优势企业3家，获批省级绿色工厂1家、安徽工业精品1个，新增市级“专精特新”企业5家。翰联色纺获批全市首家国家级企业技术中心。盘活亿通建材等僵尸企业11家，清理低效闲置土地528亩，按照“标准地”模式出让土地9宗558.5亩。

狠抓乡村振兴。建设高标准农田12万亩，“找回”流失耕地7012亩。农业产业化龙头企业达76家，规上工业农产品产值达40亿元。完成蔬菜播种32万亩、中药材种植11.03万亩，发展设施农业12.7万亩，食用菌产量达4950吨，新增“三品一标”农产品认证35个。畜禽规模养殖比重达85%，全省兽医工作现场会在利辛县圆满召开。新建全程机械化综合农事服务中心3个，主要农作物耕、种、收综合机械化率96.3%。新增土地流转面积2万亩，“一块田”试点改革村46个、25.5万亩，新增家庭农场2099家、农民专业合作社193家。新建村级供销社2个，新建、改造为农服务中心2家。新识别监测对象635户、2006人，制定落实帮扶措施3017条；整合各级衔接资金6.43亿元，实施衔接资金项目138个。

狠抓商贸旅游。培育规模服务业企业5家、限额以上商贸流通单位61家、出口实绩企业7家。实现服务业增加值209亿元，增长3.3%。新增电商经营主体158家，电商交易额33亿元，增长10%。“辛创云众创空间”成功备案国家级众创空间，电商公共服务中心成功备案省级众创空间。新建乡镇商贸中心、配送中心各1个、连锁直营店10个，新改建加油站（点）15座，改造城乡菜市场11个。万达商业综合体建成运营，禾丰食品被认定为首批省级冷链集配中心。打造“市民健身广场——千年古镇阚疃”精品旅游线路1条，阳光四季花海项目成功创建国家AAA级旅游景区，印象江南成功创建全省百佳乡村旅游示范点，西淝河湿地文化园被评定为市级研学旅行基地。

狠抓双招双引。投资5亿元以上的中苏智能装备、投资10亿元以上的国投融晟新能源等42个亿元以上工业项目签约落地，其中10亿元以上3个、5亿元以上7个。新引进利用省外资金项目37个，实际到位省外资金130亿元。152个省重点项目、253个市重点项目投资完成率分别达113.3%、125.3%。板集电厂二期、城乡供水一体化工程等45个亿元以上项目开工建设，巨创化纤、驰辉新材料等23个亿元以上项目竣工投产。成立18个营商环境指标工作专班，通过省平台收办企业反映问题2101个。民间投资达72.9亿元。为企业退减缓各类税费3.41亿元，新增市场主体16535家。全省首单存量国有资产盘活贷融资项目成功获批。

狠抓城乡统筹。国土空间总体规划“三区三线”划定、村庄分类成果获批使用，常住人口城镇化率达40.1%。新建政通路、醉月南路等9条（段）道路，锦绣公园建成使用，怡秀游园二期启动建设，新增、改造城区绿化面积23万平方米。实施老旧小区改造17个、棚户区改造4602套。小区物业、文明养犬、共享单车管理进一步规范，智慧城管项目建成使用，新增停车位9080个，省级文明城市室外检查测评验收工作顺利完成，国家园林县城复查准备工作扎实有序。建筑业总产值27.5亿元，同比增长10.3%。亳二500千伏输变电工程开工建设，升级改造农村配电网160千米，完成改厕5150户，改造加固农村危房435户，启动建设省级美丽中心村12个。完成成片造林3076亩、森林抚育2.1万亩，创建省级森林城镇1个、森林村庄10个。G329利辛绕城段建成通车，阜淮高铁利辛段启动施工招标，西潘楼货运站投入使用、客运站主体完工，马店大桥、王市大桥前期工作基本完成，邵渡口大桥主桥完工。整改突出生态环境问题343个，治理黑臭水体190条。4个国考断面均值达到地表水Ⅲ类标准，多个断面水质单月出现有记录以来的Ⅱ类水质。$PM_{2.5}$平均浓度和优良天数比率超额完成目标任务。城乡环卫一体化项目运营平稳推进，农村生活垃圾无害化处理率、畜禽粪污资源化利用率分别达99.9%、95%。

狠抓民生保障。主动适应国家疫情防控措施变化，果断、快速处置外来关联疫情。民生支出55.6亿元，占全部财政支出的86.7%。扎实推进实施20项民生实事和10项暖民心行动，并全面完成各项任务。新增城镇就业11372人，累计发放创业担保贷款2.5亿元。居民养老保险参保实现全覆盖，城乡低保标准分别提高7.5%、4.9%，发放城乡低保救助资金3.6亿元、特困群众救助资金7069万元。居民医疗保险参保超额完成任务，住院费用跨省直接结算率稳步提升。新建、改建幼儿园和中小学16所，增加学位8140个，改善提升农村薄弱学校60所。中考建档线较去年提升89分，高考工作实现较大提升。第二人民医院新区、县人民医院传染病区改扩建等16个卫生项目竣工，省级卫生县城创建工作通过评估验收。"保交楼"工作稳妥推进，"难安置"问题专项治理全市领先。扎实开展治理重复信访化解信访积案专项工作，信访总量、越级访、重复访持续下降。深入开展安全生产专项整治三年行动，城乡经营性自建房屋安全隐患排查整治取得阶段性成效，食品药品安全监管持续加强，扫黑除恶斗争常态化推进，社会大局保持和谐稳定。

【坚持不懈改作风、作表率】

打造法治政府。深入贯彻习近平法治思想，建立"府院联动""府检联动"机制，重大决策合法性审查率、行政机关负责人出庭应诉率100%，成功创建全省法治政府建设示范县。自觉接受县人大及其常委会法律监督和县政协民主监督，高质量办结人大代表议案、建议91件和政协委员提案276件，办结率100%、满意率98.64%。大力推进政务公开，公开发布各类信息42557条，办理依申请公开55件。

打造效能政府。锲而不舍落实中央八项规定精神，认真贯彻省委"一改两为"要求，扎实开展"三严三实""马上就办、真抓实干"作风建设专项行动，重点纠治形式主义、官僚主义，大力支持纪委监委开展工作。加强政务服务，服务事项全程网办率99.9%，平均承诺办理时限压缩至1.2天。认真办理人民网留言、省市县长热线事项6.23万件，办结率97.98%、满意率95.6%。严格落实基层减负各项要求，县政府层面会议与去年持平，文件和督查检查考核分别减少15.5%、3%。

打造廉洁政府。严格执行廉洁从政各项规定，认真执行个人重大事项报告制度。及时召开政府廉政工作会议，把党风廉政建设和经济发展等工作同研究、同部署、同落实。严格落实主体责任谈话等工作制度，实现政府系统谈心谈话全覆盖。全面加强审计监督工作，实施审计项目49个。树牢"过紧日子"思想，把有限财力用在刀刃上。

重要会议

【县政府全体会议】 2022年12月15日，县政府召开全体会议，就《县政府工作报告》（以下简称《报告》）征求意见建议。县委副书记、县长万洪超主持会议并讲话。副县长武体鹏对《报告》起草情况进行说明；副县长、公安局局长张伟，副县长张东洋、焦鹏分别安排部署打击治理电信网络诈骗违法犯罪工作、疫情防控、农业农村工作；与会人员围绕《报告》提出意见建议。在认真听取大家发言后，万洪超指出，县政府办要根据大家意见建议深入细致修改《报告》，力求《报告》内容更充实、重点更突出、措施更有力、目标更可行。

2022年12月25日，在县政府五楼会议室召开全体会议，深入贯彻落实县两会精神，对《县政府工作报告》进行任务分解。县委副书记、县长万洪超主持会议并讲话。会议宣读《利辛县人民政府办公室关于印发2023年政府工作报告主要目标任务分解表的通知》。县政府将《县政府工作报告》目标任务落实情况作为年度工作督查的重点和年度目标管理绩效考核的重要依据。

【县政府常务会议】 2022年，利辛县人民政府履职尽责，始终把人民的生命健康放在第一位，积极开展常态化疫情防控，出台各种有效的应对措施。积极发展农业、工业、商贸业，实施稳就业措施，积极开展招商引资活动，打赢蓝天碧水保卫战，为全县经济社会平稳运行制定了政策措施。全年召开县政府常务会议24次。

利辛县人民政府2022年常务会议一览表

表2

时 间	会 议	议 题
1月25日	县政府第1次常务会议	会议听取县司法局关于《利辛县法治政府建设实施方案（送审稿）》的汇报；传达学习郑栅洁同志在全省党史学习教育总结会议上的讲话和杜延安同志在全市党史学习教育总结会议上的讲话精神及省、市两会精神；研究并原则通过关于招聘乡镇环保站工作人员的请示。
3月17日	县政府第2次常务会议	会议听取县生态环境分局关于《利辛县地表水污染综合整治实施方案（送审稿）》的汇报；传达学习郑栅洁同志在全省改进工作作风为民办实事为企优环境大会上的讲话、杜延安同志在全市“三严三实”“马上就办、真抓实干”作风建设专项行动推进会上的讲话和市长关于为企服务批示精神暨学习《中共安徽省委 安徽省人民政府关于创建一流营商环境的意见》和《中共亳州市委 亳州市人民政府关于印发〈亳州市创建一流营商环境十条举措〉的通知》等精神；研究并原则通过《利辛县科技强农机械强农 促进农民增收行动实施方案（2022-2025年）（送审稿）》。
3月26日	县政府第3次常务会议	会议听取县生态环境分局关于《利辛县生态文明示范县建设规划（2022—2030年）（送审稿）》起草情况的汇报；传达学习全市医疗保障工作会议精神及听取全县贯彻落实意见的汇报；研究并原则通过《利辛县创建安徽省卫生城市工作实施方案（送审稿）》。
3月31日	县政府第4次常务会议	会议听取县审计局关于2021年度审计发现问题清单及整改情况的汇报；传达学习习近平总书记、李克强总理关于安全生产重要批示和全国、全省、全市安全生产电视电话会议精神及听取全县贯彻落实意见的汇报。
4月4日	县政府第5次常务会议	会议听取县卫生健康委关于健康驿站和方舱医院建设等有关情况的汇报。
4月17日	县政府第6次常务会议	会议听取县生态环境分局关于《利辛县城市功能区划分方案（送审稿）》起草情况的汇报；传达学习王清宪同志在2022年省推进依法行政工作领导小组会议上的讲话精神及听取全县贯彻落实意见的汇报、《安徽省财政厅印发〈关于进一步厉行节约坚持过紧日子的若干举措〉的通知》及听取全县贯彻落实意见的汇报。
4月21日	县政府第7次常务会议	会议听取县委宣传部关于《利辛县2022年创建全省文明城市工作方案（送审稿）》起草情况的汇报。
4月30日	县政府第8次常务会议	会议听取城关镇关于利辛县征地拆迁工作领导小组等有关情况的汇报；传达学习习近平总书记关于“双碳”工作的重要讲话精神、习近平总书记在海南考察期间关于粮食领域的重要讲话精神及参加全国政协农业界社会福利和社会保障界委员联组会时的重要讲话等精神；研究并原则通过利辛县棚户区改造委托开发企业代建安置房等方案。

续表 2

时间	会议	议题
5月18日	县政府第9次常务会议	会议听取县教育局关于《利辛县规范民办义务教育发展工作方案（送审稿）》起草情况的汇报、关于《利辛县2022年秸秆禁烧和综合利用工作实施方案（送审稿）》起草情况的汇报；传达学习《亳州市财政局关于印发〈亳州市进一步厉行节约坚持过紧日子若干举措〉的通知》。
6月2日	县政府第10次常务会议	会议听取县城市管理局关于《利辛县城区防汛应急预案（送审稿）》起草情况的汇报，研究并原则通过《〈关于贯彻落实习近平总书记“疫情要防住、经济要稳住、发展要安全”重要讲话精神〉任务分工方案（送审稿）》，传达学习李克强总理关于一季度经济形势和做好下一步经济工作等讲话精神。
6月8日	县政府第11次常务会议	会议听取县民政局关于《利辛县城关镇行政区划调整（更名）组织实施总体方案（送审稿）》的汇报，传达学习《安徽省新冠疫情防控应急综合指挥部关于印发〈安徽省坚持科学精准防控 进一步促进稳经济工作若干措施〉的通知》《国务院关于印发扎实稳住经济一揽子政策措施的通知》《安徽省人民政府关于印发稳住经济一揽子政策措施实施方案的通知》《亳州市人民政府办公室关于印发亳州市稳增长惠企纾困若干举措的通知》等文件。
6月19日	县政府第12次常务会议	会议听取县农业农村局关于“三夏”工作开展情况的汇报，传达学习省、市粮食安全工作会议精神及会议部署任务分解，研究并原则同意《新增7500吨县级储备粮小麦轮入实施方案（送审稿）》。
6月28日	县政府第13次常务会议	会议听取县人社局、县商务局等单位关于《利辛县就业促进行动实施方案（送审稿）》等“暖民心行动方案”起草情况的汇报。
7月15日	县政府第14次常务会议	会议听取县住建局利辛县城乡自建房屋安全隐患排查整治工作开展情况的汇报；传达学习习近平总书记关于中医药的部分重要论述和《中华人民共和国中医药法》《中共中央、国务院关于促进中医药传承创新发展的意见》《中共安徽省委 安徽省人民政府印发〈关于促进中医药传承创新发展具体措施〉的通知》；研究并原则同意关于《利辛县突发环境事件应急预案》。
7月26日	县政府第15次常务会议	会议听取县民政局关于国家审计署反馈利辛县2021年困难群众救助补助资金审计问题整改工作的汇报；传达学习习近平总书记、李克强总理关于国家审计署2021年困难群众救助补助资金专项审计报告的指示批示精神，研究并原则同意利辛县新张集乡撤乡设镇工作总体实施方案。
8月5日	县政府第16次常务会议	会议听取县农业农村局关于《利辛县闲置农村宅基地（住宅）盘活利用试点工作实施方案（送审稿）》的汇报；传达学习《关于落实郑栅洁书记在全国安全生产电视电话会议后交办事项的有关情况的报告》及省市主要领导的批示精神，研究并原则同意2022年县级财政预算第一次调整方案。

续表 2

时间	会议	议题
8 月 12 日	县政府第 17 次常务会议	会议听取县教育局关于给予 2021—2022 学年度优秀教师表彰的汇报；传达学习李克强总理在民政部、人力资源和社会保障部考察并主持召开座谈会时的讲话精神，研究并原则同意《利辛县 2022 年公开招聘中小学教师工作方案（送审稿）》。
9 月 2 日	县政府第 18 次常务会议	会议听取县农业农村局关于利辛县抗旱工作开展情况的汇报；学习《安徽省生态环境问题整改工作实施办法》，研究并原则同意关于《利辛县乡镇清单外事项准入制度（试行）（送审稿）》《利辛县清单事项县乡联动工作制度（试行）（送审稿）》《利辛县清单事项办理结果满意度评价制度（试行）（送审稿）》和《利辛县清单依单监管问责办法（试行）（送审稿）》。
9 月 19 日	县政府第 19 次常务会议	会议听取县卫生健康委关于全县综合医改重点工作的汇报，县城市管理局关于利辛县污泥协同处置特许经营（BOO）项目有关情况的汇报；研究并原则同意《利辛县推动公立医院高质量发展实施方案（送审稿）》。
10 月 14 日	县政府第 20 次常务会议	会议听取县市场监管局关于全县创建食品安全示范县服务保障工作的汇报，县应急管理局关于传达学习全国、全省、安全生产电视电话会议精神及关于全县“百日行动”隐患排查治理工作情况的汇报；研究并原则同意《利辛县创建安徽省食品安全示范县服务保障工作方案（送审稿）》。
11 月 4 日	县政府第 21 次常务会议	会议听取县妇联关于《利辛县妇女发展规划（2021—2030 年）（送审稿）》和《利辛县儿童发展规划（2021—2030 年）（送审稿）》起草情况的汇报以及县招商服务中心关于《利辛县招商引资工业项目扶持政策若干举措（送审稿）》起草情况的汇报。研究并原则通过了《利辛县妇女发展规划（2021—2030 年）（送审稿）》《利辛县儿童发展规划（2021—2030 年）（送审稿）》等。
11 月 11 日	县政府第 22 次常务会议	会议学习《中华人民共和国药品管理法》《中华人民共和国疫苗管理法》《医疗器械监督管理条例》《化妆品监督管理条例》，听取县市场监管局关于 2022 年全县食品药品安全工作的汇报和县人社局关于《利辛县乡村人才振兴实施方案（送审稿）》起草情况的汇报，研究并原则通过《利辛县乡村人才振兴实施方案（送审稿）》。
12 月 12 日	县政府第 23 次常务会议	会议听取县司法局关于利辛县 2022 年度依法行政工作的汇报以及县市场监管局关于第二届利辛县政府质量奖评审工作情况的汇报，研究并原则通过《利辛县加强统计基层基础建设工作举措（送审稿）》《利辛县深入打好污染防治攻坚战行动方案（送审稿）》等文件。
12 月 15 日	县政府第 24 次常务会议	会议听取县财政局关于《利辛县 2022 年财政预算执行情况及 2023 年财政预算草案报告（送审稿）》的汇报、县发改委关于《利辛县 2022 年国民经济和社会发展计划执行情况与 2023 年国民经济和社会发展计划草案报告（送审稿）》的汇报、县政府办公室关于县十三届人大一次会议代表议案建议办理情况的汇报、县政府办公室关于《县政府工作报告（送审稿）》的汇报、县发改委关于《利辛县粮食节约行动实施方案（送审稿）》起草情况的汇报，研究并原则通过《县政府工作报告（送审稿）》《利辛县粮食节约行动实施方案（送审稿）》。

县政府综合事务

【信息调研】 2022年，利辛县政府办公室深入贯彻落实党的二十大精神，围绕市委、市政府和县委、县政府的决策部署、中心工作，聚焦热点重点难点，助力全县经济社会发展，组织文秘、综合、政务信息等股室人员深入镇村、部门、企业等开展专题调研。继续落实信息报送制度和奖惩机制，提高信息人员工作积极性。牢牢把握县政府不同时期、不同阶段工作重点，结合利辛县特色经验做法及亮点成绩，认真谋划信息选题，拓展信息收集渠道，健全信息工作机制，精准报送一批高质量信息，推动信息工作由数量型向质量型转变。完成省市约稿165期，报省信息106条，获省采用6条。

【文秘综合】 2022年，利辛县政府办公室坚持把文字工作作为办公室的“第一要务”来抓，牢固树立精品意识和效率意识，对重要文稿撰写，强化集体撰写机制，集中集体智慧，努力提高文稿质量，起草和参与起草县政府全体会议、县政府常务会议、县长工作例会及各类专题会议等重要会议材料，认真撰写各类综合材料。按照“急事急办、特事特办”的原则，积极推进公文运转规范化建设，严格发文审核、制发文件，以政府、政府办名义发文70件，较上年（71件）减少1件，发文数量持续减少。收发文处理实行专本登记、签字流转、密件专办，收到市级以上文件1698件，做到公文运转及时、准确、高效、安全、保密。

【协调监督】 2022年，利辛县政府办公室严格落实中央八项规定精神，控制会议次数和规模，大力精简各种会议，高水平组织召开县政府各类会议，以县政府名义召开会议27次，与去年召开会议次数持平。同时，认真筹备各类专题会议、协调会议，扎实做好会前材料准备、会中讨论记录、会后纪要印发等工作。充分发挥桥梁纽带作用，注重建立和培养工作协作关系，注重协调处理好县直部门之间、部门与乡镇、乡镇与乡镇间的关系。对县政府重大工作部署、阶段性中心工作、重点项目建设、重大活动等，认真组织，加强调度，多方协调，促进各方面工作相互衔接，形成合力，落实到位。严格落实县政府重要决策跟踪督办制度，认真做好《县政府工作报告》目标任务、县政府重要会议议定事项和重大工作部署的分解落实，围绕县政府重要文件、重要会议、重大决策和领导批示，加强跟踪检查与督促，确保督查事项件件有落实、事事有反馈。自觉接受人大法律监督、政协民主监督和社会舆论监督，共办理人大代表议案建议91件、政协委员提案276件，办结率100%、满意率98.64%。

【政府热线】 2022年，利辛县政府办公室把热线工作纳入乡镇和部门年终绩效考核，列入每周县长工作例会议题，明确责任主体、办理要求和时限，及时反馈办理结果。2022年累计受理群众热线诉求61972件，同比减少7.85%。其中，“12345”市长热线办交办32646件，同比减少21.5%；县长热线受理群众诉求29326件，同比增加12.5%。过滤无效电话6611件，提供政策咨询、三方通话等直接服务18247件，直办件满意率100%。同时，全年累计开展县长“接热线、办实事”活动17期，共接听群众和企业反映问题953件，县领导接听221件；与县广播电视台联合开展“政风行风热线”活动38期；与县纪委监委、县广播电视台联合开展“‘政’在回应”活动6期。

【政务公开】 2022年，利辛县政府办公室通过县政府门户网站主动公开政府信息7295条。强化重点领域信息公开，突出做好就业、教育、医疗等社会公益事业及重点民生领域信息公开工作，共发布重点领域相关信息1225条。围绕经济发展、涉及市场主体的政策及民生领域信息等加大年度重点工作任务信息公开力度，共发布信息432条。

【优化营商环境】 2022年，利辛县深入贯彻落实党中央、国务院、省、市关于创优营商环境工作各项决策部署，落实纾困惠企政策，保护和激发市场主体活力，为企业提供更加优质高效服务，促进全县实体经济高质量发展。全年共组织开展政策宣讲209次，参与企业3633家次；走访调研企业4903家，帮助企业对接要素项目3594个，其中人才要素对接企业2524家，达成就业意向5754人；土地要素对接28宗，涉及土地1560亩；资金要素对接1003笔，涉及资金16.8亿元；对接科技项目5个，涉及资金86.11万元，通过省平台收办企业反映问题2101个。

（许玉清）

县直机关事务管理

【概况】 2022年，利辛县机关事务管理服务中心秉承“精细服务、精心管理、精准保障”的理念，加强党建引领，突出政治建设，扎实推进机关事务管理高质量开展，后勤服务保障水平不断提升。紧紧围绕“疫情要防住”这一要求，严格落实疫情防控有关规定，做到思想高度统一、防控精准有力，配备配齐防护用品及物资，落细落实疫情防控措施，督促公车平台每天对执行保障任务后返回的公务用车及时进行清洗消杀，筑牢疫情防控屏障，确保公务出行安全。保障办公大楼高效运转。对会议设备做好定期维护保养检修，及时更换老旧会议设备。加强办公楼安全管理，落实安全防范措施，定期对办公楼用电、用水等设备进行检查，及时排除安全隐患。深化服务社会化改革，完善机关物业、安全保卫购买服务机制，初步建立运转高效、监管有力的工作机制。有效降低服务保障成本。树牢节约意识，将成本控制贯穿于服务保障工作的全过程，全力做好县重要会议、重大活动服务保障工作，严格成本管理控制，避免铺张浪费。

【公共机构节能】 2022年，制定下发《利辛县2022年度公共机构节约用电工作实施方案》《利辛县公共机构节电管理制度》《致全县公共机构、广大干部职工节电倡议书》《公共机构节电制度规定及月度任务完成情况通报》等文件，建立完善公共机构节能工作制度。开展能耗“双控”工作专项督查，督促全县党政机关空调夏季温度设置不低于26℃、冬季温度设置不高于20℃、楼层3层以下不乘坐电梯，杜绝“白昼灯、长明灯、无人灯”等节电措施落实到位。坚持“一周一督查”“一周一通报”，对工作滞后的县直单位和乡镇及时通报。利用官网、QQ群、微信群、电子显示屏、张贴标语、发放倡议书等多种形式，广泛开展节电宣传，提升干部职工对节电工作知晓率、认知度和参与度，积极营造节能浓厚氛围。扎实推进节约型机关创建。围绕2022年县直党政机关全部达到节约型机关创建目标，明确创建要求，细化创建举措，强化责任落实，加强对24家节约型机关创建工作的督促指导，确保完成年度节约型机关创建目标任务。利用全国公共机构节能宣传周，组织全县各公共机构通过线上观看相关宣传视频及培训，加大对《中华人民共和国反食品浪费法》等宣传力度，多措并举推进节约型机关建设，充分发挥党政机关示范表率作用，推动生活垃圾分类，倡导绿色低碳行为方式。开展2022年度全县公共机构能源资源消费统计，按时完成统计上报工作。

【公务用车管理】 2022年，严格执行《利辛县公务用车使用管理细则》，配合县财政局开展公务用车保险、加油、维修等招投标，进一步完善了公务用车车辆管理、定点加油、定点维修等工作制度。加大对公车平台的监管力度，规范公车使用管理，督促公车平台合理安排车辆调度，加强节假日监管，节假日期间公务用车使用必须上报纪委监委备案，定期或不定期对公务用车使用情况进行抽查，确保公务出行安全高效。督促县公车“平台”加强驾驶员安全生产教育，强化驾驶员政治意识、安全意识、规矩意识和服务意识。科学制定2022年度公务用车更新计划，严格按照相关规定更新配备车辆。配合县财政局（县国资办）做好更新后的旧车辆处置工作，确保公务用车依规更新、依规审批、依规处置、依规运行。

【办公用房管理】 2022年，配合县委办、县城投集团，开展党政机关办公用房测绘工作，彻底摸清全县党政机关办公用房家底，对清查出的低效闲置办公用房积极开展处置利用，推进办公用房资源合理配置和节约集约使用。开展全县党政机关办公用房信息统计填报工作，对相关数据进行整理、核实、汇总，及时录入党政机关办公用房数据库。配合县纪委监委党风室，对党政机关办公用房组织开展“回头看”专项督查，强化县直党政机关和乡镇办公用房规范使用，进一步减少办公用房违规使用现象的发生。

【公务接待活动】 2022年，牢固树立“过紧日子”的思想，厉行勤俭节约，反对铺张浪费，严格落实中央“八项规定”，严格执行公务接待标准、公务接待范围、陪餐人数，有效杜绝超标、超范围接待。推行简餐和标准就餐，提倡“分餐、自助”等就餐方式。坚持依规审批、依规接待、依规结算，“四单齐全”报销接待费用，认真执行务实节俭、高效透明公务接待。

（刘 仓）

应急管理

【概况】 2022年，利辛县应急管理部门坚持生命至上、安全第一，促进全县安全生产形势持续稳定向好，不断增强人民群众的获得感、幸福感、安全感。加快构建“统一指挥，专常兼备、反应灵敏、上下联动、平战结合”的应急管理体系，为迎接党的二十大营造更加稳定的安全环境。全县发生一般生产安全事故6起，死亡人数5人，同比持平，未发生较大及以上生产安全事故，安全生产形势稳定，全县安全生产形势总体保持稳定向好。危险化学品、渔业船舶、水上交通、特种设备、工贸、烟花爆竹等行业领域未发生生产安全事故，安全生产形势持续稳定向好。

【安全生产综合监管】 2022年，全县各乡镇各部门大力开展隐患排查治理和重大隐患挂牌督办工作。2022年，共排查整治一般安全隐患18046处，整改省、市、县挂牌督办重大安全隐患38处。办理省应急管理信息化平台转办安全举报451件，并印发《利辛县二季度安全生产集中整治实施方案》《安全生产“一业一策”专业化治理工作方案》等工作方案，要求各乡镇、部门做好重点环节隐患排查工作。对各乡镇、部门共开展督导检查1203次，检查各类单位4106家次，排查隐患问题9447条，行政处罚111次，对18家企业负责人进行约谈警示。

【危化品烟花爆竹监管】 2022年，利辛县应急管理局建立《利辛县危化品企业大排查大清理台账》和《利辛县危化品企业再次大排查大清理台账》。加大对危化品行业工作检查督查力度。全年，没收烟花爆竹880件，没收危险化学品4723升，没收违法所得19159元。其中烟花爆竹类案件28起，罚款18.9万元，没收烟花爆竹880件，没收违法所得4139元；危险化学品类案件7件，罚款22.7万元，没收危险化学品4723升，没收违法所得15020元；2022年以来，计划检查企业42家，发现隐患256处，下发责令限期整改指令书36份；共检查烟花爆竹零售店18家，隐患37处，全部整改完毕。结合利辛县实际情况，制定并印发《关于做好2022年全县烟花爆竹零售经营布点及监管工作的通知》，审批发证零售店232家。

【依规依法严格监管】 2022年，利辛县应急管理局严格执行《中华人民共和国安全生产法》及相关法律、法规、规章，严格执法程序，落实执法责任，认真执行行政执法三项制度（公示制度、行政执法全过程记录制度、重大执法决定法制审核制度），确保随机抽查工作依法顺利推进，实现常态化、制度化、规范化。按照年初制定计划，执法大队建立完善“两库三单”，确保公平公正，加强对企业名库、执法检查人员名库及“双随机”抽查事项清单、检查人员责任清单的管理，及时录入、更新相关信息，确保监管对象全面、监管人员合格、监管事项合法、监管分类准确。认真完成“双随机、一公开”工作，全年共开展两次本部门“双随机、一公开”抽查工作，联合市场、交通、气象等部门开展4次联合抽查，已经完成年度工作计划。2022年，共计立案57起，罚款144.9447万元，其中烟花爆竹类罚款18.9万元，危险化学品类罚款22.7万元，安全生产事故类罚款100.7447万元；工矿商贸类罚款2.6万元。

【安全教育】 2022年，利辛县应急管理局强化安全培训，扎实开展“安全生产月”活动，推动“安全宣传五进”活动。积极开展法治宣传日咨询、防震减灾咨询日、国际减灾日等活动宣传。把宣传教育纳入党校培训内容，全年共计举办培训班2次，举办干部培训班1次，各乡镇和县直有关部门40余名负责人参加培训；全县共计组织观看安全生产警示教育片、专题展40场，参与2000人次；发放各类安全宣传材料8万多份；制作公益广告、海报、短视频、提示语音等3万条，宣传受众30000人次；开展“进门入户送安全”10次，组织“安全志愿者在行动”10场、各类应急演练体验活动16场，组织“徒步行”安全宣传活动1场。完成了安全生产专项整治三年行动及学习宣传贯彻习近平总书记关于安全生产重要论述专题情况自查终期评估报告。

【防汛抗旱】 2022年，利辛县应急管理局制定下发《利辛县2022年防汛抗旱工作要点》《关于调整利辛县防汛抗旱指挥部组成人员和县领导防汛抗旱责任分工的通知》《利辛县防汛抗旱指挥部工作规则》《利辛县防汛抗旱工作纪律》等文件，进一步明确防汛抗旱指挥机构工作机制，严明防汛抗旱工作纪律，保证防汛工作有令必行、有禁必止，加强防汛抗旱统一指挥与统筹协调。及时调整了县防汛抗旱指挥部组成人员和县领导防汛抗旱责任分工，形成了县包乡、乡包村的防汛抗旱包保责任制，并对行政、技术、巡查“三个责任人”进行了公示公开。开展汛前风险隐患排查，共排查出14处城区易涝点隐患，229处乡镇农田易涝点隐患，挂牌督办3处在建工程重点防汛隐患。对未能在汛期前完成隐患整改的，要求结合自身实际，制定度汛方案，确保安全度汛。全县组建3支防汛抢险应急队伍共计2320人，开展防汛抢险应急演练，主要围绕巡堤查险、险情处理、水上救援等方面开展，重点检验应对洪水时的指挥协调、部门联动、物资保障等能力，提高防汛抢险队伍的应急抢险水平，确保遇到洪涝险情发生时能立即调得出、冲得上、打得赢。

【减灾救灾】 2021—2022年，利辛县共救助困难群众12885户24175人。2022年春节前全部通过一卡通发放到救助农户提供的账户。扎实开展“5·12”防灾减灾活动周和“10·13”国际减灾日宣传活动。积极组织干部职工参加防灾减灾、防震减灾知识竞赛活动，利辛县获得全市第一名的好成绩。完善自然灾害储备库，现有利辛县应急物资省级储备库1处，县级应急救灾物资储备库2处，储备县级抗洪抢险、救灾救助物资合计350余万元。开展全国和省级减灾示范社区创建，全县共有436名报灾信息员，覆盖361个行政村（社区），确保信息畅通，处置及时。

（李汉文）

信访工作

【概况】 2022年，利辛县信访工作深入学习贯彻习近平总书记关于信访工作系列重要指示批示和《信访工作条例》，牢牢把握“三到位一处理”根本遵循，创新信访工作机制，深入推进“治理重复信访、化解信访积案”专项工作，信访总量进一步下降、积案有效化解，信访形势进一步好转，取得了一定成效。全年，县四套班子领导接访1001批1750人次。创新工作机制。制定下发《关于进一步激励乡镇、村（社区）干部在信访一线担当作为的八条举措（试行）》《利辛县集中治理信访突出问题攻坚行动意见》《信访工作四项机制》《信访专项工作积案化解攻坚若干举措》4个文件。坚持信访事项案结事了，努力提升案件化解质量。

【信访积案化解】 2022年，利辛县贯彻落实中央信联办开展“治理重复信访、化解信访积案”专项工作部署，把专项工作作为一项重要政治任务，作为今年“我为群众办实事”的具体体现，紧抓不放，集中攻坚，一案一策、精准发力，多维度推动案结事了。国家信访局分两批交办利辛县信访积案共353件（第一批270件，第二批83件），全部被国家信访局认定化解。一批历时多年的积案得到妥善化解，其中化解5年以上的积案息访48件，10年以上的积案息访14件，20年以上的积案息访2件。

【规范信访办理程序】 2022年，利辛县委组织部与县信访局联合举办全县党政干部专业能力提升班暨信访工作业务培训班。加强对基层信访干部业务培训，信访事项办理规范化水平进一步提升。全年全县信访部门信访及时受理率99.89%，两件受理超期是因上级超期转送所致，县信访部门及时受理率实为100%，责任单位及时受理率100%，按期办结率100%，责任单位满意度98.10%，信访部门参评率95.28%，责任单位参评率93.81%。

【开展开门接访约访】 利辛县委、县政府把信访工作作为落实省委“一改两为”大会精神的具体内容，推深做实“四加”工作机制。特别是8至10月，在党的二十大期间，县委主要负责人坚持每天晚上主持召开信访工作联席（扩大）会议，通报县包案领导工作情况，重点信访事项化解情况。县委、县政府分管负责人认真落实日常抓好信访工作的“四加”工作机制，其他班子成员坚持“一岗双责”，抓好积案化解和人员稳控，做到真包真保，强力推动化解。全年，县四套班子领导接访1001批1750人次，其中县委县政府主要负责人接访484批821人次。

（康友政）

数据资源管理与政务服务

【概况】 2022年，利辛县数据资源局深化“互联网＋政务服务”改革，进一步完善政务服务大厅功能，提升7×24小时不打烊“随时办”质效，推动更多事项“一网通办”“跨省通办”，加强数据资源管理工作，扎实推进数字利辛建设，努力为现代化美好利辛建设提供数据资源支撑。深化“一网一门一次”改革，切实推进政务服务标准化规范化便利化。落实落细“互联网+政务服务”工作，积极推行政务服务“一网通办”。完善政务服务“一张网”体系。依托县政务服务“皖事通办”平台，将各部门服务事项接到“皖事通办”平台，统一提供服务。全县1871（总计事项是1873）个政务服务事项实现“一网通办”，“全程网办率”达99.5%以上。扎实推进线下“只进一扇门”。县政务服务中心提供“一窗口”受理、“一平台”共享和“一站式”服务。固定专人专岗在窗口工作，并设立综合受理窗口，实行“前台综合受理、后台分类审批”的“一窗式”服务模式。所有本单位政务服务事项在该窗口都能“一网通办”。经过优化整合，县政务服务中心设置办事窗口53个，涵盖医保、交通、不动产、住建、公安、市场监管、税务、水、电、气、卫生健康、民政等23家单位。同时，要求乡镇为民服务中心对照标准认真落实“一门一网一次”改革。积极推动“最多跑一次”向“最多上一次”转变。以企业和群众办事“少跑腿”为目标，压缩办理时间，优化网上办事工作流程。行政许可类事项办理时间比法定时限压缩三分之一以上，公共服务事项实现“一日办结”。推行“秒批秒办”。依托智能化语音技术和图像识别等技术，推行“互联网＋智慧”审批系统建设，努力实现事项自动受理、智能审批、智能办结。80岁以上老年人高龄津贴、社会保险查询（证明出具）等24个事项均已实现智能化申办和审批。推广“地图办”。通过长三角政务服务地图，标识县、乡、村三级395个政务服务场所网上办理地点，关联场所事项2.9万项。全县长三角政务服务地图新增有效访问量34.65万次，有效访问用户12757人次，手机办件量6.09万件。抓好“邮寄办”。积极开展免费双向邮寄服务，解决外地群众和企业因不在本地无法到窗口交件问题。通过EMS免费邮寄超过1.83万件，群众满意率100%。“皖事通”App新增法人注册用户数

1.08万个，累计4.02万个；新增个人注册用户数18.3万个，累计116.5万个；新增应用服务访问量1400.6万次。安康码累计申领162.5万人，累计核验7077.3万人次。安徽政务服务网利辛分厅累计受理群众申请107.5万件，办结104.8万件。

【政务服务窗口建设】 2022年，利辛县积极推行“一制度（周末轮岗制度）两窗口（涉企服务窗口和‘办不成事’反映窗口）”。实行周末涉企服务“不打烊”。通过调研摸排，针对不动产、房产、税务、市场、交通等高频服务事项，设立由县税务局、县交通运输局、县市场监管局、县住房发展中心、县不动产登记中心、县数据资源局6家单位组成的第一批周末服务窗口，并根据运行情况和服务需求动态调整服务事项，让群众周末也能办成事，增设涉企服务窗口，畅通诉求沟通渠道，帮助解决涉企诉求。优化“办不成事”反映窗口，最大力度提升政务服务效能。自“一制度两窗口”推行以来，周末受理办件610余件，办结率100%，“办不成事”反映窗口接受咨询80余人次，当场办结率100%。推行值班长制度。政务服务中心学习银行系统设立大堂经理的经验做法，安排督察人员到办事窗口巡查，重点巡查高频事项办理窗口，加强秩序管理，禁止无关人员干扰群众办事。在大厅门口设立意见箱，公布投诉电话，鼓励群众投诉、举报窗口工作人员和中介机构违规代办行为，有效杜绝“黄牛”现象。落实一次性告知制度和首问负责制。召集县直政务服务单位，围绕“一次性告知制度”集中学习并交流，并通报问题单位，要求各单位引以为戒，举一反三，严格落实一次性告知制度和首问负责制。强化监督考核，对涉及问题的部门纳入年度考核，及时通报考核情况；对工作推进不力的，限期整改落实，切实提升群众办事便利度、满意度。深入推广政务服务“好差评”。在政务服务满意度方面，做好政务服务“差评”回访，及时反馈处理结果，全方面提升政务服务水平。主动评价率同比增加16个百分点，评价满意度达99.9%，位居全市前列。完善7×24小时政务服务自助大厅功能，先后入驻政务综合服务、商事登记、不动产自助查询、驾驶人体检、工程审批、税务综合、医保信息查询、出入境信息查询等方面自助设备8台。

【政务服务能力建设】 2022年，利辛县推进政务服务事项“跨省通办”。围绕扩大“跨省通办”范围、拓展服务领域，积极推进政务服务“跨省通办”事项对接工作。截至2022年，已与江苏省泗洪县、张家港市，浙江省长兴县、海宁市、平湖市，山东省临沭县，湖北省吴桥县，河南省周口市淮阳区、信阳市平桥区9个市、县（区）签订“跨省通办”协议。同时，依托全国一体化政务服务平台，设立“跨省通办”服务专区，实现137个高频事项异地办理。从11月1日起，全面启动了新生儿入户“全省通办”和长三角区域“跨省通办”。积极推进“互联网+监管”信息数据采集工作。县直部门监管目录清单“应领尽领”，已全部认领；要求监管动态、监管行为要“应采尽采”“应报尽报”，对日常工作中的监管行为数据要及时上传至系统，保证监管行为的数据量和覆盖率。全年开通监管信息人员2063人。录入2.21万条监管行为信息，监管行为覆盖率达83.5%。及时处理全县群众的安康码申诉。疫情发生后，第一时间成立安康码转码专班，单位一半以上人员参与安康码转码工作，全权负责全县安康码申诉处理。疫情紧张时期，为及时处理货车司机、学生等群体的安康码申诉，实行夜班轮班制度，全年共计处理利辛县安康码问题7.34万条，接听群众咨询电话4000余次，助力全县疫情防控工作。推进惠企政策“免申即享”。依托“皖企通”亳州“免申即享”平台，优化流程，推动“企业找政策”向“政策找企业”转变，提升企业获得感。抓好惠企政策对接，协调县直相关单位做好政策梳理工作。全县梳理完成涉企政策事项257项（政策文件41项），其中14家县直单位已上线“免申即享”平台的政策事项205项。积极与财政部门对接，确保政策上线后资金有效落实。加强过程追踪，及时兑付资金。2022年，兑现政策奖补资金5775.6万元，惠及企业302家。累计兑现政策奖补资金6969.47万元，惠及企业344家。2022年，联合移动、联通、电信三大运营商对主次干道、居民小区、背街小巷、公共场所等各类凌乱、垂落的强弱电线电缆进行清理整治，清理空中“蜘蛛网”。划分责任区域，倒排工期，紧抓工作进度，本次弱电整治涉及道路26条、小区和家属院共237个，涉及弱电线路41.4万米。

【数据资源安全管理】 2022年，利辛县推进数据汇聚共享。在浪潮亳州云计算中心建设的利辛县数据资源库，包含5大基础库、6大专题库，汇集28个部门、218个数据目录，汇聚3亿条数据，并通过数据资源库向市数据中心推送数据一千余万条。推进数据资源在不动产登记的共享应用。加强数据汇聚过程中的安全管理，所有汇聚的数据均通过填报系统入库，严格管理数据共享流程，严禁数据治理工作区的拍照、摄像行为，防范数据泄露。加强全县政务外网专线和VPN（虚拟专用网络）安全。提高政务外网稳定性，要求三大运营商确保政务外网、政务专网设备保持全天24小时正常开机，不得人为停机，中断网络运行。保证VPN连接的安全，对全县所有单位的VPN账号进行梳理，删除长期不使用的VPN账号，为每个村/社区仅配一个账号，并把所有弱密码修改为复杂密码。防范勒索病毒入侵。严格执行内网、专网设备和系统的补丁升级和漏洞修复措施，关闭主机和终端上不必要的端口、共享访问以及远程桌面连接，安装并及时升级杀毒软件。定期对重要数据进行备份，防止勒索病毒破坏。定期督查网络安全。每季度对县移动、联通、电信三家公司机房进行检查，排查是否存在安全隐患、制度是否上墙、巡检值班制度是否健全等。确保网络安全稳定运行，不发生重大网络安全事故。推进政务外网及视频专网间安全边界建设，构建社会公共区域视频接入安全基础，启动公共区域视频接入工作，城区200路人脸识别监控系统建设完成。视频数据平台运维管理和安全管理正常有序。

【数字利辛建设】 2022年，利辛县协调推进5G基站建设。2022年新建加改造5G基站283个，其中乡镇114，县城169个。全县累计建设5G基站731个，5G网络覆盖率达70%以上。推进数字利辛建设规划。于5月30日启动《“数字利辛”建设总体规划（2021—2025年）》编制工作。经过前期调研，确定思路，规划编制等程序完成规划初稿，8月11日召集县委政法委等20家单位进行第一轮征求意见，11月24日王赵军副县长主持召开第二轮征求意见。根据意见反馈对规划进行了修改。组织专家对规划进行论证。涉及项目包括：智能交通建设项目（一期）、智慧交通项目、智慧城管项目、融合指挥及可视化项目，总投资约8000万。完善应急指挥、社会治理、便民服务系统，县城市治理水平进一步提升。其中，智能交通项目施工接近尾声，智慧城管及智慧交通项目正在施工。有序推进信息化项目建设，年度计划实施信息化项目6个。包括平安乡村视频全覆盖项目、不动产登记中心信息化建设提升改造项目、智能交通建设项目（一期）、智慧交通项目、智慧城管项目、融合指挥及可视化项目。推进主城区弱电改造，助力文明城市建设。

【实施“免申即享”惠企政策】 2021年7月6日，利辛县人民政府办公室印发《利辛县在全县政务服务领域开展“部门学公安、园区学亳芜”活动实施方案》（利政办秘〔2021〕28号），提出：“坚持以人民为中心的发展思想，聚焦‘我为群众办实事’，从政务服务办事窗口整合、办事流程优化和‘免申即享’推广入手，推动全县政务办事窗口从业务专窗向部门综合办事窗口转变、惠企政策兑现从企业被动申请向系统自动兑付转变，实现一个窗口接待就能办成事、企业无须申请就能享受符合规定的优惠政策，切实提升我县政务服务工作效率”，并明确了“免申即享”工作的目标任务、实施阶段、责任分工。依托“皖企通”亳州“免申即享”平台，优化流程，推动“企业找政策”向“政策找企业”转变，提升企业获得感。抓好惠企政策对接，协调县直相关单位做好政策梳理工作。全县梳理完成涉企政策事项257项

（政策文件41项），其中14家县直单位已上线“免申即享”平台的政策事项205项。积极与财政部门对接，确保政策上线后资金有效落实。加强过程追踪，及时兑付资金。2022年，兑现政策奖补资金5775.6万元，惠及企业302家。2021年和2022年，累计兑现政策奖补资金6969.47万元，惠及企业344家。

（田　方）

消防救援

【概况】　2022年，利辛县消防救援大队紧紧围绕队伍建设和社会面火灾防控中心重点工作，以奋斗的姿态，狠抓工作落实不停步、日常管控不松劲、自身建设不懈怠，使大队基础工作不断巩固，整体工作向稳向好。2022年，利辛县消防救援大队被省消防救援总队评为“先进大队”，大队党委被总队评为“先进基层党组织”；副大队长王欣、副站长杨晨、副站长田志明三名同志被总队评为“优秀干部”，初级专业技术干部姚峰被总队评为“优秀共产党员”“优秀法制员”；政通路消防救援站被市消防救援支队评为“亳州青年五四奖章集体”，文州路消防救援站被市消防救援支队评为“执勤训练工作先进政府专职队”。1人荣立个人“三等功”，12人次被上级表彰。全县全年未发生亡人及有较大影响的火灾等各类涉及消防安全的事故。

【落实消防安全责任】　2022年，利辛县消防救援大队大力推动党政同责、部门履责、单位主责，政府召开常务会议研究消防工作3次；召开全县消防工作会议1次，各类消防隐患整改协调会、推进会6次，乡镇消防力量建设座谈会1次；党委政府主要领导和分管领导先后带队开展消防安全检查18次；县消安委办对各乡镇、各行业主管部门进行实地督查考评2次，下发督查通报2期；下发每月全县消防工作通报12期；结合重点时期的重点工作及突出问题隐患，向相关乡镇政府和行业部门发送消防安全工作提示函、督办函14个，逐级压实行业部门消防安全监管责任。全县各级各部门以北京冬奥会、党的“二十大”消防安保为牵引，立足本地实际，紧盯重点领域、关键环节和全县消防安全不放心、不托底的场所，共排查高层小区48个，多层住宅小区10个，督改隐患334条（6个消火栓无水小区，全部完成整改）；检查在建工地21家次，督促整改隐患71处；结合文明城市创建包保工作，清理违规停放电动自行车300余辆，处罚23人。全县按照“动态监管”的原则排查生产经营租住自建房8062家，发现并督促整改隐患3189处，清理违规住宿人员413人，拆除彩钢板房和防盗网88处。1处省政府挂牌督办单位、1处市政府挂牌督办单位，均已完成整改并销案。

【基层火灾防控基础建设】　2022年，利辛县消防救援大队持续推进“一镇一委一站”消防治理体系建设和乡镇消防力量“五大提升工程”。县级“消防工作站指导中心”两名事业编制人员到岗到位；全县23个乡镇消防工作站，全部完成1名行政编制站长和1名事业编制消防文职人员的调配工作；361个社区和行政村全部成立消防领导组织。将消防安全同步纳入综治管理内容，充分发挥各级网格员、各楼栋长和党群志愿者等基层火灾防范生力军作用，定期集中开展住宅小区“四清一查”和电动车消防隐患动态劝导。在实现消防重点单位建成微型消防站建成率100%的基础上，大力推进社区“微型消防站”建设提档升级，全面打通了火灾防控“最后一米”。

【社会消防能力建设】　2022年，利辛县把消防安全知识培训纳入全县县管干部、中青年干部培训常设课程。借助全县安全生产应急管理能力专题研讨班，大力开展新修订《安徽省消防条例》宣贯；针对社会面疫情形势，因势利导，组织镇村消防工作人员开展网络授课培训6次；不定期分片区组织乡镇消防文员开展联合执法和“示范性”检查，用理论联系实际的方式，推动学习成果转化，着力解决基层组织末端消防工作不到位、镇村消防工作人员履职能力弱的问题。

【提升救援能力】 2022年，利辛县消防救援大队和各乡镇专职消防队共接警出动1404起，其中火灾事故1030起，抢险救援和社会救助374起。出动车辆2165辆次，出动警力10825人次，抢救、疏散被困人员200余人。特别是在“5·29”优丰雷德建材公司轻烃槽罐车火灾扑救任务中，大队消防救援人员英勇善战、不畏牺牲，得到地方党政领导和广大群众的一致赞誉。各乡镇专职消防队在乡镇、农村初起火灾扑救过程中出动迅速、处置有力，发挥作用显著。

（杜伟博）

招商引资

【概况】 2022年，利辛县进一步夯实基础、营造氛围、创新方法，突出重点优势产业，努力转变的工作思路，招商引资工作取得新进展。

【招商政策】 2022年，利辛县认真研判经济走势和产业转移趋势，出台《关于做好2022年服务企业招工的通知》《强化“双招双引”推动特色产业和新兴产业高质量发展工作方案》《利辛县2022年“双招双引”攻坚年活动方案》《支持行业协会商会在招商引资招才引智工作中更好发挥作用若干措施》等招商引资文件，使招商引资目标任务更加明确，投资政策更加宽松，奖励政策更具吸引力，招商引资的氛围空前浓厚。

【招商活动】 2022年，利辛县创新招商方式，招商引资范围不断扩大。根据全县日益壮大的轻纺服饰、煤电循环、食品及农副产品加工、汽车装备及机械电子制造、绿色建材及智能家居等产业，县委、县政府积极组织开展“走出去”与“请进来”相结合的招商工作方法，逐步从“全民招商”的方式转变为“重点招商、专业招商、行业招商、以商招商、点对点招商”，初步形成了全方位、多层次、宽领域的对外开放与经济合作格局。实行重大项目顶格推进机制。重大项目由县领导包干推进，县委、县政府主要负责同志牵头推进签约总投资5亿元以上的项目；县委、县政府其他负责同志分别牵头推进签约总投资1亿元以上的项目。进一步明确部门责任，挂图作战，明确路线图、时间表、责任状，推进工作量化、细化、目标化，实现项目从洽谈、签约、开工、投产到后期跟踪服务的无缝对接，确保重大项目提速落地见效。着眼产业布局，突出精准招商。梳理出长三角、珠三角等地溢出投资的大企业，重点主攻央企、行业百强和头部企业。同时充分挖掘资源、市场等要素与对接产业之间的合作切入点，制订对接招引方案，争取引进一批体量大、牵引力强、技术含量高的项目。围绕轻纺服饰、能源和新型建材、食品加工、汽车装备制造等优势产业精准招商，组建产业项目招商工作专班，助推利辛县经济高质量发展。

【招商成果】 2022年，全县新签约项目19个，其中工业项目19个，总投资46.19亿元。新签约工业项目中，10亿元以上项目1个，总投资10亿元（恒阳机械）；5亿元及以上项目4个（深圳国瑞、中煤新集能源、中苏科技、中能阳光），总投资20.6亿元；1亿～5亿元项目10个（轩昂新材料、风华线缆、金源鸿食品、苏州华达塔筒生产、金宜时光、共富食用菌、天盛新材料、智心慧创电子、君达新能源、开阳星信息），总投资14.76亿元；亿元以下项目4个（盈韵纺织、力瓦工艺品、森静家具、昊伟环保），总投资额0.83亿元。

（王　辉）

中国人民政治协商会议利辛县委员会

◎ 综　　述

◎ 重要会议

◎ 协商议政

◎ 民主监督

◎ 调研与视察

◎ 提案和社情民意

综　述

【概况】 2022年，在县委的正确领导下，县政协坚持以习近平新时代中国特色社会主义思想为指导，深入学习贯彻习近平新时代中国特色社会主义思想以及党的二十大精神，坚持和加强党的全面领导，落实全面从严治党主体责任，主动聚焦事关利辛改革发展大局的重点课题，深入协商议政、积极建言献策、广泛凝聚共识，较好完成了年度各项目标任务。

【县政协换届选举】 2022年1月1日，县政协十一届一次会议举行选举，选举产生十一届县政协常委会组成人员。邵利峰当选十一届县政协主席，高传海、金国珍、何芳、张付礼、王伟当选十一届县政协副主席，任大奇等51人当选十一届县政协常委。

【县政协委员构成】 根据全国政协界别设置和皖统〔2011〕42号文件精神，十一届县政协设置11个界别，分别是：中共界别、工青妇界别、工商联界别、文化艺术新闻界别、教育体育界别、卫生界别、科技社科界别、经济界别、农业界别、民族宗教界别、特邀界别。

经市委批准，十一届县政协委员规模为338人，常委会组成人员规模60人。十一届县政协届初实际提名委员323人、常委会组成人员57人。提名委员中，继续提名110人，占34.06%，新提名213人，占65.94%；中共党员委员128人，占39.63%，党外委员195人，占60.37%；女性94名，占29.1%。

【政治理论学习】 2022年，县政协以习近平新时代中国特色社会主义思想为指导，以党的二十大精神为指引，以习近平总书记重要讲话、重要指示批示精神为统领。先后组织党组会议、主席会议、常委会会议集中学习共计48次，专委会学习、界别学习20余次。举办学习贯彻中共二十大精神专题培训班。制定学习计划和学习制度，主席会议成员带头谈学习体会，深入镇村社区宣讲调研，推动中共二十大精神扎根基层、深入人心，引导广大政协委员自觉用习近平新时代中国特色社会主义思想武装头脑、指导实践，牢牢把握政协事业发展的正确方向。引导广大政协委员在忠诚拥护“两个确立”、坚决做到“两个维护”上走在前、作表率，确保中共二十大精神在政协工作中落地生根、取得实效。

【强化党建引领】 2022年，县政协加强政协党组班子建设，全面落实从严治党、意识形态、党风廉政建设主体责任制，发挥“关键少数”示范引领作用。加强县政协党的建设，落实“一入四建”工作要求，在委员全员入委的基础上，成立8个专委会功能型党支部，将128名党员委员编入12个党小组。完善委员联络机制，修订《党组成员联系党员常委、党员常委联系党外常委的实施意见》及《党员委员联系党外委员方案》，结合专委会年度协商计划，开展功能型党支部党员主题活动8次，推动党建工作与委员履职相互融合、相互促进，实现党的组织对党员委员的

2022年5月5日，利辛县政协在疫情防控一线展现政协力量　（县政协／供）

全覆盖、党的工作对政协委员的全覆盖。

【聚焦中心工作】 2022年，县政协坚持与党委、政府同心同力，同频共振、同向同行。疫情防控期间，广大政协委员立足本职工作开展志愿服务230余人次，政协机关抽调干部支援高速路口疫情查验点等20余人次，静态封控期间，主席会议成员及机关干部全员下沉社区，协助基层党组织开展疫情管控、物资供应、服务群众等工作，积极助力常态化疫情防控工作。为有效促进积案化解，主席会议成员深入基层一线，走村入户，了解群众诉求，排查调处矛盾，帮助群众解决困难，积极助力信访积案化解工作。参与文明城市创建工作，主席会议成员及机关干部走进包保社区开展志愿者活动110余次，参与人员280余人次，积极助力文明城市创建工作。持续选派优秀干部到帮扶村挂职第一书记，与村党支部开展结对共建工作，机关干部深入帮扶村走访调研110余人次，协调解决帮扶村在产业发展、基础设施建设等方面遇到的问题，积极助力乡村振兴工作。推动重点项目建设，煤电产业园征地拆迁工作加快推进，解决历史遗留问题，莱弗广场项目实现复工。坚持全员招商、精准招商，制定《利辛县政协“双招双引”工作方案》，成立5个招商小组，积极联系对接在外商协会组织和政协委员，在绍兴市、杭州市召开利辛老乡恳谈会暨“双招双引”座谈会，积极宣传利辛、推介利辛，为项目招引、人才引进牵线搭桥。2022年，先后外出招商30余次，接待外地客商莅利考察70余批次，收集招商线索70余条，招引优质项目6个，投资金额6亿余元。

重要会议

【县政协十一届委员会会议】

县政协十一届一次会议。中国人民政治协商会议第十一届利辛县委员会第一次会议，于2021年12月30日至2022年1月1日在新能源学校举行。会议审议并同意邵利峰同志代表政协第十届利辛县委员会常务委员会所作的工作报告和高传海同志代表政协第十届利辛县委员会常务委员会所作的关于提案工作情况的报告。列席利辛县第十三届人民代表大会第一次会议，听取并讨论县长怀颖同志所作的政府工作报告，对报告表示赞同并给予高度评价。会议选举产生政协第十一届利辛县委员会主席、副主席和常务委员。

县政协十一届二次会议。中国人民政治协商会议第十一届利辛县委员会第二次会议，于2022年12月23日至25日在利辛举行。县委书记张吉明，县委副书记、县长万洪超等县几套班子领导同志出席大会，听取委员大会发言，参加分组讨论，共商利辛发展大计。会议审议批准邵利峰同志代表政协第十一届利辛县委员会常务委员会所作的工作报告，审议批准张付礼同志所作的提案工作情况的报告。听取并赞同万洪超同志所作的政府工作报告以及其他有关报告。委员们以饱满的政治热情、高度的社会责任感，围绕全县经济社会发展的重大问题和事关群众切身利益的实际问题，深入协商讨论，积极建言献策，

2022年12月23日，中国人民政治协商会议第十一届利辛县委员会第二次会议召开（县政协/供）

提出许多有价值的意见和建议。

【县政协十一届常委会会议】

县政协十一届一次常委会会议。9月15日，利辛县政协召开十一届一次常委会会议暨“优化营商环境，助推‘双招双引’”专题协商会，县委常委、副县长王林兵受县委副书记、县长万洪超委托出席会议并讲话，县政协主席邵利峰主持会议。会议传达学习中共中央办公厅《关于加强和改进新时代市县政协工作的意见》，集中学习《利辛县政协“双招双引”工作实施意见》《政协利辛县委员会委员履职量化考核办法》。协商通过有关人事事项，听取提案办理情况的汇报，县政协调研组宣读调研报告，县政府办、县人社局、县招商服务中心、县发改委、县工商联负责人汇报工作开展情况，县政协委员樊辉宇、王涛、张梅艳、潘多秀进行交流发言。

县政协十一届二次常委会会议。12月9日，利辛县政协在县检察院12楼会议室召开十一届二次常委会会议暨“打造长三角绿色农产品基地，推动乡村振兴高质量发展”专题协商会重点提案督办会，县委书记张吉明出席会议并讲话，县政协党组书记、主席邵利峰主持会议。县政协副主席高传海、金国珍、何芳、张付礼、王伟，全体县政协常委、办公室及各专委会主任参加会议。会议传达学习中共二十大会议精神，协商通过有关人事事项，听取县农业农村局提案办理情况汇报，县政协调研组宣读调研报告，县乡村振兴局、县自然资源和规划局、县市场监管局、汝集镇、程家集镇和县政协委员陈玉磊、张冰冰、都强等进行交流发言。

县政协十一届三次常委会会议。12月19日，利辛县政协组织召开县政协十一届三次常委会会议暨县政协委员学习贯彻党的二十大精神培训班，县政协党组书记、主席邵利峰主持会议并讲话，县委常委、统战部部长江朋梅出席会议，县政协副主席高传海、金国珍、何芳、张付礼、王伟，县政协常委及部分县政协委员参加会议。会议第一阶段协商通过有关人事、政协第十一届利辛县委员会第二次会议相关事项等，第二阶段进行党的二十大精神辅导讲座专题培训。

协商议政

【概况】 2022年，县政协突出协商主责主业，将质量标准贯彻履职全过程，紧扣中心工作开展专题协商4次，形成协商成果24篇。9月15日，利辛县政协召开十一届一次常委会会议暨“优化营商环境，助推‘双招双引’”专题协商会，就做优营商环境、落实惠企政策、完善产业链招商等问题，收集企业意见建议20余条，提出意见建议12条，征集发言材料18篇。委员建议得到有关部门采纳落实。12月9日，利辛县政协召开十一届二次常委会会议暨“打造长三角绿色农产品基地，推动乡村振兴高质量发展”专题协商会重点提案督办会。提出意见建议12条，征集发言材料30篇，会议协商成果得到有效落实，为利辛县加速融入长三角一体化发展格局发挥了参谋助手作用。

【建言文化教育】 12月13日，县政协召开“突出利辛文化特色，打造乡村旅游品牌”专题协商会。在深化农业农村工作上有效建言。聚焦乡村旅游发展，学习借鉴芜湖市繁昌区、颍上县经验做法，在旅游资源开发、产业培育、要素保障等方面提出10条建议，得到县委、县政府高度重视。12月20日，利辛县召开“推进义务教育均衡发展，促进教育质量有效提升”专题协商会。征集部门和委员发言材料13篇，提出意见建议50余条，为推动利辛县教育质量提升广聚众智、广集良策。

民主监督

【概况】 2022年，县政协全面落实省委关于“改进工作作风，为民办实事、为企优环境”工作要求，切实发挥协商式监督的优势和作用，积极实施以“8＋10＋N”为重点的“一改两为”专题民主监督行动，推动解决群众琐事细事、企业急事难事。

【八项“稳经济”监督调研】 2022年，县政协坚持人民政协“围绕中心、服务大局”的履职定位，聚焦工业、商贸、农业农村、便民融资服务等事关经济发展大局的八项重点领域，成立五个监督调研组，对接职能部门，深入一线开展监督性调研，了解企业生产经营情况，倾听意见、回应关切，形成专题调研报告5篇，提出意见建议30余条，为进一步稳定经济发展提供了有益参考。县政协主席会议成员赴联系乡镇开展“优环境、稳经济”活动现场集中办公，面对面听取企业诉求和意见，先后接待企业50余家，收集企业反映问题60余条，分别交办到相关部门办理，企业诉求得到有效解决。

【十项“暖民心”专项监督】 2022年，县政协坚持“党委有部署、政协见行动”，围绕就业促进、安心托幼、快乐健身等10项“暖民心”行动，由各位副主席牵头分别成立民主监督小组，组织政协委员开展监督性调研，形成监督调研报告6篇，提出建议20余条。创新“民主监督+”理念，结合委员进社区工作，开展便民服务走访，充分发挥各界别委员专业优势，组织健康体检、知识讲座等活动，丰富群众生活，为民办实事。延伸专项监督触角，将“暖民心”行动专项调研与其他协商活动一体推进，推动协商成果以点带面、连点成线。将安心托幼行动专项监督焦点延伸至义务教育工作，组织开展“推进义务教育均衡发展，促进教育质量有效提升”专题协商会，征集部门和委员发言材料13篇，提出意见建议50余条，为推动利辛县教育质量提升广聚众智、广集良策。

2022年11月9日，利辛县政协开展暖民心工程专题调研（县政协／供）

调研与视察

【概况】 2022年，县政协坚持“不学习就不调研，不调研就不协商”，坚持精准调研、不走形式，深入基层、深入一线，倾听群众呼声，体察群众情绪，及时反映民意，年度组织调研视察31次。

【专题调研】 乡村振兴工作走访调研。3月24日，利辛县政协副主席张付礼、王伟，办公室主任任大奇等一行，围绕乡村振兴、产业发展到县政协帮扶村旧城镇丰桥村开展调研活动。调研组一行先后察看该村产业发展、村庄建设、道路建设情况，实地察看群众非常关心的王老家桥等多处存在桥面下陷、挡土墙开裂安全隐患的问题桥梁。

城区生态水网建设专题调研。4月15日，利辛县政协党组书记、主席邵利峰带队，就城区生态水网建设实施情况开展专题调研，要求在确保质量和安全的前提下，加快工程进度，相关部门和乡镇要进一步强化责任、密切配合、齐心协力推动好、完成好利辛县生态水网建设任务。

减税降费和便民融资工作调研。7月8日，利辛县政协党组书记、主席邵利峰，县政协副主席金国珍，社法委主任李辉带领部分政协委员就减税降费和便民融资工作开展调研活动，并召开座谈会。调研组一行先后深入安徽君翰纺织科技有限公司、安徽欣奥食品包装科技有限公司、安徽金宜食品有限公司等企业进行实地走访调研。

安心托幼、老有所学专题调研。7月29日，利辛县政协副主席何芳带领科教卫体委主任陈维平、祖统和民宗委主任刘磊及部分县政协委员，对标利辛县政协“暖民心行动”工作方案，就安心托幼和老有所学工作开展调研活动，并召开座谈会。调研组一行先后深入利辛苗苗国艺幼儿园、和谐社区老年学校进行实地走访调研。每到一处，委员们认真听取相关情况介绍，并就关心的问题与单位负责人进行沟通交流，深入了解安心托幼及老有所学工作情况。

“加强城乡污水处理建设工作”专题调研。8月3日，利辛县政协副主席王伟带领部分县政协委员，就“加强城乡污水处理建设工作”进行专题调研，要求县政协委员一定要履职尽责，从生活中、从走访群众中、从调查研究中、从工作实际中洞察污水管网、污水处理建设和环境保护的有效做法，形成调研报告，为县委、县政府决策提出参考意见和建议。

“加强地表水污染治理，持续改善生态环境”专题调研。8月26日，亳州市政协党组书记、主席汤涌带队，聚焦“加强地表水污染治理，持续改善生态环境”到利辛县开展专题调研，并召开座谈会。利辛县委副书记、县长万洪超，县政协党组书记、主席邵利峰参加调研并主持座谈会。汤涌一行先后前往胡集镇陈营新村复合人工湿地、县城污水处理厂及中水利用项目、揽翠河五小游园河道保洁、城区生态水网建设工程等地进行实地调研，并听取治理点水污染治理相关情况介绍。

4月15日，利辛县政协开展城区生态水网建设专题调研

（县政协／供）

全县房地产工作专题调研。9月6日，利辛县政协副主席王伟带领人资环委部分委员，对全县房地产市场情况开展调研。调研组先后深入碧桂园翘楚堂、文德大境城、智慧农超、兴发世纪宏府等项目现场，通过实地走访查看和听取汇报等方式，详细了解县房地产开发建设、商品房库存与销售、房地产企业运行、水电暖基础设施配套、物业管理、不动产登记手续办理等方面的情况。

“打造长三角绿色农产品基地”调研。9月8日，利辛县政协聚焦“打造长三角绿色农产品基地，推动乡村振兴高质量发展”开展调研活动，县政协副主席王伟带领农业农村委、部分县政协委员及相关单位负责人深入基层开展专题调研活动。

医共体建设开展专题调研。9月28日，利辛县政协副主席何芳带领部分县政协委员，对全县紧密型医共体建设情况进行专题调研。调研组一行先后到城北镇卫生院、旧城镇卫生院及县人民医院，通过实地走访、召开专题座谈会等方式调研医共体成员单位，全面了解全县紧密型医共体建设情况，分析存在问题和不足并提出工作建议。

“就业促进行动”专题调研。10月13日，利辛县政协主席邵利峰、副主席张付礼带领县政协文史和学习委部分政协委员，开展“就业促进行动”暖民心专题调研活动，并召开座谈会。调研组一行先后到城关镇向阳社区、和谐社区、三巽壹号院小区、程家集镇谭集社区寇云华稻蟹养殖基地，针对就业促进行动涉及三公里就业圈、技能培训、政策性岗位开发、各类人群创业等10项具体任务进行详细了解，并和有关人员进行深入交流。

“便民停车”行动调研。10月14日，利辛县政协副主席金国珍带领县政协社法委主任李辉、县城市管理局、县发改委、县住建局等单位分管负责人和部分县政协委员，按照省委“十大暖民心”行动工作部署，开展利辛县城市便民停车暖民心行动调研并召开座谈会。

“快乐健身”“健康口腔”行动专题调研。11月9日，利辛县政协副主席王伟带领部分政协委员，就行动等两项“暖民心工程”进行专题调研，县卫健委、县体育中心有关负责人陪同。调研组一行先后到县中医院、县人民医院、嘉和月亮湾小区室内室外健身设施和健身广场、县室内篮球馆、锦绣公园等地，详细了解全县快乐健身活动场地建设、体育基础设施建设、健康活动开展、各医疗机构口腔科技术力量配备、医疗服务流程、医保支付范围、口腔诊疗收费以及目前遇到的瓶颈等情况，并召开座谈会听取工作汇报。

民营企业发展情况调研。11月16日，利辛县政协组织部分政协委员围绕民营企业发展情况开展专题调研，并召开座谈会。县政协党组书记、主席邵利峰出席座谈会，副主席高传海、何芳参加调研活动。调研组一行先后深入利辛泉鑫新型建材、三泰服饰、金宜食品等企业实地察看、现场走访，并召开座谈会。会上县工商联等部门通报民营企业发展情况，与会委员详细了解县民营经济发展情况、存在问题，并提出意见建议。

乡村振兴工作专题调研。11月17日，利辛县政协副主席王伟带队，组织部分政协委员围绕乡村振兴工作开展专题调研。调研组一行先后前往位于望疃镇的安徽欣浩翔食品有限公司、望疃过渡牛场施工现场和利辛康翔农业科技有限公司肉牛养殖基地，实地察看企业发展情况并进行现场交流，并召开座谈会。

义务教育优质均衡发展专题调研。11月23日，利辛县政协副主席何芳带领县政协教科文卫体和文史委及部分教育界政协委员，围绕“推进义务教育优质均衡发展促进教育质量有效提升”开展专题调研活动，县教育局负责人陪同调研。听取各学校有关师资队伍、教学功能室配备、基础设施建设等情况汇报，详细了解各学校义务教育优质均衡发展情况。

老年助餐服务工作专题调研。11月24日，利辛县政协开展老年助餐服务专题调研活动，县政协副主席金国珍参加调研。调研组一行先后到孙庙乡、王市镇，实地察看社区老年助餐服务单位的厨房、餐饮品种、餐厅环境，听取了助餐点有关情况介绍。

工业经济发展情况专题调研。12月9日，利辛县政协组织部分政协委员围绕工业经济发展情况开展专题调研并召开座谈会。县政协党组书记、主席邵利峰出席座谈会，副主席何芳参加调研活动。调研组先后到安徽巨创化纤科技有限公司、利辛瑞虎肥业、安徽省金宜时光食品有限公司等企业实地察看工业经济发展情况，与企业相关负责人深入交流，详细全面了解生产经营情况，询问企业发展遇到的困难和问题，认真听取意见建议。

农村环境“三大行动”专题调研。12月14日，利辛县政协副主席王伟带领县政协委员，县政协办公室、人资环委、县农业农村局等单位负责人。围绕推进村庄清洁、畜禽粪污资源化利用、村庄规划建设提升农村环境“三大行动”开展专题调研活动，促进农村环境不断改善。

【走访视察】 创优营商环境服务企业走访。6月3日，亳州市利辛县政协主席邵利峰带队到利辛县宝城建筑工业化有限公司、利辛县海特燃气有限公司、安徽天润建筑工程集团有限公司等企业，开展“四送一服”走访企业活动。详细了解企业在原料供给、物流保障、防控措施、人员管控等方面的实际情况，认真听取企业发展规划和存在的实际问题，宣传“四送一服”惠企政策，帮助企业分析政策形势，现场协调解决企业存在的困难。

依法治县开展监督性视察。6月3日，亳州市利辛县政协副主席金国珍带领部分委员聚焦依法治县工作开展监督性视察。视察组一行先后深入县公共法律服务中心、县社区矫正中心以及胡集司法所实地察看工作，听取相关部门工作介绍。视察组随后召开座谈会，县司法局通报依法治县工作情况，委员们就关心关注问题进行座谈交流，提出很好的意见建议。

高标准农田建设专项视察。6月14日，利辛县政协副主席王伟带领部分政协委员聚焦全县高标准农田建设工作开展专项视察。在巩店镇高标准农田项目现场，视察组一行实地察看节水用电设施工程、灌溉与排水工程、桥梁和沟河治理等基础设施建设项目，详细解全县高标准农田主要建设内容、完成情况、具体做法及存在的问题等相关情况，并与建设单位进行深入细致的交流。

提案和社情民意

【概况】 政协利辛县第十一届一次会议共提交提案291件，审查立案282件，未立案的9件作为委员来信处理。在282件立案的提案中，委员个人提案261件，占92.6%；委员联名提案21件，占7.4%。5月27日，利辛县政协十一届一次会议提案交办会召开，县政协主席邵利峰，县委常委、常务副县长韩建出席会议，县政协副主席高传海主持会议。县政协十一届一次会议共收到委员提交提案291件，审查立案282件。会议将282件提案分别交办到3个乡镇和38个县直部门具体办理。同时会议交办8件重点提案。提案办理见面率和回复率均为100%，提案人对办理结果的满意率为98.5%。

【提案选介】 2022年，县政协委员积极参政议政，在以产业带动乡村振兴、深化产业链招商、社会养老事业发展、建立小微企业园、加强无牌电瓶车管理、发展职业教育、发展乡村旅游、农田林网建设等方面提出议案和建议。

发展社会养老事业。刘艳委员提出：利辛县社会养老机构存在床位少、养老机构规模小、基础设施差、护理人员质量不高、社区养老服务能力欠缺等问题。建议政府提高对社会养老事业发展的认识、加快社会养老服务机构建设、开展多样化养老服务模式、建立健全养老服务体系。

大力发展乡村旅游。龙瑾委员提出：近年来，利辛县西淝河具有优良的生态资源，应该加大开发力度，以满足人民日益增长的物质、精神等方面的需求。建议政府要努力提升旅游输出能力、切实提高旅游吸引能力、加强政企合作等。

加强无牌电瓶车、三轮车、老年代步车的管控。樊辉宇委员提出：近年来，利辛县城区二轮电瓶车、三轮车、老年代步车增长非常迅猛，给道路交通安全增加了很大的隐患，占道行驶、超速行驶、随意横穿机动车道等行为造成事故频发。建议政府有关部门要加强备案登记、统一管理，要源头治理、规范市场，要多方联动、严格执法，要强化安全、文明行驶宣传教育。

【社情民意】 政协利辛县第十一届一次代表的提案有关稳经济促发展方面的提案85件，占30%；有关加快科教文卫体事业发展方面的提案76件，占27%；有关加强城乡建设与管理方面的提案98件，占35%；有关政法系统方面的提案5件，占1.7%；有关党委系统的提案6件，占2%；其他方面提案12件，占4.3%。

（孔亚运）

中国共产党利辛县纪律检查委员会
利辛县监察委员会

◎ 综　　述
◎ 重要会议
◎ 监察体制改革
◎ 监督检查
◎ 党风政风监督
◎ 信访举报
◎ 案件查处
◎ 反腐倡廉教育
◎ 巡视巡察

综　述

【概况】 2022年，利辛县纪委监委坚持把迎接党的二十大、学习宣传贯彻党的二十大精神作为首要政治任务，衷心拥护“两个确立”、忠诚践行“两个维护”，以身作则、以上率下，不断开创利辛县全面从严治党、党风廉政建设和反腐败斗争新局面，引领保障各项工作高质量发展取得新成效。全县纪检监察机关深入学习贯彻习近平新时代中国特色社会主义思想，坚决贯彻习近平总书记党的自我革命战略思想和党中央全面从严治党战略方针，深刻领悟“两个确立”的决定性意义，增强“四个意识”、坚定“四个自信”、做到“两个维护”，坚持稳中求进、守正创新，忠实履行党章和宪法赋予的职责，发挥监督保障执行、促进完善发展作用，纪检监察工作在高质量发展上取得新进展。

【纪检监察队伍建设】 2022年，利辛县纪委监委常委会带头加强政治建设，制定《利辛县纪委监委领导班子关于改进工作作风的实施办法》。注重发挥党建统领作用，加强和改进机关党的建设，深化运用党史学习教育经验，推进党史学习教育常态化、长效化。全面贯彻新时代党的组织路线，配合组织部门加强对基层纪检监察队伍建设的指导。扎实开展监督执纪执法规范化水平提升年行动。深化纪检监察干部全员培训和实战锻炼，不断提升监督执纪执法能力水平，制定考核方案对全县纪检监察机关进行常态化考核。扎实推进纪检监察信息化工作，深化检举举报平台应用，不断提高监督规范化水平。全县纪检监察机关共组织参加培训25场，培训1141人次；组织开展平时考核3轮次，5人受到市级以上表彰。自觉接受严格的约束和监督。始终把“三不腐”一体推进的理念贯穿自身建设，坚持防范不作为和乱作为风险。对照十一届省委第一轮巡视纪委通报情况，进行自我检视，有序推进整改。充分发挥特约监察员作用，自觉接受各方面监督。完善内控机制，强化对监督执纪执法全过程监督管理。加大严管严治、自我净化力度，提高拒腐蚀防围猎能力。

【法规制度建设】 2022年，利辛县县纪委监委出台《执纪执法日常类文书格式》《利辛县纪检监察检举举报平台工作考核办法（试行）》《关于进一步规范招商引资用酒报备制度的通知》等。

重要会议

【县纪委全委会会议】 中国共产党利辛县第十届纪律检查委员会第二次全体会议，于2022年2月7日在利辛举行。出席这次全会的有县纪委委员14人，列席213人。县委书记出席全会并讲话。县委常委和其他在职县级领导干部出席会议。全会由县纪委常务委员会主持。全会以习近平新时代中国特色社会主义思想为指导，全面贯彻党的十九大、十九届历次全会精神和习近平总书记对安徽重要讲话指示精神，弘扬伟大建党精神，全面落实十九届中央纪委六次全会、省纪委十一届二次全会、市纪委五届二次全会和县委十届二次全会部署，回顾2021年纪检监察工作，部署2022年任务。审议通过了县纪委主要负责人代表县纪委常委会所作的《从党的百年奋斗历史经验中汲取智慧力量，为加快建设现代化美好利辛提供坚强保障》工作报告。

【县纪委常委会会议】 县纪委常委会会议是县纪委领导班子集体审议、决定全县党风廉政建设和反腐败工作重大事项以及县纪委监委机关重要事项的决策性会议。2022年，召开县纪委常委会（扩大）会议共79次。

监察体制改革

【纪检监察体制改革】 2022年，利辛县纪委监委强化系统集成、协同高效。落实查办腐败案件以上级纪委监委领导为主的工作机制，组织乡镇纪委（派驻监察办）负责人向县纪委监委述职，切实加强县纪委监委对乡镇纪委（派驻监察办）的领导指导。

坚持依法依规、稳妥有序，完成县监委向本级人大常委会报告专项工作，自觉接受监督。深化推动“四项监督”统筹衔接，建立纪检监察监督与审计监督、统计监督等协作配合的制度机制，促进各类监督贯通协调。

【派驻纪检监察体制改革】 2022年，利辛县纪委监委完善派驻机构请示报告、述职报备等制度，制定派驻机构考核方案，常态化以考促责。全县派驻纪检监察组开展各类监督检查491次，发现并督促整改问题193个。会同驻联系单位党委（党组）专题研究党风廉政建设和反腐败工作89次，制发监督提醒单、问题反馈单。开展“三重一大”事项监督，发现并督促整改问题。

【基层纪检监察体制改革】 2022年，利辛县纪委监委制发《全县进一步加强乡镇纪检监察协作区规范化制度化建设任务清单》，明确整改措施，深入推进协作区“四地”建设。《人民日报》和中央纪委国家监委网站对利辛县纪检监察协作区工作进行宣传报道。探索实施“协作区+协作组”改革，依托6个协作区，将361名村级纪检委员分片区成立82个协作组，构建起协作区业务督导、乡镇纪检监察机构具体负责、村级纪检委员全部参与的工作体制，监督督促及时化解土地纠纷、邻里矛盾等信访隐患，力求“小事不出村、大事不出镇”，开展交叉互查，督促整改问题。

监督检查

【政治监督】 2022年，利辛县纪委监委坚守党内监督和国家监察专责机关定位，协助县委推进全面从严治党，推进主体责任和监督责任贯通协同。紧盯“关键少数”，加强对“一把手”和领导班子落实全面从严治党责任、履职用权等情况的监督，促进以身作则、担当尽责。精准规范用好问责利器，全县纪检监察机关共处分乡科级以上干部51人，其中，“一把手”9人。参加有关乡镇、部门民主生活会，督促121名县管干部就接受谈话函询或问责作出说明。积极为党委（党组）履行主体责任提供保障，规范审慎回复党风廉政意见2534人次，其中提出暂缓或否定性意见49人次。自觉服务保障新时代党的历史使命。坚持把习近平总书记重要指示批示作为第一政治要件，聚焦“三新一高”、推动长三角一体化发展、推进三次产业高质量协同发展、全面实施“六一战略”等重大任务，聚焦落实“疫情要防住、经济要稳住、发展要安全”重要要求，紧盯耕地保护、粮食安全、生态环保等重点工作，强化监督检查，纠正政治偏差，确保“总书记有号令、党中央有部署，安徽见行动”的要求在利辛落到实处。围绕重点工作开展政治监督，推动落实全面从严治党政治责任。印发工作提示单、专报，指导督促全县各级党组织开展主体责任谈话18607人次，推动领导干部严于律己、严负其责、严管所辖。

【日常监督】 2022年，利辛县县纪委监委推动全面从严治党向基层延伸。做实日常监督，对新一届村“两委”开展全覆盖政治谈话，筑牢基层干部思想基础。加强对乡村振兴领域重点项目、资金使用等情况监督检查，紧盯群众反映强烈的突出问题，扎实开展“1+N”专项整治，督促开展困难群众救助补助资金审计发现问题专项治理等行动，严肃查处贪污侵占、虚报冒领、截留挪用、吃拿卡要、优亲厚友等行为。《安徽纪检监察信息》专刊报道利辛县整治群众身边腐败和作风问题典型做法。巩固深化扫黑除恶专项斗争成果。持续深挖彻查涉黑涉恶案件背后腐败和“保护伞”，坚持“两个一律”，对移交问题线索全面摸排、重点督办，严肃查处涉黑涉恶案件背后的责任问题、腐败问题，推进“打伞破网”常态化长效化，督促查办群众反映强烈执法不严、执法不公问题。强化警示教育的同时，制发纪检监察建议，督促案发单位查找漏洞、整改落实、建章立制，督促加强对党纪法规知识的学习，持续推动干部队伍作风好转。积极回应群众急难愁盼问题。主办《“政”在回应》电视栏目4期，录制“政风行风热线”广播节目40期，促进公权力的行使更加阳光透明。

【专项监督】 2022年，利辛县县纪委监委坚持无禁区、全覆盖、零容忍，坚持重遏制、强高压、长震慑，坚持受贿行贿一起查，坚持有案必查、有腐必惩。全县纪检监察机关立案484件559人，给予党纪政务处分504人，留置7人，收缴违纪资金1237万余元，挽回经济损失2750万余元，在高压震慑和政策感召下，12人主动交代问题。深化粮食购销领域腐败问题专项整治，给予党纪政务处分19人。开展农作物种子领域腐败问题专项治理，梳理排查问题线索24件，立案审查4件4人，给予党纪政务处分2人。开展“窗口腐败”问题专项整治，查处窗口腐败问题5件8人，发现督促整改问题15个。召开反腐败协调小组会和案件会商会3次，受理移送问题线索224件，凝聚反腐强大合力。

党风政风监督

【概况】 2022年，利辛县纪委监委持之以恒加固中央八项规定堤坝。集中开展党员干部、公职人员涉酒违规违纪问题、滥发津贴补贴问题等5项专项整治，深挖彻查作风问题背后的腐败行为和腐败案件中的作风问题。

【纪律监督】 严查领导干部违反中央八项规定精神问题，对顶风违纪的从严处理，对违规吃喝、收送礼品礼金的坚决查处。健全完善通报曝光制度，推动新风正气不断充盈。全县纪检监察机关共查处违反中央八项规定精神问题24件38人，给予党纪政务处分25人。

【四风纠治】 深化整治形式主义、官僚主义顽瘴痼疾。制定“一改两为”监督工作重点任务清单，扎实开展“六不”突出问题和“虚、躲、冷、粗、假”等作风顽疾专项整治。紧跟党中央关于疫情防控的决策部署，因时因势调整监督重点。紧盯文山会海、督检考核过多过频等问题，注意发现“指尖上的形式主义”等新表现新动向，持续推动基层减负。全县纪检监察机关查处形式主义、官僚主义问题7件11人，其中给予党纪政务处分8人。完善作风建设长效机制。对标省委“一改两为”工作任务、市委“三严三实”“马上就办、真抓实干”作风建设专项行动和干部作风能力提升年活动，督促全县各级各单位查摆整改作风问题693个，监督发现并督促整改问题315个；查处作风建设问题13件38人，给予党纪政务处分18人。下发工作提示单，推动地方和部门完善公务用车报备、津补贴发放、招商引资用酒、工会会费管理使用等制度规定。制作典型案例选编，拍摄《警惕！失责必生风腐》警示教育片组织观看，推动移风易俗、破除陋习。

【专项检查】 2022年，利辛县纪委监委抓实党纪政务处分执行工作，杜绝党纪政务处分决定执行“打白条”“打折扣”现象，切实维护纪律的严肃性和权威性。出台《党纪政务处分决定执行工作专项检查实施方案》，采取“七查七看”方法，确保检查全覆盖、零遗漏。强化协作配合，形成工作合力。会同县组织、人社、财政、编办等部门，把党纪政务处分决定执行工作做实做细做好，重点围绕是否按照规定宣布处分决定，是否按规定调整职务、级别，是否按规定调整工资待遇，是否在影响期内违规晋升职务、级别及工资档次等9个方面开展检查，促进担当负责。探索将处分执行情况纳入年度党风廉政建设责任制检查考核和述责述廉内容，实现纪律处分决定执行情况监督常态化。

信访举报

【概况】 2022年，利辛县纪委监委积极回应群众急难愁盼问题。县纪委监委负责人带头接访下访、包案化解、阅批督办群众来信，推动化解群众致中央领导同志信件8件、省市领导公开接访交办件58件。对重点疑难复杂案件实行“一案一专班、一案一包保”，全力做好矛盾化解。落实重点信访、耕地保护、安全生产等问题责任追究制度，问责党员干部226人、党组织9个。

【平台建设】 2022年，利辛县纪委监委扎实推进小微权力“监督一点通”平台建设，以信息化助力监督融入基层治理，全年受理群众投诉528件，办结率99.81%，满意率89%。

案件查处

【概况】 2022年，利辛县纪委监委保持反对和惩治腐败的强大力量常在。坚持无禁区、全覆盖、零容忍，坚持重遏制、强高压、长震慑，坚持受贿行贿一起查，坚持有案必查、有腐必惩。深化运用“四种形态”，综合分析研判，平衡量纪量法，全县纪检监察机关运用“四种形态”批评教育帮助和处理1625人次。其中，第一、二种形态1508人次，占92.8%。

【落实“三个区分开来”】 2022年，利辛县纪委监委落实“三个区分开来”，对受处理处分人员开展暖心回访289人次，为4名受到不实举报的干部澄清，旗帜鲜明地为担当者担当、为有为者撑腰。加大打击行贿力度，更新行贿人信息库203人。

反腐倡廉教育

【概况】 2022年，利辛县纪委监委坚持“三不腐”同时发力、同向发力、综合发力，围绕土地征收、违规发放津补贴等问题，制发纪检监察建议书69份，督促相关单位完善制度25个。认真落实《关于加强新时代廉洁文化建设的意见》，开展新时代廉洁文化“十个一”活动。在全县新一届村（社区）“两委”干部中开展警示教育，下发警示教育片10部，教育引导党员干部筑牢拒腐防变思想防线。

【廉政教育】 2022年，利辛县纪委监委开展廉政谈话，做到逐级谈、全覆盖、敲警钟。全县开展结合典型案例、反面教材开展警示教育，以案为戒，增强廉洁意识。党员领导干部要算好“政治、经济、亲情、自由”四本账，敬畏法纪，增强规矩意识。坚决克服侥幸心理，明白“莫伸手，伸手必被捉”的道理。要履职尽责，做好本职工作，树立廉洁务实形象，抓好队伍建设，建立清清爽爽、干干净净的正常交往关系。

巡视巡察

【概况】 2022年，利辛县委巡察办协助县委修订《全县各级领导班子和领导干部政治建设监督检查参考指标》，将贯彻落实情况纳入县委巡察及党建综合考核之中。综合运用常规巡察等方式，优化工作流程，改进方式方法，提高发现问题的能力和水平，增强巡察监督的精准性和有效性。全年完成2轮常规巡察。认真落实省委指导督导组对亳州市开展指导督导情况反馈意见利辛整改工作，圆满完成整改任务。压实巡察整改主体责任，推动问题整改落实，建立整改长效机制，并对整改成效进行评估。针对巡察发现典型共性问题，督促开展养老保险金发放、农村集体土地出租不规范等6项专项整治。制定《利辛县巡察工作主体责任清单》《中共利辛县委巡察工作领导小组工作规则》等工作制度，全面落实巡察工作责任。加强巡察组组长库、人才库建设，提升巡察工作人员能力。修订完善对村（社区）延伸巡察监督内容，对村（社区）进行联动巡察，不断提升巡察监督质效。

【常规巡察】 2022年，利辛县委巡察办根据十届县委巡察工作统一部署，县委成立4个巡察组于2022年3月1日至4月30日对王市镇、永兴镇党委及所属村（社区），县教育局、县地震局、县科协、县水利局、县供销社、县残联等单位开展十届县委第一轮巡察。围绕“三个聚焦”，结合被巡察单位职能职责开展监督检查，发现问题653个、问题线索23个。十届县委第二轮巡察，于2022年9月19日至11月26日分别对县民政局、团县委、县工商联、县妇联、县文联、县委编办、县委史志研究室、县档案馆、县直工委、县开源水务公司10家县直单位党组织开展常规巡察，发现问题267个、问题线索7个。

【交叉巡察】 2022年，利辛县委巡察办配合市委巡察机构做好上下联动的提级交叉巡察。根据市委统一安排部署，11月中旬对全市自然资源和规划系统开展提级交叉巡察，县委巡察办第一时间向县巡察工作领导小组汇报协调抽调巡察人员，确保巡察按时开展。同时成立综合保障组，明确组成人员，具体负责市委第一提级巡察组对利辛县自然资源和规划局提级巡察的后台支撑、资料收集、信访协调、会议服务、后勤保障等工作。11月底，市委第二巡察组对利辛县投融资平台开展专项巡察，县委巡察办向巡察工作领导小组汇报后及时成立综合保障组，切实做好服务保障和综合协调，并派员参加信访值班工作。

【问题整改】 2022年，利辛县委巡察办认真做好巡察反馈问题整改工作。压实被巡察党组织整改主体责任，各被巡察单位及时召开党委（党组）会议，成立整改组织，召开巡察整改专题民主生活会，研究制定整改方案，县委巡察办定期对各单位巡察整改情况进行督查调度，对整改进度较慢的单位跟踪督办。整改过程中切实解决一批群众关心的问题，如县城到旧城集镇公交线路未开通问题，经过多次督促调度，县城到旧城集镇公交线路通车，实现23个乡镇公交线路全覆盖。深入开展共性问题“专项整治”。针对巩固脱贫攻坚成果暨乡村振兴专项巡察发现问题，经县领导批示后共列出农村集体“三资”管理、农村教师在编不在岗等8个典型共性问题开展专项整治；营商环境专项巡察结束后，经汇总各巡察组发现的问题，县委巡察工作领导小组会议研究同意，决定开展公共资源交易、窗口单位服务管理等3个方面的专项整治；十届县委第一轮巡察结束后，根据巡察发现问题，经县委领导批示后于6月24日开展养老保险金发放、违规报账、校园食品安全、农村集体土地出租不规范等6项专项整治。县委巡察办牵头督促共性问题整改，和县纪委监委、县委组织部加强日常监督检查，并成立督查组进行检查。年底，17个专项整治都取得阶段性成果，解决部分群众、企业反映强烈的问题和急难愁盼问题。在养老保险金发放专项整治过程中，查处131人死亡冒领，收缴违规资金17.13万元；在村级扶贫产业发展资金使用管理专项整治过程中，通过对扶贫产业发展资金使用的风险、收益进行绩效评价，共退回扶贫产业项目资金2350万元。切实抓好指导督导自查问题整改。省委第二指导督导组于2021年10月对亳州市开展巡察工作指导督导，县委巡察工作领导小组始终把做好省委指导督导反馈问题整改作为工作的重中之重，及时召开巡察工作领导小组会议进行研究分析问题原因，认真落实市委巡察办提出的整改工作定期调度、市县联动、挂图作战整改、包保联系、联络员机制和联合督查机制，推深做实整改工作。由县委巡察办牵头，结合《市整改方案（讨论稿）》，根据利辛县实际，积极认领5个方面10个问题，梳理制定32项整改任务，并成立利辛县委整改工作领导小组，专门督促整改。在做好此次省委指导督导反馈意见利辛整改问题的同时，对去年中央巡视指导督导安徽反馈意见利辛县整改问题落实情况，开展“回头看”，补缺补差，完善提升，利辛县32项整改任务全部完成整改。

【巡察规范化建设】 2022年，利辛县委巡察办按照“三个聚焦”要求，修订完善《全县各级领导班子和领导干部政治建设监督检查参考指标（2022版）》，督促各单位认真学习对照，不断做实日常监督，真正做到未巡先改，进一步坚守政治巡察定位，提高巡察监督质效；同时，为了更加科学精准地发现问题，县委巡察办对照中央巡视办、省委巡视办《巡察村级党组织“三个聚焦”细化清单》，紧扣村（社区）职能职责，聚焦“小微权力”监督、疫情防控、群众身边不正之风、巩固脱贫攻坚成果同乡村振兴有效衔接、惠民政策、项目资金使用等方面，修订完善对村（社区）延伸巡察“三个聚焦”监督重点细化清单，共修订11个方面49条监督重点。为进一步规范巡察工作，根据省推进巡察工作高质量发展文件要求，县委巡察办起草《利辛县巡察工作主体责任清单（讨论稿）》，印发《中共利辛县委巡察工作领导小组工作规则》《中共利辛县委巡察工作领导小组会议议事规则》《中共利辛县委巡察工作领导小组办公室工作规则》《中共利辛县委巡察组工作规则》《关于县委巡察组与被巡察党组织主要负责人沟通情况的办法（试行）》《县委巡察机构与相关部门工作协作机制》等相关工作制度。系统开展巡察机构档案整理工作。为规范巡察档案管理，县委巡察办主要负责人带队赴蒙城调研档案整理情况，调度县委巡察机构档案整理工作两次，邀请第三方档案管理公司完成对九届县委和十届县委第一、二轮巡察的所有档案进行归档整理。

（刘一武）

群众团体

◎ 利辛县总工会

◎ 中国共产主义青年团利辛县委员委

◎ 利辛县妇女联合会

◎ 利辛县工商业联合会

◎ 利辛县残疾人联合会

◎ 利辛县文学艺术界联合会

◎ 利辛县科学技术协会

◎ 利辛县红十字会

◎ 利辛县计划生育协会

利辛县总工会

【概况】 2022年，利辛县总工会认真贯彻落实省、市、县委重大决策部署，制定“42101”（“4”是指四项重点任务：以迎接宣传贯彻党的二十大为主线，加强职工思想政治引领，组织职工建功立业；以维护劳动领域政治安全为底线，做好新就业形态劳动者建会入会和权益维护工作；以提高职工生活品质为导向，加强职工服务阵地建设；以“建起来、转起来、活起来”为目标，加强民营企业工会规范化建设。“2”是指两项工程：实施全县工会产业工人素质提升工程；实施工会干部本领锤炼工程。“10”是指为职工办十件实事：开展“工会送岗位，乐业在江淮”全省工会就业援助行动，帮助600名以上劳动者稳定就业；为200名新就业形态劳动者和400名以上在“工会送岗位、乐业在江淮”全省工会就业援助集中行动中实现稳定就业人员赠送意外伤害互助保障计划；为400名困难职工帮扶解困送温暖；为100名市级以上劳模开展系列服务；组织1300名职工疗休养；组织160名农民工免费体检、100名困难企业女职工和新就业形态女性劳动者免费进行“两癌”筛查；组织400名单身职工参加“皖工鹊桥、会聚良缘”婚恋交友活动；开展20场“五一学堂”职工公益培训；扶持2个职工创新项目，选树市、县级工20名；为2万工会会员提供“互联网＋”工会普惠服务。“1”是指一项跟着劳模去创新活动。）重点要点和工作方案，制作重点工作指导手册，分解任务82项，制定单项工作要点和工作方案3项。2022年，利辛县总工会荣获中华全国总工会授予的2021—2022年度全国“安康杯”竞赛活动优秀组织单位称号。

【为职工办实事】 2022年，利辛县总工会开展为职工办“十件实事”活动：“工会送岗位，乐业在江淮”就业援助行动，帮助解决失业下岗职工找不到工作和企业招工难的问题，共归集企业560家、就业岗位19230个，举办线上招聘会10场，线下招聘会20场，实现稳定就业924人；在疫情防控期间，投入资金13.5万元，慰问一线疫情防控人员3120人次、新业态从业者180人次，帮助稳定就业1.8万人次，向新就业形态劳动者2084人、稳定就业人员625人赠送意外伤害互助保障计划；开展困难职工帮扶解困送温暖工作，“两节”为困难职工送温暖759人，发放资金75.2万元，常态化送温暖20人，发放资金2万元；开展省部级以上劳模服务工作，组织7名省部级以上劳模参加劳模疗休养活动4次，组织112名省部级以上劳模参加健康体检，春节走访慰问劳模46人，发放慰问金5.3万元，慰问低收入劳模3人，发放补助金0.72万元，慰问困难劳模8人，发放帮扶金3.61万元；组织职工疗休养活动，县总工会本级组织全县一线职工疗休养1场，31名职工参加，基层工会组织开展疗休养活动5场，1586名职工参加活动；组织开展农民工免费体检1场，160人参加健康体检，组织150名女职工进行免费“两癌”筛查，其中新就业形态女性劳动者80人；组织开展“皖工鹊桥・会聚良缘”婚恋交友活动，为解决单身青年恋爱难交友难，组织举办线上线下婚恋交友活动3场，参加648人，成功牵手90对；开展“五一学堂”职工公益培训29次，受益1652人；开展扶持职工创新项目和选树工匠工作，扶持职工创新项目8个、选树利辛工匠20名；开展“互联网+”工会普惠服务，新办理会员卡543张，普惠商家累计14家；开展线上服务活动35场次，8306名职工参与，宣传推广市总“网上练兵”“亳工学堂”“电子书屋”63次，投入资金0.7万元。全年，新业态群体建会124家，发展会员10322人，货车司机、网约车驾驶员、快递员、外卖送餐员群体集体合同动态签订率为85%。开展困难职工生活救助102户，发放救助金44.21万元；助学救助143户，发放救助86.067万元；医疗救助66户，发放救助金108.38万元。贯彻落实全省暖民心行动方案，扎实推进就业促进行动、快乐健身行动、放心家政行动等工作。开展就业援助行动，促进924人实现稳就业，开展网上招聘会10场、提供岗位6823个；开展快乐健身活动93场次，6512人次参加；开展家政服务培训400人，就业技能培训120人，稳岗培训200人。

【宣传教育】 2022年，利辛县总工会广泛开展“中国梦·劳动美·亳州篇章——喜迎二十大 建功新时代”为主题系列宣传活动。按照县委党史学习教育常态化长效化工作方案开展系列活动，举办劳模“五进”讲党史38次、参训1242人次。组织基层工会开展红色观影92次、唱红歌73次。开展“中国梦·劳动美·安徽篇章——喜迎二十大 建功新时代”主题宣教活动，举行演讲、摄影等活动18场次、参与职工14611人次。弘扬劳模精神、劳动精神、工匠精神，组织劳模、最美职工等先进人物开展“五进”活动51次，开展新时代职工文明实践活动342次、参与职工1262人次。开展学习宣传选树最美职工活动，评选出全县2022年“十大最美职工”，推荐6名亳州市“十大最美职工”人选；开展最美职工宣讲活动15场次、参与职工463人次。积极参与全国“好网民”主题活动，做优做强“好网民”主题活动品牌，吸纳“好网民”宣传员38名，上报“好网民”作品68个，荣获省总“好网民”作品2个。

【开展劳动和技能竞赛】 2022年，利辛县总工会举办劳动和技能竞赛357场次、参加企业397家，参与职工30219人，分别与上年同比增加48%、45%。参加各类劳动和技能竞赛的企业397家，参与职工31662人，分别占全县企业数和职工数85%、87%。组织开展职工创新“金成果、金项目、金点子”评选推荐等工作，评选推荐职工创新金成果8项、金项目2个、金点子5个。参加省级劳动和技能竞赛2项。

【依法维护职工权益】 2022年，利辛县总工会指导货运企业签订集体合同8份，覆盖企业112家，覆盖货车司机8108人，签订集体合同率82%；指导快递企业签订集体合同7份，覆盖企业7家，覆盖快递员456人，签订集体合同率85%；指导外卖企业签订集体合同2份，覆盖企业2家，覆盖职工702人，签订集体合同率99%；指导网约车司机签订集体合同3份，覆盖企业3家，覆盖职工432人，签订集体合同率93%。

【职工服务阵地建设】 2022年，利辛县总工会扎实推进工人文化宫筹建。将工人文化宫建设纳入县总工会2022年工作计划议题，并向县委、县政府有关领导作专题汇报，争取尽快推动工人文化宫建设的立项。推动全县新时代职工文明实践中心建设，全年新建职工文明实践中心53家。开展职工生活幸福型企业标准化建设试点和工会服务驿站建设，创建幸福企业2家，建设工会服务驿站15家，服务职工2250人。全年县总工会创建“模范职工之家”星级工会10家，新创建女职工“阳光家园”4家，其中母婴室3家、心灵驿站1家。

【民营企业工会规范化建设】 2022年，利辛县总工会积极帮助民营企业建立完善工会情况台账，开展新就业形态劳动者入会集中行动。全年新建工会94家，发展会员9963人，其中农民工7662人。新建女职工组织74家，覆盖会员786人。调整县厂务公开民主管理领导小组，深化厂务公开民主管理。积极开展厂务公开民主管理调研活动，征集“优秀职工代表提案”10件，征集“厂务公开民主管理典型案例”5件，征集“厂务公开民主管理典型微视频”2个，树立“厂务公开民主管理示范单位”2个。开展与民营企业结对共建活动，选树民营企业工会典型。建立全国、省级、市级模范（星级工会）“职工之家”台账，开展与民营企业结对共建5对，选树2家民营企业规范化建设典型。加强民营企业工会规范化建设组织领导，选树民营企业工会规范化建设12家。

【实施“产业工人素质提升工程”】 2022年，利辛县总工会开展技能培训促就业和稳岗培训，就业技能培训2000人，稳岗培训200人，其中女职工120人，农民工140人，新就业形态劳动者60人，困难职工20人。开展职工技能等级提升和名师带徒。全年359名职工技能等级得到提升，68名名师带167名徒弟。提升职工安全健康素质，广泛开展“安康杯”竞赛和送清凉活动，全县参加“安康杯”竞赛企业377个、参赛职工30662人，分别占本地企业数和职工数85%、87%。全县工会筹措资金100万余元，分别给一线环卫工人、值班民警、防疫医务人员、煤矿工人等职工送去防暑降温用品，受益职工近万人。召开产业工人队伍建设改革协调小组会议，扎实有力推进产业工人队伍建设改革各项工作，全县产业工人队伍建设改革取得阶段性显著成效。全年入选省级和国家产改试点企业3个，培育产改典型3个。

【工会法治化建设】 2022年，利辛县总工会为深入学习宣传贯彻习近平法治思想，落实“八五”普法规划，开展宣传贯彻《中华人民共和国工会法》（以下简称《工会法》）和各类主题普法宣传活动，举办学习宣传习近平法治思想活动40场、举办学习宣传《工会法》培训45场、发放《工会法》宣传资料1040份，开展《中华人民共和国民法典》等各类主题普法宣传21场，发放宣传资料8260份。压紧压实法治化建设主体职责，主要负责人履行法治建设第一责任人职责。主要负责人讲法4场，党组学习法治化建设工作3次、专题研究3次。建立劳动关系矛盾预防化解合作机制、法律援助协作机制、农民工欠薪联合维权机制、劳动关系问题研判机制。实施“法院＋仲裁＋工会”“调、裁、诉”一体化推进，在推进“法院+工会”劳动争议诉调对接工作中，沟通合作紧密畅通，对接流程完善严谨，工作运行有序开展，完成“调、裁、诉”案件88件。学习宣传《安徽省工会劳动法律监督条例》活动8场，完成监督案件3件。

（武泽宇）

中国共产主义青年团利辛县委员会

【概况】 2022年，共青团利辛县委员会扎实开展“喜迎二十大、永远跟党走、奋进新征程”主题教育实践活动，动员全县各级共青团、少先队组织开展主题团日、主题队课等活动1000余场次，覆盖团员青年、少先队员万余名。党的二十大召开后，团县委创新宣传载体，打造“理论课堂”，常态化开展集中学习研讨16次，覆盖机关干部、团代表200余人次；打造“指尖课堂”，持续刊发《人民日报》《中国青年报》等媒体关于党的二十大精神主题稿件31篇。开设“青春有我 做强国少年”专题，收录作品28个。设计“利辛县团员青年、少先队员热议党的二十大胜利召开”专栏，刊载28人学习心得；打造“实践课堂”组织各级团干部开展党的二十大精神宣讲31次。深入基层团组织开展调研活动6次，在全县青年群体积极营造学习宣传贯彻党的二十大精神浓厚氛围，推动党的二十大精神深入人心。深化党史学习教育走深做实。依托青年宣讲团，围绕习近平总书记在建团百年大会上的重要讲话精神、“四史”和《中共中央关于党的百年奋斗重大成就和历史经验的决议》等内容共开展宣讲60场次，覆盖团员青年3500余人。组织学校开展团校宣讲、少先队建队日主题活动60余场。“青年大学习”网上主题团课和“红领巾爱学习”网上主题队课迅速在广大团员青年以及少先队员中掀起学习热潮，共有近110万人次团员青年和少先队员完成在线学习，开展“强国少年”系列文艺作品评选，进一步筑牢青年思想根基。组织开展示范性入团、入队仪式4场次，推动落实18岁成人仪式，党、团、队相衔接培养链条的思想政治教育功能不断彰显。开展2022年度青年马克思主义工程培训班，拓宽青年思想引领新途径，从县直属团组织负责人，县直属中职学校团委负责人，中学团委书记，少先队辅导员，乡镇团委负责人、优秀青年企业家等各行各业中遴选出68名优秀青年，通过集中开展思想政治教育，进一步提升青马学员的政治理论水平，坚定“四个”自信，提升团组织的向心力。2022年，广大团员青年以及少先队员认真学习“青年大学习”网上主题团课和“红领巾爱学习”网上主题队课，共有近200万人次团员青年和少先队员完成了在线学习。

【志愿者工作】 2022年，团县委引领利辛县关爱协会、利辛县青年志愿者协会按照“一月一主题”形式开展志愿服务活动，成立青年突击队41支，队员3000余名，积极动员青年力量助力疫情防控，开展信息采集录入、为居民提供订单式物资配送等服务工作，保障了疫情防控工作有力有序开展。组建“青年美发突击队”，为一线防疫人员义务理发。组建“高速卡点突击队”，积极参与卡点一线值守，做好排查登记、交通疏导等工作。以“3・12”植树节“3・15”学雷锋日“4・15”国家安全教育日等重要节点为契机，大力开展植绿护绿、国家安全知识宣传、禁毒宣传、爱心送考等多项志愿服务活动20余场次。帮助150名困境儿童实现微心愿，组织团属协会全面参与文明城市创建。组织利辛县关爱协会打造“情系红丝带”关爱服刑人员子女专项志愿服务项目，对服刑人员子女从生活、学习、心理等各方面开展关爱行动。配合高校大学生到利辛县开展暑期“三下乡”实践活动，累计为近500名中小学生提供了课业辅导、素质拓展和亲情陪伴等志愿服务。

【引领青年建功新时代】 2022年，团县委认真做好“千校万岗”大中专毕业生就业服务工作，不断完善创业就业服务体系建设，积极做好皖北地区青年创业贴息资金发放工作，帮助更多青年投身大众创业、万众创新热潮。成立利辛县青年企业家协会，组织开展“淝畔青企”系列活动4场助力我县青年“双引双创”。联合县金融机构以创业项目为支撑，突出服务“三农”，以促进农村青年增收成才为目标，以提供信贷扶持和项目服务为手段，切实解决青年创业过程中的资金“瓶颈”问题。积极申请上级财政贴息项目9个，共贴息21.38万元，不断为青年创业注入新活力。开展“利辛青年五四奖章”评选活动，选树县级“利辛青年五四奖章”10名、乡村振兴“利辛青年五四奖章”10名，“利辛优秀青年”10名，“利辛青年五四奖章集体”5个，有效激发了全县青年干事创业的热情。2022年，千方百计促进青年就业成才，持续与县人社局联合举办专场招聘会。开展希望工程圆梦大学和成长助力计划，扎实开展“爱心一日捐”“冬日暖阳”“微爱圆梦”关爱活动，“希望工程”共募集善款175.5万元，资助贫困大学生288名，资助贫困中小学生867名。充分发挥线上“青年之家”云平台作用，建设青年指尖的共青团，通过云平台发布活动374场，7480人次参与活动。

【基层服务型团组织建设】 2022年，团县委着力破解“学社衔接”难题，依托“智慧团建”系统实现100%的应届毕业生团员组织关系转接，深入实施基层团组织规范化建设，团支部实现100%对标定级，推动学社衔接工作，完成毕业生团组织关系转接4106人次。2022年，共青团利辛公众号推送文章210篇，传递青春正能量的作用日益凸显。扩大团组织对新兴青年群体的有效覆盖，2022年新增非公企业团组织53个，团组织的覆盖面和影响力进一步增强，团组织的号召力不断增强。突出政治标准、严把发展团员入口关，推行入团前接受8小时团课教育规定，推动团支部更多通过团内民主程序发展团员，努力在控制团员发展数量的基础上提升发展质量，全县发展团员2100名，新发展团员智慧团建系统录入率达到100%。加强入团后的经常性教育，规范“三会两制一课”等团内制度，把志愿服务作为展现团员先进性的重要实践载体，不断探索完善团员先进性锻造的日常机制。

【“一专一站两联”建设】 2022年，团县委根据团中央相关文件精神，团县委积极开展“一专一站两联”（一专：团的专门委员会；一站：县域团代表联络站；两联：团的委员会成员联系团代表、团代表联系团员青年）建设，全县各级团代表67人，全部进入团代表联络站，共联系团支部67个、团员青年676名，实现每名团代表直接联系人数不少于10名，直接联系团支部不少于1个的工作局面。2022年，利辛县团代表联络站共接待团员青年600余人次，解决团员问题30余条，进一步强化与团员青年之间的联系纽带。2022年，团利辛县委依托团代表联络站，组织10场党的系列精神宣讲会、“淝畔沙龙”、企业走访等活动，覆盖团员青年600余人，取得良好效果。

（王　鹏）

利辛县妇女联合会

【概况】 2022年，利辛县妇联加强思想引领，持续深化改革，不断开拓创新，妇女事业和妇女工作实现了新跨越。充分发挥巾帼宣讲队作用，开展“巾帼心向党、喜迎二十大”主题宣传教育活动，组织“三八”国际劳动妇女节“巾帼大宣讲”暨三八红旗手“四进”示范宣讲、“我奋斗家国美”故事会宣讲，深入宣传党的二十大精神，让党的二十大精神走进基层、走进妇女，累计开展宣讲269场次，覆盖群众近万人。组织村（社区）妇联主席、执委积极参与“巾帼大学习·今天我来读”云接力活动，在微信公众号连续5期进行展播，向市妇联推送2条。利用新媒体平台线上开展习近平新时代中国特色社会主义思想宣传63期。利辛县妇联《“一线工作法”，服务进万家》等3篇稿件被学习强国平台采用。强化示范带动作用。选树优秀妇女典型，表彰县级“三八红旗手”45名，“三八红旗”集体6个，推评省级“三八红旗手”1名，市级三八红旗手10名、三八红旗集体2个。利用县妇联微信公众号推送各类先进典型事迹54期，联合利辛电视台拍摄先进典型宣传短视频18期。开展巾帼志愿活动。县妇联巾帼志愿服务队以疫情防控、普法宣传、义务植树、农户庭院清洁等作为服务重点内容开展活动。“学雷锋日”当天，联合县委宣传部、团县委等多家单位举办“大力弘扬雷锋精神，深入拓展文明实践”活动，现场发放健康知识宣传资料千余份。积极参与疫情防控，巾帼志愿者们在卡点值班值守等领域发挥了重要作用，用实际行动彰显了巾帼担当。开展网络安全工作。围绕网络文明主题，动员全县各级妇联组织开展个人信息保护日活动，累计开展活动24场，发放宣传资料3500份，受益群众5000余人。线上发布网络安全知识，阅读量400余次。推荐报送市妇联“巾帼好网民故事”“十大争做巾帼好网民优秀案例”各2个。

【“巾帼建新功”行动】 2022年，利辛县妇联开展岗位建功活动。表彰县级巾帼文明岗10个、巾帼建功标兵30名、巾帼建功先进集体2个。开展送荣誉到企业活动，为安徽禾丰牧业有限公司、利辛县富亚纱网有限公司等3家获市级“巾帼建功先进集体”“巾帼文明岗”的企业及企业岗位送去奖牌。举办年货节线上推销活动，建立女性种粮大户数据库。组织县“妇”字号产品参加市妇联“亳”览年货节活动，县东华面粉有限公司、恒盛实业有限公司等4家企业4大系列产品，碧翠园、冉起专业合作社等10余家种植、养殖专业合作社的农产品参加线上推销活动。通过对县女性法人的专业合作社及家庭农场的摸底了解，收集整理58名女性种粮典型信息，建立女性种粮大户数据库，向市妇联推送2名女性种粮典型。县妇联申报省级创业扶持转移支付资金项目2个；市级“美丽家园”行动项目4个、市级木兰创业就业项目10个，并以省、市项目为平台，激励更多城乡妇女投身乡村振兴。开展创业就业服务，促进妇女就业。联合县人社局等多家单位开展了以“春风送温暖就业送真情”

为主题的“春风行动”系列活动，春节期间开展线上直播招聘，联合县人社局等多部门在市民健身广场举行2022年利辛县春风行动暨“六进三送”招聘会。实施支持企业用工行动，乡镇妇联积极配合县人社局派驻各乡镇的23名帮扶招工专员，帮助乡镇开展新村招聘活动。组织实施“返乡创业好”“就业在家乡”和“喜看家乡新变化”活动，积极宣传就业创业政策，16个乡镇组织1270余名留利人员到君翰纺织、强英食品和瑞虎肥业等重点企业参观。开展“巾帼风采”女性专场招聘会，线上、线下开展招聘活动11场，发放宣传资料15000份，提供免费服务人数20000余人，成功介绍女性就业1286人（其中农村妇女1072人）。暑假期间联合县人社局举办2022届离校未就业毕业生专场暨人才对接专场招聘会2场，196家企业提供就业岗位2779个，成功介绍女大学生就业149人。开展金融服务妇女创业就业，助力乡村振兴。为支持妇女创业就业，县妇联联合中国邮政储蓄银行利辛支行和中国农业银行利辛支行，积极开展推动金融服务助力乡村振兴工作，通过信用村建设、信用户评定，对符合条件的巾帼创业者及新型农业经营主体、诚信户，发放线上贷款531万元，扶持35名妇女创业，有效满足了妇女创业群体的金融需求。开展乡村振兴巾帼人才职业技能培训。县、镇、村妇联通过自办、联办开展乡村振兴巾帼人才技能培训55期（班），培训1385人；联合利辛新东方家政培训学校开展家政技能培训2期，培训160人。“美丽庭院”创建工作。为扎实推进“美丽庭院”创建，县、镇、村三级妇联广泛宣传美丽庭院创建工作，发放宣传页3000余份，悬挂“美丽庭院”条幅30条，网络、电视宣传“美丽庭院”8期。以点带面将“美丽庭院”创建工作在全县全面铺开，在四个“美丽家园”行动项目点召开美丽庭院创建工作现场交流会，在利辛县“中国农民丰收节”开幕式上表彰了“美丽庭院”示范户代表。2022年，妇联系统评选“美丽庭院”示范户，有市级100户、县级200户、镇级1896户、村级2200户，镇村两级评选清洁户、文明户共计16838户，均挂牌。

【妇女儿童维权关爱】 2022年，利辛县妇联广泛开展宣传，营造维权社会氛围。加强对妇联系统干部的培训，举办5期乡镇妇联执委维权专题培训。在全县妇女干部培训班上，开设《完善和创新基层妇联组织维权方式和方法》课程。开展普法宣传。加大线上宣传力度。在利辛县妇女联合会微信公众号上推送相关法律内容52期。加强线下宣传。利用春节、“三八”维权月、家庭教育宣传月、“11·25”反家庭暴力日、宪法宣传周等重要节点，开展法律知识宣传，累计开展现场活动56场，发放《妇女权益保障法》等各类宣传材料9000余份，受益群众1600人，现场接受法律咨询并给予答复230人次。发动基层妇联举办专题“妇女权益保障法”法律讲座，“建设法治中国·巾帼在行动”法律知识宣传教育活动、徒步普法活动、“木兰讲堂·送去一堂普法课”活动等，累计开展266场，上万名妇女群众受益。依法履职，切实维护妇女儿童权益。以源头参与为重点，维护妇女儿童合法权益。县妇联建立县维护妇女儿童合法权益联席会议制度，召开全体成员会议，对妇女儿童维权工作进行部署和议事协调，形成有关部门和全社会共同推进维护妇女儿童合法权益工作的良好格局。制定《利辛县妇女发展规划（2021—2030年）》《利辛县儿童发展规划（2021—2030年）》，充分发挥妇儿工委的组织协调职能，使妇女儿童的各项权益落到实处。以信访促维权，加大信访工作力度。县妇联制定《领导干部接访制度》，实行领导班子轮流接访和首问负责制，每个工作日都有一名班子成员带班接访。全年办理群众来信来访来电61件均办结。持续夯实婚姻家庭纠纷排查化解基础，助力平安利辛建设。结合打拐行动常态化推进婚姻家庭纠纷预防化解工作。每月基层妇联干部汇总数据上报同级综治中心和上级妇联组织，重要事件即知即报。全年排查婚姻家庭纠纷355起，化解351起。紧抓排查化解“牛鼻子”，建立重点人群台账。对存在婚姻家庭纠纷苗头性倾向性问题，逐户登记，定期走访，全县共有361个村（社区）建立重点人群台账。在社会风险隐患排查工作中，县妇联牵头关爱弱势群体领域方面的排查，排查关爱弱势群体方面的风险点27个，整改27个。在打击拐卖妇女儿童违法犯罪领域方面，县妇联向公安局移送拐卖妇女儿童线索2个。坚持多元化解机制。组建婚调员队伍，让妇女群众“咨询有指导，投诉有渠道，求助有人帮”。与县法律援助中心联合出台《关于全县开展“法援惠民生助力妇女儿童维权”活动的实施方案》，保障妇女儿童特别是困境妇女儿童及时获得法律援助服务，拓宽维权渠道。部门联动，加大家庭暴力告诫书，人身安全保护令发放力度。全年，利辛县共接家庭暴力警情560起，发放家庭暴力告诫书113份，签发人身安全保护令8份，签发家庭教育令1份。县妇联工作人员参加未成年人拟附条件不起诉案件听证会1次，作为合适成年人参与检察院未成年人案件庭审2次。

【困境妇女儿童救助帮扶】 2022年，利辛县妇联实施2022年城镇低保适龄妇女“两癌”免费筛查民生实事项目。联合县卫健委、财政局印发2022年《利辛县城镇低保适龄妇女“两癌”免费筛查实施办法》，召开项目启动暨业务培训会。利用微信公众平台、镇村妇联干部微信群、QQ工作群等平台，广泛发布有关妇女“两癌”防治的知识和城镇低保适龄妇女“两癌”免费筛查信息。线下印制宣传单、宣传扇等，通过会议宣传、摆设宣传咨询台、进村入户宣传等形式进行两癌政策及知识宣传，发放宣传资料6000余份，接受咨询500余人次。全年完成宫颈癌初筛150例，完成率100%；乳腺癌初筛150例，完成率100%。确诊为宫颈恶性肿瘤1例；确诊1例乳腺癌患者，乳腺良性纤维瘤1例。开展低收入“两癌”患病妇女救助和省城乡困难妇女“两癌”救助工作。按照省市妇联文件的要求，建立城乡“两癌”患病困难妇女基础信息登记数据库，保证城乡患“两癌”困难妇女信息的及时性、准确性。申报中央彩票公益金支持低收入妇女“两癌”救助项目的51名，救助16名；申报安徽省城乡困难妇女“两癌”救助项目的31名，救助31名。关爱帮扶困难妇女儿童。组织基层妇联通过日常走访、电话问候、微信联系等方式对辖区内重点人群和家庭进行地毯式走访，全县共摸排出的重点人群总数369人，重点家庭75户。开展“99”公益日“利辛县妇儿关爱”一起捐活动，线上线下多种方式宣传募捐活动，组建62支队伍，发动3844名爱心人士，募集资金10.4万余元。全年共计关爱帮扶困难妇女儿童320人。

【家庭文明建设】 2022年，利辛县妇联持续开展寻找最美家庭、最美家庭成员、选树“平安家庭”活动。通过妇联微信公众号发放一封倡议书，揭晓县级最美家庭90户，最美家庭成员86人，

11月29日，利辛县妇联党组书记、主席田莉一行深入到永兴镇谭铺村为获得市级“美丽庭院”示范户的家庭授牌 （县妇联／供）

向县委宣传部推送10期最美家庭（成员）事迹，在全社会广泛宣传。推荐“全国五好家庭”1个、省级“最美家庭”1个、省级“五好家庭”1个。线上推出“最美家庭”先进事迹10期，推出“名人家风故事”分享10期。电视台录制“最美家庭”先进事迹5期。开展“好家庭好家风”故事分享会21场，受益群众960人。组织开展“廉洁文化进家庭”活动，发放家庭助廉倡议书，举办清廉家风故事分享会45场，印制廉政纸杯6000只。加强未成年人思想道德建设。结合实际围绕“少年儿童心向党”的主题，因地制宜地开展亲子阅读等亲子陪伴活动，参与家庭达200余个。2022年，县妇联关工委被亳州市关工委授予“五好关工委”。

【妇联基层组织改革】 2022年，利辛县妇联坚持“党建带妇建，党群共建”原则。在“两新”组织中建立妇委会149个，在村社区和新群体中，全县共建妇女小组1578个，其中区域性1502个、功能性39个、指尖型37个。深入推进“基层妇联领头雁培训计划”，实现镇、村妇联执委培训全覆盖。举办全县妇联干部培训班。乡镇妇联主席、县直妇委会主任、县妇联执委、非公企业和社会组织妇委会主任70人参加培训。开展“四级执委大走访”活动。为落实市妇联“四级执委大走访”工作部署安排，县妇联班子成员带头深入基层开展走访活动，了解她们生产生活存在的困难和问题。全年共计走访5900余户妇女群众，政策理论法律宣传受众12000余人次。

【妇女发展规划编制】 2022年11月11日，《利辛县妇女发展规划（2021—2030年）》和《利辛县儿童发展规划（2021—2030年）》（以下简称新“两规”）正式颁布，为新时期利辛县妇女儿童事业未来10年发展描绘了崭新蓝图。全年开展男女平等基本国策宣传进机关8场、进社区37场、进学校26场、进企业宣传6场、进家庭780户。

（杨海燕）

利辛县工商业联合会

【概况】 2022年，利辛县工商联紧紧围绕“两个健康”，强化民营经济人士及工商联系统人员的思想政治教育。组织会员及工商联机关干部深入学习习近平总书记关于统战工作、非公经济、疫情防控工作、坚持总体国家安全观、尊重和保障人权、加强作风建设等重要论述和习近平总书记重要讲话精神和重要指示批示精神，积极引导全县民营经济人士进一步增强“四个意识”坚定“四个自信”做到“两个维护”。广泛开展“‘益企’来学习”“‘益企’大宣讲”“‘益企’强党建”系列活动，1月进行党的十九届六中全会精神“举旗帜·送理论”宣讲；10月25日，县工商联召开理论学习中心组学习会议。全年开展教育培训活动3次。6月18—19日，利辛县工商联（总商会）召开第七次代表大会，选举产生了利辛县工商联第七届执行委员会主席1名、副主席18名（专职3名）、常委42名及利辛县总商会会长1名（主席兼任）、副会长17名（专职3名）等新一届领导班子。

【参政议政】 2022年，县工商联紧紧围绕县委、县政府的中心工作，抓住非公有制经济发展中的热点和难点，深入调查研究，积极参政议政、建言献策。为更好地履行职能，在“两会”之前安排专人并鼓励工商联界别政协委员和人大代表深入调研，集思广益，提出“建设新型销售渠道孵化基地”“把清理拖欠中小企业账款落到实处”“小型国有企业加计划给予改制准予破产”“发挥异地商会作用，积极融入长三角一体化发展”“保障性住房土地拍卖条件应放宽”等提案、议案、建议，县工商联执委樊辉宇提出“加强无牌电瓶车、三轮老年代步车管控”被列为重点提案。2022年，工商联界别的政协委员、人大代表共提交集体提案议案建议5件，个人提案议案建议60余件，反映社情民意100余条。

【优化发展环境】 2022年，利辛县工商联以“政企直通车”“四送一服”“周调研、月报告、季总结”工作机制为抓手，做好为企服务。深入了解企业发展中的难题，走访调研企业共113家，与企业主要负责人面对面交谈，了解企业生产经营情况，企业面临的困难和问题，以及对县委、县政府和相关部门、县工商联工作的意见和建议，为会员企业解决问题25件。做好与有关部门的联动。6月，与检察院等单位建立沟通联系机制。7月，与县检察院等部门联合印发《关于建立涉案企业合规第三方监督评估机制的实施意见》，引领企业在法治轨道上持续健康发展，优化全县营商环境。8月，组织开展法律“三进”和法治体检活动。维护会员的权益。加强民营企业维权服务体系建设，聘请律师担任民营企业法律顾问。加强县总商会人民调解委员会工作，切实预防化解信访问题发生，共调解12件。

【履行社会责任】 2022年，利辛县工商联深入推进“万企兴万村”行动。充分发挥民营企业在乡村振兴工作的重要作用，按照工作方案推动“万企兴万村”结对帮扶深入开展，全年完成“万企兴万村”填报系统录入295条，先后确定并挂牌6个实验项目。7月，召开全县“万企兴万村”工作推进会，学习宣传贯彻落实习近平总书记关于乡村振兴重要指示精神和党中央关于乡村振兴的决策部署，向县工商联所属商会和40多家执委、常委企业传达年度工作要点，巩固脱贫攻坚成果，接续推动乡村全面振兴。利辛县工商联和弋江区工商联共同举办“万企兴万村”结对共建座谈会，交流乡村基本情况、乡村振兴规划和企业生产状况、企业发展战略，积极寻求合作意向，推动弋江区7家企业与利辛县4个村委会签订结对帮扶协议。宣传引导纪王场乡、永兴镇等乡镇村集体组织开展结对共建活动，推动商协会、执常委企业及非会员企业结对帮扶70多个乡村，企业慰问款、捐物折合人民币约80万元。组织民营企业参加全国工商联“万企兴万村”行动台账系统培训班。鼓励企业抽调企业内的技术人才到帮扶村向群众教授实用技术、开展知识讲座和技能培训班，帮助他们提升自我发展意识，提高发展技能。积极动员13个利辛异地商会宣传利辛县“万企兴万村”行动以及乡村振兴有关政策，宣传“万企兴万村”行动先进典型，吸引“老乡企业”回乡投资。组织商会及企业分赴新疆进行产业考察，引导商协会、民营企业消费帮扶新疆农业产品，共有30多个企业购买新疆农业产品82万元。引导民营企业家在疫情防控工作中发挥积极作用。面对利辛疫情严峻形势，向所属商协会及全县广大民营经济人士发出《利辛县工商联（总商会）关于助力疫情防控工作的倡议书》，所属商协会及广大民营经济人士迅速反应，积极投身到疫情防控工作中。同城联盟商会、建材装饰业行业协会、西潘楼商会等10余家商会积极为疫情防控一线捐款捐物10多万元；富亚纱网、金宜时光食品、舒香食品3家企业向县红十字会捐赠医疗用品、食品等防疫物资16.9万元；禾丰、金鑫包装、星亿装饰等公司捐款捐物10多万元；兴威建筑公司、兴发房地产、邦泰集团分别为利辛疫情捐款80万元、100万元、150万元；积极动员会员企业购买扶贫产品15余万元，中考、高考期间，引导建材装饰业协会、同城联盟商会、餐饮业协会党支部开展“爱心助考”活动。引领非公企业参与“双拥”工作，利用春节、“八一”等节日开展拥军优属慰问活动，送去慰问品和慰问金。

【推进商会改革】 2022年，利辛县工商联深入贯彻落实全国工商联商会工作会议精神，推动改革发展重点任务落地落实见效，推动所属商会党的组织和党的工作全覆盖有实质性进展，把基层商会建设列入2022年党建考核内容。指导永兴镇、新张集乡、王市镇、巩店镇、城关镇、马店等6个乡镇商会注册工作。指导同城联盟商会成立党支部，指导企业家商会筹备成立党支部。6月换届后，制定企业家副主席、副会长述职和考核办法，进一步规范和推动商会建设。以持续推进“五好”县级工商联和创建“四好”商会为重点，加强对所属商会工作的指导、引导和服务，进一步规范商会自身建设。推进会员组织数据库、民营企业及民营企业家人才库建设，年度县级工商联数据库信息录入率达100%。

（刘　宝）

利辛县残疾人联合会

【概况】 2022年，利辛县残联认真履行“代表、服务、管理”职能，以时不我待的奋斗精神，开拓创新的工作思路，务实高效的工作作风，发展残疾人事业。针对疫情防控期间农村贫困疑似残疾人和卧床不起的病残患者到县办证不方便的实际情况，县残联党员干部和县医院、亳州建森医院评残专家组成“送政策、送服务、送温暖”下乡评残办证服务队，分赴23个乡镇集中现场评残，对符合残疾标准的当场评定，达不到评残级别条件的次日寄送温馨告知书；对行动不便的重度患者，党员志愿者和评残医师入户床前免费办理证件。全年共为4687名残疾人办理证件，其中下乡集中办理残疾人证1100余份，入户床前办理证件250余份。

【残疾人康复】 2022年，县残联针对残疾人申请补助受困的实际情况，简化入户调查评议环节，让群众“少跑路”、数字“多跑腿”。按照贫困残疾人康复民生工程要求，全县困难精神残疾人药费补助项目完成4814人，发放补助资金481.4万元，任务完成率253%。疫情结束后县残联开展了全县范围内0到14周岁贫困残疾儿童初筛工作，听障、智障、脑瘫、孤独症四类残疾儿童康复项目，完成655名。其中，对553名有康复意愿的残疾儿童输送到省内外康复机构进行抢救性康复训练；为102名残疾儿童进行了辅助器具适配及假肢矫形器适配；为10名残疾儿童进行人工耳蜗手术补助；为6名残疾人儿童进行助听器补助；为3名残疾儿童进行肢体手术补助。县残联开展残疾儿童康复投入资金950余万元，精神病药费补助投入资金481.4万元，精准康复和家庭医生签约投入23.5万元，辅助器具投入29.955万元。

【残疾人就业培训】 2022年，县残联把助力残疾人就业创业作为最大的民生工作抓紧抓实。通过送政策、送技术、送服务“三下乡”活动，组织举办农业技术培训班2期、110人参与，电子商务1期、60人参与，残疾人就业专场招聘会提供就业岗位100多个。对各乡镇村签字盖章报送的项目资料，县残联协同相关部门业务负责人逐户实地核查验收，张榜公示无异议，对符合条件的6户“阳光大棚”种植养殖项目，每户发放扶持资金5000元；为57名自主创业的残疾人，每人发放扶持资金4000元；为39名贫困残疾大学新生提供资助，以每人1500元资助标准（其中2人为研究生每人2500元，1人成人高等教育一次性补助4000元）打卡发放。

【助残活动】 2022年，县残联印发2万多份惠残政策宣传页、宣传画册，将贫困精神残疾人药费补助、残疾儿童康复项目、阳光助残基地、阳光大棚、万人就业等政策统合一起，把申请条件、办理程序和咨询电话印制在宣传明白纸上进行宣传；县残联利用助残日、盲人节等残疾人节日，举办残疾人自主创业励志典型座谈会，利用宣传图版展示残疾人自强模范的精神风貌；开展为残疾人送政策、送技术、送图书、送康复等形式多样、内容丰富的活动。为有辅具需求的贫困残疾人，精准适配辅具（轮椅、盲杖、听书机、坐便器）。新春佳节，县残联开展为残疾人送台历、送春联等活动，赠送2000余副饱含祝福吉祥的春联。

（姚　彬）

利辛县文学艺术界联合会

【概况】 2022年，利辛县文联坚持服务大局，办好各类文艺活动。

围绕“红红火火过大年”，元旦、春节期间，先后开展宣传十九届六中全会精神送书画下基层活动，组织书法家协会、美术家协会到乡镇、社区、企业开展送春联送福字活动20余场次。围绕“我爱我家”主题组织征文、大赛、展览展示活动。“我爱我家”主题美术作品展，于8月12日至9月12日在李奇茂美术馆展出，共展出美术作品100余幅；“最美利辛”摄影作品大赛，共收到参赛作品389件，评出优秀作品50件，于9月23日至10月23日在李奇茂美术馆展出；“我爱我家”抗击新冠病毒疫情文艺作品征集活动。6月30日截稿，共收到有效作品187余件，最终评选出讴歌真善美、抒发真情实感的歌曲、散文、小说、诗歌等获奖作品27件。评奖结果在“利辛发布”“利辛融媒”发布；“利辛县新时代廉洁文化书画摄影征文大赛”9月30日截稿，共收到征文作品209件，书法、美术、摄影作品168件，共评出获奖作品80件（征文、书法、美术、摄影作品各20件）。举办“喜迎二十大胜利召开”利辛县书画作品展，“庆丰收　迎盛会”2022年亳州·利辛“中国农民丰收节”书画摄影精品展，利辛县巾帼工笔画协会成立十周年工笔画精品展，“丹青寄乡情”潘飞志国画作品展，人美利辛月是故乡明吕学良先生书法回乡汇报展等。11月16日，组织开展“书画进校园”活动走进利辛六中。在该校多功能教室，利辛文联一行8人满怀激情，为学校、为师生书写、绘就了一幅幅积极向上、励志人生的书画作品。作品或苍劲大气，或行云流水，或精致雅丽，或笔走龙蛇。活动中，书画家们充分展示书画艺术的无穷魅力，给学校留下了许多难得的艺术墨宝，受到广大师生的热烈欢迎。县书协副主席丁波、县美协副主席秘书长茆娅莉还为同学们进行了现场授课。

【文艺创作】 2022年，利辛县文联坚持文艺创作以人民为中心，文艺工作者要走下去，要深入基层、深入生活，创作出更多满足人民文化需求和增强人民精神力量的优秀作品。

音乐类。赵海涛创作歌曲《谢谢你》《我们在一起》唱响了医护工作者在大难来临时，逆行而上、迎难而进、舍家为国的英雄赞歌，抒发了新时代逆行追光、不负韶华、克难奋进、风雨同行的志愿服务大爱情怀。

文学类。王明月短篇小说《风雅》、短篇小说《黛妹》、汪东峰微篇小说《半瓢好面》、散文《全力筑牢安全维稳“第一道防线”》、新诗《快递员之歌》等作品在省级刊物上登载；金子龙散文集《从西淝河出发》公开出版，黄廷付2022年在省级以上报纸副刊发表散文120余篇，获市级奖3次；孙鸿短篇小说《驿动的心》、储彪短篇小说《那年我十九》、黄振义散文《青杏酸黄杏甜》在《安徽文学》增刊发表，李旸2022年在《安徽文学》增刊、《文学讲堂》、《烈焰诗刊》、《安徽诗人》、《山风》、《开屏》、《流派》、《仙女湖》、《安徽日报（副刊）》等刊物上发表诗歌8组。诗歌《乡愁是散落在异乡隐痛的名词》，获第九届“葫芦岛联通杯”白天鹅诗歌大赛全国诗歌大赛铜奖，获其他市级小奖4次。

美术类。车敏作品《优秀共产党员——李夏》入选安徽省文化和旅游厅主办新时代主

7月，县文联启动学习宣传贯彻党的二十大精神文艺采风活动（县文联/供）

题创作工程，《时代楷模·李夏》获“百人百村”美丽乡村主体展优秀，《江山阅》入选“皖美丹青·徽映羊城”安徽美术作品展；程少茹作品《花开新城》在安徽省百人百画“走进乡村看小康”美术作品展中获优秀奖（最高奖）；胡伟作品《盛世故园情》入选第三届香凝如故全国美术作品展、作品《故园幽静》入选2022·美丽湾区——全国中国画、油画、动漫作品展；秦英工笔画作品《行-4》入选2022全国（厦门）工笔画作品展；汪永婷作品《暖风》参加“皖美丹青·徽映羊城——安徽美术作品展”；刘芬作品《天蓝蓝》入选安徽省第三届体育美术书法摄影展并获三等奖；刘影作品《铁骨精神》入选喜迎党的二十大胜利召开安徽新创优秀美术作品展。

书法类。袁亚，安徽省第三届隶书大展获优秀奖（最高奖），其作品“翰墨迎春”入展安徽省书法院2022春联展、安徽省第二届行草书大展、安徽省第二届书法篆刻临创大展，“墨韵两江”入展第十一届全国中小学教师书法大赛、首届全国龙门书法双年展；胡筠白，获安徽省第二届行草展最高奖、安徽省第三届体育美术摄影作品展三等奖、安徽省第二届书法篆刻临创展最高奖；李辉，作品入展2022年9月安徽省第三届体育书法美术摄影作品展；潘伟城，作品入展安徽省第三届隶书大展；汝晓文，作品入展第三届长三角女子书画大赛。

（赵　彬）

利辛县科学技术协会

【概况】　2022年，利辛县科协认真落实《全民科学素质规划纲要》，按照“政府推动、全民参与、提升素质、促进和谐”的指导方针，整合社会资源，营造宣传普及气氛，突出重点人群，抓住关键环节，创新工作形式、提升工作效果，大力普及科学知识、传播科学方法、弘扬科学精神，提升全县科学素质。各类科普队伍不断壮大。成立36支科技志愿服务队，注册志愿者1956人。全年发布各类科普志愿服务活动64次，累计发布225次。新成立2家农村专业技术协会，及时传播农业科技新成果，普及先进的科技和管理方法。积极开展疫情防控应急科普、防震减灾、食品安全、关爱老人、儿童义诊活动、低碳环保、科学家精神、智慧行动志愿服务、线上抖音科普等活动13次。与县地震局、教育局、应急管理局认定10所2022年度防震减灾科普示范学校，推荐4所市级防震减灾科普示范学校，2所省级防震减灾科普示范学校。2022年利辛县“众心向党自立自强”——党领导下的科学家主题展获得中国科协2022年全国科普日优秀活动表扬；2022年利辛县全国科普日——“口腔健康，全身健康”义诊活动获得安徽省科协优秀表扬及优秀组织单位。

【基地建设】　2022年，全县拥有利辛县西淝河湿地科普植物园、亳州新能源学校蘑菇种植教育基地、利辛县印象江南生态园、安徽营泉古酒科普馆、亳州市艾可舒文化馆5个市级科普教育基地；建设完成4所科技教育特色学校，县气象局、青少年活动中心被列为省级示范基地，市级科普基地7家。2022年拟推荐4个市级科普教育基地，利辛县图书馆、利辛县李奇茂美术馆、利辛县四季花海科普教育基地、利辛县第七中学。

【平台建设】　2022年，利辛县科协推动“科普中国”App等平台的资源落地应用。充分利用各类基层科普渠道，分享“科普中国”App等平台资源，将“科普中国”优质科普资源传递给周边群众。科技志愿服务与科普信息传播的结合，加大科普传播力度，“科普中国”App注册20864人，分享文章传播量48万余次；积极参与发布2022年“全国科技工作者日”活动，发布活动24条，2020年全国科普日活动荣获中国科协办公厅颁发的“优秀活动奖”，2021年，利辛县科协在全国科普日活动中荣获国家科协办公厅颁发的“优秀组织奖”

和“优秀活动奖”以及省科协颁发的“优秀活动奖”，以及中国科协办公厅科普中国信息员队伍建设优秀组织单位称号。在2022年全国科技工作者日，荣获中国科协办公厅优秀组织单位称号。

（李 虎）

利辛县红十字会

【概况】 2022年，县红十字会以弘扬“人道、博爱、奉献”的红十字精神，依法履行“三救三献”等工作职责，积极围绕抗击新冠疫情开展救灾工作。4月，县红十字会积极响应党委、政府号召，第一时间组织募捐赈灾、人道救助、志愿服务等工作。社会各界爱心组织、爱心人士充分发扬中华民族的传统美德，积极捐款捐物。先后有29个单位、263位个人等共计捐赠资金2482.69万元，新冠抗原检测试剂20万支、口罩15.48万只、防护服2450件、医用手套650双、防护面罩600个及各类防疫物资和生活用品若干。

【人道救助】 2022年，县红十字会根据上级红十字会的统一安排，认真实施“红十字博爱送万家”“红十字天使计划”基金项目等品牌救助活动，积极开展儿童先心病、白血病的救助工作，先后为符合条件的18名白血病患者、2名先心病儿童申请救助金。开展以遗体器官捐献者、干细胞捐献者、家庭困难以及与红十字会工作有相关联系人员的为主，积极开展“红十字博爱送万家”活动，全年发放15个家庭箱。

（姜成刚）

利辛县计划生育协会

【概况】 利辛县计划生育协会（以下简称县计生协）协助有关部门宣传贯彻国家和省、市、县有关人口和计划生育法律、法规和政策，推动人口和计划生育工作。参与开展全县人口和计划生育重大问题的政策与动态研究，为县委、县政府提供相关决策意见和建议。组织会员开展计划生育相关工作，指导全县各级计生协依据有关法律法规开展具有自身特点的服务活动。开展群众性计划生育的宣传工作，普及有关性与生殖健康、计划生育、避孕节育和预防艾滋病的科学知识。关心困难的计划生育家庭、育龄群众生殖健康、独生子女、女孩健康成长和基层计划生育工作者。指导推进人口和计划生育基层群众自治；反映会员诉求，维护会员和会员所联系的广大育龄群众的合法权益。在政府领导下开展计划生育的交流和对外宣传。负责全县人口基金的募集、使用、管理工作，开展与计划生育有关的其他活动。承办县人口和计划生育委员会及相关部门交办和委托的其他事项。

【主要活动】 2022年，县计生协通过多项举措，扎实做好计生特殊家庭关怀关爱工作，全面落实计生特殊家庭“三个全覆盖”工作，切实让计生特殊家庭在生活上得到关怀、精神上得到慰藉。依托计生协人口健康基金项目开展计生特殊家庭“暖心行动”项目。利辛县全面开展人口健康基金项目开展计生特殊家庭暖心行动项目：大病住院救助3人，每人救助2000元，合计救助0.6万元；特扶慰问（含手术并发症户）178户，合计慰问金8.9万元；为188户计生特扶家庭购买99.5万元综合保险，合计保费1.87万元。传统节日走访慰问到户，春节、端午节、中秋节县计生协组织23个乡镇的计划生育工作人员，分别到计划生育特殊对象家中了解特殊家庭的家庭情况和生活状况、询问生活中存在的困难和问题，并为他们送去慰问品。

（胡敬辉）

法治

◎ 政法委与综治
◎ 法治政府建设
◎ 公　　安
◎ 检　　察
◎ 法　　院
◎ 司法行政

政法委与综治

【概况】 2022年，利辛县政法部门积极加强自身建设，政法工作水平不断提升。认真贯彻落实“三重一大”制度和保密工作纪律，重大事项落实清单化管理。建立“6＋N”季度评价机制，评价结果与乡镇政法委员绩效发放、晋升晋级等挂钩，有力推动政法各项工作开展。建立意识形态领域工作责任制，落实“三同步”工作机制，稳妥处置各类涉法舆情。加强作风建设，机关干部素质明显提升。制定下发《全县政法系统“三严三实”“马上就办、真抓实干”作风建设专项行动整改方案》，主要负责人多次召开协调会，听取情况汇报，协调解决问题，督促任务落实。组织政法委机关干部深入学习“中国好人”“全国优秀法官”刁志岭先进事迹，教育干部忠诚履职，担当作为，无私奉献。成立3个督查组，对政法单位基层庭、所、队开展两轮暗访检查，发现、整改问题112个，进一步提升了政法为民服务水平。主动担当作为，用心为民办事。深入开展四级联动接访活动，累计接访229件，办结226件，办结率99%，群众满意件数218件，满意率96.5%。县委政法委闻令而动，全员奔赴疫情防控第一线，出色完成县委交办的疫情防控工作。加强机关网络安全检查，建立政法委新媒体信息发布机制，落实“利辛政法”微信公众号等发布“三审”制度。年内共在安徽长安网、亳州长安网等媒体网络上发布各类信息115条。

【维稳安保】 2022年，利辛县政法部门开展重大风险隐患排查化解工作。县委常委会专门听取风险隐患排查整治情况汇报，研究审定《全县重点方面风险隐患动态排查整治台账》及任务清单。先后召开5次业务会、调度会，辅导培训业务知识，部署安排风险隐患排查整治工作。全县共排查风险隐患32818条，整治32340条，整治率98.54%。严格落实风险评估制度，共召开评审会议19次，完成重点项目评估61件，从源头上预防和减少不稳定因素。

【执法监督】 2022年，利辛县政法部门持续推进涉法涉诉信访问题排查化解攻坚专项行动。加强涉法涉诉信访案件调度，协调解决问题，全县共排查涉法涉诉信访事项23件，办结23件。对政法各单位开展执法司法督查检查2次，反馈督查问题8个，整改完成8个。开展执法案件审查评查，对涉法涉诉信访积案从事实认定、证据充分、法律适用、办案程序等进行评查，加强监督，提高办案质效。全年共审查评查执法案件100件。

【打击整治养老诈骗】 2022年4月至10月，利辛县政法部门贯彻落实中央、省、市决策部署，聚焦“宣传教育、依法打击、整治规范”三项任务，扎实推进专项行动。专项行动期间，全县召开打击整治养老诈骗专项行动新闻发布会、工作推进会议、工作调度会议15次，进行工作部署。各乡镇、各有关单位继续利用传统媒体和新媒体进行广泛的宣传发动，全县累计发放宣传材料30余万份；组织干部（干警）入户宣传走访群众16.2万人次；在利辛发布、利辛融媒等平台发布涉打击整治养老诈骗相关信息218条；发动民间艺人创作快板、大鼓书等作品6个；乡村广播每天播放宣传音频，不断扩大宣传覆盖面。专项行动期间累计接收或自排线索53条，办结52条，查实30条，查否22条。其中国家专项办交办线索5条，办结5条，查实4条，查否1条。县自排线索48条，办结47条，查实26条，查否21条。侦破涉养老诈骗案件4起，打掉犯罪团伙2个，总涉案资金2200余万元，抓获犯罪嫌疑人8人，其中取保候审4人，移送审查起诉4人，查封房产2套，价值约100万元，退赃1.04万元。

【预防未成年人违法犯罪】 2022年8月，利辛县政法部门积极开展预防未成年人违法犯罪专项行动。专项行动期间，全县举办各类宣传活动737场次，发放宣传材料30余万份，张贴宣传标语3620幅，制作电子宣传片65个，网上发布宣传信息316条。县检察院建立未成年人法治教育基地，为青少年提供一个良好的法治教育的场所。县卫健委在青少年活动中心建立利辛县未成年人心理健康辅导中心，为存在心理健康问题的未成年人提供心理健康辅导服务。全县各学校加强思想政治教育、品德教育、法治教育、安全教育、心理健康教育。县公安局、县检察院、县司法局、县法院等政法单位均衡派设中小学法治副校长，重点落实偏远学校法治副校长，为全县333所中小学动态调整配备362名法治副校长，实现中小学校法治副校长全覆盖，依托法治副校长来提升学校法治宣传工作水平。通过专项行动，未成年人遵法学法懂法守法的意识明显增强、违法犯罪势头得到有效遏制、违法犯罪警情明显下降。

【平安利辛建设】 2022年，利辛县政法部门稳步实施平安建设“四大行动”。开展平安建设大宣讲。成立54个联合宣讲组深入全县361个村（社区）宣讲党的二十大精神及平安建设工作成效，走访重点人群，发放资料15.2万份、政法干警服务联系卡12.7万张，征集意见建议216条，帮助群众解决问题129个。推进平安建设大走访。完善网格化服务管理，建立平安建设与“邻长制”对接机制，组织2.47万名邻长开展访平安活动。持续开展党员干部和政法干警“千家万户访平安”活动，走访重点人群，宣传政策法律，帮助解决问题。共宣传政策法律11.6万人次，为群众办实事4.2万余件。创办平安建设大家谈。开设“平安建设大家谈”电视栏目，围绕贯彻落实党的二十大对平安建设提出的新部署、新要求，访谈乡镇党委书记、政法委员、基层综治网格员等，营造平安建设浓厚氛围，凝聚平安建设工作合力。实施平安建设大培训。组建两个宣讲组“送教上门”，深入全县23个乡镇开展“学习贯彻党的二十大精神、推动平安建设提质增效”主题培训，着力提升镇、村（社区）干部的平安建设责任意识和业务能力水平。通过开展“四大行动”，利辛县“双提升”工作成效稳步提升。2022年上半年，全县群众安全感97.48%，居全省第50名，比去年同期进位53个位次；政法满意度测评居全省第97名，比去年同期退位17个位次。

（董　涛）

法治政府建设

【优化政府机构职能】 整合行政复议工作职责。自2022年11月1日起，除实行垂直领导的行政机关外，县政府只保留一个行政复议机关（县司法局）。加强行政复议机构建设。县司法局依法办理本级政府行政复议事项、以本级政府为被告的行政应诉事项、以本级政府为赔偿义务机关的行政赔偿事项，承担行政复议应诉监督指导等工作。加强行政复议队伍建设。按照“事编匹配、优化节约、按需调剂”的原则，合理调配编制资源，配备、充实、调剂专职行政复议人员，确保人员配备与工作实际相适应。推进案件审理标准化建设。落实各类案件审理标准和审查要点，统一明确行政复议裁决尺度。

【持续推进“放管服”改革】 不断推进政务服务标准化规范化便利化，不断提高行政效能和公共服务质量。扎实开展证明事项告知承诺制工作。及时调整2022年全县证明事项告知承诺制目录，对18家县直单位共121个政务服务事项中的142项材料实行证明事项告知承诺制。梳理全县15个领域297项轻微行政违法行为免予处罚，并发布全县轻微行政违法行为“免罚清单”。

【优化法治化营商环境】 扎实推进公共政策兑现和政府履约践诺专项行动，2022年，全县公共政策兑现和政府履约践诺专项行动排查41个问题，已全部解决，兑现资金总计1756万元。县司法局组织知名律师组成律师团队以及律师，单独开展法治体检，共惠及72家企业，政策宣讲解读81场次，受众人数862人，解决企业发展中遇到的法律难题70件，助力企业良性发展。

【完善依法行政制度体系】 2022年，利辛县制定涉及公民、企业权利义务的行政规范性文件5件，均进行了合法性审核；严格落实规范性文件备案制度，2022年共审查并备案政府规范性文件5件；及时梳理现行有效的行政规范性文件57件，全部按照规范格式集中公开。

【重大行政决策合法性审查】严格落实重大行政决策风险评估工作，对涉及公民、企业重大行政决策严格要求起草机关进行风险评估。全面落实政府重大事项合法性审查工作，2022年共审查各类事项226件，出具审查意见226份，县政府法律顾问出具“法律意见书”12份。推动公职律师和法律顾问工作扎实有效开展，全县公职律师参与重大事项讨论并提供法律意见、参与信访接待、矛盾调处、涉法涉诉案件化解、突发事件处置等共计2772件（次）。

【规范行政执法】2022年，共有1064个行政执法证件进行老证换新证。共审验通过行政执法证件1683个，申请注销33个，合格数最终确定为1650个。监督证共10个，注销1个，合格9个；组织23个乡镇共计262人进行了执法证考试。

【完善公共法律服务体系】建立“法律地图导航”系统，标注全县396个人民调解委员会、8个律师事务所、22个法律服务所、1个公证处等机构，为群众提供“指尖上”的微服务。保障特殊群体权益。2022年，法律援助案件数量1583件，发放援助补贴184.62万元。服务经济高质量发展。鼓励、支持律师广泛参与重大工程和重大项目全过程。2022年，全县律师开展环境公益诉讼代理28件，调处矛盾纠纷14682件，法律咨询12365件，律师办理案件数5234件。加强信息网络平台和“12348”服务平台建设，实现公共法律服务事项网上咨询、办理、监督。2022年，“12348”安徽法网和公共法律服务热线平台访问量563件。

【依法化解社会矛盾纠纷】设有县矛盾纠纷调处中心1个，建立健全一般调委会396个，其中村居调委会361个，乡镇调委会23个，行业性专业性调委会12个。设立警民联调室27个。全面推行“一村一辅警”建设，警民联调室共有调解员388个。2022年，全县各级人民调解组织共排查化解矛盾纠纷14682件。

【推进行政应诉】出台《关于进一步提升行政机关负责人出庭应诉效果推动行政争议实质性化解的通知》《关于加强行政机关主要负责人出庭应诉的通知》。2022年，以县政府为被告的行政诉讼案件共计30件，机关负责人出庭应诉率100%，主要负责人出庭应诉14件，主要负责人出庭应诉率14.5%，高于全市平均水平。

【评查行政执法案卷】根据年度工作安排和创建省级法治政府示范县要求，随机抽取相关行政执法单位的执法卷宗进行了集中评查，并下发通报，要求有关单位及时整改，并对整改落实情况进行督查。

【法治政府建设考核】学法常态化。将习近平法治思想和《宪法》等法律法规知识纳入干部培训必修课以及政府系统党委（党组）理论学习中心组学习内容。督查考核全面化。建立健全法治政府建设考核机制，将法治政府建设考核纳入各乡镇、县政府各部门领导班子和领导干部绩效考核指标体系。

（汪东峰）

公　安

【概况】2022年，利辛县公安机关以党的二十大安保维稳为主题主线，以“百日行动”“擂台赛”为抓手，统筹做好防风险、保安全、护稳定、战疫情、促发展各项工作，确保全县政治安全和社会稳定。县公安机关始终把过硬队伍建设作为根本，紧扣政治忠诚这个主线，一体推进政治建警、从严治警、从优待警，队伍战斗力、凝聚力、执行力进一步增强。坚持从严治警。树立严管就是厚爱的理念，把监督广大民警辅警的工作延伸到8小时之外，做到真抓严管。对民警违纪违法“零容忍”，2022年，立案审查6人，运用“四种形态”处置57人。坚持从优待警。严格落实爱警暖警各项措施，积极落实民警休假制度，加强抚恤优待及困难民警帮扶工作。以实绩论英雄、凭实绩用干部，对表现突出的67名民警、212名辅警及时表彰奖励。

【捍卫政治安全】2022年，利辛县公安机关始终把维护政治安全和社会稳定作为首要政治任务，强化底线思维，保持高度警觉，从严从实从细抓好政治安全工作。深化反渗透反颠覆斗争。严密防范境外宗教渗透，打击整治非法宗教活动，及时查处境外传教活动。严打邪教组织违法犯罪活动，积极查找失联邪教人员。深化反恐怖反分裂斗争。积极开展“打苗头、防风险”专项行动，认真核查涉恐案件线索，精准、全面梳理研判，严厉打击涉恐犯罪活动。查处危害国家稳定的信息。严格落实“415”机制，严防有害信息传播、发酵。共落地调查13起涉政有害信息，批评教育13人。

【风险防控】 2022年，利辛县公安机关牢固树立“防为先、防为上，查隐患、除隐患，不出事、再出彩”的理念，切实把风险隐患排细排实排具体，防早防小防未然。排查化解矛盾纠纷。全面发动社区民警、包村民警、驻村辅警深入摸排，用活用好人民调解工作经费，做实“警民联调”工作，努力将矛盾纠纷化解在小、处置在早，有效预防矛盾纠纷外溢、上行、激化。2022年，共排查矛盾纠纷4310起，化解4120起，移交190起。无“民转刑”和个人极端案件发生。全力做好信访攻坚工作。各警种、派出所坚持每天开门接访，落实初信初访“三周办结制”，办理初信初访案件108起，同比下降21.2%，办结105起，办结率97.2%。全力攻坚省领导公开接访件，把核查事实和疏导矛盾相结合，做到案结事了，省级以上信访办结率为100%。坚持信访秩序和信访办理双规范，对涉访领域的违法犯罪行为坚持零容忍，通过打击与法制教育，息诉息访率达到85%，扭转被动局面，步入良性轨道。

【维护社会安定】 2022年，利辛县公安机关始终把守护平安作为公安工作的主责主业，紧盯治安热点难点、群众急难愁盼问题，瞄准“安定有序，群众满意”的目标，坚持以打开路、打防结合，打出声威、防出实效，治安总体形势不断趋稳向好。破小案赢民心。始终坚持警力跟着警情走，对人民群众反映强烈的问题紧盯不放，既破大案又破小案，扎实开展追赃挽损，共侦破传统侵财类案件641起，抓获犯罪嫌疑人229人，移送起诉犯罪嫌疑人143人，侵财案件破案率70%，位居全市第一。破大案保民安。常态化开展扫黑除恶斗争以来，打掉涉恶犯罪组织7个，抓获犯罪嫌疑人48人。严打各类暴力犯罪，2022年发命案1起，破获1起，命案发案率创历史最低。共立八类暴力案件114起，同比下降25%，破案率100%。抓获各类公安机关在互联网上通缉的逃犯238人，公安机关在互联网上通缉的逃犯存量处于历史新低。破难案护民生。重拳打击电信网络诈骗犯罪，共抓获犯罪嫌疑人180人，破案950起，止付、冻结涉诈资金4200余万元，追赃挽损300余万元。严厉打击涉众型经济犯罪，发起全国集群战役6起，采取刑事强制措施52人，挽回各类经济损失9020余万元。通过严打违法犯罪，城区警情同比下降5%，社会治安总体形势向好。扎实做好擂台赛。全县公安机关以“擂台赛”为抓手，全警动员、尽锐出战，重拳打击突出违法犯罪，大力整治社会治安问题，攻坚化解各类安全隐患，切实提高服务质量水平，全面推进公安工作再上新台阶，有力确保全县社会治安大局持续稳定。

【社会面安全管控】 2022年，利辛县公安机关坚持严控措施不动摇，紧盯重点人、事、物、行业、区域，严防各类案件的发生。抓实社会面管控。完善“1、3、5分钟”快速反应防控圈，依托城区移动警务方舱，落实“屯警街面、网格巡逻、就近处警”巡处一体化机制，提升城区快反处置能力，努力实现可防性案件下降的目标，城区社会面持续平稳。抓细重要部位防控。全面加强校园、水电油气等重点单位重点部位的安全防控。“前哨”系统已覆盖城区25所学校，全县604所中小学全部设立护学岗。检查重点单位1106家次，发现安全隐患1999处，现场整改1251处，限期整改748处。严抓危爆物品管理。加强易制爆化学品、枪支弹药等重点物品的安全监管，共收缴各类枪支72支、各类弹药79发、成品硫黄8.2吨。实现“零被盗、零流失、零炸响”的目标。

【交通安全管理】 2022年，利辛县公安机关深化道路安全隐患排查整治，扎实开展“减量控大”工作。按时完成省、市挂牌整治的隐患116处，34家高风险运输企业隐患全部“清零”，交通事故发生数、死亡人数、受伤人数及财产损失数同比分别下降46.86%、41.67%、48.74%、58.11%，全县重特大交通事故零发生。

【服务社会人民】 2022年，利辛县公安机关坚守为民情怀、服务经济发展、做到同频共振、同声相应，为全县经济社会发展创造优质高效的服务环境。深化“放管服”改革。持续推出户籍、车驾管、出入境等领域便民利民新措施，通过网上办理户籍业务6768件、车驾管业务10.2万余件。严格落实“办不成事”反映机制，共受理群众反映问题213件，全部办结，切实解决群众的烦心事。持续优化营商环境。严格落实“为民为企为项目”措施，打造新时代警民“连心桥”，创建“警民议事厅”微信群90个。主动靠前服务，为企业依法快速办理居住证、免费刻章、货车通行证等事项。治安部门为县内企业免费刻制公章5516套，共27580枚印章，为企业节约经费171.5多万元。全力做好疫情防控。按照县委、县政府要求，主动参与疫情防控工作，抽调500余名精干警力组建流调专班，参与流调溯源和数据核查工作，数据核查和人员管控快、准、全。

（刘　坤）

检　察

【概况】 2022年，利辛县检察机关全面贯彻落实《中共中央关于加强新时代检察机关法律监督工作的意见》，衷心拥护“两个确立”、忠诚践行“两个维护”，忠实履行法律监督职责，坚定强化法律监督，维护公平正义，推动刑事检察、民事检察、行政检察、公益诉讼检察高质量发展。受理审查逮捕302件374人，审查起诉778件962人，刑事、民事、行政监督案件115件，公益诉讼案件98件。服务保障营商环境、检察公开听证、涉案企业合规、未成年人保护等重点工作得到县委和市院领导的肯定。办理的胡某徇私枉法、滥用职权案被评为全省检察机关典型案例，叶某涉嫌猥亵儿童案被评为全省检察机关优秀侦查监督案件及全省检察机关未成年人检察精品案例。2022年，利辛县检察院荣获“全国检察宣传先进单位”、全市先进基层检察院等称号，46名个人和9个集体荣获县级以上荣誉。

【刑事检察】 2022年，利辛县检察院加强立案监督和侦查活动监督，监督立案判决生效18人，监督撤案21人，纠正漏捕2人，漏诉11人，提出书面纠正意见25件次。依法严惩侵害未成年人犯罪，对侵害未成年人案件批准逮捕42件47人、起诉38件41人。加大社区矫正检察监督力度，监督财产刑执行检察3件，剥夺政治权利执行检察8件，强制医疗检察1件，申诉改变刑期3件，开展平安建设核查，纠正脱管情况24件，职务犯罪案件办理1件。胡豹徇私枉法、滥用职权侦查案例被评为全省检察机关典型案例。

【民事行政检察】 2022年，利辛县检察院做精民事诉讼监督。对确有错误的民事生效裁判，提出抗诉或再审检察建议4件。积极破解执行领域顽瘴痼疾，提出执行监督检察建议22件，法院采纳率为100%。康某峰与陈某海等人民间借贷纠纷跟进监督案与臧某某、马某某等人与童某某追索劳动报酬纠纷支持起诉案入选亳州市人民检察院的典型案例。做实行政诉讼监督。常态化开展行政争议实质性化解工作，移送司法人员相关职务犯罪线索1件1人。开展守护“夕阳红”专项监督活动及“空壳公司”清理专项活动。

【公益诉讼检察】 2022年，利辛县检察院紧盯“4+5”公益保护法定领域，组织开展“西淝河”水源地保护专项行动，督促行政机关拆除两处存在30余年的违章建筑。积极稳妥拓展公益诉讼新领域，办理侵害个人信息案件，就督促加强运营商监管向县数据资源管理局发出诉前检察建议，向移动、联通两大运营商建议加强营业厅监管。积极落实“八号检察建议”，共发送安全生产领域检察建议39件。就怠于履职土地资源保护职责和食品加工监管职责，对两家行政部门依法提起行政公益诉讼。

【严惩司法腐败】 2022年，利辛县检察院在县委反腐败协调小组统一领导下，完善监检协作工作机制。对涉及14个罪名的司法腐败行为，开展"司法人员职务犯罪侦查百日攻坚"行动，依法审查起诉职务犯罪案件9件10人，依法查处完颜某徇私枉法、滥用职权案，高质量完成上级交办职务犯罪案件3件4人。

【服务保障经济社会发展】 2022年，利辛县检察机关积极共筑防控法治防线。严惩扰乱防疫秩序、妨害公务等违法犯罪。有力保障医务人员安全，依法惩治伤医、扰医等犯罪。联合县公安局、县法院共同出台《关于严惩违反疫情防控违法犯罪行为的通告》，规定在疫情防控中不配合落实防控管控措施、编造涉疫虚假信息等8种违法犯罪情形。选派抽调1000余人次，24小时值守利辛涡阳界卡点58天，下沉春店社区组、高速货车输送组、君翰健康驿站，致力于疫情防控工作。支持民营经济健康发展。落实省委"改作风、优环境、办实事"部署要求，出台服务民营经济二十条意见，优化全县营商环境。检察长带头走访企业12次，为企业积极开展"四送一服"活动。选派1名检察官进企业，开展百日体悟实践，帮助企业开展法律服务。积极主动启动企业合规程序，促进民营经济健康发展，出台《关于建立涉案企业合规第三方监督评估机制的实施意见（试行）》。开展涉民企刑事诉讼"挂案"专项清理和涉企案件集中攻坚行动，监督或督促公安机关撤案11人。依法化解社会矛盾纠纷。深入践行新时代"枫桥经验"，落实最高检"群众信访件件有回复"要求，以"将心比心"的态度、"马上就办"的速度、"办就办好"的力度，扎实办好每一件信访案件，共受理来信、来访、网络等信访案件193件，各级领导接访交办信访案件共计89件。积极开展"千家万户访平安""检察为民办实事"等活动，梳理并回访涉案当事人，切实解决群众"急难愁盼"问题。积极参与平安建设进村（社区）宣讲活动，54名干警深入社区宣讲。

【法律监督】 2022年，利辛县检察机关加强立案监督和侦查活动监督，1—11月监督立案判决生效18人，监督撤案21人，纠正漏捕2人，漏诉11人，提出书面纠正意见25件次。依法严惩侵害未成年人犯罪，对侵害未成年人案件批准逮捕42件47人，起诉38件41人。加大社区矫正检察监督力度，监督财产刑执行检察3件，剥夺政治权利执行检察8件，强制医疗检察1件，申诉改变刑期3件，开展平安建设核查，纠正脱管情况24件，职务犯罪案件办理1件。胡某徇私枉法、滥用职权侦查案例被评为全省检察机关典型案例。对确有错误的民事生效裁判，提出抗诉或再审检察建议4件。积极破解执行领域顽瘴痼疾，提出执行监督检察建议22件，法院采纳率为100%。康某峰与陈某海等人民间借贷纠纷跟进监督案与臧某某、马某某等人与童某某追索劳动报酬纠纷支持起诉案入选亳州市人民检察院的典型案例。做实行政诉讼监督。常态化开展行政争议实质性化解工作，移送司法人员相关职务犯罪线索1件1人。开展守护"夕阳红"专项监督活动及"空壳公司"清理专项活动。公益诉讼检察延伸拓展。紧盯"4＋5"公益保护法定领域，组织开展"西淝河"水源地保护专项行动，督促行政机关拆除两处存在30余年的违章建筑。积极稳妥拓展公益诉讼新领域，办理侵害个人信息案件，就督促加强运营商监管向县数据资源管理局发出诉前检察建议，向移动、联通两大运营商建议加强营业厅监管。积极落实"八号检察建议"，共发送安全生产领域检察建议39件。对怠于履行土地资源保护职责和食品加工监管职责的两家行政部门依法提起行政公益诉讼。严惩司法腐败。在县委反腐败协调小组统一领导下，完善监检协作工作机制。对涉及14个罪名的司法腐败行为，开展"司法人员职务犯罪侦查百日攻坚"行动，依法审查起诉职务犯罪案件9件10人，依法查处完颜某徇私枉法、滥用职权案，高质量完成上级交办职务犯罪案件3件4人。

【提升队伍素质】 2022年，利辛县检察机关把准政治方向引领，推进党的建设走深走实，筑牢管党治检政治责任，深入推进"改作风、强素能、严纪律、铸铁军"警示教育活动，持续深化政法队伍教育整顿成果，将逢问必录落到实处。按照"质量建设年"

要求，强化检务督查和业绩考核，开展司法不规范问题专项整治，提高办案质量。全年评查案件895件，发现问题288处，整改288处。一批人员获得安徽检察机关先进工作者、省扫黑除恶专项斗争先进个人、省民事检察业务标兵、皖检之星、亳州市十大药都政法卫士、亳州市扫黑除恶专项斗争先进个人、亳州好人等称号。持续深化管理创新。组织开展学习指导性案例，促使干警更新理念，提升职业素养，以求极致精神办好每一起案件。发挥关键少数率先引领，通过院领导带头办案，带头办理重大、复杂、疑难案件，检察长列席审委会等，激发干警创业热情。弘扬“马上就办、真抓实干”精神，提升检察人员执行力。

【自觉接受监督】 2022年，利辛县检察机关真诚接受人大监督，向人大常委会专题报告申诉检察工作。主动邀请人大代表参与检察听证工作，在48位听证员中，有17位人大代表。代表参加检察开放日、公开听证、座谈交流等活动56件次，让代表近距离感受检察工作。多方位接受履职监督。强化刑事错案司法责任追究，总结教训，严格问责，促进司法规范；积极配合驻院纪检监察组履行监督职能，强化会商整改，对落实中央八项规定精神等情况开展督促检查，确保铁规禁令落地生根。多角度接受社会监督。持续深化检务公开，公开案件程序性信息1071条，发布重要案件信息317条，在微信等新媒体公众号发布信息236条。邀请人民监督员、听证员参加听证85件、直播听证11件。

（张　琳）

法　院

【概况】 2022年，利辛县法院紧紧围绕全县大局履职尽责，加强党组自身建设，服务大局有担当，司法为民有实效，队伍素质有提升。在2021年10项重点质效指标中，调解率、生效案件服判息诉率、首次执行案件结案平均用时等多项指标进入全省基层法院第一方阵；品牌打造有力度、有创新、有行动、有效果，“执行110”“道交法庭”“两个一站式”等特色品牌多次受到上级法院肯定；与县政府进一步完善“府院联动”工作机制，行政机关负责人出庭应诉率保持100%；队伍建设新成效，共计36个集体和个人获得国家、省、市、县级表彰。牺牲在岗位上的刁志岭法官，被追授为全国优秀法官、安徽省优秀共产党员，获评中国好人，入选安徽省2022年度“十大新闻人物”和“十大法治人物”致敬奖。

【刑事审判】 2022年，利辛县法院审结刑事案件618件。其中审结故意杀人、故意伤害、强奸等严重暴力犯罪案件94件。审结非法吸收公众存款、集资诈骗、电信诈骗等犯罪案件35件，护好群众“钱袋子”。审结盗抢骗、黄赌毒、食药环等多发案件164件，提升群众安全感。审结破坏环境资源案件8件。审结贪污贿赂、渎职等案件5件，始终保持惩治腐败高压态势。审结侵犯未成年人犯罪案件23件26人和未成年人犯罪案件8件9人，发送全市首份家庭教育令，落实教育、感化、挽救方针。严格宽严相济、人权保护工作，基本实现刑事诉讼律师辩护全覆盖。常态化扫黑除恶期间，10件涉黑恶案件全部审结，2000余万元涉黑恶财产全部执行到位。县法院创新“一二三”工作模式精准打击养老诈骗，被安徽高院工作信息刊发，受到省委政法委肯定。

【民事审判】 2022年，利辛县法院审结民商事案件10013件，结案标的22.068亿元。主动回应群众诉求，审结涉婚姻家庭、教育、医疗、住房、劳动争议等民生案件2971件。着力维护市场秩序和金融生态，审结金融借款、保险等金融案件777件。审结涉企业合同等纠纷210件，保障民营企业家专心创业、放心投资、安心经营。全力维护经济社会和谐发展，审结民间借贷纠纷案件1894件。妥善审理商品房买卖、物业等案件364件，联合市物业协会共调解物业纠纷84件，成功率100%，依法维护房地产市场健康发展。

【行政审判】 2022年，利辛县法院审慎处理各类行政诉讼、非诉行政审查等案件128件，行政机关负责人出庭率100%。推进行政争议实质性化解府院协调机制改革，加强府院良性互动，组织召开行政案件座谈会10次，向行政机关发出司法建议5份，邀请行政机关执法人员旁听2次，延伸行政审判效果，规范行政执法行为。

【执行工作】　2022年，利辛县法院受理执行案件7455件，结案7352件，执行到位近5亿元，实际执行到位率91.68%，各项质效指标稳居全省法院第一方阵。先后开展“司法大拜年”“养老诈骗退赃”等执行活动。贯彻“无强制不执行”理念，印发“执行110”工作指引，坚持全年无休运行模式，与常态化凌晨出击结合，组建拒执合议庭，营造以打促执的良好局面。自主运用抖音平台直播执行行动，190余人通过观看直播，主动履行2600余万元。积极开展“江淮风暴”执行攻坚优化营商环境之夏季行动，结案1606件，执行到位2亿余元。“执行110”工作经验受到最高法院、省高院、市委主要领导批示肯定，央视一套《今日说法》栏目于10月30日进行专题报道，“执行110”助力“夏季行动”工作举措被省高院简报刊发肯定，省内外40余家兄弟法院前来考察交流。

【深化司法改革】　2022年，利辛县法院聚焦基层法院“重在准确查明事实、实质化解纠纷”职能定位，提高案件质量。加强党组对执法办案的领导，县法院党组听取执法办案汇报12次。组建案件评查团队，常规化开展案件评查760件。审委会定期分析评议“发改提指”案件，承办法官书面逐案形成书面分析报告。完善分调裁审机制，组建立案、道路交通、刑事三个速裁团队，依法放宽小额诉讼程序适用，提高司法确认案件金额上限，改革完善民事分案工作机制，推进要素式审判，实现案件繁简分流、轻重分离、快慢分道。按照改革要求，组建全市唯一的民事、刑事、行政三合一知识产权审判团队。

【审判管理】　2022年，利辛县法院严格审判流程节点管理，强化案件催办督办，院领导定期开展集中调度和逐人逐案调度，坚持“日统计、周通报、月评比”制度，全力推进均衡结案，审判执行质效提升工作经验被省高院《安徽审判管理》刊载推广。压实院庭长监管职责，院庭长依职权监管“四类案件”140件。强化院庭长办案示范作用，院庭长人均办结案件占比115.64%，居全省基层法院第8名。开展未结案件清理专项行动，将40日以上未结案件的清理，从民事诉讼一审案件扩大为全部一审诉讼案件，由院长、分管院长逐庭逐人逐案调度，结案率明显提升。

【优化营商环境】　2022年，利辛县法院坚持把优化营商环境作为“一把手”工程来抓。组建破产审判专业合议庭，审结破产案件12件，以破产清算、诉讼清退等方式，处置洋轮化工、富雅印刷等僵尸企业，清理债务0.71亿元，释放土地资源137.41亩，厂房1.92万平方米。全面提升审判执行质效，民商事案件平均审理周期41.14天，执行案件平均审理周期27.33天（居全省基层法院第3位）。精准施策为企业纾困解难，执结拖欠企业债务案件321件，执行到位9411余万元。推动善意文明执行理念落地，争取对涉案企业“零影响”，如先后促成企业4000万元、2000万元债务达成和解协议，助力企业爬坡过坎。

【诉源治理】　2022年，利辛县法院持续优化两个“一站式”建设，构建分层治理、多元共治、漏斗解纷工作模式。建立诉调对接中心、诉调对接站和道路交通事故多元化解中心，推进人民法院调解平台“三进”（进乡村、进社区、进网格）工作，250家基层治理单位成功入驻。搭建利辛县劳动争议诉调对接工作室调解平台，构建“法院＋工会”纠纷化解新格局，2022年推送案件129件。并在县委政法委的支持下，探索家事纠纷县、乡、村三级联调机制，实现工作重点从单纯定纷止争向源头治理转变。县法院诉前调解10119件，调解结案8967件，调解成功7173件，调解成功率80%。县法院在县交警大队设立道路交通事故矛盾多元化解中心和巡回法庭，2022年以来委派调解1239件，成功1227件，调解成功率99%，兑现标的4500余万元。探索以非诉讼手段化解行政争议，通过诉前委派调解，成功化解涉及政府保障性住房租赁的行政协议纠纷145件，维护了政府保障性住房租赁秩序，体现了行政机关的柔性执法，达到政治、法律、社会三个效果的有机统一。

【信访化解】 2022年，利辛县法院深入学习贯彻《信访工作条例》，依法依规化解信访。县法院成立以院党组书记、院长为组长的信访工作领导小组，每周听取汇报，对268件信访案件进行调度。组建信访评查团队，人员由6人增加到11人，配备信访专员19名。落实“党建+信访”工作机制，依托党建，对涉诉信访案件制定化解方案176次。坚持“开门接访”，健全领导带班接访、带案下访等制度，公开接访282人次，带案下访132人次。强化“闭环办访”，建立重点信访台账，落实领导包案化解制度，办结上级法院及党委政府交办转办的信访事项459件。对省、市领导交办的31件信访案件全部办结，其中息诉息访26件，程序性化解5件，帮助群众解开“法结”“心结”。

【践行司法为民】 2022年，利辛县法院结合实际，以“为群众办实事示范法院”和“枫桥式”人民法庭创建为契机，聚焦人民群众急难愁盼问题，以实际行动解民忧、纾民困、暖民心。构建四位一体多样化立案模式，更新和添置“云上法庭”设备13套，网上立案2518件，网上开庭、调解4756件，实现诉讼线上、线下并轨服务。保障群众依法维权，缓减免收诉讼费16余万元，全年接听12368诉讼热线2673次。开设涉农、涉军和老年人维权“绿色通道”，集中警力快执快结涉民生案件189件800余万元。发挥司法救助制度功能，依法对34名案件当事人发放救助款151余万元。设立“志岭先锋岗”“志岭志愿服务队”，在疫情防控、法治宣传、文明创建等领域积极开展志愿服务活动。院党支部与社区党总支结对共建“法官工作室”，为群众提供优质司法服务。

【服务乡村振兴】 2022年，利辛县法院树立“一盘棋”思想，把法庭工作纳入全县乡村振兴、县域社会治理现代化整体上通盘考虑、整体谋划。在人、财、物等各方面加大对基层法庭倾斜力度，建立新入职干警派驻法庭、常态化轮岗交流等机制，选优配强法庭审判力量，高标准建成诉讼服务站、诉调对接站。对接指导无讼社区（村）建设，万人成讼率显著降低，1—12月万人成讼率5.38‰，位居全省基层法院前列。建立“法庭+巡回审判点+法官工作室”服务网络，运用“周末法庭”“巡回法庭”为群众正常工作、春耕秋收让路，对居住偏远、行动不便的群众提供上门立案、上门调解，多措并举全力打造无申诉、无信访、无投诉人民满意法庭。

【法治利辛建设】 2022年，利辛县法院结合“我为群众办实事”实践活动，以“法律七进”为载体和抓手，落实“八五”普法规划，举办民法典、反有组织犯罪法等专题讲座。开展“法院开放日”“模拟法庭”“院领导访企”活动，选派20名法官担任中小学“法治副校长”，打造融“网、端、微、抖、屏”于一体的法治宣传体系，共发布新闻、信息1145篇，包括省级以上媒体（《人民法院报》、《安徽日报》等）162篇，市级媒体212篇。其中官方抖音号吸引了11万余人关注，影响力多次进入全国法院10强。

【智慧法院建设】 2022年，利辛县法院抓好法信检索、类案智推等平台应用，强化干警信息化实操培训，推进类案强制检索。落实核心设备更新迭代计划，推行“电子档案为主、纸质档案为辅”的办案模式，由第三方服务机构对材料扫描、卷宗归档等非审判核心业务进行处理，目前完成电子档案13433卷，并在上半年审判辅助板块质效得分居全国第1位，逐步实现“纸间”到“指尖”的蜕变。深入推进刑事智能辅助办案系统应用，线上收案率、监狱移送率等5项指标均为100%，位居全市基层法院第一。

【全面从严治警】 2022年，利辛县法院严格最高人民法院“三个规定”记录报告平台应用，落实“月报告”“零报告”制度，共填报2456人次。建立干警亲属从事律师及离任人员从业管理台账，对违规执业现象予以严肃处理。扎实开展“三严三实”“马上就办、真抓实干”作风建设专项行动，开展“两违规”“窗口腐败”等专项督查和常态化审务督查9次，举办警示教育活动77

场次，开展主体责任谈话、廉政谈话190人次。着力抓好上级巡查反馈意见整改，制定措施143条，完善制度36项。严格执行“十个严禁”等铁规禁令，以“零容忍”态度严肃查处违纪违法案件3件3人。

（孙瑞清）

司法行政

【概况】 2022年，利辛县司法局根据省司法厅开展示范司法所创建相关部署，全力推进省级示范司法所评定工作，胡集、张村、大李集、纪王场和新张集5个司法所进行申报。筹备乡镇矛盾调处中心建设。解决矛盾纠纷最佳的方式是建立乡镇矛盾调处中心，调处中心将融合信访、综治中心、人民调解等部门职能，整合资源，可以形成矛盾纠纷“一站式受理、一揽子调处、一条龙服务”模式。开展远程探视帮扶教育工作。自2016年远程探视系统开通以来，共建立县远程探视中心1个，23个乡镇远程探视室，为服刑人员及其亲属搭建“温情之桥”。全年共接受在监服刑人员的家庭人员申请1295例，成功探视936例。

【法治宣传】 2022年，利辛县司法局充分运用各类融媒体和平台，开展法治大讲堂、培训班、报告会等活动，推动习近平法治思想进机关、进乡村、进社区、进学校、进企业、进单位。开展“美好生活·民法典相伴”主题月宣传活动。落实媒体公益普法责任。利用普法载体，通过知识问答、图解、动画等传播形式，广泛开展学雷锋服务、消费者权益保护、安全生产、防电信诈骗、禁毒、扫黄打非、疫情风险防控等和人民群众生产生活密切相关的法律法规知识宣传。组织法律专业人员和普法志愿者深入企业、农村社区、机关单位开展法治宣传80场次，发放法治宣传资料5万余份。组织实施“八五”普法工作。制定2022年普法治理工作要点及任务分工下发全县各部门，各乡镇、县直各单位公布了2022年度普法责任清单，组织开展法律六进活动，为普法依法治理工作的深入开展奠定良好基础。组织开展第四届《法润西淝河 共筑美好利辛》法治故事、楹联大赛，由利辛县司法局主办，县文联、县法宣办、县作协、《西淝河》杂志和县诗词楹联学会协办，大赛将学习贯彻习近平法治思想和维护宪法权威作为主线贯穿活动始终。大赛共收稿件4000余篇（副）。开展基层民主法治示范创建活动。开展民主法治示范村（社区）创建活动，江集镇孙小寨等15个村（社区）获得第九批亳州市民主法治示范村（社区）荣誉称号，6个村（社区）正在积极申报全省民主法治示范村（社区）荣誉称号。组织实施“法律明白人”培养工程。

【人民纠纷调解】 2022年，利辛县司法局纠纷调解工作在人民矛盾排查化解中发挥重大作用。截至2022年底，全县设有县矛盾纠纷调处中心1个，建立健全一般调委会396个，其中乡镇调委会23个，村（社区）调委会361，行业性、专业性调委会12个，强化村（居）、乡镇、企事业单位、行业性专业性人民调解委员会设置，形成以横向到边、纵向到底、纵横交错的组织网络。充实律师队伍下基层，实现全县361个村（社区）“一村一法律顾问”全覆盖，同时将公安机关招聘的“一村一辅警”全部纳入村级人民调解员队伍，建立健全了全县优秀人民调解员库。现有调解员3173人，全面兑现人民调解案件“以案定补”，充分发挥人民调解员的工作积极性，及时化解不稳定因素。开展婚姻家庭矛盾纠纷专项排查活动。按照市局统一部署，组织开展婚姻家庭矛盾纠纷专项排查化解活动。共排查婚姻家庭纠纷625件，调处625件，调解成功率100%。开展“人民调解为人民，全力护航二十大”主题矛盾纠纷排查调处活动，为乡村振兴提供法治护航。全县共受理各类矛盾纠纷8172件，成功调解8172件，现场口头调解7072件，书面调解1100件，调解成功率100%。共审查人民调解案件273余件，发放人民调解“以案定补”资金205100元。

【社区矫正】 2022年，利辛县司法局严格按照司法部最新《社区矫正中心建设规范》标准，计划将社区矫正中心搬迁至老城区，并对社区矫正中心全面改造，进一步完善基础设施建设，提档升级中心综合功能，提升实战实用水平。改造中，增设VR体验室、社会联络室、驻检室、警务联络室、监督管理室等5个功能室，更换入矫报到室、信息采集室、宣告室、指挥中心等各类标识70多处，新配电脑、扫描仪、碎纸机等各类设备设施10件，涂刷走廊、楼道、建筑外墙。利辛县社区矫正中心升级后将拥有各类功能室20多个，涵盖“交付衔接、监督管理、精准矫治、损害修复、智慧矫正、解矫保护、就业帮扶”等七大功能，形成集动态监管、信息传输、数据共享、远程教育、指挥调度等多功能于一体的现代化、综合型管理教育服务中心。制定《县司法局关于进一步规范社区矫正工作的补充规定》，建立智能化核查机制、卷宗评查机制、请销假制度和卷宗归档制度，进一步规范我县社区矫正工作，提升社区矫正工作成效，维护社会安全稳定。全年全县累计接收社区矫正对象358人，解除475人。现有在社区矫正对象484人，其中管制10人，缓刑460人，假释14人，暂予监外执行10人（其中保外就医9人，怀孕或哺乳婴儿的妇女1人；法院决定的9人，监狱决定的1人）。给予社区矫正对象训诫39人次，警告8人次。审批17件外出请假手续，办理36件变更执行地审批手续。加强刑罚执行一体化建设。落实监狱民警挂职工作，规范监狱民警履职过程，切实发挥其在教育矫治方面的优势，组织参与社区矫正中心的集中教育学习、训诫和宣告。利用全省“社区矫正岗位技能大比武”活动，将《中华人民共和国宪法》《中华人民共和国刑法》《中华人民共和国刑事诉讼法》《中华人民共和国社区矫正法》《中华人民共和国社区矫正法实施办法》《安徽省社区矫正工作实施细则》以及省厅的规范性文件合并，印制《社区矫正岗位技能大比武活动学习资料》、发放给各司法所，要求工作人员认真学习社区矫正法律法规。经局党组会议研究，暂予监外执行社区矫正对象的病情复核检查费用由司法局承担，减少保外就医社区矫正对象因检查费用带来的经济负担。

【法律援助】 2022年，利辛县法律援助中心加大与公、检、法等办案机关的沟通协调，不断提升办案量；丰富宣传手段，扩展案件来源，做到应援尽援；加强与市局的沟通对接，做好中期迎检各项准备工作。上半年，法律援助案件审批1252件，结案归档1327件，经费支出151.29万元。

【律师管理】 2022年，利辛县司法局认真贯彻落实“新春访万企、助力解难题”活动要求，组织律师走进利辛县工业园，开展“送法进万企”活动，并提出为企业进行法治体检，护航发展共和谐。县司法局以“万所联万会”“四送一服”专项活动为载体，认真贯彻落实郑栅洁书记“一改”“两为”“五做到”的要求，常态化开展“法律服务进万企”活动，发挥民营企业法律服务团的作用，帮助民营企业完善治理结构，健全管理制度，防范法律风险，化解矛盾纠纷，律师陪同县委、县政府领导进行涉法涉诉接访工作成常态化，接访率达100%。上半年办理刑事案件493件，民事经济案件1588件，行政案件40件，非诉案件4件，法援案件623件。

（汪东峰）

军事

利辛年鉴

◎ 县人民武装部

◎ 武警利辛中队

◎ 退役军人事务管理

◎ 人民防空

县人民武装部

【概况】 2022年，利辛县人民武装部在军分区党委的坚强领导下，部党委坚持以习近平新时代中国特色社会主义思想和习近平强军思想为指导，以“五个一流”和“争上游、站排头、立潮头”要求为牵引，坚决贯彻落实省军区和军分区党委的决策部署，坚定举旗铸魂，牢记职责使命，聚力练兵备战，从严正风肃纪，全年工作得到较好落实。坚持党对军队的绝对领导，注重加强政治建设，深刻领悟“两个确立”的决定性意义，增强“四个意识”、坚定“四个自信”、做到“两个维护”，贯彻军委主席负责制。突出抓好党的二十大精神学习宣贯，推动学习贯彻习近平新时代中国特色社会主义思想和习近平强军思想往深里走往心里走往实里走。扎实开展“赞颂新成就、喜迎二十大”系列活动，聚集“忠诚维护核心、矢志奋斗强军”深化主题教育，激发干部文职人员干事创业的动力。结合上级下发的党的二十大精神宣传材料，对现役文职职工和广大专武干部、民兵开展宣传教育，把思想统一到党中央、中央军委和习近平主席决策部署上来。常态化落实疫情防控相关要求，提高所属人员的疫情防控意识，购买必备的疫情防控物资，落实疫情防控物资保障。贯彻落实政法工作会议精神，学习贯彻条令条例，组织全体人员学习《预防犯罪工作条例》，组织对参加社会组织情况进行摸底调查，开展社团专项清理整治活动。深入开展谈心交心活动，了解干部思想动态，疫情防控期间，注重了解干部文职心理动态和家庭面临困难，积极帮助解决。开展“百日安全活动”，认真做好迎接保密安全大检查工作；落实每月1次安全教育和每季度安全形势分析，常态组织安全技能训练演练，提高安全意识，增强防范技能；抓住人、车、密、酒等安全重点，紧盯重要时段和关键环节，严格落实安全制度。积极参与创建全省文明城市活动和疫情防控工作，组织干部文职职工在欣城一品小区开展文明创建工作并协助社区开展疫情防控，组织民兵参与疫情防控工作，社会反响较好。

【政治教育】 2022年，利辛县人民武装部常态化落实强军目标学习教育，组织形式多样的配合活动，干部和文职人员的思想基础更加牢固；加强民兵政治工作，民兵整组和训练演练期间，及时做好思想动员和训练中的思想政治教育，提高参训参演的积极性；抓好预建民兵党组织建设；积极开展庆祝建军95周年和“学思想、铸忠诚、担使命”实践活动；进一步规范军营政治环境建设，体现时代要求；组织观看纪律系列专题教育片《铁纪强军》和《零容忍》，把政治纪律政治规矩牢牢刻印在党员干部心上。

【战备工作】 2022年，利辛县人民武装部严格贯彻落实习近平主席2022年开训动员令指示精神，全面提升备战打仗能力。严格坚持议战议训制度，坚持每月党委议战议训。2022年是民兵组织整顿领域贯彻落实“十四五”规划的开局之年，人武部党委把民兵整组工作，作为一项重要工作紧抓不放。接到上级整组指示后，立即向县委、县政府汇报有关情况，调整健全整组工作领导小组，结合利辛县实际制定下发整组工作指示和计划方案，召开办公会传达学习上级整组工作指示精神。5月，县人武部分组深入23个乡镇现场指导，对基层单位进行蹲点帮带，研究解决“三类力量”编组、基层规范化建设和工作制度落实方面存在的突出矛盾和问题。5月下旬，县人武部成立专项检查组，采取“一把尺子量到底”的办法，对全县党管武装和民兵整组工作落实情况进行了全面检查验收。采取看、听、问、查、拉等方法，调阅软件资料，组织理论考核，现地检查基层武装部、村级民兵营（连）软硬件建设，促进整组工作落实。6—8月，在人武部营民兵训练基地先后组织4期民兵分队集中训练，主要进行战备值班分队、专项任务分队、公路运输分队、民兵应急分队训练。训练严格按照新一代民兵军事训练大纲要求，紧贴民兵分队职责和非战争军事行动需要，采取理论辅导、技能训练、考核验收等方法，重点进行遂行任务所需技能和课题演练，着力提升民兵分队遂行任务能力，有效提高基干民兵国防意识，提升遂行任务能力水平。3月，利用战备值班分队训练时机，组织防暴恐袭击演练、消防演练。9月，参加“皖动-2022”演练，拍摄上岛维稳管控分队行动录像片受到上级好评。11月，参加军分区任务分队抽点拉动考核。通过演练，有效提高民兵分队快速响应、专业处置的能力和水平。

【兵员征集】 2022年，利辛县人民武装部坚持以提高兵员质量为出发点和落脚点，紧扣“五率”指标，精心筹划、强力推进、有序展开，较好完成今年兵员征集任务。创新征兵宣传工作方式，充分利用线上线下两个优势进行征兵宣传。积极协调县政府出台《利辛县激励大学毕业生参军入伍若干措施》；针对市下发利辛县高校毕业生名册逐一分解细化，进行精准宣传，通过逐人联系、逐人动员、跟踪问效，并联合县委、县纪委监委、县绩效评价中心对大学毕业生精准宣传情况进行了电话核查，对宣传不到位的村书记按照误差1人扣1个月绩效的原则进行处罚。强化廉洁征兵工作落实，反复学习上级规定要求，逐级签订廉洁征兵工作责任书，印发廉洁征兵监督卡，聘请廉洁征兵监督员100人，落实公开公示制度，为圆满完成征兵任务提供纪律保证。

【国防教育】 2022年，利辛县人民武装部积极开展国防教育进党校活动，在县委党校青年干部班进行“勇敢面对风险挑战　扛起时代使命担当”授课，进一步增强国防观念；认真组织开展“全民国防教育日”，瞻仰革命烈士纪念馆并进行入党宣誓；结合征兵宣传进校园活动，开展国防教育，充分利用线上线下两个优势进一步强化国防教育和国防宣传，增强全民的国防观念。

【党管武装】 2022年，利辛县人民武装部认真落实党管武装各项制度，在县委扩大会上集中学习习近平强军思想；协调县委、县政府将党管武装、国防动员和后备力量建设纳入县委、县政府年度工作目标任务，进一步强化地方党委政府国防建设义务，助力推动全县国防动员、后备力量和人武部全面建设。

（张念龙）

武警利辛中队

【概况】 2022年，武警利辛中队始终坚持以习近平新时代中国特色社会主义思想为指导，深入贯彻党的二十大精神，深入贯彻习近平强军思想，认真贯彻新时代军事战略方针，全面落实三级党委扩大会议精神，按照总队“基础扎实、能力提升、特色鲜明、全面过硬”的基本思路，抓思想铸忠诚、抓练兵强素质、抓管理促作风、抓经常打基础、抓安全守底线，群策群力、凝聚共识，齐心协力、攻坚克难，向着连续争创“四铁”先进中队而不懈努力。2022年中队长宋同阳被武警亳州支队记个人三等功一次。

【执勤战备】 2022年，武警利辛中队抓好《战备工作规定》《规范化执勤等级评定实施办法》等有关法规文件学习落实，每月组织1次执勤教育，利用观看警示录像片消除麻痹思想，不断深化“纠治和平积弊”活动成果。针对敏感时段进行有针对性的战备教育，增强官兵的政治意识、使命意识、忧患意识和责任意识。节日战备教育贯穿全年，强化官兵常备不懈的战备观念落实战备值班、节日战备、请示报告等制度，熟练掌握战备等级转换程序方法，做到方案预案齐全完备、指挥通信稳定畅通、报告情况及时准确、应急处置快速高效。对照新时代执勤安保改革现场会试点成果，严密规范组织“四勤”，加大查勤力度，每日利用交班时间讲评执勤情况，利用支委会认真研勤议勤，着力纠治“常见病”“多发病”，为规范化执勤等级评定打下坚实基础。落实每周五方案演练，按计划和形势任务认真落实战备工作，扎实抓好应急班的情况处置训练。结合重大临时勤务，开展专勤专训、专哨专训，确保在执行任务中做到依法文明执勤，顺利处置情况。管好“三室一库”，落实好“三分四定”，战备设施设备保持完好，消耗性物资及时补充，周期性战备物资定期更换，维修器材和保障设备齐全配套。加强战备能力检验性抽查，干部重点加强管勤能力培训，熟悉方案，灵活处置各类突发情况；骨干着重强化班组指挥，突出编组作业，战士注重执勤基本理论技能融会贯通。

【军事训练】 2022年，武警利辛中队认真学习贯彻《军事训练与考核大纲》，认真研究各阶段训练工作指示，详细制定中队季度、月、周训练计划，按时间节点高标准完成训练内容，努力提升军事训练效果。正确处理好教育、任务与训练之间的矛盾，保证军事训练人员参训率和训练时间充足，按照“每周课目会操、每月活动评比、每季参加统考”要求，确保训全、训实、训出战斗力，力争在参加上级各类比武竞赛中取得名次。坚持群众评议、支部把关，把政治思想好、军事素质强、专业技术精的干部战士遴选出来，分批参加支队教练员集训，利用总队、支队年度教练员集训时机，抓好教练员能力素质提升，争取培养1—2名总队优秀教练员。定期召开专题训练分析会，根据各阶段训练进度，制定中队训练跟进表，实时掌握训练质量，逐人逐项分析研究，加大相应辅助训练强度，训练上“结对子”，努力提升“后进”人员训练成绩。创新手段，激发官兵训练热情。发挥好“五小”练兵作用，充分发挥各班主观能动性，合理利用饭前、点名前等各种有效时间，针对不同人、不同科目，开展好专项训练，努力查缺补漏。落实训练奖惩机制。坚持每周训练有会操，每月训练有综合评比，并设立“军事训练流动红旗”，在涉及官兵切身利益问题上向军事训练尖子、能手予以倾斜，激发官兵参训热情。人人制定军职教育学习计划，每周进行积分公开评比，每月要求每人考取一到两个证书，将军职教育学习与个人评优评先挂钩，充分激发官兵学习热情。

【思想政治工作】 2022年，武警利辛中队深入学习贯彻党的二十大精神、全军思想政治教育工作会议精神、三级党委（扩大）会议精神，学习贯彻习近平总书记关于加强和改进人民军队思想政治教育工作的一系列重要指示和要求，不断创新教育理念、内容、方法。持续推动主题教育走深走实。按照计划和时间节点，参加总队、支队主题教育，做到支部有议教、教育有部署、班排有讨论，中队有氛围，课下有活动，学习有笔记；活用教育方法，把教育的着眼点放在满足官兵现实思想需求、服务中心任务上，灵活教育方式方法，开展相关配套活动，通过自学、撰写心得体会、讨论等形式加深官兵对理论知识理解，切实入心入脑，达到效果；落实谈心制度，注重人文关怀和心理疏导，以表扬为主，以情感人，以理服人。进一步浓厚中队大熔炉大家庭的良好氛围，切实提升中队经常性思想工作和心理工作的质量效益；广泛开展群众性自我教育，减少灌输式教育形式，持续开展好“强军思想我分享”活动和强军故事分享会，让身边典型人物走上讲台，讲故事谈体会；提前谋划、积极准备总队“三会一好”政治教员比武竞赛，抓好政治小教员日常在队训练，争取在比武竞赛中取得名次；积极帮助官兵解决好家庭困难和涉法问题。建立部队、家庭共教共育管理，打好预防工作主动仗。

（杨 帆）

退役军人事务管理

【概况】 2022年，利辛县退役军人事务系统持续深入学习贯彻党的十九届历次全会和党的二十大精神，严格落实中央、省、市、县关于退役军人工作安排部署，持续夯实基层基础、大力促进就业创业、优化推进拥军褒扬、全面落实抚恤优待，进一步推动全县退役军人工作高质量发展。全县共组织“兵校长”“兵教官”到十余所中小学校开展军训活动，开展红色教育、爱国主义教育和国防教育宣讲，共计宣讲17场。与县人武部建立工作协调机制，结合民兵点验重要时机，充分发挥镇、村两级军服站对退役军人和其他优抚对象底数清、情况明的优势，积极动员符合条件的退

1月20日，亳州市退役军人事务局督察组到利辛县检查指导退役军人服务工作　（赵美雪/摄）

役军人参加民兵训练，同时推选优秀退役军人担任民兵教官，让退役军人在平安利辛建设中发挥更大作用。利用全县退役军人"红耀江淮"志愿服务队开展疫情防控、秸秆禁烧、乡村振兴、文明创建等志愿服务。9月，举行利辛县退役军人"红耀江淮"志愿服务雷霆大队授旗及队员入队仪式，利辛县退役军人"红耀江淮"志愿服务雷霆大队正式成立，积极开展志愿服务活动，成为利辛县志愿服务队的标杆。

【拥军优属】 2022年6月20日，安徽省双拥工作领导小组办公室发布"关于对拟命名表彰的安徽省双拥模范城（县）、双拥模范单位、双拥模范个人进行公示的公告"，利辛县成功创建省级"双拥模范县"。自2013年以来，利辛县成功蝉联3届全省双拥模范县。在春节、"八一"等重要节日期间，县委、县政府主要负责人带头慰问驻地官兵，县四套班子领导带头走访慰问退役军人和其他优抚对象。全面落实军人优先政策规定，开展现役军人、残疾军人免费乘坐城市公共汽车，免费参观游览公园、爱国主义教育基地等场所；在车站开辟军人绿色通道，设置"军人售票窗口"。在收费的公路、桥梁、码头、停车场等设置"军车免费通行""军车免费停放"等标牌标示，免收军车通行、停车费用。医院设有军人绿色通道、军人优先标示。持续拓展拥军领域，2022年，县退役军人事务局分别与利辛县温馨老年公寓、利辛玛丽亚中西医结合医院、利辛佑爱中西医结合医院、利辛县公证处、利辛县新华书店等多家单位签署双拥共建协议，签约机构承诺为退、现役军人及其他优抚对象提供养老、医疗、公证、购书等优惠服务，努力解决军人"三后"问题。开展困难退役军人帮扶援助并拨付资金，有效缓解退役军人家庭困难。全力推进退役军人优待证申办工作。

【安置就业】 10月21日，利辛县在全市率先开展转业士官选岗活动，严格落实"阳光安置"政策，现场邀请人大、纪检等单位进行监督，转业士官全部一次性选岗成功。2022年，利用线上线下相结合的方式，开展退役军人专场招聘会4场次，提供就业岗位，达成就业意向。超额完成退役军人技能培训年度任务，在全市处于先进行列。

【优抚工作】 2022年，利辛县退役军人事务局持续推进优抚政策落地，优抚对象获得感更强。认真做好抚恤补助金按月发放政策落实，将各类补助资金通过"一卡通"打卡发放的方式，及时送至各类优抚对象手中。普遍提高义务兵家庭优待金发放标准，落实每半年发放1次优待金制度，为全县义务兵家庭发放优待金。按照规定对在乡老复员军人、"三属"、残疾军人给予优抚，发放优待金。推动优抚医疗"一站式"结算平台与医疗保障信息平台对接，县退役军人事务部门与全县30余家定点医院签约，实现优抚对象基本医疗保险、大病保险、医疗救助、优抚医疗补助四项待遇"一站式"结清，让优抚对象少跑路。深入推进给予重点优抚对象基本医疗保险参保和城乡居民医疗保险代缴工作，保障广大优抚对象享受到社会普惠式优待尽享。

【烈士陵园管理】 2022年，利辛县退役军人事务局开展"2022·

奋进·网上祭英烈”清明祭扫活动，县烈士陵园网站访问量约15万人次，累计献花约11万束。开展清明祭扫、“9·30”烈士公祭日等纪念活动，县领导均出席参加。认真推进烈士纪念设施整修和管护工作，完成县内9处零散烈士纪念设施就地保护，对全县3处烈士陵园有序进行提质改造。

【典型宣传】 2022年，利辛县退役军人事务局深入开展“最美退役军人”“最美拥军人物”等评选表彰，举办退役军人先进典型事迹巡回宣讲“六进”活动。全县评选表彰“最美退役军人”16名，“最美拥军人物”10名，“好军嫂”11名，“优秀兵妈妈”11名，“退役军人创业之星”14名。推荐2名优秀退役军人和4名拥军人物参加全市评选，分别荣获亳州市最美退役军人和亳州市最美拥军人物称号。多人荣获首届亳州市模范退役军人称号。2人分别荣获安徽省模范退役军人、安徽省退役军人工作模范个人称号。

（赵雪英）

人民防空

【概况】 2022年，利辛县人民防空办公室推进创优“四最营商”环境。简政放权，完善清单制度，精简申报材料，压缩审批事项，全面实施“最多跑一次”改革，提高服务对象申报时效。项目审批全部实行网上办理，网上办事办结率均为100%，无一起超时投诉。结合全省、全市人防工程质量监督检查，组织开展两次全县人防工程质量监督检查及重点项目督察。组织开展全县人防工程安全隐患排查。配合省、市人防办开展“双随机、一公开”行政执法检查工作。开展人防科普宣传教育活动。利用传统媒体开展宣传，通过利辛发布、微博、微信等新媒体开展宣传。利用“四送一服”等平台开展人防法规政策宣传。组织宣传咨询活动5场，解答群众咨询百余人次，发放宣传材料近500册。全面落实县级“两规合一”规划编制工作，完成规划编制。全年共组织避险防灾、消防、空袭后果演练2次，参演学生、各类救援队伍共400余人次。

【指挥通信建设】 2022年，利辛县调整县人民防空指挥部，推进县人民防空基本指挥所工程建设。完善防空警报体系建设，城区警报控制系统升级改造，城区新增5台电声警报器。完成省、市人防办建设任务。完成“9·18”防空警报试鸣及演练工作。城区警报设备覆盖率、鸣响率分别为100%和100%。组织人员参加全市人防短波通信比武和全市人防机动指挥通信系统跨区综合训练，获全市人防机动指挥通信系统跨区综合训练考核先进单位。

（武宁军）

农业

◎ 综　述
◎ 种植业
◎ 林　业
◎ 畜牧业
◎ 特色养殖业
◎ 水产业
◎ 特色种植业
◎ 农业产业化
◎ 水利工程建设

综　述

【概况】　2022年，利辛县农业综合开发服务中心破解工作难题，创新工作举措，狠抓项目建设，各项工作进展顺利，年度目标基本完成。上年结转项目。2021年利辛县高标准农田建设共立项实施7个项目，计划建设规模12万亩，其中高效节水灌溉1万亩，总投资2.72亿元，涉及6个乡镇25个村、1个农民专业合作社。项目建设内容经市农发中心文件（〔2021〕24号）批准实施，2021年度内完成约65%。2022年，7个项目均通过市、县两级验收及省级抽验，验收结论“合格”。投资完成情况。2022年，项目计划实际到位资金2.73亿元，其中中央财政资金12361万元，省级财政资金7410万元，市级财政资金750万元，县级财政配套资金6739万元，企业自筹资金14.7万元。截至9月底，项目共完成投资22641.88万元。建设任务完成情况：2021年项目共建成高标准农田12万亩（含高效节水灌溉1.85万亩），2022年完成4.18万亩（含高效节水灌溉0.38万亩）。

【项目建设】　2022年，利辛县计划实施高标准农田建设任务12万亩，其中高效节水灌溉1.5万亩，共立项实施项目7个，涉及10个乡镇31个村。该项目于5月完成初步设计编制申报审批，6—7月完成项目工程及监理招标，7月下旬项目工程陆续开工，开工率100%；各项工作进展顺利，总体建设任务完成约93%。资金计划及到位情况：项目计划总投资2.73亿元，实际到位资金2.73亿元，其中中央财政资金1.33亿元，省级财政资金7691万元，市级财政资金750万元，县级财政配套5553万元，企业自筹21万元。完成投资2.2亿元。建设任务完成情况：截至12月底，2022年项目共建成高标准农田11.2万亩，其中高效节水灌溉面积1.3万亩。

【农田易涝点整治】　2022年5月，利辛县启动易涝点整治工作。易涝点整治涉及22个乡镇229个易涝点，农田整治面积18.98万亩。共协调安排市级衔接资金260万元，按各乡镇整治面积分配到22个乡镇，乡镇作为实施主体负责项目实施，农发中心负责项目资金的分配及拨付。6月底，工程全面完成。

【农田水利“最后一米”建设】　利辛县农田水利“最后一米”建设任务主要包括改造和新建农田灌溉机井、改造和新建灌溉站、清淤改造渠系、新建渠系建筑物、疏浚开挖排水中小沟、维修和新建配套建筑物等，“最后一米”新建项目主要依托利辛县2022年高标准农田建设项目及利辛县高标准农田建设整县推进工程，改造和维修项目主要依托乡村振兴衔接资金、历年高标项目结余资金及其他项目资金。截至12月底，建设任务全面完成。

【高标准农田建设整县推进】　根据《安徽省高标准农田建整县推进工程试点工作实施方案》要求，7月聘请具有资质的设计单位启动项目规划设计，完成利辛县高标准农田建设整县推进工程实施方案编制、上报、审核审批工作。《利辛县高标准农田建设规划（2021—2030年）》编制工作进展情况，根据省、市文件精神及《安徽省十年规划》《亳州市十年规划》，9月聘请具有资质的设计单位启动规划设计，编制完成《利辛县高标准农田建设规划（2021—2030年）》。高标准农田建设结合全县乡村振兴工作，加大支持脱贫村建设力度；结合农村人居环境改善，加强农田建设与农村基础设施建设的衔接；结合现代农业发展，充分发挥高标准农田基础平台作用；结合耕地进出平衡，积极开展新增耕地工作。积极协调、配合自然资源与规划部门、项目区乡镇，谋划对项目区内的荒废低洼地、林地进行整治，通过高标准农田建设的投入，2022年度项目区设计新增耕地33.93亩。项目区通过新打机井、铺设机耕道路、开挖沟渠、新建桥梁、埋设输水管道、架设高压电缆等措施的实施使农业生产条件得到了明显改善。通过项目建设，新增和改善灌溉面积15.38万亩，新增和改善除涝面积15.38万亩，新增高效节水灌溉面积3.15万亩；农村晴雨通车率达100%。项目区达到沟相通、路相连、旱能灌、涝能排、渍能降的治理标准，实现灌排、道路多举措综合治理的建设目标，给项目区带来较好地经济、社会和生态效益。项目建成后，项目区完善的农田基础设施，增强农田防灾抗灾减灾能力，巩固提升粮食综合生产能力，平均亩产增加60～100千克，为全县的粮食产量多年丰收提供了重要支撑。高标准农田建设通过集中连片开展田块平整、土壤改良、配套设施建设等措施，有效解决耕地碎片化、质量下降、设施不配套等问题，为规模化经营和农业现代化生产创造条件，提高水土资源利用率和土地产出率，加快新型农业经营主体培育，推动农业经营方式、生产方式、资源利用方式的转变，农业综合效益显著提升。

【深化农村改革】 2022年，全县共排查镇村宅基地承包地纠纷1686件（涉及5081户16697人），化解1682件（涉及5063户16653人），化解率99.76%。新增土地流转面积1.2万亩，“两块田”试点改革村46个，试点面积25.5万亩。加快培育新型农业经营主体，新增家庭农场1987家、农民专业合作社173家；全县家庭农场达到9829家、农民合作社达到4707家。2022年，全县共有308个村（社区）实施“三变”改革工作，新增23个“三变”改革试点村，实施“三变”改革的村达到86.76%。全县村集体经营性收入9444.95万元，村经营性收入15万元以上、30万元以上、50万元以上的村分别有258个、129个、25个，占比分别达到74.78%、37.39%、7.25%。

（孙启光）

种植业

【概况】 2022年，利辛县为抓好粮食生产，相继出台《利辛县2021—2022年度小麦绿色高质高效创建实施方案》《利辛县2022年大豆玉米带状复合种植实施方案》《利辛县2022年水稻、小麦、玉米“三大主粮”病虫害全程绿色防控行动工作实施方案》等文件，粮食生产工作顺利进行。利用项目资金杠杆，抓好高产创建工作。全县共落实优质小麦单品种整建制推进乡镇3个、单品种优质专用小麦万亩示范片20个、百亩示范方和5亩高产田各23个、玉米万亩示范片9个，大豆万亩示范片1个。通过高产基地创建，示范带动全县粮食生产再上新台阶。推广粮食绿色高质高效生产技术，大力推广适期、适墒、适量、适深等四适播种技术，推广实施病虫害绿色统防统治和增施有机肥，减少化肥农药使用量，实现提质增效。适时开展技术培训，开展进村入户技术指导，推广绿色配套技术。

【粮食生产】 2022年，全县粮食种植面积334万亩，比上年的332.51万亩增加1.49万亩，增长0.45%；总产158.05万吨，比上年的138.58万吨增加19.47万吨，增长14.1%。夏粮面积163.03万亩，单产498.62千克，总产81.29万吨。其中，小麦种植面积163.01万亩，同比162.36万亩增加0.65万亩，增长0.04%。单产498.62千克，同比496.91千克增加1.71千克，增长0.34%。总产81.28万吨，同比80.68万吨增加0.6万吨，增长0.74%。优质专用小麦生产面积153.68万亩，优质率占比94.5%，较上年全市优质专用粮食占比83.7%高10.8个百分点。优质专用小麦订单生产面积1137.8万亩，占比85%，较上年全市订单面积占比69.8%高15.2个百分点。秋粮面积170.97万亩，单产平均449千克，总产76.76万吨。其中，玉米种植面积140万亩，同比136.13万亩增加3.87万亩，增长2.84%；单产450千克，同比392.71千克增加57.29千克，增长14.59%；总产63万吨，同比53.46万吨增加9.54万吨，增长17.85%。大豆种植面积29.2万亩，同比28.04万亩增加1.16万亩，增加4.1%；单产95千克，同比87.73千克增加7.27千克，增长8.29%；总产2.77万吨，同比2.46万吨增加0.31万吨，增加12.6%。

【种植结构调整】 在小麦生产上，重点抓好优质小麦品种结构调整，大力推广市场需求的荃麦725、新麦26、中麦578、泛麦8号等优质专用品种，积极搭建农企对接平台，促进面企、酒企与种植主体订单生产。在秋粮生产上，适度引导青贮玉米、专用高粱、优质稻谷、高蛋白大豆以及谷子等种植结构调整，大力发展订单种植，努力提高种粮效益。如：利辛粮丰农业发展有限公司落实优质专用小麦新麦26订单种植30000亩，荃麦725订单种植4000亩；利辛县王磊种植专业合作社落实专用高粱订单种植10500亩，均与贵州茅台镇大福酒业签订回收订单，亩均增收300～350元；展沟、新张集、阚疃、汝集、孙集5乡镇发展优质专用稻谷达4万余亩，全部落实订单收购，种稻效益得到提升。落实大豆玉米带状复合种植40345亩，超额完成省市下达的4万亩生产任务，实现节本增效2017.25万元。

（马　飞）

林　业

【概况】　2022年，利辛县着力抓好林长制改革工作。推进“五个一”服务平台建设，全面完成乡镇林业（中心）所建设；结合人事调整，全县共录入林长信息1009条，技术员信息216条，警员信息531条，护林员信息1028条，责任区规划实施方案210个。推进林掌App应用，各级林长、护林员累计使用林掌App巡林10.51万次、累计行程21.91万千米，覆盖率100%，受到全省范围内通报表扬。阚疃镇王丽获“安徽省最美生态护林员”荣誉称号。

【平安森林行动】　2022年，利辛县开展“世界野生动植物日”走进校园活动及国际生物多样性日、世界湿地日、安徽湿地日、湿地保护法实施宣传咨询活动等，不断增强生态保护意识；全面落实“一林一警”“林长＋检察长”工作机制，推进林业行政执法与刑事司法有效衔接，累计办理各类林业案件32件，其中，滥伐林木行政案件14件、处以罚款8.3万元，非法捕猎野生动物行政案件8件、处以罚款1.34万元，移交公安涉嫌构成滥伐林木刑事案件1件、涉及6人，非法捕猎野生动物刑事案件9件、涉及17人，共查获野生动物958只（活体826只），依托印象江南野生动物救助站累计救助野生动物844只。持续做好自然保护地巡察监管，不断加强湿地保护修复，建设湿地保护小区30个，保护湿地面积1900.21公顷，湿地保护率52.56%，首次超过全省平均水平。西淝河湿地保护中心获评全省林业系统先进集体。

【健康森林行动】　2022年，利辛县高质量编制林业保护发展“十四五”规划、国家储备林建设总体规划、年度植树造林工作实施方案。全年完成植树造林3076亩、封山育林1840亩，新建完善农田林网控制面积10万亩，纪王场乡1个省级森林城镇以及汝集镇李营村、后路村、秦四庙村、纪王场乡向阳社区、中疃镇姜黄村、王人镇郭营村、王人社区、西潘楼镇刘营村、阚疃镇新桥村、大李集镇永红村10个省级森林村庄顺利通过验收。发布古树名木名录40株，普查后备古树29株；举办森林防灭火应急演练，挂牌建设森林防火应急物资储备库，开展森林火灾隐患排查整改，推广防火码应用，做好森林防火期24小时值班值守，不断增强森林防火应急处置能力，实现全年森林火灾零发生。全力推进碳汇森林行动，完成退化林修复3545亩、森林抚育2.04万亩；落实苗木产地检疫5家，检疫育苗地12块、树种12个、苗木近30万株，实施以美国白蛾为主的食叶害虫防治26.1万亩，全县未出现林业有害生物防治重大安全事故或次生灾害，森林固碳能力进一步增强；开展森林碳汇监测试点工作，为全面推进森林碳汇监测提供基础经验。

【金银森林行动】　2022年，利辛县大力扶持新型经营主体发展，完成安徽钜源农林科技开发有限公司、安徽硕丰薄壳山核桃科技开发有限公司2家省级林业产业化龙头企业复核认定。“双招双引”安徽硕丰薄壳山核桃科技开发有限公司林下种植项目发展林下经济3700亩，其中：薄荷、菊花1700亩，玫瑰2000亩；利辛县硕丰省级特色林业高质量发展示范园成为第二批省级特色林业高质量发展示范园。全力推进活力森林行动，加强林权流转管理，完成集体林地流转1宗；发展绿色金融，办理林业抵押贷款2件，贷款金额1540万元；推广“林长制护林保”，配套资金8890万元，办理公益林保险7616亩、商品林保险18000亩、古树名木保险16株；茨淮新河林长制改革示范区薄壳山核桃平均株产达到10千克，最高株产达到20千克。

（于　峰）

畜牧业

【概况】　2022年，利辛县畜牧部门扎实做好生猪产能调控、肥水管网项目建设、用好生猪调出大县资金、加强重大动物疫病防控、推进绿色养殖池塘标准化改造、开展增殖放流等各项工作，深入推进融入长三角一体化建设，促进畜牧业环保、绿色发展，畜牧产业取得新的工作成效，并成功举办全省兽医工作现场会。全县有规模猪场数量346家，生猪存栏50.614万头、同比增长5.4%，出栏89.629万头、同比增长2.4%，能繁母猪存栏5.769万头、同比下降3.04%；肉牛规模养殖场118家，肉牛存栏5.1779万头、同比增长3.11%，出栏5.6117万头、同比增长4.64%；肉羊规模养殖场37家，肉羊存栏43.265万只、同比下降4.38%，出栏77.652万只、同比增长8.25%；家禽存栏746.75万只、同比增长12.29%，出栏1914.51万只、同比下降12.9%；畜禽养殖规模化率达87%，规模养殖场792家。肉产量17.343万吨、同比增长5.56%，蛋产量1.8122万吨、与上年持平，奶产量1.5249万吨，同比增长39.9%。肉蛋奶总产量20.67万吨。畜牧产值38.65亿元。2022年，逐步推进“畜光互补”项目，积极推进一产“能源替代”，发展“畜光互补”产业。积极落实“活体抵押贷款”项目。利辛康翔农业有限公司与药都农商银行利辛支行达成“活体贷”协议。2022年7月15日，亳州药都农商银行首笔以肉牛为抵押物的“肉牛活体抵押贷款”900万元发放给利辛康翔农业发展有限公司。

【推进种养循环】　2022年，利辛县畜牧部门对28家年出栏2000头以上且基础建设条件好、养殖场主积极性高的规模养殖场作为项目实施主体，示范引领做好种养循环，实施肥水管网进田的规模养殖场进行“一场一策”设计并进行技术指导。通过“液态粪肥厌氧发酵＋好氧发酵＋肥水＋还田管网（吸粪车）＋粮（果、蔬）”的模式，实现对畜禽粪污资源化利用。28家年出栏2000头以上的规模养猪场已完成肥水管网建设，完成发酵液体粪污还田26.4万头猪当量，完成种养结合粪肥还田面积2.3万亩。肥水管网项目8月底审计完成。

【落实产业政策】　2022年，利辛县畜牧部门对全县年出栏500头以上且纳入直联直报系统管理的生猪规模养殖场用于生猪生产环节企业购买饲料和购买母猪、仔猪等方面的生产流动资金贷款及圈舍、良种引进、粪污处理和保险等方面的贷款，按银行利率不高于50%的比例予以贴息71家、总贴息303.08万元；对年出栏50头以上的肉牛规模养殖场实施粮改饲项目163户，验收42万多吨，补贴资金616万元；实施生猪良种补贴项目2.8万头，补贴14.2万元。

【重大动物疫病防控】　2022年，利辛县畜牧部门根据省级强制疫苗招标采购，于4月13日至4月15日全面完成省级强制疫苗的发放工作，启动全县春季动物防疫工作。应免畜禽免疫密度全部达到100%。高度重视非洲猪瘟、布病、炭疽等重大动物疫病防控，吸取2021年发生炭疽疫情经验教训，加强动物出入利辛县的检验检疫，在全县设置18个检疫出证点，由官方兽医负责辖区内动物的进出检验检疫工作。4月10—17日，在全县范围内开展“大清洗、大消杀”活动，共消杀养殖场1073家，各乡镇累计使用消毒药品1.6吨。印发《2022年利辛县动物疫病监测与流行病学调查计划》，动物疫控中心对口蹄疫、小反刍兽疫和禽流感进行了抗体检测，共采集3个猪场，5个鸡场，2个牛场和2个羊场，采集并检测样品290份。

【全产业链发展】　2022年，利辛县畜牧部门围绕生猪产业推进全链条发展，以产业链上的禾丰牧业等龙头企业为中心有效整合各种资源，打造畜禽生产联合体，发展“标准化生产＋特色深加工＋现代物流＋终端市场”一条龙的产业链模式。建成年加工20万吨饲料厂一座；2022年7月，项目计划总投资1.9亿元，年屠宰100万头生猪和12万吨深加工及冷链物流投产运行，包含生猪屠宰、预冷、分割、深加工、包装、冷藏、低温配送等。初步构建起饲料加工、养殖、屠宰、精深加工、冷链运输、市场销售为一体的生猪全产业链体系。

（郑　锐）

特色养殖业

【概况】 2022年，利辛县围绕巩固拓展脱贫攻坚成果，着力推动特色种养业“四带一自”产业模式建设。2022年，县农业农村局衔接资金项目89个，资金41347万元。其中到户项目1个，人居环境整治类项目1个，产业发展到村项目87个。全县特色种养殖自种自养共奖补8520户，奖补资金3519.15万元。全县共131个经营主体参与带动，共带动3780户，其中市级以上龙头企业17个带动653户，专业合作社63个带动1830户，家庭农场51个带动1297户。全县共建成特色种养业园区87个，90个重点村均形成主导产业。18个“一村一品”村均已建设达标，2022年“两品一标”新认定5个产品，同比增长25%。借助小岗大会、农民丰收节等平台，累计开展产销对接6次，帮助销售2000余万元。

【服务保障】 2022年，利辛县通过古庙会、农民丰收节、主题党日等活动，多种形式宣传产业政策，并选派160名农业各类专业技术指导员下乡，联系365个村，960个科技示范户、320个脱贫户。累计培训农户1.3万户，帮扶对象8946户，培训驻村工作队、产业发展指导员416人。继续实施“防贫保”综合保险项目，全年参保人员70255户（其中脱贫户61655户，监测户8600户），保费采取群众自交与财政补贴相结合的方式，其中群众自交保费254.56万元，财政补贴309.79万元。

（刘 席）

水产业

【概况】 2022年，利辛县水产品总产量1.31万吨，其中养殖产量1.2万吨，捕捞产量1151吨。养殖面积4266公顷，其中池塘2023公顷、年产9351吨；河沟2243公顷、年产2259吨。稻田养鱼800公顷，年产372吨。水产总产值3.12亿元，增加值1.72亿元。

【渔业放流及池塘改造】 2022年，利辛县为更好增殖和养护渔业资源，保护水域生态环境，8月4日，县畜牧部门在茨淮新河和西淝河水域进行鱼苗投放，放流经费投入30万元，投放总数量300万尾。2022年，实施养殖池塘改造150亩。

（孙 杰）

特色种植业

【概况】 2022年，利辛县扎实开展蔬菜产业“绿色高质高效行动”，推广“双减”模式，通过调整种植结构、提升复种指数、充分利用冬闲田和撂荒田等措施，着力增加设施蔬菜面积，提升露地蔬菜生产能力。全年完成蔬菜播种面积30.2万亩，产量51.25万吨；完成中药材种植10.53万亩；发展设施农业10.68万亩（蔬菜8.52万亩，水果0.66万亩，瓜果1.5万亩）；食用菌培育面积748亩（其中羊肚菌392亩），产量4350吨，产值2176万元。在设施蔬菜发展方面，进一步引导经营主体适度规模化经营，充分发挥城北镇、城关镇、永兴镇等示范园区的带动作用，进一步促进全县特色产业发展。开展优质蔬果产品创建工作，培育发展壮大一批特色产业基地，形成巩店翠冠梨、中药材基地、食用菌生产基地、城北冬枣、程家集万亩桃园、千亩莲藕、中药材、张村小青菜、阚疃太空莲莲子、马店孜薄壳山核桃生产等一批特色产业基地，特色产业发展带来经济社会效益和在乡村产业振兴中的重要作用日益显现。

【蔬菜生产】 2022年，利辛县扎实开展蔬菜产业“绿色高质高效行动”，推广“双减”模式，通过调整种植结构、提升复种指数、充分利用冬闲田和撂荒田等措施，着力增加设施蔬菜面积，提升露地蔬菜生产能力，确保蔬菜面积只增不减，强化应季应急和速生蔬菜生产管理，实现蔬菜产量稳中有升、外调能力明显增强。2022年底，蔬菜播种面积32万亩，产量58.7万吨，产值超19.8亿元。主要品种有小青菜、花菜、大蒜、辣椒、莲藕、韭菜、萝卜、番茄、白菜、茄子、黄瓜、黄花菜等。重点乡镇有城关镇、城北镇、永兴镇、王市镇、汝集镇、巩店镇、张村镇、大李集镇、望疃镇等。

【食用菌生产】 2022年，利辛县食用菌生产主体主要分布在永兴镇、汝集镇、巩店镇、江集镇、程家集镇、城关镇等，截至2022年底，从事食用菌生产的经营主体已发展到50多家，占地面积748亩（其中羊肚菌392亩，羊肚菌为单季菌菇，不连续生产），2022年底，食用菌产量4950吨，产值超2596万元。主要生产平菇、香菇、双孢菇、羊肚菌、猴头菇、杏孢菇、赤松茸等。

【水果生产】 2022年，利辛县积极落实国家农地非农化相关政策，指导水果生产主体引进先进生产技术，引导全县水果产业绿色高效发展，提高亩产水平。引导水果生产主体适度规模化生产，积极发展林下经济。全县水果品种主要有桃、梨、葡萄、草莓、冬枣、草莓等，已初步形成具有地方优势的特色水果生产基地。2022年，县水果生产面积3.8035万亩，产量6.6682万吨，产值3.0143亿元。发展西甜瓜1.3618万亩，产量4.1564万吨，产值1.4982亿元。

【中药材生产】 2022年，利辛县以“一村一品”示范村镇创建为抓手，建成以巩店镇、中疃镇、永兴镇、张村镇、程家集镇、城关镇、大李集镇、王人镇等为中心的中药材主导产业，有力促进全县中药材等特色产业的蓬勃发展、稳定发展、绿色发展、品牌发展、高效发展。新型经营主体带动贫困户的能力明显增强，“龙头企业+合作社+农户”的利益联结机制和农产品产销对接机制不断健全，特色产业技术指导实现全覆盖，助力绿色减贫，接续乡村振兴，产生巨大的社会、生态、经济效益。截至2022年底，完成种植中药材11.03万亩，产量5.891万吨，产值3.1亿元。主要品种有白芍、白芷、白术、菊花、薄荷、板蓝根、牡丹、黄蜀葵、决明子、艾草、桔楼、丹参、玄参、核桃、女贞等。

（孙 杰）

农业产业化

【概况】 2022年，利辛县认真实施“两强一增”“机械强农”提升服务。由安徽农翼农业服务有限公司和县农机推广站共同承担，在城北镇三和村、刘染村负责实施。实施面积1200亩，围绕小麦提质增效、玉米籽粒收获、大豆高质低损收获以及玉米大豆带状复合种植技术等内容，以作物品种、栽培模式、农机装备为重点，实施良种、良法、良机配套全覆盖，关键生产环节农机装备协调发展，开展技术融合攻关研究。总结出农机农艺融合技术路线图，凝练出区域性适应、可复制、可推广的农机农艺融合技术模式。大豆玉米带状复合种植模式的推广和农机农艺融合基地建设取得良好成效。经测产大豆单产123千克，玉米单产466千克，分别超预期目标13千克、26千克，实现亩均综合效益1856.8元，较常规玉米、大豆单一种植增加600元/亩以上。

【粮食烘干中心建设】 2022年，利辛县以粮食主产县粮食烘干中心建设为主要内容，补短板、强弱项，加快推进粮食等主要农作物产后干燥机械化水平，确保粮食丰产丰收、安全入库的要求，根据促进全县农业生产及农机的发展需求，选择具有一定规模的，且其有强烈的自主建设意愿的安徽联众种业有限公司、汝集镇国丰农业发展有限公司具体实施。两个烘干中心建设完成并验收，均投入运营，社会效益、经济效益双赢。

【全程机械化农事服务中心建设】 2022年，利辛县按照择优扶持一批以农业机械化服务为核心，集农资统购、技术示范、咨询培训、产品销售对接等“一站式”综合农事服务为一体的综合农事服务中心的目标要求，根据调查了解，由孙集镇利辛县博宇农机专业合作社、巩店镇镇利辛县小华农机服务专业合作社、王人镇利辛县佳联农机专业合作社实施。3个综合农事服务中心建设完成，带动当地农事全程托管积极发展，运营效益良好。2022年，完成培训理事长50人、机手740人次的培训任务。

【购机补贴】 2022年，利辛县继续实施购机补贴政策，充分利用广播电视、网络、宣传手册、明白纸、手机App、信息平台等形式多样的宣传报道，让广大群众知晓政策，保证宣传到位。2022年，购机补贴分配资金3404万元，整合“新型经营主体培育”资金350万元，总计使用资金3754万元。全年共计受理补贴各类机械（具）3875台（套），受益农户2918户。其中，拖拉机573台，收割机309台，其他各类机具2993台（套）。

【农机服务】 2022年，旱季期间全县共投入小麦联合收割机4835台（其中履带式联合收割机814台），大中型拖拉机6518台，打捆机1537台，大豆播种机4456台，玉米播种机12533台，引进收割机、打捆机1097台（套）。培训机手5740人，检修机械10368台，其中联合收割机2120台、大中型拖拉机2860台，成立应急抢收服务队46个，成立农机维修服务队37个，维修技术人员107人。发放跨区作业证206张，成立跨区作业接待服务站2个。农机托管基本保证全县主要农作物耕种收作业托管以及秸秆还离田综合利用全覆盖，三夏全县机收率稳定在99%以上。秋季农机服务继续与秸秆禁烧同部署、同要求作为秋季的重点工作和政治任务，要切实做到宣传到位、指导到位、措施到位。落实玉米收割机2318台，大中型拖拉机5779台，秸秆打捆机1095台，播种机械20758台套。全年实现全县机械总动力183万千瓦，综合农作物机械化率96.3%，农机托管率在95.6%以上。

（孙启光）

水利工程建设

【概况】 利辛县水系分为四大流域：茨淮新河流域，西淝河下段流域，涡河流域和芡河流域，均属淮河流域。全县50平方千米以上的排水河道23条，长394.7千米；10～50平方千米的排水大沟84条，长625千米。主要河道有茨淮新河、西淝河上段、西淝河下段、阜蒙新河、老母猪港、利阚河、苏沟和芡河8条河流，长度239.3千米。

防洪工程。利辛县防洪工程分为两部分：一是茨淮新河及西淝河（包括母猪港、阜蒙河）两岸的防洪工程；二为南部洼地（茨淮新河以南）的圩堤及西淝河下段左岸大堤防洪工程。茨淮新河防洪工程包括本干穿县境内两岸62千米的堤防，穿堤涵闸及排灌站9座；西淝河上段防洪工程包括朱集闸以下两岸长107千米的防洪堤，其中：西淝河防洪堤长79.5千米、母猪港周寨闸以下防洪堤长14.5千米、阜蒙河李长郢闸至李楼闸之间两岸防洪堤长13千米。防洪堤穿堤涵闸及排灌站共计70座。茨淮新河、西淝河上段防洪工程防洪保护面积为1000平方千米，耕地120万亩，人口78万人。县南部洼地的圩堤工程包括：西淝河下段两侧洼地圩堤和乌江洼地圩堤，总共11处，长73.5千米，防洪保护面积66.2平方千米，耕地8万亩地，保护人口6万人。其中，西淝河下段两侧洼地共8处圩堤，保护耕地6.2万亩；乌江洼地圩堤3处，长9.5千米，保护耕地1.8万亩。圩堤共配套排涝涵站34座，装机28台1260千瓦。可防御百年一遇型洪涝灾害。淝左大堤是淮河大堤的组成部分，全长55.6千米。其中利辛县域全长15.86千米，穿堤防洪涵闸6座。

除涝工程。利辛县50平方千米以上的排水河道23条，10～50平方千米的排水大沟84条。84条排水大沟中有85%均达到或超过5年一遇除涝标准。全县排涝河道密度满足要求，排涝框架形成，局部排水系统不完善，部分标准偏低。全县有电力排涝站52处，装机118台9735千瓦，其中，县管26处，群管26处。

灌溉工程。全县现有涵闸145座，其中，大型节制闸1座（阚疃闸），中型涵闸10座，小型涵闸134座。电力排灌结合站19处，装机59台5724千瓦。现有机电井18250眼。引江济淮西淝河线供水工程全面开工建设，工程建成后将发挥巨大的城乡供水、农业灌溉及生态环境等综合效益。

【水利工程建设】 2022年，利辛县实施北凤沟治理工程、城区生态水网一期工程、济河主要支流二期（北乌江）治理工程（与阜阳市颍东区共建）、农业基础产业配套水利工程、干溪沟综合治理工程。

利辛县北凤沟治理工程。涉及纪王场、江集、旧城3个乡镇。疏浚北凤沟河道长度17.2千米，加固堤防14.4千米；疏浚大中沟11条，总长62.12千米，土方116.7万立方米。新建董洼、江老家、潘桥3座节制闸；新建康庄、张庙、大金沟3座引水涵；新建、重建桥梁17座，生态护坡护岸工程4.64千米。项目批准总投资7718万元，工程投资7000万元，其中，省级以上财政资金4410万元，县级配套资金2590万元。工程于2021年10月26日开工建设，2022年5月16日完工，6月15日通过完工验收。

济河主要支流二期工程（北乌江）治理。2021年列入中小河流治理项目，工程涉及阜阳市颍东区和利辛县，项目批复利辛县总投资5719.42万元，工程部分3013.28万元。项目涉及利辛县胡集、大李集2个乡镇，疏浚北乌江共界河道12千米，疏浚大李集镇境内河道6千米，新建桥梁5座，兴建节制闸1座，新建排涝站3座，加固堤防11.2千米。完成河道疏浚16.5千米，新建桥梁6座，完成西康湖闸、杨湾站和陈堂站主体工程，板集西站在施工中。

产业配套设施水利提升工程。新建于刘西涵；拆除重建大龙沟涵、青年站、马北站、河刘站、南圩南站、苏湾涵、张谢涵；治理张村镇干溪沟；维修加固朱集闸启闭机房；新建桥梁4座。工程投资2635万元。工程于2022年12月8日完工验收。

城区生态水网一期工程。利辛县城区生态水网一期工程是地方专项债券项目，项目批准总投资5357.60万元，其中工程投资5059.60万元，完成清淤马闫沟4.8千米，完成龙吟河闸站、旱阳沟闸站、黄龙沟节制闸和龙吟河桥工程，完成生态护坡1.2千米，完成工程投资3800万元。

干溪沟综合治理工程。疏浚河道8.3千米，河道护岸（两岸）3.9千米。工程投资1400万元。工程于2022年12月9日完工验收。实施阚疃镇白洋沟—郑沟水系连通工程。疏浚郑沟、横河、团结沟、红旗沟、胜利沟，总长度23.5千米，新建涵闸2座，拆除重建桥梁11座。

【河长制工作】 2022年4月20日，利辛县召开总河长会议，制定2022年河长制考核办法，严格要求按照《利辛县全面推行河长制河长巡查制度》开展巡河。全年，各级河长巡河共42589次；其中，县级河长巡河26次，乡级河长巡河2915次，村级河长巡河39648次；发现问题2182个，全部完成整改。为杜绝青少年儿童溺水事故的发生，发放、张贴或利用小广播、小喇叭、微信等不同形式广泛宣传“十个一”“六不一会”等防溺水安全知识。严格执法监管。河长制成员单位形成合力，积极开展部门联合执法行动，严厉打击涉河乱占、乱采、乱建、乱堆等“四乱”行为。稳步推进行政执法与刑事司法相衔接，借助公安、检察部门优势，强化执法监管，依法打击破坏水利工程设施及危害水环境质量的行为。全年，水行政执法立案8起。落实“河长+检察长”机制。7月28日，县河长办与县检察院对马店孜镇西淝河马店孜段迎水坡两处违章建房现场督办、交办，解决了多年历史遗留问题。

【河湖“清四乱”专项治理】 2022年，利辛县水利部门加强西淝河、茨淮新河清水廊道保护。县河长办每月组织4个组对全县各乡镇主要河道进行督查暗访，问题形成清单，及时通报。督查发现1159个问题全部整改完成。开展河道大清理专项行动。4—6月，完成河长制河道大清理，坚持水岸同治、标本兼治、全民共治的目标，继续推进对河道“四乱”现象集中整治，共整治河道问题311个。开展塑料污染联合专项行动。8—11月，开展全县塑料污染治理联合专项行动。以西淝河、茨淮新河、茨河、利阚河、阜蒙河、阜涡河、车辙沟等重要水域为重点，实施河道“清漂”行动，对河道管理范围内塑料垃圾进行专项清理，河道面貌有很大的提升。

【碧水保卫战】 2022年，利辛县水利部门对全县各乡镇沿河建房进行排查，共排查220条河道，在河堤上建房的有3681户，其中污水直排的房屋有1788户，截污纳管的房屋542户，设置三格式化粪池房屋1351户，县河长办对涉及的乡镇进行交办。河道保洁常态化监管。按照城乡环卫一体化的要求，县水利局对西淝河、茨淮新河等7条设置县级河长的主要河道保洁情况进行监管，河道管理单位茨淮新河管理所、河道保护管理中心对河道进行常态化巡查，县河长办每月对保洁情况进行督查，对发现问题形成清单，及时交县城市管理局办理。2022年，7条河道共清理漂浮物等垃圾3000余吨。统筹水环境治理。2022年利用去年度水利项目结余资金和乡村振兴资金共2000万元，对干溪沟、车辙沟下段进行综合治理。工程的实施后，大幅度地改善了西淝河上段支流水生态和水环境，减少支流流入西淝河的污染水源，保障人民群众的饮用水水源安全。

【水旱灾害防御】 2022年，利辛县水利部门完成《利辛县超标准洪水应急预案》《利辛县水旱灾害防御应急预案》编制工作，印发《利辛县2022年水旱灾害防御工作方案》《利辛县水旱灾害防御应急响应工作规程（试行）》。按照应急预案组织40人，开展水旱灾害防御知识培训和应急调度演练，提高水利系统应急响应能力。开展维修养护。4月30日，汛前组织16名工程技术人员，成立3个检查维修组开展汛前检修，完成47座排灌站、145座中小型涵闸和堤防工程的检查维修任务。并对排查出的10处隐患和1处开口工程分别建立问题清单，5月10日全部完成整改工作，确保水利工程安全度汛。加强监测预警。利用10座河道自动水位监测站、20座涵闸站视频监测和10座涵闸泵站自动化控制系统，开展水旱灾害防御预报预警管理。四是做好工程调度。6月10日启动利辛县水旱灾害防御Ⅳ级应急响应，组织技术人员，合理调度所有涵闸、泵站。在2022年夏季旱情中分别开启马胡南涵引水和郑沟站、东宫营等10处排灌站进行提水，累计引水提水量5600万立方米，为农业抗旱提供水源保障。

【地下水资源管理】 2022年，全县共办理地下水取水许可证32个，安装在线监测计量设备11套。加大水资源费征收工作。全年依法对全县取用水单位和个人下达限期缴费通知书，按照新标准，足额征收水资源费共计151万元。推进节水型社会创建工作。创建节水型机关单位31家，居民小区11家，节水企业19家，申报材料编制完成并通过专家评审；节水型社会创建自评估报告已通过市级初验，上报至省水利厅。加强地下水资源管理。认真贯彻落实《安徽省地下水超采区治理方案》，制定年度地下水压采计划，加强超采区自备井整治工作，全年共封闭中深层地下取水井4眼，压采地下水取水量32.8万立方米。

【引江济淮利辛段工程】 2022年，利辛县水利部门做好引江济淮一期施工环境协调。完成西淝河北站、阚疃南站、西淝河下段清淤工程临时占地协调工作。配合做好引江济淮二期设计。配合引江济淮二期设计单位做好利辛县分水口门工程建设、西淝河管护工程建设（包含道路建设、防护网建设、涵闸拆除重建等）设计。以利辛县境内茨淮新河及西淝河是江水北送“清水廊道”的先天优势，2022—2025年，计划新建3个地表水厂、扩建2个地表水厂、延伸县城地表水厂，以原来建设的地下水厂作为加压站，把全县的地表水厂并网，实现全县一张网。项目批复总投资15.06亿元，2022年目标任务是开工建设3处地表水厂，新建取水泵站2处，新建输水管道10千米、配水管道56千米，完成投资2.6亿元。工程于2022年7月4日开工，截至年底，新张集地表水厂累计完成输水管网4千米、配水管网10千米；张村地表水厂累计完成配水管道完成16千米；郁湖西地表水厂累计完成输水管网6千米、配水管道30千米。新张集地表水厂厂区取得用地批复，在进行围墙、炭滤池基坑、临时道路等建设。郁湖地表水厂完成清场，坟墓迁移，弱电及强电迁移，进场道路施工、厂区围挡施工；张村地表水厂完成清场，进场道路施工等。

（郭武峰）

工业 园区

利辛年鉴

◎ 综　述
◎ 轻纺工业
◎ 煤矿业
◎ 板集电厂
◎ 利辛经济开发区
◎ 工业企业选介

综　述

【概况】 2022年，利辛县经信局着力抓好疫情防控和工业经济发展，工业经济运行稳中有进，实现稳中向好的局面。全县规模工业实现增加值32.3亿元，同比增长5.9%；工业固定资产投资35.3亿元，同比增长37.2%，技改投资8.6亿元，同比增长101.6%。

【防疫物资生产与储备】 2022年，利辛县认真贯彻落实习近平总书记关于坚决打赢疫情防控的一系列重要指示精神，确保疫情防控措施落实到位。积极应对疫情形势变化，及时储备防疫物资，多渠道寻路铺“网”，拓宽物资筹措渠道，严把质量关，每次采购防疫物资都检查质检证明、产品合格证及防疫物资抽样查验等，有关资料存档备查，真正做到货比三家、从优从速。确保全县疫情防控工作需要。

【大力推进项目建设】 2022年，利辛县经信局以在统项目和已备案未入库项目为抓手，细化目标、明确责任，定期开展督办检查，督促工业项目有序进行。全年累计入库项目28个，计划总投资101.3亿元，投资在线监管平台备案项目9个，备案金额2.99亿元；“双招双引”高端装备制造项目平台录入项目17个，金额89.39亿元；制造业大会签约4个项目，合同引资金额36.2亿元。央企合作实施项目4个，投资规模61.18亿元，竣工2个，其余2个有序实施；“两强一增”工作，中苏现代农业智能装备制造中心安徽总部基地项目总投资5亿元，开工建设。指导企业积极谋划申报省市工业发展专项资金项目。获批2022年制造强省、民营经济政策资金项目2个、189万元。获批2021年支持新兴工业强市建设专项资金项目10个、192.2万元。拨付2020年县专项资金涉及企业50家、金额1590.04万元。

传旗重科生产出新能源环卫车　　（县委宣传部／供）

【强化企业培育】 2022年，利辛县开展“个转企、小升规、规挂牌”培育，建立拟入规企业培育库，指导企业做好入规申报工作，新进规上企业16家。按照“众创业、个升企、企入规、规上市”和育龙头、聚集群路径，加快企业提档升级，培育一批“专精特新”企业、专业化“小巨人”企业。2022年，13家规上企业进入市级专精特新中小企业培育库，其中有5家申报成功。

【助力企业提质创新】 2022年，利辛县经信局加强质量品牌建设。天赢电气获批2022年安徽工业精品，京威纺织获批2个省级新产品。推动绿色发展。金宜食品获批市级绿色工厂，瑞虎肥业获批省级绿色工厂。积极开展工业设计中心和创新型中小企业培育工作。2022年，京威服饰获批省级工业设计中心，7家企业获批安徽省创新型中小企业。推进“两化”融合发展。2022年，获批工信部“两化”融合管理体系贯标企业2家。加强企业人才队伍建设，实施企业经营管理人才素质提升工程，积极开展培训工作，开展培训9场300人次。

【开展亩均效益评价】 2022年，利辛县经信局出台《利辛县工业企业绩效综合评价办法（试行）》，74家规上企业列入亩均效益评价范围，其中，轻纺服饰类20家，食品加工类17家，建材类企业17家，其他类企业20家。

经过评定A类企业19家、B类企业34家、C类企业14家和D类企业7家。针对亩均效益评价结果，及时摸排企业需求，并组织召开专题会议，要求各金融机构按照评价结果制定融资贷款的政策，切实保障企业融资需求。全县开展亩均英雄贷银企对接活动4次，对接和邦纺织、凯盛汽车、金宜食品等10余家企业，涉及贷款金额3300余万元，协调利辛县农商行发放首批“亩均英雄贷，”惠及四家企业，贷款金额1100万元。

县经信局工作人员到利辛县佳辉服饰有限公司调研　（县经信局／供）

【企业光伏建设助力节能降耗】 2022年，利辛县经信局按照“管行业必须管节能”工作原则，差别化分解节能降耗指标任务，推进工业企业节能技改，降低能耗，减少排放。为进一步降低工业生产能耗，鼓励企业以自建、合建和租赁厂房等方式建设光伏发电项目，目前全县建成并网27家，规模40.3兆瓦；在建16家，规模30.7兆瓦；摸排有意向建设光伏电站的企业37家。光伏发电项目的建设，为企业降低能耗打下坚实的基础。

轻纺工业

【概况】 轻纺服饰是利辛县的传统产业，轻纺工业起步于20世纪50年代，经过一段时间的探索与集聚，特别是国家改革开放后，产业规模迅速扩大，呈现出强劲的发展态势，成为利辛县具有鲜明地方特色和区域比较优势的主导产业之一。2022年，全县有轻纺服饰企业400余家，其中规模以上企业35家，轻纺服饰产业总产值突破70亿元，吸纳社会劳动力4万多人，项目集中度、企业集聚度、产业集群度名列亳州地区乃至全省前列。

【产业集聚初具规模】 2022年，利辛县轻纺工业形成色纺、混纺、织布、针织、服装、服饰、纱门、挡风被、边布等门类较为齐全、产业链条较为完整的产业体系。2022年，轻纺工业产值1000万元以上的纺织服装丝网纱门类企业210家，其中规模以上企业27家，年实现产值22亿元。纺织类骨干企业有翰联色纺、明峰纺织、唯一纺织、润天纺织、亿顺通、鸿瑞祥织造等。针织类骨干企业有君翰纺织、京威服饰、佳辉服饰、三泰服饰、绒雪织造等。服装类骨干企业有伯希和、名珂尔服饰、圣凡瑞服饰、凌盛服饰等。丝网纱门骨干企业有富亚纱网、骄阳软门、双盈纺织、婉悦纺织、亿腾布业、兰奇丝网等。

【产业链条逐步延伸】 2022年，利辛县轻纺工业产业链条持续完善，色纺、混纺、织布、针织、电子网布、印刷网、人造棉、磁条、边布、印花、绣花、服装、服饰、织带等企业不断落户域内，已经涵盖了纺织服装丝网产业的大部分门类。以丝网纱门、挡风被为例，全县从网布织造、边布织造、面料织造、人造棉，到印花、绣花、磁条、包装等已经形成较为完整的产业链条，且链条在不断拉长。兰飞化纤、兰奇丝网、亿隆筛网和飞达网业等主要织造高端电子网布、印刷网产品的企业相继落户。2022年，全县共有棉纺（化纤）10万锭，喷水织机6000台，梭片织机160台，电脑针织横机2500台，超声波缝合机2.5万台，全县加工丝网纱门3亿条、挡风被6500万条、家居服2000万件以上。规模以上纺织服装丝网企业实现纱产量9900吨、9500万米，针织衫900万件，服装780万件，电子网印刷网5200万平方米，年需各类化纤材料（含边布）40万吨。

【质量品牌大幅提升】 2022年，利辛县轻纺工业企业不断强化技术创新，加强技术改造，促进产业升级，企业技术装备水平快速提升。兰飞化纤设备大部分为进口设备，君翰纺织、京威服饰、三泰服饰等采用国内最先进的生产设备，同时部分企业通过“两化”融合进一步提高生产效率。截至2022年底，全县累计培育规上纺织服装丝网纱门企业27家，工信部“专精特新”小巨人企业1家、省级“专精特新”企业8家。实施丝网纱门企业技术中心培育行动，引导企业不断提高研发占比，获批国家级企业技术中心1家、省级企业技术中心4家、省级制造业创新中心1家、省级工业设计中心5家、安徽省消费品工业三品示范企业5家、省技术创新示范企业2家、省制造业与互联网融合发展试点企业3家、省制造业创新中心1家、省信息消费体验中心1家、省智能工厂2家。认定国家级安徽省绿色产品2项、安徽省工业精品5项、省新产品17项。获亳州市政府质量奖2个，提名奖3个，驰名商标3个。

【外贸出口快速增长】 2022年，利辛县轻纺工业随着企业规模的壮大、生产能力的提升，产品市场占有率不断提升。翰联色纺生产的粘胶色纺纱线全国第一、伯希和户外运动服装在全国排名前四，国际排名前七。丝网纱门产品在全国的市场占有率可达90%以上，挡风被市场占有率在70%以上。2022年，全县17家纺织服装丝网企业出口总额为1774万美元，占全县外贸出口总额的48.5%。其中，出口额较多的企业有：京威服饰63.8万美元，富亚纱网301万美元，骄阳软门452.9万美元，翰联色纺145万美元，出口市场由东南亚扩展到欧洲、美洲、非洲等50多个国家和地区，初步形成多元化市场格局。

【产业转移加速集聚】 2022年，利辛县随着长三角一体化加速推进，承接产业转移的优势在日益凸显。2020年后，有40家纺织、服装、针织类企业从长三角地区迁出，落户利辛。利辛经开区吴江产业园一期工程落地喷水织机企业11家；投资亿元以上的三泰服饰、君翰纺织、明峰纺织、丰彩纺织、巨创化纤、润天纺织、诚盈纺织、新琛纺织、鹏耀纺织等一批纺织针织服装项目投产达效。利辛县以翰联色纺、佳辉服饰、双盈纺织、唯一纺织、富亚纱网、骄阳软门、和邦纺织等为代表的本土企业不断发展壮大，轻纺服饰产业的整体竞争力不断增强。

煤矿业

【概况】 2004年9月18日板集煤矿筹建，项目于2006年8月经国家发改委核准；2010年12月获国土资源部颁发的采矿许可证。井田东西长约5.3千米，南北宽约2.5～6.7千米，面积约30平方千米。矿井由合肥煤炭设计研究院设计，年生产能力300万吨，服务年限为53年。煤种以气煤为主，三分之一为焦煤，煤层赋存稳定，发热量高。板集煤矿通过科学组织，打破常规，立体交叉平行作业，仅用75天完成“五通一平”工程，打破两淮地区矿井筹建纪录。由于煤层上方覆盖580米厚的新生界松散层，板集煤矿主、副、风三矿全部采用钻井法施工，井筒深度、直径、工程规模均列世界第一位，2007年6月14日，风井二级扩孔累深656米，达到设计深度钻径和钻深两项世界纪录，在世界钻井史上具有里程碑式的意义，入选中国世界纪录协会两项世界纪录，该矿钻井法施工三井井筒的深度、直径和工程规模均为世界第一。

【煤电一体化】 中煤新集利辛矿业公司是板集煤电一体化项目配套矿井。2022年7月7日，利辛矿业公司顺利通过竣工验收，标志着矿井正式由基建转为生产，每年可提供300万吨煤炭保供能力。作为板集煤电一体化项目配套矿井，板集煤矿与板集电厂通过输煤皮带相连，节约了煤炭运输及存放成本，区位优势明显。作为利辛县煤电循环产业园的重要组成部分，矿井的建成投产，将有效释放优质煤炭产能，提升能源保供能力，履行央企社会责任，有效带动和促进地方经济发展，更好地担当能源供应“压舱石”。2022年销售煤炭187.54万吨，工业总产值11.05亿元，销售总产值11.06亿元。

【安全生产】 2022年，中煤新集利辛矿业公司细化安全责任落实。突出“唯一责任”安全管理原则，实行“一岗位一清单”，修订完善安全生产责任制，制定下发“岗位风险＋操作流程”清单，着力构建权责明确、相互制约、有效监督、闭环管理的运行机制。强化违章追溯分析。加强违章作业、工伤事故的追溯分析，根据追溯成果，修订《中煤新集利辛矿业井下柴油安全使用管理规定》《利辛矿业安全管理规矩》《巷道施工警戒管理规定》等管理制度。严格考核管理。研究制定《利辛矿业“三纵三横”安全专项考核实施方案》，分单位、分岗位细化考核办法，量化考核指标，形成自上而下、覆盖全面的安全管理局面。严抓安全管理责任落实。严格入井写实管理，开展矿领导写实291人次，（副）主管级人员写实922人次。加强包保管理。结合阶段性安全管理需要，分别成立安全包保组、安全生产标准化包保组，明确21名安全生产技术科室管理人员对26个矿属及外委单位进行安全包保，建立安全包保台账，对包保的数与质进行量化考核，切实提升安全包保效果与质量。2022年，中煤新集利辛矿业公司推进实施110504工作面区域水害地面治理工程，通过地面区域治理与井下钻探、物探相结合，查明工作面水害影响因素，并通过注浆封堵等措施，超前消除水害风险；采取矿井日分析、公司周分析会商制度，通过跟踪分析、监督预警及效果评价等措施，全程做好工作面开采期水害防控；统筹做好接替面水害防治，落实110503工作面和南翼巷道掘进超前物探、钻探探查，推进南翼剩余块段地面区域治理，保障矿井生产秩序稳定。同时，联合公司开展水害应急演练，有效提升水害风险应急能力。加强井筒水害防治，先后施工4个松散层变形监测钻孔，形成动态监测成果268组，与安徽理工大学开展技术会商4次，对井筒安全使用情况进行了分析、论证，形成研究成果报告，确保井筒安全性。加强110801工作面收作及110504工作面回采期间的防火灭火管理，坚持“以防为主、以治为辅”工作思路，采取灌浆、注氮、喷洒阻化剂等综合防火灭火措施，确保工作面防灭火形势稳定。细化措施保障。分解落实集团和公司“十五项安全保障措施”，重点围绕组织保障、压实责任、隐患整治、风险防范、外委队伍管理等26项具体工作，明确措施要求、责任单位、落实期限等要素；研究制定《关于加强板集煤矿近期安全生产工作的通知》，全方位加强安全管理。全面防范化解重大安全风险。围绕年度辨识的重大风险，每月组织召开风险分析研判，严格抓好日常管控措施落实；建立健全隐患排查治理制度，每月组织一次全覆盖事故隐患大排查及月度分析总结会，每半月由各分口组织对本专业或系统进行全覆盖的事故隐患排查治理，防范化解风险。

【推进智能采掘】 2022年，中煤新集利辛矿业公司在上年度建成投用110801智能化采煤工作面基础上，继续推进110504智能化采煤工作面建设，实现记忆截割及支架跟机自动化率达85％以上。建成东二采区探巷、南翼胶带机斜巷、南翼回风斜巷及南翼轨道斜巷4个智能化掘进工作面，明确“不使用新设备就停头”的强推令，通过推广应用掘锚一体机、自移机尾、支护台车等快速掘进作业设备，实现“掘、锚、支、运”一体化作业，掘进机械化率达93%，全年单进上水平达9次。其中，11月综掘二队施工东二采区探水巷，在册55人，完成月进尺303.8米，减人提效作用明显。11月25日，公司组织召开智能化掘进提效现场会，对智能化掘进提效经验进行现场推广。集控中心接入“采、掘、机、运、通、安”等29个子系统、20个固定车间及硐室控制系统，实现地面对井下各系统的集中统一控制，累计减岗15个，减员60名。

【科学生产】 2022年，中煤新集利辛矿业公司生产组织稳步有序。针对110801工作面地质条件异常复杂，通过采取断层超前治理、顶板提前加固、合理控制采高、严格煤矸分流等举措，有效确保回采安全和资源回收率；综合110504工作面水害威胁因素，本着“安全稳妥”的开采思路，通过采取“一控、两分析、两超前、五监测”多措施保障原则，确保了110504工作面安全回采，并为日后同类型工作面开采积累了经验。同时，科学安排110801工作面及110504工作面配采工作，最大限度释放煤炭资源，全年生产煤炭1900403吨。矿井获评安徽省迎峰度夏工作先进单位。安装作业创新高效。110504工作面安装期间，针对人员少、队伍新、工期紧等问题，成立110504工作面生产准备专班，强化现场跟班帮扶，做好现场协调施工组织和安全管理，创新实施“大断面无坑木超前预安支架＋锚索吊梁”联合支护技术，工作面实现了安全、高效安装。结合安全管理和现场生产实际，动态修编采掘计划。综合110504工作面水害威胁因素，及时调整生产接替方案，加快推进接替面准备，克服了时间紧、任务重、队伍少，以及“采掘安撤”四线同步作战等诸多不利因素，接替面110503工作面比计划提前3个月实现开采，确保矿井生产接替顺利，全力服务公司总体生产大局。结合地质条件变化、灾害治理情况、采掘进展，修编中长期采掘接续规划，完成两次中长期规划的编制、报审，构建矿井中长期高效发展格局。采取专业内、专业间、系统性等多层次梳理和排查措施，明确主攻东二采区1煤准备工程的关键路线，确定南翼水害治理工程超前开展的重点工程，保障矿井采掘接续稳定。

【煤质管控】 2022年，中煤新集利辛矿业公司加强源头管控，细致分析影响煤质的各种因素，组织生产、技术、洗选等部门进行联合会商，测算最优煤质指标，并通过预测预判，从源头上确保煤炭质量。研究修订《商品煤生产销售创效激励考核办法》，成立以矿长为组长的煤质管理领导小组，实行煤质“日统计、周分析、月总结”工作机制，细化制订7项保障措施及三个方面的台阶考核激励办法，加强采、运、提、洗、销等环节的过程管控，对煤质进行全面实时分析，做到煤质管控精准化。大力实施精细化采煤管理模式，及时了解地质条件变化和采掘工作面地质情况，综合电厂生产用煤需要，科学做好煤炭配比。

【科技攻关】 2022年，矿井聚焦“水害治理、顶板管理”等关键问题，立项实施了6项科技项目，产学研协同攻关能力明显提升。无底隔巨厚松散层下高承压煤系砂岩含水层赋存规律与水害防治技术研究项目提交了《板集煤矿110504工作面水文地质条件分析及地面探查治理方案设计（代可研）》，为110504工作面安全回采提供了技术保障。巨厚松散层深井单翼开采岩土移动规律及对工广建（构）筑物影响研究项目提交阶段成果报告，并对110504工作面回采对地表塌陷影响规律进行总结分析与预测，分析了工广重要建（构）筑物及井筒的安全状态。开采扰动下多含水层响应及水源识别技术研究项目完成了各含水层出水情况收集背景数据分析并提交中期报告。技术创新得到改善。持续开展创新成果征集评选活动，11项创新成果获得公司层面表彰。一批富有成效的创新成果切实解决了实际问题，机载临时支护下锚网压接工艺在南翼回风斜巷等得到推广应用，巷道护顶构件有效连成整体，支护强度显著提升。通过内部挖潜，综合产品构造、工艺方法的改进、设计等手段，形成一批专利成果，申报“一种工作面顶板两带发育高度直观可视化显示装置”“平板车管路装运装置”等专利成果。

【人力资源持续优化】 2022年，中煤新集利辛矿业公司根据矿井现实工作需要，成立综采安装队

1支、巷修队2支，不断优化矿井组织及人员结构，形成最大合力，助推矿井安全生产。扎实做好第一工程处划转职工入职管理工作。共接收7批次第一工程处划转职工149人。其中综掘二队划转到矿后，积极融入矿井管理，迅速成长为掘进主力军，到矿以来完成进尺960米，用7个月时间完成矿年度掘进计划的17.5%。为进一步推进“人才兴企、人才强企”战略，研究制定《利辛矿业“四支”人才队伍建设规划实施方案》《利辛矿业“十四五”职工学历提升工作方案》，有计划地开展员工素质提升。

板集电厂

【概况】 板集电厂位于利辛县胡集镇板集社区境内，项目分为二期建设，系煤电一体化坑口电厂项目。2015年1月，皖发改能源〔2014〕628号《安徽省发展改革委关于利辛板集电厂新建工程项目核准的批复》批准该项目正式建设。板集电厂一期工程建设为2台100万千瓦超临界燃煤发电机组，采用二次循环水冷却方式。工程以500千伏电压等级接入系统，送出工程由电网企业投资建设。该项目由国投新集能源股份有限公司和皖能股份有限公司合资建设，项目动态总投资为65.62亿元，其中项目资本金13.12亿元，项目资本金占项目动态总投资的比例为20%。2016年8月23日22时10分，国投新集电力利辛有限公司一期（2×1000兆瓦）工程1号机组高标准一次性通过168小时满负荷试运行，脱硫、脱硝、湿式除尘装置同步投运，各系统及设备运行稳定，运行指标优良，高标准转入正式运行。2017年2月20日21时28分，国投新集板集电厂一期（2×1000兆瓦）工程2号机组，自168小时试运行后连续安全运行126天，打破了国内百万千瓦机组首次投产之后不间断连续运行最长天数纪录。机组主辅设备运行稳定，各项参数指标优良，超国家净排放标准，达到国内同期机组最好水平。二期项目总投资约46亿元，于2022年11月开工建设，计划2024年迎峰度夏前首台机组投产发电。

【平稳运行】 2022年，中煤新集利辛发电有限公司一期两台100万千瓦超超临界燃煤发电机组完成发电106.78亿千瓦时，创机组投产以来年度发电量新高，并荣获全省电力迎峰度夏表现突出单位称号，有力支持了安徽经济建设和社会发展。发电标煤耗252克/千瓦时，供电煤耗263克/千瓦时，同时，机组深度调峰能力为额定功率的20%，达国内领先水平；大气污染物排放达超净排放水平，实现“增产不增污”。自投产以来，设备健康，运行稳定，截至2022年底，累计发电646.37亿千瓦时，实现营业收入205.91亿元，实现利润27.88亿元。其中2022年发电106.78亿千瓦时，利润总额8.04亿元，年度发电量和利润总额均创机组投产以来新高。

利辛经济开发区

【概况】 2022年，利辛经济开发区管委会认真贯彻落实县委县政府各项决策和部署，在做好疫情防控工作的同时，各项重点工作稳步推进。2022年，园区规模以上工业企业83家，完成工业总产值119.39亿元，同比增长2.9%。固定资产投资60.03亿元，同比增长34.2%，其中工业投资23.1亿元，同比增长22.6%。常态化召开经开区项目建设工作联席会议，每周9家单位坚持现场集中办公，制定本部门“一案一表一单”（一案，就是专项方案，明确工作目标、具体任务、保障措施；一表，就是进度表，既标明计划进度，也掌握实际进度；一单，就是调度单，建立调度台账，强化调度管理），确保项目建设按照施工节点推进。经开区在建项目28个，完成新开工建设项目19个，推动竣工投产项目22个。清理低效闲置厂区。积极发挥“亩均论英雄”牵引作用，实施园区亩均效益提升行动。灵活采用“破产重组、二次投资、依法收回、股权转让、代建代租”等模式，对症下药，有效盘活闲置资源。今年以来，召开闲置低效用地企业专题研究会议5次，集中或分散约谈企业负责人11次，盘活亿通建材、机电产业园等僵尸企业11家，清理低效闲置土地528.01亩。积极推进“标准地”改革，2022年以来，按照“标准地”模式共出让9宗558.51亩。

【优化营商环境】 2022年，利辛经济开发区管委会常态化开展“四送一服”专项行动，帮助40余家企业协调解决建设发展中出现的问题62项；完成“四送一服”平台交办问题以及省、市、县领导开展“新春访万企、助力解难题”活动反馈问题42个，办结率和满意度均达95%以上。及时兑现优惠政策奖补资金，牵头召开6次招商引资优惠政策兑现联审会议，为44家企业兑现优惠政策奖补资金4427.16万元。多渠道开展企业招聘活动。积极对接宣传部门，利用官方的媒体网站、公众号、微信朋友圈和抖音小视频等网络方式为企业进行招工宣传。联络利辛街坊和58同城等自媒体为企业招聘信息进行引流，增加曝光率，扩大招工信息宣传范围和人群，目前已摸排统计1593名人员就业意向；同时，搭建就业服务平台，组织有就业意向人员到君翰纺织、翰联色纺和瑞麦鞋业参观，短信推送就业信息，开展30场线上线下招聘活动，摸排统计380家企业32571个岗位，帮助解决用工2229人；靠前服务，织密织牢疫情防控网。疫情防控期间，经开区建立领导班子成员联系企业制度，积极主动协调解决企业当前实际困难，帮助企业输送急需生活物资5吨，解决13家企业600余人的吃饭问题。主城区恢复正常生产生活后，制定“一企一策”，建立8个企业包保服务组，实施精准管理服务，先后组织两轮企业复工复产，规上企业复工复产率均为100%、规下企业均达95%以上。同时，派出专班保障企业货运物流畅通，研究组建“卡车驿站”，提供专门服务，保障企业运输车辆进出实行闭环管理1673辆次。

工业企业选介

【亳州市艾可舒医疗科技有限公司】 亳州市艾可舒医疗科技有限公司成立于2016年12月，总投资1000万元。公司是一家集艾草种植、艾制品推广、艾灸器械研发、生产和销售、医疗器械研发、生产和销售为一体的综合型企业。公司主要经营产品有：随身灸、脚灸仪、熏灸仪、背灸仪、智能头灸仪、宝宝灸、苍术香、防疫艾条等多款艾草制品和产品。先后通过ISO 9001质量管理体系认证、ISO 14001环境管理体系认证、ISO 45001职业健康安全管理体系认证、安全生产标准化三级企业、GB/T29490知识产权管理体系认证、GB/T19630有机转换产品认证。公司以“创艾灸第一品牌，树百年长盛企业”为目标，在利辛县程家集镇、利辛县大李集镇建设高标准艾草种植基地，种植面积1000多亩。推行“企业＋基地＋农户”的联结机制，积极探索“订单化种植”模式，实行统一收购，企业、农户通过基地订单建立了稳定的利益联结机制。一方面，为了防范自然灾害；另一方面，实现资源优势互补，有效带动农民增收增效。公司坚持自主创新发展的理念，高度重视新产品的研发。拥有二类医疗器械生产证书1项，专利技术62项，作品著作权38项，软件著作权6项。2022年获得发明专利1项。2022年，公司获得二类医疗器械证3项。“随身灸”产品荣获“安徽省特色伴手礼”“长三角特色伴手礼”等荣誉。公司先后承担国家973计划项目“扶阳微烟温灸器”的转化生产与推广；承担安徽省重点研发计划项目1项、亳州市重点研发项目2项。公司承担的“熏灸治疗复杂性皮肤及软组织感染的创新性应用”项目荣获“安徽省科学技术二等奖”。公司先后被评为高新技术企业、安徽省科技型中小企业、安徽省商标品牌示范企业、安徽省先进民营企业、亳州市农业产业化龙头企业、亳州市十佳农业产业化龙头企业等荣誉称号。

【安徽阳光药业有限公司】 安徽阳光药业有限公司位于交通四通八达、经济迅猛发展的中华药都亳州市利辛县工业园区创业路西侧。成立于2005年，注册资金1000万元人民币，公司占地面积13349.32平方米。安徽阳光药业有限公司拥有一支多所知名高校的优秀本科毕业生组建的科研团队，拥有现代化的研发、生产设备和科学完善的生产工艺流程。多年以来安徽阳光药业有限公司一直秉承中华医药文化博大的精神内涵，致力于民族健康产品的研究开发，始终坚定不移地走民族文化的特色道路。公司集中药颗粒、保健食品、功能性食品研发、中药材种植、养生白酒生产销售为一体，2021年总产值突破3亿元，创造利税2000万，连续七年被县委县政府评为工业十强企业，同时获得安徽省高新技术企业、安徽省农业产业化龙头企业、省级企业技术中心、安徽省重合同守信用企业、安徽省诚信企业、安徽省民营科技企业荣誉称号，并主持2016年安徽省重大科技专项1项，2020年市重大专项1项、省科技扶贫项目2项。公司拥有中药材标准化生产基地3个，种植品种18个，种植面积6000多亩，带动贫困户200余户，带动农村剩余劳动力1200余人，解决人员就业200余人。公司目前有研发人员30余名，开发品种100余种，申请发明专利50项，授权国家发明专利7项，是合肥工业大学、安徽农业大学等高校研究生实践教学基地。新建高标准农业园区和农业高新技术展示馆、中药材脱毒种苗培育基地、农产品初加工车间、万吨冷库及高效烘干塔、农业废弃物资源综合利用中心、农业生态大数据平台、5G农田数据采集站、农产品电商平台，构建起全产业链、绿色生态、三产融合的“大园区”。

【利辛强英食品有限公司】 利辛强英食品有限公司坐落于安徽省亳州市利辛县经济开发区，是安徽强英鸭业集团有限公司全资子公司。公司是专业从事集樱桃谷鸭规模养殖、屠宰加工、饲料生产于一体的综合型农牧企业，于2016年建成投产，占地235亩，现有员工2400余人，拥有现代化肉鸭分割生产线4条，配套冷库库容1万吨，污水处理能力6000立方米/日，日屠宰24万只肉鸭，产能为目前全球最大。与之配套的利辛饲料有限公司于2017年初投产，年产能达60万吨，目前居安徽省首位。2020年，公司年营业收入19亿元；2021年，公司年营业收入15亿元；2022年公司营业收入17亿元。公司始终致力于推动建设稳定可靠的原料基地，截至2022年12月，已发展养殖大棚300余个，带动1000余人从事养殖业。公司计划至年底，再发展建设具有国际先进水平的高端立体智能笼养棚舍204栋，该棚舍可实现“自动供水、自动供料、自动控温、自动清粪”，具备智能化、集约化、环保可控等优势，可再带动400余户农户从事发展养殖业，实现全年出栏肉鸭6500万只，每年为当地养殖业增加纯收入1.8亿元左右，帮助一大批贫困户通过鸭产业实现脱贫致富，成为地方政府实施脱贫攻坚战略和乡村振兴战略的主要抓手。同时，利辛饲料厂可年收购消化当地玉米近40万吨用作饲料原料，保证了当地60万亩土地的种植收益。公司经营模式采取“公司+家庭农场（农户）+银行+政府”产业联合体发展经营模式，实行统一提供鸭苗、统一配送饲料、统一提供兽药、统一技术服务、统一保护价收购的“五统一”管理方式进行运作。公司实行产销分离管理模式，公司直接对基地发展与产品订单加工负责。产品订单、市场开发、客户维护由集团肉食销售中心统一负责，拥有销售团队80余人。现集团作为国内第三大肉鸭产品提供商，旗下拥有“强英”“精英”“领英”“雄英”四大品牌，在行业内与市场端具有极高知名度。产品种类从肉鸭白条、半片、精细分割延伸至30余个品种200余种规格，销售网络渠道遍及全国30余省份180多个城市。公司是双汇、金锣、周黑鸭、绝味、久久鸭、精武鸭、煌上煌等国内知名肉类熟制加工企业战略供应商。

【安徽骄阳软门有限责任公司】 安徽骄阳软门有限责任公司是磁性软纱门原创企业，20余年专注于磁性软纱门窗研发生产销售。现拥有员工160多人，占地23.3亩，固定资产5000万元，机器设

县经信局工作人员到安徽骄阳软门有限公司排查安全隐患（县经信局/供）

备200台（套），年产能350万件。现有六大系列100多种产品，销售全球近百个国家和地区，创造了一个惠及亿万家庭、产值千亿的磁软门窗行业。公司2022年销售收入达到5009.89万元，出口创汇399.27万美元，亩均效益评价为A类企业。骄阳公司先后通过ISO 9001、ISO 14001、ISO 45001管理体系认证、两化融合认证、知识产权贯标企业及安全生产标准化三级企业认证。现拥有80项专利（其中25项发明专利、3项国际专利、45项实用新型专利、7项外观专利），2件国际商标，两项省级“新产品”，主导制定《磁性软纱门国家标准》（FZ/T62034—2016）、《磁吸塑料门帘国家标准》（QB/T5665—2021）。骄阳多年来获得“安徽省著名商标”“安徽名牌产品”“安徽省卓越绩效奖”“亳州市质量奖提名奖”“利辛县政府质量奖提名奖”“安徽省诚信企业”“安徽省守合同重信用单位”“标准化良好行为AAAAA级企业”“亳州市企业技术中心”“安徽省专精特新企业”“高新技术企业”“安徽省商标品牌示范企业”“安徽省工业精品”等多个荣誉称号和奖项。

【利辛县富亚纱网有限公司】利辛县富亚纱网有限公司是专业从事纱网、磁性纱门、纱窗及系列产品制造和销售的公司。位于全国三大纱网生产基地之一的安徽省利辛县。公司始建于2006年7月，其前身是安徽省利辛富亚纱门厂，是全国第一家专业生产磁性纱门的厂家。公司现占地23亩，已建厂房2.3万平方米，员工100余人。公司拥有自营进出口权，产品远销欧美五十多个国家和地区，赢得了国内外客商青睐。公司自创业以来，始终坚持“以消费者的需求为永恒追求”的理念，秉承“品质第一，诚信至上，勇于创新，追求更高”的方针，依托先进的技术与产品优势，根据市场需求，执着于潮流产品的研制与开发，不断创新，以质量求生存，着力打造富亚纱门品牌，企业快速飞跃发展。公司重质量、讲信誉，经过17年的发展，已经成为行业龙头，是利辛丝网纱门行业协会会长单位、标杆企业，是行业标准和地方标准的起草单位，拥有专利73项，其中发明专利42项。企业先后通过质量管理体系认证、环境管理体系认证、职业健康管理体系认证、企业知识产权管理认证；公司已荣获国家制造业单项冠军示范企业、高新技术企业、中国驰名商标、国家知识产权优势企业、国家工业和信息化融合贯标企业、安徽省专精特新企业、安徽省技术创新示范企业、安徽省服务型制造示范企业、省工业和信息化领域标准化示范企业、省守合同重信用单位、省工业设计中心、省认定企业技术中心、省制造业高端品牌培育企业、安徽省消费品工业“三品”示范企业、安徽省制造业与互联网融合发展试点企业、亳州市政府质量奖、利辛县政府质量奖、安徽省专利奖等多项荣誉称号和奖项，2017年8月，公司在安徽省股权托管交易中心专精特新板成功挂牌，为企业转板上市打下坚实基础。

（田　方、张大伟）

商贸服务业

◎ 综　述

◎ 内外贸易

◎ 供销合作经济

◎ 粮油流通

◎ 燃油销售

◎ 盐业管理

◎ 烟草专卖

综　述

【概况】 2022年，利辛县商务局克服疫情因素，积极帮助企业纾困解难。认真贯彻落实《亳州市政府办公室关于印发亳州市稳增长惠企纾困若干举措的通知》要求，建立企业常态化走访机制和重点企业包保机制，常态化开展企业需求大走访活动、政策集中宣传活动和银企对接活动，积极宣传解读上级相关政策，精准对接企业需求，切实解决企业困难，确保企业问题第一时间收办，符合入库条件企业第一时间培育入库。全年，走访企业260家次，收办问题56个，协助企业融资需求资金1800万元，解决用工需求190人。帮助对接11家企业与银行达成合作意向2600万元。完善县域商业体系建设。把培育商贸流通企业作为主抓手，鼓励支持企业发展连锁商超，加强县乡村商业网络建设。安全生产工作。深入82家重点商贸企业、101家加油站，开展应急演练49次，安全生产检查181次，发现隐患2000余处，整改隐患1970余处，移交相关部门处理4起。

【县域商贸体系建设】 2022年，利辛县商务局把培育商贸流通企业作为主抓手，鼓励支持企业发展连锁商超，加强县乡村商业网络建设。培育大型商贸流通企业1家（粮油商厦），新改建乡镇商贸中心5个、配送中心1个、连锁直营店12个。积极开展快递进村工程。加快快递服务向农村深度下沉，打通物流“最后一公里”。全县已完成361个村级快递服务站，提档升级23个镇级服务网点，实现全县镇村全覆盖。积极鼓励骨干企业注重信息技术应用，着力发展新消费业态，畅通线上线下渠道，开展直播电商，助力消费升级。积极做好亳州市“皖美消费　乐购药都”消费券发放工作，引导商贸企业把握重大节日开展促销活动，激发消费潜力。主要商贸企业共举办促销活动20场次，线上线下累计实现销售额3亿元左右。发放消费券400万元，带动消费3000万元。

内外贸易

【概况】 2022年，利辛县社会消费品零售总额完成249.7亿元，同比增长0.3%。全年限上零售额完成18.4亿元，增速-2.2%。新增入库限上商贸企业64家。全县共有188家限上商贸企业，实际上报数据152家，36家处于挂库状态。

【对外贸易】 2022年，利辛县进出口总额完成4067万美元，同比增长10.8%。新增出口实绩企业7家，新增备案企业10家。全县进出口企业42家，其中有实绩进出口企业33家。进出口超500万美元的企业2家、200万～500万美元的企业4家。推动外贸外资稳步发展。定期分析研判外贸形势，帮助外贸企业解决实际困难，强化落实外贸促进政策，持续提高外贸企业经营活力。2022年，帮助企业申报2021年市级奖补资金88.37万元、县级奖补资金237.81万元。积极组织外贸企业参加线上广交会、131届广交会世界制造业大会、进博会、国外展会，指导企业通过网上洽谈、视频会议、远程签约等线上平台开拓国际市场。积极培育孵化新的外贸企业，特别是丝网、纺织、家居生产企业，实现自营出口。1—12月，全县利用外商直接投资（FDI）为零（市下达的目标为370万美元）。

【农村电商】 2022年，全县电商交易额35亿元，增长14%；上行农村产品网络销售额20亿元，增长21%；新增电商经营主体158家。自2017年利辛县开展电子商务进农村综合示范项目以来，紧紧围绕在助力脱贫攻坚和乡村振兴、带动创业就业方面加大力度，共培育5个省级电商示范镇、23个省级电商示范村、15个省级电商示范网点、全县网销额500万元以上电商企业15个，全县累计电商平台注册数7563家，培育电商销售经营主体633家，电商从业人员4173人。2022年，开展农村电商培训共25期，培训1211人次。发挥政策引导作用。积极争取省、市关于农村电商发展扶持政策，激发全县电商发展动力，增强电商在县域经济发展中带动作用，帮助电商企业申请省市奖补资金85.44万元。依托电商公共服务运营中标方亳州市众创科技创业服务有限公司，摸排本地传统企业，引导32家企业入驻电商公共服务中心。11月，牵头开发“文州精选”小程序投入使用，平台设置“我找生产、我能带货、政策新闻”三个板块，并拟请专业第三方运营公司运营。将精选利辛县优质电商企业、带货达人及生产企业入驻平台，为利辛县企业提供一站式电商服务。入驻生产类企业32家，产品54个，直播企业24家。联系电商专业资质的讲师，组织对镇村干部、农村专业合作社、有意愿参与电商业务的人群开展电子商务培训，包含电商理论、电商网店、直播营销等专业知识。通过线上或线下开展农村电商培训共25期，培训1211人次。2022年5月，利辛县成功申报省级农村电商示范县。

【万达商业综合体】 万达商业综合体项目总投资8.3亿元，总建筑面积10.79万平方米，主体工程地下一层、地上五层，集购物、餐饮、文化、娱乐于一体，2022年9月16日建成运营。万达商业综合体日均销售额120余万元，至年底总客流量达800万人次。利辛万达广场周围半径500米范围内集中了皖新文化特色街区、新华书店、翰联广场、万达酒店、万达金街等一批综合商业业态，建设有市民健身公园、东红丝沟景观带、晴岚溪景观带等一批休闲观光健身场所，辐射利辛县人民医院、利辛中学、利辛五中等一批公共服务机构和万达天和府、三巽壹号院、智诚御府等一批中高端住宅小区，集聚人口近10万人，打造以商贸、购物、休闲、旅游为特色的万达现代服务业集聚区，成为利辛东部老城区和西部新城区结合区域最具活力的现代服务业商圈。

【智慧农贸市场建设项目】 利辛县智慧农贸市场建设项目（菜篮子大楼）2021年开工兴建，2022年完成主体工程建设、室内外装修、市场内外路面及停车场建设，及给排水、消防设施等，项目占地15亩，为封闭式农贸交易市场，建筑面积8000平方米。

（张　立）

供销合作经济

【概况】 2022年，利辛县供销合作社围绕深化综合改革、服务乡村振兴，新建村级供销社2个；提升为农服务水平，助力乡村振兴，新建或改建为农服务中心2家；新增土地托管等农业社会化服务面积2.5万亩。全系统累计实现商品购进总额36.41亿元，同比上升9.6%；商品销售总额40.03亿元，同比上升9.7%；利润总额217万元；社会贡献总额707万元。

【服务乡村振兴】 2022年，利辛县供销合作社通过“供销社＋”模式，深入推动村社共建，高标准建设利辛县轩聚泽供销合作社有限公司、利辛县万礼供销合作社有限公司等，扎实开展对领办的农民专业合作社等，不断提升基层组织服务功能。逐步完善县机关主导的行业指导体系和社有企业支撑的经营服务体系，构建以供销系统为信托，具有特色，上下贯通，规范运行的新型为农服务合作经济组织体系，推进利辛县叶涛种植专业合作社智能温室蔬菜大棚项目、利辛县光华养殖专业合作社草莓种植基地项目、利辛县农帮供销合作社有限公司连体恒温食用菌大棚项目建设、不断加强供销社可持续发展能力。严格规范社有资产管理，确保社有资产保值增值，不断提高企业经济效益。

【优服务促发展】 2022年，利辛县供销合作社按照省委“一改两为五做到”要求，深入推进“三严三实”“马上就办、真抓实干”作风建设专项行动，以真抓实干作风办好民生实事，促进供销社高质量发展。将“一改两为”活动精神融入当前巡察整改、基层党建、综合业务等重点工作中去。张曙光副省长到利辛调研创优营商环境为企业服务，安徽万礼食品有限责任公司反映“想与长三角绿色农产品生产加工供应示范基地销售对接，想与南京、上海、无锡等地供销社取得联系，拓宽销售渠道”，县供销社树立服务“三农”的宗旨，及时与万礼食品有限责任公司做好对接，落实省委的部署，强本领、提能力，强担当、改作风，强服务、优环境，强业绩、促发展，并结合实际成立“利辛县万礼供销社有限公司”。

【安全隐患排查】 2022年，利辛县供销合作社全面开展房屋安全隐患排查整治“百日攻坚行动”，县供销社多措并举，全力做好系统内房屋安全隐患排查工作，成立县社房屋建筑安全隐患排查整治工作领导小组，出台实施方案，明确工作目标、责任分工和时间节点。阚疃供销社位于人民路解放社区的综合门市部砖混结构，建于1975年，存在一定的安全隐患，悬挂警示标志。6月22日，为切实加强烟花爆竹行业安全生产管理，县供销社精心组织日杂果品公司和土畜产品公司联合开展烟花爆竹事故处置消防应急演练，以确保系统内安全无事故。

（盛亚飞）

粮油流通

【概况】 2022年，利辛县发改委以保障粮食安全为重心，全面压实粮食购销领域专项整治整改责任，全面落实粮食安全党政同责，全面深化体制机制改革，奋力推动粮食和物资储备工作再上新台阶。全县共有国有粮食企业15个，从事粮食购销业务的单位13个，2个不具备粮食购销职能的粮食企业（利辛县粮油食品商厦、利辛县粮油工贸总公司）。2022年因新麦上市价格高于国家保护价格，托市粮收购未能启动，政府引导企业积极开展市场粮收购，确保农民不出现卖粮难，全年粮食市场秩序整体较为稳定。2022年，利辛县严格落实粮食购销领域腐败问题专项整治反馈问题的整改责任，确保巡察整改工作落地落实。积极推进节粮减损，制定印发《利辛县粮食节约行动实施方案》等文件，逐步建立健全节粮减损支撑体系。

【粮食收储】 2022年，深化国有粮食企业改革，做到政策性职能与经营性业务分离。加强仓储物流设施建设。安徽利辛省级粮食储备库30万吨高大平房仓及5000吨成品食用油储备项目12月25日开工建设，9.7万吨高大平房仓建设项目完成验收并投入使用。推进信息化监管。“智慧皖粮”分布式云平台实现粮食业务信息化和在线监管全覆盖，设施设备年度平均在线率达到96%以上。建立完善粮食质量安全管理制度积极开展春秋两季粮食库存检查，不断强化粮食企业粮食质量安全检验监测和能力建设。强化执法监管。扎实开展夏粮和秋粮收购检查工作，坚决杜绝坑农害农等违法违规行为的发生。按照巡查计划，每月对辖区内政策性粮食进行定期监督检查并报送巡查报告。

（张大伟）

燃油销售

【概况】 2022年，利辛石油分公司以“识别大风险、消除大隐患，杜绝大事故”为主线，以“零伤害、零污染、零事故”为目标，牢固树立安全发展理念。公司坚持从严管理和问题导向，健全落实安全生产责任制，构建利辛石油分公司“HSE事故全员担责”机制，建立完善安全隐患排查和安全预防控制体系，加强危险化学品全过程安全管理，严格施工作业环节安全管控，提升应急能力建设，持续提升全员安全责任意识，全面提升本质安全水平。防疫期间，分公司协调相关执法部门，成功办理重点物资运输车辆通行证，油品顺利运输到分公司所属加油站，为当时的医院救护车辆、疫情防控值班车辆、防疫物资运输车辆等保障用油需求，彰显中国石化作为央企的责任担当。全年成品油零售销售2.35万吨，其中汽油销售1.63万吨，柴油销售0.72万吨，易捷便利店销售基础类商品1120万元。

【安全知识培训】 2022年，利辛石油分公司高度重视对员工的安全知识培训。定期每月召开安全生产经营例会、每周召开日常工作周例会，传达和学习地方职能部门和上级公司的安全会议精神和要求，对每位员工进行安全培训和指导，让每位员工熟悉掌握岗位操作流程，加强员工岗位技能，提升员工应对突发事件能力。根据年度应急预案演练计划，指导各加油站有针对性地开展应急预案演练，强化员工的安全防范意识，提升员工的应急应变处置能力。2022年，分公司集中组织新员工、不值班员工，先后两次在利辛子胥大道加油站开展消防灭火应急处置实战演练及反恐应急预案演练。组织15名加油站站长和管理员参加危险化学品经营单位主要负责人和安全管理员培训，通过集中学习培训，参加现场考试，取得亳州市应急局签发的安全生产知识和管理能力考核合格证。

【安全隐患排查】 2022年，利辛县公司高度重视安全生产经营，强化日常管理，对辖区内所属加油站全面开展隐患排查。全面开展消防器材排查，对加油站灭火器、灭火毯、消防栓等消防器材逐一排查，查看消防器材能否正常使用、是否在有效使用期限内，登记排查台账。对加油机、油罐、配电室等设备设施进行排查，检查各个设备运行状况，检查是否存在安全隐患，登记隐患排查台账。对油气回收装置进行排查，县公司统一部署，对所属加油站全部摸排，确保各加油站油气回收系统正常运行。同时要求各加油站每日进行巡查，完善油气回收系统巡查记录。对视频监控设备进行排查，检查各加油站视频监控是否全覆盖、保存期限是否达到90天等，登记视频监控检维修台账。对于排查中出现的问题，形成问题清单，并立即进行整改。

【服务客户】 2022年，利辛石油分公司成功开发侨银公司等4家柴油客户，每月可带动柴油增量100吨以上。紧盯“养车节”“易享节”“年货节”销售契机，层层部署，宣传营销，走出门店，积极推介，拓展市场。全年非油品基础类商品销售同比增加21.6%。引导员工树立劳效提升相挂钩理念，完善增值服务，汽柴油总销量完成全年任务的107%。开展“加油站服务提升百日竞赛”活动，提升了客户消费体验。

（李智泉）

盐业管理

【概况】 2022年，利辛盐业公司持续推动企业改革发展，对内深化企业三项制度改革，强化劳动纪律，减员增效；对外调整营销策略，以提高服务客户的能力、市场控制能力和企业综合竞争能力为目的，突出服务、强化管理、注重创新，积极应对诸多困难和挑战。全年营业收入总额472万元，较上年同期减少64万元，其中盐品销售399万元，较上年同期减少78万元；其他业务收入73万元，较上年同期减少14万元；利润总额21.3万元，净利润21.3万元。

【购销情况】 2022年，利辛盐业公司共购进食盐1991吨，完成购进计划的124%，与上年同期的2970吨相比下降32%，其中纸塑小包装购进1789吨，与上年同期的2708吨相比下降33%，各类盐总购进2029吨。1—12月，公司共销售食盐2180吨，与上年同期的2723吨相比下降19%，其中纸塑小包装销售1973吨（绿色食品盐1047吨占小包装的53%、精制食品盐582吨占小包装的29%、迎客松精制食品盐334吨占小包装的17%、其他多品种盐9.6吨占小包装的0.4%），50千克精制食用盐销售207吨。工业盐销售42吨。各类盐品共销售2222吨。

【盐业改革】 2022年，利辛盐业公司通过深化内部机构改革，完善内部机构建设，创新工作方式方法，提升企业发展动能。部分销售人员的官商作风较为严重，服务态度较差，客情关系维护较为被动，致使部分客户被外盐渗透，食盐销量出现下滑。公司在岗位及工作安排上，注重各尽所能，人尽其才，让每个人都能充分施展才华和发挥工作优势，把有能力的同志不断充实到销售队伍中去。让积极进取、沟通能力强、能吃苦耐劳的销售精英充实到一线。为销售人员购置工作服，要求销售人员在工作期间一律要着装上岗，到各个乡镇宣传公司经营盐品的特性优势，引导消费者主动选择经营的盐品，及时有效地掌握的市场信息并及时反馈公司，为公司的经营决策提供真实可靠的依据。

（贾　燕）

烟草专卖

【概况】　利辛县烟草专卖局于1983年成立，2000年7月1日正式归属亳州市烟草专卖局（公司）管辖。2022年，在岗员工114名。全年实现卷烟销售2.9万箱，同比增长4.2%，实现销售收入10.1亿元，同比增长9.4%；销售毛利2.7亿元，同比增长9.9%；单条均价138.6元，同比增长5.1%。上缴地方税收3987万元。2022年，查处各类涉烟违规案件339起，查获各类违规卷烟13860.4条，案值258.7万元，罚没款63.6万元，立案211起，结案205起。

【专卖管理】　2022年，利辛县烟草专卖局紧盯协作机制和重点对象，密切与公安、检察院、法院、交通、邮政等部门协作，深入排查梳理涉烟违法犯罪线索，紧盯协作机制；加大对物流企业、重点车站重点区、重点场所、重点客户，发扬“小板凳精神”，紧盯重点对象。2022年破获省标网络案件2起。深化查处力度和管服协同，全年查获非法收购案件17起。全面落实“5+5”工作模式，实现行政许可“快办快结、即办即营”，服务到位；加大部门联合行政许可回访制度，后续监管到位。全年受理烟草专卖零售许可证777户次。突出抓好市场监管和内部监管，全年建立大户档案55户。所（站）建设做好“两个推进”，持续推进队伍建设上水平。2022年，张村所（站）、城区所（站）顺利通过全省标准化所（站）验收。

【卷烟营销】　2022年，利辛县烟草专卖局通过制定客服“八步”工作法，开展岗位练兵、营销竞赛等活动，持续增强卷烟营销发展动力。通过“党建131暖心帮扶模式”，开展结对共建、农忙助困、志愿服务三项活动，唱响“E客”服务品牌。通过农网终端建设、雪茄市场挖潜、特色品牌培育、政策宣讲、云POS系统应用等措施，补齐客户服务短板。全年建设农网终端8户、优质特色终端10户、星级终端149户、雪茄终端50户、城乡示范线路18条。持续优化卷烟配送线路，实现单车配送户数694户，卷烟配送零差错、零延误、零投诉。

（孙文纪）

城乡建设与管理

利辛年鉴

◎ 城乡规划

◎ 市政建设

◎ 乡村建设

◎ 城市管理

◎ 建筑业

◎ 房地产业

◎ 利辛县城投集团

◎ 供　水

◎ 供　电

◎ 供　气

城乡规划

【概况】 2022年，利辛县自然资源和规划局坚持以习近平新时代中国特色社会主义思想为指导，围绕省市自然资源和规划管理部门决策部署，一体化推进党的建设、自然资源和规划（林业）事业发展，各项工作取得明显成效。着力抓好规划编制工作。全力推进“三区三线”划定，全县划定耕地红线207.72万亩，其中永久基本农田保护红线186.56万亩，生态保护红线3.66万亩，城镇开发边界11.14万亩。全力推进村庄布局分类，全县345个行政村中集聚提升类行政村286个、城郊融合类村庄52个、搬迁撤并类村庄4个、其他类村庄3个；4148个自然村中提升型1320个、稳定型2572个、收缩型202个、撤并型54个。全力推进国土空间总体规划编制，全县及孙集镇、城北镇、西潘楼镇国土空间总体规划形成初步成果，其余19个乡镇国土空间总体规划和全县113个行政村（社区）村庄规划编制稳步推进。全力推进《利辛县矿产资源总体规划（2021—2025年）》编制，通过省厅评审。全力推进湿地公园总体规划修编，全面完成西淝河、阚泽湿地公园自然保护地整合优化和勘界成果“回头看”。全力推进国土空间生态修复规划编制，完成公开招标。

【村庄规划】 2022年，利辛县自然资源和规划局开展自然村村庄分类和布局、城镇开发边界外的自然村进行调查，全面分析其区位、建设用地规模、人口规模、发展水平、空心化程度等要素，按照提升型、稳定型、收缩型和撤并型对自然村进行分类，并根据村庄分类成果，在县、乡两级国土空间总体规划中开展县域村庄布局研究，逐级深化村庄空间布局，进一步确定村庄建设用地规模，划定村庄建设边界，明确不同类型空间地域内的村庄布局安排。实施村庄规划三年行动计划，根据行政村村庄规划布局优化成果，经乡镇摸排上报，全年计划完成集聚提升类等有条件、有意愿村的村庄规划编制113个，完成招标、中标单位进场，开展调查研究。

（贾思才）

锦绣公园建成使用　　（县委宣传部/供）

市政建设

【概况】 2022年，利辛县市政管理部门继续抓好农村巷道建设，动态清零农村危房。开工建设190户，完工190户，拨付资金456万元。动态发现农村危房已全部纳入改造范围。推行“容缺受理+承诺”和政府投资项目代建制，根据亳建审改办《2021年工程建设项目审批工作承诺制等七个清单》的通知，企业在工改系统申请办理工程建设项目过程中，受理人员对符合网上提供主要材料的事项，可先受理进行审核，受理人员待材料补齐后作出审批决定。按照政府投资项目代建制办法，负责复兴社区综合服务中心城南消防站（特勤站）项目建设，项目主体工程完成，室外工程加快实施。利辛县复兴社区综合服务中心和桥南派出所（刑警中队）项目，项目主体工程完成。健康驿站和胡集方舱医院二期项目，建设完成。西淝河（利辛段）支流河口湿地建设项目（一期），前期准备全面施工。积极推进规划、立项、设计、招标、投资、施工“六分开”，精准扩大有效投资。2022年，陆续开工城南复兴社区综合服务中心和桥南派出所（刑警中队）业务用房项目、政通路、城市基础设施建设（道路工程）项目二期、利辛县纬一支路、规划支路建设工程、利辛县文州路、建设路等道路污水管网工程等。实施水系贯通工程，启动截阳沟—驻马沟水系连通工程建设，加快推进城区生态水网一期工程，完成揽翠河治理主体工程建设，有序推进驻马沟—截阳沟清淤约3.8千米，完成2.5千米；完成揽翠河水体治理主体工程建设。围绕创建省级文明城市目标，加强背街小巷、城乡接合部等重点区域环境整治，开展交通秩序、环境保洁、道路绿化、公园广场管护及城区电动三轮车、四轮车等专项整治行动，让交通更畅、街面更净、市容更靓：完成醉月溪改造工程；向阳路与科技路交口、状元河改造工程基本完成；红丝沟改造工程完成60%。组织交通会战，打通主动脉、畅通微循环、消除断头路，推动形成城市主干道、绕城快速通道、高速公路“组团快联”的路网格局。2021年城市基础设施（道路工程）建设项目，文溪路、规划支路、纬一支路、经五路等4条（段）道路完成。2021年城市基础设施建设（道路工程）二期项目，包括晴岚西路、文溪路、揽翠东路、和谐路、规划支路等5条道路，目前和谐路、规划支路完成。职教园区配套基础设施建设PPP项目，经四路、高新路、长春东路完成。

【基础设施提升】 2022年，利辛县市政管理部门建成使用锦绣公园，启动淝河南路游园建设，新增城区绿化16万平方米，改造提升城区绿化5万平方米。利辛锦绣公园项目：体育馆主体、外立面石材干挂及人防地下停车库完成，地库坡道口出入口浇筑、体育馆外墙石材干挂及玻璃幕墙安装完毕，地下室消防安装完成。淝河南路游园工程：完成施工图设计。怡秀游园二期：完成新增绿化面积约8.1万平方米，改造提升绿化面积约7万平方米，新建绿道约2.5千米。

【地下管网地理信息系统建设】 2022年，利辛县市政管理部门做好城市生命线工程前期风险评估，推进地下管网地理信息系统建设。2021年城市基础设施建设（道路工程）二期项目，和谐路、规划路雨污水管网、沥青摊铺完成；政通路（开源路—腾飞路）道路及附属工程完成雨污水管网、沥青摊铺施工，路灯、视频监控系统安装完毕，人行道铺装完成。

【完善城乡路网】 2022年，利辛县新建政通路等道路9条，升级改造人民南路、锦绣路，邵渡口大桥通车运行，启动实施马店大桥、王市大桥建设。新建政通路、仁和路、吉安路、和平南路、五一路、丹凤路、醉月南路、高新路、诚信路9条道路，共计8.5千米。政通路（向阳路—锦绣路）、醉月南路（世纪大道—政通路）、和平南路（淝河路—吉安路）、高新路（揽翠东路—科技路）、吉安路（和平南路—学苑路）、丹凤路（高新路—子胥大道）基本完成。升级改造人民南路道路管网完成，复兴路至淝

利辛县城市建设合理布局各功能区　　（孙济／摄）

河路段水稳、混凝土完成，复兴路至阜蚌路段水稳完成。锦绣路改造设计方案完成。

【打造“绿色能源县”】 2022年，利辛县培育壮大节能环保、循环经济、清洁生产、清洁能源、绿色建筑等新业态，支持引导重点行业企业开展节能化改造，加快形成以宝业装配式建筑为龙头的绿色建筑产业集群，以板集煤电产业园为引领的节能环保产业集群：1—10月，绿色建筑开工17项，开工面积95.57万平方米，装配式开工面积39.23万平方米；绿色建筑项目竣工21项，竣工面积共计111.87万平方米，装配式竣工面积31.5万平方米。

（陈传轮）

乡村建设

【概况】 2022年，利辛县农村建设用地优先保障西潘楼养殖基地粪污处理发酵棚、江集镇郑大楼党群服务中心、汝集二村文化广场、巩店肖寨村室、农民建房等乡村重点产业、项目和农村村民住宅建设。在新增建设用地计划紧张的同时，城乡建设用地增减挂钩4个批次，总面积345.39亩，对程家集镇谭集村扶贫车间、程家集镇镇西社区养老服务中心、大李集镇南街社区消防站、西潘楼镇西街社区幼儿园、乡镇农村村民住宅等乡村发展用地予以保障。增减挂钩周转指标优先安排被拆迁户安置和农村基础设施建设，市局要求为农村预留非农产业发展建设用地指标不低于50%。全年农村新增建设用地指标50.16亩。

【林长制实施和村庄绿化】 2022年，利辛县各级林长、护林员累计使用“林掌App”巡林9.72万次，累计行程19.79万千米，协调解决突出问题51个。强化推广林长制综合管理平台应用，建立健全林长制“五个一”服务平台信息，完善林长信息1009个、技术员信息216个、警员信息531个、护林员信息1028个、责任区规划实施方案210个。各项造林工作基本完成，全县建设村庄绿化提升示范点115个（其中栽植薄壳山核桃3万余株）、省级森林城镇1个、省级森林村庄10个，完成退化林修复3545亩、森林抚育2.04万亩；落实苗木产地检疫5家，检疫育苗地12块、树种12个、苗木近30万株，实施以美国白蛾为主的食叶害虫防治26.1万亩，全县未出现林业有害生物防治重大安全事故或次生灾害，森林固碳能力进一步增强。

【农村厕所革命】 2022年，全县改厕任务为5150户实施完毕。开展农村改厕排查整改“回头看”工作，全县共排查厕所8.5万户，排查出问题厕所429户，已全部完成整改。问题厕所大都出现在2017—2018年实施的装备式改厕，因施工、装备质量等原因容易反复出现问题且群众存在不愿意、不方便使用的问题。按照新的改厕标准改建成砖砌三格式厕所，同时确保厕屋进院、优先入室。实施改厕长效管护第三方运营机制，建立网格化平台，切实做到厕所坏了有人修、满了有人掏，掏后能利用。

【人居环境整治】 2022年，利辛县严格按照省市要求，重点在农户“四净两规范”“四勤两参与”和村庄“五清一改”上细化落实全县农村人居环境整治工作。以《农村人居环境整治提升奖励补助考核办法》和《利辛县农村人居环境突出问题专项整治改善行动方案》为抓手来推进、以“百村千塘”示范整治和农村户改厕工程来助力改善、以省级美丽中心村建设来示范带动全县农村人居环境整治工作整体水平逐步提升，以“清洁户”“文明户”“美丽庭院”的评选来激发群众主动参与人居环境整治工作的热情。全县采用第三方无人机航拍加人工入户调查的方式，每月随机抽取207个村庄进行实地考核，按照市委、市政府要求每月评选出“最美乡镇”和“最脏乡镇”并授牌，同时在全县大会上分别作经验介绍和表态发言。

【美丽乡村建设】 2022年，利辛县秉承全域规划理念，进一步强化措施，坚持“产业兴旺、生态宜居、乡风文明、治理有效、生活富裕”二十字方针，紧紧围绕强化基础、完善配套、健全功能、创优环境，不断积聚乡村发展新动能。在全面完成2021年度的10个省级美丽中心村建设的同时，及时启动2022年度的12个省级美丽中心村建设任务。通过省级中心建设，极大带动了周边村庄的环境整治提升，群众的积极性和参与度大大提高。

【“百村千塘”示范整治工程】2022年，利辛县实施“百村千塘”示范整治工程试点，通过开展村庄水塘清淤，逐步消灭农村黑臭水体和脏乱差现象，加大村庄河道、沟渠整治力度，治理房前屋后、道路两侧排水沟，形成网络化的雨水排放体系。探索建设一批具有生态景观效果的示范沟塘河渠，发挥沟塘河渠的生态景观、水源调蓄、生态养殖等功能，改善农村生态环境。全年共投入资金2400万元，在全县12个乡镇26个行政村实施“百村千塘”整治项目，共治理水塘面积22.99万平方米。

（贾思才）

城市管理

【概况】2022年，利辛县城市管理局认真贯彻落实习近平总书记关于“城市管理搞得好，社会才能稳定，经济才能发展”“城市管理要像绣花一样精细”等一系列重要指示精神，紧紧围绕“疫情要防住、经济要稳住、发展要安全、社会要稳定”的工作要求和利辛县创建全省文明城市工作总要求，聚焦主责主业，在推进城市精细化管理、改善人居环境、提升城市品位等方面勇于担当、忠诚履职，取得较好效果。坚持树立管理城市为人民的思想理念，坚持“三到位、一处理”的原则，切实解决信访人员诉求，解释信访人员疑问，消除信访隐患，维护社会稳定。办结群众来信来访28件。建立每周通报制度、24小时值班接转制度、“三级负责制度”和责任追究制度，确保按时保质整改和回复问题，严禁退单和超期回复。全年办理市长热线投诉1767件。人民网留言、新浪微博留言等网络舆情办结48件，承办县人大建议4件、政协提案3件。2022年，利辛县城市管理局全力推进项目建设，县城市管理局牵头实施重点项目9个，其中完工项目2个，在建项目3个，4个项目在办理前期手续，全年完成投资9341万元。全力优化营商环境，“获得用水用气”两项考核工作上，简化办理流程、压缩办理时限、降低接入成本、优化线上服务。

【机制创新】2022年，利辛县城市管理局按照县委全面深化改革工作要求，利辛县城市管理局牵头成立联合徒步执法组，在主城区开展示范化城市管理联合徒步执法试点，探索“1＋2＋N”（1名城管＋1名交警、1名市场监管＋属地干部）联合徒步管理执法工作新模式，实现部门多头管理向联合执法转变、车辆巡查向徒步监管转变，粗放型管理向精细化治理转变，推动城市管理工作的常态长效。对城区部分道路的经营、交通、卫生、建筑秩序和市政设施、园林绿化管护工作进行精细化调度和指导，力推全省文明城市创建工作走深走实。

【安全生产】2022年，利辛县城市管理局组织开展对新安全生产

宜居城市建设　　（县委宣传部／供）

法和城镇燃气安全管理方面法律法规的宣教活动，定期召开安全生产专题会议和安全生产学习培训会议，压实“三方”责任，增强安全生产责任意识和监管能力。常态开展安全生产检查，坚持“三管三必须”原则，落实领导班子分管行业“一岗双责”，聚焦行业领域安全生产，发现问题，整改隐患。开展城镇燃气“百日攻坚”行动，共排查餐饮燃气用户2293家，居民燃气用户39850家，整治安全隐患82处；实施非居民用户可燃气体报警装置安装工作，1259家使用液化气的非居民用户已全部安装可燃气体报警装置；开展燃气企业安全体检，对全县7家燃气企业、57处乡镇二级燃气供应站进行全面安全体检。

【文明创建】 2022年，利辛县城市管理局开展经营、交通、卫生、建筑、广告等秩序整治和市政基础设施维修及园林绿化管护，落实“门前三包”，实施精细化管理，增强城市功能和文明程度，提升城市管理水平。累计签订“门前三包”责任书4078家；开展户外广告专项整治行动，拆除残旧破损和设置不规范广告标牌共846处，拆除沿街条幅600余条，全面清理沿街商铺门前乱贴小广告；规范非机动车停放秩序，施划停车线18200平方米；拖移、暂扣非机动车辆3200余辆；累计完成补植绿化面积约17100平方；维修维护景观灯86盏；修复沟河广场铺装2000余平方；完成人行道维修40000余平方、路侧石10000余米；更换护栏4000余米、防撞桶109个，更换检查井盖200余套、更换雨水篦子350余套；维修路灯光源483盏。

（陈传轮）

建筑业

【概况】 2022年，利辛县围绕打造“绿色能源县”目标，培育壮大绿色建筑等新业态，加快推动我县装配式建筑和绿色建筑发展并完成年度目标任务：1—10月，绿色建筑开工17项，开工面积95.57万平方米，装配式开工面积39.23万平方米；绿色建筑项目竣工21项，竣工面积共计111.87万平方米，装配式竣工面积31.5万平方米。完成培育引进规上建筑业企业2家：安徽蓝立和安徽常筑。全县建筑业产值第三季度是16.9亿元，与去年同比增长10.3%，全市六项综合指标排名第一。完成资上建筑业增值税42.6%。完成年度重点项目开工和投资计划：年度计划实施的政通路工程、城南综合服务中心和派出所（刑警队）业务用房项目、城市基础设施道路工程二期项目等工程基本完工；完成投资均超过序时进度。每季度开展50人以上规模的农民工安全生产培训1次；完成安全生产培训，培训时间分别为2月11日、6月24日和9月26日。

【压缩项目审批时限】 2022年，利辛县政府投资类工程建设项目审批时限压缩至46个工作日以内，企业投资类压缩至36个工作日以内，工业类工程建设项目压缩至19个工作日以内，推行“容缺受理＋承诺”和“一阶段一证”：合理压缩办理时限，根据亳建审改办《2021年工程建设项目审批工作承诺制等七个清单》的通知，企业在工改系统申请办理工程建设项目过程中，受理人员对符合网上提供主要材料的事项，可先受理进行审核，受理人员待材料补齐后作出审批决定。推行“一阶段一证”，将审批的一个阶段办理的多个审批事项整合为一个审批事项，企业只需要联系住建局一个部门，就可完成多项审批办理，有效地提升审批服务效能。全年共计办理施工许可证81件。

【城乡自建房屋安全隐患整治】 2022年，全县共排查自建房屋45.22万栋，其中自建商用房屋1.46万栋，自建自用房屋43.76万栋。排查出疑似安全隐患的自建房屋1.32万栋，疑似安全隐患自建房屋通过停止使用、加固维修、拆除重建等措施，基本完成整改，综合整改率100%。其中自建商用房屋665栋，整改665栋，整改率100%。自建自用房屋1.25万栋，整改1.25万栋，整改率100%。

（潘　磊）

房地产业

【概况】 2022年，利辛县住房中心大力推进棚户区、老旧小区改造和保障性住房建设，不断提升物业服务和管理水平，加大房地产项目监管，房地产市场健康发展。全县在建、续建项目40个，施工面积387.98万平方米，1—12月完成全县房地产投资65.84亿元，同比增长23.57%；新开工面积98.34万平方米。2022年1—12月批准预售43件，面积93.09万平方米，同比下降0.16%。其中住宅89.24万平方米，同比下降1.13%，8104套；非住宅3.89万平方米，456套（间）。2022年1—12月商品房销售套数5748套，同比下降35.96%；销售面积63.06万平方米，同比下降36.19%；合同销售金额38.04亿元，同比下降44.35%；其中住宅销售套数5322套，同比下降35.28%；销售面积59.08万平方米，同比下降35.96%；合同销售金额34.5亿元，同比下降43.75%；非住宅销售426套（间），同比下降43.43%；销售面积3.98万平方米，同比下降39.42%；合同销售金额3.54亿元，同比下降49.57%。1—12月住宅销售均价5839.54元，同比下降12.16%。

【房地产市场监管】 2022年，利辛县住房中心进一步规范商品房买卖合同备案，规范合同备案注销行为，对商品房买卖合同备案注销一律经主任办公会议集体研究，坚决制止炒房行为；加强预售资金监管，对所有批准预售许可项目情况均通过电视台予以公示，引导群众理性购房，截至2022年11月底，全县共72个项目签订商品房预售资金监管协议，监管预售资金余额10.57亿元，项目资本金0.91亿元，有效保证了项目建设和进度，规范了房地产开发行为。

【住房保障】 2022年，利辛县棚户区改造新开工任务为4600套，全部实物安置。截至9月底，通过各部门的积极配合和共同努力，完成新开工4602套，开工率100.04%。2022年基本建成目标任务为2023套，于5月底基本建成2023套，完成率100%。2022年租赁补贴发放任务60户。12月底，累计完成发放80户，发放补贴资金约15万元。保障性安居工程项目管理情况。建立2022年度棚户区改造新开工项目库和2022年棚户区改造基本建成项目库，并实行动态管理，项目任务计划、招投标、进度等情况及时在政府信息公开网公示公开。积极开展工程创优活动，尚居雅苑获亳州市建设工程质量标准化示范工程，文泰佳苑获得亳州市建筑安全标准化示范工地、亳州市建设工程施工质量标准化示范工地。棚户区改造资金落实情况，利辛县积极争取棚改专项债券，全年共申请棚改专项债券14.96亿元，中央补助0.41亿元、省级补助0.12亿元，债券资金做到按要求、按支付节点有序使用支出。公租房运营管理情况。加强公租房管理信息化建设，充分发挥大数据优势，积极推进部门之间信息互通、优化审核流程，做好数据时时更新；进一步落实退出机制，保障公租房资源的公平善用；为加强公租房社会化、专业化服务管理，提升公租房管理和

1月22日，利辛县举行2022年度第一批公共租赁住房实物配租公开抽号活动（县住房发展中心/供）

服务水平；开展公租房专项清理核查活动，以晴岚溪小区为典范，对全县所有公租房小区开展常态化入户核查工作，全年累计入户核查3400多户，收缴租金2700余户，收缴金额750余万元；清理清退公租房259套；新增公租房分配480套，及时为中低收入家庭、新就业职工、外来务工人员提供住房保障。

【物业管理】 2022年，利辛县住房中心努力打造好"红色物业"。全县交付使用有物业公司管理的住宅小区64个，物业服务企业35家，物业从业人员约2000人，其中成立业主委员会8家，成立党支部7家，有党员约32名。按照市文件精神，党建引领物业，积极开展"红色物业活动"。

认真处理物业投诉。按照落实"马上就办""真抓实干""我为群众办实事"工作要求，坚持服务群众为根本宗旨，对于群众投诉的事项，采取实地走访、约谈取证等多种方式进行调查，密切关注群众和物业企业动向，发现问题及时指导、协调，力争缓解和化解矛盾。

有效防范安全生产风险。对全县各物业服务公司负责人及项目经理进行了安全知识培训；在世纪阳光小区、碧桂园，三巽铂悦府等小区分别开展全县物业服务公司负责人及项目经理消防实战演练观摩会；各物业小区每季上报安全隐患排查记录，不定期抽查各小区安全生产工作开展情况；转发《亳州市高层建筑消防隐患排查通知》，对利辛县住宅小区高层逐栋开展消防安全、飞线充电大检查，对排查出的问题将列出清单并及时整改；联合城关镇、城管局、自然资源和规划局等单位开展控违行动，查处24个小区违规案件，涉及400余户。

积极开展文明创建。2022年，利辛县争创省级文明城市，县住房中心抽调30余人包保小区，对照达标任务逐项整改、督办；另投资200余万元对物业小区进行基础设施的维护维修，提升小区的整体形象和外貌；加强物业队伍建设，要求保安统一制服、文明执勤；积极督促物业企业开展各种培训，提升物业人员工作素质；成立督查小组，对物业小区环境卫生加大巡查力度，发现一起整改一起。

提升服务水平。按照《利辛物业管理工作考核奖惩办法》文件精神，对全县物业小区开展一月一督查，一季一考核；聘请第三方对"新建小区、老旧小区"分类进行考核，年终进行综合考评工作，全年共评出创建物业管理优秀住宅小区4个，促使优秀小区继续保持，后进小区积极整改，赶超先进。1—10月归集房屋专项维修基金1.04亿元，累计归集5.71亿元。

【老旧小区改造】 2022年，利辛县住房中心为改善全县城镇居民居住条件，提高居民居住质量，编制"十四五"老旧小区改造规划，"十四五"期间，全县共计划实施老旧小区改造项目36个，惠及改造户数1.2万户，改造面积约123万平方米。对文苑新村、卫校、建筑公司、老城建局等17个老旧小区，针对雨污管网损坏、部分外立面脱落、道路损坏等方面进行改造，总建筑面积约38.34万平方米，涉及改造户数0.34万户，总计划投资1.34亿元。通过采取征求居民意见、强化工程质量管理、优化设计方案等措施，改变了居民居住环境，使得小区旧貌换新颜，得到了居民的一致好评。

（武耀丽）

【住房公积金管理部】 2022年，利辛县公积金管理部围绕年初制定的各项工作目标，加强效能建设，推出包括延长服务时间，延伸服务内容，延展服务空间等各项便民、利民措施，以增强全县公积金缴存职工的获得感和幸福感。全年出色地完成了公积金的归集、支取、贷款等业务，实现公积金增值收益3177万元。2022年，利辛县实现公积金归集收入4.36亿，完成年度计划的114.79%，住房公积金支取总额2.72亿，完成年度计划的93.84%，住房公积金个人贷款发放2.32亿元，为716户家庭提供有效的资金支持，为促进利辛县房地产市场的健康发展和改善职工的住房条件做出巨大的贡献。

（付春燕）

利辛县城投集团

【建筑及道路建设工程】 2022年，利辛县城投集团获得两个省级安全标准化工地、两个市级安全质量标准化工地荣誉。全年完工6个项目：四季绿城总投资7.1亿元，占地128.11亩，建筑面积23.32万平方米，1451套；科创园厂房一期总投资1.7亿元，占地96.65亩，建筑面积7.07万平方米；知行学校小初部总投资3.1亿元，占地82.61亩，建筑面积6.08万平方米；另有凤凰城片区沟河绿化提升工程、诚信路（青年路—霸王路）道路建设工程、永康路（永兴路—长春路）道路建设工程均已验收。在建13个项目：尚居文竹园总投资6.13亿元，占地106.06亩，建筑面积19.39万平方米，1202套；尚居雅苑总投资4.53亿元，占地86.9亩，建筑面积14.96万平方米，590套；尚居馨苑总投资2.24亿元，占地40.7亩，建筑面积7.77万平方米，518套；知行学校幼高部总投资4.63亿元，占地154亩，建筑面积10.49万平方米；科创园标准化厂房二期投资1.4亿元，占地59.82亩，建筑面积2.42万平方米；乐居政通苑总投资5.24亿元，占地77.98亩，建筑面积15.23万平方米，951套；乐居仁和苑总投资7.7亿元，占地123.04亩，建筑面积24.14万平方米，1530套；乐居锦绣新城总投资8.05亿元，占地127.29亩，建筑面积24.89万平方米，1512套；仁和苑二期总投资7.2亿元，占地96.37亩，建筑面积18.58万平方米，1154套；利辛县城关镇后王村九年一贯制学校教学楼综合楼建设项目食堂、风雨操场及附属工程，总投资0.28亿元，建筑面积0.7万平方米，预计2023年5月竣工。

【交通物流板块】 2022年，利辛县城投集团以亳州利辛港、城乡公交一体化为基点，以仓储物流园区为终端，规划建设利辛县交通物流运输网络体系，为利辛县的交通发展提供全面优质的经营能力。亳州利辛港区一期项目总投资2.6亿元，占地90.64亩，建设泊位12个，年设计吞吐量800万吨，2022年底正式投入运营；冷链物流项目总投资2.8亿元，占地203亩，项目开工建设，预计2024年5月建成投入使用；绿色交通项目总投资1.54亿元，占地93.3亩，2022年12月开工，预计2023年6月投入使用；智慧电商物流产业园在进行规划设计，与安能集团合作建设，该项目企业债券获国家发改委批准10.8亿元，计划2023年一季度发行；城乡公交一体化运营项目主要收购现有两家公交公司实物资产，12月18日前完成资产初评，同步推进管理架构搭建及人员招聘工作。

【能源投资板块】 2022年，利辛县城投集团主要从事能源类、环保固废处置类项目投资及建筑材料集采供应业务，发展绿色经济。与市城建集团、上海良延合作实施建筑垃圾综合利用项目，计划投资1.5亿元，项目一期在进行建设，预计2023年3月建成投产；二期计划2023年6月前开工建设。与市电力公司合作实施整县推进100MWp屋顶光伏建设运营项目，计划投资3.5亿元，并网发电400KWp，年内计划再启动5MWp光伏建设。与宝业集团合作实施建筑装配式构件生产项目，截至2022年11月底，完成产值0.55亿元，初步实现盈利。

【咨询服务板块】 2022年，利辛县城投集团主要开展招标代理、政府采购代理、造价咨询（审计）、工程检测、工程测绘、工程监理、施工图审查等，下辖3家公司。截至2022年11月底，实现经营性收入2313万元。

【社会事务板块】 2022年，利辛县城投集团以城乡建设发展为依托，在医疗、教育、养老等方面逐步建立、发展、完善市场化服务业务，推动社会事务板块业务发展，履行社会责任。向奋战在一线的公安、交通、供电、环卫等14家单位捐赠7吨医用酒精，向县红十字会、疫情防控指挥部捐赠200万元，助力开展疫情防控；多个子公司先后组织慰问全县疫情防控一线人员，赠送防疫物资。

（李 波）

供　水

【概况】 2022年，利辛县城区供水1756万吨（县城地表水厂供水1096万吨，地下水660万吨），较上年增加223万吨，抄回1669万吨，供水回收率为95%。城区新增用水户8557户（小区安装7021户，旧城改造923户，散户安装613户）。安装无负压泵37台套，消防栓293个。完成龙泊湾二期、风华和悦二期、万峯汇、清华书香、师大状元府等19小区的安装任务，完成老电影院、文化馆家属楼、黄寨开发楼、图书馆家属院分户安装，小区和分户接水安装主管网35090米，安装远传表7021只。完成高新路、永康路、文溪路等道路DN100-DN315主管线11470米。改造供电局、税务局、审计局、建筑公司等老旧小区，铺设主管网14554米，新安装远传表923只。全年共完成道路、小区、旧城改造、方舱医院等主管网65404米。开展水务稽查行动，全年共查处偷盗水、挖坏供水设施36次，补缴水费42600元，维修费49100元。

【为民服务】 2022年，利辛县开源水务以实际行动诠释“为民、敬业、奉献”，全年接听和处理用户反映各类用水问题5348件，回复率100%；更换安装智能水表9626只；开展4次地毯式查漏，查出漏点15处，减少漏损、提高供水回收率。抢修DN63以内管道730余次，DN110-DN315主管网186次，抢修收费15万余元。全年校表室共检定合格水表16490块，不合格水表181块，整体合格率99.98%。

【项目建设】 2022年，县城地表水厂工程二期顺利完工，供水管网基本实现城区全覆盖，供水能力大幅提升。城乡供水一体化项目扎实推进。项目总投资15.06亿元，01标段中标价为898507593.21元，由中铁四局承建。2022年10月进场施工，省水利厅下达县2022年开工建设三个地表水厂、新建两处取水泵站、输水管道铺设10千米、配水管道铺设56千米的任务目标，于12月1日完成。02标段计划投资6个亿，招标前的准备工作正加快推进。中水提升改造利用工程稳步实施。项目总投资约2.99亿元，中标价2.05亿元，由中建安装工程集团有限公司承建。完成经开区污水厂土建工程25%，完成管道铺设约4.5千米；县城污水厂完成三通一平工作，南段管道铺设完成2.7千米；中段联络管线铺设完成1.4千米。超额完成2022年既定的建设投资5000万的任务。2022年农村饮水安全巩固提升工程主体完工。项目总投资1.2亿元，主要建设水源工程、净水厂工程、配水管网及附属工程，2022年12月主体工程完工。

【水质检测】 2022年，利辛县开源水务配合上级卫生监督部门完成抽检水样288个。自检县城出厂水和末梢水日检350个，委托第三方抽检县城出厂水和末梢水42项20个，半年检地表水厂出厂水106项2个，抽检泵房原水和出厂水常规项12个，全项3个。自检农饮水日检160个，月常规检出厂水和末梢水1488个。委托第三方抽检三个农饮地表水厂半年检出厂水106项6个，月检出厂水常规42项30个，抽检西淝河水源水样常规项8个，全项1个，茨淮河水源水常规项7个。不定期查看农饮水厂水质检测情况，现场指导化验员分类整理药品、仪器耗材等，做好水质检测结果记录。对分公司化验员集中培训1次。

【农村供水问题排查】 2022年7月，利辛县开源水务成立128个排查小组，实地走访23个乡镇、361个行政村、3260个自然庄，共排查26458户。通过座谈访问、现场核查等形式，排查有无安装自来水、水压、水质等问题，针对存在问题能及时整改的全部整改完成，不能整改的大多是末梢水水压问题，纳入项目建设一并推进改造提升。

【安全生产】 2022年，利辛县开源水务周密部署安全生产工作，有针对性地研究制定安全管理和事故防范措施，切实把安全生产工作抓细抓早、抓紧抓实。定期进行应急预案修编及演练，2022年共开展防恐演练及消防演练6次。不定期开展供水设备、电气设备的常规巡查。各水厂实行24小时值班制。严格落实信访工作责任，及时研究解决信访问题，2022年以来，受理12345市长热线839件；受理省长热线、人民网留言等重要交办单24件，合计863件，其中涉及城区供水139件、农饮供水724件。信访件较去年减少50%以上。农饮工程管理进一步规范。健全完善分公司管理运行机制，实现对农饮分公司制度化、规范化管理。制定“一厂一册”管理制度，建立农饮水厂考核机制，提升农饮水厂运营管理水平。实行供水设施日巡查、月排查等制度，定期对农饮水厂运行设备、设施进行全面排查，对于毁坏不能运行的设备进行及时更换，保证居民正常供水。

（林　楠）

供　电

【概况】　2022年，利辛县供电公司完成固定资产投资9965万元。供电量18.85亿千瓦时，增长11.98%；售电量18.003亿千瓦时（刨除购售同期9797.69万千瓦时）；综合线损率4.50%，下降0.6个百分点。实现营收12.7亿元，增长25.15%。职工劳动生产率78.94万元/（人·年），提高15.6%。公司获得“亳州市文明行业先进单位”“2022年亳州市劳动保障诚信A级单位”荣誉称号，《导线类自喷漆环形喷嘴的研制》获评“亳州市供电公司QC发布成果三等奖”“安徽省质量管理小组二等质量管理成果”。

【电力供应】　2022年，利辛县供电公司加强“三侧”管控，科学安排主、配网正常运行方式，及时实施电网运行方式调整和应急管理工作。2022年利辛电网总体运行平稳，最大负荷达54.83万千瓦，同比增长24.5%；全年供电可靠率99.93%，综合电压合格率99.84%；出色地完成党的二十大、中高考、疫情防控等重大保电任务，为经济社会发展提供可靠电、优质电、爱心电。积极构建新型电力系统，全力服务新能源发展，大力开发屋顶光伏项目。辖区内新能源年累计发电量12.45亿千瓦时，同比增长75.60%，实现100%消纳；电动汽车充电站全年完成充电量超过51万千瓦时。优化客户诉求响应闭环机制，狠抓服务投诉管控，强化问题治理跟踪考核，全年万户投诉率同比压降58.34%。

【安全生产】　2022年，利辛县供电公司全面完成安全生产专项整治三年行动。动态管理安全生产专项整治“两个清单”，突出解决废旧电杆、同步时钟装置及综自改造、对地距离不足等93条重点问题隐患；统筹推进公司安全隐患“一张网、一个库”管理，消除隐患库内隐患208条。落实安全生产责任，夯实安全管理基础。全力推进“四个管住”要求落地，确保现场作业人身安全。安全管控关口前移，强化计划申报阶段风险预警。抓实计划管控，严抓复工管控，按“日推进、周通报、月考核”方式不断推进保证体系违章查处率提升，由上半年的3.28%提升至10.22%；安全监督体系全年共查纠违章现场308起，其中严重违章42起，违章计分195.6分，累计罚款20.18万元，约谈违章单位45家146人次。

【电网规划编制】　2022年，利辛县供电公司滚动修编“十四五”电网规划，编制2021年度电网诊断分析报告和2022年迎峰度夏分析报告；完成《“十四五”供电专项规划》并促成电网规划项目纳入国土空间，规划至2035年13座变电站站址土地性质调整为允许建设区。电网结构持续优化。500千伏墨泉变和220千伏子胥变开工建设，完成110千伏于寨变配套35千伏线路建设任务，35千伏变电站实现100%双电源，进一步加强主网架；开展配网网架优化联络提升建设，新建12条10千伏联络线，开展48条频停线路治理，创建35条10千伏“三零”线路，接入配自开关138台，10千伏线路联络率提升至90.44%。

【电力业务监管】 2022年，利辛县供电公司依托资金实时监控系统，动态监控资金支付业务，落实资金安全检查6个问题整改；常态化开展“三清理两提高”工作，持续开展资产数据质量治理，清理逾龄资产；加强资本性项目预算管控；公司资本性项目预算实际执行10466.87万元，完成率97.49%。“获得电力”水平稳步上升。促请成立政府层面的获得电力专班，严格落实“三零”“三省”工作要求；政企协同有序推进，推动政府7家单位联合出台了电力外线并联审批机制，建立了政府、供电企业分担“零投资”机制，挖掘骨科医院等符合“零投资”文件的典型案例；大力争取业扩配套资金投入，两批合计下达611.55万元资金用于解决企业供电可靠、零投资线路延伸问题；紧跟营商环境改革步伐，试点推广水电气联合报装、联合过户、一屏通办业务，极大程度便捷客户办电；严格执行业扩报装制度流程，修订居配工程管理细则，成立业扩配套工程专家小组，开展专家组验收模式；全年完成388户高压客户业扩报装工作（其中315及以上12户，占比13.51%），增加客户侧用电配变容量25.8万千伏安；低压客户（含居民）2.47万户。推进省政府重大项目落地，顺利完成引江济淮、招商引资企业通电调试。省管产业市场持续拓展。聚焦提升省管产业经营管理水平，加强省管产业品牌建设，提升市场影响力、竞争力和占有率。2022年，省管产业单位共签订施工合同85份，实现营收1.4亿元；在市场拓展方面精心布局，统筹推进传统电力安装工程及新业务项目；在新型业务上与利辛县城乡发展建设投资有限公司联合全面推进全县屋顶分布式光伏建设，明确了光伏业务“一中心、两条线”发展规划。

（李 侠）

供 气

【概况】 利辛县燃气供应企业以海特燃气为主，它主要供应全县的居民用气、汽车用天然气加注和企业用气。其他还有国祯燃气等。国祯燃气在利辛以散装分销为主，主要客户以流动小商户为主及没有集中供气的城乡居民。

【安全生产】 2022年，供气企业组织消防演练1次，反恐应急演练1次，组织召开安全专项会议12次，安全专项培训13次。

（蒋艳梅）

生态环境保护

◎ 综　述
◎ 环境质量
◎ 污染防治
◎ 环境监管

综　述

【概况】 2022年，利辛县委、县政府印发《利辛县生态环境保护委员会工作规则》《利辛县突出生态环境问题排查整改奖惩工作管理办法（暂行）》等规范性文件，明确领导干部生态环境保护“一岗双责”和“管生产、管发展、就要管环保”的工作机制，为做好生态环境保护工作提供制度保障。出台《利辛县扬尘污染治理专项行动方案》《利辛县地表水污染综合整治实施方案》等文件，明确环境保护工作任务和工作目标。2022年，利辛县环保分局在大气污染防治方面，精准抓好控煤、控气、控尘、控车、控烧“五控”各类污染源管控工作。突出抓好全县全区域全时段秸秆禁烧和“禁燃禁放”工作；按照“六个百分百”工作要求，全面加强建筑施工工地扬尘管控，尤其是渣土外运及内部运土，做到地面全部硬化，进出车辆逐一清洗。对拆迁工地实施抑尘降尘作业，对无降尘设备的企业禁止实施拆迁作业。在水污染防治方面，紧盯西淝河和茨淮新河Ⅲ类水质目标，制定出台《利辛县地表水污染综合整治实施方案》，大力推进地表水污染防治工作。开展望疃镇大寨沟等7条国、省级黑臭水体治理工作，已全部完成；国控、省控黑臭水体治理任务7条，已全部完成；农村环境综合整治行政村8个，完成6个；乡镇政府驻地污水处理厂提质增效9个，完成7个；农村生活污水治理行政村10个，完成7个。全县自行摸排农村黑臭水体799条，2022年完成治理182条。加强项目和资金支撑。西淝河（利辛段）支流河口湿地建设项目总投资4017万元，在施工；西淝河（利辛段）流域农村环境综合整治项目总投资6927万元，在招标。

县生态环境分局工作人员检查河道水质　　（县生态环境分局/供）

【生态环境问题整改】 2022年，利辛县环保分局完善“发现、交办、整改、销号”闭环管理机制，实行重点问题“三向”交办，即向属地、属事、包点联系乡镇县领导发送整改通知单、提示函等，推进问题整改。实行乡镇自查与县级督察交办相结合，第一轮排查突出生态环境问题343个，全部完成整改。第二轮排查问题943个，有序推进整改。开展“1＋1”问题“回头看”，对2017年以来中央、省生态环境保护督察交办、反馈问题、群众信访问题开展“回头看”，整改反弹问题33个。开展砂石料场、砖瓦窑厂专项整治行动，排查整改砂石料场问题97个，砖瓦窑厂问题70个。第一季度长江（安徽）经济带生态环境警示片披露利辛县问题2个，分别是城关镇水果批发市场污水外排沟河问题和利辛县牧原农场有限公司污水外排问题。2022年底，2个问题完成整改。积极开展“N”问题排查整改工作。市二季度警示片通报利辛县问题5个，完成整改销号4个，马店孜镇马湖河臭水沟问题未完成整改。市政府突出生态环境问题整改集体约谈调度会，通报问题12个，整改11个，辉达商砼未批先建、未验先投问题，在整改中；市整改办对利辛县97家砂石料场进行核查，发现问题18家，完成整改12家。利辛县自查各类突出生态环境问题大排查334个问题，截至10月底，完成整改285个，未完成整改49个。

环境质量

【概况】 空气质量持续改善。截止到10月31日，全县$PM_{2.5}$浓度均值为36.2微克/每立方米，全年没有发生重污染天气。水环境质量持续改善。1—10月份，全县4个国控断面水质均值达到地表水Ⅲ类标准。其中，茨淮新河阚疃闸上、西淝河利辛、西淝河亳州市单月首次有7个断面达到国家地表水Ⅱ类水质。

【空气环境质量】 2022年，利辛县$PM_{2.5}$浓度均值39.7微克/立方米，PM_{10}浓度均值73.6微克/立方米，优良率占比73.52%。与上年度相比，$PM_{2.5}$下降0.5%，PM_{10}下降1.95%，优良天数下降3.07%，全年实现$PM_{2.5}$、PM_{10}“双下降”，大气环境质量持续改善，完成省市下达的目标任务。

【水环境质量】 2022年，利辛县境内西淝河、茨淮新河4个国控断面1—12月均值达到地表水Ⅲ类标准，多项指标因子达到有记录以来最好水平。其中，西淝河利辛、茨淮新河阚疃闸上等断面2022年以来单月11次出现有记录以来Ⅱ类以上水质；西淝河利辛段12月水质达到Ⅰ类水质。

污染防治

【概况】 2022年，利辛县环保分局深入打好蓝天保卫战，深入推动“五控”措施，落实“精准治污”。利用空气自动站监测数据，加强重点时段空气质量研判，强化对大气污染防治各项工作的调度，落实“九查九做”，为科学化精准化治污提供技术保障和数据支撑。实施大气污染溯源第三方服务，开展激光雷达和VOC走航监测，对全县挥发性有机物重点企业持续进行帮扶指导，督促完善废气收集处理设施，鼓励进行源头替代，督促企业建立健全管理台账，发现问题及时落实整改；强化非道路移动机械监管，对挖掘机、装载机、推土机等非道路移动机械实行逐一尾气检测和编码登记；集中开展“散乱污”企业排查清理整治工作，全县共排查整治“散乱污”企业326家。深入打好碧水保卫战。聚焦打造良好水生态环境，牵头印发《利辛县地表水污染治理集中攻坚战实施方案》，全面摸底排查各类污染源，开展沿河居民生活污水直排河道、畜禽养殖污染、乡镇污水处理厂提质增效、河流水系贯通等9项整治行动。全面落实“河长制”，常态化开展打捞保洁，清理岸坡农作物种植、养殖、乱堆乱放行为，河道两岸截污纳管等工作。

生态环境优良的西淝河　　（县旅游事业中心/供）

【大气污染防治】 2022年，利辛县环保分局深入推动“六个百分百”措施落实，严格管控扬尘。牵头制定了《利辛县扬尘污染治理专项行动方案》，推动建筑工地、道路、水利等工程，落实工地周边围挡、物料堆放覆盖、土方开挖湿法作业、路面硬化、出入车辆清洗、渣土车辆密闭运输“六个百分百”，合理降低土方作业范围，实施分段施工。协调住建、城管部门加大重点区域洒水次数和洒水量，推广主次干道高压冲洗与机扫联合作业模式，

利辛县生态环境分局与城关镇和平社区联合开展‘禁止燃放烟花爆竹’宣传活动
（县生态环境分局／供）

降低城区道路扬尘污染。组织相关职能部门常态化对全县在建建筑工地、混凝土企业、道路施工等扬尘污染防治工作落实情况开展督查，并给予通报和交办，推进扬尘污染治理。

【水体污染防治】 2022年，利辛县环保分局全面排查整改污染源，排查沿河居民生活污水直排河道问题4325个，整改1786个，其中排查整改畜禽养殖问题179个，全部完成整改。新完成户改水改厕10124户；扎实推进农村生活污水治理四项任务，对纪王场乡等9个乡镇政府驻地污水处理厂提质增效，乡镇污水处理厂日均收集处理污水10134吨，比上年同期的9402吨，提高7.8%；对孙庙乡和谐社区等18个村居开展农村生活污水治理、农村环境整治典型示范，完成国家级农村黑臭水体治理7条，自查摸排农村黑臭水体799条，计划用3年时间完成治理任务，其中，2022年治理182条，完成治理128条，正在治理54条。对全县26个村级污水处理站因设施损毁、管网损坏、缺少管网等不能正常运行、低效运行问题，采取一站一策制定整改方案，整合乡村振兴衔接等资金进行维修改造。推动水污染防治项目建设。围绕西淝河清水廊道，解决县城地表水厂饮用水源保护、支流污水汇入和沿岸乡镇农村生活污水污染问题，谋划实施了西淝河（利辛段）支流河口湿地项目。项目总投资4017万元，争取中央资金3000万元。谋划实施了西淝河（利辛段）流域农村环境综合整治项目，项目总投资6927万元，申请中央项目资金4500万元。探索水污染治理新途径。围绕西淝河、茨淮新河“引淮济亳”清水廊道，制定《西淝河流域（利辛段）孙庙乡等乡镇水生态环境治理实施方案》，实行流域片区联防联治。按照乡镇政府驻地集镇、农村小集市、中心村、自然村、居民五个类型，结合常住人口规模，因地制宜配套建设污水处理设施，探索设施处理、生态治理、分散处理等不同方式，治理农村生活污水。如王市镇东城社区属原小乡政府驻地农村小集市，采取“一体化处理＋生态氧化塘”工艺，污水治理效果较好；胡集镇陈营中心村利用已建

11月18日，全市西淝河流域水生态环境问题整治督导调研会在利辛县召开
（县生态环境分局／供）

污水管网和村中原有沟渠，对生活污水采用“复合人工湿地尾水处理模式”进行处理，沿沟渠建设截污管网、截流井和大三格式化粪池，将沟渠改造成为集潜流湿地、表流湿地、生态塘等处理单元于一体的人工生态湿地，大三格尾水进入生态沟渠，在有效处理生活污水的同时，构建了绿色人居景观；胡集镇孙大庄利用原有的6个独立环村水体，实施水系贯通，在沟渠内种植美人蕉、香蒲、芦苇、灯芯草等水生植物，并增设太阳能曝气装置和潜水泵，打造环村水循环生态沟渠系统，在治理生活污水的同时，可有效消除独立坑塘的黑臭水体。

【土壤、固体废弃物污染治理】 2022年，利辛县环保分局深入打好净土保卫战。强化重点区域和行业监管，制定《“散乱污”企业排查整治专项工作实施方案》，全面排查整治“散乱污”企业336个，危险废物安全处置率达100%，确保土壤优质安全。建成投运生活垃圾焚烧、生物质发电、餐厨垃圾综合处置等项目，有效解决了城乡生活垃圾、农作物秸秆、餐厨垃圾等污染问题，基本实现“变废为宝”。

【秸秆禁烧和禁燃禁放】 2022年，制定印发《利辛县2022年度秸秆禁烧工作实施方案》，全县召开午、秋两季秸秆禁烧工作动员大会，对秸秆禁烧工作进行全面布置，成立3个督导组、23个督查组，6个堆场检查组、2个农机检查组、2个火点核查组、3个纪检巡察组，在重要时间节点加强秸秆禁烧督查，压实各乡镇秸秆禁烧责任，午秋两季利辛县均无省级卫星监测火点。严格落实重点时段禁燃禁放措施。加强禁燃禁放政策宣传，通过融媒体、电台、电视台、网站等渠道，充分开展禁燃禁放政策；开展源头管控，协调组织公安、应急等多个部门对烟花爆竹储运销售进行严格检查；加强监督检查，对在重点时段违反规定的行为，实施行政处罚。

利辛县生态环境分局开展生物多样性志愿服务宣传活动（县生态环境分局/供）

环境监管

【概况】 2022年，利辛县环保分局加强对重点排污企业环境监管，开展挥发性有机污染物、工业固废等专项整治。加大案件查办力度，对100余家企业下达环境违法行为整改通知书，责令限期整改。依法实施行政处罚119件，罚款316万余元。共办理新环保法四个配套办法86件（查封扣押67件，移送拘留16件，涉嫌环境污染犯罪1件，停产限产2件）。畅通生态环境保护问题信访举报渠道，建立领导干部接访下访和环境执法监管工作机制，切实维护人民群众环境权益。2022年，受理“12369”环保热线103件，12345市长热线331件，办结率99.9%，其中12369环保热线被评为“五星级”满意案件8件。行政执法卷宗质量稳步提升，2022年7月，全省生态环境保护行政执法案卷评查，利辛县抽查案卷得分位居全省第一名。2022年，全市生态环境保护大练兵第二轮行政执法案卷县区交叉评查，利辛县得分位居全市第一名。

利辛县生态环境分局举办春季生态环境保护业务培训（县生态环境分局／供）

【环境监测】 2022年，利辛县环保分局完成对全县15条河流16个断面3次5指标监测，1次24项指标监测，2次城区地下集中式饮用水源地水质监测，4次城区集中式地表饮用水源地水质监测，2次42处千吨万人农村地下饮用水源地监测，4次3处千吨万人农村地下饮用水源地监测，4次2处地表河流断面每季度1次24项指标监测。以江集村为代表的农村环境空气质量监测，按季度上报6指标不少于90天日均值数据。完成省监测中心下发清单中涉及利辛县辖区的9个重点入河排污口监测。完成每半年对33个农村污水处理设施出水开展1次3项指标（水温、化学需氧量、氨氮）监测。完成省监测中心下发清单中涉及利辛县辖区4个黑臭水体监测。完成全县43家重点排污单位（除部分企业因停产无法监测外）监测任务。配合完成信访、执法监测10余起，两河支流地表水监测约75次、汛期每周1次监测8次、两天1次监测约30次、国控断面每月加密监测约45次，每月1次的降尘监测采送样工作。

【环境影响评价与排污许可证管理】 2022年，利辛县环保分局优化环评审批服务，给出科学决策依据，实行项目预审制和重点项目专家评审制。全县共依法审批环评报告表49个，登记表备案137个；完成排污许可证登记及核发189个，出具项目初审意见19个，积极为企业申报成功污染防治项目1个。

【生态环境保护宣传教育】 2022年，利辛县环保分局开展各类生态环境宣传进社区、进企业、进学校、进机关、进乡村的宣传活动，利用“3·12”植树节、“4·22”地球日、“5·22”国际生物性多样日、“6·5”世界环境日、“6·15”低碳日等纪念日，张贴“节能减排、绿色生活”等各类宣传画，共发放各类宣传材料3万余份，各类宣传信息99篇。利用各类媒体，积极对企业履行生态环境保护主体责任开展宣传教育，采取座谈、培训、走进乡镇工业园等方式，开展“谁执法、谁普法”活动7次。开展生态满意度宣传，在媒体积极投放环境公益宣传片，向广大民众公布当前的空气环境质量、水环境质量状况、绿色生产生活等。

（解松军）

交通 邮政 通信

- ◎ 公路建设与管理
- ◎ 交通运输
- ◎ 邮　政
- ◎ 中国铁塔
- ◎ 中国电信
- ◎ 中国移动
- ◎ 中国联通

公路建设与管理

【概况】 2022年，利辛县公路中心先后制定按照《三年行动“集中攻坚”工作实施方案》《强基固本实施方案》《关于开展安全生产隐患大起底大排查大整改“百日行动”的通知》《利辛县公路管理服务中心迎接服务党的二十大防范化解重大风险开展风险隐患排查加强公路安全生产工作实施方案》等文件，要求加大道路安全隐患排查整治，对缺失或损毁的道口桩、警告标牌等安全附属设施，进行增补、修复，确保设施齐全、功能完好；另外重点督查在建工程项目施工安全；1—11月，公路中心共开展安全督查35次，处治道路路肩塌方、道口桩标志牌损毁、铁路涵洞积水、整修用电线路等各类安全隐患48处，累计投入资金约25.6万元。积极整治上级挂牌道路安全隐患。上半年，中心管养道路有51处被挂牌为重点道路安全隐患，其中一处为公安部挂牌隐患点，为及时消除隐患，解除挂牌，中心按照“隐患即事故”的原则，在“整改”上下功夫，强化挂牌隐患的整治，一方面安排人员对隐患点进行实地核查，制定整改措施，对隐患整改难度小，资金花费少的隐患及时完成了整改；另一方面对整改资金大的及时向主管局汇报，争取政府支持，并通过项目完成挂牌隐患整改工作任务。目前，所挂牌的51处隐患在主管局的统筹协调下，在规定的时间内完成了整改，共投入隐患整改资金240余万元。利辛县投资20465.24万元，实施农村公路提质改造工程98.48千米（民生工程），养护工程194.92千米（民生工程），安全生命防护工程228.25千米，县乡道安全隐患排查并整治里程199.34千米，使用衔接资金实施农村公路提质改造项目11.77千米。

【农村公路建设】 农村公路提质改造工程项目。省厅下达农村公路提质改造工程共27个项目计98.48千米（其中县乡公路升级改造共3个项目计30.78千米、建制村通双车道公路共22个项目计49.64千米、联网路共2个项目计18.05千米），总投资13140.47万元（其中上级补助7559.9万元、申请一般债券资金8000万元），已全面完工。

农村公路养护工程项目。省厅下达农村公路养护工程194.92千米（大修6.52千米、中修50.91千米、小修137.49千米），总投资1827.59万元（其中省补资金1084万元、市补资金354.2万元、地方配套846.8万元），项目工程已全部完工。

农村公路安全生命防护工程。全长228.25千米，总投资2056.14万元。对农村公路沿线标志标牌标线、警示桩、道口桩、波形梁防撞护栏等实施。项目主体工程全部完工。

县乡道安全隐患排查并整治里程。全长199.34千米（县道79.07千米、乡道120.27千米），投资2100万元。对农村公路沿线标志标牌标线、警示桩、道口桩、波形梁防撞护栏等施工，12月底全面完工。

使用衔接资金实施农村公路提质改造项目。全长11.77千米，总投资1341.03万元。9月14日施工招标开标，9月底进场施工，12月底全面完工。

【农村公路养护】 全县农村公路县乡村道大、中、小修工程194.92千米，招标合同价1827万元。大修12条6.52千米；中修5条51.34千米；小修11条137.49千米。养护工程项目通过第三方检测单位检测合格，进入交竣工检测阶段。

【国省干线公路养护】 日常保洁方面：加大道路的日常保洁力度，狠抓道班职工的出工、出勤、出效，确保路面清洁无杂物；加强路肩的日常养护，及时清理路肩堆积物及农作物，定期对路肩高草进行修剪。桥梁养护方面：加强桥梁日常养护，及时对桥梁的锥坡、护坡杂物进行清理，对桥梁泄水孔、伸缩缝进行疏通，对损毁伸缩缝及时进行维修更换，确保桥梁运行安全。小修养护方面：加强管养道路的日常巡查、及时处治道路出现的坑槽、沉陷等病害，确保道路通行安全。

（康翠敏）

交通运输

【概况】 2022年，利辛县完成交通领域总投资4.91亿元，全面完成年度建设任务。顺利完成G329利辛绕城段新建工程、S250改建工程、利辛港区一期工程、S238线及S245线路面修复工程、S238路面预养工程、S245线安全提升工程、S245线江集公跨铁预养工程、农村公路提质改造工程98千米、安全生命防护工程228千米、隐患治理工程199千米、养护工程194千米。积极实施西淝河邵渡口大桥新建工程、西潘楼火车站客运站改造项目、西潘楼站周边配套设施建设项目。利辛港区二期项目立项获批，S306马店大桥施工招标公告发布，S312王市大桥改建项目前期工作完成，S245利辛段一级公路改建项目完成初步可行性研究报告编制，G329利辛段一级公路改建工程勘察设计顺利挂网招标，涡阳至利辛高速提前启动项目前期工作。2022年，完成智慧交通一期项目、公路数据库管理平台，依托"互联网+"，集建设、养护、管理、运营于一体，路网管理、综合执法、行业监管和政务服务互通互联，全面推动交通运输健康、可持续发展。

【服务运输市场】 2022年，利辛县交通运输管理部门坚持把"打非治违"行动作为运输市场整顿的重要抓手，先后开展了8次专项行动，全面清查道路运输市场"黑头车"。治超工作不断加强。常态化开展路警联合执法30余次，开展流动联合治超执法专项行动16次，执法检查4300余次，出动执法人员14000余人次。结合固定治超站点、流动巡查，充分运用科技手段，启用县域内动态治超卡点，确认上传329台次违法数据；检测货车36420辆，查处非法超限运输车162辆，卸载货物1865.6吨；公安交警罚款2.16万元，驾驶证记分272分；处理超限动态检测卡点抓拍违法超限车105辆次，罚款55.71万元。同时，不断推进源头治超工作，煤矿、电厂两家货源单位治超监管系统安装完成。加强运输市场案件办理。共办理违法案件288件，其中客运类55件、货运类83件、非法营运类83件、未取得从业人员资格证件2件、汽车维修类2件、货运企业类21件、出租汽车类41件、工程类1件，共计罚款208.8万元。提高政务服务水平。政务窗口双休日、节假日不打烊，全年办理运输服务业务46318件，其中货运车辆类17125件、客运车辆类156件、出租车车辆类79件、驾驶员资格证诚信考核19967件、继续教育4759件、换证2957件、补证1275件。扎实推进政务服务网上办理，现场指导从业人员和经营业户，共办理12580件，办理满意率、好评率、按时办结率均达到100%。督导驾培企业严格从业人员准入考核并提升服务水平，新办道路运输驾驶员从业资格证1012本。交通窗口被市政务管理局授予"十佳示范窗口"称号。

【城乡公交一体化】 2022年，利辛县交通运输管理部门按程序审核发放各类补贴资金共计2117.08万元，有力保障我县城市、城乡客运持续运营。安徽省第三批城乡道路客运一体化示范县创建工作顺利通过省交通运输厅验收、2021年度城乡交通运输一体化发展水平获得省交通运输厅5A级评估。

【涉路涉水行政许可审批工作】 2022年，利辛县交通运输管理部门依规完成引江济淮工程（安徽段）阚疃南站和西淝河北站供电线路工程跨越茨淮新河施工作业、亳州二—伯阳500千伏线路工程及亳州二500千伏变电站220千伏送出工程跨越阜蒙新河行政许可审批。制止未经许可擅自沿路铺设自来水管、架设电力杆线的违法违规行为。

【安全生产工作】 按照十五条硬措施和"三个狠抓"工作部署，加大对国省道及农村公路（县道）隐患排查力度，投入整改资金1266.79万元，完成51处挂牌督办隐患整改、48处安全督查隐患整改、199千米农村公路隐患整治工程。开展执法行动2758次，出动执法人员6795人次，累计排查隐患数量355个，整改完成355个；查处项目重点人员履约不到位企业8家，整治工程项目因质量问题返工企业1家；对11家风险隐患没有整改到位的企业进行立案；检查企业102家，下达责令整改61份，约谈企业61家，立案处罚8家；检查水运企业72家次，发现问题43起、督促整改43起；检查船舶253艘，发现隐患96起，整改96起；培训船员150余人次，培训公司安全管理人员60余人次，发布预警信息30余条。2022年交通运输领域未发生事故，较去年同期事故、死亡人数均有下降，安全生产形势稳中向好。

【港航管理】 截至2022年底，全县航运公司8家，船舶拥有量423艘，净吨位25.4355万吨，总吨位44.5374万吨，船舶运力82.7120万吨。切实加强全县水运企业安全生产管理工作，确保安全生产工作有效落实；狠抓内河船舶非法涉海运输工作，为切实消除内河船舶非法涉海运输行为，加大对水运企业安全生产管理力度。2022年共检查企业72家次，发现问题43起、督促整改43起。

【亳州港利辛港区建设】 亳州港利辛港区一期工程地处利辛县阚疃镇，茨淮新河阚疃闸下游约4.3千米左岸，建设12个500吨级散货泊位，使用岸线900米，工程占地93亩，码头年设计吞吐量650万吨，项目投资约12811.01万元。

【疫情防控】 自2022年1月起，利辛县交通运输管理部门按照“外防输入、内防反弹”工作要求，先后抽调268名干部职工在宁洛高速利辛东、利辛西、利辛北3个出口及省道312阚疃卡点等11个国省干线疫情防控查验点值班执勤，筑牢疫情防控堡垒，全力保障交通运输。同时，承担全县重点人员转运、核酸检测标本运输、支援外地医疗服务、重点人员流调、核酸检测运输保障等工作，出动各类车辆7300余辆次。其间，未发生一起安全责任事故和疫情传播事件。2022年，利辛县交通、邮政、通信部门深入贯彻党中央“疫情要防住、经济要稳住、发展要安全”要求，统筹推进事业发展、疫情防控和保通保畅工作，狠抓作风建设、工程建设，强化公路管养，规范市场秩序，取得一定成绩。在党风廉政方面，明确工作任务，落实主体责任；依托“学习强国”等学习平台，狠抓党员教育、管理和监督；做好春节、清明、五一等节假日重点时段的廉政提醒。对有苗头问题的及时提醒处理，对酒驾等违法违纪的19名干部进行党政纪处分。认真办理人民网留言、省市县长热线事项1274件，办结率98.68%、满意率95.6%。高考、中考期间，组建多支爱心车队，开通多条定制送考班线，为广大考生提供免费乘车服务。依据三定方案、《关于印发改革后县交通运输局机关“1＋5＋1＋X”内部运行机制（试行）的通知》、《利辛县交通运输局内部运行机制建设指引（试行）》、5个基础清单和《利辛县交通运输局股室主要职责和业务工作流程（试行）》，不断完善工作运转机制和制度体系，加速人员交流、工作交融，一大队四中心运行正常，改革效果明显。

（刘洪锐）

邮　政

【概况】 2022年，利辛邮政各项工作取得了“稳中向好”的喜人成绩，圆满完成全年奋斗目标。全年收入1.92亿元，居全省第9位，较2021年提升2个位次；增长14.51%，完成市公司奋斗目标进度101.98%，居全市第2位。利润6261.86万元，居全市第2位；收入利润率32.57%，居全市第2位。代理金融业务质效发展。全县实现收入1.39亿元，增长率13.73%，完成市公司奋斗目标进度101.81%；规模列全省第8位。2022年新增余额15.74亿元，列全省第5位，本年新增储蓄存款增长18.92%，列全省第9位。

【寄递业务】 全县实现收入3245.6万元，完成市公司奋斗目标103.53%，增长率22.56%，规模列全省第16位，较2020年提升8个位次。其中特快1115.18万，增长率37.49%，规模列全省第4名，较去年同期增长3个位次；快包2075.16万，收入增长率21.9%，规模列全省第19名，较去年同期增长5个位次；国际2.05万，增长率-62.91%，规模列全省第19名，较去年同期下降7个位次；商品销售其他收入53.21万，增长率-58.86%，规模列全省第18名。

【电商分销业务】 2022年渠道平台部实现分销收入1057.28万元，完成率100.69%；电商收入55万元，完成率100.04%，全市排名第2位。开展社区团购10场。运作了“徽茶邮礼”“皖邮春耕”“中秋邮礼”“肥在金秋”“9·19”电商节和年货节等项目，电商专业运作了ETC链式营销和四个季度的简易险发展竞赛，同时开展了站点打造、库存清理、税务代开和邮政营业管理等工作。

【集邮文传业务】 报刊业务：全年累计收入315.31万元，增长率2.34%。其中，校园报刊完成160.34万元，同比增长15.85%，居全市第一。函件收入：255.45万元，完成奋斗当进度100.18%。集邮业务：全年完成收入281.15万元，完成率106.09%，增长率13.42%。文创：实现收入17.18万元，增长率180.75%，居全市第二名。政务图书：营销征订《习近平谈治国理政》第四卷等系列政务图书56万元；《习近平的扶贫足迹》主题图书完成率197.78%，居全市第一。普包业务：收入实现17.84万元，增长率209.53%，居全市第一。

【邮政服务】 2022年，利辛邮政围绕“一确保、两提升、三强化”工作任务，提升服务能力，加强监督检查，着力提升服务水平。全县邮政普通邮件时限、全县邮政四项普服业务开全率、农村乡镇局所覆盖率、建制村通邮率全部达标，县城及以上城区重点党政机关《人民日报》和《安徽日报》当日见报率均保持100%。机要通信实现“四个确保”，按照《邮政机要通信整改通知书》100%整改落实到位。服务乡村振兴稳步推进。完善领导小组架构，加强内外协同，发挥品牌、政策、能力三大优势，落实寄递物流体系建设、交邮融合、县域商业体系建设、金融科技赋能乡村振兴四个文件，链式营销拓展五大客群，与交通运输局等单位签订战略合作协议，打造交邮合作2处。中邮惠农示范合作社1家。惠农合作成绩显著。聚力五类客群，建成7个乡村振兴金融工作室，在全省474个乡村振兴金融工作室三季度评比中，阚疃得分排名全省第1位，汝集镇得分排名全省第8位。全年融资E放款累计8801.8万元，净增4696.95万元，进度291.74%。农产品寄递业务收入473.13万元，进度134.41%。

持续推进三级物流体系建设，牢牢占据农村市场主导权。推进快递进村服务模式，培育乡村发展新动能。加快村级邮快综合服务中心的建设，2022年建设运营站点275处，覆盖占比为100%；2022年，站点累计代投社会快递492.56万件，代投邮政件604.2万件。累计代投邮件1096.76万件。累计结算民营代投费用92.43万元。加强三级节点建设，提升节点服务能力。交通运输局签订“交邮合作”项目，已成功打造马店、江集2处。建设1个重点示范区县寄递共配中心，4个标准化邮电快综合服务中心，其中邮电快综合旗舰店3个；新增农村投递车辆数量4个，以私车公助、租赁等方式为主，以自有、交邮合作联运为补充，全面推进全县农村投递汽车化改革，农村投递汽车化占比97.4%。深化推进渠道平台转型。2022年网点转型覆盖率100%，点均叠加业务9项以上。全县无零收入网点、无万元以下低收入网点；5万元以上收入网点27个，占比100%。打造优质站点255个，累计发展会员14000余户，站点自营批销额均在24000元以上，点均会员发展50户以上，代收代投120笔以上，点均向网点引流10人次以上，组织开展社区团购10场，实现交易额突破150万元。惠农合作项目有声有色。融资E贷款净增4696.95万元，居全市第1位，完成进度297.86%，居全市第1位。融资E引荐且成功办理客户数289户，规模居全市第1位，完成进度397.73%，居全国第2位，活跃合作社“广覆盖”1841个，规模居全市第2位，完成进度110.92%，居全市第2位。乡村振兴卡发卡并授信完成461户，完成进度189.09%，居全市第2位。农产品寄递收入467.18

万元，完成进度133.48%。综合服务“示范社”成功打造中邮惠农示范社1家，利辛恒发专业种植合作社。完成活跃合作社“广覆盖”1841个，成功打造中邮惠农示范社1家。融资E引荐且成功办理客户数289户，居全市第1位，贷款净增4696.95万元，规模、完成进度均居全市第1位；农产品寄递收入467.18万元。乡村振兴卡发卡并授信完成461户，完成进度189.09%，居全市第2位。

（翁腾飞）

中国铁塔

【概况】 铁塔公司利辛办事处是中国铁塔股份有限公司亳州市分公司下属的办事处，是利辛县境内唯一一家国资委旗下的通信铁塔建设企业。作为移动通信基础设施建设的“国家队”和5G新基建的主力军，截至2022年，共建设通信基站1100余座，网络覆盖率达到99.95%，实现了县城城区、农村、高速、市县间主要公路以及市县至高速连接线的连续覆盖，做到凡有人烟处，皆有信号塔。

【共建共享】 作为党的十八大后成立的“新国企”，公司成立后始终以习近平新时代中国特色社会主义思想为指引，全面践行以共享为核心的新发展理念，协同移动、联通、电信三家通信运营商深化共享共用。2014年成立至今，新建通信基站共享水平从历史的14.3%大幅提升到80%，助力建成全球规模最大、质量最好的4G/5G网络，改革成效全面彰显，被概括为“共享竞合的铁塔模式”。除向通信运营商提供运维服务外，还充分利用遍布全县的站址资源、7×24小时不间断的电力保障、集约高效的维护水平、便利的通信条件和独一无二的高空资源，向国土、水利、农渔、政法等不同行业的客户提供站址资源服务和基于站址的信息化服务，在能源托管、河道治理、秸秆禁烧、高空智能监控等方面为政府提供有力的监管手段。2022年，利辛县域疫情反复，铁塔公司利辛区域党小组响应号召，慰问坚守在一线的防疫人员，助力疫情防控。

（范　强）

中国电信

【概况】 中国电信股份有限公司利辛分公司是中国电信集团公司在利辛县境内唯一一家国家主体电信运营企业，是利辛县行政区划内主导电信运营商和信息化建设的排头兵、主力军。公司现有员工300余人，党员32名，营业服务网点113家，下辖13个农村营业部和5个城市营业部。利辛电信分公司以光纤和移动通信为主，卫星和数字微波为辅的全方位、立体化、大容量、高速率的宽带智能网络体系，为客户提供包括移动通信、宽带互联网接入、信息化应用等产品在内的综合智能信息解决方案。中国电信利辛分公司作为推动“数字利辛”的主导力量，得到政府和社会各界的充分肯定，公司多次获得“市级文明单位”“重合同守信誉单位”“纳税先进企业”“消费者信得过单位”等荣誉称号。2022年利辛电信公司主营业务收入达到1.6亿元，收入同比增长11.6%；移动用户31万户（其中5G用户13万户）、宽带用户18万户、视频用户14万户、视联网用户6.1万户、固定电话用户3.6万户。

【服务社会】 担当社会责任，促进安全生产，承接重大保障。开展两会、党的二十大等网络信息安全重保工作。做好反诈宣传工作，做好警企协同，筑牢反诈防线。常态化开展疫情防控工作，助力政府防疫。安排专人在政府值班，快速开通全县至各乡镇电视会议系统，抽调50人次协助县防疫指挥部开展流调工作。深入开展乡村振兴工作，扎实做好巩固拓展脱贫攻坚成果同乡村振兴有效衔接。组织购买扶贫农副产品11万元，免费为30万户老百姓开展网络检测提升服务。推进节能降耗，做好绿色发展。完成127处2G/3G基站升级，大力推进AI技术升级设备，持续推进绿色用电。落实央企担当，打造智慧社区和数字乡村，助力文明城市创建。建设新型智慧社区38个，建设数字乡村105个，服务基层社区和乡村。

【网络保障】 2022年，利辛电信分公司积极配合城市道路改造、市容整治、美丽乡村建设等，为强化网络覆盖，促进光网和无线网深度覆盖，新铺设光缆1886皮长公里，并在光网全面覆盖的基础上进一步改善农村局部区域覆盖。为满足本地网宽带流量不断提升的需求，利辛电信出口带宽已从660G扩容到760G，光纤端口达到41万个，实现城乡全覆盖，其中千兆宽带覆盖20万个。2022年共计完成无线网络建设4G、5G基站和小微站建设共计319个，现有基站1003个，其中5G基站518个，实现主城区及乡镇集镇全覆盖。民营区域新增FTTH光端口2.0万个，局建端口新增0.46万个，合计新增FTTH端口2.46万个，累计FTTH光端口已达31.83万个。此外，网络承载能力方面，中继扩容主干3条，配线中继扩容36条。

（董利利）

中国移动

【概况】 中国移动通信集团安徽有限公司利辛分公司是亳州市移动公司的下属县分公司，成立于1999年6月。2022年，拥有员工110余人，下设综合部、市场经营部、建设维护部、政企客户部、乡镇网格五个部门，在全县有200余家移动服务网点，网络实现无缝覆盖，用户可以随时随地享受到中国移动快捷、方便的服务。2022年，利辛分公司践行“三种精神”，积极组织开展网络满意度攻坚、网络基础提升等工作，发挥“百团大战”“宽带跃千万 品质越满意”等专项活动效能，使网络质量和客户感知得到进一步提升。拥有基站近两千个，其中窄带物联网100余处、5G基站超500个、4G基站超1000个，综合覆盖率达99.99%，实现县城城区、农村、高速、市县间主要公路以及市县至高速连接线的连续覆盖。有线宽带新增超2万户，投资资源重点覆盖乡镇和农村区域，致力实现贫困区域的宽带全覆盖。集团专线建设新建200余条，全员政企实施“千百十”计划，深挖政企市场增量空间，发展质量持续改善。

【服务社会】 2022年，利辛分公司积极组织志愿者开展助老暖心活动，在疫情防控期间，引导老人戴好口罩，做好个人防护，并协助解决其他突发问题，为疫情防控工作加足马力，当时活动深受老年群体一致好评。聚焦脱贫攻坚任务。利辛县汝集镇街南村是利辛移动公司的结对帮扶对象，公司通过建设街南村“平安乡村”项目、13条共计3727平方米的水泥路面巷道建设及改建文化广场，惠民举措配套开展，为全面推进乡村振兴贡献移动力量。聚焦疫情防控工作。快速完成全县边境线路及高速路口防疫检查站、中高险风险区域执勤卡点、省道及高速路口防疫检查站的4G/5G手机网络质量测试工作，加强重点场景网络保障，做好7×24小时无间断后台指标监控，及时完成疾控中心、方舱医院等重点场景网络扩容，确保通话和数据业务使用正常，保证防疫工作人员的通信顺畅；快速完成防控基础设施建设。利辛移动公司调配志愿者共130余人次下沉一线协助政府部门完成疫情防控志愿服务工作。

（魏晨雪）

中国联通

【概况】 中国联通利辛县分公司是亳州联通公司的下属分公司，成立于2000年9月，现有员工71人，下设公众营销中心、政企营销中心、建维中心、综管中心、大客户中心5个部门。为方便用户办理业务，在城乡建设自有营业厅11家，社会渠道服务网点80余家，网络大幅改善。2022年，利辛联通持续发力5G新基建，全面推进5G技术融入千行百业，加速落地“5G＋”智慧创新应用，积极构建数字乡村样板，不断满足百姓对5G时代美好生活向往，为数字利辛建设添“智”赋能。在经营转型、市场营销、队伍建设、网络建设及服务水平等方面明显提升。2022年利辛联通公司网络运行安全稳定，有力地保障了利辛各类用户的通信服务需求。各项维护工作高标准、严要求、规范落实日常维护工作，确保网络维护的规范性和专业性，全年完成多次网络优化工作，有效保证了网络安全运行；完善2022年通信应急预案，在雨季加强网络巡查和网络安全检查工作，组织各专业做好设备的预检预修工作，加强对网络风险的诊断和预警，不断提升网络运行质量，确保网络通信畅通和网络信息安全。利辛联通公司始终高度重视服务质量提升工作。2022年利辛联通开展“落实高品质服务，提升客户满意度”专项行动计划，从网络覆盖、网速提升和故障维修等方面推动网络服务感知。强化从服务规范、强化管理、考核培训、投诉处理等方面提升窗口服务水平。创新对装维人员管理，从职责分工、上门服务事项、故障处理、用户投诉等方面提升宽带服务感知。

【市场经营】 作为本地通信企业，利辛联通以提升利辛数字化治理能力和水平为己任，全面服务大局、融入大局。2022年，利辛联通公司充分利用5G、工业互联网、大数据、云计算、物联网、人工智能等新一代信息技术，在社会治理、民生服务、产业发展等领域开展一批智慧创新应用。为用户提供更快、更好的通信服务，全力推动利辛地区信息化进程，取得客户和收入继续保持高速增长的较好成果。

【网络建设】 秉承严谨执着、精益求精的工匠信条，利辛联通公司全力打造一张“覆盖广、速度快、质量好、服务优”的高品质网络回报客户。2022年，利辛联通公司持续推进光纤宽带建设，全力开展“宽带升级提速工程”，为广大用户智慧家庭生活打下坚实的网络基础。同时，利辛联通公司全力推进电联全量共建共享，打造5G精品网，为利辛5G新基建按下“加速键”。经过信息基础设施建设，实现利辛县无线网络覆盖无盲点，通信光缆、电缆、移动信号覆盖城区及各乡镇，信息接入畅通。城区“宽带提速”工程基本实现95个千兆小区光纤接入，提高了用户5G网速和千兆小区宽带体验。

【回馈用户】 在网络、服务、业务同步提升之时，利辛联通公司也致力于回馈用户，关注民生。疫情期间在做好疫情防控的前提下，利辛联通公司积极组织开展生产保运营，在全力做好企业内部疫情防控的同时承接方舱医院弱电项目建设，仅用5天时间完成500个房间无线网和IPTV安装调测任务，得到了建设单位和业主的一致好评。在疫情防控期间，利辛联通公司积极响应号召，党员干部、青年团员主动请缨，组成志愿者团队踊跃投身于文明创建社区志愿服务工作。利辛联通发挥自身信息化优势，助力各级政府、学校、大企业搭建智慧防疫平台，推动数字乡村建设，助力乡村振兴，推动城乡融合发展。利辛联通连续多年组织员工积极开展帮扶工作助力乡村振兴、“千兆宽带升级服务进社区”活动、“八一”慰问消防大队和武警中队等内容丰富多样的爱心志愿活动，真正把为民服务落到实处。

（胡倡松）

财政　税务

◎财　政

◎税　务

财　政

【概况】　2022年，利辛县财政局全面落实“过紧日子”要求，强化收入征管，优化支出结构，加强财政预算管理，为全县经济平稳发展提供有力的财政保障。印发《利辛县进一步厉行节约坚持过紧日子实施方案》（利财〔2022〕23号），进一步压减“三公经费”等一般性支出。从紧控制公用经费支出标准，压减非刚性、非重点项目支出，按可持续、保基本原则安排民生支出，坚持有保有压、突出重点。共清理收回各类预算支出指标7000万元，调整用于疫情防控等重点支出。全年，全县一般公共预算收入完成19.18亿元（其中税收收入11.53亿元，非税收入7.65亿元），完成全年预算收入任务数的100%，同比增长6.49%；政府性基金预算收入完成14.77亿元。一般公共财政预算支出76.68亿元，完成年初预算数的100%，同比增长14.68%；其中教育等13类民生支出65.65亿元，同比增长13.39%。政府性基金预算支出33.75亿元。

【保障民生实事】　2022年，全县实施省定20项民生实事中的18项（区域医疗水平提升和食品安全“你点我检”2项只在市级实施），计划投入资金36.4亿元，截至12月底，拨付资金39.34亿元，资金拨付率108.1%，实际支出资金36.7亿元，资金支出率100.8%。9月，民生实事项目由县财政局移交县发改委实施。

【助力乡村振兴】　2022年，利辛县财政局安排各级衔接推进乡村振兴补助资金和涉农整合资金共计6.46亿元，主要用于：产业类项目9个，资金规模3.69亿元（其中标准厂房建设项目资金1.46亿元，标准化种植大棚建设项目资金1.19亿元，标准化养殖大棚建设资金4776万元和种养殖业奖补3557万元，大棚收购项目280万元，乡村旅游项目546万元，农业产业园电力提升改造项目200万元，村级光伏电站电力提升改造项目390万元，小额信贷贴息项目700万元）；农村基础建设类项目14个，资金规模2.49亿元；教育项目1个，资金规模1101万元；就业项目3个，资金规模1150.82万元；项目管理费项目1个，资金规模621万元。

【新增专项债券】　2022年，利辛县财政局联合县发改委筛选符合条件的专项债券项目，科学安排债券资金支持方向和领域，认真做好新增债券发行申报工作。全年申报成功入库项目8个，专项债总需求47.13亿元。年初向省财政厅报送专项债需求项目21个，需求总金额31.41亿元，实际发行专项债项目9个，发债总额20.14亿元。截至12月底，专项债券资金支出19.95亿元，支出进度99.04%。

【财政管理改革】　2022年，利辛县财政局出台《利辛县县属企业违规经营投资责任追究实施办法（试行）》《利辛县县属企业投资监督管理办法》等8项工作管理办法，印发《县属企业三项制度改革专项行动实施方案》《关于开展县属企业低效无效资产清退处置专项行动工作方案》等4项工作方案。完成国企改革三年行动实施方案中明确的26项重点任务，进一步健全国资监管和国有企业责任追究制度体系。

树立正确理财理念，警惕非法集资　（县财政局/供）

完善财政资金直达机制，1—12月，全县共收到直达资金30.63亿元，其中，中央23.12亿元，省级3.51亿元，市级2.14亿元，县级1.87亿元。全年分配下达部门预算指标30.63亿元，支付27.91亿元，支付进度91.12%（其中，中央直达资金支出进度94.33%）。发现直达资金预警78条，第一时间督促相关业务部门整改，实现预警问题动态清零。

7月10日，利辛县税务局王梦可在“建功十四五、喜迎二十大”全县女职工演讲比赛中荣获三等奖 （县税务局／供）

【金融服务实体经济】 2022年，全县27家企业在省股权托管交易中心挂牌成功，其中科创板股改企业1家。各金融机构分行业举办银企对接活动11次，进一步拓展企业融资渠道。全年共为146家中小微企业提供续贷过桥资金业务5.32亿元，续贷过桥资金周转次数达16.87次。利辛县信宜达融资担保有限公司累计为企业提供担保贷款17.99亿元（其中政银担业务完成14.26亿元），较上年增加6.13亿元。

（李长江）

税　务

【概况】 2022年，利辛县税务局始终坚持以习近平新时代中国特色社会主义思想为指引，深入学习贯彻党的二十大精神，落实中央经济工作会议、全国税务工作会议、全省税务工作会议、全市税务工作会议和县委县政府相关会议决策部署，按照“抓好党务、干好税务、带好队伍”总要求，统筹推进党的建设、组织收入、减税降费等各项重点工作，聚焦税收主业主责，充分发挥税收职能作用，为利辛经济高质量发展贡献税务力量。县局始终牢固树立“抓党建、强基础、聚合力、促发展”的工作思路，深入学习习近平新时代中国特色社会主义思想，全面贯彻落实党的二十大精神。坚持贯彻落实“第一议题”“第一主题”“第一任务”等制度规定。同时，严格落实保密工作各项制度，强化意识形态工作主体责任，积极防范和处置各类负面舆情，切实为推进利辛税收事业高质量发展提供更加坚强的政治保障。牢固树立人才优先导向，建立健全人才激励机制，严格落实干部选任工作机制，加强岗位练兵比武、强化干部管理，

县税务局党员到烈士陵园缅怀革命先烈 （县税务局／供）

认真落实数字人事“1+9”制度，稳步推进老干部工作，激发人才队伍活力，其中全县税务系统共晋升各层级人员66人次。鼓励干部职工参与练兵比武、“三师”考试、学历提升，其中县局全年开展教育培训2期共100人次。

【税收收入】 坚持稳中求进工作总基调，完整、准确、全面贯彻新发展理念。强化重点税（费）源监管，确保税收收入与经济增长协调发展。2022年，全县完成各项税收收入189091万元。一般公共预算收入12.06亿元，超额完成预算收入任务，为地方经济高质量发展提供有力支撑。

【社会保险费】 2022年组织社会保险费127834万元，比上年减收1280万元，下降1.0%。其中，企业职工基本养老保险费3.64亿元，增收1.01亿元，增长38.4%；城乡居民基本养老保险费2.17亿元，增收0.67亿元，增长44.67%；机关事业单位基本养老保险费2.72亿元，增收0.18亿元，增长7.09%；职工基本医疗保险费2.31亿元，减少1.39亿元，减少37.57%；城乡居民基本医疗保险费0.07亿元，减少0.15亿元，下降68.18%；失业保险费0.17亿元，下降0.34亿元，减少66.67%；工伤保险费0.12亿元，增收0.04亿元，增长50%。

【非税收入】 2022年组织非税收入154482万元，比上年增收38071万元，增长32.7%。其中，教育费附加2378.41万元，减收1068.93万元，下降31.01%；地方教育费附加1585.67万元，减收712.58万元，下降31.01%；残疾人就业保障金38.73万元，减收1.6万元，下降4.97%；文化事业建设费27.52万元，增收27.43万元，增长304.78%；水利建设基金1967.33万元，减收416.09万元，下降17.46%；税务部门罚没收入59.59万元，增收38.61万元，增长184.03%。

【退税减税】 利辛县局持续对惠企利民政策进行重点突破，精准宣传，促进政策直达快享。抓好监管督察，督促推进各项惠企利民政策的有效落实。2022年，利辛县局累计为全县213户企业办理增值税留抵退税，退回金额共计25419.51万元，全年累计办理“六税两费”3818.48万元，累计办理制造业中小微企业延缓缴纳税费8731.36万元。切实减轻企业负担，激发市场主体活力。

【办税缴费服务】 强化办税服务制度落实、大力推广非接触式办税，不断优化办税流程，提升办税服务质效。2022年，县局办理发票邮寄9000多户次近51万份，自助终端机领取5800多户次近13万份。目前，为纳税人邮寄发票和自助终端机领票数量持续增加。“非接触式”办税实现让“数据多跑路，群众少跑路”。

【营商环境】 2022年利辛县税务局创办纳税人缴费人权益保护中心，提供税费咨询、远程辅导、争议调解、申诉受理、税法救助等纳税服务，协调解决纳税人缴费人遇到的重点难点问题，2022年，已接听或接待税费咨询200余起，提供远程协办5起，有效解决各类诉求60余起。设置税费争议调解岗和“急难愁盼”受理岗，提供税费咨询、税法救助、风险提醒等服务，已受理各类业务300余起，调解税费争议16起。

（王志国）

4月19日，省卫视报道了利辛县税务局创建纳税人权益保护中心的新闻

（于秀娟/摄）

金融

◎ 综　述

◎ 金融监管

◎ 金融机构选介

综　述

【概况】　2022年，利辛县各金融机构认真贯彻落实国家、省、市、县金融助企纾困政策，持续加大信贷投放，积极创优营商环境，全力稳经济保增长。2022年，全县各项存款余额598.2亿元，当年新增53.2亿元，同比增长9.78%；全县各项贷款余额482.5亿元，当年新增55亿元，同比增长12.87%；全县存贷比80.66%，新增存贷比103.28%。2022年全县金融秩序稳定，金融生态良好，守住了不发生系统性金融风险的底线。

【支持小微企业】　2022年，运用货币政策工具发放支小再贷款10.37亿元，支农再贷款1.5亿元，较好地支持了小微企业和“三农”融资。2022年新增首贷户2910户，新增信用贷款22.26亿元，新增无还本续贷9.12亿元。全县中小微企业综合贷款利率较年初下降0.54%。全县企业信贷的获得感和满意度进一步提升。

【开拓融资渠道】　2022年，利辛县有27家企业在省股权托管交易中心挂牌成功，其中科创板股改企业1家。2022年我县各金融机构分行业举办银企对接活动11次，进一步拓展企业融资渠道。2022年，全县“税融通”贷款投放4.54亿元，支持企业1105家。“农地抵押”发放贷款1.37亿元，支持新型农业经营主体772户。“劝耕贷”发放贷款2.12亿元，支持新型农业经营主体310户。2022年全县实现直接融资6.85亿元。

【贷款担保】　2022年，担保公司累计为企业提供担保贷款17.99亿元，比上年同期增加6.13亿元，其中政银担业务完成14.26亿元，比上年同期增加6.76亿元。

（李长江）

金融监管

【概况】　2022年，人民银行利辛县支行大力推进金融稳增长助企纾困工作，加大再贷款资金和两项政策工具精准支持力度，推动金融改革创新服务实体经济，加大金融支持乡村振兴巩固发展，推动利辛县金融支持绿色项目创新升级，构建支持利辛县绿色发展综合金融服务体系，努力促进地方经济金融良性互动发展。积极参与疫情防控、文明创建等全县重点工作。4月，全县静态管理期间，利用绿色通道办理防疫资金拨付171笔，金额1475.7万余元，有力支持全县防疫工作开展。印发《关于进一步加强疫情防控工作的通知》，确保行内人员严格执行县疫情防控指挥部要求。严格落实“过紧日子”要求，不断提高资金使用效益。结合财务预算收支趋严趋紧的现状，利辛县支行出台《中国人民银行利辛县支行关于进一步落实落细“过紧日子”要求的八项措施》，集中力量确保重点项目开展，适时合理进行项目调整。货币金银工作取得了显著成效。积极整治拒收人民币现金工作。在整治拒收现金的同时，不断提升现金服务水平，尤其是不断提升小面额现金服务质量，方便群众日常生活中小面额现金的需求。联合利辛县市场监管局，加强对非法使用人民币图样等违法行为进行监管和打击。积极开展反假货币工作。根据亳州市“金芍花”农村现金服务点创建标准，积极督促利辛农村商业银行建设现金服务点，完成35家现金服务点建设。通过与地方政府对接，借助社区“党群服务中心”“村警室”服务平台，推动反假货币宣传网格化建设，在全县建立360个“一村一警”网格化反假宣传服务平台。

【货币信贷】　截至10月末，全县银行业金融机构各项存款余额604.72亿元，同比增长8.24%；各项贷款余额485亿元，同比增长13.85%。各项贷款当年新增达57.5亿元，完成全年70亿元政府任务目标的82.14%。信贷投放呈现重点突出、结构继续优化态势，重点围绕服务实体、乡村振兴等持续发力，较好地满足了金融支持县域经济发展。积极营造合理适度的货币政策环境。引导银行机构继续加大对经济建设信贷支持。采取召开货币信贷专题座谈会、摸排银行机构金融改革项目储备、摸排碳减排项目贷款、开展绿色金融项目对接会商活动等方式，推动银行机构对地方发展给予强有力支持。落实法人机构宏观信贷调控要求。完善法人机构贷款投放预测、引导机制，采取逐日监测、滚动预测、预调微调的办法，促进地方法人机构贷款合理增长。2022年1—10月，全县两家法人机构新增贷款23.47亿元，各月实现了总量适度、节奏合理、结构优化的目标。

【加大货币投放】　加大央行资金投入和结构性货币政策工具的运用力度。用足用好货币政策，压实金融机构服务实体经济责任，撬动优惠金融信贷资源集约投入。做好两项直达实体经济货币政策工具运用接续转换工作，助企纾困解难。推动地方法人机构持续加大普惠小微企业贷款支持力度，2022年前三季度，人民银行利辛县支行共奖励两家法人机构普惠小微企业贷款支持工具激励资金1431.56万元，推动普惠小微贷款余额较年初增加8.99亿元。用足再贷款额度定向扩大三农小微贷款投放。截至10月末，利辛县各类再贷款余额14.67亿元，其中支小再贷款8.34亿元，支农再贷款6.33亿元；2022年新发放支小再贷款7.64亿元、支农再贷款1亿元。

【服务实体经济】　聚焦乡村振兴、房地产、绿色金融等重点领域，贯彻落实金融支持乡村振兴建设。推动农村金融服务“五个一”机制建设，全力推动金融资源向乡村倾斜，23个乡镇金融服务站有序推动建立。截至10月末，全县涉农贷款余额357.89亿元，同比增长17.62%，增速高于各项贷款3.77个百分点。引导金融机构积极满足房地产市场的合理融资需求，2022年以来辖区金融机构落实降首付、降利率，进一步降低了购房负担。推动绿色信贷和服务创新，制定利辛县绿色金融实施方案，开展金融支持绿色企业对接会，引导支持2家法人金融机构成立绿色金融事业部，开展法人机构绿色金融评价。摸排金融支持绿色低碳项目，开展金融支持绿色企业政银企对接会。

【助企便民融资服务】　及时成立便民融资服务专班，县人行按照专班职责积极做好政策宣传、政策兑现等工作，6月先后参与组织召开6次工作谋划调度会议，持续推进“入企问需”大走访工作，召开3次银行企业融资问题对接会商会议；6次银企对接会（2次政银农对接、1次房地产开发企业银企对接，1次绿色企业对接会，2次县领导“优环境、稳经济”接待对接等）。一是加大政策宣传，不断扩大各项助企纾困政策知晓度。梳理国家、省市各类金融助企纾困政策219条，形成金融政策汇编，推送利辛发布等平台宣传。组织银行机构开展6月货币信贷政策集中宣传月活动，受众市场主体1.8万户。牵头成立金融服务热线小组及时解决主体融资需求问题。二是组织“入企问需”大走访摸排，全面了解主体需求。根据县委、县政府安排部署，研究部署推进“入企问需”活动工作任务，排查全县市场主体融资需求情况。截至2022年5月底，全县共有经营主体117997家。截至7月5日下午6点，各牵头单位共入户走访经营主体114709家，走访排查需求信息共7339条，其中融资需求4759条，已走访占总任务量的99.85%。已解决融资需求964条、金额1.413亿元。三是强化督导督办，落实政策兑现解决主体融资需求。对省、市领导调研涉企融资问题加强调度，及时梳理各类银企对接企业融资问题台账清单，推送银行机构办理，明确办理银行和办理时限，跟踪调查企业问题解决满意度。督导各银行机构针对“入企问需”大走访排查融资需求信息，加大走访对接力度，引导银行满足市场主体合理融资需求。

【“征信修复”专项治理】　2022年，做好“征信修复”乱象专项治理工作。多措并举开展“征信修复”乱象专项治理工作。5月联合辖内县地方金融监管局、县发改委、县市场监管局、县公安、网信办等部门，召开利辛县“征信修复”乱象专项治理工作会议，制定《利辛县“征信修复”乱象专项治理工作实施方案》。建立协调联动机制，成立利辛县“征信修复”专项治理工作专班。6月支行联合县地方金融监管局、县市场监管局对企业进行实地走访，经过走访排查共有4家企业需要进行整改，目前4家企业均已整改完成。线上线下开展“6·14警惕‘征信修复’陷阱”主题征信宣传活动。支行与利辛湖商村镇银行联合开展“征信修复”乱象专项治理“百日行动”线上有奖答题活动；6月14日联合工商银行利辛支行在中考考点附近摆放宣传台，对等候的家长和考试结束的考生进行流动宣传；支行选取群众喜闻乐见的方式，将“征信修复”相关知识的内容绘制成漫画，并设计成宣传海报，张贴在各金融机构网点。序时跟进，做好新型农业经营主体信用信息采集工作。6月组织辖内农业银行利辛支行、邮储银行利辛支行、利辛农商行和利辛湖商行，召开新型农业经营主体信用信息采集工作调度会。要求各行高度重视，规定时限内完成信息采集工作，截至10月底，辖内23个乡镇11293户新型农业经营主体信息采集工作，在亳州市党建引领信用村建设服务平台上已完成采集10203户，采集率达90.35%。

【金融风险防控】 2022年，认真开展存款保险宣传及巡查工作。2022年，人民银行将存款保险宣传及巡查列为年度重点工作，统筹安排制定了《2022年利辛县存款保险宣传工作方案》和《利辛县存款保险分片包干宣传方案》，一季度支行抽取辖内24家营业网点对辖内投保机构存款标识使用和管理情况开展巡查，根据巡查结果要求各金融机构及时整改并上报整改报告。5月开展“《存款保险条例》施行周年集中宣传”活动，针对重点宣传乡镇胡集镇和纪王厂乡，支行组织邮储银行利辛支行和利辛农商行在乡镇内印制存款保险宣传墙体广告6面。同时利辛农商行宣传人员走进村里的党群服务中心开展宣传，并与村委会联系在村内播放宣传广播；督促辖内金融机构对所负责的社区、乡镇进行宣传，并建立宣传工作长效机制，要求银行机构及时反馈宣传工作进展和动态，按月、按季度报送存款保险宣传工作动态及相关图片，不断深化存款保险宣传成效。截至10月底，支行组织辖内104家网点，开展宣传活动场次200余次，宣传活动覆盖人次6千余人次。持续防范化解金融风险，做好风险监测评估维护金融稳定。2022年以来，支行重点关注两家法人金融机构不良贷款处置进展以及流动性风险管控情况，对两家法人开展《2022年度银行业压力测试》工作，要求村镇银行机构每日报送流动性监测表，进一步做好村镇银行风险监测和化解工作。

【国库履职】 2022年，人民银行立足经理国库“双支柱”，扎实开展各项工作，不断提升人民银行经理国库的质量和水平。截至11月28日，通过纸质或横向联网办理各类预算收入516114.83万元，办理预算支出1290013.42万元，其中，通过集中支付拨付直达资金款项212847.26万元。办理各级预算收入退付金额37750.68万元，办理个人所得税汇算清缴退库业务11638笔，金额799.13万元；个人所得税代扣代缴手续费退库业务157笔，金额78.54万元；增值税留抵退税283笔，金额24358.12万元。2022年，组织辖内国债承销机构销售6期凭证式储蓄国债，开展了8次国债发行巡查工作；以“国库知识宣传月”等活动为契机，借助农民丰收节等特色活动，积极拓展基层、农村国债市场。开展国债下乡宣传5次，召开送国债下乡工作推进会3次，开展国债约谈2次，全辖国债销量3847.89万元，其中乡镇国债销售达1396.35万元，7月、8月、10月单月农村国债销量位居三县第一。2022年，利辛县支行成立国库业务调研分析小组，吸纳支行业务骨干加入，密切关注本地财政收支缺口变化、财力结构调整、财政支付和债务偿付等情况，加大国库库存监测分析力度，持续关注库存监测指标变化情况，撰写资金运行分析报告3篇；围绕企业增值税留抵退税、县支行对财政资金的监管等问题撰写调研报告2篇，被中支网站采用；上报动态信息7篇，被中支采用1篇。

【反洗钱工作】 2022年，完成2021年度28家义务机构反洗钱分类评级工作，其中评为A级机构6家，BBB级机构17家，BB级机构5家。督促辖内机构积极开展反洗钱宣传培训工作，开展反洗钱业务宣传3次，辖内各机构开展各类宣传培训活动30次。

【减费让利】 2022年，利辛县支行积极推动降低小微企业和个体工商户支付手续费工作落地见效，切实惠及市场主体。对辖内10家银行抽取部分网点进行暗访督导。

利辛县支行积极践行普惠金融理念，严格贯彻落实党中央、国务院以及监管部门关于降低实体经济金融成本的决策部署，切实降低小微企业经营成本。

【打击电信诈骗】 2022年，保持反电诈高压态势。截至2022年11月，已对68批次的涉案账户名单进行排查，其中涉及利辛县银行机构涉案账户167户，并要求法人机构进行了延伸排查。人行利辛县支行联合利辛县公安局举办全县银行系统反电诈暨优化账户服务知识竞赛活动，有力提升银行系统防范电信网络诈骗能力，切实保护人民财产安全，优化账户服务，充分履行银行机构工作职责和社会责任。

（雷寒莉）

金融机构选介

中国农业发展银行利辛县支行 2022年，利辛县农发行紧紧围绕县委、县政府决策部署，以服务乡村振兴为抓手，强化政策性金融“逆周期、当先导、补短板”职能，善于在挑战中抓住机遇，积极作为，全力支持利辛县乡村振兴与巩固脱贫攻坚成果有效衔接，全行业务实现跨越式发展。全年累计发放贷款8.97亿元，年末各项贷款余额61.01亿元，较年初增长4.23亿元。2022年，坚决落实国家粮食宏观调控政策，保障国家粮食安全，切实做好粮食收购资金供应与管理工作。加强与县粮食主管部门、中储粮、粮食收储企业沟通联系，做好县区内存量最低收购价、地方储备粮食监管，加快超期存放粮食出库。严格按照规定进行现场查库并利用远程监控做好政策性粮食的非现场监管。全年累计投放地方储备贷款6365万元，完成2500吨县级储备小麦轮换及7500吨县级储备小麦增储工作。持续支持市场化收购。在贷款风险可控的情况下，利用市场化收购信用保证基金方式支持辖内优质国有粮食购销公司进行市场化粮食购销贸易经营，为深化国有粮食企业改革助力。全年累计投放市场化收购贷款3411万元，支持收购粮食12421吨。全年累计发放购销储贷款9776万元，合计支持收购粮食22421吨。2022年，县农发行聚焦助力乡村振兴，强化政策性金融支农职能，全年累计完成利辛县2020年增减挂钩项目、利辛县2021年农村土地综合整治项目、利辛县尚居雅苑项目、利辛县尚居馨苑安置房项目等4个项目的贷款投放工作，金额合计7.99亿元，有力地支持了利辛县农业农村经济社会发展和乡村振兴战略。加强与政府相关部门对接，全力做好项目的谋划和培育。全年累计审批利辛县智慧电商物流园项目、利辛县尚居馨苑安置房项目、利辛县职业教育提质增效项目等中长期项目3个，合计金额14.57亿元，其中利辛县职业教育提质增效项目为全省首单国有企业存量资产盘活项目。

储蓄银行利辛县支行 2022年，邮储银行利辛县支行各项业务保持持续、平稳、较快发展势头。截至2022年12月31日，邮储银行利辛县支行贷款结余23.95亿元，较上年同期新增1.76亿元；人民币存款余额22.84亿元，新增2.74亿；累计对公有效账户结存946户，时点余额4.74亿元。利辛县支行全年累计完成收入11835万元，实现利润7889万元，分别较去年增长1102万元、473万元。落实“五进”活动，全年累计走访个体工商户753户，反映融资问题数量480户，已解决融资问题数量326户，解决融资需求8100万元。其中走访中小微企业41户，反映融资问题数量25户，解决融资问题数量23户，解决融资需求3800万元。助企纾困。利用“房抵贷”“快捷贷”“小微易贷”等企业贷款产品累计发放企业贷款户数55户，累计发放贷款金额7962万元。2022年，利辛县支行荣获“2022年利辛县银行系统反电诈暨优化账户服务知识竞赛团体一等奖”“2022年度亳州市先进基层党组织”“2021—2022年亳州市跨年度营销活动最佳收入贡献奖一等奖”“2021—2022年亳州市跨年度营销活动个人金融业务突出贡献支行奖一等奖”“2021—2022年亳州市跨年度营销活动理财业务发展奖一等奖”“2021—2022年亳州市跨年度营销活动基金业务贡献奖二等奖”“2021—2022年亳州市跨年度营销活动信用卡新客冲刺奖优胜奖”“2021—2022年亳州市跨年度营销活动零售信贷旺季营销达标奖”等奖项。

中国工商银行股份有限公司利辛支行 2022年，工商银行利辛支行坚持“服务地方经济、服务中小企业、服务广大市民”的市场定位，持续推行“个人房屋抵押经营贷款”“农保贷业务”“税务贷”“e抵快贷”“个人住房按揭贷款”“扶贫小额贷款”等信贷产品，积极支持地方经济发展。2022年，各项存款稳定增长：余额232149万元，较年初增加38812万元。其中，储蓄存款余额达成170968万元，较年初增加32215万元；机构存款余额达成15170万元；公司存款余额达成19967万元，较年初增加3394万元；保证金余额达成22366万元。各项贷款投放力度增大：余额236888万元，其中公司贷款余额达成45728万元，较年初增加9456万元，个人贷款余额达成191160万元，较年初增加23253万元。经营效益稳定：利息收入10812万元，较同期增加846万元；中间业务收入339万元，较同期增加40万元；实现经营利润6814万元，较同期增加1218万元。2022年，支行荣获安徽省分行“工银成就集体奖（第一个人金融银行）”、安徽省分行“2021—2022年零售业务旺季营销竞赛最强揽储网点”、安徽省分行“2021—2022年零售业务旺季营销竞赛优胜支行”、安徽省分行“2021—2022年零售业务旺季营销竞赛三方绑卡最强网点”等荣誉称号，利辛支行前任行长随峰在抗击疫情中被亳州分行授予“先进志愿者”称号，现任行长段影在系统内被安徽省分行授予“2021年度工银成就个人奖（第一个人金融银行）”荣誉。

国元农业保险股份有限公司利辛支公司 国元农业保险利辛支公司成立于2010年，现有员工34人，内设经理室、综合管理部、农业保险部、业务管理部。公司以服务“三农”为重点，实行农业保险业务和财产保险业务并存发展的模式。经营范围政策性种植业农业保险：小麦、玉米、稻谷三大粮食作物完全成本保险、油菜、大豆、芝麻、花生、马铃薯等农业保险险种，还包括车辆保险、财产损失保险、责任保险、短期健康保险和意外伤害保险等业务。公司曾先后获得“亳州市青年文明号”“利辛县县级放心消费示范单位”等荣誉称号。2022年，结合县农业资源禀赋的优势，公司创新开发开办了优质农产品溯源保险、优质农产品质量保证保险、小龙虾保险、玉米收入保险、高粱保险、大豆玉米带状复合种植、大豆补充保险、种子企业综合保险等新险种；2022年公司累计承保大宗农作物330万亩，保险覆盖面94%，为全县43.8万户次农户提供风险保障金额25亿元，全年累计理赔受益户次13.5万余户，户均理赔金额598元。2022年公司承保种植大户和规模经营主体、家庭农场共计248户，同比增长136%。

利辛县城乡发展建设投资集团有限公司 2021年、2022年利辛城投集团党支部分别获评“优秀县直基层党支部”“市五星基层党组织”；2021年利辛城投集团工会获利辛县“五星级工会”称号。在业务板块方面，获得两个省级安全标准化工地、两个市级安全质量标准化工地荣誉；在融资方面创新融资产品，2019年7月成功落地全国首单以扶贫专项公司债券为标的信用保护合约（CDS），金额1亿元，标的债券以5.6%的票面利率，打破2019年区县级AA-标的最低发行利率；2022年12月成功获批全省第一单职业教育资产提质增效项目贷款，额度为6.1亿元；在化解债务方面，优化债务结构，停止了非标业务融资，利率降低了约3个百分点。

利辛湖商村镇银行 利辛湖商村镇银行成立于2013年4月，注册资本6000万元，2022年拥有员工156名，内设综合管理部、党群工作部、财务会计部、业务管理部、风险管理部、审计部、纪检办公室7个部室，营业网点13家。先后获得“全国村镇银行综合服务能力百强单位”“安徽省巾帼文明岗”“安徽省非公企业示范工会”“安徽省劳动保障诚信示范单位”“安徽省和谐劳动关系示范企业”“安徽省工人先锋号”“安徽省五一巾帼标兵岗”“亳州市青年文明号”“亳州市2020年度金融机构支持地方经济发展先进单位三等奖”等荣誉。2022年利辛湖商村镇银行各项存款余额11.13亿元，较年初增加2.27亿元，其中储蓄存款余额6.56亿元，较年初增加1.56亿元；各项贷款余额10.97亿元，较年初增加1.7亿元；30万元及以下小额贷款余额9.0亿元，较年初增加1.99亿元。

（雷寒莉）

经济监督管理

◎ 宏观经济调控

◎ 物价监督

◎ 市场监督管理

◎ 公共资源交易管理

◎ 审　计

◎ 国家统计调查

◎ 统计工作

◎ 国土资源管理

◎ 国有资产管理

宏观经济调控

【年度计划执行】 2022年，利辛县经济监督管理部门认真执行县十三届人大一次会议审议批准的政府工作报告、2022年国民经济和社会发展计划，全面落实县人大的审查意见，坚持稳中求进工作总基调，完整、准确、全面贯彻新发展理念，加快融入新发展格局，推动高质量发展，统筹推进疫情防控和经济社会发展，扎实做好“六稳”工作、全面落实“六保”任务，经济社会发展呈现稳中提质、稳中向好、稳中育新的良好态势。全年实现地区生产总值386.8亿元，增长4%；一般公共预算收入19.1亿元，增长6%；社会消费品零售总额252亿元，增长2%；固定资产投资增长18%；规模工业增加值增长7.5%；进出口总额4500万美元，增长23.2%；城镇和农村常住居民人均可支配收入分别为38515元和16669元，分别增长5.7%和7.2%；碳排放、能耗、生态环境质量均完成年度目标任务。

【重点项目建设】 2022年，利辛县实现固定资产投资同比增长18%。重大项目加快实施，全年实施省重点项目152个，完成投资123.5亿元，投资完成率113.3%；实施市重点项目253个，全年完成投资187.6亿元，投资完成率达125.3%。总投资53亿元的板集电厂二期、总投资14亿元的城乡供水一体化项目、总投资10亿元的煤电产业园基础设施等45个重大项目开工建设。加大投资挖潜力度，创新建立投资监测部门联席会议制度。其中，5月完成投资17.6亿元，9月投资增长75.4%，单月投资及增速均创历史新高。资金争取成效显著。争取中央预算内投资项目8个、落实资金4537万元，地方政府专项债券项目9个、落实资金20.14亿元，政策性开发性金融工具及中长期贷款项目2个、落实资金2.74亿元。

【乡村振兴全面展开】 2022年，利辛县实现一产增加值59亿元，同比增长4.8%。筑牢粮食安全底线。全面落实粮食安全党政同责，坚持藏粮于地、藏粮于技。全年粮食种植面积334万亩，较去年增加1.49万亩，新建高标准农田12万亩，全年粮食总产量27.8亿斤，实现“十九连丰”，夏粮单产再创历史新高。安徽利辛省级粮食储备库30万吨现代化绿色智慧仓储项目即将开工建设，项目建成后将成为安徽最大、全国靠前的县级粮食储备基地。农村市场活力有效激活。全县农业产业化龙头企业达76家，规上工业农产品产值达40亿元。绿色食品产业年度双招双引项目12个，投资总额21.2亿元。成功创建长三角绿色农产品生产加工供应基地2个。农民增收保障不断夯实。整合各级衔接资金6.43亿元，实施衔接资金项目138个。新增土地流转面积2万亩，新增家庭农场2099家、农民专业合作社193家。乡村人居环境持续改善。2022年度12个省级美丽中心村全部开工建设，实施“百村千塘”沟塘治理112个，建设农村巷道7961条、546.56千米，完成农村户改厕5150座。

【工业经济稳中向好】 2022年，利辛县实现第二产业增加值123亿元，同比增长5.7%，规上工业增加值同比增长7.5%。经济规模稳步增长。存续规上工业企业113家，轻纺服饰、能源及新型建材、食品加工、机械装备制造等优势产业占工业总产值比重达92%。在库工业项目84个，累计完成工业投资31.5亿元、增长22.6%。产业集群日益壮大。省级轻纺服饰特色产业集群（基地）建设成效初显，年度带动产业产值达60亿元，吸纳务工人员就业4万余人。新增市级“专精特新”企业5家，新增战略性新兴产业企业4家。创新能力持续增强。全社会研发经费支出增长8%，每万人口发明专利拥有量增长9.37%。获批高新技术企业22家。翰联色纺获批国家级企业技术中心和国家级博士后科研工作站。入选国家知识产权示范企业和优势企业3家。

县市场局赴和谐社区开展疫情防控主体实践活动　　（县市场局／供）

【商贸物流发展稳健】 2022年，利辛县实现服务业增加值209亿元，同比增长3.3%。线上线下经济联动发展，新培育规模以上服务业企业5家、限额以上商贸流通单位61家、出口实绩企业7家。新建乡镇商贸中心1个、配送中心1个、连锁直营店10个，改造城乡菜市场11个。冷链物流园、智慧电商物流园加快实施，现代物流基础不断夯实。万达商业综合体建成并投入运营，禾丰食品被认定为首批省级冷链集配中心。新增电商经营主体158家、培育电商示范镇2个、电商示范村8个，电商交易额33亿元，同比增长10%。开展“皖美消费”系列活动，发放消费券500万元，拉动消费约6000万元。

【城镇建设加速推进】 2022年，利辛县围绕完善功能、提升品质、增强活力的目标，有效推动宜居城市建设。全年G329利辛绕城段建成通车，新建政通路、仁和路、吉安路等道路9条，升级改造人民南路、五一东路。邵渡口大桥主桥完工，马店大桥、王市大桥前期工作稳步推进。实施棚户区改造4602套，完成老旧小区改造17个。锦绣公园、怡秀游园二期建设内涵提升，新增、改造提升城区绿化面积23万平方米，新建绿道3.6千米。实施水系贯通工程，完成城区生态水网一期，揽翠河治理主体工程及截阳沟——驻马沟水系连通工程。做好城市生命线工程前期风险评估，推进地下管网地理信息系统建设。

【生态环境持续好转】 2022年，利辛县继续贯彻生态优先、绿色发展理念，环境治理力度进一步加大，生态文明建设持续加强。$PM_{2.5}$平均浓度和优良天数比率均超额完成年度目标任务。水环境质量持续改善，国考断面均值达到地表水Ⅲ类标准，多个断面单月9次出现有记录以来的Ⅱ类水质。扎实推进江淮运河生态廊道建设工程，完成成片植树造林0.31万亩、森林抚育2.04万亩，建设村庄绿化提升示范点100个、创建省级森林城镇1个、省级森林村庄10个。城乡环卫一体化项目扎实推进，改造乡镇垃圾中转站10个，农村生活垃圾无害化处理率达99.92%，畜禽粪污资源化利用率达95%。通过小手拉大手，开展全社会节能行动，倡导绿色低碳生活方式。严格落实能耗双控制度，坚决遏制“两高”项目建设，大力发展新能源产业，建成并网工业企业分布式光伏电站13家，能耗双控完成年度上级下达的目标任务。

【民生福祉持续改善】 2022年，利辛县始终把群众“急难愁盼”放在心头，坚持“七有”目标，投入55.6亿元，深入实施县级承担的18项民生实事和10项暖民心行动，取得良好的社会效果。严格落实疫情防控系列措施，常态化抓好疫情防控工作。新建、改建幼儿园、中小学16所，改善和提升农村薄弱学校60所。持续推进全民参保计划，全县城乡居民医疗保险参保率达96%以上，城乡居民养老保险参保率达95%以上。发放城乡低保救助资金3.6亿元、特困群众救助资金0.71亿元，城乡低保标准分别提升7.46%、4.87%。城镇新增就业1.14万人，累计发放创业担保贷款2.5亿元。文化惠民工程持续推进，完成新创小戏18部，开展送戏进万村361场，戏曲进乡村138场，农村电影放映4371场。

物价监督

【概况】 2022年，利辛县根据国家、省、市收费标准的调整，对《涉企收费清单》进行2次动态调整，并在政府信息公开栏目进行公示。下发收费、价格各类文件27份；办理服务价格登记证29本；商品房备案25宗；公立幼儿园收费备案81起；民办幼儿园收费备案6起；如期完成省发改委要求的生猪价格有关情况调研、省发改委要求的垃圾处理收费有关情况调研；积极有效推进农业水价综合改革工作；按照上级业务部门工作安排，对全县供水、供电、供气行业收费情况进行2次大督查。在春节、五一、端午节、中秋、国庆节期间在利辛县粮油食品商厦和兴客隆超市2家门店开展“惠民菜篮子”活动，财政补贴14.16万元。按照省、市发改委文件要求，会同财政、民政、退伍军人事务局、人社局发放2022年7月和2022年9月价格临时补贴共17.91万人次，共发放金额573.183万元。

【价格认证】 2022年，价格认证中心共完成价格认定工作248件，涉案认定金额106.53万元。

（张大伟）

市场监督管理

【概况】 2022年，利辛县市场监督管理局全力抓好县委、县政府和上级业务部门安排部署的各项任务，取得政治任务和业务工作的双丰收，被评为2022年度“全省市场监管先进单位”。

10月22日，利辛县市场监督管理局、利辛农商行、经开区管委会，签约全市首个知识产权质押融资园区集合授信（县市场局/供）

【市场主体发展】 2022年，利辛县市场监督管理局运用“皖事通”和利辛县企业联办平台，采取内网审核、外网反馈的运行模式，实现设立登记、公章刻制、税务登记、银行开户、社保信息5个环节一网通办，压缩企业开办时间至1个工作日。全年新增各类市场主体1.62万户，新增个体工商户1.03万家，新增私营企业5858家。

【企业信用监管】 2022年，利辛县市场监督管理局制发《利辛县市场监管领域2022年度部门联合抽查工作计划的通知》，建立完善检查事项清单大类177项、细类347项；检查对象库26.67万户；执法人员库1953人。截至年底，26个单位制订抽查计划（部门联合抽查计划）155个，完成127个，公示企业649户。列入经营异常名录市场主体3.73万家，办理企业信用修复1282家。

【食品药品安全监管】 2022年，利辛县市场监督管理局强化食品生产环节监管。全县登记注册食品生产企业78家，食品加工小作坊138家，实现年度日常监督检查及风险分级100%全覆盖。强化食品流通环节监管。推进农村食品安全整治行动，进一步规范农村食品经营行为。实施特殊食品销售专区专柜经营提升行动，建档率达100%。开展民生工程食用农产品快速检测工作，检测肉

利辛县市场监管局加强食品安全检查　　（县市场监管局/供）

菜等10.58万批次，开展“食品安全、你点我检”活动4次。强化餐饮服务环节监管。按照每季度不低于一次的要求，对全县472家学校食堂、托幼机构食堂开展日常监管，累计发现并整改食品安全隐患632条，隐患整改率达100%。加强药品医疗器械经营使用单位日常监管。开展药品安全专项整治、“药安乡村2022”药械等专项行动，检查涉药涉械单位1896家次，药品经营企业、乡镇以上医疗机构、医疗器械经营企业风险分级率分别达99.7%，100%和98.3%，每季度对全县疾控中心和全县33个新冠疫苗接种点开展监督检查。办理药械化案件137件，配合市局移交公安机关2件。强化食品药品抽样检测监管。完成普通食品抽检938组，合格率98.93%；食用农产品抽检921组，合格率96.74%，其中猪肉24组，合格率100%。完成省级药品抽检和市级药品抽检102批次，提前超额完成上级下达的抽检任务，上报药品、医疗器械不良反应3506例。扎实开展国务院食安办部署的“守底线、查隐患、保安全”专项行动，共检查市场主体1.02万户次，检查覆盖率109.79%，发现风险问题3155个，完成处置2995个，完成处置比例94.93%；立案574起，结案510起（含警告类案件364件），罚没金额97万元。全力做好常态化疫情防控工作。加强进口冷链食品、进口水果监管，对全县疾控中心和33个新冠疫苗接种点监督检查覆盖率100%。加强法律宣传培训。先后开展“3·15”消费者权益日、知识产权周、食品安全宣传周、医疗器械安全宣传周等活动，组织大型综合宣传4次，开展食品安全“六进”、保健食品“三进”宣传16次，发放宣传材料2.3万份，结合秋季开学组织食堂从业人员培训13场次，群众法律意识、安全意识、依法维权意识不断提升。

【特种设备安全监管】 2022年，利辛县市场监督管理局开展燃气充装单位、燃气管道、电梯、叉车等特种设备专项整治，联合企业举办压力容器事故、天然气管道泄漏事故专项应急演练；推进电梯运行状态监测和应急救援平台建设等。共检查特种设备使用单位425家次，下达安全监察指令书48份，立案查处9起，排查消除各类隐患285处。

【产品、商品质量监管】 2022年，全县19家生产许可证获证企业监督检查全覆盖，建档率100%。完成产品质量检测120组、流通领域产商品质量抽检260组。抽检成品油169组，肥料158组，农膜5组，车用尿素14组，农机13组。

【计量管理】 2022年，利辛县市场监督管理部门强化计量管理，对全县23个乡镇的加油机实现全覆盖检定，对全县13家国有粮食购销公司的47台电子汽车衡（地磅）全覆盖检定。开展“5·20”世界计量日宣传系列活动，向广大市民宣传计量法律法规和民生计量常识，发放宣传材料400多份。进中小型企业宣传走访6次。

【检验检测】 2022年，县市场监管理部门严格落实强检计量器具检定工作，服务各类企业（个人）232家，检定检测时免费培训相关人员265人次，全年共检定各类电子计价秤38家325台，燃油加油机78家993枪次，压力表

94家2446块，出租车计价器3家294台，水表1家16679块，燃气表1家11648块。开展医疗卫生机构强制检定。台式血压计17家，694台次；电子血压计17家，286台次；心电监护仪（多参数监护仪）9家，326台；心电图机17家，40台；CNG（压缩天然气）加气机（柱）3家，36枪（柱）次；全年共检定属于强制检定的工作计量器具33767台次。全年完成新建容重器检定装置和谷物水分测定仪检定装置2项社会公用计量标准的建标工作；完成环境试验设备温度、湿度参数校准装置计量标准的复核工作。2022年，全县共建社会公用计量标准18项，定量包装商品净含量检测5项。

【认证认可】 2022年，县市场监管部门积极开展第十四个“世界认可日”“有机产品认证宣传周”“绿色产品认证与标识宣传周”和“服务认证体验周”活动，组织9家检验检测机构集中收看市场监管总局（认监委）举办的“世界认可日”主场活动，并召开座谈会。全县抽取5家获证组织、涉及3家认证机构进行见证检查，并把见证检查的结果录入“认证行政监管系统”。监督检查10家检验检测机构，覆盖率达100%。立案查处强制性产品认证无证违法行为3件。

【标准化管理】 2022年，县市场监管部门指导和帮助企业制定国家标准2个，行业标准2个，省地方标准3个；创建完成省级企业标准“领跑者”1个。

【质量强县】 2022年，利辛县培育申报省政府质量奖1家（利辛县富亚纱网有限公司）；完成第二届县政府质量奖评选活动；培育申报“皖美”品牌企业3家。每万人口发明专利拥有量达7.13件，新增商标注册1962件。指导企业制定完成国家标准2个、行业标准2个、省地方标准3个。

【消费维权】 2022年，利辛县市场监督管理局举行纪念“3·15”国际消费者权益日现场咨询服务活动，无害化集中销毁了近6吨假冒伪劣产品。共受理消费者投诉举报5941件，挽回经济损失90万元。推进放心消费创建工作，申报县级放心消费示范单位76户，发展线下无理由退货承诺单位110户。

（陈 凯）

公共资源交易管理

【概况】 2022年，利辛县以“一改两为”作风建设活动为抓手，以倾情服务市场主体为核心，以高效监管及全面提升平台服务标准化为手段，以持续提升平台规范活动为切入点，以招投标领域围标串标专项整治为突破口，以打造公平竞争的营商环境、维护公开公平公正和诚实信用的市场秩序为目标，以建立综合管理部门、行业监管部门，公安机关联动联防机制为保障，依法开展、推进公共资源交易工作。全年共开展4次标后履约监督检查，采取“双随机、一公开”的方式进行随机检查，发现问题38个，下发限期整改建议书2份，全部整改到位。及时处理投诉举报。全年共受理市长热线6条，办结6条；受理办结质疑投诉3件。修改完善招标文件履约承诺书，制定严格的履约条款。提高招标文件合同模板中更换关键岗位人员违约金标准，增加了企业违约成本。专家管理服务工作进一步规范。制定和完善专家管理服务制度，按要求办理专家咨询、临时请假、考评考核、劳务费计算等事项，按要求完成省综合评标评审专家库管理系统（V3.0）对接实施工作配备既熟悉公共资源交易业务又懂信息化的专业人员，明确管理、服务人员岗位责任制，并按要求推送相关信息数据；建立健全每一台设备、每一个接口、每一项功能管理规范并宣传解读的机制。督促、指导代理机构、评审专家和业主评委使用网上评标系统。持续加强专家考评管理，落实“一标一评”相关要求，项目结束后对评审专家履职尽责情况进行客观公正评价。专家日常考评客观公正，劳务费结算及时（从项目评标结束到劳务费发放到专家10天内）。加大对不依据评标评审办法和标准进行评标评审等问题的甄别和处理力度，对4名专家作出扣分处理。督促、指导代理机构对评审专家、业主评委登录皖事通，使用综合评标评审专家库录入手写签名并提交，对引导专家使用二代身份证或人脸识别通过门禁验证项目评标身份，实现评标报告由评审专家用CA签章转变成云签名，更加符合法律规定。工程建设项目招投标领域串通投标等突出问题专项整治。与住建、交通、水利、城管执法等主管部门建立联防联控机制。严格落实《亳州市公共资源交易招标采购项目合同及履约信息公开工作实施细则》等有关规定，扩大公众监督，增强公开时效。

【平台服务规范化和标准化】 2022年，利辛县以《2022年公共资源交易平台服务第三方评价指标》为导向，全力开展迎接第三方平台提升考评工作，对于关键岗位及办事流程进行梳理，重新制订平台服务细则和办事指南，制定服务清单、办事流程，相比上年精简办事环节10个。实行限时办结制，对于项目登记、场地预约、交易公告发布、成交结果公告、保证金退还、合同公开等环节1日办结。利用“不见面”开标系统将以往的开标活动从线下转移到线上，中心增添了设备，开标活动实现网上直播，投标人无须为参加投标活动而奔波，真正做到开标不见面网上全展现，全年共有133个项目通过“不见面”开标系统完成开标，投标人在线上开标体验良好。严格执行市局编制的零跑腿清单制度，进一步优化项目登记流程，公共资源交易平台与徽彩云平台衔接，减少资金证明办理，节省项目注册时间30%以上。建立省重点项目和应急项目“绿色通道”工作机制，对于纳入“绿色通道”的重点建设项目或应急项目，积极与项目单位沟通，提前对接项目注册和招标文件编制等工作，优先项目受理“专项债”项目和“重点项目”，提醒各环节工作人员给予重点关注，确保重大项目顺利实施。协助亳州市开展药都电子供应商征集工作，征集范围扩大到工程类别和中介服务类，网上商城货物类供应商增多，小额工程施工企业专业类别齐全，中介服务机构已经入驻；网上商城与徽彩云全面对接，服务功能进一步拓展。立足公共服务职能，持续加强平台系统功能的完善工作。发挥远程异地有利于评标专家资源共享、减少人为干预的优势，投入资金24万元建设远程异地评标工位25个，成功接入全省远程异地评标调度系统，完成与颍上、谯城、蒙城、亳州、潜山等地的对接、联调，常态化开展远程异地评标。全年共同完成了主场远程异地评标项目98个项目，副场35个项目的远程异地评审工作。开展平台服务质量提升行动工作。按照《亳州市公共资源交易平台服务质量提升行动方案（2022年版）》的通知要求开展平台服务质量提升行动工作。成立平台服务质量提升活动领导组织。2022年，共完成公共资源交易项目367个（标段），成交金额55.81亿元，节资（增值）金额5.25亿元。其中，完成建设工程招投标进场交易项目共166个标段，招标控制价约33.47亿元，中标价约29.91亿元，节约资金约3.56亿元，节约率达10.63%；政府采购完成项目141个，采购预算10.40亿元，中标金额9.33亿元，节约资金1.07亿元，节约率10.29%；土地交易项目土地15宗，起始价8.45亿元，成交总价9.05亿元，增值金额0.6亿元，增值率7.1%。产权交易45宗，底价金额7.50亿元，成交金额7.52亿元，增值金额0.02亿元，增值率0.26%。

【优化营商环境】 2022年，利辛县取消招标文件发售费用，所有投标人均可免费获取招标文件，全年可为投标人节省投标成本约1535万元。做好市场主体库全省互认工作，实现市场主体信息“一次注册，全省共享”，CA数字证书“一地办理，全省通用”，打破地区壁垒，避免投标人“一地一个身份证”方便投标人在全省范围内参加交易活动。改变保证金的缴纳方式，投标人可以根据自身情况以现金、银行转账、保函、电子保函等多种方式缴纳保证金，降低资金占用，减轻企业投标成本，全面推广应用。本年度使用非现金方式提供保证金的比例大幅上升。房建、市政中标企业非现金方式使用率从个数来看是75%，金额占比66.67%。使用市里修订完善交易文件范本64个，其中政府采购类12个，产权交易类5个，工程建设类47个，打造模块化、标准化的招标条款，防止“量身定做、量体裁衣”。升级改造交易系统，优化交易流程，推进全流程电子化交易，依法必须招标项166个，全程电子化交易率达100%。按照市里制定《亳州市工程建设项目招标文件负面清单》《亳州市政府采购文件负面清单》规定，梳理出各方主体共计74项禁止性条款，其中工程建设项目26条，政府采购项目48条，严禁招标文件中负面条款出现。开展农村产权交易工作，将产权交易系统功能延伸到乡镇，基层工作人员在线即可完成项目办理，竞买人“足不出户”完成产权交易。

【推行企业公平竞争】 2022年，利辛县加强落实招标人主体责任，清理取消各类限制民营企业、中小微企业参与公共资源交易的规定。会同有关部门按照《亳州市进一步培育和壮大建筑业企业的若干措施》规定，合理设置资格条件、合理设置企业业绩、合理划分标段等有力举措，持续推进县建筑业企业持续健康发展。建设工程项目按项目个数省内企业中标率为55.42%；按项目金额省内企业中标率为70.65%；政府采购项目按项目个数省内企业中标率为78.72%；按项日金额省内企业中标率为94.93%。药都电子商城中省内施工企业中标率为100%。

【评定分离工作】 2022年，与住建、房管、城投、开源水务等单位协调沟通，按照《关于进一步做好房建市政工程建设领域“评定分离”试点工作的通知》和亳州市公共资源交易监督管理局的《关于印发亳州市房屋建筑和市政基础设施工程招标评定分离工作操作指引（试行）的通知》要求，根据项目特点，对于合适的项目实行评定分离。

（居佩君）

审　计

【概况】 2022年，利辛县审计部门坚持围绕“党对审计工作的领导，构建集中统一、全面覆盖、权威高效”的审计监督体系，站准审计监督定位，聚焦主责主业，忠诚履职尽责，在严肃财经法纪、推进依法行政、维护群众利益、促进廉政建设等方面发挥积极作用，有力保障了经济社会高质量发展。全年实施审计项目45个、完成率100%，审计发现问题531个，查出违规问题金额267万元，落实整改资金3954万元，促进增收节支或挽回损失13935万元，督促追缴增值税款1423.99万元，公共投资项目审计监督关口前移节约概（预）算资金8700多万元，促进修订或完善制度14项。在全市审计系统审计卷宗评比中，利辛县2020年度县本级财政预算执行和其他财政收支情况审计、利辛县第二人民医院门诊医技综合楼改扩建项目跟踪审计获得全市优秀审计项目二等奖，利辛县人民法院原院长牛淑君任期责任审计获得全市优秀审计项目三等奖。人民网、审计署、审计厅等采用信息20多篇，其中《利辛县“审计＋N＋5”规范投资项目审计》信息被审计署采用并录入“新时代审计事业高质量发展与创新探索”丛书。利辛县审计局荣获2022年度全市审计系统“审计整改先进单位”“信息宣传先进单位”称号，在全县综合考核中被评为2022年度“优秀”等次，获得“先进县直单位”称号。

【政策落实跟踪审计】 2022年，利辛县审计部门以促进财政资金提质增效，推动相关政策落实为目标，关注中央和省级转移支付资金分配下达、拨付使用、绩效目标实现等情况。2022年开展了助企纾困、旅游强省、自然灾害救助资金、农业高质量发展资金审计。

【财政资金审计】 2022年，利辛县审计部门以促进财政支出政策提质增效，深化预算管理体制改革为目标，重点关注“四本预算”执行、财政资源统筹、财政支出政策落实情况、省市县财政事权和支出责任划分改革落实、重点财政资金管理使用、全面预算绩效管理、决算草案编制、防范化解地方政府债务和隐性债务风险等情况，开展了2021年度县本级财政预算执行和其他财政财务收支情况审计。以促进规范部门预算管理，严肃财经纪律，提高财政资金使用绩效为目标，重点关注部门预算执行、决算草案编制、预算绩效、财政存量资金、国有资产以及政府采购等管理、信息系统和网络安全建设、落实政府“过紧日子”要求、“三公”经费和会议费管理使用，以及遵守中央八项规定精神及省委实施细则等情况，开展了县住建局、县教育局、县科协、县残联、县供销社等5个县直部门预算执行审计。

【民生项目（资金）审计】 2022年，利辛县审计部门以更好地巩固脱贫攻坚政策成果、确保扶贫项目发挥作用、提高扶贫资金绩效、推进乡村振兴战略实施作为工作的着力点，组织审计力量，开展了对利辛县2013年至2021年扶贫资产管理使用情况专项审计调查，并对部分2022年度乡村振兴衔接资金项目实施情况进行延伸审计。

【经济责任审计】 2022年，利辛县审计部门以促进全县科学发展和领导干部守法守纪守规尽责、廉洁用权、干净干事为目标，重点关注贯彻执行党和国家经济方针政策、重大决策部署，本地区经济社会发展规划和政策措施制定、执行及效果，重大经济事项决策、执行及效果，财政财务管理和经济风险防范、民生保障和改善、生态文明建设、落实有关党风廉政建设责任和遵守廉洁从政情况等，全年安排经济责任审计项目18个，共对23名领导干部进行审计。

【审计整改】 2022年，利辛县审计部门按照“务实、有效、精准”的原则，把中央和省、市、县有关文件精神细化到督促检查审计整改工作的全流程和各环节，引导全县做实做细审计整改工作，落实“台账＋整改标准＋督查＋销号”制度，推动审计整改督促检查工作制度化、规范化，提高被审计单位审计整改成效和整改完成率。2022年，县审计局审计共发现问题531个，完成整改514个，整改完成率96.8%。

【审计工作创新与完善】 2022年，利辛县审计部门为深入贯彻党中央关于审计工作的决策部署，进一步建立健全权力运行制约和监督机制，推动治理体系和治理能力现代化，出台《中共利辛县委审计委员会关于加强新时代利辛审计工作的意见》《关于贯彻落实“三个区分开来”要求建立审计容错免责机制的实施办法（试行）》《利辛县经济责任审计工作联席会议议事规则》《关于规范巡察与审计工作协调机制的意见》《关于规范内部审计工作的指导意见》《利辛县内部审计工作备案管理办法》《利辛县审计整改标准认定办法（试行）》《干预审计工作行为登记报告暂行规定》《利辛县领导干部履行经济责任“防未病”预警提示单》及40个典型案例等，党领导审计工作的机制制度不断完善，“大监督、大整改、强震慑”审计监督格局的四梁八柱基本构建起来，完成“扎牢利辛发展骨架、筑强利辛发展精神、构建利辛发展机制、营造利辛发展环境”阶段性目标。

【审计队伍建设】 2022年，利辛县审计部门坚持党建引领，全面梳理完善审计业务管理、审计事务管理、机关党建与内控管理的制度措施，不断提升审计监督能力水平。把“三抓三促”（抓理论提素能、抓实践提本领、抓质量提技能）“一创双优”（创新思想观念、优化干部作风、优化机关环境）融入局机关党史学习主题教育和市、县“一改两为”“三严三实”“马上就办、真抓实干”作风建设中，把锤炼队伍作风贯穿审计工作全过程，严防“灯下黑”，力戒形式主义、官僚主义，坚持依法审计、廉洁审计、文明审计。

（刘　敬）

国家统计调查

【概况】 2022年，国家统计局利辛调查队全面贯彻落实习近平总书记关于统计工作的重要指示批示精神，统筹做好疫情防控与调查任务，顺利完成住户调查大样本轮换和农作物对地调查样本轮换工作，圆满完成各项工作目标和调查任务。在全省调查队系统业务考核中，获得6项优秀、3项良好，取得较好成绩。

【农业调查】 2022年，利辛县全年粮食总面积332.26万亩，同比降低0.07%，其中小麦总面积163.01万亩，玉米总面积133.90万亩；全年粮食总产量138.86万吨，同比增长0.2%，其中小麦总产量81.28万吨，单位面积产量498.62千克/亩；玉米总产量53.43万吨，单位面积产量399.04千克/亩。总面积、总产量分别居全省、市第8位、第4位，实现连续多年稳产和丰收。2022年末，利辛县生猪存栏45.6万头，能繁母猪4.56万头，全年生猪出栏量83.63万头、猪肉产量7.22万吨；全年牛出栏2.45万头、羊出栏80.3万只、家禽出栏1330万只、禽蛋产量2.27万吨。

【住户调查】 2022年，国家统计局利辛调查队严格按照《安徽省人民政府办公厅关于开展住户调查大样本轮换工作的通知》要求，认真做好调查员培训工作，加强走访指导检查，做好老样本的收官调查，切实保障数据衔接有序。针对样本点被静态管理、辅调员被隔离管理等情况，组织直接入户调查或电话调查，努力克服工作困难。依据国家摸底调查方案及总队农业处摸底工作要求，根据防疫形势要求，适时进行培训和走访核实，重点采用电话、微信指导和答疑，通过AW智能拍照软件勘测定位的方式，摸准、采全样本村及所属样方的基础数据信息，从源头把控新一轮样方质量。本年度，顺利完成农作物面积调查、产量调查和大豆玉米复合种植调查工作。

【调查服务】 2022年，国家统计局利辛调查队围绕重点民生领域，开展“学习贯彻党的二十大精神的调研”“33条稳经济一揽子政策措施调研”“利辛县异地就医直接结算政策推行情况调研”“生产资料价格上涨对种粮农民收益影响的调研”等20余项专题调研，为党和政府科学决策提供数据支撑和调查信息服务。

（王志鸿）

统计工作

【概况】 2022年，利辛县统计部门以强化统计基层基础建设为切入点，以提高统计数据质量为中心，以提升统计服务能力为目标，扎实开展各项统计工作。全年对398家企业开展营商环境调查，为省委、省政府“为企优环境”决策提供第一手材料。针对当前统计基础薄弱、基层统计能力还不能很好适应统计改革发展需要的现实，为有效化解统计基层基础存在的困难和问题，切实提高源头数据质量。县统计局认真落实皖统〔2022〕5号《安徽省统计基层基础建设年活动方案》文件精神。重点解决以下问题：基层统计队伍力量薄弱，流动性强；部分基层统计人员业务能力不适应工作需要；统计机构主动靠前服务意识不强；基层统计人员依法统计能力不高；统计信息化保障能力弱。要求乡镇配备首席统计，加强统计队伍建设，对没有按要求配备的乡镇提醒督促，乡镇统计队伍建设得到有效改善。精心完成统计常规工作，严把企业（项目）入库关。圆满完成月度名录库维护、固定资产投资、“四上企业”常规化统计、“四下企业”抽样调查、人口变动抽样调查。我局对拟入库企业（项目）进行严格审核把关，对符合条件的企业（项目）及时申报纳统，通过现场核查，严把“四上企业”及投资项目入库关，不断提高企业（项目）入库工作质量。全年，新入库规模工业16家，投资项目113个，限上商贸业64家（其中企业22家，大个体户42家），限上服务业13家。

【统计人员培训】 2022年，利辛县统计部门着力提升统计人员的业务水平。围绕“四个强化”，打造“四型队伍”的要求，切实把抓好统计人员队伍培训作为统计工作迈上新台阶的重中之重。我局克服疫情影响，对投资、工业、商贸、服务业、建筑业和农业等专业开展培训，全年共组织各专业人员开展培训26场次（投资专业11次409人，劳资专业5次134人，农业专业4次194人，工业2次101人，商贸4次207人），参加人员共1045人次。特别是对新申报入库企业、入库项目单位的统计人员，及时采取上门送包（统计辅导服务包）的方式进行培训，全年共开展送包服务315次（其中工业107次，投资176次，商贸19次，服务业13次），有效地提高基层统计人员的统计工作能力。

【提高统计数据质量】 2022年，利辛县统计部门统计数据质量是统计工作的生命线。开展统计“大调研”。结合省局开展的“统计服务千企”活动，调研走访企业127家，深入43家生产下滑的规上企业开展调查研究，对发现的问题，分专业逐一通报，限期整改，并对问题整改情况进行“回头看”，确保发现的问题及时整改到位。充分运用大数据提高数据质量。利用企业用电、用能、税务等匹配性指标，做好工业企业数据质量“事前、事中、事后”全流程审核。加强数据支撑资料的业务指导。要求“四上”企业、固定资产投资项目等在上报统计数据前必须把支撑材料准备齐全，随时接受上级统计部门对数据质量的查询，没有支撑资料不报数，县统计局专业人员经常深入企业和项目现场调研核对。强化即报即审。对当月上报数据出现异常的，立即进行现场核实，同时运用关联信息进行数据、资料核对，有效地提高统计数据质量。

【依法统计】 2022年，利辛县统计部门严格依法治统，认真开展统计执法“双随机”抽查。加强统计法规宣传，组织全县统计人员学习《关于更加有效发挥统计监督职能作用的意见》等统计法律法规，结合有关专业集中培训会议，加强对企业统计人员统计法律法规的宣传教育26场，参学人数1045人次。为加大统计治思想的深入贯彻落实，提高统计对象的法治意识，不断提升统计数据的源头质量，大力开展统计执法“双随机”抽查工作，对26家企业进行统计执法“双随机”抽查，有效改善依法统计环境。扎实做好统计造假不收手、不收敛问题专项纠治工作。集中对相关部门开展业务培训和统计督查，逐一对照检查，完成2021年以来“四上”单位（项目）入退库自查，合计217家，入库单位（项目）135家，其中规模工业21家、限额以上批发零售业、住宿餐饮业21家、固定资产投资项目（包括房地产项目）64家、建筑业企业15家、规模以上服务业14家；退库单位（项目）82家，其中规模工业12家，限额以上批发零售业、住宿餐饮业28家、固定资产投资项目（包括房地产项目）40家、规模以上服务业2家。对发现的2个问题及时进行整改。对26家企业进行统计执法“双随机”抽查，坚决防范和惩治统计造假、弄虚作假，净化统计环境，提高统计数据质量，有效地提升调查对象依法统计的自觉性。

【提升统计精度】 2022年，利辛县统计部门提高经济形势分析精度。围绕服务利辛县经济发展大局，扎实做好经济运行动态监测与预判分析，精准研判发展趋势、精准分析运行特点、精准查找问题、精准提出对策建议，紧盯重点领域、重点行业、重点企业、重点指标，加强预警预判，及时发现苗头性、趋势性问题，为县委、县政府精准调控经济提供决策依据。适时召开由局分管负责人及各专业人员参加的经济形势分析会，专业人员详细、具体汇报企业生产经营中、项目建设中存在的突出问题，分析产生问题的原因，提出解决问题的办法。主动与部门沟通协调，及时向发改、经信、商务、住建、房产中心、人社、文体旅游、宣传部等主管部门通报经济运行中存在的问题，提出意见和建议，助力全县疫后复工复产，加快推进利辛县经济高质量发展和平稳增长。全年共召开经济形势分析会22次。强化统计分析深度。充分运用大数据加强对统计数据的综合分析，围绕工业发展的主导产业、推进乡村振兴的主要思路、商贸及服务发展的整体布局，以及县委、县政府重点工作和县领导关注的热点问题，加强专题调研，深入分析数据背后的原因，提出针对性、可操作性强的对策建议。全年撰写统计分析25篇、统计专报11篇，其中，4篇统计分析、7篇统计专报被县委、县政府主要领导批示有关县领导及部门落实，1篇统计专报在政府常务会议上集中研讨。积极撰写信息196篇，被市、县采用38篇。完成市、县2次约稿。

（李夫文）

国土资源管理

【土地报批】 2022年，利辛县自然资源和规划部门全力推进土地成片开发方案编制，编报经开区西、中、东片区土地征收成片开发方案3个，总面积9569亩。在编制土地征收成片开发方案3个，分别为：利辛县煤电产业园东片区、西片区及利辛县城东南片区，总面积约3120亩。加强与县直各部门工作衔接，全面摸清用地需求，根据轻重缓急，明确优先顺序，建立土地报批清单，细化任务分解，明确办理责任、办理时限。坚持模块化管理与流水线作业相结合，持续优化土地报批流程，根据各阶段进展情况、存在的问题，定期召开土地要素保障会商会，解读最新政策、解决实际问题，不断提升组卷效率。建立工作专班，逐项审查、严格把关，持续跟踪跟进报批进度，全年项目建设用地组卷48个批次，总面积9208.16亩；取得批复27个批次，面积3897.01亩，征收土地3897.01亩。坚持“要素跟着项目走”，用好用活土地要素保障政策，分段支持重大投资项目先行用地，淮宿阜城际铁路利辛县段顺利开工建设。

【土地供应】 2022年，利辛县自然资源和规划部门全力推进土地出让，加强土地出让推介，推深做实“标准地”改革，推行工业用地带方案出让“拿地即开工”改革，全年出让供地36宗、2110.12亩，土地价款17.25亿元。其中，工业用地14宗、769.01亩（包括“标准地”9宗、559.27亩，其中带方案出让1宗40.26亩，经开区工业用地“标准地”供地率100%）；商住用地13宗、843.88亩；商业用地2宗、71.4亩；医院、教育、仓储等用地7宗、425.83亩。全力推进土地划拨，累计划拨供地22宗、1014.90亩，土地价款0.42亿元。全力推进批而未供土地处置，全县批而未供土地处置基数为3123亩，按照处置率25%任务要求，应处置781亩，实际完成处置807.15亩，处置率25.84%。全力推进闲置土地清理，全县闲置土地处置基数为2910亩，按照处置率15%任务要求，应处置437亩，实际完成处置1160.50亩，处置率39.88%。全力推进城乡地价制定与更新，城区土地定级与基准地价更新、集体建设用地定级与基准地价制定、农用地定级与基准地价制定成果通过省厅验收并公开发布。

【执法监察】 2022年，利辛县自然资源和规划部门全力推进农村乱占耕地建房问题清理整治，举一反三，深入开展大起底、大排查、大整治，累计拆除违法建房28处，占地面积20.7亩，恢复耕地19.75亩；配合县纪委印发《关于进一步严肃耕地保护工作纪律的通知》，坚持以“零容忍”的态度和措施对待增量农村乱占耕地建房问题，拆除卫片执法、耕保督察等发现新增建房问题4户，切实形成震慑；保障农民建房刚性需求，使用各类指标报批土地209.81亩。全力推进卫片执法检查问题整改，上年全县新增建设用地违法问题100个，监测面积162.16亩（耕地128.61亩），整改到位31个，监测面积91.29亩（耕地79.54亩）；上年全县非新增建设用地（设施农用地）违法问题495个，监测面积1579.69

亩（耕地1554.92亩），全部整改到位；2022年，全县卫片发现违法用地67个，监测面积133.52亩（耕地122.66亩），完成整改52个、监测面积112.3亩（耕地109.15亩），其中，“非农化”问题24个、监测面积36.39亩（耕地27.53亩），完成整改9个、监测面积15.17亩（耕地14.02亩）；“非粮化”问题43个、监测面积97.13亩（耕地95.13亩），全部整改到位。全力推进耕地保护督察问题整改，2018—2020年问题130个，整改73个；2021年问题101个，整改75个；2022年问题43个、监测面积225.8亩（耕地224.1亩），整改41个、监测面积223.59亩（耕地221.89亩）。全力推进森林督查问题核实整改，高质量完成2022年森林、草原、湿地调查监测样地调查任务和森林督查核实工作，全县打击毁林专项行动（2013—2017年）和2018—2021年森林督查五期数据案件23起，在全市率先立案查处整改到位。全力推进自然保护地遥感监测数据核实整改，涉及西淝河国家湿地公园、阚泽省级湿地公园自然保护地图斑51个，核实为无变化图斑7个、产生变化图斑44个，确需整改图斑2个，均为临时用地到期限期1年内拆除复垦范围之内。全力推进常态化扫黑除恶斗争，开展自然资源领域“沙霸”“矿霸”专项整治、打击盗采矿产资源违法活动和严重违法违规生产建设行为行动，深入宣传贯彻《中华人民共和国反有组织犯罪法》，照单全收“三书一函”7件，全部办理并按时回复。

【城乡建设用地增减挂钩和补充耕地】 2022年，利辛县自然资源和规划部门全力推进历年项目实施验收，2018—2021年全县实施增减挂钩和工矿废弃地复垦项目18133.38亩，剩余2019—2021年未验收增减挂钩项目10193.53亩，全部完成实施验收。全力推进城乡建设用地增减挂钩节余指标交易，实现省内交易1000亩，交易金额3.6亿元。全力推进2022年增减挂钩项目实施，各乡镇申请组卷2011.38亩，因拆迁协议未达成，实际组卷上报8个批次，总面积1899.30亩。全力推进2022年补充耕地项目实施，各乡镇申请组卷2018.28亩，因质检不合格，实际测绘组卷3个批次，总面积1873.32亩，全部通过验收。全力推进“旱改水”项目实施，展沟“旱改水”项目完成水稻试种面积4000亩。2022—2025年土地提质改造（旱改水）项目通过公开招商确定投资人，总建设面积约11万亩，预计改造后新增水田面积10.5万亩，新增水田率95%。

【耕地保护】 2022年，利辛县自然资源和规划部门全力推进田长制改革，选优配强县乡村三级田长3267名，组织体系更加健全；下发任务清单，制定县级田长会议制度、田长制巡查工作制度、田长制信息报送制度、田长制考核问责和激励制度。全县各级田长巡田发现问题10处，均整改到位，恢复耕地面积127.2亩。全力推进“流失”耕地找回，2021年度国土变更调查下发图斑认定全县耕地总面积208.82万亩，较2020年末209.42万亩减少6019.5亩，全部找回，切实做到年度耕地面积不减少。全力推进耕地“进出平衡”，成功编报2022年度耕地进出平衡方案，全年“转入”耕地734亩、“转出”耕地430亩，耕地面积增加304亩。全力推进临时用地审批及监管，全年批准临时用地2宗，25.44亩；复垦临时用地3宗，25.29亩；清理清查2014年至2019年临时用地34宗。

（贾思才）

国有资产管理

【概况】 2022年，利辛县国资办紧紧围绕加强县属国有企业管理、县行政事业性国有资产及政府采购管理工作，对照工作实际，拟定工作措施，出台相关管理制度，对全县的国有资产进行有效的管控。为优化全县产业结构布局，夯实乡村振兴产业基础，推进农业产业的提质增效，成立县产投公司，通过市场化和公司化方式对接重大产业资源，引进重大产业项目，充分运用金融机构支持产业发展的相关政策，获得金融支持。为做好国企改革三年行动工作，县国资委按照国企改革三年行动方案梳理出26项改革任务，建立国企改革工作台账进展情况表，对照工作台账进展情况表、量化采集表逐项推进工作进展。印发《关于开展县属企业低效无效资产清退处置专项行动工作方案》《县属企业三项制度改革专项行动实施方案》《2022年度县属企业负责人经营业绩考核方案》《利辛县县属企业工资总额管理暂行办法》等文件。2022年1月1日起，“徽采云”平台全面启用，政府采购意向公开率提高、采购方式审批得到有效监管，营商环境进一步提升。

【强化制度管理】 2022年，利辛县国资办为加强国资管理，印发《利辛县行政事业单位国有资产处置管理暂行办法》《关于县属企业领导班子成员办公用房标准的规定》《利辛县县属企业重大决策事项管理暂行办法》等文件。逐步构建涵盖资产配置、使用、处置、经营性资产租赁、县属企业重大事项决策和办公用房标准等各个环节的管理制度体系，有效强化国资国企管理，防止国有资产流失。

【行政事业单位资产管理】 2022年，利辛县国资办通过行政事业单位资产管理信息系统，组织全县各级各类行政事业单位上报2021年度国有资产管理情况，按时完成各单位的国有资产年报并上报市财政局。通过资产年报，初步掌握全县行政事业单位国有资产家底情况。

【国有资产房屋租金收取及减免】 2022年，利辛县国资办收到上年县城投集团代管行政事业单位经营性门面房产实收租金合计136.71万元，扣除疫情减免3个月（2022年2、3、4月）租金合计34.92万元，结余101.79万元，全部租金上缴至县非税管理局账户。根据《亳州市免收中小微企业和个体工商户房租工作实施方案》，县国资办制定《利辛县免收中小微企业和个体工商户房租工作实施方案》，全年，国有企业免租52户，减免金额271.44万元；行政事业单位免租36户，减免金额42.67万元。

【国有低效闲置资产清查】 2022年，利辛县国资办根据市财政局、市机关事务管理局工作要求，对全县行政事业单位国有低效闲置资产进行清查及处理。印发《全县行政事业单位国有低效闲置资产清查及处理工作案》，全县各单位按文件要求每月5日前上报分阶段工作完成情况。

（李长江）

教育

◎ 综　述

◎ 教育结构

◎ 学校选介

综　述

【概况】 2022年，利辛县有各级各类学校590所，学生25.96万名，专任教师1.55万名，全年共培育中小学校党建工作示范点8个，成功申报亳州市五星基层党组织27个，多渠道增加教师4316名，组织县级以上各类培训12万人次，累计投入资金29.2191亿元，新建、改扩建中小学、幼儿园480所，新增学位125540个，累计投入资金2.6228亿元，建设智慧学校398所，完成中小学智慧学校建成比例达100%，累计投入助学资金2.96亿元，惠及学生24.91万人次，义务教育营养改善计划覆盖310余所学校，受益学生超过68.73万人次，实现17.8万余名义务教育阶段学生课后服务全覆盖、6.2万余名初中学生晚自习全覆盖、43所农村初中学校寄宿全覆盖、7所城区公办初中学校食堂全覆盖。2022年，利辛县被省政府列入全省第一批实施德智体美劳“五大行动”实验区，县教育局被东部战区空军政治工作部和省教育厅联合授予“空军招飞工作先进单位”荣誉称号，被市教育局评为“先进单位”。

【教育改革】 2022年，一是深入推进高考综合改革、中小学教师“县管校聘”管理改革，持续深化新时代教育评价改革。县教育局成立高考综合改革专班，邀请合肥、芜湖等地名校长指导培训新高考改革；召开高中校长座谈会，稳步推进我县新高考改革工作。今年秋季学期高二年级将正式启动“3+1+2”模式。加强县域内中小学教师统筹管理，在核定的编制总量内，按照“统一标准、岗位统筹、分类核定、职数统管”的原则，采取区分学段、打包核定的办法，打破岗位资源校际壁垒，实行集中管理，统筹使用。2022年，共交流轮岗教师校长665人,同时选派15名城区学校教师到我县边远农村学校支教，进一步优化了教师资源配置。制定教育评价负面清单，健全科学教育评价体系，引导家长树立科学教育质量观。

【教育优质均衡发展】 2022年，利辛县加快推进学前教育提质创优、义务教育薄弱环节改善与能力提升、普通高中办学条件改善等项目建设。新建、改建龙泊湾幼儿园、利辛一中附属学校并投入使用，完成利辛中学淝河路校区、城关学区逸夫小学在建项目并交付使用；扩建闫集中学，目前主体已封顶、二次结构施工；改善和提升农村薄弱学校60所，完成40所任务。

【教学质量巩固提升】 2022年，利辛县为提升教学质量制定了《利辛县教学质量巩固提升行动方案》，先后组织开展2次全县中小学作业设计大赛、2次全县九年级各学科任课教师专业知识测试、1次县小学六年级期末教学质量监测、3次教学质量巩固提升推进会。

【教育教学优质均衡】 2022年，利辛县开展优质均衡座谈和资源配置摸排工作，起草《优质均衡全面创建行动方案》，完成利辛中学淝河路校区、城关学区逸夫小学项目建设，扩建闫集中学。加强教育保障工作，330所中小学校、18.6万名中小学生享受课后服务，实现课后服务义务教育学校和有需求学生全覆盖；8所城区公办初中实现食堂供餐，3.2万余名城区初中学生享受在校就餐服务；67所初中学校晚自习全覆盖，43所农村初中学校寄宿全覆盖。

【推进五育并举】 2022年，利辛县教育局下发五育（德育、智育、体育、美育、劳动教育）并举实施意见和方案，促进学生的全面发展。5月，开展近视防控督查和中小学体质健康测试工作；8月，在新能源学校组织举行音乐、美术教师专项教学技能大赛。

【校园安全保卫】 2022年，利辛县各学校累计悬挂安全条幅2600余条，设计安全主题黑板报3500多块、手抄报22600余份，发放致学生家长的一封信100多万人次。持续开展校园安全隐患排查整改工作，排查并完成整改2750条校园安全隐患。先后组织教育、人社、应急、交通等部门开展实地校园安全督查8次，发现问题56个，整改完成48个。建立跟踪督查整改机制，对剩余8个问题持续督查整改。

【教师队伍建设】 2022年，利辛县教育局创办9期校长论坛，受益校长1400余人次。联合宣传部开展“五好”评比，评选出“好校长”9名、“好班主任”12名、“好老师”30名、“好学生”100名、“好学校”5所。建立多渠道补充教师机制，全年通过新任教师招聘、高校校园自主招聘、特岗教师招聘等方式增加教师633名，交流轮岗中小学教师664人，其中选调165名县域内农村中小学教师到城区义务教育阶段学校任教，跨学校（学区）交流轮岗教师181人，学区内教师交流轮岗318人。制定《关于印发〈利辛县中小学干部挂职锻炼实施办法（试行）〉的通知》，选派15名干部进行挂职。

教育结构

【学前教育】 2022年，利辛县教育局等九部门印发《利辛县“十四五”学前教育发展提升行动计划》，积极实施学前教育促进工程、安心托幼暖民心行动，计划建设幼儿园12所，其中新建8所、改扩建4所，总投资1418万元，建设面积9400平方米，新增学位1620个；利辛四幼文珑府分园等5%的幼儿园开设2～3岁托班；全县公办和民办幼儿园全面实施延时服务。不断提升保教质量，县直幼儿园和县直幼儿园一分园被评为亳州市市级特优幼儿园，树立优质幼儿园品牌。

【义务教育】 2022年，持续扩大优质资源供给。扩建利辛中学淝河路校区、城关学区逸夫小学等学校投入使用，实施闫集中学改造提升工程。加强控辍保学动态排查，推进乡镇政府和学校履行义务教育控辍保学主体职责，加强送教上门管理，巩固拓展教育脱贫攻坚成果，服务乡村振兴。规范民办义务教育发展。关停11所民办义务教育学校、转出11000余名民办义务教育学生，稳妥将全县民办义务教育学校规模控制在5%以内，完成上级规定目标任务。开展校外培训机构规范办学专项督导，停止学科类机构审批，对现有学科类培训机构重新审核登记，大力压减机构数量，全县原有71家机构压减至66家，压减率为92.96%。推行课后服务“5＋2”（5天＋2小时）模式，全县330余所义务教育阶段学校、18.2万余名学生参加课后服务，实现义务教育阶段学校和有需求学生全覆盖。积极实施德育铸魂、智育提质、体教融合、美育熏陶、劳动促进五大行动，利辛县被设立为安徽省第一批德智体美劳“五大行动”实验区，皖北四市仅利辛县被批准。青少年活动中心被评为亳州市唯一的“安徽省第一批劳动教育实践基地立项建设单位”，被国家科协评为“全国科普教育基地”。

【普通高中教育】 2022年，利辛县教育局等九部门印发《利辛县“十四五”县域普通高中发展提升行动方案》，知行学校高中部开工建设，启动实施部属、省属高校县中托管帮扶，中央美院帮扶利辛七中，蚌埠医学院帮扶利辛十中，促进县域普通高中办学水平整体提升。高考报名总人数11793人，其中参加普通高考人数9400人，2022年高考本科达线率为53.39%。高考勇创辉煌，实现1清3北4科大，被南京大学、浙江大学等985名校录取98人，被211名校录取245人。文科最高分在全省排46名，比2021年提升483名。理科最高分在全省排214名，比2021年提升796名。全市文科前3名利辛县占2席（第1和第2），全市理科前5名利辛县占2席（第3和第4）。

【中等职业教育】 2022年，利辛县有中职阶段学校2所，分别是安徽亳州新能源学校和利辛县机电科技学校，在校生6609人，教职工337人，共设置光伏技术应用、数控技术应用、计算机技术应用、现代农艺、机电技术应用等专业49个。2022年，亳州新能源学校被评为亳州市教育工作先进单位。积极组织教师参加国家级、省级各类培训，选拔优秀教师参加各类教学比赛。2022年，县教坛新星遴选学校11人，其中三人入围市教坛新星评选，1人入围省教坛新星评选。以学生兴趣、爱好、特长为纽带，利用课外活动时间有序开展各类社团活动。“青年大学习”每周学习率在全县名列前茅，被团安徽省委评为“全省五四红旗团委”。2022年，职对口高考人数261人，87名学生被本科院校录取，是2021年的2.3倍。坚持职业教育与普通教育同等对待，投资4.6亿元，新建利辛机电科技学校新校区，占地302亩，建筑面积14万平方米，全部投入使用。积极搭建校企合作服务平台，引导职教学校与县内、县外企业全面对接，开展深层次、全方位的合作。先后与江淮扬天汽车贸易公司、九州天极之光股份有限公司、达顺不锈钢有限公司等10余家县内企业建立长期合作关系，为学生搭建就业平台，就业率达98%以上。

【特殊教育】 2022年，利辛县教育局等九部门关于印发《利辛县“十四五”学前教育发展提升行动计划》，县特教学校办学条件和校园环境进一步提升。全县1212名义务教育阶段残疾儿童通过普通学校随班就读、特教学校就读和送教上门3种方式得到适宜安置，保障每一名残疾儿童都有受教育的权利。落实义务教育阶段特殊教育学校和随班就读残疾学生每生每年6000元生均公用经费补助标准，及时拨付相关学校，落实学生资助政策，家庭经济困难残疾学生优先获得资助。利辛县特教学校在2022年被县人民政府评为“全县教育教学先进单位”。数学教研组张洁主持编写的《营养午餐》入选聋校人教版教师教学用书，获首个国家级成果；《基于校园币对培智学生开展技能教育的科技实践》融合教育案例，获科技创新大赛省、市一等奖；孙丽、刘玲等主持申报的市级课题《故事情境对低年级智障儿童退缩性行为有效干预的实践研究》成功立项；汪映雪被评为亳州市“教坛新星”，杨冉获市优质课二等奖。

【民办教育】 2022年，利辛县共有民办学校196所。其中民办高中4所，在校学生7118人，教职工709人；民办义务教育阶段学校20所，其中小学5所，初中2所，九年一贯制13所，在校生28850名；其中，小学生12341名，初中生16209名；教职工合计2181人，专职教师1337人；民办幼儿园172所（普惠性幼儿园156所），在园幼儿23804人，教职工2694名，专职教师1499名，保育员724名，其他工作人员471人。利辛县教育局规范普惠性民办幼儿园的管理，引导民办幼儿园更好地向社会提供公益性、普惠性学前教育服务。依照《亳州市开展城镇小区配套幼儿园治理工作方案》（亳政办秘〔2019〕53号）的通知及《亳州市普惠性民办幼儿园认定和管理的实施办法（试行）》（教基〔2020〕5号）中规定的认定条件，结合民办幼儿园申请及2021年度年检结果，2022年全县共认定普惠性民办幼儿园117所，有效期为3年。县教育局组织全县普惠性民办幼儿园统一签订《利辛县普惠性民办幼儿园最高收费标准合同约定表》和《利辛县普惠性民办幼儿园办学承诺书》，收费项目及收费标准统一向社会公布，做到收费规范、透明。根据省市无证园治理文件精神，利辛县坚持政府主导、属地管理、部门联动、分类治理、安全有序的原则，通过“准入一批、整改一批、整合一批、取缔一批”，将无证幼儿园全部纳入监管范围，县教育局委托第三方专业机构对无证园进行评估验收，对办学条件达标的加快审批进度。稳妥推进治理工作，直至全面消除。截止到年底，已审批通过7所，取缔9所，22所无证园整改中。

【电大】 2022年，利辛广播电视大学拓宽招生渠道，创新招生形式，建立有效的招生机制，充分利用电视台、手机短信、张贴宣传图、微信公众号、车体广告等媒体，动员全体教职员工积极参与招生宣传工作，分组深入乡镇分发招生简章，宣传招生政策，解答招生疑问，收到较好的效果。全年各类招生490余人，在籍各级各类学生2200余名，为学校可持续发展奠定了良好的基础。

学校选介

【利辛一中】2022年，利辛县第一中学在“领导苦领、教师善教、学生智学”办学理念的引领下，坚持育人为本、德育为先，“以五化促五力”，严格落实“重抓吃饭、严抓休息、恒抓锻炼、细抓学习”管理思路，积极构建“以交促研、以赛促研、以讲促研、以编促研”的教研模式，努力推行“三导、三动、三精”教学改革，坚持以教学为中心，以教研为抓手，以教改为动力，以提高教育教学水平为目的，大力促进学校内涵发展，努力铸造全省高中教育著名品牌，取得丰硕的办学成果。2022年，学校新建东大门、南大门东侧停车位、改造南大门绿化带，把下沉广场改造成五禽戏广场。2022年，利辛一中因第35届化学奥林匹克竞赛中成绩优秀荣获中国化学会表彰，荣获空军招飞局和海军招飞局表彰、亳州市2021—2022年度教育工作先进单位称号，在利辛县教育系统2022年度“五好”评选中，学校荣获“好学校”称号。张大艳荣获全省党外知识分子“双树双建”活动年度标兵称号，邵丽荣荣获安徽省第十五届运动会体育道德风尚奖，刘年荣获亳州市先进工作者称号，路汉卿、刘明2人荣获亳州市优秀援疆教师称号，江莉莉、陆吉勇、刘伟康、刘珊珊4人荣获亳州市优秀教师称号等。2022年，安徽省田径冠军赛中，在教练齐新华的指导下，张欣萍荣获女子800米第一名、女子1500米第二名，武浩然荣获男子铅球第三名，李震杰荣获男子铅球第四名，李士明荣获男子1500米第四名。2022年高考，郭艺涵、周鑫悦、陈玉阳3人荣录北京大学，刘泽楷荣录清华大学，康翱翔、孙宇航、张子豪、罗剑波4人荣录中国科技大学，陈卓荣录上海交通大学，赵飞、张有为2人荣录南京大学，共有87人荣录985高校，253人荣录211高校，马朝阳、姜峰祥、朱永乐3人荣录飞行员。

【安徽亳州新能源学校】 2022年，安徽亳州新能源学校深入学校贯彻党的二十大精神，对接区域经济社会发展需求，重点围绕A类中职学校评估工作，努力探索三教改革，积极推进“五育并举”工作，被评为亳州市教育工作先进单位。坚持“立德树人”办学理念，以学生兴趣、爱好、特长为纽带，利用课外活动时间有序开展各类社团活动。校团委积极作为，开展有植绿护绿、世界读书日、庆建团百年、庆国庆升国旗等活动，网上团课“青年大学习”每周学习率在全县名列前茅，被团安徽省委评为“全省五四红旗团委”。人才培养质量稳步提升。2022学年，学校毕业生全部顺利就业或升学，对口就业率达98%。成功承办县职业技能大赛，部分选手顺利晋级省技能大赛。职对口高考再创历史佳绩，本科上线84人，较去年升本人数增长46人，稳居安徽省同类中职学校前列。重视师资队伍建设，积极与合肥工业大学对接，加强与高校教师间的教学研讨。积极组织教师参加国家级、省级各类培训，选拔优秀教师参加各类教学比赛。2022年，县教坛新星遴选学校11人，其中3人入围市教坛新星评选，1人入围省教坛新星评选。深化校企合作，健全校企合作管理机构和管理制度，打造专业化校企对接平台，深入开展“访企拓岗”活动，与南京创维集团、合肥京东方、利辛翰联色纺、邦泰君澜大酒店等企业签订顶岗实习协议，实现校企精准对接。积极开展学校软硬件建设，学校光伏农学实训楼投入使用，新能源汽车充电车桩顺利竣工，积极推进新实训基地建设及第二食堂等项目建设工程。

【电化教育与培训中心】 2022年，利辛县电化教育与培训中心有在籍各级各类学生2200余名。学校秉持“立足全县，面向基层、面向行业、面向企业、面向社区、面向农村，服务社会”的办学使命，为县域经济社会发展做出了突出贡献。2022年度，各类招生总量稳中有序，全年各类招生490余人，为学校可持续发展奠定了良好的基础。

【教师进修与培训中心】 2022年，利辛县教师进修与培训中心开展“国培计划（2022）”培训任务（5个项目，共计863人），利辛县中小学教师信息技术应用能力提升工程2.0网络研修培训项目培训任务（4个学段，共计10316人），利辛县中小学教师信息技术应用能力提升工程2.0管理团队、培训团队培训项目（4个学段，共计2486人），亳州市中小学幼儿园教师全员远程培训项目（4个学段，共计11567人），开展有初中骨干教师培训1236人，新招聘中小学教师、幼儿教师、中职教师、编外幼儿教师岗前培训合计493人，暑期中小学教师线上新《课程标准》解读、师德师风等专项培训8960人，幼儿园教师全员集中培训960人，民办幼儿园骨干教师培训380人，利辛县公民办幼儿园园长培训266人，中职教师专业技能培训360人，特教学校教师专题培训60人，初中教师全员集中培训2775人，均效果良好，得到学员一致认可，反响强烈。

【卫生进修与培训中心】　2022年，利辛县卫生进修与培训中心圆满完成全县市级继续医学教育培训任务，全体职工分片到各乡镇卫生院、村卫生室、社区卫生服务中心宣传继续医学教育的重要性，并聘请知名专家组织教学，培训班从6月20日起，共分6期，参训800余人，社会效果良好。

【农民科技教育培训中心】　2022年，农民科技教育培训中心承担县农业农村局高素质农民培育项目，采用理论和实践相结合、走出去与请进来相结合的方式，圆满完成502名高素质农民培育任务。农广校共抽调16名优秀农技人员担任全国基层农技推广补助项目技术指导员，对80户科技示范户和32户脱贫户常年开展跟踪技术指导服务。抓住春季有利时机，组织专家和农技人员积极开展2022年度冬春农民大培训工作，在全县23个乡镇开办培训班，共培训脱贫户、种养大户、家庭农场主等9800人次，发放技术和政策宣传明白纸15000多份。同时为157名中专学历学生进行学历培训。2022年，农广校被中央农业广播电视学校评为全国高素质农民培育提质增效百佳校、被安徽省农业广播电视学校列为全省农民中职教育教学改革试点校。

【利辛机电科技学校】　利辛机电科技学校是整合原江集职高和王人职高农村职业教育资源，在城区异地新建的一所公办中等专业学校，2018年12月经市政府批准设立。新校区由县委、县政府投资近6亿元进行建设，于2022年秋季学期正式投入使用。学校占地302亩，建筑面积14.28万平方米，可容纳全日制在校生6000人，年开展职业技能培训1万人次。学校现有教职工106名（包含外聘教师19人），双师型教师31人，在校生3000人，共开设9大类21个专业（其中机电技术应用、新能源汽车运用与维修、工业机器人应用、无人机操控与维护、园林技术、社会文化术等为我校特色专业）。学校自2018年成立以来，办学条件逐步改善、办学规模逐步扩大，由原来借用七小富余校舍到现在搬迁到占地302亩的新校区，实训设备总值由原来的80万元增加到现在的600万元，在校生由原来的85人增长到现在的3000人，教师由原来的11人增长到现在的106人，专业种类由原来的13个增加到现在的21个。紧紧依托地方优势产业，打造特色专业。至2022年，共开设21个专业，其中机电技术应用、社会文化艺术、工业机器人等为学校的特色专业。2022年加大春季招生工作力度，全年招生人数突破千人大关，达到1236人，较2021年（562人）增加674人，增长率为120%。深化校企合作，提高服务地方经济的能力。坚持以服务经济发展为宗旨，新增社会文化艺术、酒店管理、电子商务等专业，进一步提升服务产业的能力。深化产教融合、校企合作，先后组织5批300多人次到合作企业顶岗实习，达到“产学合作、校企双赢”的良好效果。

（徐　磊）

科学技术

◎ 综　述

◎ 科技成果

◎ 科技普及

◎ 气　象

◎ 地　震

综　述

【概况】　2022年，利辛县科学技术局深入实施创新驱动发展战略，完整、准确、全面贯彻新发展理念，不断完善以企业为主体、市场为导向、产学研紧密结合的科技创新体系，在科技自立自强上取得较大进展，催生出更多新技术新产业，形成区域竞争新优势，为区域高质量发展注入强劲动力和创新活力。5月30日，利辛县举行全国科技工作者日暨最美科技工作者颁奖仪式。县委宣传部、县科协、县科技局以“创新争先　自立自强”为主题，遴选出熊琳、韦成好、艾娜、武少东、汪义洋、魏孝宇、马秀娟、陆卫峰、刘子丹、姜曼曼10人获2022年度利辛县“最美科技工作者”荣誉称号。

【创新主体倍增】　2022年，利辛县科学技术局积极发挥科技企业孵化器、企业咨询机构的引导作用，按照“科技型中小企业—高新技术培育企业—高新技术企业”模式，通过差异扶持方式，加强对中小企业创新的支持，推动更多科技型中小企业扩量提质增效，更好更快成长为高新技术企业。全年申报科技型中小企业入库企业71家，参评、入库占比逐年提升；通过“初创期—成长期—成熟期”分梯培育企业43余家，指导推荐27家企业申报2022年高新技术企业工作，获批22家，有效期内高新技术企业总量61家。

【“双创”平台建设】　2022年，利辛县科学技术局通过大力推进平台建设，促进产学研更加紧密结合，推动产业结构优化升级和经济增长方式转变。2022年，“利辛县电商公共服务中心”成功备案省级众创空间，“辛创云众创空间”成功备案国家级众创空间。同时获批1家市工程技术研究中心。科技创新的发展使我县产业稳步增长，经济发展提质扩量，转型升级成效显著。

县人大代表调研全县科技创新情况　　（县科技局／供）

【研发经费归集】　2022年，利辛县科学技术局把提高研发统计数据质量、数量放在首位，扎实做好对企业研发投入统计报表和指标的填报工作进行深入指导。组织开展“研发经费统计填报业务培训会”，培训企业70余家；深入30余家重点企业开展业务指导工作，指导230人次。上年度研发经费认定额1.42亿元，同期增速2.79%。

科技成果

【概况】　2022年，利辛县科学技术局以“优化营商环境”和“科技特派团选派”等活动为契机，主动服务企业。组织校企多领域产学研合作，做好产业对接、项目对接、人才对接，加速引进技术、成果、项目、人才等高端创新资源。2022年，累计组织产学研对接7次，30多家企事业单位与安徽工程大学、安徽工业大学、安徽农业大学等高校院所达成产学研合作协议。登记科技成果185件，经省科技成果登记系统公示数量162项，企业吸纳技术合同107项，成交额4.96亿元。

【成果选介】　2022年，利辛县艾可舒医疗科技有限公司与安徽

安徽翰联色纺股份有限公司产品参展第二届中国（安徽）科技创新成果转化交易会
（县科技局/供）

中医药大学、亳州职业技术学院联合研制的“熏灸治疗复杂性皮肤及软组织感染的创新性应用”获得安徽省科技成果二等奖。智能熏灸仪是通过艾条燃烧产生的烟、油经由管道，根据不同的患处，配备相应的终端，确保烟雾直接、持续作用于皮肤，对各种皮肤病效果显著，过程中艾烟的浓度和温度不发生变化，并且同时具有废烟回收功能，能将废弃烟雾收集并集中处理，实现烟雾“零”排放。

科技普及

【概况】 2022年，利辛县科普活动走进社区、走进乡村，走进生产、走进生活，全面推广科学技术、展示科技成果、普及科学知识，引导人民群众科学防疫、科学生活，进一步营造全社会讲科学、爱科学、学科学、用科学、支持科技创新的良好氛围，为统筹疫情防控和经济社会发展凝聚强大合力。

【科技下乡】 2022年，利辛县高度重视农业科技工作，全面落实中央、省委农村工作各项方针政策，多层次、多领域选派科技特派员361名，一对一服务行政村全覆盖。积极实施国家“三区”人才支持计划，从合肥工业大学、安徽农业大学等高校，选派15名技术专家作为帮扶人才，积极服务于全县种植、养殖、食品加工、丝网服饰等优势产业。分别与安徽工程大学、安徽科技学院签订2项省级科技特派团服务协议，共建畜禽产业发展和轻纺服饰发展2个省级复合型科技特派团，组织高校专家教授多次到县围绕农业、轻纺服饰全产业链开展服务。打造市级标杆点1个、县级示范点1个，稳定帮扶点23个，凸显科技在促进乡村振兴中的支撑引领作用。

【科普教育】 5月24日，县科协联合县委宣传部、县科技局、县地震局到马店孜镇开展主题为“走进科技，你我同行”科技活动周综合宣传活动。宣传《中华人民共和国科学技术进步法》等科技法律法规和自主创新政策，弘扬科学家精神，并围绕防震减灾、节能减排、安全生产、环境保护、消防等领域开展宣传宣讲。9月20日，利辛县在县青少年活动中心举办以“认识体验、震灾防御、抗震减灾”活动，让学生们从最基础的地壳构成开始认识和了解地震。地震知识系列展区分地震群灾之首、地震波、地震百科知识、地震前兆、多场景逃生演练等展项，并可分批次进入地震模拟体验小屋进行地震模拟体验。通过参观学习明确当自然灾害来临时应如何从容面对、科学处理，有效降低地震造成的危害。切实增强防灾减灾意识，提升突发灾害应对和自救互救能力，达到“教育一人，影响一个家庭，辐射整个社会”的目的。9月25日，在县青少年活动中心举办“走进科普教育基地、乐享科普美好时光”活动，目的是普及科学知识，树立学生的科技强国、科技兴国的信念，引导他们从小爱科学、学科学、用科学，感受科技给生活带来的变化和科技的魅力。

县科技局举办大学生科技特派员培训会　　（县科技局／供）

【科技培训】 9月22日，由市科学技术协会、九三学社亳州市委员会、市教育局联合主办，县科学技术协会、县第十高级中学承办的“喜迎二十大、科普向未来”、2022年亳州市校园科普联合行动活动走进利辛县第十高级中学。活动邀请市心理学会的专家就高中生心理健康举行讲座，通过智能机器人、遥控车、科普仪器等设备展示，让同学们近距离感受科学的魅力，激发学习科学的兴趣。9月22日，在县青少年活动中心举办主体为“科技筑梦、快乐成长”活动，组织学生参观各类科技模型，聆听工作人员的细致讲解，观看现场操作示范，亲身体验感知、观察自然现象。9月22日，县科协组织开展“急救知识进校园走进利辛县高级中学，关爱生命‘救’在身边”志愿服务活动。开展心肺复苏、海姆立克急救法科普活动，宣传普及急救知识和技能，达到降低意外伤病死亡率，减少致残率，倡导和践行“相互帮助相互救助”的中华传统美德及社会主义核心价值观。

（郑　洁）

气　象

【概况】 2022年，利辛县气象局全面贯彻落实《气象高质量发展纲要（2022—2035年）》，充分发挥气象防灾减灾第一道防线作用，实现了气象业务高质量运行的目标。县气象局更新日常业务工作和各类应急处置工作流程，制订观测设备维护维修计划、计量检定计划。加强各类仪器的运行监控和数据质量控制，定期开展巡检及维护，确保设备运行稳定，数据可用。全年区域站维护196次，业务稳定运行率全省领先，其中国家站100%、国家考核站99.85%、区域站99.83%、土壤水分站99.06%。县气象局锚定目标不放松，精准把握预报预警“契合点”。与内涝点负责人、管控网格员、灾害信息员等融合，对接种养殖大户、农机手，探索开展直通式、精准靶向服务。加强会商和重要天气复盘总结，加强与相关部门的沟通合作，建立暴雨及短时强降水叫应服务制度和流程。强化值班纪律，要求值班员24小时在岗在干，突出服务早，预警快。2022年，共发布大雾、暴雨、高温、雷电、雷雨大风、大风、强对流等各类预警信息121次；共制作《气象信息专报》81期、《重大气象信息专报》16期、《气象灾害预警信息快报》54期等服务材料；通过突发预警信息发布平台共发布各类

县气象局组织技术人员对辖区内47套自动气象站进行全面巡检和校准
（县气象局／供）

短信402条135.2万人次，为领导决策部署、科学防灾减灾提供有力依据。利辛县气象局在第四届亳州市气象行业职业技能竞赛中，获团体第二名；1人获“个人全能”二等奖、“预报与服务”单项第二名，被授予“亳州市技术能手”称号。

【气候特点】 2022年，利辛县气象局根据气候年景等级评估，全县属于“较差”的气候年景。总体气候特点是：冬暖夏热，气温较常年偏高，降水偏少，日照偏多。年平均气温16.4℃，较历年平均值偏高0.9℃；月平均气温2月、12月均较历年同期偏低，其余各月均偏高，其中8月平均气温较历年同期异常偏高2.4℃；年极端最高气温39.4℃，出现在10月2日，年高温日数51天；年极端最低气温-7.6℃，出现在12月18日。年总降水量791.4毫米，较历年同期（926.6毫米）偏少近2成；各月降水不均，3—4月、6月、11月降水偏多，其他月份均偏少，特别是5月、9月、12月降水量几乎为0；年内出现5次暴雨，1次大暴雨，年一日最大降水量110.3毫米，出现在7月28日。年日照时数2147.2小时，较历年平均偏多228.5小时，其中1—2月份日照明显偏少，其余月份日照明显偏多，年日照百分率为48%。

【2022年重大气候事件】 全县台风影响个数少、影响偏弱。高温天气过程多、强度强，高温日数51天，为有观测记录以来第二多，仅次于1967年（61天）。干旱频发，对农业影响较大，出现夏秋连旱，干旱持续时间长，共出现4次区域性干旱过程。

【人工影响天气】 2022年，利辛县气象局面对今年异常复杂的高温加干旱天气形势，依据县委、县政府抗旱工作部署，在地方财政大力支持下，更新换代人影设备，丰富人影作业方式。县气象局全年共制定人工影响天气方案24期，多次启用人影标准化固定作业点开展常态化人工影响天气作业，共增雨32站次，发射火箭弹88发，燃气炮3380发，在关键农气时节送来“及时雨”。

【气象科普】 2022年，利辛县在“3·23”世界气象日和“5·12”防灾减灾日等宣传期间，结合主题开展线上线下宣传，组织单位职工通过微信朋友圈、微信群、钉钉转发科普宣传知识，并参加“气象知识风云之战线上竞答活动”，同时组织部分学生和职工观看世界气象日主题科普报告会、优秀气象科普课件和科普作品展播等。在全国科技活动周期间开展“气象科普周末开放课”“2022年安徽省气象科普知识网络竞赛”“送气象科技下乡”等系列科普宣传活动。在“2022年安徽省气象科普知识网络竞赛”校园赛活动中，共组织21支队伍参赛，包揽全市高中组、初中组和小学组第一名，最终在全省竞赛中分别获得高中组二等奖、初中和小学组三等奖的好成绩。举办2022年利辛县中小学生气象科普竞赛，推荐的作品分别在省市评选中获奖，其中一篇分别获省市一等奖。

【社会管理】 2022年，利辛县气象局开展防雷装置设计审核和竣工验收及气球施放活动的行政许可工作，实现各项审批活动网

1月5日，利辛县实施人工增雨抗旱作业　　（县气象局／供）

上办理。加强企业办事咨询服务和指导，提高行政许可办事效率，在法定时限内进一步压缩办理时限。全年办理防雷行政许可项目1件、气球施放活动申报1件、防雷竣工验收1件。推进“双随机、一公开”执法检查。定期对事中事后监管平台“一单两库”完成动态更新，与县应急局、县商务局、县城管局、县市场监管局联合制订执法检查计划并公示，其中联合县应急局、县商务局进行2次检查，联合市场局、城管局开展1次执法检查。完成气象灾害防御（防雷）重点单位“双随机”工作并完成公示，对检查过程中发现存在的安全隐患，明确整改时限、整改方案和整改责任人，所有隐患在限期内完成整改。

（刘春雨）

地　震

【概况】 2022年，利辛县地震局严格执行《中华人民共和国防震减灾法》和《安徽省防震减灾条例》等法律法规，深入贯彻落实学习习近平总书记关于防震减灾系列重要讲话和指示精神，始终遵循习近平总书记作出的新时代防灾减灾救灾“两个坚持、三个转变”新理念新要求，按照省、市地震局关于防震减灾工作的各项部署，在认真落实好县委、县政府安排的任务和做好新冠肺炎防控工作的同时，扎实开展好各项目标工作，为建设现代化美好利辛提供了有力保障。在地震监测方面，地震数据数字监测采集实行24小时制，每月连续率均在95%以上。同时电话抽查全县宏观观测员2次，业务指导培训1次，实地调研观测站1次。处置“10·24”地震谣传1次。

【防震减灾宣传】 2022年，利辛县地震局积极利用重要时段和时间不定期开展防震减灾七进活动，取得良好社会成效，有力提高了群众防震减灾避险能力。特别是“5·12”防灾减灾宣传周期间，联合相关单位共设立宣传咨询台86个，发放各类宣传资料18000余份，接受公众咨询260余人次；悬挂、张贴各种宣传条幅420余条、电子屏260余个；布置宣传栏、宣传橱窗160余个；江集中学、旧城中学、城南中学、利辛四小、苏湾中学等38多所学校因地制宜，精心组织开展地震应急演练，参演师生2.8万余人；积极组织干部职工、师生参加省、市有关部门开展的防火减灾、防震减灾知识竞赛活动；利用短信平台发送公益宣传短信9000余条。2022年以来在全县范围内开展防震减灾知识讲座、宣传教育活动6场次，依托防震减灾科普馆开展防震减灾培训10余次。

【地震科普】 2022年，利辛县在震害防御方面，大力开展科普示范创建，创建1所国家级防震减灾科普示范学校，2所学校省级防震减灾科普示范学校，3所学校市级防震减灾科普示范学校，12所学校申报县级防震减灾科普示范学校。10月底，完成利辛县地震灾害风险普查工作。新建、扩建、改建建设工程抗震设防核定58件，开展现场地震安全检查2次6场地均符合抗震设防要求。

（吴明龙）

文化 体育 旅游

◎ 综　述

◎ 公共文化服务

◎ 新闻出版

◎ 广播电视

◎ 图书发行

◎ 体育事业

◎ 旅　游

综　述

【概况】　2022年，利辛县有AAA级景区7家，省级文物保护单位5家，市级文物保护单位10家，县级文物保护单位26家。快乐健身行动。完成25个居住小区健身设施维修改造提升和配建计划数，完成目标任务进度104%；完成35个行政村健身设施维修改造提升数量，完成目标任务进度125%。健身步道完成12.5千米，完成率104.16%。开展篮球、乒乓球等培训3.1万人次，完成率206%。举办各类和参加各类赛事活动已达到9.1万人次，完成率152%。完成1500人国民体质监测和培训社会体育指导员300人。筹建设69个全民健身场地设施，完成“15分钟健身圈”目标任务95个，完成率138%。体育中心项目。西看台一层瓷砖铺贴完成，卫生间管道完成，蹲便器安装完成，二层硅酸钙板完成。东看台吊顶吊杆完成，东看台钢结构罩棚安装完成40%。体育馆三层屋面绿化造型道路石子摊铺完成，公寓管道井排水管、新风管安装完成，公寓空调管道完成。幕墙玻璃北立面3-屋面安装完成。大屋面防水卷材完成，防水保护层完成。北汽车坡道防水完成、防水保护层完成。年底投入使用。

【文艺创作】　2022年，利辛县文艺创作精品不断涌现。聚焦乡村振兴、喜迎党的二十大、我爱我家典型宣传等重大主题，创作一批优秀作品。大戏《紫槐花》，小戏《梧桐花开》《老李头脱贫记》入选亳州市2022年度戏曲创作孵化计划。中国画《梅山水库》《古村新貌》等美术作品，参加“长三角文化馆美术摄影作品展”。疫情防控期间，积极组织创作快板《以艺抗疫》《平凡的他们》、非遗曲艺作品《希望大家都平安》等反映疫情防控的作品并向社会发布，宣传党和政府对战胜疫情的决心和信心，引导干部群众积极投入疫情防控工作中去。为弘扬主旋律、凝聚正能量，组织文艺工作者创作“我爱我家—典型人物宣传”文艺作品14部，用身边的好人好事先进事迹，讲利辛故事，树利辛形象，共同营造“我爱我家”浓厚氛围。

【文化遗产保护】　2022年，利辛县文化部门为加强历史文化遗产保护，传承弘扬优秀传统文化，举办非遗图片展3场；结合乡村村晚活动进行非遗曲艺节目展演；完成对省级非遗代表性传承人考核自评工作；开展文化和自然遗产日宣传展示活动。发挥博物馆的陈列、宣传教育作用，完成省级文物保护单位保护和建设控制地带空间信息矢量数据采集工作。定期组织开展消防安全应急演练，切实提高干部职工应对安全突发事件的应急能力；严格文物安全管理制度，落实安全值班、展厅管理、文物库房管理安全责任，确保馆藏文物安全。

公共文化服务

【概况】　2022年，利辛县公共文化服务体系不断完善。做强基层文化宣传阵地，积极推进县图书馆达标国家二级馆以上标准建设，推动乡镇图书馆分馆提档升级，着力构建较为完善的县乡村三级公共图书管理和服务体系。加强对校外非学科类艺术培训的管理，针对全县123家艺术类培训机构进行督导，指导培训机构按程序办理相关手续。

【群众文化活动】　2022年，利辛县依托公共数字文化建设平台，开展线上活动、讲座25个、开展“‘喜迎二十大　颂歌献给党’利辛县庆七一文艺汇演”线上直播活动1场、上传安徽文化云平台活动120个、录制并在线上传播《以艺抗疫，齐心战疫》《平凡的他们》等新创文艺作品，提升文化宣传活动的影响力。1月，在博物馆举办武登山美术作品展、在文广艺术中心举办“虎虎生福——2022壬寅（虎年）新春生肖文物图片联展”活动；2月，开展线上文物普及活动“熟悉的陌生——文物名称中的生僻字”；5

月，开展线上五一劳动版“致敬劳动者——走进文房四宝，传承工匠精神”活动及“古文化遗址介绍及背后故事”介绍；6月，线下举办“我们的节日——端午我在博物馆画团扇”“绿鬓朱颜——明清时期女性题材绘画图片联展”活动；7月，开展强国复兴有我“庆七一、唱红歌”抖音短视频征集活动。

【文化民生工程】 2022年，利辛县构建全民阅读服务体系。县城完成新建3个城市社区阅读空间，投入资金119.82万元，初步形成“15分钟阅读圈”。

【文化惠民活动】 2022年，全县完成新创戏曲18部，其中3部新创戏曲入围市级戏曲孵化计划；完成数字农家书屋运行维护工作；完成送戏进万村185场，戏曲进乡村69场；完成农村电影放映4371场，完成率100.9%。举办2期免费培训30个专业，30个培训班，招收学员1000人。积极组织开展线上线下各类文博惠民活动70场次。

【图书馆】 利辛县图书馆建筑面积近2200平方米，藏书近13.5万册，年订阅报刊4百余种，外借书刊7万册次，累计发放借书证7100余个，年接待读者近16万人次。图书馆内设图书借阅室、期刊阅览室、少儿阅览室、电子阅览室、视障室、读者自修室、多功能报告厅等公共设施场地。常年开展文献借阅、信息检索与咨询、举办公益性讲座和展览、基层辅导、数字文化服务、利用流动图书车送书下乡、开展流动服务等项目。

【文化馆】 利辛县总分馆建设模式集功能建设与资源建设于一体，在各终端中填充文化资源，涵盖文化慕课、文化视频、文化图书、文化期刊等，内容覆盖美术、音乐、戏剧、曲艺、文学、书法、舞蹈、摄影等门类。2022年，对各乡镇分馆及文化活动服务点进行现场指导、加强总馆对分馆的业务指导及人员培训，全年培训12次。结合重大节日、重大活动等，结合文化“五进”，计划与乡镇分馆联办文艺演出、书画创作、送春联等活动20个。结合免费开放工作，利用假期开展乡镇分馆免费艺术培训50个班次。

新闻出版

【概况】 2022年，利辛县文化部门大力开展全省图书销售惠民月活动，邀请承办书店2家，开展活动2场，拉动消费金额17.81万元，惠民金额0.94万元，让利金额2.01万元。新华书店利辛县分店被评为全省图书销售惠民月活动优秀单位，文旅体局张驰被评为全省图书销售惠民月活动优秀个人。

【打击网络侵权盗版】 2022年，利辛县文化部门开展了打击网络侵权盗版“剑网2022”专项行动。根据《安徽省版权局等关于开展打击网络侵权盗版“剑网2022”专项行动的通知》要求，按照市广播电视新闻出版局《关于开展打击网络侵权盗版“剑网2022”专项行动的通知》安排，紧围绕网络版权、新业态版权等领域，在全县范围内开展专项行动。积极协调县公安局网监部门加强网上信息监控，并协助做好网上线索核查以及电子证据的取证和勘验工作；治安部门充分发挥治安管理和行业监管方面的优势，切实加强案件侦办工作，形成协调联动，合成作战的打击格局。积极发动群众及著作权人对网络侵权盗版行为进行举报投诉。一方面在局公众平台上发布“剑网2022”相关信息，畅通群众投诉渠道。另一方面深入文化市场，积极开展调研并分别开展“出版物行业”“歌舞娱乐场所”座谈会，了解网络侵权盗版的新形式新问题，推动构建层级递进、衔接有序的打击网络侵权社会共治格局。主动出击，强化案件查办。加快解决版权侵权成本低、维权成本高、震慑力度不足等问题，进一步加大对网络侵权盗版惩戒力度，对人民群众意见强烈、社会危害大的侵权盗版分子，要依法从严查处，依法吊销其备案资格或相关行政许可资质。行动期间，出动执法人员213人次，检查各类经营场所71家次，开展网络巡查10次。

（韩　洁）

广播电视

【概况】 2022年，利辛县广播电视台（县融媒体中心）统筹疫情防控和事业发展，全面落实党中央、省委及市委决策部署，始终坚持正确政治方向、价值取向、舆论导向，努力提高新闻舆论传播力、引导力、影响力和公信力，为建设现代化美好利辛提供强大的新闻舆论支持。2022年5月28日，全面接管全县应急广播系统，负责日常运行维护和管理、广播节目的采编制作和安全播出，终端设备在线率达95%。完成中央地面数字700兆赫频率迁移工程。实现中央、省20套地面数字电视，12套数字广播无线覆盖；完成数字化高清播出改造工程。对接全省统一政务服务移动App，实现《利辛融媒》App申报审批、注册办证、社保办理、投诉受理等一站式政务服务功能。

【内宣工作】 2022年，利辛县广播电视台（县融媒体中心）在《利辛新闻》栏目中开设“三严三实，马上就办、真抓实干”“我在防疫一线”“学习贯彻党的二十大精神”“改作风、办实事、优环境，利辛在行动”等新闻专栏25个。在《利辛发布》《利辛融媒》等微信账号开设专栏（话题）64个，发稿总数3922条，总阅读量923万余次，其中10万余次稿件11条，《利辛发布》微信账号多次位居全省政务微信影响力排行榜前十名以内；《利辛发布》《利辛新闻》抖音号发布短视频2061条，浏览量12754万余次，其中100万余次共18条。开办电视类问政栏目《政在回应》4期、广播直播节目《政风行风热线》40期，一批老百姓关切的问题得到及时解决。对部分广播电视栏目进行重新包装，推出《我爱我家》系列专题节目102期，制作《我爱我家》新媒体短视频12个，《我爱我家》专题片12部。广播电视频道频率每月播出公益广告时长在300分钟以上，占广告总量的比例超过30%。全年实现广告创收40万元。

【外宣工作】 2022年，利辛县广播电视台（县融媒体中心）在央视发稿4条；在安徽新闻联播发（电视）稿178条，在全省县级台处于第三名；在全省新闻联播（广播）发稿38条，居全省县级台第二名，在省台广播和电视发稿均创历史最好水平；在安徽电视台《县域新闻联播》发稿57条；在亳州新闻联播发稿189条932分，在三县一区年度发稿排名第一。

（马西雷）

图书发行

【概况】 2022年，新华书店利辛分公司被县委、县政府推荐申报省级文明单位，皖新文化广场店获评利辛县“十大网红打卡地”；与利辛县退役军人事务局签订拥军合作协议，为现役军人和退役军人提供购书优惠，成为全省首家签约的拥军文化驿站。2022年，在疫情防控期间，利辛分公司积极推行微信销售、电话拜访、朋友圈推广等线上方式进行店外销售，全年图书实现销售350余万元，完成预算目标的102%。其中，实现店外销售18万元，比往年有非常明显的增长。2022年，在全县23个乡镇开展流动售书，门店举办各类活动84余场次。利辛分公司皖新文化广场店成为利辛县重要的文化名片。皖新文化广场店营业面积约3000平方米，店内图书品种14000余种，2021年11月开始试营业。店内设主题书区、教育书区、亲子阅读书区、少儿书区、文学书区、休闲阅读区和城市阅读空间（15分钟城市阅读圈）。另设水吧、文创文具、潮流数码、艺术培训、篮球培训等多元业态。2022年，利辛分公司成功中标利辛县2022年“十五分钟阅读圈”城市阅读空间3个城市书房，项目投入运营后资金全部按期收回。

【国家文件文献发行】 2022年，新华书店利辛分公司把做好党政政治读物发行作为全年各项工作的重中之重。积极协调有关部门，全体员工立即行动，为全县的学习使用做好服务保障。发挥好主渠道作用，确保重点党政图书发行的严肃性。想方设法、全力保证配送，有力保证学习需要。

《习近平谈治国理政》（第四卷）发行利辛分公司做到征订速度更快；货物调剂供给更充足；与乡镇和县直单位联系更紧密；配发送达更及时。全年发行《习近平谈治国理政》第四卷42854册，完成基本目标的115.08%。党的二十大文件及学习辅导读物征订稳步推进。

【教材教辅发行】 2022年，新华书店利辛分公司以更高标准、更高要求，坚持讲政治、讲大局，坚守新华书店“课前到书人手一册”政治使命，全力以赴做好春秋两季教材教辅征订发行工作。2022年秋季教材发行工作得到利辛县委、县政府主要领导的高度评价和充分肯定。平台收款取得突破。为及时清收教材教辅款项，方便学生缴款，规避因疫情等原因带来的风险，2022年秋季，率先从县直学校开始推行平台收费，截止到11月底，全县有26所学校使用平台收款，金额达到450余万元，微信收款取得突破性进展。

（闫 磊）

体育事业

【概况】 2022年，利辛县体育事业发展中心共组织各级各类全民体育健身活动10余项次。先后举办2022年利辛县庆三八妇女羽毛球友谊赛、安徽省纪念“6·10”毛泽东同志题词70周年主题活动暨安徽省广场舞业余联赛利辛赛区选拔赛、2022年安徽省省市县篮球三级联赛选拔赛暨利辛县第十届“利辛农商行”杯暑期篮球联赛、利辛县第七届“美丽乡村”骑行活动、2022年安徽省羽毛球省市县三级业余联赛暨利辛县第五届“古井贡酒年份原浆杯”羽毛球友谊赛、2022年健康快乐全民健身徒步活动、庆祝第十四个全民健身日暨利辛县社区运动会启动仪式、庆祝国际健身气功联合大会成立10周年暨利辛县百城千村健身气功五禽戏交流展示活动、“喜迎二十大 永远跟党走 奋进新征程暨利辛县‘庆国庆’”第37届“利辛县农商银行”杯男子篮球邀请赛、11月11日全国老年人健步走大联动、2022年利辛县快乐健身行动系列活动暨“古井贡酒亳菊杯”羽毛球大奖赛、第四届“皖北水乡淮上江南”音乐帐篷节。开展2022年国民体质监测活动，共监测1511人。

【群众体育】 2022年，利辛县体育事业打造全民健身“一县一品”特色品牌，持续开展文化旅游体育嘉年华活动，扩大经常参加体育锻炼人数比例，鼓励群众周末和晚上健身。完成篮球、乒乓球、羽毛球、健身气功等各类体育项目培训3.4万人次，培训社会体育指导员305人。常态化举办各类赛事活动，积极组织参加省市县各项体育比赛活动20场次，参加赛事活动人数达3万人次。参加安徽省第十五届运动会羽毛球比赛中利辛县路丽丽荣获A组女子单打第五名，武潇翔、李晓引荣获A组女子双打第六名；亳州市第三届运动会（社会组）游泳比赛取得七金、三银、五铜，中年男、女气排球代表队均荣获冠军，青年男子气排球荣获亚军，门球比赛获第三名、网球比赛获第三名、钓鱼比赛获第一名、传统武术获得集体第三名；拔河、跳绳比赛中，获男子拔河第二名、男女混合第二名；获3分钟单摇女子B组金牌、男子A组银牌；亳州市羽、乒乓球业余联赛男子团体荣获亚军，女子单打冠、亚军，男子单打冠、亚军；亳州市羽毛球业余联赛获B组男子双打冠军和第三名，男子单打冠军，女子双打、女子单打均荣获亚军，混合双打第三名；安徽省第八届残疾人运动会中王震取得男子单打第三名、男子双打冠军、男子团体冠军；安徽省第三届掼蛋复式团体邀请赛荣获季军；亳州市健身气功站点线下联赛。

【竞技体育】 2022年，利辛县运动健儿积极参加各级各类比赛，竞技体育得到长足进步。取得的成绩有：安徽省第十五届运动会青少部篮球比赛利辛队获得男子丙组第一名、男子甲组第四名、男子乙组第八名。安徽省第十五届运动会空手道比赛，利辛选手侯静宇获得第一名；安徽省第十五届运会跆拳道锦标赛，利辛选手张程宇获得男子乙组45公斤级第一名、张雨彤获得女子甲组公斤级第二名、李奕龙获得男子乙组50公斤级第三名、王倩楠获得女子乙组50公斤以上第五名。安徽省第十五届运动会田径决赛，利辛选手张欣萍获得女子乙组800米第四名、1500米第六名；女子甲组铅球比赛中，利辛选手刘雨婷获得第五名、标枪第七名，李震杰获得男子甲组铅球第七名，郑依菲获得女子丙组跳高第七名。安徽省第十五届运动会乒乓球项目，利辛选手楚宁获得女子甲组单打第三名、团体第四名，刘书一获得男子丙组团体第八名。安徽省第十五届运动会羽毛球项目，利辛选手申晔、李智博获得团体第五名。安徽省青少年中国式摔跤锦标赛，利辛选手吴森获得男子乙组48公斤级第一名。

【体育设施】 2022年，利辛县将体育工作纳入县委、县政府工作日程，建设一批“口袋体育公园”“百姓健身房”等健身设施。在消防主题公园、新建社区小广场、民安路绿地、晴岚溪绿地等10处地方增设体育设施，利用利辛良夫面粉厂空闲厂房改造小型室内健身场所1个。完成健身步道12.5千米，新建体育设施100处（其中体育公园1个、公共体育场1个、全民健身中心3个、健身步道5个、健身路径66个、多功能球类运动场2个、其他小型室内健身场所22个）。完成25个居住小区健身设施维修改造提升及配建和35个行政村健身设施维修改造提升。

（嘉　莉）

旅　游

【概况】 2022年，利辛县共接待游客314.3万人次，同比增长15.2%；旅游综合总收入28.3亿元，同比增长14.6%。全县有AAA级景区7家。全年争取市、县财政衔接推进乡村振兴补助资金546万元，支持程家集镇、马店孜镇和阚疃镇乡村休闲旅游项目基础设施和服务配套设施建设质量提升。利辛印象江南景区成功创建安徽省百佳乡村旅游示范点；利辛县王人镇印象江南生态园获评2022年度全省乡村旅游“后备箱工程基地”称号；利辛印象江南生态园、西淝河湿地文化园成功创建亳州市研学旅行基地；阳光四季花海景区景观小品打造、印象江南景区管桶民宿改造提升、世朋农庄农家乐民宿改造提升、武子古酿景区古井改造提升、香秀园农家乐景观小品打造5个项目获批亳州市“微创意　微改造”提升示范点；健身公园儿童游乐园成功创建AA级旅游景区。

【旅游资源开发】 2022年，利辛县旅游部门积极推进项目建设，争取巩固脱贫攻坚成果衔接资金546万元，全年共实施程家集镇、阚疃镇、马店孜镇3个乡村旅游项目建设。印象江南投资500万元，新建时光空间隧道和水上游乐园提升项目建设；治未病养心园投资200万元新建萌宠乐园项目建设；阳光四季花海投资500万元新增观光农业设施项目建设。培育打造休闲农业与乡村旅游精品线路2条，利辛美食名吃旅游线路1条。推进512重点旅游项目西淝河旅游度假区、儿童游乐园项目建设。持续加大项目创A级景区的指导，推进阳光四季花海、久莲荷花观光园项目质量提升，指导阚疃稻鱼荷香茨淮新河、马店鸿运农庄乡村休闲旅游项目建设。

【旅游管理】 2022年，利辛县成功举办“我爱我家·十大名小吃”评选活动。展沟蒋氏烧饼、阚疃王氏板鸡、孙集纪氏酒米酵子、展沟保垒羊肉汤、利辛王氏香脆焦馍、展沟嘎子杂鱼汤、阚疃光头王四板鸡、汝集汝家卤鸽、王市刘记丸子汤、阚疃乔氏卤肉卷馍10种美食入选。阚疃王氏板鸡在全省“皖美好味道·百县名小吃”美食评选活动中成功入选安徽省百家名小吃系列；阚疃王氏板鸡、展沟烧饼、刘集马家卤肉、阚疃乔氏卷馍等15道利辛地方名小吃入选亳州美食序列。2022年文化旅游年嘉年华活动，先后举办利辛县第二届（油桃）采摘节和第七届乡村骑行、第三届“美丽乡村”葡萄采摘节、第四届西淝河音乐帐篷节等节庆活动。

（王家品）

医疗卫生

利辛年鉴

◎ 综　述
◎ 城镇职工和城乡居民基本医疗保险
◎ 医疗救助
◎ 妇幼保健
◎ 疾病预防控制
◎ 社区卫生
◎ 卫生监督执法
◎ 医药卫生体制改革
◎ 中医药服务
◎ 医疗机构选介

综　述

【概况】 2022年，利辛县坚持动态清零总方针不动摇，严格落实《新型冠状病毒肺炎防控方案（第九版）》要求，全力守护全县人民群众生命安全和身体健康，全方位、多层次抓好医疗卫生工作。在医疗保障方面，县医保局在主动担当作为，强化政治引领，紧抓民生工程、药品耗材采购、医保改革、基金监管等重点工作，全县医保实现医保待遇提质增效、经办能力持续提升、医保改革高效推进、参保群众获得感持续增强，总体工作进展良好。在公共卫生方面，持续深化医药卫生体制改革，做实紧密型县域医共体建设。创建省级卫生县城，加大宣传力度，教育引导城乡居民支持、参与创卫工作；开展“健康教育”和“讲文明、讲卫生”宣传教育活动；开展义诊咨询宣传，利用健康宣传专栏与讲座、卫生下乡、义诊服务咨询活动等，向农民、职工、学生等广大社会群众宣传卫生防病知识，全县医疗卫生工作较上年取得明显进步。

【药品和医疗服务价格管理】 2022年，利辛县持续跟标落实国家、省集采药品、耗材最新集采成果及医疗服务价格管理政策，有效解决“看病贵”问题。强化药耗集采落地惠民。严格落实国家、省药品耗材集采任务，加强过程监督，全面完成采购任务。截至年底，全县完成第二批（次年）国家集采中选药品采购进度达到100%，完成第四批国家集采中选药品采购进度达到100%，完成第五批国家集采中选药品采购进度达到100%，第六批国家集采中选药品采购进度达到42%。冠状动脉药物支架高值耗材实际采购进度达到109.49%，骨科关节、心脏起搏器高值耗材实际采购进度达到280.56%。提升医疗服务价格管理水平。跟标落实国家新版药品目录落地使用工作，认真贯彻落实上级部门新增、调整医疗服务价格目录落地落实，持续提升医疗服务价格管理水平。

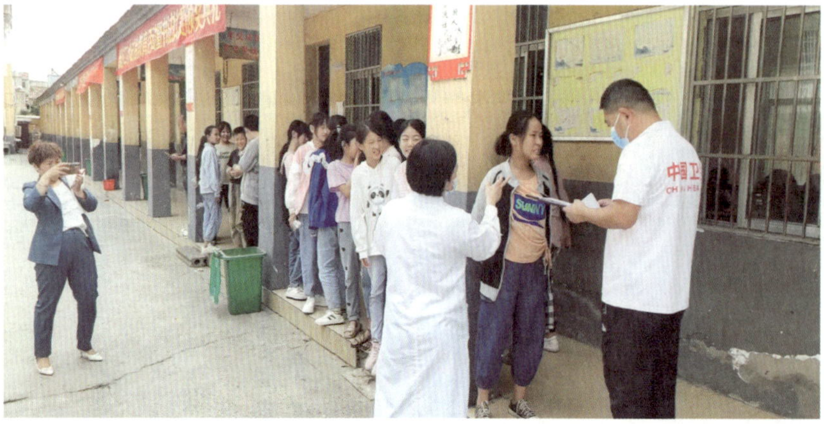

氟斑牙筛查　　（县卫健委/供）

城镇职工和城乡居民基本医疗保险

【概况】 2015年，利辛县新型农村合作医疗保险与城镇居民医疗保险实行并轨，统称为城乡居民基本医疗保险。2022年，县医保局严格贯彻落实上级医保政策，切实维护参保职工医保待遇。全年调整优化职工医保政策2项。职工门诊共济政策。全面贯彻落实省医保局《关于建立健全职工基本医疗保险门诊共济保障机制》文件，组织本单位职工集中学习政策文件，积极做好新政策上线前培训、报销测试工作，7月1日全县职工门诊共济保障政策平稳实施、顺利落地。职工医保报销政策。2022年5月，对现行职工医保政策进行5项调整。2022年，县医保局持续扩大城乡居民基本医保覆盖面，按照省、市统一部署，开展重特大疾病医疗保险和救助工程，增强基本医保主体保障功能，提高大病保险保障水平，加大医疗救助保障力度，全年调整优化新政策3项。落实省内大病无异地政策，肾衰竭等7个病种在试点医院住院治疗，无须转诊，即可享受参保地二级和县级医疗机构报销政策。扎实开展医保支付方式改革。2022年，县医保局严格按照市医保局相关工作要求指导各医院做好上传数据反馈问题整改，稳步推进DIP医保支付方式改革工作，全年，全县数据共上传23.2万条，完成按区域点数分值付费改革病案数据收集、病种分组等基础性工作；年底前配合协助市医保局完成模拟付费工作。

【城镇职工基本医疗保险】 2022年，全县职工医保参保4.94万人，在职3.66万人，退休1.28万人，其中企业退休人员2018人，机关事业退休人员1.07万人。基本医疗保险基金收入2.23亿元，基金支出1.76亿元。

【城乡居民基本医疗保险】 2022年，全县城乡居民参保141.6525万人，按常住人口计算参保率119.31%，基本医疗保险基金收入13.54亿元，基金支出12.58亿元，年终结余0.96亿元。

医疗救助

【概况】 2022年，利辛县医保局夯实医疗救助托底保障等政策，建立防范化解因病致贫返贫的长效机制，增进民生福祉。强化制度建设。在继续执行《亳州市巩固拓展医疗保障脱贫攻坚成果有效衔接乡村振兴战略实施方案》的基础上，在全市率先出台《利辛县健全重特大疾病医疗保险和救助制度实施办法》，细化政策实施办法，夯实医疗救助托底保障。助力乡村振兴。全面落实“特困人员、低保对象、返贫致贫人口、监测对象”分类资助参保政策，确保实现困难群众“应保尽保”。

【托底保障】 2022年，利辛县医保局夯实医疗救助托底保障防线，医疗救助实现应救尽救。2022年度资助重点群体参保8.46万人，资助金额2306.4万元，其中，五保等全额320元资助1.07万人，资助金额343.392万元；低保等定额280元资助6.51万人，资助金额1824.09万元；脱贫不稳定户等定额160元资助8685人，资助金额138.96万元。全年医疗救助支出9386.58万元，资金支出率83.11%，其中，直接救助金额8215.12万元；依申请救助金额1117.12万元，倾斜医疗救助补偿54.34万元。特困人员、低保对象合规医疗费用救助比例77.83%，完成超70%的目标任务。

（徐晴晴）

妇幼保健

【提升妇幼保健服务能力】 2022年，利辛县以贯彻落实《母婴保健法》《中国妇女儿童发展纲要2021—2030年》《健康中国行动（2019—2030年）》为核心，妇幼健康项目以降低孕产妇及5岁以下儿童死亡率、出生缺陷率为重点，以提高全县妇女儿童健康水平为目标，认真落实各项妇幼健康项目工作，每年年中和年末组织项目专家技术指导组分片进行帮扶和指导，提高项目工作质量，进行两次全覆盖现场考核，每月组织1次全县妇幼保健例会，通过新闻媒体、网站、微信、举办专题讲座及义诊宣传活动等途径，多角度、全方位、立体化加强宣传，同时借助节庆假日组织开展户外宣传等形式进行面对面的政策解读及咨询问答，营造良好的社会氛围，使全县妇幼保健工作取得显著成效。

【孕产妇、儿童保健】 2022年，利辛县孕产妇及0～6岁儿童保健服务，孕产妇保健共建卡7722人，建卡率为80.14%，共完成服务3.21万人次，完成全年任务的66.52%，第一次产后访视，系统数据录入6700人，县内医疗机构分娩6751人，省公共卫生监管平台利辛县辖区活产数是9013人，录入率为74.34%；儿童保健建卡7451人，建卡率77.32%，完成服务人次9.76万人次，完成全年任务的115.30%。孕产妇妊娠风险筛查与评估管理。2022年，全县孕妇共筛查7719例，其中筛查阳性数3797例，专案管理人数中橙色风险1292例，红色风险5例。县内产妇共6719人，评估6010例，其中紫色风险190例，红色风险5例，橙色风险878例，黄色风险3447例。“两癌”筛查。全县共完成宫颈癌检查1.52万例，全部结案，其中病检结果为低级别病变（CINⅠ）107例，高级别病变（CINⅡ-CINⅢ级）82例，共确诊宫颈癌5例。完成乳腺癌检查1.51万人，全部结案，共确诊乳腺癌17例。

【重大公共卫生服务】 出生缺陷防治项目——产前筛查项目。2022年，利辛县出生缺陷防治项目进行产前筛查（县内唐氏筛查）4284人、无创DNA（胎儿染色体疾病）720例，累计进行产前筛查5004例、早孕期产筛799例，全县孕妇建册数为7743例，全县产前筛查率为64.62%。

免费婚前医学检查。2022年，利辛县免费婚检项目采取婚检与孕优“一采双检”服务模式，对符合生育政策的人群可一次性完成婚检、孕优及免费领取叶酸等快捷服务。截至12月底，婚前医学检查完成6874对，婚检率为95.04%，完成全年任务的85.93%，检出各种疾病1197人，疾病检出率达8.71%。孕优项目检查完成5650对，目标人群覆盖率达到94.8%以上，一年妊娠率达24.31%。

叶酸增补项目。2022年，利辛县共发放叶酸1.49万人次4.66万瓶，完成全年任务的135.5%，目标人群叶酸服用依从率达95.6%。

营养包发放。2022年，利辛县对全县所有适龄儿童进行普发营养包2.96万人次，发放3.11万盒，完成全年任务的74.7%，其中当年度新增受益儿童4247人。

新生儿疾病筛查。2022年1—12月全县机构内分娩6751名新生儿，耳声发射听力筛查6420人，听力筛查率95.1%，儿童脑干诱发电位筛查2051例。对配置助听器儿童救助2例，共10000元，对配置人工耳蜗儿童救治1例，共20000元。新生儿两病筛查6649例，两病筛查率达98.49%，先天性肾上腺筛查4723例，筛查率为70%，串联质谱筛查2608例，筛查率为38.63%。全县共确诊先天性甲状腺功能减退症4例，高TSH血症1例，甲硫氨酸腺苷转移酶缺陷1例，高苯丙氨酸血症1例。对于初筛阳性者及不合格血片，均按照市级要求进行专案管理，并及时召回，以最大限度地降低新生儿的疾病程度。

疾病预防控制

【艾滋病防控】 2022年，利辛县全年完成CD4检测984例，病毒载量检测941例，进行HIV（人类免疫缺陷病毒）抗体检测348人。干预娱乐场所高危人群277人次，采血检测277人次；看守所羁押人员检测干预266人，未检出HIV抗体阳性人员。2022年，全县累计开展HIV抗体检测13.6万人次，占常住人口数的11.46%。

【结核病防控】 2022年，经县人民医院结核门诊纳入抗结核治疗管理435例，肺结核患者病原学阳性率56.68%；病原学阳性患者密切接触者筛查529人，检出活动性结核病例4例；非结防机构网络报告肺结核/疑似结核患者623例，到位人数604例，总体到位率96.95%；去年同期登记活动性结核患者532例，治疗成功488例，治疗成功率为91.73%。贫困结核病医疗救治项目累计救治275例，使用经费23.4万元，全年任务完成率105.77%（275/260）。及时有效处置4起学校结核病疫情，累计筛查密切接触者201人，其中仅PPD（结核菌素皮试）检查59，仅胸片检查1人，PPD与胸片均检查人数137人；扩大筛查343人，PPD与胸片均检查人数57人。新发现病人3人，单纯PPD强阳性人数31人，预防性服药14人。

【疟疾防控】 2022年6—10月，根据要求开展媒介按蚊种群监测和密度监测，每月监测2次共10次。下发快速检测试条、玻片吉氏染液等必要的疟疾防治物资，保障消除疟疾工作的顺利开展。对发热病人开展疟原虫镜检，全年共镜检212人次，复核33人，均为阴性。

【卫生应急和传染病管理】 2022年，利辛县开展卫生应急理论培训和卫生应急演练，及时有效处置突发公共卫生事件。开展从业人员传染病网报及重大传染病防控业务培训加强医疗机构传染病网报审核和督导工作，定期对全县网报疫情信息进行审核、查重工作，对乡镇错报、迟报的疫情信息进行订正；及时收集整理疫情信息并分析，2022年全国共报告利辛县辖区居民传染病5642例（其中乙类3295例，丙类2347例，其他传染病472例），死亡21例，前五位分别是肝炎2584例、其他感染性腹泻1264例、手足口病751例、肺结核335例、梅毒240例。全年共报病5711例传染病，网络直报率、及时率、完整率均达100%；组织开展全县传染病报告质量检查，全年无传染病疫情暴发。继续开展流感、霍乱、手足口病、人感染H7N9禽流感等重点传染病的疫情监测、调查处置和预防控制工作。

【预防接种】 2022年，全县预防接种目标任务数17.82万剂次，完成疫苗接种17.84万剂次，完成全年指标的100.08%，22剂次报告接种率均在95%以上，建卡率达到98%以上。开展疑似预防接种一般反应和异常反应的监测，全年全县报告一般反应122例，其中异常反应1例。开展脊灰、麻疹等疫苗针对性疾病监测工作，对报告的5例AFP（急性弛缓性麻痹）病例、31例麻疹排除病例及时进行流调、采样，保证各项监测指标达到要求。全年全县共查验托育机构9所，在校学生数91人，查验91人，查验率100%，共需补种30剂次，补种30剂次，补种率100%；全县查验幼儿园242所，在校学生1.2万人，查验1.2万人，查验率100%，共需补种3756剂次，补种3666剂次，补种率97.60%；全县查验学校234所，在校学生1.29万人，查验1.29万人，查验率100%，共需补种1万剂次，补种9784剂次，补种率97.17%。全力推进新冠病毒疫苗接种工作。截至2022年12月31日，全县累计接种新冠疫苗237.71万剂次，其中第一针接种94.15万剂次，第二针接种89.85万剂次，第三针接种52.4万剂次，第四针接种1.3万剂次。接种加强针36.03万剂次。

【综合卫生监测】 本年度枯水期、丰水期共设23个农村饮用水监测点、四所学校及市政6个城市水监测点，共112个水样；全年公示城市水40个水样、农村水92个水样，全年共计244个水样监测任务，合格率99%。2022年总任务量涉及理化因素常规监测样本30份，理化因素专项监测样本9份，微生物常规监测样本24份，全部完成63份监测任务，未收到市疾控中心通报异常数据，标本全部合格。2022年度食源性疾病监测工作的报病任务是550例，累计报病1135例，其中，县医院报病403例、中医院报病220例，县二院、乡镇卫生院、民营医院512例。外环境检测全年180个水样，120个食品样，24个大便样，累计检测180个水样，120个食品样，24个大便样，霍乱弧菌检测结果均阴性。

【常态化疫情防控】 2022年，利辛县始终坚持人民至上、生命至上，全面贯彻“外防输入、内防反弹”总策略，坚持动态清零总方针不动摇，严格落实《新型冠状病毒肺炎防控方案（第九版）》要求，最大限度地降低疫情防控对全县经济社会发展和人民群众生产生活造成的影响。时

利辛县新冠病毒疫情“追阳”突击队合影 （县卫健委/供）

刻保持高效运行指挥体系。坚持24小时值班和领导带班制度、定期会商研判等工作制度，统筹指挥、协调疫情应急处置工作，确保应急指挥体系和迅速响应机制始终处于激活状态，牢牢掌握疫情防控工作主动权。2022年及时处置六安、合肥、南京、郑州、上海、新疆、内蒙古等地疫情对利辛县的输入风险，有效阻止疫情在利辛县的蔓延。大力提升应急能力。县人民医院改扩建感染科病区项目完工投入使用。做好疫情防控期间医疗保障工作。结合利辛县实际情况，依托县二院设置黄码医院，并在县人民医院设立专区保障急诊危重患者救治。全年共收治门诊患者1034人次，出诊院外治疗54人次，住院患者217人，透析77人次。积极做好全员核酸检测准备。建成核酸检测实验室7家，日检测能力达10000人次，采用1：10混检，每天可检测10万人次。不断扩充采样队伍，对村卫生室、诊所等小型医疗机构医务人员进行培训，充实配备采样人员3642名，基本满足县域内疫情采样需求。不断加大对全县院感防控、环境物表消杀、人员管理等各项工作进行督导检查，总共发布89期督导通报。不断加强监测预警。加强基层医疗机构及个体诊所监管，共督查医疗机构191家次，下发通报15期，督促整改问题313个。出动卫生监督员4900余人次，检查各级各类医疗机构、公共场所6500余家次。严格落实购买“一退两抗”药品实名登记制度，从8月12日以来，共督查全县各定点零售药店1403家（次），发现问题58个，立行立改58个。持续推进新冠疫苗接种。截至2022年底，全县3～11岁人群，第一剂次接种16.25万人，完成率为80.16%，第二剂次接种15.93万人，完成率为78.54%；12周岁以上人群，第一剂次接种77.77万人，完成率为91.54%，第二剂次接种74.38万人，完成率为91.86%。加强针累计接种34.47万人，完成率为85.20%。

【新冠疫情常态化防控】 2022年，利辛县积极开展进口冷链食品运输、储存、生产加工、经营环节风险排查，落实“件件检测”和全面消毒，联合市场监督局进行对冷链食品从业人员进行新冠防控业务培训300余人次，现场指导冷链食品消杀120人次。对县冷链食品集中监管仓进行指导和验收4次，针对存在问题提出及时整改意见，严格落实冷链食品新冠肺炎防控要求，累计检测肉类7039个，水产95个，内外包装13857个，环境177个，冷链食品接触人员2195人次。对商超、会议、学校等大型活动进行疫防指导，累计指导358次。

【地方病防治】 *碘缺乏病监测。*2022年，为掌握全县人群碘营养状况，引导做好科学补碘工作，根据《安徽省碘缺乏病监测实施方案（2016版）》要求，制定了《利辛县碘缺乏病监测实施方案》，5月对马店孜镇、望疃镇、旧城镇、王市镇、城关镇5个乡镇开展监测工作，共收集200名学生、100名孕妇的食用盐和尿样进行化验。另外对学生测量身高、体重并进行甲状腺B超检查，监测甲状腺肿大情况。

*水源性高碘村监测。*2022年，利辛县及时掌握水源性高碘村居民户未加碘食盐普及情况，动态评价内外环境碘含量变化及病情的消长趋势，根据全县水源性高碘村监测实施方案，对阚疃镇元新村、程家集镇汪庄户村、巩店镇王店村、西潘楼镇闫桥村、展沟镇顺河村开展监测工作。共收集200名学生、村居住的孕妇的食用盐和尿样进行化验。另外对学生测量身高、体重并进行甲状腺B超检查，监测甲状腺肿大情况。

【慢性病综合防治】 2022年，利辛县加强慢性病防治工作，全方位、全周期保障人民群众身体健康。开展全人群死因网报、审卡及培训质控，全县累计网报死亡个案7495例，粗死亡率6.09‰。按照《国务院关于实施健康中国行动的意见》要求，实施癌症防治行动，切实维护广大人民群众健康，继续开展上消化道癌症人群筛查及早诊早治和农村癌症早诊早治项目工作。

【严重精神障碍患者管理】 2022年，国家信息系统在册患者报告患病率6.5‰，管理率98.78%，规范管理率97.95%，服药率95.75%，规律服药率86.28%；精神分裂症服药率96.4%，规律服药率87.71%，面访率96.35%。全县经精神科专家评估的三级以上患者642人（含公安部门通报肇事肇祸患者）。

【麻风病防治】 2022年，利辛县加大病例早期发现力度，力争做到当年发病，当年发现。11月7日对程家集镇病例纪某居住地开展疫点调查，通过细致走访51户116人，全村居民没有出现麻风病相关可疑症状。11月9日对阚疃镇现症患者程某居住地通过细致走访的51户109人，全村居民没有出现麻风病相关可疑症状。对相关密切接触者每年进行1次随访检查。

【职业病防治】 重点职业病监测项目。2022年完成常规检测780人，主动检测513人，共计1293人。完成全年任务目标的258%。

工作场所职业病危害因素监测。2022年对建材、家具制造等22家用人单位工作场所职业病危害因素进行现场检测，掌握其重点职业病危害因素种类及其浓度（强度），同时完成职业病危害因素申报工作，申报率100%。

医疗卫生机构医用辐射防护监测。2022年度上报12家放射诊疗机构辐射防护信息。

非医疗机放射性危害因素监测、职业性放射性疾病监测。2022年，利辛县对安徽达顺不锈钢有限公司、利辛客运中心站、中煤新集能源股份有限公司板集煤矿进行现场监测。对县人民医院39名工作人员职业健康管理情况进行双剂量监测并上报。均未发现放射量超标。

加强尘肺病监测、筛查和随访。2022年，利辛县对所有诊断为尘肺病的患者建立档案，实现一人一档。对5名尘肺病患者进行随访和回顾性调查，掌握其健康状况。

【基本公共卫生服务均等化】 2022年，全县累计建立居民健康档案122.8万份，规范化建档率102.86%；建立健康档案的65岁及以上老年人数19.6万人，65岁以上老年人接受健康管理人数19.39万人，老年人健康管理率98.97%；年内辖区内管理的高血压患者人数22.12万人，按照规范要求进行高血压患者健康管理的人数19.75万人，规范管理率89.28%；年内辖区内已管理的糖尿病患者人数4.8万人，按照规范要求进行糖尿病患者健康管理的人数4.26万人，规范管理率88.81%；严重精神障碍患者管理8278人，规范管理6801人，规范管理率82.16%。

【健康教育宣传】 2022年，利辛县在全县范围内开展新冠健康教育宣传活动，通过设置展板、悬挂条幅、发放宣传彩页、折页、宣传手册、微信公众号、自媒体平台、电视公益广告等形式在县城及村镇开展健康教育宣传活动；深入企业、超市、宾馆、农贸市场、学校等重点场所发放新冠肺炎防控知识宣传手册。邀请利辛县健康巡讲团人员进社区、进企业、进学校、进机关开展健康生活方式、控烟等健康知识讲座和健康咨询活动，共计30余场。对照县《无烟政府机关评分标准》定期督查无烟党政机关建设，对无烟党政机关建设开展督导。同时加强公共场所禁止吸烟管理，推进无烟党政机关建设，努力为老百姓营造文明的健康环境。

社区卫生

【概况】 2022年，利辛县基层社区卫生服务工作在全市中评比中连续3年名列优秀等次，受到市卫生健康委的高度表扬。

【城市社区卫生服务体系建设】 2022年，利辛县共完成4个中心（城南社区卫生服务中心、城东镇社区卫生服务中心、城西社区卫生服务中心、城北社区卫生服务中心）和24个站（西城、五一、向阳、和谐、新河、振兴、文州、前进、复兴、和平、刘竹园、新建社区卫生服务站）的规范化建设任务，并投入使用。

卫生监督执法

【综合监督执法】 2022年，利辛县加大专业领域违法行为查处力度，采取日常监管和专项整治相结合、监督与监测相结合、处罚与教育相结合，加大执法办案力度，全年共办理各类行政违法案件108起，行政处罚金额达38.81万元，全年未发生行政执法错案。

【医疗机构监管】 2022年，利辛县对医疗机构聘用非卫生技术人员、超范围执业、游医假医、零售药店非法坐堂行医、以养生保健机构等为名非法开展诊疗活动等违法违规行为进行了监督检查，全年共监督检查各级各类医疗卫生机构600余户次，对检查中发现的问题，现场下达卫生监督意见书，要求限期整改。对整改不到位的18家医疗机构依法进行查处。共立案18卷，结案18卷，罚款金额10.07万余元。并纳入医疗机构不良执业行为记分和信用体系管理。全年对182家医疗机构和89名医务人员进行了不良执业行为记分。

【公共场所卫生监管】 2022年，利辛县根据《公共场所卫生管理条例》《公共场所卫生管理条例实施细则》对全县的600余家公共场所经营单位进行经常性监督检查，对在检查中发现的73家违法单位给予行政处罚，罚款金额7.33万余元。对33家双随机单位进行监督检查，完结率100%。对双随机检查中发现问题的2家公共场所进行查处，罚款金额0.3万元。

【学校卫生监管】 2022年，利辛县对全县378家学校进行经常性监督检查。按照序时进度完成委双随机抽检计划的37所学校的监督检查任务，完结率100%。组织卫生执法人员先后对辖区内6个中考点、4个高考点及周边医疗机构、公共场所进行了监督检查。重点检查了考点学校的饮用水卫生、传染病防控、突发公共卫生事件应急准备情况及各项卫生管理制度的落实情况、考点周边的公共场所卫生，并给予指导。根据监督检查情况，卫生监督执法人员现场下达卫生监督意见书。

【生活饮用水卫生安全监管】 2022年，利辛县根据“双随机”抽检计划，对全县56家国家双随机供水单位进行生活饮用水安全专项监督检查，“双随机”完结率100%。生活饮用水日常监督78家，认真查找饮用水卫生安全存在的薄弱环节，掌握辖区内集中式供水和水源地的基本情况，进一步规范供水单位的经营活动，切实保障人民群众的饮用水安全。

【职业卫生与放射卫生监督工作】 2022年，利辛县按照工作要求，对全县家放射诊疗单位进行检查，检查放射诊疗建设项目卫生审查情况，放射诊疗设备许可登记情况、放射人员工作证的办理情况、放射工作人员健康监护情况，放射工作人员个人剂量计佩戴情况，放射诊疗场所性能和防护检测情况，放射防护管理情况。

【打击非法行医工作】 2022年，利辛县先后共出动卫生监督人员600余人次，车辆300余台次，监督检查各类医疗机构400余家，下达卫生监督意见书180余份，没收药品器械5箱（件），立案查处5家，取缔5家，罚款金额19.2余万元。通过开展打击非法行医专项行动，使全县范围内非法行医活动得到有效遏制。

医药卫生体制改革

【概况】 2022年，利辛县强化组织领导，健全医药卫生管理及工作机制。8月15日印发关于印发《利辛县深入推广福建省三明市经验深化医药卫生体制改革方案（2022—2025年）》的通知（利医改〔2022〕3号），8月16日印发关于《利辛县县域医共体医防融合试点实施方案（试行）》的通知（利医改〔2022〕4号），9月27日印发《利辛县人民政府办公室关于印发利辛县推动公立医院高质量发展实施方案的通知》（利政办〔2022〕35号）。

【紧密型县域医共体建设】 2022年，利辛县按照“两包三单六贯通”持续推进紧密型县域医共体建设。促进优质医疗资源下沉，提升基层服务能力，落实省市“千医下乡”“万医轮训”工程，派驻县级公立医疗机构骨干人员到乡镇卫生院进行长达一年的业务帮扶，2022年完成带教查房1216次、手术帮扶301次、助产服务18次；基层医疗机构专业技术人员到三级医院进修76次，完成村卫生室人员培训1084人次；县域内接诊率达到88.76%。

中医药服务

【概况】 2022年，利辛县启动全国基层中医药工作示范县创建工作。制定《利辛县人民政府办公室关于印发利辛县创建全国基层中医药工作示范县实施方案》（利政办秘〔2022〕23号）、《利辛县创建全国基层中医药工作示范县实施方案》（利卫秘〔2022〕41号），推动全县中医药事业发展。认真开展基本公卫中医药健康管理服务。完成0～3岁儿童建档人数3.21万人次，完成率77.96%。65岁以上老年人建档人数11.76万人次，完成率72.7%。加大中医药文化宣传力度。委托县中医院开展中医药义诊活动4次，共发放宣传资料4000多份，受益人群1000多人次。筹建中医药文化广场，大力弘扬中医药文化，让中医药文化融入人民群众生活中。

【中医药知识培训】 利辛县卫健委委托县中医院开展基层中医药适宜技术培训班，培训范围涵盖乡镇卫生院、社区卫生服务中心、社区卫生服务站、村卫生室。在国家中医药管理局印发《46个基层常见病多发病中医药适宜技术推广目录》和《25个基层常见病针灸推拿、刮痧技术推广目录》的基础上，结合安徽省出版的《常用中医临床适宜技术》及我县实际设置培训内容，培训人次达528人。有效提高了基层中医从业人员的中医诊疗水平。

【基层中医药服务】 县财政今年预算60万元中医药专项资金，用于支持全县中医药工作。项目包括中医药文化宣传（15万元）、中医药基层指导科等科室建设（20万元）、培训（20万元）、疫情防控中医药急救（5万元），共4个项目。市级财政200万元用于基层28家中医馆信息化建设、23家中医馆中医设备购置和中医馆装修。所有乡镇卫生院、社区卫生服务中心均设置了中医馆、中药房，新配置颈腰椎牵引等中医诊疗设备，均形成了相对独立的中医药综合服务区，能够开展6类10项以上中医药诊疗服务。全县所有卫生服务站和村卫生室均能开展4类6项以上的中医药诊疗服务，基本满足当地村民中医药服务需求。

医疗机构选介

利辛县人民医院　利辛县人民医院2022年医院门急诊量76.7万人次，出院患者6.3万人次，出院患者手术1.7万台次，其中三、四类手术占比46.7%，业务收入6.2亿元。2022年，医院坚持生命至上，加强疫情防控，对内坚持常态化防控与应急处置相结合，以医院重点部门、重点环节、消除高危风险点和突出问题为着力点，取得了院内零感染、零死亡的成绩。外派200余人支援上海、泗县、六安、涡阳、谯城区等地疫情防控工作，为取得疫情防控的全面胜利作出了突出贡献。2022年，医院提升学科建设，稳步高质量发展。现有1个省级特色专科，8个市级重点专科，成功申报了省级科研课题1项，市级科研2项，市级科研课题1项。2022年9月底，在长三角卫健一体化的建设中，成为上海九院“外科基础技能提升项目省级培训基地合作培养医院”，九院专家协助骨一科开展了新技术“单髁置换技术”，骨二科开展了椎间孔镜髓核摘除和颈椎病前后路的手术治疗；消化内科开展了内镜下ESD（黏膜剥离）手术、超声胃镜（EUS）术，麻醉科能独立开展胸外科各项疑难麻醉手术，尤其是对老年复杂患者麻醉。2022年医院公开招聘28人，引进副高级职称1人、全日制硕士研究生5人。12人晋升正高级职称、28人晋升副高级职称，人才队伍持续壮大。胸痛、卒中、孕产妇、新生儿、创伤等五大中心建设成效显著，实现了从院前急救、基层转诊到院内多学科联合诊治流程的畅通，为周边心脑血管疾病患者、创伤患者、危重症孕产妇和危重症新生儿打造了一张生命救治网络。卒中中心共收治急性脑卒中患者349例，胸痛中心完成冠脉介入总数810台，急危重症新生儿救治中心成功抢救疑难危重患儿177例，其中一例早产儿出生体重仅0.7千克；创伤中心院前接诊12376人次，心肺复苏抢救成功率50%，多次在国家创伤医学中心安徽省基本数据统计中名列前茅，受到同行一致好评。

利辛县中医院 利辛县中医院成立于1990年，是一所集医疗、教学、科研、预防、康复、保健、养生为一体的三级中医医院，是安徽省五家名中医院建设单位之一，获安徽省文明单位、安徽省健康服务业先进单位、全国县域优秀中医院、全省五四红旗团支部、市五星级基层党组织等荣誉称号；2021年挂牌亳州职业技术学院附属医院，2022年8月省卫生健康委批准登记为国家三级中医医院。医院占地40余亩，建筑面积3.6万平方米，编制床位600张，现有职工656人，其中卫生专业技术人员582人，高级职称78人，中级职称234人，硕士研究生5人，在职研究生17人。创建省级中医特色专科2个（中医外科、针灸科），省重点中医专科3个（脑病科、糖尿病、骨伤科），市级重点中医专科6个（心病科、脾胃病科、肺病科、推拿科、肛肠科、男科）；省名中医1人、省基层名中医2人、市名中医7人。医院拥有联影256排螺旋CT、3.0T核磁共振、西门子64排螺旋CT、美国GE大C臂、美国GE心脏彩超、钬激光碎石仪、迈瑞4K超清腹腔镜、德国椎间孔镜、美国施乐辉关节镜、奥林巴斯内窥镜、电脑全自动煎药机等一大批先进医疗设备。医院与安徽省立医院、安徽医科大学附属医院、安徽中医药大学附属医院、蚌埠医学院第一附属医院、安徽省胸科医院、省儿童医院、上海市第一人民医院、南京市中医院等长三角知名医院建立区域医疗联合体，医院每周邀请省内外知名专家来院坐诊、查房、带教等活动，实现百姓“大病不出县”，提升人民群众的医疗服务获得感。在疫情防控战中，中医院充分发挥自身优势，将中医药广泛应用于新冠肺炎救治和预防，为方舱医院、健康驿站、党校、宾馆集中隔离点医学留观人员及卡点工作人员等易感人群免费发放中药预防处方汤剂近70000袋，价值80余万元，起到良好的效果。

（胡敬辉）

社会民生

◎ 人口与家庭
◎ 人力资源管理
◎ 社会保障
◎ 社会行政事务
◎ 关心下一代工作

人口与家庭

【概况】 2022年，利辛县大力宣传党和国家人口计生法规政策，扎实推进中共中央、国务院《关于优化生育政策促进人口长期均衡发展的决定》。全年全县累计出生11151人，出生人口性别比103.8∶100，孕前优生健康检查8790对，开展孕期、产后访视服务7.3万人次，新增婴幼儿托育托位2340个，落实入托普惠资金114.6万元。全面落实特扶奖励制度。全年全县共确认计生特扶对象190户220人（其中子女死亡家庭85户104人，子女伤残家庭31户40人,手术并发症74户76人），扶助金合计发放133.62万元。为6名计生特殊困难家庭发放老年护理补贴1.2万元；为65名计生特殊家庭代缴城乡居民养老保险39万元；为43084名计划生育家庭代缴新农合1378.69万元；为90名计生失独家庭发放生活补助金108万元。

【优化生育】 2022年，县卫健委落实生育服务登记管理制度，健全覆盖全人群、全生命周期的人口监测体系，密切监测生育形势和人口变动趋势。依托国家、省人口基础信息库等平台，实现教育、公安、民政、卫生健康、医保、社保等人口服务基础信息融合共享、动态更新。扎实推进母婴设施建设，在中心客运站、县医院、中医院、妇幼保健院等人口密集场所建设母婴哺乳设施；全面落实孕前优生健康检查和孕期、产后访视服务，建立高龄、高危孕产妇救治服务绿色通道。大力实施婴幼儿托育服务民生工程，积极开展普惠性托育服务机构创建工作，截至2022年底，备案托育机构13家。按照《安徽省人口与计划生育条例》规定，全县361个村居均配备有计划生育工作专职人员，23个乡镇均有专人服务于优生优育工作。

【家庭发展】 2022年，县卫健委积极稳妥推进农村部分计划生育家庭奖励扶助与计划生育特别扶助政策的落实，继续对独生子女领证家庭发放保健费，对企业破产、改制、倒闭的退休职工给予一次性奖励。为符合代缴条件的计生家庭全额代缴城乡医保，对部分计划生育家庭缴纳城乡居民养老保险的给予优待。依托新家庭计划——家庭发展能力建设项目，围绕家庭保健、科学育儿、养老照护和家庭文化4个方面，着力打造提升家庭发展能力，构建家庭发展支持体系的良好氛围，解决计生特殊困难家庭在生活保障、养老照料、大病医疗、精神慰藉等方面的困难。

【居民可支配收入】 2022年，利辛县居民可支配收入2.45万元，同比增长6.5%；城镇居民可支配收入3.84万元，同比增长5.3%；农村居民可支配收入1.66万元，同比增长6.7%，全县城乡居民人均可支配收入与全市保持同步增长。

（王　爽）

人力资源管理

【概况】 2022年，利辛县人社局围绕“民生为本、人才优先”工作主线，奋发有为、不断创新，重点工作扎实推进，难点工作全面突破，常规工作创新发展，就业创业、社会保障、人事人才、劳动关系等各项工作均取得较好成效。全县城镇新增就业人员10761人，完成率138.85%；失业人员再就业人数2831人（其中就业困难对象462人），完成率134.81%；累计发放创业担保贷款2.2亿元，完成率151.31%；帮扶离校未就业高校毕业生1862人；开发见习岗位1108个，新增见习人员515人，开发公益性岗位586个；全县开展就业技能培训7171人，其中农民工培训5871人。

【人才交流】 2022年，利辛县人社局先后与浙江省台州临海市、绍兴、嘉兴平湖、金华衢州，江苏省南京市溧水区、宣城市宣州区和芜湖市弋江区7个地区建立劳务合作协议。推进“2＋N”常态化就业招聘活动，重点抓好“周三、周六”主题招聘，为劳动者和企业搭建精准对接平台。2022年以来，共举办线上线下招聘会175场，累计为5140家企业提供112268个就业岗位，达成就业意向13201人。实施“三公里”就业圈建设，建设“三公里”充分就业社区。在全县23个乡镇361个村（社区）设立“求职招聘、养老保险”服务台，每月按时推送全市企业用工信息，累计提供就业岗位16683个。“社区快聘”上线以来累计浏览量40万条，平台注册1364家社区企业和个体工商户，发布招聘岗位4600个，注册用户11920人，投递个人简历1512个，帮助356人成功就业。

【人才管理】 2022年，利辛县人社局本着公开透明的原则，规范操作招录工作。公开招聘乡镇事业单位9名，公开招聘中小学教师185名，招募“三支”人员45名，农村义务教育阶段“特岗计划”教师200名，面向社会公开招聘科技特派员46人、基层农技推广员58人、城乡社区工作者156人，有效改善全县人才队伍不足的现状。稳步推进工资福利工作。稳妥推进事业单位管理岗位晋升，认真做好2022年度事业单位新进人员的工资手续，开展事业单位薪级工资普调晋级工作及工资年报统计工作，及时落实乡镇事业单位工作人员乡镇补贴和有关津补贴政策，到龄退休办理进行审批。

【维护劳动者合法权益】 2022年，利辛县人社局建立行政执法与刑事司法协同作战机制，与公安、检察、法院协同配合，建立行政执法与刑事司法衔接一整套协同作战机制。全年以涉嫌拒不支付劳动报酬犯罪移交公安机关26起，涉及劳动者683人次，涉及金额约866万元。其中检察院下达检建移函7件，法院采取强制措施17件，严厉打击欠薪犯罪。全力做好农民工工资支付保障工作。积极宣传贯彻国务院《保障农民工工资支付条例》，开展培训班3期，发放劳资专管员证书78个。截止到11月底，全县共办结全国欠薪线索反映平台交办线索440件，涉及人数293人，涉及金额223.6万元，无逾期未办结线索情况。加强亳州市建设领域农民工实名制登记及工资支付监管平台建设，全县累计248个建设工程项目纳入平台管理，入库农民工6余万人，农民工工资专户入账21亿元，通过监管平台发放工资18亿元。劳动者合法权益得到有效维护。

（刘　立）

社会保障

【概况】 2022年，利辛县深入实施全民参保计划，积极引导未参加企业职工基本养老保险人员按规定参加城乡居民基本养老保险，以农民工、新业态从业人员、个体及灵活就业人员等群体为重点，开展精准参保扩面专项行动，确保完成全年市局下达的48.6万人的参保任务。建立完善部门信息对比共享机制，不断完善基金安全风险防控政策措施，协助开展企业职工养老保险基金检查。2022年，全县城镇职工基本养老保险、失业保险、工伤保险参保人数分别达到5.95万人、3.91万人、4.72万人；城乡居民养老保险完成缴费48.8万人。

【落实养老待遇调整政策】 2022年，全县参与企业职工基本养老金调整的退休人数为9675人，人均月增123.9元，调整后全县企业退休人员月人均养老金由2021年底的2448.75元提高到2572.65元。全县参与机关事业单位基本养老金调整的退休人数9908人，人均月增150元。调整后全县退休人员平均养老金由2021年底的4301元提高到4451元。2022年7月起，全县城乡居民养老保险基础养老金提高至131元。

社会行政事务

【概况】 2022年，利辛县民政工作以民生工程为抓手，以脱贫兜底为重点，切实加大社会救助工作力度。全年完成利辛、凤台两县的边界联合检查工作，对28.5

千米界线、6颗界桩进行实地检查，签订《共创平安边界协议书》，建立行政区域界线管理长效机制。开展城关镇设置街道行政区划调整工作，利辛县城关镇设置街道拟定“一镇三街道”调整为：利城镇、复兴街道、文州街道和滨河街道。2022年7月，开展新张集乡撤乡设镇工作，拟设立新张集镇。城关镇行政区划调整和新张集乡撤乡设镇工作经县政府常务会议、县委常委会会议、县委全委会议审核通过，并经市政府常务会议审核通过，现报请省政府。2022年，利辛县发放80周岁以上的高龄津贴36884人，634.4万元。2022年，利辛县继续实行惠民殡改政策，免除群众六项基本丧葬费用，全年火化遗体5609具，火化率78.82%。县级公益性墓地建设选址并经县政府常务会一致通过，在办理土地规划预审手续和项目申报工作。县殡仪馆综合服务楼项目，完成项目立项，2023年开工建设。

【社会救助】 2022年7月起，利辛县农村低保标准由原来的657元/人/月提高到689元/人/月，城市低保标准由原来的657元/人/月提高到706元/人/月，农村集中供养特困人员补助标准由750元/人/月提高到792元/人/月、分散供养特困人员补助标准由550元/人/月提高到592元/人/月。2022年，全县共发放各类社会救助资金5.1亿元，惠及困难群众14余万人。利辛县农村低保对象33582户67266人，累计发放资金3.5亿元；城市低保对象897户1618人，累计发放资金1164万元；特困供养8841人，累计发放资金7070万元；孤儿及事实无人抚养儿童1413人，累计发放资金1900万元；困难残疾人生活补贴39579人，累计发放资金3079万元；重度残疾人护理补贴22417人，累计发放资金1770万元；临时救助941户，累计发放资金376.2万元；救助流浪乞讨人员111人，支出资金153万元；县级“救急难”资金共救助63户86万元。

【养老服务】 2022年，利辛县民政部门为进一步提高全县养老服务能力，完成211户困难老年人适老化改造；新增17个村级养老服务站建设，投入资金248万元，进一步完善县乡村三级养老服务中心建设工作；新增社会化养老床位100张；发放低保家庭养老服务补助16733人，资金100.4万元，低收入人口养老服务覆盖率达65%以上。重点落实“暖民心”行动之老年助餐工作，完成16个城市社区老年食堂（助餐点）、15个农村社区老年食堂（助餐点）以及45个敬老院助餐点，拨付助餐建设和奖补资金467万元。

【婚姻、收养登记】 2022年，利辛县婚姻登记中心坚持“依法登记、热情服务”的工作理念，制作“一次性告知单”，开展“美好生活·民法典相伴”活动，印制宣传册、海报等宣传资料5000余份，宣传婚姻法规知识，积极与县妇联沟通协调，开展“反家庭暴力”宣传、知识讲座等活动，倡导广大群众自觉抵制天价彩礼，不参与“恶俗婚闹”，反对家庭暴力，用法律武器维护妇女儿童自身合法权益，自觉抵制婚骗行为；用实际行动践行婚俗新风尚，不断提高广大群众的法治观念。全年共办理婚姻登记行政确认11193对，其中办理结婚登记7820对，离婚1867对，补领结婚证1039对，补领离婚证463对。进一步加强收养登记工作规范化，委托第三方评估机构按照安徽省民政厅《收养评估实施办法》规定，依法依规对收养申请家庭开展调查评估，对收养申请人是否符合有能力收养、收养申请人家庭是否适合收养条件等情况综合评估。全年办理收养登记4例。

【福彩工作】 2022年，利辛县销售福利彩票3587.7万元。全县新增投注机27台，彩票投注机共95台，为提高全县投注站点业主的销售技能，福彩管理站举行6场培训，开展网点传统电脑票促销活动5次，即开型彩票促销活动5次，其中刮刮乐的出站销售活动取得销量13.7万元的实效成果。

【社会组织管理】 2022年，利辛县新登记社会团体0家，民办非企业单位9家。社会组织共登记406家，包括社会团体72家，民办非企业单位334家，年检率91.5%。培育发展社区社会组织1934家，其中城市社区组建166个，农村社区组建1768个，完成进度102.59%。围绕“双创两提升”工程，一手抓组织建立，一手抓作用发挥，重点督促指导鸿福社工、温馨老年公寓成立功能性党支部。截至年底，全县共有127家社会组织成立党支部，83家建立共青团，93家建立妇女组织，124家社会组织建立工会，其中利辛县鸿福老年公寓获得2022年度第四批省级“双比双争”先进党组织。聚焦党建引领，推进志愿服务常态化，在“我为群众办实事”上慰问困难群众400余人，送去款物20余万元。在疫情防控方面，动员20多家社会组织持续不断深入社区、卡点，重点参与消杀、值勤等志愿服务工作，参与志愿者1200多人次，捐助30余万元抗疫物资。加大非营利性监管力度，联合业务主管单位对299家社会服务机构开展自查自纠，同时聘请第三方会计师事务所对其中9家进行抽查审计。

【殡葬改革】 2022年，利辛县继续实行惠民殡改政策，免除群众六项基本丧葬费用，全年火化遗体5609具，火化率78.82%。县级公益性墓地建设县政府常务会一致通过，土地规划预审手续和项目申报工作办理。县殡仪馆综合服务楼项目完成立项，2023年开工建设。

关心下一代工作

【概况】 2022年，中共中央办公厅、国务院办公厅《关于加强新时代关心下一代工人委员会工作的意见》和省两办《实施意见》印发后，县委高度重视工作落实，县委常委会会议专题听取关工委工作汇报，研究关工委工作，县委主要负责同志对全县关工委工作作出批示。县委常委、组织部部长田浩然定期听取关工委工作汇报，及时研究解决工作中存在的困难和问题。年初，以县委名义召开全县关心下一代工作会议，对全县关心下一代工作先进单位和个人进行表彰，时任县委副书记、县政府党组书记、县长候选人万洪超出席会议并讲话，对新时期关工委工作提出新的更高要求。县委办公室印发县关工委年度工作要点，县委将“加强和改进关工委工作”纳入全县党建目标考核体系，赋值0.5分，县人大常委会建议将关工委工作写入政府工作报告，各乡镇党委对关工委开展活动所需的工作经费和人力物力给予适当倾斜，为全县关心下一代工作健康发展提供了强有力保障。

【规范“五老”队伍】 2022年，利辛县进一步推进全县“五老”队伍管理规范化、制度化、科学化，把全县4393名“五老”因人分类建成“五老”骨干、积极分子、志愿者“三支队伍”，积极动员广大“五老”兼任青少年思想道德报告员、法治教育宣传员、校外教育辅导员、净化环境监督员、法律知识咨询员、科技文化传播员、捐资助学协调员、脱贫致富帮扶员、失足青年保护员、家庭教育指导员，在乡村振兴、疫情防控、信访维稳、夏季防溺水、校园周边环境治理、青少年教育引导、贫困学生帮扶救助等方面发挥着独特优势和应有作用，并逐步形成基层关工工作事事有人管、基层“五老”人人有事干的良好局面。特别是疫情防控时期，广大“五老”不畏年高主动承担起镇村路口交通卡点“两码”查验、镇村学校等公共场所消毒消杀等工作。

【教育引导活动】 2022年，全县各级关工组织以“传承红色基因，培育时代新人”为主旋律，充分利用传统节日和重大历史事件纪念日，围绕青少年和留守儿童思想道德建设、传统文化教育、家风家教建设等开展征文、演讲、朗诵、书画比赛20余场次。全县各级关工组织围绕学习宣传贯彻落实党的二十大精神，开展微型党课、培训班、专题学习会、专题宣讲会等多种形式的学习教育宣传活动46场次，广大“五老”在学深吃透大会精神的同时积极引导广大青少年知党史、感党恩、听党话、跟党走。

【关爱帮扶活动】 2022年，全县各级关工组织以留守儿童为关爱对象，以困难儿童为帮扶重点，广泛开展各项关心关爱活动。县关工委与扬子电器集团联合向全县各乡镇各村（社区）、各中心学校关工委捐赠智能净水器等设备，价值100余万元。县民政局、县妇联、团县委、总工会等单位关工委分别开展“利辛县妇儿关爱一起捐”活动、“春蕾计划十元捐”、“爱心一日捐”、“冬日暖阳”、“微爱圆梦”、“金秋助学”、“希望工程”等关爱帮扶活动，通过线上线下多种方式共募集善款300余万元，资助贫困学生1500余名。全县各级关工组织各项关爱帮扶活动极大助力弱势青少年儿童和贫困学子的健康成长，有效促进全县教育事业和关心下一代工作健康发展。

【法治宣传教育】 2022年，利辛县关工委充分调动和发挥县检察院未成年人法治教育基地示范引领作用，在联合检察院关工委开展系列法治教育活动的同时，在县高级中学、县实验小学打造“法治教室”示范点，积极创建我县未成年人法治教育工作品牌，并承办全市“关爱明天、普法先行”活动启动仪式。县政法系统与教育系统关工委协调配合，落实学校法治副校长聘任制度，向全县333所中小学校选派342名公安民警、检察官、法律工作者担任法治副校长，常态化开展以《中华人民共和国未成年人保护法》《中华人民共和国预防未成年人犯罪法》等法律法规为基础的法治进校园宣讲活动370余场次，各乡镇关工委积极与司法部门紧密协作，开展“法治宣讲会”“法治游园”等普法活动24场次，各级关工委协同发力，积极引导全县20余万青少年学子学法、知法、懂法、守法、用法。

【家风家教工作】 2022年，利辛县关工委在充分调研的基础上，组织召开由县教育局、文明办、妇联、城关镇和谐社区等单位20余人参加的家风家教工作研讨会，有力推进家风家教工作科学有序发展。与县妇联、县教育局、县民政局、县检察院等单位配合，挂牌成立县级家庭教育指导中心，联合下发《关于成立利辛县家庭教育指导中心的实施方案》，选聘35名家教名师组建县级家教讲师团，并对应组建镇级、村级家教讲师团，为各项活动开展奠定了坚实的基础。全县初步形成1个县级家庭教育指导中心、2个县直单位和23个乡镇“家庭教育服务指导站”、270个村（社区）和366所中小学校家长学校，积极推动构建学校、家庭、社会三位一体协同育人机制。

（武 伟）

乡村振兴

◎ 综　述
◎ 产业振兴
◎ 人才振兴
◎ 生态振兴
◎ 文化振兴
◎ 组织振兴

综　述

【概况】　利辛县1992年被确定为省级贫困县，1994年被确定为国家“八七”扶贫攻坚重点县，2000年被确定为国家级贫困县，2011年被确定为大别山集中连片特困地区片区县，2017年被列为全省深度贫困县。中国共产党第十八次全国代表大会提出了全面建成小康社会目标，此后，利辛县全面开展对贫困人口和贫困村进行动态监测、建档立卡，实施国家要求的精准扶贫方略。2014年，全县有建档立卡贫困人口8.70万户、20.86万人，贫困发生率13.6%。脱贫攻坚工作实施以来，利辛县上下深入学习贯彻习近平总书记关于脱贫攻坚的重要论述，坚持以脱贫攻坚统揽经济社会发展全局，坚持精准扶贫精准脱贫基本方略，在社会各界的帮扶下，扎实推动精准扶贫精准脱贫全覆盖，2019年4月29日顺利摘帽，全县贫困发生率0.28%，2020年实现全面脱贫。

【脱贫攻坚成果】　利辛县2014—2018年投入扶贫资金53.39亿元，实施扶贫项目6158个。全县农村居民人均可支配收入从8340元增加到13082元，增幅56.85%；贫困群众人均可支配收入从2839元增长到10056元，增幅254.2%；贫困村集体经济收入从38.66万元增长到5718.70万元，贫困村“水电路房、文教卫网”发生巨大改善，村容村貌焕然一新，贫困人口幸福感、获得感和安全感显著提升。5年间，利辛县累计实现8.12万户19.99万人脱贫，90个贫困村全部出列。2022年，全县90个出列村村均集体经济收入75.67万元，增幅为4.41%；全省脱贫群众人均纯收入15514元，同比增长13.7%，利辛县脱贫群众人均纯收入12688元，增幅为11.4%。生产经营性净收入户均1564元、占比12.3%，同比增长18.04%；工资性收入户均6334元、占比49.9%，同比增长12.99%；转移性收入户均3432元、占比27.1%，同比增长6.62%；财产性收入户均1358元、占比10.7%，同比增长10.05%。

【脱贫攻坚成果同乡村振兴有效衔接】　2021年后，利辛县紧盯巩固拓展脱贫攻坚成果同乡村振兴有效衔接工作，着眼全面推进乡村振兴，实现从全面脱贫到乡村振兴的完美蝶变。全县农业总产值从2012年的77亿元，增加到2021年的108亿元，增长40.8%。粮食总产量连续多年稳定在26亿斤以上，2021年获得“安徽省农产品质量安全县”称号；2021年12月，利辛县被农业农村部绿色食品发展中心认定为“第六批全国有机农产品基地”。2021年，全县农机作业托管服务面积98%以上，综合农作物机械化率96%，粮食产量达138万吨。2021年，利辛县农村常住居民人均可支配收入15486元，增速9%；脱贫户和监测对象人均可支配收入11358元，同比增长13%；90个出列村集体经济收入6699.96万元，同比增长17.16%。利辛县以猪、牛、羊、肉鸽、食用菌、山核桃、果蔬、稻鱼等八大产业为重点，建设永兴镇诸王社区、巩店镇魏硕村、汝集镇中华村3个蘑菇产业园；打造王市镇中王辣椒、程家集镇王老家莲藕、巩店镇魏硕香椿3个示范基地；提升城北镇蔬果产业园、程家集镇北街药材产业园、永兴镇诸王青梅产业园、城关镇富康蔬菜基地、

江集等乡镇大力开展中药材种植　　（县委宣传部／供）

阚疃镇代圩太空莲基地、张村镇高老家蔬菜基地、大李集镇永红蔬菜基地等一批生态果园、精品菜园、特色菌园、道地药园。截至2021年，共培育农民专业合作社4800余家，培育家庭农场6500余家。2017年以来整合各级扶贫（衔接）资金37.18亿元，批复实施5567个项目，其中产业项目3580个12.99亿元，按要求产业占比逐年提高；坚持户贷户用方向，累计发放小额信贷32815户15.69亿元，目前存量贷款4066户2.02亿元；强化光伏运维、健全收益分配机制，累计发电13.31亿千瓦时，收益13.04亿元。扩宽就业渠道，通过介绍就业岗位、就业技能培训、组织劳务输出、务工交通补贴、园区车间带动、开发公益岗位等促进脱贫劳动力稳定就业。2022年底，全县脱贫劳动力（含监测对象）务工人数68157人，较2021年增加3496人（其中开发公益岗位9708人，较2021年增加1829人）。

产业振兴

【概况】 2022年，利辛县继续大力实施“两强一增”行动，深入实施“藏粮于地、藏粮于技”战略，推动农业发展由依赖资源要素投入向创新驱动转变，物质技术装备条件明显改善，农业现代化建设实现新的跨越，夏粮生产实现“十九连丰”。在稳定粮食生产的基础上，利辛县深入推进“一镇一业”“一村一品”示范镇村创建，坚持以现代农业带动产业兴旺、以产业兴旺推进乡村振兴，在“兴产业”上下功夫，培育一批现代农业特色产业。紧扣绿色化、优质化、品牌化、数字化发展方向，实施绿色优质农产品品牌塑造工程，大力培育“皖”字号、“亳”字号、“利”字号知名品牌，蘑菇、辣椒、莲藕、香椿、青梅等特色农产品由零散种植发展到“集体+农户”规模化、产业化。同时，乡村振兴人才培育工程、农产品仓储保鲜冷链设施建设工程等软硬件同步建设，为农业发展提供现代农业科技和物质装备支撑。

太空莲脱粒加工　（县委宣传部/供）

【全力推动工业提质增效】 利辛县从一张纱网入手，逐步形成网布织造、边布织造、面料织造、人造棉、印花、绣花、磁条、包装等较为完整的产业链条，在丝网产业不断壮大的同时，也带动了一批轻纺行业“小巨人”快速发展。利辛县突出高质量发展，大力实施创新驱动发展战略，全面厚植新优势、激发新动能，产业质效明显提升。利辛县积极推进产业结构调整，着力优化投资环境，加快新型工业化进程，工业经济呈现持续快速健康发展态势。轻纺服饰、食品加工、能源与新型建材、机械装备制造等特色产业集群初步形成，轻纺服饰产业集群被评为省级县域特色产业集群（基地）。板集电厂、翰联色纺、君翰纺织等一批重大项目投产运营，引江济淮等一批重点工程项目加快推进。板集煤矿实现联合试运转，板集电厂二期项目获得核准，全国大宗固体废弃物综合利用基地项目获批省级绿色发展示范点。利辛县工业经济实现了从“无中生有”到“单项冠军”、从“小弱散”到“大强聚”、从代工厂到依靠自主创新的快速发展，产业结构不断优化升级，工业经济提质扩量增效，跑出工业高质量发展的“利辛速度”。

（刘 席）

人才振兴

【概况】 2022年，利辛县中央农业广播电视分校（简称农广校）按照“科教兴农、人才强农、高素质农民固农”要求，在高素质农民培育、冬春农民科技大培训、免费农民中专教育培训、农技推广补助项目等方面做出良好成绩。巩固脱贫攻坚成果，实现脱贫攻坚与乡村振兴的有效衔接。精心组织实施高素质农民培育。全年，利辛县农广校承担高素质农民培育任务500人，实际培训经营管理型309人、技能服务型100人、专业生产型100人。扎实做好培训工作，以满足农民需求为核心，以提升培训质量效能为关键，根据乡村振兴各类型人才需要和管理水平需求，改进培训内容、创新培训方式、强化指导服务，按照分专业、分阶段、小班制、重实训、强服务、线上线下相结合的培训方式开展培训。科学安排培训内容。围绕现代农业发展要求，依据高素质农民培育的实际需求，本着通俗易懂、简明实用、形象生动的原则进行了课程安排，选购省高素质农民培育统编教材，作为培训的专用教材，经营管理型学员发放16本，技能服务型和专业生产型学员发放8本。分类型制定教学计划。与高校联办开展集中理论教学，提升培训效果。分段式培训，提高培训的针对性和实用性。异地观摩，提高学员参学的积极性。就地就近实训，提高学员的实际操作能力。分班级健全档案资料。规范培训目录，建立健全教学计划、培训过程照片、授课教师情况统计表、农技人员跟踪联系服务学员情况登记表、培训总结、验收材料等培训档案，健全培训过程影像资料等培训档案。通过开展集中培训、实地参观观摩、座谈总结交流等方式，扶持、鼓励、引导学员推广应用新品种、新技术，提高其学习接受能力、自我发展能力、辐射带动能力，使其成为真正的新型农业经营主体带头人，充分发挥高素质农民在农村经济发展中的“主心骨”“生力军”作用，引导了他们积极探索土地流转、托管、组建专业合作组织、家庭农场等适度规模经营的路子，实现从传统农民向高素质农民的转变，壮大农村实用人才队伍。经过系统的集中培训，学员们开阔视野，增长了知识，拓宽了思路，掌握了信息，明确了方向，增进了友谊。理论授课的培训感悟，实践教学的精彩体验，示范基地的观摩感受，零距离指导、近距离接触，使509名培训学员的创业提升能力、创新提高能力、协调配合能力、实际操作能力、辐射带动能力显著提升。

【开展农民科技大培训】 2022年，利辛县为落实中央农村工作会议和中央一号文件精神，充分发挥农民培训在保障粮食和重要农副产品有效供给中的重要作用，在县农业农村局的指导下，以“强技术、稳生产、促保供”为主题，在全县23个乡镇组织开展春季农民大培训活动。精心组织专业技术人员，深入田间地头和养殖场，抓住小麦春季田间管理和春季畜禽疫病防控的关键时节，向种植大户、家庭农场、合

中疃镇徐大村梨园 （县委宣传部/供）

作社、养殖场等新型农业经营主体及一般种养农户讲解小麦科学化除、因苗追肥、低温防控、小麦病虫害防治及疫病防控技术。结合大培训并宣讲中央一号文件、高素质农民培训等强农惠农政策，3—4月共培训农民9800人次，发放技术和政策宣传明白纸1.5万多份，专家授课技术指导到位，参训人员学习兴趣浓厚，培训效果明显。特别是在4月20日阴雨来临前，在全县23个乡镇开展了小麦赤霉病防控培训会，迅速掀起小麦赤霉病防控高潮，为夏粮丰产增收提供了技术保障。

【免费农民中专学历教育】 2022年，利辛县根据省农广校中等职业教学计划统一安排，先后组织2020级57名现代农艺技术专业学员，2021级和2022级100名黄淮山羊养殖专业学员结合高素质农民培育工作进行了集中面授教学辅导。学员通过集中面授辅导学习，结合平时自学，尽快掌握现代农业新知识、新技术和黄淮山羊养殖技术，努力提升学员的种养技能、经营管理等综合素质，为利辛县乡村振兴和产业发展提供强有力的人才支撑与智力支持，取得了显著成效。精心组织毕业验考和颁证工作。按照省农广校《关于认真做好2020级毕业验考工作的通知》要求，中专学历部精心组织2020级57人的中专毕业验考，顺利完成了2020级48人的毕业验考和县考工作。继续做好中职招生工作。利辛县中职教育改革结合高素质农民培育，把中职教育融入高素质农民培育，借助高素质农民培育的东风，更好的招收、培训和培养一批致富能手。在全县16个乡镇遴选出51名具有高中、大专及以上文化程度，年龄在18周岁以上、45周岁以下的山羊养殖专业户、有意愿从事山羊养殖的创业人员及小农户，通过网上报名、网上录取的方式成为利辛县农广校2022级《家庭农场生产经营管理》黄淮山羊养殖专业学员，圆满地完成省校分配的招生任务。

【农技人员包村联户】 2022年，利辛县农广校16名技术指导员积极参加基层农技推广补助项目农技人员包村联户工作，根据所包乡镇，紧紧围绕小麦、玉米、大豆高产创建，深入田间地头了解掌握全县小麦、玉米、大豆主要病虫草鼠害发生情况，探究小麦、玉米、大豆主要病虫草鼠害综合防治技术，指导示范户合理施肥、科学播种、抓好田管、适时收获等关键技术。重点在中疃、汝集、西潘楼、胡集、旧城、王市、王人等乡镇示范户中推广种植优质小麦品种皖麦52、良星66，玉米品种隆平206、登海605等，实施了测土配方施肥技术、种子处理、化学除草、小麦氮肥后移技术和玉米矮壮素最佳使用技术等，使示范区内小麦、玉米平均每亩增产25千克，位居全县前列。

（王　锋）

生态振兴

【概况】 2022年，利辛县农村人居环境整治持续推进，禁止污染向农村地区非法转移，促进农业农村绿色发展，加强农用地土壤污染防治，加强农用地土壤污染防治，推进优质生态产品价值转化，试点村镇建设情况等各项生态保护重点工作顺利开展。

农技人员评估大豆品种效益　　（县委宣传部/供）

【农村人居环境整治】 持续推进农村户改厕工作。2022年的5150个农村户改厕建设任务全部完成；深入开展农村改厕排查整改“回头看”工作，全县共排查厕所8.5万户，排查出问题厕所429户，全部完成整改。

加强农村生活污水和农村黑臭水体治理。以“两河”流域及其主要支流为重点，因地制宜，全面推进农村生活污水治理。谋划实施西淝河（利辛段）支流河口湿地项目。项目获得中央资金3000万元，开始施工。西淝河（利辛段）流域农村环境综合整治项目，项目总投资6927万元，申请中央项目资金4500万元，进行规划设计。积极谋划西淝河（利辛段）流域阜蚌路以北、阜涡路以东、老母猪港以南、西淝河以西区域涉及相关流域的水生态环境实行治理项目。扎实推进农村生活污水治理四项任务，对纪王场乡等9个乡镇政府驻地污水处理厂提质增效，1—9月，乡镇污水处理厂日均收集处理污水10134吨，比去年同期9402吨，提高7.8%；完成国家级农村黑臭水体治理7条，自查摸排农村黑臭水体799条，计划用3年时间完成治理任务，其中2022年治理182条，完成治理165条，在治理17条。对全县26个村级污水处理站因设施损毁、管网损坏、缺少管网等不能正常运行、低效运行问题，采取一站一策制定整改方案，整合乡村振兴衔接等资金进行维修改造。

推进农村生活垃圾治理。从2021年2月开始，利辛县实施城乡环卫一体化，全县城乡生活垃圾收集转运工作全部由环卫服务企业开展市场化运作，生活垃圾全部转运至利辛皖能环保电力有限公司进行无害化焚烧处理。全县生活垃圾无害化处理率达到99.92%。推进有机废弃物综合处置利用，总投资5.5亿的皖能生物质天然气项目选址在城北镇徐田村，预计2023年可投入生产。

宜居村庄建设——大李集镇永红村 （孙济／摄）

实施美丽宜居村庄建设。2021年10个省级美丽中心村建设，所有基础建设全部完工；2022年12个省级美丽中心村建设全部开工。

【禁止污染向农村地区非法转移】 2022年，利辛县严格规划环评审查和项目环评准入，全年共依法审批环评报告表49个，登记表备案137个；无“两高”项目。依法打击污染非法转移行为。上报市生态环境局非法转移固体废弃物线索一个（涡阳县秸秆发电厂转移至利辛县江集镇），由市生态环境局处罚到位。

【农业农村绿色发展】 推进农业投入品减量化。全县2021年农药使用量为1634.3吨，2022年农药使用量为1630吨，减少4.3吨；2021年化肥使用量为54612吨，2022年化肥使用量为54600吨，减少12吨；全县农药化肥均实现负增长。

大力推进农作物秸秆还田、发电等综合利用。2022年，全县实行秸秆全部离田，完成秸秆离田率97.7%，建成秸秆堆场153个，秸秆综合利用率达94%以上；全县无省级卫星监测秸秆焚烧火点；推进畜禽养殖粪污消纳和综合处置，规模养殖场畜禽粪污资源化利用率达96.5%以上。

推进产业模式生态化。2022年，全县新增稻鱼综合种养面积4000亩，新增标准化鱼塘改造面积150亩。

【农用地土壤污染防治】 2022年，利辛县强化重点区域和行业监管，制定《“散乱污”企业排查整治专项工作实施方案》，全县共排查“散乱污”企业336家，完成整改318家。危险废物安全处置率达100%。全年全县无受污染农用地块。

【优质生态产品价值转化】 积极推动畜牧产业高质量发展。2022年，全县生猪规模养殖场324个，生猪出栏78.87万头，同比增长0.56%；肉牛出栏4.17万头，同比上升12.43%；肉羊出栏60.23万只，同比下降6.43%；家禽出栏2415万羽，同比上升39.49%；肉蛋奶总产量16.59万吨，同比增长6.43%；新增稻鱼综合种养面积4000亩，新增标准化鱼塘改造面积150亩；水产品产量10091吨。畜牧总产值31.42亿元，同比增长2.41%。全省兽医工作现场会在利辛县召开。

大力促进特色产业发展。2022年，利辛县扎实开展蔬菜产业“绿色高质高效行动”，推广“双减”模式，通过调整种植结构、提升复种指数、充分利用冬闲田和撂荒田等措施，着力增加设施蔬菜面积，提升露地蔬菜生产能力。完成蔬菜播种面积30.2万亩，产量51.25万吨；完成中药材种植10.53万亩；发展设施农业10.68万亩（蔬菜8.52万亩，水果0.66万亩，瓜果1.5万亩）；食用菌面积748亩（其中羊肚菌392亩），产量4350吨，产值2176万元。

【试点村镇建设】 2022年，利辛县纪王场乡和纪王场乡孙老家村乡村生态振兴试点村各项建设工作基本完成。

（解松军）

文化振兴

【概况】 2022年，利辛县公共文化服务体系不断完善。全县23个乡镇全部建成综合文化站，并推进总分馆制建设，依托站设立图书分馆、文化分馆，做强基层文化宣传阵地，为乡镇文化站配选图书近3000册，为16个社区配选图书2000册，逐步构建较为完善的县乡村三级公共图书服务体系。为深化书香利辛全民阅读工作，有力推进15分钟阅读圈建设，按照省建设要求，配齐图书、智能化电子设备等，新建3个阅读空间，辐射周边3.8平方千米，开展阅读推广活动近40场次，充分发挥公共图书馆服务群众阅读的职能。公共数字文化建设是文化馆开展线上活动的重要平台。依托微信公众号平台开展线上活动、讲座25个，全县各文化馆分馆上传安徽文化云平台活动120余场。围绕“精品主题村、特色美食村、旅游风景道、后备厢工程基地”开展创建，实施乡村旅游“421”行动，印象江南、西淝河湿地文化园成功创建亳州市研学旅行基地；印象江南景区成功创建安徽省百佳乡村旅游示范点；阳光四季花海景区景观小品打造、印象江南景区管桶民宿改造提升、世朋农庄农家乐民宿改造提升、武子古酿景区古井改造提升、香秀园农家乐景观小品打造等5个项目获批亳州市“微创意 微改造”提升示范点；王人镇曹店村获批“精品主题村”；王人镇曹店村、江集镇江集村、马店孜镇双沟村、阚疃镇镇西村、展沟镇展沟村成功创建亳州市特色美食村；健身公园儿童游乐园成功创建2A级旅游景区。开展“文化和自然遗产日”非遗展演展示及传统曲艺进社区、下基层活动5场；结合乡村村晚活动进行非遗曲艺节目展演；完成了对省级非遗代表性传承人考核自评工作；开展文化和自然遗产日宣传展示活动。2022年，省级非遗项目——利辛面塑成功入选省级非遗工坊名单。2022年，完成省级文物保护单位保护和建设控制地带空间信息矢量数据采集工作，完成文物保护单位保护范围内自建房屋安全专项工作和文物建筑消防安全大检查、大整治工作的摸排调查工作。征集并出版印刷《利辛县革命文物史迹选编》1000册；开展全省红色标语类专项调查工作，征集红色标语30条。组织开展利辛县碑刻石刻文物资源摸底调查工作，整理县级文物保护单位名碑名刻3处。

【文化惠民】 2022年，利辛县组织“‘喜迎二十大 颂歌献给党’利辛县庆七一文艺会演”及“全民禁毒月文艺宣传乡村行系列活动”等线下文艺活动35个；举办“文化和自然遗产日非遗展”等展览5个；开展“3·5”学雷锋志愿服务、“送文艺进敬老院”等志愿服务5场；举办2022年安徽省乡村村晚5场；举办“文化进万家，云上过大年”利辛精彩非遗展播，“利辛县2022年元宵灯谜竞猜”“利辛县第六届春联创作大赛”等线上活动26个；组织举办流动博物馆进校园下基层15场活动。举办“我们的中国梦——文化进万家”系列活动、中国农民丰收节庆祝活动等150余场，组织送戏进万村活动361场，戏曲进乡村138场，村级文艺演出346场，村级读书活动1384场等，同时，积极组织“新时代乡村阅读季”活动，“我的书屋我的梦”征文活动，做强做实文化惠民工程。

（韩 洁）

中幢镇楚桥村菊花基地　（县委宣传部/供）

组织振兴

【概况】 2022年，利辛县委组织部出台《利辛县2022年组织振兴工作方案》，为村（社区）明责任、赋能力、减负担。把扶持壮大村级集体经济工作开展情况纳入年度乡镇发展考核，作为党组织书记抓基层党建工作述职评议的重要内容，发挥考核的指挥棒作用，层层压实责任。大力推动“百千万”工程，深入实施扶优扶强项目，发挥选派干部资源优势，推动各级资金、项目下沉一线。消除空壳村，村均集体经济收入达到59.9万元。

【厚待乡村干部】 2022年，利辛县委组织部根据国家乡村振兴战略的部署要求，大力培养使用乡镇干部。利用乡镇人大政府换届，选拔11名乡镇事业单位人员进乡镇领导班子。全年招录乡镇公务员20名。为落实艰苦边远乡镇公务员考录政策，面向高校应届毕业生招录11人；定向招录服务基层项目人员，允许符合条件的本县（乡）事业编制人员报考，招录2人；招录乡镇人武专干，专业设置为人民武装专业（退役军人报考不限专业）1名；面向本市户籍招录录用后分配到相对艰苦边远的乡镇机关6名。认真按照皖人社发〔2015〕34号和皖组通字〔2019〕44号文件要求，执行乡镇机关公务员每月400元至700元乡镇工作补贴。同职务职级同工龄人员，乡镇机关工作人员收入高于县直机关同职级人员。完成选调生培训要求，建立县领导班子帮带机制，指导选调生撰写国情调研报告，开展入户走访。县委组织部开展谈心谈话3次，实地查看选调生工作乡镇每季度开展1次。组织12名在村任职选调生撰写国情调研报告12篇，并择优推荐省2篇。

（武 伟）

乡镇概览

◎ 城关镇
◎ 阚疃镇
◎ 城北镇
◎ 江集镇
◎ 张村镇
◎ 孙集镇
◎ 孙庙乡
◎ 西潘楼镇
◎ 纪王场乡
◎ 王市镇
◎ 汝集镇
◎ 王人镇
◎ 巩店镇
◎ 永兴镇
◎ 马店孜镇
◎ 胡集镇
◎ 大李集镇
◎ 新张集乡
◎ 展沟镇
◎ 程家集镇
◎ 望疃镇
◎ 中疃镇
◎ 旧城镇

城关镇

【概况】 利辛县城关镇位于利辛县城，是全县政治、经济、文化中心。地理位置优越，交通便利。305、308省道和宁洛高速公路穿境而过；西淝河、阜蒙河、利阚河纵横交错；下设城东、城西、城南、城北、园区、滨河6个办事处，共16个城市社区和19个村，面积122.48平方千米，耕地面积7万余亩。2022年，户籍人口16.9万人，农村人均可支配收入20924元，城镇人均可支配收入33414元。

环境保护。2022年，城关镇完成苏王沟、王园沟、旱阳沟支流、阳沟东段、闫集村室后沟、东红丝沟及驻马沟朱瓦房段等7条沟河清淤工作，累计完成清淤16千米，清淤土方58万立方米；共拆除旱厕169座，实施改厕300户，新建公厕5座；整治大小排污口32处，清理渔网72处，清理沿河（坡）农作物、秸秆等230余处，清理两侧树木5000余棵；对车辙沟、截岗沟、红丝沟等11条主要河流进行全面清理打捞，清理有害水生植物10万余平方米，整改沿河沿岸排污口12处共105个；红丝沟西岸韩铺庄生产、生活污水管道截污纳管并入市政污水管网，实现雨污分离。

征地拆迁。2022年，城关镇坚持工作围着项目干、要素跟着项目走。设立城南安置片区、杨大楼项目片区、马桥老西庄片区、大杨武园片区、后刘片区、高铁片区等集中征迁片区征拆指挥部，统筹推进城区征迁安置工作。全年完成征地2000余亩，房屋征收10.6万平方米，拆迁8.9万平方米，迁坟500余座。顺利完成后刘240亩、锦绣新城、政通路（向阳路—醉月路）、北李庄拆迁、淝河路加油站、丰源装备、信鼎电子、冷链物流园一期、政通仁和苑二期、李郢庄拆迁、富丽达项目、后王安置房一期、污水处理厂等项目征迁工作。张桥口王合庄棚改完成80%，剩余项目正按照目标进度有序推进。家和苑四期、文珑府等小区安置征地拆迁户房屋500余套。

民生工程。2022年，城关镇认真落实农村低保等民生保障工作，做到应保尽保、应退尽退。同时积极做好孤儿及困境学生帮扶工作，通过雨露计划帮扶经济困难学生447人次67万元；全镇城乡居民养老保险缴费参保率达100%，居民养老保险高质量发展全县第一，城乡居民医疗保险缴费13.75万人；认真落实各项创业就业政策，广泛拓宽就业渠道，新增城市就业岗位3800余个；提前完成棚户区改造、党建引领扶贫工程、四带一自、四好农村路建设等19项民生工程项目。发动全镇336名村社区两委干部开展安全生产隐患大排查，排查各类重点场所3000余家，共排查一般安全隐患1100项，全部完成整改。全镇共排查自建房安全隐患1828处，其中，自住类隐患1280处，商业隐患548处，全部完成整改。

【乡村振兴】 2022年，城关镇紧盯脱贫攻坚成果巩固、防返贫监测，设立网格员329名，明确监测对象与监管职责，确保及时发现风险、及时落实帮扶，全力巩固脱贫攻坚成果。对全镇所有农户进行信息摸排，排查3.39万户11.27万人，发现问题并完成整改1086条；针对外出务工脱贫劳动力跨省就业发放一次性交通补助93人1.86万元；完成7个村（社区）的巷道硬化225条18.74千米；开发乡村公益性岗位491个，打款3905人次，发放239.13万元。全镇中药材种植面积约1000余亩，蔬菜瓜果种植约5000余亩，其中武寨村通过招商引资，建设智能温控大棚约200余亩用于蔬菜种植，带动附近农民120余人就业，每年增加村集体经济收入2万元，增加群众收入约280万元。人居环境，累计投入200余万元用于改善农村人居环境，围绕农村人居环境整治和美丽乡村常态化、沿路沿线环境整治、农村改厕、公厕建设、有毒有害垃圾回收和建筑垃圾清理等开展工作，在县级考核中，城关镇各季度累计考评均列全县先进位次，三个季度累计获得奖补资金近20万元；在全县7月份首次开展的“最美乡镇”评选中获评“最美乡镇”称号，苏店新村、蒋庄新村作为省、市调研重点美丽乡村；先后投入近2000万元用于无物业小区、家属院、大杂院和背街小巷基础设施进行维修维护、公益宣传和文明实践；对责任不清、任务不明，长期管理不到位的11个大市场、2个小区进行兜底托管；先后新安装和维修路灯200余盏，翻新巷道20余处，维修路面500余处，实现下水道清掏、垃圾杂物小广告和飞线等全覆盖整治。在省文明创建验收中，受检小区、农贸市场等被检查点位各项验收指标均符合省检要求。中央环保督察交办涉及城关镇辖区问题10个，全部完成整改并销号。

（武晓飞）

阚疃镇

【概况】 利辛县阚疃镇位于利辛县东南部，距离县城18千米，是皖西北地区通向省城合肥市的东南门户，省道、县间公路及环乡公路四通八达，周边与蒙城县、凤台县、展沟镇、新张集乡、胡集镇、程家集镇、中疃镇等地接壤，国土面积116平方千米，耕地总面积8.74万亩。2022年，阚疃镇辖9个社区居委会、13个村委会，256个自然庄，总人口10.32万人。阚疃镇旅游资源丰富，白鹭洲公园是AAA级风景区，是亳州（曹操、华佗故里）—涡阳（老子故里）—阚疃（白鹭洲风景区）—迪沟开发区—八里河风景区旅游专线上的一颗明珠。以白鹭洲公园为龙头，以南海湿地公园、西淝河公园、净梵寺、观音寺、西汉古墓群为重点，以生态村“农家乐”板鸡为品牌的配套建设，带动全镇餐饮、旅游、服装等产业的发展。2009年阚疃镇被安徽省评为“优秀旅游乡镇”。2022年，利辛县阚疃镇持续实施“旅游兴镇、产业富镇、文化强镇、和谐稳镇”发展思路，1—9月全镇税收完成3727万元，比上年同期增长12.23%。2022年，阚疃镇全面落实网格化疫情防控，实现疫情防控的网格化管理全覆盖。2022年，全镇在家人口接种疫苗90346剂次，其中18岁以上加强针接种18467人次，加强针累计完成率达到85.51%。按照市、县疫情防控指挥部要求，阚疃镇进行53轮的全域全员核酸检测，采样达189万人次。

招商引资促发展。2022年，阚疃镇继续加大项目跑争和招商引资力度，完成县下达的1个工业和1个其他产业的任务。全年共落地4家企业，计划总投资3000万元，完成投资1700万元。常态化开展优化营商环境工作，全年镇相关领导及营商环境办公室人员共走访38家企业70余次，政策集体宣讲5次，解决问题48例，其中解决省平台留言问题12例，解决线下问题14个。搭建镇营商环境工作平台1个。市新闻网站刊登阚疃镇走访宣传事例2次。

政府作为护民生。2022年，全镇享受农村低保1842户3731人，五保518人，残疾人贫困精神病患者药费补助201人，贫困残疾人生活救助1855人，申请残疾人护理补贴1157人，并对残疾人开展精准康复服务工作。对全镇留守老人及留守儿童进行走访，了解其生活状况，为61名确需救助的孤儿及事实无人抚养儿童发放孤儿补贴。7月，全镇依托公路社区养老服务站打造的首个老年食堂，为老年人特别是留守老人提供就餐便利。10月，在新桥、茆庙、红旗3村改造3所老年食堂。

【乡村振兴】 2022年，阚疃镇坚持以乡村振兴为基础，谋划农村工作全局，以县乡村振兴局“巩固拓展脱贫攻坚成果集中排查方案”为要求，以排查专项行动为契机，先后六次组织召开“大排查”工作动员会、业务培训会、业务提升会、业务推进会，成立“大排查”工作领导小组，制定“大排查”工作方案，实现一般农户24769户、脱贫户3830户、监测户341户全覆盖，排查出新增监测户28户75人，排查出各类问题604个，完成整改604个，实现整改率100%；落实“雨露计划”政策资金78.9万元；落实“防贫保”政策资金25.6万元；“特色种植养殖”奖补资金148.56万元；落实“小额信贷”资金815余万元，为贫困户自主创业提供资金支持。2022年，积极调整农业产业结构，推广大豆玉米带状复合种植生产，全镇大豆玉米带状复种面积推广900余亩。发展绿色特色农产品，全镇葡萄、冬枣等水果种植面积达700亩，莲子、白芍、玫瑰等中药材面积有1800余亩。稻鱼综合种养面积达3000余亩。肉牛养殖大型规模生产单位8家，千头肉牛养殖场2家，全镇肉牛养殖规模达8000余头，生猪养殖有序健康发展。阚疃镇9.6万亩小麦全部及时完成收获，实行秸秆打捆离田方式，秸秆离田率98%以上，实现秸秆的饲料化、市场化运作。2022年，阚疃镇集中力量打好大气、水、土壤污染防治攻坚战。重点突出茨淮新河与西淝河及其支流的保护与治理，上级部门通报的93件“沿河清四乱”问题全部完成整改销号。全年共接受环保信访问题55件，比上年同期减少20件，热线回复满意率较高。核查并上报查封环保问题5件，查处环境违法行为5件，罚款8万余元，全镇15家散、乱、污企业治污设施得到提升改造；镇投资约400余万元治理永幸河黑臭水体及两岸群众污水直排问题；白洋沟沿岸近80户居民及西淝河银河花园周边200户居民生活污水截污纳管工作有序进行。

（王　勇）

城北镇

【概况】 利辛县城北镇位于利辛县北部，镇政府驻地距县城11千米。城北镇南临城关镇，东毗中疃镇，北与旧城镇、江集镇搭界，西与西潘楼镇接壤，总面积68平方千米，耕地面积6.1万亩，辖10个村委会、3个居委会、132个自然村，总人口5.6万人。辖区内有刘集、侯寨、陆大营三个集贸市场。

果蔬产业。2022年，城北镇结合城镇发展和配套设施建设的需要，通过注入乡村振兴衔接资金，支持建设雾耕农业、智慧农场、分拣中心等具有一定规模的现代化农业产业项目。其中城北镇农事服务综合体项目建设是4087.26平方米钢构及砖混相结合的厂房。一层农资大棚，建筑面积1809.6平方米，农产品储存中心468.16平方米，项目进行中。城北镇蔬果行业物联网自动控制果蔬气雾栽培项目——雾耕农业项目完成，建设鸟巢式标准化控温钢结构大棚9栋，实际占地面积约26亩，配套立体气雾槽、柱形气雾塔、电气控制设备、营养液配置设备、气雾输送设备、雾化系统等相关设施在进行审计程序。

生态环境保护。2022年，城北镇加强环境监督长建设，落实环境监督属地责任，建立环境监督长问题排查周报告机制，发现问题立即督促整改。根据散、乱、污处置办法，上半年提升改造散乱污企业4家，拆除取缔污染作坊3个。深入打好地表水污染防治攻坚战。辖区内河流开展清“四乱”专项行动，始终保持河道畅通清亮；结合人居环境整治，2022年，7条黑臭水体治理全面完成。狠抓重点时段禁燃禁放管理工作，第一季度城北镇空气$PM_{2.5}$浓度得到有效控制，排名在全县居于前列；全镇6万亩地秸秆全面打捆离田，午秋两季禁烧实现零火点；积极开展燃煤锅炉改造，加强餐饮油烟管理；在建施工工地裸土、沙石实现全面覆盖，主干道路常态化保洁，全年空气$PM_{2.5}$浓度得到有效控制。

民生保障。2022年，城北镇完成镇残联换届等各项残疾人服务工作。全镇享受农村低保人口1469户，3168人。特困供养户365人，其中分散供养326人，集中供养39人。共解决1581人贫困残疾人生活救助，贫困精神残疾人药费补助168人，重度残疾人护理补贴709人，孤儿和事实无人抚养儿童57人。持续加大殡葬改革力度，全年共火化108例。全镇城乡居民养老保险参保人数34780人，领取养老保险待遇6899人，终止领取人数4158人，当年度缴费15294人。因死亡注销养老保险297人，因享受其他保险注销133人。完成县级部门安排的就业人员帮扶工作。每月按时上报易地扶贫搬迁就业帮扶表格，每月张贴亳州市工业企业用工需求信息表格，累计帮扶就业超50人次。

【乡村振兴】 2022年，城北镇深入开展防返贫动态监测，问题即查即改。全年共开展业务培训40次，分工委成立3个排查专班、13个镇级网格、78个村级网格、413个村组网格，共排查一般农户13017户、脱贫户2614户、监测对象276户，累计发现问题191条，全部整改到位。全年共实施低收入群体农村危房改造6户，其中重建5户，修缮1户，共拨付资金13.1万元。按照《利辛县农村破旧房屋整治工作方案》要求，结合城北镇实际情况，形成“六个一批”破旧房屋整治机制。共实施农村危房、破旧房屋整治275户，其中修缮79户，搬离封闭106户，拆除90户（其中有人居住破旧房屋73户，无人居住破旧房屋17户）。大力实施“雨露计划”，春季180名学生补助资金27万元；秋季202名学生补助资金30.45万元。全面推行人居环境“五清一改”工作（清沟塘，清废弃物，清理乱搭乱建、乱堆乱放，清理废旧广告牌，清理无功能建筑，改变影响农村人居环境的不良习惯），每周坚持调度考评，利用公益岗位对全镇129个自然庄全方位地进行清理，成效较为显著。秸秆禁烧期间，结合秸秆清理工作，全镇共出动机械156余次，车辆433余次，对全镇村庄外残留秸秆基本清理，彻底解决村庄乱堆放等突出问题。全年改厕200户，超额完成改厕任务。

（张振宇）

江集镇

【概况】 2022年，江集镇下辖16个村（社区），170个自然庄，总人口85321人。耕地面积99424.61亩，流转土地59863亩。2022年财政税收340万元，同比增长23%。全年上级交办件25件，其中化解积案5件，市长热线办理552条。重点风险隐患排查1089条，全部整改；矛盾纠纷排查86件，调处84件，调处率97%，保障党的二十大期间社会形势平稳。紧绷安全生产这根“弦”，宣传贯彻新安全生产法，严格落实党政领导“一岗双责”责任制，定期开展安全生产工作大检查，全镇安全生产形势稳定。持续抓好禁毒工作。大力宣传禁毒工作，在全镇开展禁毒宣传4次，发放禁毒宣传手册3500余份，张贴禁毒宣传标语350余张，悬挂禁毒横幅36条。

民生保障。2022年，江集镇共有低保家庭1471户3172人，全年发放低保资金1424.32万元；特困供养人员435人，其中集中供养72人，分散供养363人，全年发放特困供养金额229.25万元；80～89岁享受高龄津贴1189人，90～99岁享受高龄津贴203人，百岁老人10人，全年发放老龄补贴金额25.22万元；孤儿及事实无人抚养儿童共70人，全年发放补助款83.27万元；办理临时救助人员31人，其中因病救助13人，因学救助7人，火灾救助4人，其他突发事件7人，民政拨付救助资金约11.11万元。2022年，全镇共有残疾人口3118人，享受重度残疾人护理补贴935人，困难残疾人生活补贴1927人，全年发放各类残疾人救助资金166.62万元；帮助残疾人申请并发放辅助器具17人，解决残疾人实际困难；共帮助精神残疾患者210人申请药费补贴，合计发放金额21万元。全面启动2023年城乡居民基本医疗保险征缴工作，共参保人数22047人，人均缴费229.8元。稳步推进殡葬改革工作，2022年，全镇火化160例。

集镇建设。2022年，江集镇坚持“绿水青山就是金山银山”，投资约6000万元对西淝河6条中沟两岸污染源全面排查并开展全面清淤整治，特别对车辙沟两岸居民生活污水直排进行截污纳管；总投资约2700万元，对江集社区辖区内车辙沟及河坡走道全面清淤并做好绿化建设。结合美丽乡村建设，对镇辖区内河流全面排查，对河面漂浮及河道乱堆乱放秸秆、垃圾及时清理，做到农作物秸秆及时离田、离沟、离路，集中堆放。开展污水处理厂提质增效，对江集镇街道建成的约14千米的污水管网进行排查疏通，提高污水收集率，对南北污水处理厂做到全面清理。

【乡村振兴】 2022年，江集镇按照分类帮扶的原则，对脱贫户（不含脱贫不享受政策户）3540户7810人制定24323条帮扶措施，对监测对象314户826人制定2271条帮扶措施，坚持因人因户施策，坚决守牢返贫致贫底线。持续抓好稳岗就业工作。全年全镇脱贫劳动力、监测对象实现就业3096人，共开发公益性岗位380名，并为脱贫人口和监测对象跨省务工1366人申请补贴，补贴金额27.32万元。持续推动产业和基础发展。全年共奖补符合条件的特色种养脱贫户、监测对象397户165.73万元，发放脱贫户和监测对象跨省务工交通补贴27.3万元；

开展“雨露计划”资助385人共57.75万元（其中，春季资助182人27.3万元，秋季第一批资助137人20.55万元，秋季第二批资助66人9.9万元）。投入资金27.8万元，完成199户改厕工作。持续加强项目和资产管理，2022年全镇衔接推进乡村振兴补助资金项目6个，涉及资金494.65万元。

（赵令臣）

张村镇

【概况】 利辛县张村镇位于利辛县西北部，距离县城约27千米，辖区地处西淝河北岸，北接涡阳县，西与太和县隔西淝河而望，南与汝集镇以西淝河为界，东与本县纪王场乡、孙集镇相邻。全镇总面积95平方千米，耕地面积8.8万亩，设置18个村（居）民委员会，274个自然村，总人口8.9万人，其中农业人口7.8万人。省道202线（阜涡路段）与省道308县（利太路段）在此交会，交通便利，商贸发达，是涡阳、利辛、太和三县的衔接处。著名的文物古迹有：乾溪“阴阳城”遗址、唐置文州故址、一醉三年的刘伶墓、红门寺遗址等。2022年，张村镇积极宣传电子商务进农村方面的各种政策。镇12家网点网上销售营业额在180万元左右，带动周边32名贫困群众就业。巷道路建设工作。2022年张村镇共有14个村，36个自然村启动巷道路建设，修建巷道路243条，总长度20.8千米，面积6.48万平方米，争取奖补资金257.87万元，极大程度地改变群众的出行环境。2022年鉴定、拟实施低收入群体危改户41户，完成危改41户。验收41户，改造资金合计96.8万。2022年，镇医保窗口为所需群众办理特殊及普通慢性病本156件；大病救助79人次，金额达15346元；足额发放养老保险金1766.42万元，较上年同期增长22.37%。2022年，全镇共完成疫苗接种11508针次，18周岁以上完成接种率81.22%，全程接种率88.61%。进行全员核酸检测、重点人群核酸检测150.27万人次，其中上门核酸检测8968人次。按疫情防控指挥部统一部署，关口前移，设置与阜阳市交界处的交通卡点，历时7个月，查验安康码、行程码21.2万人次，极大程度地降低疫情输入风险，并积极参与利辛西、利辛北高速路口执勤工作。

农业生产。2022年，张村镇强力发展现代农业，旱季全镇小麦总产量约5.86万吨，创历史新高。夏种玉米和大豆套种7461亩，超额完成合同数；秋季，大豆产量约4160吨，玉米产量约2.52万吨。以“调优产业结构，培育富民产业”为现代农业发展总抓手，认真贯彻落实中央一号文件精神，坚持把特色经济作物作为产业结构调整的主攻方向，以专业合作社为龙头带动，种植各类蔬菜约10000亩，其中新增1300亩；种植中药材3000亩，大棚西瓜种植1200亩，小麦良种繁育12000亩，牲畜存栏16000头，渔业养殖水面1000亩。全镇新建蔬菜大棚5座，冷库3座，厂房1座，生产道路1条。

【乡村振兴】 2022年，张村镇开展动态管理工作，新识别突发严重困难户36户94人、边缘易致贫户33户84人、脱贫不稳定户1户3人、自然变更因新生儿、婚入等原因增加10人、因死亡等原因减少122人。优化调整“一户一方案、一人一措施”，全年共优化调整帮扶措施条数25612条。开展危房排查整治工作，共排查出疑似危房118户，全部整改。实施“雨露计划”，涉及181人次，共发放补助资金27.15万元。对脱贫人口及监测对象中跨省外出务工的，进行补贴699人，资金合计13.98万元。光伏扶贫方面，2022年发电收益860.38万元，发放脱贫户资金494.62万元，开发公益性岗位845人，发放公益性岗位工资280.33万元，阚疃光伏发电大集中项目受益户235户，收益88.49万元；户用光伏受益245户，收益64万元；积极开展“防贫保”工作，已脱贫人口中共4334人进行参保，完成比例91.6%；监测对象中共654人参保，完成比例100%。开展“大排查”工作，排查发现涉及住房安全等问题合计177条，均整改完成。衔接推进资金投入和项目实施方面，全年投入非贫困村的资金总量3192万元，占投入村资金总量比例73.9%；非贫困村实施项目总数6个，占村项目总数的54.5%。

（孙圣峰）

孙集镇

【概况】 孙集镇位于利辛县城西北方向，距离县城15千米。东南与西潘楼镇相接，东面与江集镇毗邻，北面与纪王场乡、张村镇搭界，西面和西南方向与汝集镇和王市镇隔西淝河相望。辖9个村（居委会）121个自然庄，48627人，总面积65平方千米，耕地面积5.8万亩。2022年财政收入470万元。全镇新出生202人，女性初婚62人，占总人口的1.18‰，其中政策内生育182人，政策外生育20人，人口总出生率3.84‰；死亡153人，死亡率2.91‰。2022年，新增享受国家计生奖扶33人，共发放计划生育奖励金3.3万元；独生子女保障费发放146人，发放资金14万元；特殊帮扶人员8人，发放资金3万元；计生代缴新农合1355人，补贴43.36万元。广泛开展人口基金“生育关怀行动”，共发放资金7300元帮扶致富。持续重视义务教育工作，孙集中心小学在亳州市2022年5月校园活动评比中被市教育局命名为“书香校园”，宋寨学校被市教育局命名为“美丽校园”。利辛皖能环保电厂正式运营，利辛县农林生物质热电联产项目土建工程竣工投产。

生态环境保护。2022年，孙集镇生态环境保护巡查208次，发现问题238个，涉及散、乱、污等各类环境问题，整改到位228件，整改率95.7%。历年中央和省、市生态环境保护督察反馈问题20件“回头看”，涉及的问题均整改到位。对市、县热线办转交的生态环境保护信访件30件，及时到现场查看，对违规生产企业立即采取整治措施，坚决按照环保规定整改到位。秸秆全部离田，继续实行常态禁烧工作，强化落实秸秆禁烧主体责任，特别是对堆放在河沟处的弃置秸秆督促及时清运，加强秸秆堆放场的日常监管。镇污水处理厂新增铺设主管网DN400长度6792.8米，支管网DN300长度4987.7米，入户管网6210米，接入户数508户，涉及6个自然村，二三期管网疏通3860米，其中堵塞管网需重新开挖608米。对规模化养殖场进行常态化日常性监管，做到养殖场合规运行，对集污池、晾粪棚与雨污分流等设施进行不定期检查，力争养殖户做好养殖粪便无害化处理。对两河流域在孙集镇内的支流，持续开展清水廊道建设。

民生保障。2022年，全镇农村低保户876户、1649人；城镇低保2户、2人；农村低保边缘家庭27户、35人。农村特困供养人员261人，其中集中供养111人，分散供养150人；失能特困人员40人，其中半失能21人，全失能19人。对因病、因灾等原因导致家庭困难的群众实施“救急难”和临时救助资金补助，共实施临时救助82户，发放临时救助资金32.22万元。对全镇80岁以上老人发放高龄补贴。养老服务方面，全镇开展居家养老和老年助残服务，建设三个老年食堂，为村（社区）老年人提供助餐服务，全年共服务1.06万人次，发放就餐补助2.12万元。全镇持证残疾人1758人，享受残疾人生活补贴的1069人，享受护理补贴的662人，全年共发放残疾人生活补贴62.25万元，发放残疾人护理补贴42.21万元。

【乡村振兴】 2022年，孙集镇有农业新型经营主体88家。引进安徽省铭佳现代农业科技有限公司，投资1000余万元，一期完成食用菌大棚建设30个；搭建分拣、清洗、加工等一体化厂房1座，新建容量2000立方米冷库1座，大力发展双孢菇、羊肚菌等食用菌种植，建立了种植业、养殖业、食用菌三元循环发展新模式。在刘营社区建设温室大棚17个，预计每年为社区集体经济增收12万元，带动就业30余人。在栗土楼村建设冷库，每年为村集体经济增收约15万元。通过发展壮大集体经济，切实提升农民群众的获得感、幸福感和安全感。打造梁营社区稻蟹共养和冯楼社区张庄两个特色产业发展的亮点项目得到县领导一致好评。2022年，全镇村（社区）进行网格化管理，共设立网格152个，配备网格员152名。继续实施“一户一方案、一人一措施”，逐户逐人制定落实帮扶措施，今年对2393户脱贫户、181户监测户制定帮扶措施共20160条。围绕“三保障”和常态化帮扶工作，先后开展网格化管理常态排查、住房安全专项排查、2021年成效考核对照整改排查、防返贫动态监测集中排查等多次排查整改行动，推动各项政策落实落细。光伏扶贫收益977户，每户每年增收3500元；脱贫户和监测户特色种养259户，补贴金额111.18万元。2022年全镇脱贫人口和监测对象劳动力务工就业2258人，比去年增加158人；落实省外务工交通补贴870人，每人补贴200元；开发村级公益性岗位162人。全镇落实低保861户1639人。集中供养五保户113人，分散供养五保户149人，残疾人护理补贴692人，残疾人生活补贴1113人，精神病人药费补贴147人，孤儿（困境儿童）47人。上半年落实义务教育阶段住宿生补贴266人，资助金额16.26万元；义务阶段非寄宿学生补贴306人，资助金额8万元；学前教育资助43人，资助金额1.7万元；职业教育雨露计划182人，资助金额54.6万元。加大本地企业发展，特别是优秀专业合作社和家庭农场，开展新型职业农民培训，共培训28人。

（张佳亮）

孙庙乡

【概况】 利辛县孙庙乡位于利辛西部，与本县王市镇、王人镇、汝集镇交界，距离县城18千米，总面积54.5平方千米，耕地面积7.05万亩，辖9个行政村、3个社区，134个自然庄，人口54399人。孙庙乡是“安徽省森林城镇”，孙庙乡富民村、富强村、高堂村获“安徽省森林村庄”称号，民主社区获评2021年全省综合减灾示范社区。境内有全省文物重点保护单位——伍奢冢遗址。

农业生产。种植养殖业方面。2022年，孙庙乡百亩以上新型农业经营主体（农民专业合作社、家庭农场、农业企业）86家，实现流转土地2.54万亩，占全乡耕地面积的40.9%。培育高素质农民30人。4月，开展60000亩小麦赤霉病防控，投入资金96万余元，取得良好成效。推广玉米粮改饲面积1万亩以上。推广秸秆综合利用，全年实现秸秆离田率达99%，主要用作饲草和能源。发展特色种养业、调整产业结构，加快土地流转，带动务工就业，全乡新增药材面积1100亩；大棚西瓜、南瓜、生姜、草莓及各类蔬菜面积3000余亩；油桃、葡萄面积690余亩。全乡土地“全托管”“大流转”“地入股”总面积34100亩，占全乡耕地面积的55%，为发展适度有序规模经营打下基础。大力推进农业生产社会化服务项目，在阳光村试点实施5000亩，在耕地、播种环节免费服务，带动全程托管服务。利用乡村振兴衔接资金近520万元发展特色产业，建设富民村分拣车间冷库1座、和谐村日光连栋大棚6座、幸福村单坡日光温室7座，实行利益联结机制，增加村集体经济收入。全乡脱贫户和监测户共申报特色种、养奖补332户913人，享受奖补资金91.98万元，充分激发有劳动能力脱贫户和监测户的内生动力。积极开展春、秋季动物疫病防控工作，科学指导畜禽养殖场（户）粪污资源化利用，规模养殖场的粪污资源化综合利用水平得到大幅度提升。孙庙村黄牛养殖小区，实现年出栏肉牛1000头左右，推广种养结合循环可持续发展模式。以阳光村双宇农牧有限责任公司、高堂村聚德农牧科技公司为生猪养殖主体，实现全乡生猪供给年出栏生猪30000头。农产品质量安全方面。对全乡42家种养企业、家庭农场、专业合作社、种植大户进行建档立卡，全年对8个品种农产品进行检测2000次，其中农药残留1200次、瘦肉精500次、水产品300次，检测结果合格率100%。在全乡范围内无重大农产品安全事故发生。积极开展“三变改革”和“股份制改革”，全乡村集体经济收入突破1000万元。农村宅基地管理。落实一户一宅，共申请宅基地建房198宗，通过审批宅基地153宗，有效遏制乱占耕地建房。

民生保障。2022年，全乡共有农村低保户1109户、低保对象2222人；城市低保户9户、低保对象15人；特困供养户285人，其中分散供养对象247人，集中供养对象38人；孤儿及事实上无人抚养儿童34人；临时救助67人，发放资金24.78万元。建设老年食堂，解决独居老人吃饭问题。高堂村老年食堂着力打造“公益慈善+老年食堂”养老助餐新模式，按照“政府补助一点、爱心人士捐赠一点、老人自费一点”的方式，按早餐6元、午餐10元的标准配餐，孙庙乡60周岁以上的老年人个人早餐仅需支付2元，午餐仅需支付3元，剩余资金由政府补贴及爱心人士捐赠。2022年，全乡80岁以上高龄老人1322人；有残疾人2303人，经审定的享受残疾人护理补贴对象共759人，发放护理补贴4.94万元；符合残补条件的1399人，发放残补资金8.91万元。为184名精神残疾人提供基本精神药物治疗费用，补助每人每年1000元，补助资金18.4万元。全年发放独保费资金15.56万元；2022年新增奖励扶助人员39人，发放资金3.52万元。充分发挥计生协会作用，救助贫困母亲8名，资助贫困大学生5名，每人1500元。2022年，全乡医保参保人数达到44515人，参保率为80.93%。为确保住院医疗费用报销工作的顺利开展，医保办严格执行住院报销制度，今年全乡共补偿1100人，补偿金额共9796552.96元；大病医疗救助33人，救助补偿金额293980元。开展“全民参保行动”，提高居保缴费基数。全乡居保共计缴费人数16232人。对年满60周岁以上7607人发放养老保险资金。

安全建设。2022年，孙庙乡严格落实安全生产责任制，积极开展安全生产宣教活动。全年组织安全生产专题培训6次，召开安全生产专题例会43次，安委会暨消委会扩大会议34次，开展校车专项检查行动15次，乡主要领导带队开展加油站点、烟花爆竹、建筑施工等重点行业专项整治20余次，排查出的隐患严格落实销号整改。开展防溺水督查10余次，排查我乡境内所有河流178余条，制作防溺水警示牌280余个；悬挂安全生产、消防、防溺水等相关横幅150余条。积极开展“安全生产月”活动，发动企业参与安全生产月答题60余人次，并取得县级“优秀组织”奖；同时开展燃气安全“百日行动”，出动检查人员20余人次，张贴“燃气安全九提示”宣传海报200余张，督促商户安装可燃气体报警器25家。共排查整改道路交通安全隐患34处，乡投资金额28万余元。开展食品、药品安全大督查13次，重点对校园食堂、敬老院食堂、集镇饭店进行整治，排查隐患问题16个，均整改完毕。

生态环境保护。全年共开展环保巡查762次、2369人次，发现问题347件，处理整改347件，对辖区内的3家砂石料厂进行规范整改，全部完成。精心组织乡村环境监督长开展环保执法检查。取缔新建村养马场一处，关停大盘香加工小作坊7家。全年共治理黑臭水体8处，投入资金37万元。对富民沟沿河58家住户进行截污纳管，投入资金40万。对赶鸡沟孙庙西街到范庄段共700余米，进行疏浚治理，包括沟两岸平台绿化带，投入资金9.5万元。对孙庙污水处理厂学校向北115米管网断裂进行整改，投入资金20万，对民主村程新污水处理站管网重新铺设，投入资金12万，对和谐村庙李污水管网进行疏通整改，投入资金2万元，河道打捞投入资金3万元。对辖区内8家红薯粉及粉丝加工厂进行督察，全部按标准完成整改。按时完成巡河任务，对全乡辖区10条大沟迎水坡农作物、秸秆等问题进行排查，总长62.5千米。争取上级项目资金522万余元，分别用来对民主、阳光、和谐污水管道暨污水处理站提质增效。秸秆禁烧和综合利用，全乡实现“收上来、种下去、无火点”工作目标。

【乡村振兴】 2022年，孙庙乡有脱贫户1976户4464人，监测对象166户365人。实行网格员常态化跟踪走访与集中排查相结合，全乡共划分网格178个。5月和10月开展排查工作，对全乡所有农户一户不落地进行入户排查，发现问题及时整改。关注产业就业，拓展增收渠道。结合秸秆禁烧工作，发展秸秆综合利用、农机服务等项目。帮助企业应对疫情影响带来的开工难、用工难、生产难、销售难的问题。大力促进稳岗就业，全乡通过介绍脱贫人口外出和开发公益岗，实现务工1838人，公益岗位662人；发放省外务工交通补贴13.78万元，惠及689人。开展“雨露计划”助学行动，春季助学98人14.7万元；秋季助学116人17.4万元。落实政策帮扶，助力自主发展。共摸排发展特色种植养殖331户，补助资金92.59万元。为帮助发展产业，共帮助办理小额信贷37户，共计185万元；全乡实施衔接推进乡村振兴24个资金项目，共计3148.06万元。推进乡村建设，筑牢振兴基础。实施美丽乡村工程，和谐村周寨中心村美丽乡村建设项目正在施工建设。完善基础设施建设。2022年共修建76条巷道，共3345米，面积9640平方米，落实奖补37.85万元。壮大村集体经济收入。2022年，全乡31座村级光伏电站共计收入632.97万元。2022年，全乡农村危房改造对象共30户。加大招商引资，促进经济发展。全年落地招商引资项目5个，安徽真可食品有限公司、安徽鸿方农业科技有限责任公司、利辛县罗云纱门厂、安徽省道首箱包有限公司、安徽省梦妍服饰有限公司，总投资2.4亿元。建设美丽乡村。2021年孙庙乡高堂中心村美丽乡村项目顺利验收。高堂中心村总建筑面积8.42万平方米。新建党群服务中心面积894.28平方米，村室健身广场3500平方米，道路硬化和改造9000平方米，新安装太阳能路灯140余盏，新装健身器材2套，新建篮球场1个，新增村庄绿化4000平方米，沟塘疏浚清淤9面。全年完成改厕260个。

（李家瑞）

西潘楼镇

【概况】 利辛县西潘楼镇位于利辛县偏西北方向，距离县城10千米。镇域东南与城关镇相接，东北与城北镇毗邻，北和江集镇搭界，西北与孙集镇相连，西南和王市镇隔西淝河相望。全镇总面积72.9平方千米，耕地面积6.3万亩，辖15个村委员会、372个村民小组、152个自然庄，总人口71950人，其中回族900多人。

环境整治深入推进。2022年，西潘楼镇坚持以“五清一改”村庄清洁攻坚行动作为推进乡村振兴的重要抓手，全面完成陈年垃圾清理任务和年度农村厕所改造任务，清理自然村内主干道两侧厕所、垃圾、杂物，开展以拆除废弃畜禽圈舍、危旧房屋，改造旱厕、整理乱堆乱放、清理水渠、清运建筑渣土等为内容的环境综合整治攻坚战。对畜禽养殖场（户）下达治污设施整改通知书，现已整改完成95%以上，粪污资源化利用达到98%，规模化畜禽养殖场（户）配套治污设施有显著提高，利用专项资金1000万元，新建2个阳光棚生产有机肥原料，彻底解决全镇养殖场18600头黄牛粪污对环境污染问题。

民生保障落地见效。2022年，西潘楼镇筑牢教育、医疗、住房安全底线。在教育保障上，健全学生资助制度，全面落实学生资助政策，实现各级各类学校具有全日制学历教育正式学籍的建档立卡贫困户家庭困难学生资助全覆盖，确保无学生因贫失学。春季学期“雨露计划”职业教育资助186人27.9万元，秋季资助161人24.3万元。在医疗保障上，全面推行一站式即时结算全覆盖、贫困人口家庭医生签约服务，实现健康脱贫政策全覆盖。前三季度，全镇兑现独生子女保费，金额8万余元，新增奖扶28人。

营商环境显著改善。2022年，西潘楼镇深入企业宣传政策，走访企业90余次，线下办理涉企问题12个，线上办理35个。积极开展“入企问需”大走访，共计走访4982户，收集需求149条，帮助协调解决，开展领导开门接待企业活动，共计接待企业9家，收集需求9条，帮助协调解决。坚持统筹安全与发展，全年排查各类隐患共计1060余处，全部整改。

【乡村振兴】 利辛县西潘楼镇各村（社区）立足资源禀赋、产业基础等实际情况，积极探索发展壮大村集体经济有效形式。坚持特色错位发展，以选派帮扶资金做大做强扶贫车间，积极带动周边群众就业，充分发挥“项目引擎”拉动效应，围绕郭楼特色养牛产业和有机肥厂优势，实现绿色、环保、可持续的新型养殖产业发展。以“社区＋公司＋农户”模式运营，吸引更多的农户参与产业发展，有效助力乡村振兴。坚持“走出去、请进来”模式，按照“需要什么学什么”的原则，围绕小麦、大豆、玉米、生姜、蔬菜高产栽培技术等农业种植技术，聘请专业人员开展农业技术培训。健全扶贫对象动态监管机制。全镇全面开展动态管理工作，摸排全部建档立卡脱贫户，切实做到“回到原点全覆盖”。2022年，全镇有脱贫户3375户7268，监测户312户750人。针对国家、省、市、县各级巡视巡察、督查暗访发现反馈的问题，认领中央脱贫攻坚专项巡视反馈问题22类，354+N问题台账15类。全镇共计排查问题458个，全面完成整改。坚持以产业扶贫助推乡村振兴。以村集体和脱贫户增收为目标，以引导支持产业薄弱村及脱贫户发展特色种养业为抓手，不断提升项目产业档次、参与精准度，实现收益和资金支持取得实效。实施完成特色种植、养殖奖补315户81.92万元。持续加强光伏电站维护，保障光伏发电收益持续增收，全年村级光伏收益768.25万元，928户脱贫户获得收益。加强引进高收益村级产业项目，进一步扩充村集体经济收入。2022年安徽利辛省级粮食储备库扩建3万吨粮食仓库项目，为四个贫困村增加近53.55万元预收入，支持9个村申报加工业项目，每村42万元入股共富公司，每村年收益2.52万元，东王村家禽屠宰场项目，年收益近60万元。

（刘中达）

纪王场乡美好乡村　　（纪王场乡/供）

纪王场乡

【概况】 纪王场乡辖11个村（居）委会，122个自然庄，157个村民组，人口5.66万人，劳动力资源总数2.7万人，面积72平方千米，耕地面积7.8万亩。2022年，粮食总产量6.8万吨；财政收入378万元；招商引资1.17亿元；农村常住居民人均可支配收入1.32万元，城镇常住居民人均可支配收入3.48万元。乡主要领导线下接待来访136次，带案下访42次，化解陈年积案1起。线上签批市长热线283件，回复办结率达100%，顺利完成全年无进京赴省访目标，发扬新时代“枫桥经验”，真正做到了小事不出村，大事不出乡。切实维护群众合法权益，促进社会和谐稳定。全年共调处117件矛盾纠纷，满意率100%；悬挂横幅400余条，发放各类宣传单、宣传册1万份，提升村民的法治观念。2022年，纪王场乡继续坚持“人民至上、生命至上”“外防输入，内防反弹”总策略和“动态清零”总方针不动摇，统筹疫情防控和经济社会发展，坚持第九版防控方案和二十条措施不动摇、不走样，科学精准做好疫情防控各项工作。全乡共接种疫苗3.19万人次，5.13万剂次。

民生保障。2022年，纪王场乡全面做好困难残疾人生活补贴和重度残疾人护理补贴工作，提升养老服务能力。全乡享受残疾护理补贴734人、生活补贴1185人；农村低保兜底保障1086户2110人；分散特困供养234人，集中供养56人；建成老年食堂1个。为高校毕业生推送就业服务40余人次300余岗位；开发维护公益性岗位302人，发放工资240万元；全乡领取养老保险金人数7360人，发放养老金1260万元。

【乡村振兴】 2022年，纪王场乡聚焦“两不愁、三保障”基本要求，落实“雨露计划”277人次，补助金额41.55万元；核实走访跨省务工人数1172人，落实一次性跨省务工补贴23.44万元；审核村上报特色种养殖户267户，发放奖补资金109.21万元；落实贫困人口扶贫意外保险、居民医疗保险、大病保险、医疗救助等医疗健康扶贫政策。进行农村环境卫生整治，以“庭院美、村庄美、道路美、河岸美、田园美、环境美”为目标，集中力量推进人居环境整治。全年拆除无功能性破旧房屋186间；每月对集贸市场开展集中整治，累计拆除户外帐篷30余处、整治占道经营小摊贩11处、清理乱堆乱放1560处；评选出“美丽庭院”27户，“卫生清洁户”1256户。全年完成巷道路建设326条61560平方米，补贴资金184.6万元；完成2021年度省级永丰中心村建设任务；大力实施水污染治理，治理黑臭水体53处，实施厕所改造200余户，累计进行无害化厕所改造3769户；实施黄龙沟、青龙沟、直沟、安营沟、罗沟5条大中沟共计39千米的清河行动；集镇污水管网进行全面排查疏通，集镇污水处理率大为提升。抓住乡村振兴衔接资金项目建设机遇，因地制宜科学谋划，申报实施产业项目5个，总投资1410万元，建设蔬菜产业大棚5个，菊花烘干厂房1座，项目全部投入使用，特色产业取得显著成效。

（李昕昊）

王市镇

【概况】 利辛县王市镇地处利辛县腹地，东与西潘楼镇隔西淝河相望，南与马店孜镇为邻，西与孙庙乡接壤，北与孙集镇相连，镇政府距县城15千米，全镇总面积71.14平方千米，下辖10个村、3个社区、186个自然庄，人口18529户、62278人，耕地面积7.24万亩。2022年，王市镇实现财政收入177万元，财政支出3300万元。开展招商引资工作，引进安徽袁氏油脂加工有限公司、安徽清昶食品有限公司2个工业项目。10月，王市镇与安徽兆飞智能制造有限公司签订协议，总投资达1.8亿的工业项目在中王社区正式落地，极大改变王市镇工业格局。积极开展“四送一服”工作。全年走访企业36次，上报市县平台28次。通过入企问需活动，收集问题140个，解决企业用工问题5个。常态化疫情防控工作。2022年，王市镇实施29轮全员核酸检测，常住人口21800人均为阴性，取得较好的防控效应。

民生保障。2022年，王市镇着力解决群众最关心、最直接、最紧迫的问题，切实改善民生。累计开发公益性岗位408人次，发放贫困人口交通补贴53人次1.06万元。医保报销1189人次，办理慢性病证220人次。积极实施危房改造。集中开展自建租住房屋消防安全整治和农村自建房安全排查整治，共排查房屋18022栋，发现安全隐患735处，全部整改到位。自然资源与规划工作有序推进。土地执法巡查52次，发现制止违法行为8处，督促主动拆除5处；完成新增耕地项目46亩。围绕提升教学质量、改善师生教学生活条件，不断加大对校园周边环境治理力度，加快教师周转房建设。强化安全生产和食品药品安全监管，开展隐患集中排查治理专项行动，隐患排查520余次，开展安全演练活动5次。完成整改安全隐患380余处，道路交通安全隐患整改投入资金30余万元。

【乡村振兴】 2022年，王市镇坚决守住脱贫攻坚胜利果实，确保乡村振兴有序推进。帮助脱贫人口和监测对象贷款51户250.8万元，发展产业促进增收。种植黄蜀葵、辣椒、南瓜等作物1000余亩，养殖羊、鸽子7000余只，发放特色种养业奖补254.29万元，

9月16日，安徽省芜湖市弋江区结对帮扶人员到王市镇产业园调研
（陆翔宇/摄）

受益脱贫户、监测户共623户。保障住房安全。实施危破房屋拆除88户，确保“危房不住人、人不住危房”。申请乡村振兴衔接资金9687.38万元，打造食用菌种植基地、南瓜加工厂、蔬菜大棚种植等产业项目5个，通过务工、土地流转、收益分红等形式带动脱贫户、监测户稳定增收。扎实开展生态环境保护。在水环境治理方面，环保站排查和村级自查相结合，坚持周通报，周整改，加强对西淝河各支流旱厕、家禽散养、建筑垃圾、迎水坡农作物种植、河面漂浮物垃圾、沿岸堆放垃圾秸秆、排污口的治理等环保问题的排查力度，确保支流每月一次的水质量监测达标。全年镇级共巡河78次，村级巡河504次，主动发现问题78处，整改78处。朱新寨党支部书记、南菜花港河长朱黎被评为亳州市“最美村级河长”。

（陆翔宇）

汝集镇

【概况】 利辛县汝集镇位于利辛县西北部，北临西淝河，南靠老母猪港，西与太和县接壤，省道238在镇境内南北横穿12千米。全镇总面积100.3平方千米，辖16个行政村，182个自然庄，户籍人口7.57万人。

生态环境保护。2022年，汝集镇全面推进人居环境整治工作，将农村人居环境整治纳入村规民约管理机制，落实好农户“门前三包”责任制。全年环境检查113次，开展对砂石料厂、养殖业、汽修行业、木材加工点、石材加工、废品回收等“散乱污”企业、入河排污口等专项排查，出动工作人员276人次，发现问题79个，整改79个；对“两河”支流开展巡察53次，发现分类别37个问题、整改37个问题，上半年母猪港断面污染因子指数优于考核断面。集中整治乱堆乱放、白色垃圾等问题。积极筹措资金，实施道路“硬化”工程、下水道管网改建工程，改善群众出行。投入200余万元深入开展改善农村人居环境“百村示范，千庄整治”行动；完成“黑臭水体”治理3处，清理沟塘5.3千米；深入开展“五净一规范”专项整治行动，清理垃圾2800余吨，清理残垣断壁100余处，“清洁村庄”整治达标率100%，完成户改厕770户。

社会治理。2022年，汝集镇扎实推进基层综治维稳工作规范化、常态化，提高基层社会管理和服务能力。全镇共排查调处矛盾纠纷181起，成功181起，成功率达100%。无涉黑涉恶案件及线索，社会治安总体稳定。信访工作持续向好。探索信访联调机制，把群众“急难愁盼”放在首位，连续5年成为“三无”乡镇。2022年来累计接待来访群众180余人次，办理初信初访案件16件，自办案件75件，处理市长热线1800余件。严格落实“三位一体”包保责任，持续打好信访积案化解和越级访专项治理攻坚战，实现“保大局、护稳定”工作目标，信访形势持续向好。

民生保障。2022年，汝集镇始终坚持把保障和改善民生放在突出位置，积极开展就业促进、安心托幼、老年助餐服务等十项暖民心行动。全年网上办事大厅及各代办点共受理并办结10866件，满意率达100%。办理临时救助和大病救助130余户，争取救助资金45万余元。为1811户低保人员发放低保金1450余万元，低保覆盖率达3.8%。配合上级有关部门，对全镇的200余户疑似危房户进行了专业鉴定。对24户危房采取不同形式进行改造，落实危房改造资金约58万余元。精细做好常态化疫情防控工作，坚决守住疫情不发生的底线，安全有序做好新冠疫苗接种工作，确保应接尽接，不漏一人。

【乡村振兴】 2022年，汝集镇前三季度完成财政收入177万元，规模以上工业持续向好发展，其中第一季度实现产值2883万元；深入落实纾困惠企政策，聚焦“双招双引”，优化服务保障，建立项目全过程协调服务机制，投资3000余万元的三荔果农业发展有限公司项目签约落地；流转土地180余亩，投资1800余万的汝集镇现代农业项目开工建设。上半年完成固定资产投资1239万元、规模以上企业产值2883万元、社会消费品零售总额1073万元。现代农业提质增效。中华产业园区是镇重点项目建设基地，实现年产约25000斤食用菌，年产值3000余万元，带动周边就业达1000余人次。粮食生产再获丰收，粮食总产8.47万吨，秋种小麦面积9.8万亩，落实优质专用粮食生产3.5万亩。实施城乡建设用地增减挂钩项目120亩，新增耕地165亩。扎实推进农机托管工作，做到全面托管，建立村级秸秆堆放收储点9个，大型秸秆收储中心1家，加工企业8家，午秋两季禁烧实现“零火点”目标。定期对种粮大户、科技示范户进行麦田管技术培训和小麦赤霉病防治培训，发放技术资料10000余份，召开广播会6次，指导农民适期防治、科学用药，统防统治面积8万余亩。健全监测机制，乡村振兴成效显著。严格落实“四个不摘”建立和完善防致贫返贫监测机制，巩固拓展脱贫攻坚成果与乡村振兴有效衔接。针对贫困户制定“一户一方案、一人一措施”，其中享受村级光伏和大集中光伏扶贫政策户1909户，五保户430户，低保户1399户，享受公益岗位户278户，2021特色种养业扶贫奖补发放233.15万元，实施2021年“雨露计划”，发放资金46.5万元。各项帮扶政策总体稳定，脱贫人口年人均纯收入达到10288元，“两不愁三保障”持续巩固。

（卢云山）

王人镇

【概况】 王人镇辖9个村委会、6个居委会，总人口21198户、65982人，其中农业人口14853户、56505人，可耕地11.59万亩。

民生保障。2022年，王人镇持续推进低收入人群的社会救助工作，全镇1146户2168名低保人口、343名特困供养户、55名孤儿和事实无人抚养儿童、2403名残疾人，按时给予生活救助。实施惠民工程，开展养老助餐点建设，辛车、四里两个养老服务中心投入运营。新农合参合5.44万人，完成农村居民养老保险21255人。双邵路加宽项目全部竣工，总长8.1千米，总投资500余万元。“双拥”慰问及时到位，共走访慰问重点优抚对象87人，现役军人家属25人，退役军人300人，发放慰问金11万元。按照县委、县政府提出的“三城联创”要求，共拆除违建296间，门面商户全部按线内经营，流动摊点按划定的摊位入位，新建一条北城小吃美食街。

环境保护。2022年，王人镇实施以“五清一改”为重点的人居环境清洁专项行动，全面清理村庄“脏乱差”现象，做到“五净一规范”。投入资金44万元，解决15个行政村的排水设施、疏通维修、排涝不畅等问题。着力开展农村生活垃圾整治、农村“厕所革命”攻坚行动，实施垃圾治理工作常态市场化运行，垃圾日产日清。完成改厕400户；修建巷道473条，长21.03千米，面积6.09万平方米，奖补资金240余万元。严格“河长制”和“林长制”，落实巡河巡林制度，完成黑土沟、中心沟两岸绿化造林及高寨村邓寨社区农田林网建设工程，全镇新增造林面积500亩。开展污水治理，加强日常监管，共排查发现问题182个全部整改完成，治理入河排污口35处，沿河改厕33个；清理河面漂浮物200余吨，清运150余吨，治理黑臭水体5条；新建集镇污水管网2.6千米，曹店工业园区污水管网3.2千米。

社会治理。2022年，王人镇落实平安建设领导责任制，扎实开展打击整治养老诈骗专项行动和防范电信诈骗工作。持续落实好矛盾纠纷排查化解、领导干部开门接访、带案下访等制度，实施班子成员轮流接访、信访包案、分片包组包户、首访负责制。全年共调处化解国家级网上投诉4件、省长信箱4件；领导来电25件，调查处理化解24件；县来访5批7人，处理化解3批3人。自接各类来访化解信访案件35件，热线办理563件。

【乡村振兴】 2022年，王人镇精准制定“一户一方案”，针对全镇脱贫户4117户8786人、监测户446户1055人根据家庭状况、风险类别和帮扶需求，采取针对性帮扶政策；对脱贫享受政策户，按照“四个不摘”要求，继续落实好各项帮扶政策。切实抓好脱贫户和监测户务工就业，全镇2952人持续跟踪就业情况，对因在外无活等原因返家的，镇、村帮助安排就业，为他们提供公益岗位200个，临时性务工883个。扎实推进乡村振兴项目建设，太原、刘营、郭营、邵庙4个村的项目冷库建设面积5370立方米，厂房建设面积9695.8平方米，辛车种植大棚项目，占地21亩，建设四个温控大棚，每个棚内的面积880.67平方米。全镇完成2.96万亩土地流转，同比增长3.71%。新增市级龙头企业2家，培育市级专业合作社2家，县级示范家庭2家。设施农业大棚50亩以上6家，100亩以上4家，200亩以上3家；中药材种植100亩以上5家，200亩以上4家，500亩以上3家，800亩以上1家；露天蔬菜200亩以上3家。培训新型职业农民103人，培训科技示范户68户，培训有劳动能力贫困户85人。全年引进工业项目2个，安徽卓越涂料有限公司和利辛县超芒日用品有限公司投产运营，总投资3000余万元，厂房面积约4000平方米。

（储继福）

巩店镇

【概况】 巩店镇位于利辛县西部，距利辛县城38千米，南邻王人，东临孙庙，北邻汝集，西部、西北部和太和县三塔接壤。交通便利，南洛、济广高速东西南北而贯，设有利辛西出口。2022年辖11个居民委员会、7个村民委员会，196个自然村，427个村民组，总户数2.7万户、8.5万人，面积98.3平方千米，耕地9.9万亩。巩店集素有“粉丝之乡”“香椿之乡”“食用菌之乡”之美称。巩店镇连续六年在全县综合考评位列第一方阵，先后获得“安徽省脱贫攻坚先进集体”“安徽省第七次全国人口普查先进集体”“第六届亳州市文明村镇”“全国食用菌生产先进镇”“安徽省乡村治理示范乡镇”等荣誉。2022年11月荣获安徽省第十五批“一村一品”示范村镇称号。

农业发展。2022年，巩店镇推进农业生产“全托管”服务项目3.6万亩，完成小麦“一喷三防”9.6万亩。有序推进4.5万亩高标准农田建设，总投资1.19亿元，覆盖96个自然庄。强化粮食安全“保卫战”，小麦平均亩产达1100斤以上，粮食总产量稳定在9.6万吨以上，实现“十九连丰”。大豆玉米复种达3700余亩，达到预期目标。坚决执行磷化铝“两个暂停”要求，杜绝磷化铝在巩店范围内出售使用。完成农副产品检测1200个，合格率100%。农业支持补贴覆盖1.89万户，补贴资金926.69万元。全镇流转土地5.5万亩，形成以马庙社区蔬菜种植、红连村肉牛养殖、魏寨村食用菌种植、向阳社区黄桃基地、永昌果木产业等为主的特色产业体系，高标准筹办全县第一季度经济调度会，“一村一品”特色产业成效明显。生猪规模养殖场16家，实现年生猪出栏4.7万头以上；蛋鸡养殖25万羽、水产品上市900吨以上。培训新型职业农民50人，新增农民专业合作社、家庭农场82家，成功申报市级家庭农场12个、创建省级家庭农场4个；农产品加工企业20家，规模以上农产品加工企业5家。新增绿色食品认证8个，农产品质量“三品一标”认证数量不断提升。永昌社区被评为省级“一村一品”示范村，产业强镇、产业兴村、产业富民的良好局面初步形成。

环境保护。2022年，巩店镇深入践行“绿水青山就是金山银山”理念，坚决扛起生态环境整治的政治责任和历史责任。新设专项监督长20名，巡查出动680人次，巡查发现问题整改132个，顺利完成中央巡视交办件6件。建立重点企业“一企一档”24家，关停取缔“散乱污”企业6家，依法依规关停砂石料场1处，处罚2处。投入水体生态治理资金500余万元，建设污水管网6千米，整治规范入河排污口5处，污水处理厂支管网日收水量可以达350吨左右。全镇现有镇村两级河长55名、林长49名，建立健全常态化巡河、巡林机制。持续开展沟河塘整治，投入财政资金430万元完成主要支流清淤26.85千米，清淤土方42.96万立方米，清理沿河农作物32处，清理弃置秸秆56处，打捞河面漂浮物100余吨，黑臭水体基本消除，污染地块全面消除，地表水考核断面达标率100%。坚持生态优先绿色发展，大力推进秸秆禁烧，确保全年“零”火点。全面开展农作物秸秆综合利用，秸秆离田率达到95%，设置秸秆收储点6个，回收小麦、玉米秸秆3.3万吨，秸秆回收利用率达98%以上。深入落实“五控”措施，精准开展大气污染防治，$PM_{2.5}$均值逐年下降，空气质量优良天数比率持续上升。推进农村人居环境综合整治五年行动，以“扫干净、清彻底、拆全面、围整齐、整规范”为工作抓手，开展4次3地现场会，动员机械260余次，人员1万余人次，群众知晓率、参与度得到有力提升，2022年8月获评利辛县“最美乡镇”。建立“户集、村收、镇转运、县处理”的农村生活垃圾收运处理体系，实行城乡环卫一体化，共完成生活垃圾无害化处理6268.8万吨，回收有毒有害垃圾7.2万份，有效防止生活垃圾直接入河或随意倾倒。2022年，巩店镇共完成52轮156万人次核酸检测工作。完成全程接种24.2万剂次，加强针接种7.2万人次，全程接种完成率达到95.6%，不断筑牢全民免疫屏障，最大限度保护了人民生活安全和身体健康。

民生保障。2022年，巩店镇健全城乡居民保障体系，大力落实城乡居民养老保险、新农合、政策性农业保险等工作，全面提升农村养老服务能力。养老保险参保率达91.6%以上，为低收入群体代缴养老保险1169人，代缴资金20.36万元；养老保险待遇领取人员1.21万人，发放养老金2085.2万元。大力弘扬“双拥”光荣传统，完成优待证办理，为退役军人落实优抚政策。全镇农村低保2008户3746人，特困供养439人，享受残疾两项补贴1138人，办理临时救助31件。持续推进失能特困老人医护养融合“新模式”，集中供养全失能、半失能特困老人336人。城乡低保、特困人员供养、孤儿救助标准逐步提高，弱势群体得到及时有效救助。帮助代缴新农合7368人，代缴资金216.5万元。帮助216人办理慢性病证，农村适龄妇女“两癌”免费筛查800人次，落实家庭医生签约服务1.27万人。新建和修缮村卫生室3所，与县中医院建立医共体机制，医疗水平、服务质量明显提升。

社会安全。2022年，巩店镇深入开展“1＋2＋22”安全生产专项整治三年行动，紧盯重点行业、重点领域，从快从严整治各类风险隐患。开展自建房屋安全隐患整治大排查，排查自建房2.35万户，发现并整改隐患332处。持续开展道路养护及安全隐患整治，累计整改21处，安装警示牌12处。开展“燃气百日安全行动”，累计排查1.3万户，发现整改隐患70处，餐饮场所安装保护装置58户。严格落实青少年溺水安全隐患防治工作，对全镇624处沟河塘实行镇村组三级包保，各村组建日常巡查工作队42支，在重点水域、设置救生设施236处、补充危险水域警示牌200块。

【乡村振兴】 2022年，巩店镇严格落实“四个不摘”要求，保持帮扶政策总体稳定，着力防范化解返贫致贫风险，坚决守住不发生规模性返贫底线。全面优化“一户一方案、一人一措施”，为4631户脱贫户、334户监测户制定针对性帮扶措施3.92万条，做到早发现、早干预、早帮扶。优化调整防返贫监测网格管理，组建镇级网格20个，村级网格176个，村组网格264个，配备镇村网格员284人，开展集中培训242次。开展防止返贫监测集中排查2次，累计排查2.65万户，持续关注9类重点人群，新识别监测对象34户99人。全镇334户监测户顺利通过省第三方评估验收。深入落实“四项工作机制”，实施“雨露计划”资助困难学生221人，补助资金53.7万元。实施“四带一自”特色种养殖补贴547户21.59万元。全镇光伏收益921.4万元，帮助2432户受益户户均增收3500元以上。开发公益岗位429个，发放公益岗位工资334.62万元。完成防贫保投保24.36万元，惠及3548户6659人。实施危房改造36户，补助资金55万元。落实扶贫小额信贷214户1070万元，政府贴息46.55万元。发放跨省交通补贴1179人，补助资金23.58万元；帮助脱贫人口和监测对象外出务工3485人。严格乡村产业到户项目奖补程序，申请并通过审批项目46个，投入衔接资金269.56万元；确权扶贫项目资产232个、涉及资金1.74亿元。通过招商先后引进6个投资合计达3.1亿元的意向项目，亳州华燕服饰有限公司和利辛县康顺服饰有限公司落地投产。

（席　晋）

永兴镇

【概况】 利辛县永兴镇位于利辛县西部，距离县城20千米，国土面积70平方千米，耕地面积6.31万亩，辖12个行政村、170个自然庄，总人口5.1万人。水陆交通便捷，阜蚌公路自西向东穿境而过，马王公路从镇中心穿过，濉阜铁路连接南北；镇域南连中国第二大人工河——茨淮新河，阜蒙河贯穿全境。2022年，永兴镇大力推行政务服务网上办理。皖事通下载量超过1.8万，网上政务全镇办件1.12万件，完成临时救助、低保、医疗救助、准生证等方面审批65件，完成安康码申领3.32万人。农作物病虫害防治政府包。斥资85万元购买药物，购买无人机作业服务，夏秋两季4次进行小麦、玉米病虫害喷防，均在最佳防治窗口期3天内完成，为全年丰收打下坚实基础。信访热线办结率高。受理群众信访51件，现场成功调解34件，规定时限内化解17件，化解办理率100%，实现信访事项的动态清零；受理省长、市长、县长热线群众诉求201件，规定时限办结201件。助企纾困效果明显。干部走访企业482人次，发现征询问题287条，现场解决问题25个；举办银企对接恳谈会3场，协调发放企业贷款1400万元。

集镇管理。2022年，永兴镇申请城市管理执法权7项，出台永兴镇《集镇四大秩序暂行管理办法（试行）》。划设交通标志线，设交通路口指挥岗2处、停车位65个、限制性护栏4处。累计上岗1200人次，处理交通纷争80起、规范摊位60多个、清理随地摊点600人次、整修窨井盖13个。常态保洁公司化。打包服务事项，公开招标竞拍，签订服务合同，购买专业公司服务。疏通垃圾运送堵点28处、补全沟河保洁漏点12段、提高服务效率40%、节省了政府资金投入30万元、减少行政人力资源投入15人。

文旅休闲。2022年，永兴镇富洋青梅休闲观光旅游产业园初具文化园区特色。富洋公司1000亩青梅园，60亩钢架温控智能采摘大棚，3千米观园道路初具规模，筹建3000平方米冷链、烘干、分拣仓储。5月初，成功举办第一届青梅文化节，推出青梅采摘文旅产品，吸引远近游客1000多人次。大道天下综合种养示范区示范效果明显。在现有1500亩基地上打造稻鱼共作观光池300亩，稻鱼美食园、休闲垂钓园、亲子体验园，延伸产业链，擦亮永兴蟹稻共作产业融合名片的同时，带动谭铺村小哥俩家庭农场发展稻蟹共作120亩。

生态环境保护。2022年，永兴镇持续提升人居环境。原点科技公司全量消纳镇域养殖业畜禽粪便，年产有机肥5万吨；常态化垃圾清运5.1万吨，“清洁家园”行动深入千家万户。农户家居环境“五净一规范”全域化推进，已修建农村巷道路3.7万平方米，永兴村所有自然庄巷道路全部硬化。春季绿化补植造林2万余棵。水生态环境提升。谭铺中心村雨污分流污水处理项目建成运行，程湖集镇4.7千米污水管网连接二期工程建成运营，改厕问题完成逐户排查整改；持续推进河道巡查和整治力度，以茨淮新河、阜蒙河为重点，清理沟河6条35千米，整改河长制巡河发现问题112个，完成集镇黑臭水体彻底整治1个、村塘黑臭水体彻底整治7个，关闭取缔散乱污企业6个。空气质量趋优。整改养殖企业燃煤锅炉23处，坚持洒水降尘行动常态化，持续开展烟花爆竹禁燃禁放、露天烧烤摊点整治，$PM_{2.5}$浓度明显下降，空气质量保持良好；秸秆禁烧工作成效明显，收储秸秆总量8万吨。

社会民生。2022年，永兴镇严格落实疫情防控各项举措，接种疫苗6.35万人次。全镇集中供养五保老人120人，提供社会化居家养老服务1206人次。儿童入园率除先天残疾外100%，义务教育阶段毛入学率100%。镇文化站与各村（社区）农家书屋正常开放，共举办少儿美术、五禽戏等公益文体艺术培训10场次，举办送戏下乡文艺演出活动26场、农民体育活动12场。充分利用镇村公共资源，筹建老年学校13个。常态化开展新时代文明实践活动，全镇14支志愿者服务队伍开展60多次志愿服务活动。深化殡葬改革，大力倡导厚养薄葬。实施增减挂钩项目230亩，新增耕地项目105亩。镇中心卫生院主体工程基本完工，中森公司基建工程全部封顶，原石科技标准化车间接近完工，宸宇公司二期工程建设接近完成；解甲集服装加工厂标准化厂房建设一层封顶，永兴村团力富服装厂车间建成，优野菌业三期15个种植棚建设完工，永兴村低洼易涝治理工程6月底完工，大门村黑臭水体系统化治理工程完工并通过验收。

【乡村振兴】 2022年，永兴镇大力推进产业发展。食用菌种植工厂化。优野菌业公司原有28个标准种植棚，2022年又续建15个，棚内温度、湿度、光照度一体化自动控制。年产鲜菇1000吨，产值700万元。智芊公司100亩钢架种植棚，水肥一体机、传感器等自动控制系统齐全，智能化控温、控湿、喷淋施肥，羊肚菌产量得到科技保障。招引原石电子科技有限公司落地永兴村，投资3000万元，可吸纳60人就业，年创税400万元，为所在村集体经济收入创收7万～9万元。招引安徽中森环境科技有限公司“年产30万立方米环保材料项目”落地镇产业聚集区，总投资7000万元，其中固定资产投资6200万元，占地26.03亩。全面优化“一户一方案、一人一措施”，继续落实四个不摘，2923户5941人贫困人口基本生活水平提升，为112户边缘户制定帮扶措施342条、户均3.06条，新识别监测对象29户93人；开发扶贫公益岗位126个，稳定贫困人口企业就业岗位58个，核查解决脱贫人口和监测人口“一收入两不愁三保障”问题126个，整改126个；开展社会化贫困老人居家养老服务223人，上门服务次数4824次。民政救助资金按月发放。享受农村低保1159户2269人，其中识别新增34户65人；享受城市低保3户5人；五保供养316人，其中分散供养218人（半失能7人，全失能5人），集中供养98人（半失能8人，全失能10人）；救助孤儿（包含事实无人抚养儿童）51人（散居50人，福利院1人），其中新增5人，转入福利院1人；享受残疾人生活补贴1343人、护理补贴641人；识别新办生活补贴36人、护理补贴40人、临时救助3户。

（李　震）

马店孜镇

【概况】 马店孜镇位于利辛县城西南9千米处，东临西淝河，西接永兴镇，南倚茨淮新河，北靠王市镇，总面积89.5平方千米。2022年，马店孜财税收入400万元；引进签约招商引资项目4个，总投资3850万元。谋划并入库项目21个，完成招商投资9388万元。完成固定资产投资6192万。开工建设项目8个。

环境保护。2022年，马店孜镇抓好农村人居环境治理，248个自然庄村容村貌大幅提升。着力推进城乡环卫一体化，实现保洁区域全覆盖，清理清运生活垃圾日均18吨，处理生活污水并达标排放16万余吨；大力开展河湖“清四乱”专项整治行动，打捞三义沟、团结沟、新建沟、阜蒙河等河道水面杂草约4.4万平方米；完成6个村易涝点整治工作，疏浚各类沟渠20余条，修建和完善过路涵桥10余处，解决2860亩易涝田水难排的问题。无害化改厕工作完成改厕任务200户，初验合格158户，桃园省级中心村配套改厕300户，完工126户。生态环境有效改善。始终坚持环境优先、“绿水青山就是金山银山”的环境保护原则。成片造林100亩，栽植各类苗木6000余棵。西淝河湿地文化园被评定为市级研学旅行基地。

民生保障。2022年，马店孜镇城乡居民基本养老保险覆盖率达95%，医疗保险覆盖率92.45%。2022年度新增低保户51户86人、新增特困供养人员14人。落实低保补贴1143万余元，发放分散特困供养金281万余元，发放电费补贴27257元，发放失能五保护理费约19万元，发放残疾人护理补贴63万余元1013人次，残疾人生活补贴85万余元，临时救助25人次9.68万元，发放事实无人抚养儿童生活费约59万元，发放医疗救助49万余元，因灾救助655人次23万元。为80岁以上老人办理高龄补贴，主动上门入户服务行动不便的群众1432人次。疫情防控常抓不懈。排查省外返乡人员，按照风险类别进行管控；扎实推动全镇各年龄段的疫苗接种工作，共接种34365人，全程免疫率87.46%；全员核酸检测106万人次。社会事业全面发展。摸排群众就业需求，对外输出劳动力2万余人，点对点输出126人。完成道路硬化18条，建成文化活动广场1个。

【乡村振兴】 2022年，马店孜镇围绕农业与乡村振兴，采取有力措施，确保农业各项政策落实到位。发放种粮一次性补贴305万元；完成特色种养业申报286户，697人，奖补资金80万元；完成科技培训及农机安全培训10场，培训1600多人次；完成小麦、玉米、油菜等农险投保12万余亩，保险赔付金额约372万元。严格落实耕地保护红线，积极推进“一块田”试点工作；强化农作物收、播、管指导服务，全面完成粮食播种面积和生产任务。全面落实监测预警排查报告制度，全镇共组建188名网格员，实现了网格化监测全覆盖。深入开展防返贫监测、帮扶信息采集和大排查工作，新识别监测户13户。为贫困户开发174个公益性岗位，确保不发生群众返贫致贫的风险。通过镇村召开专题会议研判确定，申报入库项目共计22个，其中产业类11个，产业基础设施类4个，脱贫村发展壮大集体经济类3个，农村人居环境整治和基础设施建设类4个。开工建设项目8个，完工1个，在施工7个。充分发挥新时代文明实践站、农村书屋等文化设施的作用，广泛开展“好媳妇”“好婆婆”等评选活动，全年评选“好媳妇”8名，“好婆婆”12名。积极组织志愿服务活动，现有志愿者1600名，开展志愿活动530场，惠及群众16000余人次。

（刘 洁）

胡集镇

【概况】 胡集镇位于利辛县南部，南与颍上县接壤，西与阜阳市颍东区毗邻，辖12个行政村和7个居委会，面积111.8平方千米，耕地面积10.9万亩，人口9.57万人。胡集镇是一个文化历史悠久、生态环境优美、工业快速崛起的美丽乡镇，是安徽省民间文化艺术之乡、安徽省森林集镇、亳州市生态乡镇。2022年，完成财政收入1423万元；城镇常住居民人均可支配收入3.85万元，农村常住居民人均可支配收入1.67万元。常态化疫情防控。全域进行全员核酸检测37轮，累计检测人口11.41万人次；胡集镇方舱医院建成使用。

生态环保。2022年，胡集镇申请扩建集镇污水处理厂1座，村级污水处理站改建1个，获得市级水污染治理资金500万元。采取“控茬打捆、全量离田”的方法，实现秸秆禁烧“零火点”和秸秆全量离田的目标。严格履行河长职责，常态化开展巡河，发现问题及时整改。大力开展水环境治理行动，完成3条农村黑臭水体治理，沿河居民生活污水直排治理386户，建成陈营、孙大庄2个复合人工湿地，完成谭庄村农村环境整改任务整治任务，打造秦寨村、贾桥社区后辛庄2个农村人居环境示范点，切实提高人居环境质量。对街道“四大秩序”进行严格管理，建立常态化管理机制。大力开展农村人居环境综合整治，清理陈年垃圾，镇综合执法队和金沙田公司联合办公，整合公司保洁员和公益岗位两支队伍，统一网格化管理，形成长效保洁机制。

社会治理。2022年，胡集镇强化安全生产和食品药品安全监管，开展隐患集中排查治理行动。全年开展隐患排查45次，其中多部门联合检查10次，开展安全演练活动3次。抽查检查各类生产经营单位236次，排查登记上报隐患251条，均整改，整改率100%。排查矛盾纠纷186起，化解182起，化解率98%。集中开展禁种铲毒、综治宣传月、预防打击电信诈骗、打击整治养老诈骗、全民禁毒宣传月、法治教育、反邪教、扫黑除恶、群众安全感满意度“双提升”、预防未成年人违法犯罪等一系列宣传活动，共悬挂横幅、制作壁字标语200余处，发放反电诈宣传单10000余张、平安建设宣传材料8000余份、禁毒宣传单5000余张、打击整治养老诈骗宣传单4000余张、反邪教手册3000余份、预防未成年人违法犯罪宣传单2000余张、法治相关材料2000份。信访接待案件71批89人次，县接待转办案件21批26人次。

【乡村振兴】 2022年，胡集镇扎实推进村民生活状况大排查工作，全镇脱贫户数3982户（不含不享受政策户）9557人，制定落实“一户一方案、一人一措施”2.53万条；监测户户数302户811人，制定并落实帮扶措施1858条。2022年乡村振兴底气更足，谭庄村新建标准化厂房、杨湾村新建日光温室大棚、李赵社区朗德鹅养殖大棚完成建设，共投入资金965.75万元，预计每年收入60余万元。实施农村巷道建设32.27千米，共10.22万平方米。新增规模养殖场9家。培育规模工业企业2家。全镇小麦面积10.61万亩、玉米9.75万亩、高粱3500亩、大豆1200亩，药材990亩，蔬菜3790亩，设施大棚885亩，153个经营主体流转5.9万亩，生猪年出栏6.5万头，山羊年出栏1.2万只。完成板集煤矿塌陷区一期、二期搬迁工作，三期搬迁在有序推进。电厂二期项目共征地580亩，其中涉及胡集部分180亩（包含一期待征土地）。

（李家辉）

大李集镇

【概况】 利辛县大李集镇位于利辛县西南部，距离县城20千米。大李集镇南部及西部与阜阳市颍东区接壤，北与本县永兴镇、马店镇为邻，东与胡集镇相连，面积71平方千米，耕地面积6.18万亩，辖14个村民委员会、265个村民小组、167个自然村，总人口6.7万人。2022年，实现财政收入807万元，较上年同比增长7.7%。

社会治理。2022年，大李集镇持续开展农村爱国卫生运动暨人居环境整治行动。组织镇村干部、村民志愿者等400余人开展清洁村庄行动，清理积存垃圾近10吨，清理沟渠8.5千米，整治残垣断壁260处。实施无害化卫生厕所改造377户，修建巷道1.16万平方米。实施农村危房改造11户，补助资金全部打卡发放到位。持续抓好河渠沟塘整治，促乡村美丽宜居。茨淮新河大李集段通过省级幸福河湖创建验收。顺利完成2021年度永红、路杨美丽乡村中心村建设，2022年度解楼、叶园省级美丽乡村中心村建设有序推进，农村人居环境面貌焕然一新。开展矛盾纠纷排查，全镇共接到上级转办信访件60件，均办结，做到事事有回音，件件有着落。

民生保障。2022年，大李集镇完善社会救助体系，切实保障困难群体基本生活。向5700余户群众发放救助类资金1984万余元，切实发挥了民政社会兜底的作用。全镇农村低保覆盖率4.1%，切实做到“应保尽保、应退尽退”。全镇持续抓好民生工程，扩大民生保障覆盖面。优先发展教育，实施薄弱学校改造项目和教育教学质量提升工程，认真落实义务教育由基本均衡向优质均衡转变；全面提升医疗条件和水平，积极创建群众满意的卫生院和村卫生室；大力发展文化体育事业，推进优秀传统文化传承发展工程，坚持抓好农家书屋数字化建设，推动科普进社区活动，2022年，大李集镇人民政府荣获安徽省科普示范单位称号。

【乡村振兴】 2022年，大李集镇全力打造特色产业，大力发展绿色、有机农产品，依托镇茨淮新河薄壳山核桃基地，永红现代农业示范基地，常青、齐寨中药材种植基地，南街、常青畜牧养殖基地、路杨蚯蚓养殖基地五大产业基地的优势产业，按照“一镇一特、一村一品”产业发展格局，做大做强路杨蚯蚓养殖加工、南街粉丝加工、茨淮新河薄壳山核桃等农产品加工企业，促进农业产业向组织化、规模化、绿色化、品牌化迈进。成功申报国家级种植专业合作社1个、省级种植专业合作社2个。积极扶持反季节瓜果蔬菜种植产业，依托红旗生态休闲农庄原有基础，新增永红、院寺钢构蔬菜大棚10座，主要种植番茄、辣椒、豆角等，单个大棚年收益可达5万元。新建3万平方米蚯蚓养殖连体大棚。全镇土地适度规模经营比例超过55%、300亩左右集中连片适度规模经营超过30%。“一块田”和“两块田”试点改革工作扎实推进。光伏电站运维有序，33个村级光伏电站板下开发实现全覆盖，全年村级光伏发电有效小时数均在1200小时以上。村级光伏扶贫受益脱贫户1035户，发放光伏收益309.9万元；村级光伏资金用于开发就业扶贫公益性岗位631个，发放工资375.7万元；发放跨省务工交通补贴931人，共18.6万元，落实脱贫户和监测户“雨露计划”资助学生300人次，资助金额45万元；落实特色种养业奖补180.1万元。

（李　正）

新张集乡

【概况】 利辛县新张集乡地处利辛县南部，东临西肥河，南接展沟镇并与阜阳市颍上县接壤，西与胡集镇相连，北与阚疃镇接壤。乡政府驻地张集村，距离利辛县城25千米，离合淮阜高速颍上入口40千米、济祁高速顾桥入口20千米，西淝河、阚展河南北穿境而过，苏沟横贯东西，省道245、102纵横交织四通八达。总面积71平方千米，耕地6.62万亩，下辖13个村民委员会，135个自然庄，279个村民小组，总人口6.07万人。为进一步推进利辛县煤电产业园建设，提高用能效率，优化用能结构，2022年7月启动撤乡设镇工作。

民生保障。2022年，新张集乡共有低保户886户，共计1936人，累计发放低保金810.4万元，发放低保电费补贴4.34万元。全乡共有五保供养人员278人，累计发放分散特困供养金153.14万元，发放电费补贴1.41万元，发放失能五保护理费8.6万元。累计发放残疾人护理补贴41.58万元，发放7860人次；累计发放残疾人生活补贴72.18万元。认真开展双拥及退役军人服务工作，2022年春节及“八一”建军节走访退役军人，发放优抚对象抚恤补助金办理退役军人优待证。完成208亩土地的测绘、清障和施工。新增耕地268亩，其中有120亩新增耕地等待验收。全年建设巷道路总长度13.75千米，总面积5万平方米，全部为一类巷道，总投资500万元。

社会治理。2022年，新张集乡以创建“长平安、无诉讼、零信访乡镇”为目标，确保社会稳定。全年累计发布宣传信息超3万条、出动宣传车20余台次、发放民调等综治宣传单4000多份、乡村干部上门专项宣传4次。依托县委政法委在新张集乡试行的三级八步工作法，累计排查化解矛盾纠纷隐患人员80余人。开展安全生产检查23次，检查单位312家，排查出隐患151条，全部整改到位。1月，新张集乡消防站建成并投入使用，安装一键报警装置，全年共出火警37次，其中协助县消防救援大队15次，独自出警22次，有力保护群众的生命财产安全。沿省道224线与乡村公路岔路口设置警示标识24块，拆除存在交通隐患的违章建筑1处；拆除违法加油站1处，非法炼油厂1处；拆除违法施工工程2处；取缔非法生产爆米花机电焊点1处，取缔非法经营燃气2处。

环境保护。2022年，新张集乡大力开展秸秆禁烧和综合利用宣传，环境污染治理取得新进展。坚持保护生态环境，常规排查畜禽养殖等所有行业，共发现问题246个，整改230个。污水治理持续改善。新张集乡建设日处理能力达1000吨的污水处理厂，集镇道路两侧铺设污水管网约20千米，为进一步加强污水收集，新张集乡实施污水处理提质增效项目，对集镇商户、居民等住户生活污水全部进行截污纳管，做到全收集。组织人员累计摸排黑臭水体32条，采取分步治理方案，分三年进行治理，全年治理完成黑臭水体9条。

【乡村振兴】 2022年，新张集乡精心谋划项目促进产业发展。中煤新集板集电厂项目累计征收土地564亩，临时性租用土地145亩；地表水厂建设累计征收土地110亩。中煤新集板集电厂二期项目和新张集乡地表水厂项目按照年度计划开工建设。在建现代农业产业园和鸵鸟休闲观光产业园项目，总投资2600万元。科技助农提产增收。新张集乡完善落实科技特派员制度，科技特派员通过科技培训、上门指导及领办特色产业引领带动群众科技兴农，助农增产增收。全年共申报到户产业扶贫项目260个，累计申请种养奖补资金105.7万元，有效地促进农户增收；组织开展种养殖技能培训35次，培训贫困人口及产业发展指导员约6750人次。科学开展小麦“一喷三防”。签订无人机飞防合同6.4万亩，飞防合格面积6.4万亩，覆盖全乡100%小麦种植面积。8月，新张集乡高标准农田项目开工实施，项目惠及金桥、前圩、团结、王楼、潘小、陶集、友谊7个村，覆盖3.84万亩土地。脱贫巩固监测全覆盖。5月、10月开展防止返贫监测帮扶排查工作两轮，排查问题立行立改，做到动态清零。排查将防返贫监测漏评作为重中之重，对辖区所有居民进行全覆盖排查，新识别18户55人。

（刘怀影）

展沟镇

【概况】 展沟镇位于安徽省利辛县境东南部，东南与凤台县尚塘乡、杨村乡接壤，南与颍上县陈桥镇相邻，102省道穿镇而过、245省道贯穿南北，西淝河从镇境中部流经苏沟、毛沟过境。镇人民政府驻地展沟集，距利辛县城36千米。展沟古镇形成于春秋，繁荣兴盛于明清时期，历史悠久，源远流长，素有“金展沟”之美誉。展沟镇下辖10个行政村，分别为王刘村、东圩村、苏桥村、展沟村、和谐村、顺河村、高庄村、苏湾村、谢圩村和张圩村，自然庄120个，耕地5.2万亩，人口4.6万人。2022年，展沟镇完成财政收入659万元，较上年度增加79万元；实施土地增减挂钩复垦整理项目340亩；完成企业办证22家，个体户办证121家。深入开展“四送一服”工作，对张圩红薯、谢圩粽子、和谐黄花菜、苏桥栝楼、高庄龙虾、展沟柳下大白鹅等进行扶持扶助，孵化出张圩红薯“薯你最甜”、谢圩粽子“粽是有你”、和谐黄花菜“你是我的菜”、苏桥栝楼“瓜子中的皇后”、高庄龙虾“常吃龙虾，非你莫属”、展沟柳下大白鹅“星级贡鹅，超过吴山”的口号。

环境保护。2022年，展沟镇持续推进“双基”建设，全年完成18千米道路建设，新修桥梁3座，“一事一议”公益事业项目2个。完成“黑臭水体”治理26处、清理垃圾1600吨、户改厕440户。严格落实中央和省、市、县环保督察问题清单整改销号，完成整改中央环保督察问题4件；完成整改省第二环保督察组信访交办问题8件；自查发现各类生态环境问题21个，全部整改到位。集中开展西淝河、苏沟等境内5条河流环保问题治查整改，迎水坡违规种植农作物清理。

社会民生。2022年，展沟镇做好安全生产和“两违”工作，联合派出所、工商所对全镇范围内的加油站点、所有大小超市、浴池、敬老院、学校等进行全方位安全检查，共查处安全隐患458起，全部整改；成立展沟镇违法建房整治工作领导小组，共制止违法用地32起，拆除违法建设13起，乱占耕地建房得到有效遏制。组织农民工参加对接会，帮助群众政策咨询500余人次；享受养老待遇5942人，发放养老金819.96万元。持续加强民政、军服工作，进行军人优抚系统数据采集、悬挂光荣牌等工作。全镇计生奖特扶对象336人，独保费发放225人，累计发放奖励资金42.38万元。全力做好疫情防控，志愿者500余人，建立专职队伍15个，疫情防控包保网格35个，落实包保责任人105人。

【乡村振兴】 2022年，展沟镇依托新型经营主体，大力发展特色农业，发展种植中药材500亩，实施“稻虾共作”种植养殖规模1000亩，种植优质水稻达1.6万亩。完成1.7万亩土地深翻任务。主要农作物“耕、种、收”综合机械化水平达到99%，农事托管面积5万亩。农村集体产权股份制改革和“三变”工作全部完成。规划设计苏桥、苏湾、顺河三个村1万亩“旱改水”项目，总投资近2亿元，其中基础设施8000万元。持续推进“双基”建设，完成投资1739.35万元18.13千米道路建设，新修桥梁3座，盖板涵2座；完成“一事一议”公益事业项目2个，项目资金99万元。以“两不愁、三保障”及饮水安全“大排查”为主线，对全镇2336户贫困户进行全面排查，整改问题30个、各类监督检查反馈问题113条。

（任光远）

程家集镇

【概况】 程家集镇位于利辛县县城东南，与城关镇毗邻，国土面积87平方公里。辖13个村（居）委会，172个自然庄，313个村民小组，2.03万户，6.86万人，耕地9.08万亩，2022年农村居民人均可支配收入1.58万元。

民生保障。2022年，程家集镇共有低保户1442户2637人，发放低保金1412.2万元，发放低保电费补贴9.7万元，切实保障了困难群众的基本生活。全年共救助35人次，救助金额12.76万元。全镇特困供养人数400人，其中集中供养106人，分散供养294人；累计发放分散特困供养金208.8万元，发放电费补贴2.3元，发放失能护理费7.5万元。全镇共有2667名持证残疾人，享受生活补贴的1567人，护理补贴的985人；累计发放残疾人护理补贴79.23万元，发放1.19万人次；累计发放残疾人生活补贴120.79万元，对贫困残疾人生活起到一定保障。散居事实无人抚养儿童41人，累计发放生活费49.28万元，切实保障了困境儿童正常生活、上学、医疗。加强对孤儿和事实无人抚养儿童的关爱，按月发放基本生活费，及时准确地掌握他们的生活信息，对需要救助的孤儿和事实无人抚养儿童，及时办理相关救助手续给予及时救助。开展居家养老和老年食堂助餐服务，全年服务12000余人次，切实改善老人生活条件。

人居环境治理。2022年，程家集镇为提升人居环境综合治理，共投资50余万元，组织人员及机械对村居全部清理整治，拆除D类危房312间，整治乱堆乱放456处，拆除房前屋后乱搭乱建265处，购置大垃圾桶350个，小型垃圾桶1000个。为加强管理，特成立集镇城管执法大队，工作成效显著，拆除集镇店外店86户共计196间。清除集镇乱堆乱放垃圾、杂物1056处，规划车位450个，临时停车点560个，基本满足停车要求，确保车辆停放有序。制定落实门前三包制度，开展最美庭院、清洁户和不清洁户评比。高质量推进“环境美、生活美、人文美、产业美、治理美”的宜居宜业生活。积极开展平安建设，共排查各类矛盾纠纷297起，成功调处297起，基本上做到小事不出村、大事不出镇、矛盾不上交的日常工作调处机制。

【乡村振兴】 2022年，程家集镇浇灌小麦面积7.7万亩，玉米面积6.1万亩；粮食总产达约7.6万吨，增长5.5%；油料产量0.81万吨，增长1.2%；生猪出栏1.5万头；家禽出栏22万只，增长16.8%；水产品产量约1000吨，增长14.9%；农业总产值25.4亿元，增长8.8%，人均收入稳步增长。粮食生产紧抓基地建设、品种选育和品牌培育，不断引进新品种、新技术，扩大各种名优小麦种植规模。根据中央实行粮种补贴的惠农政策，连续几年引进优质小麦品种。全镇设施农业达600亩，药材种植达1700亩，露天蔬菜种植面积约5800亩；其中莲藕种植约1000亩；北部依托“阳光四季花海”中药材种植园，南部依托长三角绿色农产品供应基地和西部“万亩黄桃”产业园，做大做强本地农业项目，进一步发展中药材、优质果蔬、黄桃种植，依托良好的水资源优势，推广稻蟹共作、水产养殖产业，鼓励种植绿色和有机农产品，进一步提高农产品知名度，带动新型农业发展，提高农业效益，增加群众收入，奠定乡村振兴的产业基础。畜牧养殖产业抓规模发展、品种改良、技术推广，建成全县生猪产销基地，2022年全镇生猪饲养量稳定在3.1万头左右；同时加快大棚蔬菜、羊、鸡、水产品等种、养业的发展。特别是以粮食转化畜禽养殖业重点，培植养殖大户37户。引进亳州艾德露科技有限公司、利辛东桓润滑油有限公司、浙江金芯阀门制造有限公司，促进地方经济发展。全年维修机井251座，投入资金66万元。

（侯寒梅）

望疃镇

【概况】 利辛县望疃镇地处县境东部，西部与中疃镇、旧城镇接壤，北部、东部和南部与蒙城县交界，面积153平方千米。全镇辖21个村，307个自然庄，521个村民组，2.03万户，户籍人口10.86万人。陆路交通发达，省道305线连贯全境，与南洛高速和济祁高速互通交叉出入口。2022年，望疃镇依托望疃镇区位优势，不断提升交通枢纽，加快推进取土坑还田、亳二变、阜淮城际高铁等重点项目建设。加快构建新发展格局，全面促进农业现代化，全面推进乡村振兴，全力以赴招商引资，统筹疫情防控和经济发展，抓好生态环境保护等各项各种落实落细见成效。

生态环境保护。2022年，望疃镇全力打造系统完备的农村垃圾收集处理体系，村庄生活垃圾得到有效治理。全镇开发保洁员公益岗位242个，动员广大群众积极行动，定期对辖区内干道、巷道、庭院等进行集中清扫，全面提升群众居住环境。细化镇街功能区划，设置小吃街、农贸市场街，原集镇路段“以路为市、占道经营、人车混行”等问题得到有效改善，集镇面貌焕然一新。开展专项清理阜蒙河、茨河等河流两侧垃圾、畜禽养殖、网箱等违规建筑物和堆放物行动。开展“厕所革命”，集镇及21个行政村实现公厕全覆盖。投入300万资金先后实施卫星河北段三期污水管网建设、大寨沟清淤、村级污水处理站修复、集镇街面污水管网维护，“河畅、水清、岸绿、景美”的目标进一步实现。

民生保障。2022年，望疃镇充分发挥民政职能，严格落实低保、特困救助政策，做到应保尽保、应纳尽纳。全镇共有低保1543户3402人。救助残疾人1771人次，发放一二级重度残疾人护理补贴1203人，发放精神病人残疾人药费补贴241人。全面落实城乡居民养老保险工作部署，2022年实际参加城乡居民养老保险人数72217人；免费为符合生育对象的359对育龄夫妇做孕前健康体检，为1400位已婚育龄妇女免费做“两癌”筛查，免费发放生育服务登记卡58例。平安社会建设。全年全镇共排查各类纠纷93起，调处93起，化解93例，化解率100%；上级转办信访案件15起，办结14起，1件在办理中。

【乡村振兴】 2022年，望疃镇乡村振兴工作强化项目带动，大力发展特色产业。支持肉牛、肉鸽、水蛭等产业发展，深化与浩翔牧业合作，扶持双飞鸽业做大做强。先后投入210余万元做好春季小麦赤霉病统防统治，15.6万亩冬小麦得到有效管理。全镇流转土地3.35万亩，培育新型农业经营主体，推进规模化经营、机械化生产，增加农民收益。秸秆综合利用工作全面推进，全镇21个村设立秸秆临时堆场21处。全年实施乡村振兴产业项目3个，总投入资金4439万元，分别是：投资3000万落户新望疃村的皖北黄牛交易市场项目，投资877万元的玉光村现代产业园蔬菜种植项目，投资562万元的兴旺村现代产业园项目，建成后每年可产生集体经济收入300万元以上，可带动周边群众300人就业。持续实施特色主导产业“一村一品”，围绕农业增效、农民增收，大力发展大棚蔬菜等设施农业产业，提升“芦沟、汪桥、刘桥、丹凤”连片蔬菜基地、“杨梨园玉光”片水果基地、“蒋疃兴旺”片药材基地建设，引领带动全镇特色产业发展。大力实施高标准农田建设，顺利推进望疃村、红旗村、和谐村、赵集村、辛沟村4.2万亩高标准农田建设，2022年继续实施高标准农田2.3万亩。

（刘　平）

中疃镇

【概况】 利辛县中疃镇位于利辛县东部，距离县城8千米，地处利辛东高速出口（宁洛高速）西侧，阜蒙路、阜蒙河穿境而过。南邻蒙城县三义镇、利辛县程家集镇，北与利辛县城北镇、旧城镇接壤，东至利辛县望疃镇，西与利辛县城关镇为邻。下辖17个自然村，人口7.35万人，耕地面积10.38万亩。2022年，税收957万元。

人居环境改善。2022年，中疃镇持续推进人居环境整治。保洁公司——侨银公司在中疃镇配备垃圾收集车（3吨）6辆；吊桶车1辆；洒水车（8吨）1辆；洗扫车（3吨）1辆、（0.5吨）2辆；吸污车（5吨）1辆；打捞船2艘；

打草机7台；新能源电动保洁车140辆；240升垃圾桶2116个、30升垃圾桶14810个；日常保洁工具共配备1000多件。2022年，改厕完成423户，通过县验收423户。全镇规模畜禽养殖业登记共计48家，工业企业4家，办理排污许可证4家。辖区内无非法砂石料场、砖瓦窑厂。全年共开展巡查记录280次、巡查人次670次，发现环境问题17处，整改17处。中央环保督察交办问题1件，取缔一处非法混凝土搅拌站。“严、重、促”突出生态环境问题“大起底”“回头看”问题8件，全部销号完成。“两河”巡查中现问题99处，整改99处。协助县生态环境分局处理环保信访问题3件，查封涉污企业1家，责令自行拆除涉污企业1家。全年处理完成环保类信访件9件，无重复信访现象。中疃镇污水处理厂运行正常，高皇村级污水处理站预计新建管网850米，覆盖53户，常住人口270人。

社会治理。2022年，中疃镇注重抓好矛盾纠纷化解工作，排查各类矛盾纠纷256起，化解256起，成功调解率100%。加强反电信诈骗宣传。在安全感满意度工作中，做到集镇集中宣传，各村各庄重点宣传，利用“送戏下乡”“丰收节”等重大活动，发放传单四万余份，条幅85条、墙壁字54条、宣传牌32个，提高居民法制意识。2022年疫情防控期间，中疃镇党委政府高度重视，充分发挥部门协同作用，共发动乡镇干群2900多人参与疫情防控。

【乡村振兴】 2022年，中疃镇坚持创新驱动，优结构、提质效，现代农业提效增量。根据镇域生产条件，确定“南养殖北种植”产业发展调整思路，明确“12345”发展目标。加大对特色种养业企业扶持力度。以争创黄牛养殖小镇、生猪生产大镇、蔬菜强镇为抓手，大力推进产业发展。盘活闲置资源，引进浙丰农业发展有限公司，并发展大棚及露天蔬菜种植产业，流转土地2800亩，建设钢构蔬菜大棚150亩，预计年产经济效益1000万元以上，带动周边农户60户以上、贫困户30余家，贫困户户均年增收30000元以上。依托利辛县中疃镇保华养殖场、中疃镇海永养殖场等企业，发展订单农业，以“公司＋基地＋养殖场＋养殖户”的发展模式，大力发展黄牛养殖业，长期为江苏省宜兴市杨巷牛羊屠宰场提供优质肉牛，每年可销售近万头的优质肉牛，产值3亿元左右。全年发放特色种养奖补资金403户、奖补资金总计173.84万元。做好小麦赤霉病、玉米锈病防治工作，取得突出成效，小麦赤霉病防控面积19.2万亩、防控资金总计124.8万元，玉米锈病统防统治面积1万亩、防控资金10万元，为我国粮食的安全贡献出自身的一份力量。保障农产品安全，共抽检全镇农、畜、水产品样本1435个，均为合格产品；2022年发放农业支持保护补贴12603户，补贴面积10.12万亩，补贴资金847.58万元；共发放3次种粮农民一次性补贴，补贴资金297.09万元。全镇建立村级网格化管理网格239个，选配网格员239个。通过就业、创业、发展产业等渠道实现收入稳步增长，实现3210人务工就业；持续抓好光伏电站运维管理，提升光伏电站发电效益，2022年1—8月，全镇村级光伏电站发电收入619.01万元，开发公益岗位306人，支出工资157.18万元，光伏产业虚拟到户打款2413户286.56万元；全面落实教育资助、残疾人两补、健康帮扶、防贫保等综合保障措施，其中2022年春季“雨露计划”职业教育资助203人30.45万元，秋季“雨露计划”职业教育资助228人34.2万元；省外务工交通补贴1455人28.9万元；深入推进小额信贷工作，2022年新增贷款64户319万元。开展住房问题专项排查，排查整改问题304条。新增低保64户110人，新增五保8人。新办理残疾证143个，变更残疾等级75个，申请残疾人两项补贴76人次。施行危房改造共完成5户，其中重建4户，修缮1户。

（刘　杰）

旧城镇

【概况】 利辛县旧城镇位于县城东北部，地处利辛、蒙城、涡阳三县交界，镇政府驻地在旧城村前元村民组。镇域东临望疃镇和蒙城县马集镇，南靠中疃镇、城北镇，西接江集镇，面积

68平方千米。旧城镇辖13个村委会，148个自然村，161个村民组，总户数2.08万户，总人口6.81万人。

民生保障。2022年，旧城镇始终把高质量发展同满足人民美好生活需要紧密结合起来，切实保障和改善民生。全镇共有在册低保1121户2117人；集中供养五保老人147人，分散供养228人，分散供养半失能人员6人，每人每月286元护理费，全部失能3人，每人每月501元护理费，集中特困供养人员半失能21人，全失能10人。开展临时救助35人次，救助金额13.52万元。69名孤儿和事实无人抚养儿童享受孤儿基本生活保障制度。全镇共有2273人享受残疾人“两项补贴”，其中困难残疾人生活救助1511人，残疾人护理补贴762人，发放残疾人“两项补贴”约145万元。全镇共有146人享受残疾人精神医药费补助，共打卡发放精神医药费补助1.46万元。全镇领取养老保险待遇人数共8118人，累计发放资金1025.54万元。全年共接收普通住院900余人，意外伤害300余人，医疗救助20余人。全镇设立公益岗232人，有效带动脱贫户增收；上半年以来为1460人申报省外务工补贴，补贴金额29.2万元。

生态环境保护。2022年，旧城镇深入践行绿色发展理念，加大人居环境整治。建立宣传、排查、控制、处理等有效制度，坚决打好蓝天、碧水、净土保卫战，加强大气污染防治，开展秸秆禁烧和综合利用、烟花爆竹禁燃禁放等专项行动。深入推进农村环境“三大革命”，全面开展“五清一改”，加强环境卫生和改厕宣传引导。全年拆除和修缮危破房屋共130栋，拆除旱厕285处，清除污水直排管道89处，清理河道沟塘78个，实施改厕500户。生活垃圾实现“日产日清”“四净两规范”，农村人居环境明显改善。认真贯彻执行基本农田保护“五不准”制度，进一步完善目标管理责任书，扎实开展基本农田保护巡查工作，建立自然资源和规划所、巡查办、村协管员组成的三级监察网络，实行动态巡查，下半年共清理违法占地问题3起。积极开展土地增减挂钩工作，确保耕地占补平衡，新增耕地83亩。全镇修建巷道306条1.39万米4.16万平方米。

社会治理。2022年，旧城镇开展消防安全宣传教育活动7场次，受益群众500余人次；到场协助扑救火灾22起，挽救损失100余万元，开展消防训练12次，消防安全隐患排查近400家，排查隐患50余条，开展消防技能竞赛1次，重大节日节假日消防安全大检查9次；新建消火栓11处，有效保障辖区居民的生命财产安全。累计安装道路护栏234米，安装防撞桩56个，安装安全栅栏50米。2022年共排查矛盾纠纷135起，化解135起，矛盾纠纷化解率100%。

【乡村振兴】 2022年，旧城镇固定资产投资133万元，新增个体户142户，个体企业65家，实体经济发展韧性不断提升。成功引进安徽盛芯光电科技有限责任公司、纳兰祥家庭农场，安徽征越母婴用品有限公司厂区建设正有序推进。6月开展“入企问需”大走访活动，镇村两级干部走访辖区内市场经营主体2700余家。全镇全年培育家庭农场26家，培训新型职业农民28名。培育药材种植大户3户，特色种植大户10户。宣传培训限用、禁用农药1500人次，发放宣传明白纸1万份，召开专题宣传培训会14次。小麦统防统治面积1万亩，发放小麦赤霉病防治药物15.6万亩，玉米锈病防治药物6万亩。整镇推进培育小麦绿色高产订单生产万亩片7.8万亩，实施绿色种养循环农业1.36万亩，培育主导产业达标1个村。土地流转4.56万亩，“两块田”面积5000亩，规模经济作物种植面积3100亩，新增设施农业达到120亩。发放农业耕地保护补贴650万元，一次性种粮补贴320万元。2022年午秋两季对全镇小麦、玉米耕种收实施农机托管，托管率达到100%。午季和秋季秸秆离田率100%，全镇设置千吨以上秸秆堆放场8处，全年秸秆收储量达6.6万吨，实现秸秆无害化利用。

（梁　臣）

人物　荣誉

- ◎ 优秀军人
- ◎ 中国好人
- ◎ 亳州好人
- ◎ 荣获先进个人和集体名录
- ◎ 2021年度全县推动高质量发展暨综合考核先进集体和先进个人名录

优秀军人

二等功获得者李亮

李亮 男，汉族，1989年3月出生，2006年12月入伍，2009年1月入党，安徽省亳州市利辛县永兴镇永安社区七队人。怀揣着对党忠诚，对部队的热爱，在单位中工作积极，勤奋，不怕苦，不怕累，在专业上刻苦钻研，敢为人先。被单位评选为优秀士官5次，荣立三等功三次，2016年荣获空军铜质奖章，2018年荣获空军银质奖章，2022年1月在部队组织飞行演习过程中及时发现重大安全隐患并妥善处置，保证了飞行安全，保障了部队安全训练，挽回了重大损失，经部队上级机关领导开会研究授予李亮同志个人二等功一次。

（赵雪美）

中国好人

刁志岭工作照

刁志岭 男，汉族，1965年12月出生，利辛县孙集镇人，中共党员，生前任利辛县人民法院审委会委员、三级高级法官。1995—2009年担任助理审判员期间，刁志岭主办1000余件审判案件，2010—2020年初担任民事庭庭长期间，对本庭8000多件案件一一认真仔细审查，自2021年以来，在审查立案3700多件的同时，还参加审判团队个人主办审理71件。2021年12月8日上午10时，刁志岭在利辛法院诉讼服务大厅接待群众时，突发心梗疾病晕倒，经医院抢救无效，不幸辞世，年仅56岁。2007年被省高院授予个人三等功，2017被最高院授予荣誉天平奖章。2022年3—4月获评“亳州好人”称号。2022年2季度获评“安徽好人”称号。2022年3季度获评“安徽好人”称号。

（朱小亮）

亳州好人

张展鹏 男，汉族，1989年9月出生，利辛县公安局刑侦大队中队长，一级主办侦查员。十年来，张展鹏先后参与办理并侦破盗抢骗、八类暴力犯罪、涉黑恶等案件1100余起，抓捕犯罪嫌疑人440余名。在常态化扫黑除恶开局之年，张展鹏带领扫黑除恶专业队打掉恶势力犯罪集团2个、“村霸”恶势力团伙1个，破获刑事案件13起，劝投境外涉黑恶逃犯3名，向行业监管部门发出预警通报函5件。在涉黑恶案件（线索）倒查工作中，张展鹏带领工作专班圆满完成了316条重点线索、12起涉黑恶案件的倒查工作，提出整改意见85条。2019年荣立个人三等功并推举为市公安机关“不忘初心、牢记使命”先进个人代表；2021年获评全市公安机关成绩突出个人、安徽省公安机关2021年度“侦查尖兵”候选人，2022年获评“亳州好人”称号。

潘传成 男，1988年10月出生，利辛县江集镇郑小集社区潘小楼人，第十三届利辛县政协委员、利辛县星火社会工作服务中心法人、理事长，利辛县爱心协会常务副会长。2011年，潘传成通过本地论坛贴吧，结识了许多热心公益的朋友，组建了志愿者服务队伍，多次开展关爱抗战老兵、关爱孤寡老人、关爱留守儿

潘传成证件照

童等志愿服务活动。10余年来，个人累计捐款12余万元，带动身边志愿者捐款捐物20余万元。所负责的“爱的背包”架起“亲情桥梁”项目、“手拉手关爱留守儿童”项目、烈士父母关爱计划项目、“阳光家园快乐成长关爱农村留守儿童”志愿服务项目、关爱环卫工人项目。2017年以来先后获评全市感动药都先进典型，其中阳光家园快乐成长关爱农村留守项目2020年5月获评全省“月评十佳”优秀志愿服务项目。2021年12月获评安徽省优秀青年志愿者。2022年3—4月获评“亳州好人”称号。

侯纯广　男，1981年8月出生，利辛县城关镇人，中共党员，本科学历，利辛一中高级教师，中国教科文卫体工会第四届全国委员会委员。2010年12月，侯纯广响应党的号召，主动请缨申请赴新疆和田地区支教，成为安徽省首批援疆支教老师。2011年春，侯纯广告别刚刚分娩的妻子，远

侯纯广证件照

赴新疆和田地区。2012年6月被安徽省援疆指挥部授予“优秀援疆干部人才”。2012年6月被和田地委、和田行署授予“优秀援疆教师”。援疆支教结束后，他多次利用周末时间组织学校志愿者参与志愿服务活动。2013年12月被安徽省教育厅授予“优秀援疆教师”。侯纯广平时刻苦钻研教学，不断提高教育教学能力和水平。所辅导的多名学生分别获得了2014年省化学奥赛的二等奖和三等奖。2014年4月荣获“全国五一劳动奖章”荣誉称号。2015年4月被中共中央、国务院授予“全国先进工作者”荣誉称号。2022年7—8月获评“亳州好人”称号。

刘亚军　男，1986年8月出生，利辛县城关镇春店社区西刘庄人。2022年3月28日晚上7时，刘亚军路过利辛县市民健身公园时，发现两个女孩不慎落水，他急忙扔下自己骑的电瓶车、来不及脱衣服，扑入水中，拖住两名女孩，

刘亚军生活照

奋力游上岸边，成功救起两名落水女孩。谈及此次下水救人行为时，刘亚军表示：“发现有人落水，谁看到都会去救的，如果以后再遇到这样的事，我还是会毫不犹豫地跳下去救人。”2022年7—8月获评“亳州好人”称号。

吕化国　男，中共党员，1968年10月生，利辛县展沟镇王刘村吕塘人，安徽省太和县大华能源科技公司总经理。2012年以来，他先后出资近20万元，无偿资助5名贫困大学生，帮助他们圆了大学梦。出资6万元为吕塘庄沿路修建路灯，出资8万元帮助新建吕塘新村广场，配备多套室外活动器材，让全村老百姓能享受像城里人一样的健身娱乐生活。

吕化国生活照

无论在农村还是业界，无论家里亲戚还是朋友圈子，吕化国无可争议地成为人见人夸、上进心极强的好青年。

程艳 女，1969年3月出生，利辛县孙庙乡幸福村人。21年来，她无怨无悔、精心照顾瘫痪卧床的丈夫，以一己之力抚育两个儿子成长，用担当诠释爱情与母爱，赢得当地群众的一致夸赞。程艳的事迹被利辛县电视台报道，该家庭被亳州市文明办评为“五星级文明标兵户”、被县妇联评为“最美家庭”，程艳被县妇联评为“最美妻子”。2022年11—12月获评“亳州好人”称号。

（朱小亮）

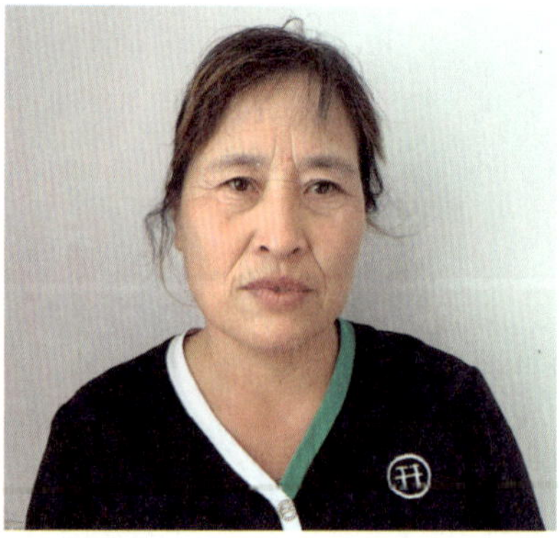

程艳证件照

荣获先进个人和集体名录

【2022年全县工会系统先进人物和集体】

陈　鑫　　全国五一劳动奖章
朱文成　　安徽省先进工作者
凡　军　　安徽省劳动模范
隋金花　　安徽省劳动模范
江月勇　　安徽省劳动模范
徐小伟　　安徽省劳动模范
王菊芬　　安徽省劳动模范
闫　博　　安徽省劳动模范
利辛县总工会　　2020-2021年度全国“安康杯”竞赛活动优秀组织单位

（王　宁）

2021年度全县推动高质量发展暨综合考核先进集体和先进个人名录

一、先进乡镇（7个）

巩店镇、纪王场乡、永兴镇、城关镇、汝集镇、城北镇、中疃镇

二、先进县直单位（19个）

县纪委监委、县委组织部、县委办公室、县政府办公室、县检察院、县卫生健康委、县民政局、县政协机关、县委宣传部、县委政法委、县委统战部、县人大常委会机关、县审计局、县人社局、县法院、县统计局、县妇联、县经开区管委会（招商引资工作认可）、县招商服务中心（招商引资工作认可）

三、先进个人（148名）

（一）乡镇（30名）

魏　薇　　巩店镇
邵程程　　巩店镇
蒋　云　　纪王场乡
赵理想　　纪王场乡
刘慧妍　　永兴镇
马　召　　永兴镇
刘　虎　　城关镇
闫　琦　　城关镇
刘晓强　　汝集镇
汝　宁　　汝集镇
杨　晴　　城北镇

张继灵	城北镇
李　志	中疃镇
蔡维东	中疃镇
武青松	大李集镇
张卫国	孙集镇
张　闪	程家集镇
王　丽	江集镇
马宗彦	张村镇
陆　亮	马店孜镇
朱华东	望疃镇
潘　东	阚疃镇
陆　硕	旧城镇
刘超群	展沟镇
李世茹	孙庙乡
孙青琴	王市镇
王　康	王人镇
王媛媛	新张集乡
夏超仁	西潘楼镇
刘　钊	胡集镇

（二）县直单位（65名）

孙梦奇	县纪委监委
陈　康	县纪委监委
闫　硕	县委办公室
李　良	县人大常委会机关
陈　浩	县政府办公室
李　辉	县政协机关
刘海峰	县委组织部
高　丽	县委宣传部
任景玲	县委统战部
韩可观	县委政法委
武付平	县委编办
张　涛	县委党校
侯林林	县直工委
孙　娟	县工商联
李　磊	县法院
刘艳萍	县检察院
蔺玮燚	团县委
岳　涛	县科协
翁晓锋	县财政局
张宝峰	县税务局
刘东涛	县政府信访局
张建军	县教育局
李士登	县司法局
刘华香	县民政局
孙　珂	县审计局
王　萌	县医保局
李芹芳	县招商服务中心
马中飞	县水利局
孙胜男	县退役军人局
纪金玉	县档案馆
唐　锋	县住建局
潘　磊	县住建局
江　兵	县市场监管局
尹　文	县市场监管局
孙效国	县交通运输局
姚玉楠	县交通运输局
孙泽斌	县公安局
程　伟	县公安局
汝建华	县科技局
关海峰	县人社局
李文方	县农业农村局
陈文勇	县农业农村局
李汉文	县应急管理局
张　伟	县生态环境分局
杨　刚	县城市管理局
崔　宁	县城市管理局
刘　英	县乡村振兴局
王　宁	县总工会
张　峰	县供销社
郝　建	县广播电视台
刘凯章	县卫生健康委
梁　强	县卫生健康委
刘清科	县发改委
康　琦	县商务局
宋　梅	县经开区管委会
武庆敏	县统计局
牛国权	县文化旅游体育局
赵海涛	县文联

施永辉　　县妇联
程　昱　　县数据资源局
陈　涛　　县残联
王　勇　　县地震局
安　玲　　县经信局
李　月　　县委党史和地方志研究室
栗进法　　县自然资源和规划局

（三）优秀村（社区）党组织书记（53人）

陈建新　　巩店镇巩沟村党总支书记
韩恒财　　巩店镇荆桥村党总支书记
李海峰　　巩店镇王店社区党委书记
孙丙会　　纪王场乡孙老家村党总支书记
董丙磊　　纪王场乡和谐社区党总支书记
刘艳丽　　纪王场乡三和社区党委书记
李卫洲　　永兴镇程湖村党总支书记
李富国　　永兴镇永兴村党总支书记
房　昊　　永兴镇谭铺村党总支书记
闫培培　　城关镇闫集村党总支书记
杜怀利　　城关镇邵渡口村党总支书记
武艳超　　城关镇武寨村党总支书记
关利锋　　汝集镇汝园村党总支书记
汝洪利　　汝集镇汝集二村党总支书记
夏　申　　汝集镇夏寨村党总支书记
刘少伟　　城北镇刘染村党总支书记
杨如标　　城北镇陆楼村党总支书记
翟占伟　　城北镇翟腰楼村党总支书记
徐万标　　中疃镇黄井社区党总支书记
孙翠英　　中疃镇中疃社区党委书记
姜　建　　中疃镇姜黄社区党总支书记
沈　飞　　大李集镇南街社区党总支书记
刘国斌　　大李集镇齐寨社区党总支书记
宋德振　　孙集镇宋寨村党总支书记
关　峰　　孙集镇刘营社区党总支书记
林子一　　程家集镇北街社区党总支书记
刘景国　　程家集镇孔郢村党总支书记
江　永　　江集镇镇北社区党总支书记
王化玲　　江集镇纪伦寨村党总支书记
栗　贺　　张村镇菜园社区党总支书记
孔　浩　　张村镇土寨村党总支书记
王小四　　马店孜镇王园社区党总支书记
康永志　　马店孜镇康洼村党支部书记
李　强　　望疃镇望疃村党委书记
张　彦　　望疃镇桥西村党总支书记
刘　丹　　阚疃镇刘圩村党总支书记
徐亚飞　　阚疃镇镇西社区党委书记
赵俊岭　　旧城镇盛新村党总支书记
李永标　　旧城镇康桥村党支部书记
侯　全　　展沟镇展沟村党总支书记
张　杰　　展沟镇张圩村党支部书记
汝成坤　　孙庙乡富民村党支部书记
程　建　　孙庙乡阳光村党委书记
朱　黎　　王市镇朱新寨村党总支书记
李晓东　　王市镇前潘村党总支书记
刘　永　　王人镇曹店社区党委书记
王　军　　王人镇郭营村党总支书记
王学彪　　新张集乡友谊社区党总支书记
刘长征　　新张集乡张集社区党总支书记
林　云　　西潘楼镇镇北村党总支书记
江志魁　　西潘楼镇老闫桥村党总书记
陈传国　　胡集镇陈营社区党总支书记
姜万信　　胡集镇秦寨村党支部书记

（谢家富）

附录

◎ 利辛县2022年国民经济和社会发展统计公报

◎ 利辛县组织机构负责人名录（县直）

◎ 利辛县乡镇负责人名录

利辛县2022年国民经济和社会发展统计公报

利辛县统计局

2023年5月20日

2022年是党和国家历史上具有里程碑意义的一年。全县上下在县委、县政府的坚强领导下，坚持以习近平新时代中国特色社会主义思想为指导，深入贯彻党的十九大、十九届历次全会和党的二十大精神，认真贯彻落实中央和省委、省政府各项决策部署，坚持“三严三实”“马上就办、真抓实干”，全面实施“六一战略”，坚持高质量发展，经济稳定向好，社会大局稳定，现代化美好利辛建设迈出坚实步伐。

一、综合

初步核算，全年生产总值（GDP）386.7亿元，按可比价格计算，比上年增长3.5%。分产业看，第一产业增加值60.7亿元，增长3.9%；第二产业增加值114.4亿元，增长4.7%；第三产业增加值211.7亿元，增长2.8%。三次产业结构由上年的15.5∶30.2∶54.3调整为15.7∶29.6∶54.7，其中工业增加值占GDP比重为18.4%。按常住人口（2022年常住人口为117.3万人）计算，人均GDP为32975元。

2022年全县生产总值及其增长速度

表3　　单位：亿元、%

指　标	绝对数	比上年增长
生产总值	386.7	3.5
第一产业	60.7	3.9
第二产业	114.4	4.7
工业	71.0	2.8
建筑业	43.4	8.1
第三产业	211.7	2.8
交通运输、仓储和邮政业	24.6	–0.6
批发和零售业	36.5	4.3
住宿和餐饮业	8.8	3.2
金融业	23.4	5.7
房地产业	39.9	1.6
营利性服务业	29.9	4.1
非营利性服务业	46.5	1.7

二、农业

全年农作物播种总面积24.7万公顷，比上年增长0.82%，其中：粮食播种面积22.2万公顷，比上年下降0.08%。全年粮食总产量138.9万吨，比上年增长0.2%。油料种植面积1506公顷，比上年增长5.1%，油料产量7110吨，增长5.3%，棉花种植面积36公顷，比上年下降4.0%，棉花产量29吨，比上年下降2.1%，蔬菜种植面积14101公顷，产量554819吨，比上年增长4.7%。

2022年主要农产品产量

表4　　单位：吨、%

指　标	绝对数	比上年增长
粮食总产量	1388627	0.2
油料产量	7110	5.3
棉花产量	29	–2.1
水果产量	34630	2.8
蔬菜产量	554819	4.7

全年共完成造林面积205公顷，零星四旁植树120万株，森林抚育面积1362公顷，村及村以下竹木采伐量2.02万立方米。

畜牧业生产稳步推进，规模养殖比重进一步提高，畜产品质量不断提升（具体情况见表5）。

2022年主要畜产品产量和存出栏量

表5　　单位：万吨、万头、万只

指　标	绝对数
肉类总产量	10.8
牛出栏	2.4
生猪出栏	83.6
羊出栏	80.3
家禽出栏	1329.9
大牲畜年末存栏	4.2
羊年末存栏	25.1
家禽年末存栏	417.2
禽蛋产量	2.3
奶类产量	1.2

农村社会基础设施和农业生产条件进一步改善。2022年，全县拥有农业机械总动力183.0万千瓦，比上年增长0.78%；全年化肥施用量（折纯）54651吨，与去年基本持平；地膜使用量650吨，与去年基本持平；农药使用量1569吨，比上年下降4.0%。

三、工业和建筑业

年末全市规模以上工业企业116家。全年规模以上工业增加值比上年增长6.5%。国有企业生产增长较快，比上年增长31.4%。增幅比规模工业高24.9个百分点。

2022年全县规模以上工业增加值

表6　　单位：%

指　标	比上年增长
规模工业增加值	6.5
其中：国有企业	31.4
股份制企业	0.8
外商及港澳台商投资企业	−40.2
其他企业	−29.0
其中：国有及国有控股企业	22.1
大中型工业企业	8.6

全县25个工业行业中，9个行业增加值保持增长。其中，煤炭开采和洗选业增长67.5%，纺织服装、服饰业增长12.6%，文教、工美、体育和娱乐用品制造业增长30.3%，医药制造业增长28.7%，通用设备制品业增长4.3%，专用设备制品业增长1.1%，电力、热力生产和供应业增长25.0，燃气生产和供应业增长17.9%，水的生产和供应业增长76.5%。高技术制造业增加值增长16.9%。战略性新兴产业产值增长8.7%。

规模以上工业统计的主要产品产量中，小麦粉增长2652%，鲜、冷藏肉增长14.8%，针织服装增长7.3%，水泥增长8.6%，砖增长4.2%，自来水增长81.8%。

四、固定资产投资

全年固定资产投资比上年增长20.3%。其中，第一产业完成投资增长24.2%，第二产业完成投资增长37.2%，第三产业完成投资增长14.6%。全年施工项目264个，比上年增长22.8%。

全年房地产开发投资额65.8亿元，比上年增长23.6%。全年商品房新开工面积98.3万平方米，比上年下降27.3%，竣工面积38.6万平方米，比上年下降45.4%，商品房销售面积85.4万平方米，比上年下降17.1%，商品房销售额45.8亿元，比上年下降32.9%。

五、交通、邮电

全年交通运输仓储、邮政业增加值24.6亿元，比上年下降0.6%。通公路里程4472.5公里。

全年邮电业务总量7.43亿元，其中：邮政业务总量1.77亿元，电信业务总量5.66亿元。年末电话用户89.3万户，其中固定电话2.6万户，移动电话86.7万户。互联网用户34.9万户。

六、国内贸易和对外经济

2022年社会消费品零售总额249.7亿元，比上年增长0.3%。

从四行业看，批发业销售额538.1亿元，增长16.4%，零售业销售额140.7亿元，增长1.4%，住宿业营业额1.2亿元，下降0.3%，餐饮业营业额50.2亿元，增长8.8%。

全年实际进出口总额达3653万美元，同比下降38.9%。

七、财政、金融、保险

全年全县一般公共预算收入19.2亿元，增长6.5%。其中：税收收入11.5亿元，下降9.4%，非税收入7.7亿元，增长42.6%。重点支出项目中，教育科技、文旅、社会保障与就业、城乡社区事务、医疗卫生、农林水事务等重点民生支出得到较好保障，累计支出57.5亿元，占一般公共预算支出的75.0%。

年末全县金融机构各项存款余额598.2亿元，比上年增长9.8%，比年初增加53.3亿元。其中：储蓄存款496.2亿元，比上年增长18.4%，比年初增加77亿元。全县金融机构各项贷款余额482.5亿元，比上年增长13%，比年初增加55亿元。

全年保险系统保费收入14.7亿元，共有从业人员3012人。

八、科技、教育

2022年专利授权603件，其中发明专利授权120件，实用新型专利236件，外观设计专利247件。全县有效发明专利852件，每万人口拥有量7.16件。高价值专利168件，每万人口高价值专利拥有量1.41件。

截至2022年末全县有普通中专2所，在校学生11353人。普通中学79所，在校学生91605人；其中：高中10所，在校学生28861人；初中69所，在校学生62744人。小学242所，在校学生115544人。初中阶段适龄人口入学率为100.0%；小学学龄人口入学率为100.0%；普通初中和小学学生辍学率均为0%；小学毕业生升学率为96.2%；初中毕业生升学率为68.13%。

九、文化、卫生和体育

截至2022年末全县有文化馆1个，公共图书馆1个，馆藏图书16.0万余册，档案馆1个，馆藏图书资料3万余卷（册）。县级广播电台、电视台和有线电视台各1座，广播、电视人口覆盖率100%。

全县拥有卫生机构599个，其中：医院、卫生院42个，卫生防疫机构1个，妇幼保健机构1个，卫生监督所1个，社区卫生服务中心28个，村卫生室411个。医院、卫生院共有编制床位4106张，实有床位7057张。拥有各级各类卫生技术人员7167人，其中：医院、卫生院5702人，卫生防疫机构45人，妇幼保健机构175人。专业技术人员中，执业医师2027人，注册护士3357人。

全民健身活动开展情况。2022年，全民健身全面开展，全年共组织开展各级各类全民健身活动27项次，村级体育活动完成326场。完成3个乡镇“三个一”体育设施建设，村级体育设施全覆盖，全年完成75个体育设施提升改造建设，竞技体育成绩再上新台阶。

十、人口与人民生活

据公安部门统计，年末全县户籍户数55.0万户，总人口为176.4万人，2022年市级反馈常住人口117.3万人。

全年城镇常住居民人均可支配收入38369元，比上年增长5.3%，农村常住居民人均可支配收入16598元，比上年增长6.7%。

全年新增城镇就业岗位12689个，城镇登记失业率为4.5%。

全年参加农村新型合作医疗人数1465209人，参合率99.7%。参加城镇职工基本养老保险人数为48684人，参加失业保险人数为26823人。年末享受城镇、农村居民最低生活保障人数分别为1618人和67266人。提供住宿的民政服务机构59家，提供住宿的民政服务机构床位数8812张。

注：1.公报中数字为初步统计数；

2.国内生产总值和各产业增加值绝对数按当年价格计算，增长速度按可比价计算；

3.规模以上工业统计范围为年主营业务收入2000万元及以上的企业，固定资产投资统计范围为计划总投资500万元以上及房地产。

利辛县组织机构负责人名录（县直）

（截至2022年12月31日）

表7

单 位	负责人	单 位	负责人
县纪委监委	林 刚	县退役军人局	杜文成
县人武部	李元奎	县应急管理局	孙 建
县委办	钱 卫	县审计局	方 帅
县委组织部	田浩然	县市场监管局	郑 辉
县委宣传部	钱 卫	县统计局	刘 凯
县委统战部	江朋梅	县医保局	王魏巍
县委政法委	杨景欢	县城管局	孙明峰
县委编办	胡智广	县乡村振兴局	陆吉明
县直工委	刘建强	县信访局	吴治东
县委巡察办	刘海军	县数据资源局	张 力
县工商联	何 芳	县经开区管委会	李 军
县广播电视台	邵 鹏	县招商服务中心	胡 光
县委党校	黄 昕	县供销社	马怀忠
县委史志研究室	王 智	县机关事务管理中心	刘 厂
县档案馆	张华春	县地震局	汪晓东
县人大办	刘付荣	县政协办	任大奇
县政府办	武体鹏	县法院	王 平
县发改委	刘建民	县检察院	孙传海
县教育局	王林兵	县残联	汪洋波
县科技局	武子江	县总工会	钱 卫
县经信局	汝建华	团县委	孙长江

续 表7

单　位	负责人	单　位	负责人
县公安局	沈卫东	县科协	邵　杰
县民政局	闫　林	县文联	汝　黎
县司法局	宋　健	县妇联	田　莉
县财政局	刘长城	武警利辛县中队	宋同阳
县人社局	杨士军	县税务局	雷　鸣
县自然资源和规划局	李子全	国家统计局利辛调查队	邵庆忠
县住建局	唐　锋	县气象局	刘国锋
县交通运输局	陈　峰	县消防救援大队	王　欣
县农业农村局	陈　华	县生态环境分局	马连清
县水利局	马中飞	中国邮政利辛县分公司	翁腾飞
县商务局	闫晓丹	中国广电利辛县分公司	蒋家柱
县文化旅游体育局	王　伟	县电信公司	刘　辉
县卫健委	樊利光	县移动公司	谢冬晖
县联通公司	胡倡松	药都银行利辛支行	方　彪
铁塔公司利辛办事处	范　强	县农商银行	王学兵
县供电公司	李　涛	县湖商银行	武　侠
中石化利辛石油分公司	李国强	国元农保利辛支公司	江腾龙
县烟草专卖局	苏　刚	人保财险利辛支公司	李朝忠
县新华书店	张　辉	人寿保险利辛支公司	杨　磊
农业发展银行利辛支行	胡　鹏	人寿财险利辛支公司	闫　亮
工商银行利辛支行	段　影	平安财险利辛支公司	闫　禾
农业银行利辛支行	李　鹏	平安人寿利辛支公司	任　贺
中国银行利辛支行	王　哲	华安证券利辛营业部	贾　涛
建设银行利辛支行	汪大海	国元证券利辛营业部	朱　青
邮储银行利辛支行	罗　鸣	市住房公积金利辛管理部	付春燕
徽商银行利辛支行	张传磊		

利辛县乡镇负责人名录

（截至2022年12月31日）

表8

单 位	负责人	单 位	负责人
孙庙乡	孙同奎	马店孜镇	陈　峰
新张集乡	贾玉杰	旧城镇	李兴照
纪王场乡	康　影	王人镇	韩　赟
大李集镇	庞治华	孙集镇	王　峰
中疃镇	张　才	巩店镇	闫廷祥
江集镇	程立峰	西潘楼镇	张大超
胡集镇	郭全德	张村镇	孙明堂
永兴镇	周　涛	望疃镇	彭　冬
城关镇	潘立新	展沟镇	曹福生
程家集镇	冯春光	阚疃镇	叶　森
汝集镇	武龙峰	城北镇	蒋　磊
王市镇	宋景才		

索引

◎ 主题索引

主题索引

A

艾滋病防控　246b
安徽亳州新能源学校　229b
安徽骄阳软门有限责任公司　167c
安徽阳光药业有限公司　166c
安全教育　97a
安全生产　163a　179c　184c　185b　186c　195c
安全生产综合监管　96b
安全隐患排查　172a　173a
安全知识培训　172c
安置就业　147c
案件查处　115a

B

八项“稳经济”监督调研　107a
“百村千塘”示范整治工程　179a
板集电厂　165a
办公用房管理　95c
办税缴费服务　204c
保障民生实事　202a
碧水保卫战　157c
编制周转池制度建设　67c
标准化管理　216a
殡葬改革　257a
兵员征集　145a
亳州港利辛港区建设　196a
亳州好人　294c
亳州市艾可舒医疗科技有限公司　166b
部队安全管理　146b

C

财政　202a
财政　税务　201a
财政管理改革　202c
财政资金审计　219a
参政议政　125c
残疾人就业培训　127b
残疾人康复　127b
产品、商品质量监管　215c
产业工人素质提升工程　119c
产业集聚初具规模　161b
产业链条逐步延伸　161c
产业振兴　261a
产业转移加速集聚　162b
常规巡察　115c
常态化疫情防控　247c
成果选介　232c
城北镇　270a
城关镇　268a
城市管理　179a
城市领域党建　61b
城市社区卫生服务体系建设　249c
城乡公交一体化工作　195c
城乡规划　176a
城乡建设用地增减挂钩和补充耕地　223b
城乡建设与管理　175a
城乡居民基本医疗保险　245a
城乡均衡发展　49a
城乡自建房屋安全隐患排查整治　180c
城镇建设加速推进　213a
城镇职工和城乡居民基本医疗保险　244c
城镇职工基本医疗保险　245a
程家集镇　289a
程艳　296b
畜牧业　153a
创新工作机制　73b
创新主体倍增　232a
村庄规划　176b

D

打击电信诈骗　209a
打击非法行医　250c
打击网络侵权盗版　239b
打击整治养老诈骗　132b
打造“绿色能源县”　178a
大李集镇　286b
大气污染防治　189c
大事记　31a

代表工作 86a
贷款担保 206b
档案工作 72b
档案管理 72c
档案利用 73a
党的廉政建设 69b
党的思想建设 68a
党的作风建设 68c
党风政风监管 114a
党管武装 145b
党史和地方志 71b
党史编研 71c
党外人士队伍建设 64c
党校工作 70c
地方病防控 248b
地方志编纂 71c
地下管网地理信息系统建设 177b
地下水资源管理 158b
地形地貌 43a
地震 236a
地震科普 236c
地质 43a
典型宣传 148a
电大 228c
电化教育与培训中心 229c
电话信访办理 69c
电力供应 185b
电力业务监管 186a
电商分销业务 197a
电网规划编制 185c
刁志岭 294b
督办代表议案 76c
督查督办 59a
督查考核 69b
对外贸易 170b

E

2022年重大气候事件 235a
2021年度全县推动高质量发展暨综合考核先进集体和先进个人名录 296c

F

发挥代表主体作用 86a
发挥代表作用 86c
法规制度建设 112b
法律监督 137b
法律援助 142b
法院 138b
法治 131a
法治利辛建设 140b
法治宣传 141a
法治宣传教育 258a
法治政府建设 133b
法治政府建设考核 134b
反腐倡廉教育 115a
反洗钱工作 208c
反邪教 132b
防汛抗旱 97a
防疫物资生产与储备 160a
防震减灾宣传 236b
房地产市场监管 181a
房地产业 181a
非税收入 204a
非物质文化遗产 44c
丰富群众文化生活 63c
风景名胜 45b
风险防控 135a
服务“非公有制经济” 65a
服务保障 154a
服务保障经济社会发展 137a
服务客户 173b
服务社会 198c 199b
服务社会人民 136a
服务实体经济 207a
服务乡村振兴 140b 171b
服务运输市场 195a
福彩工作 256c
妇联基层组织改革 125a
妇女儿童维权关爱 123b
妇女发展规划编制 125b
妇幼保健 245b
附录 299a

G

改作风作表率 90a
干部管理 59b
干部培训 60b
港航管理 196a
港澳台统战工作 65b
高标准农田建设整县推进 150c
耕地保护 223b
工会法治化建设 120a
工商银行利辛支行 210a
工业园区 159a
工业经济稳中向好 212c
工业企业选介 166b
公安 134c
公共场所卫生监管 250a
公共机构节能 95b
公共文化服务 238c
公共资源交易管理 216b
公路建设与管理 194a
公务接待活动 96a

公务用车管理　95c
公务员管理　60b
公益诉讼检察　136c
巩店镇　281a
共建共享　198a
共青团利辛县委员会　120b
供电　185a
供气　186c
供水　184a
供销合作经济　171b
构建基层管理体制　67a
购机补贴　155c
购销情况　173c
关爱帮扶活动　258a
关心下一代工作　257b
广播电视　240a
规范“五老”队伍　257b
规范行政执法　134a
规范信访办理程序　98a
国防教育　145b
国家统计调查　220a
国家文件文献发行　240c
国库履职　208b
国省干线公路养护　194c
国土资源管理　222a
国元农业保险公司利辛支分司210b
国有低效闲置资产清查　224c
国有资产房屋租金收取及减免　224b
国有资产管理　223c

H

捍卫政治安全　134c
河湖“清四乱”专项治理　157c
河流　43b
河长制工作　157b
宏观经济调控　212a
侯纯广　295b
后记　317a
厚待乡村干部　266b
胡化国　295c
胡集镇　285b
环境监测　192a
环境监管　191c
环境影响评估与排污许可证管理　192b
环境质量　189a
回复议案提案　70a
回馈用户　200c
婚姻、收养登记　256b
货币信贷　206c

J

机构编制工作　66a
机构职能体系建设　66b
机关作风建设　69c
机制创新　179c
基本公共卫生服务均等化　249b
基层服务型团组织建设　121c
基层火灾防控基础建设　101c
基层纪检监察体制改革　113a
基层中医药服务　251b
基层组织建设　61a
基础设施提升　177b
基地建设　129c
疾病预防控制　246b
集邮文化业务　197a
计量管理　215c
纪检监察队伍建设　112a
纪检监察体制改革　112c
纪律监督　114a
纪王场乡　277a
寄递业务　196c
加大货币投放　207a
家风家教工作　258c
家庭发展　254b
家庭文明建设　124c
价格认证　214b
坚持党的领导　76a
监察体制改革　112c
监督检查　113b
检察　136b
检验检测　215c
减费让利　208c
减灾救灾　97b
建言文化教育　106c
建置　42a
建置区划　42a
建筑及道路建设工程　183a
建筑业　180b
健康教育宣传　249b
健康森林行动　152b
践行“两个维护”　48a
江集镇　271a
交叉巡察　115c
交通　邮政　通信　193a
交通安全管理　135c
交通物流板块　183b
交通运输　195a
教材教辅发行　241a
教师队伍建设　71b
教师队伍建设　227a
教师进修与培训中心　229c

教学质量巩固提升 226b
教育 225a
教育改革 226a
教育教学优质均衡 226c
教育结构 227a
教育引导活动 257c
教育优质均衡发展 226b
秸秆禁烧和禁燃禁放 191b
结核病防控 246c
“巾帼建新功”行动 122c
金融 205a
金融风险防控 208a
金融服务实体经济 203a
金融机构选介 209a
金融监管 206b
金银森林行动 152c
紧密型县域医共体建设 251a
禁止污染向农村地区非法转移 264c
经济监督管理 211a
经济责任审计 219b
精神疾病人群管理 132c
精神文明建设 73c
竞技体育 241c
旧城镇 291c
居民可支配收入 254b
聚焦代表履职 86b
聚焦法治利辛 79a
聚焦监督创新 77c
聚焦经济发展 77c
聚焦民生福祉 78c
聚焦生态环境 78a
聚焦乡村振兴 78b
聚焦预算审查 78a
聚焦中心工作 105a
卷烟营销 174c
决策参谋 57b
军事 143a
军事训练 146a

K

开拓融资渠道 206a
开展开门接访约访 98a
阚疃镇 269a
科技成果 232c
科技攻关 164b
科技培训 234a
科技普及 233a
科技下乡 233b
科普教育 233c
科学技术 231a
科学生产 164a
空气环境质量 189a
困境妇女儿童救助帮扶 124a

L

劳动和技能竞赛 119b
老干部工作 70b
老旧小区改造 182b
离退休干部党建 70c
离退休干部服务保障 70c
李亮 294a
历史风云 44a
历史名人 45a
历史文化 44a
利辛概览 41a
利辛湖商村镇银行 210c
利辛机电科技学校 230b
利辛经济开发区 165c
利辛强英食品有限公司 167b
利辛县“三城同创”综述 22c
利辛县2022年国民经济和社会发展统计公报 300a
利辛县残疾人联合会 127a
利辛县城投集团 183a
利辛县城乡发展建设投资集团公司210b
利辛县妇女联合会 122a
利辛县富亚纱网有限公司 168b
利辛县工商业联合会 125b
利辛县红十字会 130a
利辛县计划生育协会 130b
利辛县科学技术协会 129b
利辛县人民代表大会 75a
利辛县人民医院 251c
利辛县人民政府 87a
利辛县文学艺术界联合会 127c
利辛县中医院 252b
利辛县总工会 118a
利辛县组织机构负责人名录（县直） 304a
利辛一中 229a
联系乡镇人大 77b
廉政教育 115b
粮食烘干中心建设 155c
粮食生产 151b
粮食收储 172b
粮油流通 172a
“两新”组织建设 62c
烈士陵园管理 147c

林业　152a
林长制实施和村庄绿化　178b
刘亚军　295c
落实“三个区分开来”　115a
落实产业政策　153b
落实消防安全责任　101b
落实养老待遇调整政策　255c
旅游　242b
旅游管理　242c
旅游资源开发　242b
履行社会责任　126a
律师管理　142c

M

麻风病防治　249a
马店孜镇　284b
慢性病综合防治　248c
煤点一体化　162c
煤炭业　162c
煤质管控　164b
美丽乡村建设　178c
密切代表联系　86b
免费农民中专学历教育　263a
民办教育　228b
民生福祉持续改善　213c
民生项目（资金）审计　219a
民事行政检察　136c
民事审判　138c
民营企业工会规范化建设　119c
民主法治建设　49a
民主监督　106c
民族　44a
民族宗教　44a
名优特产　46a
亩均效益评价　160c

N

内外贸易　170b
内宣工作　240a
内宣凝聚人心　63b
能源投资板块　183b
年度计划执行　212a
农村厕所革命　178b
农村电商　170c
农村改革　151a
农村公路建设　194b
农村公路养护　194c
农村供水问题排查　184c
农村人居环境整治　264a
农发行利辛县支行　209a
农机服务　156a
农技人员包村联户　263b
农民科技大培训　262c
农民科技教育培训中心　230b
农田水利“最后一米”建设　150b
农田易涝点整治　150b
农业　149a
农业产业化　155b
农业农村绿色发展　264c
农业调查　220a
农用地土壤污染防治　265a
疟疾防控　246c

P

派驻纪检监察体制改革　113a
潘传成　295a
培训科研　71a
平安利辛建设　133a
平安森林行动　152a
平台服务规范化和标准化工作　217a
平台建设　114c　129c
平稳运行　165b
评查行政执法案卷　134b
评定分离工作　218b
普通高中教育　227c

Q

企业光伏建设助力节能降耗　161a
企业培育　160c
企业信用监管　214c
气候　43b
气候特点　235a
气象　234b
气象科普　235b
强化党建引领　104c
轻纺工业　161a
区划　43a
全产业链发展　153c
全程机械化农事服务中心建设　155c
全力推进工业提质增效　261b
全面从严治党　49b
全面从严治警　140c
群众体育　241b
群众团体　117a
群众文化活动　238c

R

燃油销售　172c
人才管理　255a
人才建设　60c

人才交流　254c
人才振兴　262a
人大代表构成趋于合理　79b
人大监督　77c
人大自身建设　76c
人道救助　130a
人工影响天气　235b
人居环境整治　178c
人口与家庭　254a
人力资源持续优化　164c
人力资源管理　254c
人民防空　148b
人民纠纷调解　141b
人物　荣誉　293a
认证认可　216a
日常监督　113c
汝集镇　279a

S

商会改革　126c
商贸服务业　169a
商贸物流发展稳健　213a
社会保险费　204a
社会保障　255b
社会管理　235c
社会行政事务　255c
社会救助　256a
社会面安全管控　135c
社会民生　253a
社会事务板块　183c
社会消防能力建设　101c
社会组织管理　256c
社情民意　110c
社区矫正　141c
社区卫生　249c
涉路涉水行政许可审批工作　195c
深化改革　59a
审计　218b
审计队伍建设　219c
审计工作创新与完善　219b
审计整改　219b
审判管理　139b
生活饮用水卫生安全监管　250b
生态环境保护　187a
生态环境保护宣传教育　192c
生态环境持续好转　213b
生态环境问题整改　188c
生态振兴　263c
十项“暖民心”专项监督　107b
实施“免申即享”惠企政策　100c
食品药品安全监管　214c
食用菌生产　155a
市场监督管理　214b
市场经营　200a
市场主体发展　214c
市政建设　176c
事业单位登记管理　67c
试点村镇建设　265b
蔬菜生产　154c
树典型弘扬新风　74b
数据资源安全管理　100a
数据资源管理与政务服务　98b
数字利辛建设　100b
“双创”平台建设　232b
水产业　154b
水果生产　155a
水旱灾害防御　158a
水环境质量　189b
水利工程建设　156b　156c
水体污染防治　190a
水质检测　184c
税收收入　204a
税务　203a
司法改革　139a
司法行政　141a
司法为民　140a
思想政治工作　146b
四风纠治　114b
诉源治理　139c
孙集镇　273a
孙庙乡　274a

T

特色养殖业　154a
特色种植业　154b
特殊教育　228a
特载　1a
特种设备安全监管　215b
提案和社情民意　110a
提案选介　110b
提高建议办理质量　86a
提高统计数据质量　221a
提升队伍素质　137c
提升妇幼保健服务能力　245b
提升救援能力　102a
提升统计精度　221c
体育设施　242a
体育事业　241a
调查服务　220b
调研与视察　107c
同心抗疫　63b
统计工作　220b
统计人员培训　221a

统一战线 64b
图书发行 240b
图书馆 239a
土地报批 222a
土地供应 222b
土壤、固体废弃物污染防治 191a
推动党的二十大精神 48b
推动科教兴利工程 48c
推行各类企业公平竞争 218a
推进“放管服”改革 133c
推进行政应诉 134b
推进权责清单制度建设 67a
推进五育并举 226c
推进项目建设 160b
推进种养循环 153b
退税减税 204b
退役军人事务管理 146c
托底保障 245b
脱贫攻坚成果 260a
脱贫攻坚成果与乡村振兴有效衔接 260b

W

外贸出口快速增长 162a
外宣出新出彩 63b
外宣工作 240b
完善城乡路网 177c
完善公共法律服务体系 134a
完善依法行政制度体系 133c
万达商业综合体 171a
王人镇 280b
王市镇 278a
网络安全和信息化工作 66a
网络保障 199a
网络建设 200b
网民留言办理 70a
望疃镇 289c
危化品烟花爆竹监管 96b
为民服务 184b
为职工办实事 118b
维护国家安全 58b
维护劳动者合法权益 255b
维护社会安定 135b
维护社会稳定 49b
维护职工权益 119b
维稳安保 132b
卫生监督执法 250a
卫生进修与培训中心 230a
卫生应急和传染病管理 246c
位置面积人口 42a
文化 体育 旅游 237a
文化馆 239b
文化惠民 266a
文化惠民活动 239a
文化民生工程 239a
文化遗产保护 238b
文化遗存 44b
文化振兴 265b
文秘综合 94a
文明创建 180a
文艺创作 128b 238a
稳增长促发展 88b
问题整改 116a
污染防治 189b
武警利辛中队 145b
物价管理 214a
物业管理 182a

X

西潘楼镇 276a
先进个人和集体名录 296b
县纪委常委会会议 112c
县纪委全会 112b
县人大常委会会议 80c
县人民代表大会会议 79c
县人民武装部 144a
县委常委会工作报告 2a
县委常委会会议 50b
县委全委会议 49c
县委综合事务 57a
县域经济高质量发展 48b
县域商贸体系建设 170a
县政府常务会议 90c
县政府全体会议 90b
县政府综合事务 94a
县政协换届选举 104a
县政协十一届常委会会议 106a
县政协十一届委员会会议 105b
县政协委员构成 104a
县直机关党建 68a
县直机关事务管理 95a
乡村建设 178a 259a
乡村振兴 268c 269c 270c 271c 272c 273c 275c 276c 277c 278c 279c 280c 282c 284a 285a 286a 286c 287c 288c 289b 290b 291b 292c
乡村振兴全面展开 212b
乡镇概览 267a
项目建设 150a 184b

消防救援　101a
消费维权　216b
校园安全保卫　226c
协商议政　106b
协调监督　94b
新冠疫情常态化防控　248b
新时代利辛这十年　20a
新闻出版　239b
新增专项债券　202b
新张集镇　287a
信访工作　73a　77b　97c
信访化解　140a
信访积案化解　73b　97c
信访举报　114c
信访总量持续下降　88b
信息调研　94a
行政审判　138c
行政事业单位资产管理　224b
刑事检察　136b
刑事审判　138b
宣传教育　63a　119a
学前教育　227a
学校卫生监管　250b
学校选介　229a
巡察规范化建设　116b
巡视巡察　115b

Y

压缩建设项目审批时限　180c
烟草专卖　174a
严惩司法腐败　137a
严重精神障碍患者管理　249a
沿革　42c
研发经费归集　232c
盐业改革　173c
盐业管理　173b
养老服务　256b
药品和医疗服务价格管理　244b
“一专一站两联”建设　122a
医疗机构监管　250a
医疗机构选介　251c
医疗救助　245a
医疗卫生　243a
医药卫生体制改革　250c
依法化解社会矛盾纠纷　134b
依法统计　221b
依规依法严格监管　96c
移风易俗　74a
义务教育　227b
疫情防控　196a
引江济淮利辛段工程　158b
引领青年建功新时代　121b
营商环境　204c
应急管理　96a
拥军优属　147a
永兴镇　283a
优服务促发展　171c
优抚工作　147c
优化发展环境　48c
优化发展环境　126a
优化法治化营商环境　133c
优化生育　254a
优化营商环境　94c　139b　166a　217c
优化政府机构职能　133b
优秀军人　294a
优质生态产品价值转化　265a
邮储银行利辛县支行　209b
邮政　196c
邮政服务　197a
渔业放流及池塘改造　154b
舆情监管　66a
预防接种　247a
预防未成年人违法犯罪　132c
孕产妇、儿童保健　245c
运转保障　58a

Z

增进民生福祉　49b
展沟镇　288a
战备工作　144c
张村镇　272a
张展鹏　294c
招商成果　102c
招商活动　102b
招商引资　102a
招商政策　102a
征信修复专项治理　207c
政策落实跟踪审计　218c
政法委与综治　132a
政府工作报告　9a
政府热线　94c
政务服务窗口建设　99a
政务服务能力建设　99b
政务公开　94c
政治监督　113b
政治教育　144b
政治理论学习　104b
支持小微企业　206a
执法监察　222c
执法监督　132b

执法检查 83b
执法检查和专题调研 83a
执行工作 139a
执勤战备 145c
职工服务阵地建设 119b
职业病防治 249a
职业卫生与放射卫生监督工作 250c
指挥通信建设 148c
志愿者工作 121a
制度管理 224a
质量品牌大幅提升 162a
质量强县 216b
智慧法院建设 140c
智慧农贸市场建设项目 171b
智能采掘 163c
中等职业教育 227c
中共利辛县纪律检查委会员利辛县监察委员会 111a
中共利辛县委员会 47a
中国电信 198b
中国好人 294b
中国联通 199c
中国人民政治协商会议利辛县委员会 103a
中国铁塔 198a
中国移动 199a
中疃镇 290c
中药材生产 155a
中医药服务 251a
中医药知识培训 251b
种植结构调整 151c
种植业 151b
重大公共卫生服务 246a
重大行政决策合法性审查 134a
重点动物疫病防控 153b
重点领域体制机制改革创新 66c
重点项目建设 212a
重视老干部建言 70b
重要会议 49c 79c 90b 105b 112b
主要活动 130c
助残活动 127c
助力企业提质创新 160c
助力乡村振兴 202b
助力疫情防控 76b
助企便民融资服务 207b
住房保障 181b
住房公积金管理部 182c
住户调查 220a
专记 19a
专卖管理 174b
专题调研 84a 107c
专项监督 113c
专项检查 114b
咨询服务板块 183c
自觉接受监督 138a
自然环境 43a
自然资源 43c
宗教 44a
综合监督执法 250a
综合卫生监测 247b
走访视察 109c
组工队伍建设 62b
组织工作 59b
组织振兴 266a

后　记

2023年9月，在县委、县政府的高度重视和大力支持下，在全县各单位的紧密配合下，《利辛年鉴（2023）》终于高质量完成编纂出版工作。

《利辛年鉴（2023）》编纂是依据《地方志管理条例》，按照中国地方志指导小组“一年一卷，公开出版”的要求而开展的年度例行性工作。2023年2月16日，中共利辛县委办公室、利辛县人民政府办公室联合下发《关于做好〈利辛年鉴〉（2023）资料征集工作的通知》（利办〔2023〕2号），正式启动《利辛年鉴（2023）》资料征集工作。各乡镇、县直各单位积极报送年鉴资料，4月底基本完成资料征集工作。5月，根据省、市地方志部门的年鉴大纲指导意见，经研究室编辑部研究讨论后，确定了全书架构。6月底初稿修改完善后寄交方志出版社审核。方志出版社对《利辛年鉴（2023）》进行了全方位校审，并对如何修改年鉴提出了非常宝贵的意见。我们根据意见对《利辛年鉴（2023）》“编辑说明”进行了修改，增加了“内文条目或类目、分目文后均署撰稿人姓名”，对说明的编排顺序进行了调整。在“利辛概览”部分，对“建置”“沿革”“河流”“民族”条目进行了重新编写；删除了“2022年经济社会发展”条目，因与“附录”部分“利辛县2022年国民经济和社会发展统计公报”内容相重复。在内文插图上，适当增加了能反映利辛发展变化的配图，增加了年鉴的存史价值和可读性。

9月中旬，编写组接到方志专家提出的建议，在内文部分新增加了“新时代利辛这十年”“利辛县各乡镇、县直单位负责人名录”内容，增补了“县委常委会会议”“县政府重大会议”“利辛县风景区简介”“历史名人简介”内容，完善了“利辛县非物质文化遗产”“公共文化服务”“招商引资”“党风政风监督”“工商联”“公务员管理”“国有资产管理”“检察”“科技宣传”“老干部工作”“内外贸易”“社会保障”“市场监督管理”“提案与社情民意”“县直工委”“人口与家庭”“教育”“科技成果”条目或分目的内容。

《利辛年鉴（2023）》资料的高质量和内容的全面完善是审稿专家的严格把关、供稿单位的求实总结、编写组的敬业精神共同作用得来的成果。希望《利辛年鉴（2023）》在《利辛年鉴（2022）》荣获全省社科类研究成果三等奖的基础上又更进一步，力争在图文质量、资料完备、编排新颖上较之前做得更好。